FINANCE

金融学专业应用型本科人才培养特色教材
JINRONGXUE ZHUANYE YINGYONGXING BENKE RENCAI PEIYANG TESE JIAOCAI

商业银行模拟实训教程
SHANGYE YINHANG MONI SHIXUN JIAOCHENG

主编◎王梅

中国金融出版社

丛书策划：王效端
责任编辑：王效端　王　君
责任校对：刘　明
责任印制：王效端

图书在版编目（CIP）数据

商业银行模拟实训教程/王梅主编．—北京：中国金融出版社，2019.4
金融学专业应用型本科人才培养特色教材
ISBN 978-7-5049-9833-0

Ⅰ.①商… Ⅱ.①王… Ⅲ.①商业银行—银行业务—高等学校—教材 Ⅳ.① F830.33

中国版本图书馆 CIP 数据核字（2018）第 245355 号

商业银行模拟实训教程
SHANGYE YINHANG MONI SHIXUN JIAOCHENG

出版
发行　　中国金融出版社
社址　　北京市丰台区益泽路 2 号
市场开发部　（010）66024766，63805472，63439533（传真）
网 上 书 店　www.cfph.cn
　　　　　　（010）66024766，63372837（传真）
读者服务部　（010）66070833，62568380
邮编　100071
经销　新华书店
印刷　涿州市殷润文化传播有限公司
尺寸　185 毫米 × 260 毫米
印张　28
字数　598 千
版次　2019 年 4 月第 1 版
印次　2024 年 12 月第 4 次印刷
定价　56.00 元
ISBN 978-7-5049-9833-0
如出现印装错误本社负责调换　联系电话（010）63263947
编辑部邮箱：jiaocaiyibu@126.com

总序言

　　在当今经济全球化和结构转型的大潮中，金融的核心地位更加凸显，国际一体化程度不断提高，金融创新不断加快。中国的金融改革开放更是异彩纷呈：对内，消除民营资本进入障碍；对外，拓宽资本跨境流动渠道，证券发行管理模式由核准制向注册制转变，以放开利率、汇率为核心的市场化改革不断推进，诸如产业金融、科技金融、民生金融、网络金融、农村金融等新的金融范畴不断涌现，金融理财、影子银行等兴旺发达。这使得金融机构的经营领域不断拓宽，企业及个人投融资的选择空间不断扩大，同时，各金融主体面临的风险种类和程度也不断扩大，金融对经济的促进作用及可能带来的冲击同步提高。金融改革创新浪潮对金融教育提出了新的需求，也要求高校培养出能紧紧把握和跟随时代脉动的实用型金融人才。

　　人才培养的核心在于教学建设，教学建设的核心在于课程建设，课程建设的核心在于教材建设。虽然改革开放以来我国的金融教育随着金融实践的发展也得到了长足进步，但仍然明显落后于现实需求。金融本科教材建设方面存在的突出问题有：缺乏统一、规范的建设框架，开设的课程及教材版本多种多样，教材内容各不一致；内容与金融现实存在脱节，有些从西方教材直接照搬过来，与中国的金融现实不对接，有些内容过时、陈旧。正是基于存在的问题和适应新形势下金融人才培养的需要，广东金融学院利用成为教育部金融学本科教育专业标准委员会成员的机会，力图从规范与发展教学内容的角度出发，对金融学本科专业课教材的建设，进行一次发展的尝试。

　　广东金融学院是原隶属于人民银行总行的行属院校，金融学专业是国家教育部的首批特色专业。长期行业办学的经历，促成了学院的人才培养历来重视行业需求，突出强调金融的应用特征。同时，也造就了一支较为过硬的教师团队。鉴于国内金融学本科教材的使用现状，本系列教材只涉及金融专业课教材，包括《商业银行业务与经营》《金融机构风险管理》《国际结算》《个人理财》《公司理财》和《商业银行模拟实训教程》，都是发挥学院师资优势、涉及具体金融业务的核心专业课程。学院组织了一批具有深厚理论功底和丰富教学经验的中青年教师，联合区域内金融业界的高管人员及我院兼职研究生导师，编著了这套专业核心课程教材，希望对金融本科教学建设和应用型金融人才培养发挥一定的推动作用。

感谢为本套金融专业核心教材编著付出艰辛劳动的各位教师及金融业界同仁，感谢中国金融出版社对本套教材出版所给予的大力支持。

广东金融学院院长 陆磊

2013 年 12 月 31 日　广州

序

2018年教育部发布了《普通高等学校本科专业类教学质量国家标准》，明确了适用专业、培养目标、培养规格、课程体系、师资队伍、教学条件、质量保障等各方面要求，是各专业类所有专业应该达到的质量标准，是设置本科专业、指导专业建设、评价专业教学质量的基本依据。金融学专业属于经济学学科门类，是以市场经济中的各类金融活动为研究对象，国标中要求各高校在满足基本培养目标的同时，应根据自身特色与社会需求，在培养研究型、应用型或技能型人才上各有侧重，并结合当前校企合作、产教融合的要求，深入研究金融产业链对金融人才的需求，制订相应的人才培养方案。

本书的编写正是适应了当前金融专业人才培养需求，作为"商业银行业务与经营"这门专业课程的配套实验教材，满足了金融学专业国家教学标准中对本专业的实验教学要求。本书实验教学内容涵盖了商业银行个人业务、对公业务、结算业务、贷款业务、网银业务、代理业务、表外业务、票据业务等，在实验教学过程中，学生通过深圳智盛信息技术股份有限公司研发的"商业银行岗位技能实习平台"，以项目任务方式模拟商业银行业务经营，达到课程实验及专业实习的目的。

本书由广东金融学院王梅副教授主编。王梅老师曾在人民银行和商业银行任职，具有11年金融从业经历，是典型的"双师型"教师，在金融实验教学中具有丰富的教学经验，对商业银行实验教学方法做了长期的、卓有成效的研究。本书是王梅老师深入研究应用型或技能型金融学专业人才培养要求并结合国家教学标准对金融学专业的实验教学要求编写而成，付出了巨大的努力和辛劳，在此，对王梅老师的专业精神和敬业精神表示诚挚的感谢！

本书既可作为金融学专业本科实验教学教材，也可作为职业类金融管理专业专科实验教材。

深圳智盛信息技术股份有限公司总经理

2018 年 6 月

前言

随着金融改革的进一步深化，我国商业银行由传统业务正在向现代业务特别是互联网金融业务转型，商业银行已经成为金融系统乃至社会经济的核心和支柱。企业化经营的商业银行面临着国内乃至国际更加激烈的竞争，海外商业银行的发展历程为我国商业银行提供了参考，以"互联网金融"和"大数据"等为关键词的新一代信息化浪潮，给商业银行带来了新的挑战。

基于这样的背景，对于应用型本科院校而言，培养实务型金融人才，是当下的重要课题。社会需求、市场呼唤"有知识、会操作、能顶岗"的实务型银行专业人才。教学应使学生身临其境地感受到商业银行在经营过程中所面临的竞争，并使其学会站在商业银行经营者的角度去思考问题。广东金融学院在这方面做了积极有益的尝试。

《商业银行模拟实训教程》正是适应不断变化的新要求的尝试性成果，它完全不同于传统的课堂灌输授课方式，有着独特的教学设计理念和新颖的教学模式：将复杂抽象的商业银行经营管理理论与实际业务融合起来，以最直观的方式把学生置身于一个高度仿真的商业银行前台环境中，面对严格的监管措施和形形色色的客户，学生需要切实地将所学商业银行相关理论付诸实践。

本教材共分两大部分，即上篇商业银行综合业务和下篇商业银行票据业务，各部分之间以学习者应用能力培养为主线，依照商业银行业务开展的基本过程和规律，根据应用型本科高等教育的教学特点和培养目标，结合当前金融体制改革的新举措和商业银行业务的新发展，按照模块和项目制定内容，循序渐进地进行讲解，通过银行实际业务模拟训练提高操作技能。其中，上篇综合业务包括实训准备、存款业务、银行卡、代理业务、网银业务、支付结算、贷款业务和表外业务等八个实训项目；下篇票据业务包括实训准备、支票、本票、银行汇票和商业汇票等五个实训项目。涵盖了商业银行负债业务、资产业务、中间业务、票据业务以及重要空白凭证及有价单证管理规范等基本知识和操作实务。教材中的各式凭证、印章均为教学演示性设计，并对相关格式进行了简化；实验案例中涉及的银行名称、行号、对公客户营业执照号码、公章、注册地址、法人代表名字等和个人客户名字、身份证号码、住址等信息均为虚构，并做了必要的掩饰性处理。依托深圳智盛信息技术股份有限公司研发的实验教学软件"商业银行岗位技能实习平台"和"银行票据业务教学实训平台"，从具体的操作界面入手，一步步详细讲解银行业务的操作实务，力求使学生比较容易地通过该门课程的学习，全面掌握银行业实务操作技能，基本达到一毕业就可以上岗操作的程度，大大缩短学习与职场之间的距离，具有高度仿真性，涵盖传统商业银行90%以上的业务内容，特别是票据业务部分的实验，实验中的重点、难点均有详细清晰的指导，在国内金融专业实验教材中较为鲜见，本教材无论对于从事商业银行实验教学的教师，还是学生和自学者，均有较高的实用价值。

本教材坚持改革创新、与时俱进，采用模块、项目制作方式，针对银行实际业务进行真实场景下的模拟操作训练，注重实践实效，注重操作技能与应用能力的培养提高，并采取新颖、统一的体例版式设计。为了方便教学，本教材对具有代表性的实验案例和实验任务制作了实验操作视频，并在教材的相关位置插入了二维码，读者可通过手机扫描二维码，观看实验操作视频。本教材既适用于本科商业银行经营管理专业和高职高专金融专业的教学，也可以作为商业银行与金融服务公司从业人员的在职教育和岗位培训教材。

本教材由广东金融学院王梅副教授主编，并对全书做了审阅和修改。在编写过程中，得到了深圳智盛信息技术股份有限公司的大力支持，该公司给予了应有的使用和技术授权。广东金融学院金融学专业2014级学生陈昭杰，国际金融专业2014级学生林佩璇、周少敏、阮树卿，金融学专业2016级学生章芊芊为本教材的案例整理、实验插图和实验操作屏幕录像的制作作出了积极的贡献；金融学专业2015级学生肖泽翔、李晓彤，金融学专业2017级汪文澜为本教材的校对付出了辛勤的劳动，在此表示诚挚的谢意！

在编写过程中，本教材参阅了国家关于金融银行管理的最新法规和政策，参考了大量相关的教材和著作、文献以及各大商业银行官方网站提供的资料，借鉴了部分商业银行业务培训教材和内部资料，在此对这些作者表示衷心的感谢！

本教材出版得到了中国金融出版社的大力支持，在此对各位编校人员认真负责的工作态度和专业精神表示由衷的钦佩！

由于编者水平有限，书中难免存在疏漏和不足之处，敬请各位专家和广大读者给予批评指正。

编　者

2019年1月

目录

上篇　综合业务

项目一　实训准备/3

【实训目标】/3

模块一　系统功能/3

　一、钱箱管理/4

　二、凭证管理/8

　三、通用业务/12

　四、综合查询/15

模块二　操作准备/19

　一、日初处理/19

　二、日终处理/21

【案例分析1-1-1】违规代客户设置密码的后果/11

【操作视频】通用业务/12

【操作视频】日初操作/22

【操作视频】日终操作/22

项目二　存款业务/23

【实训目标】/23

模块一　个人业务/23

　一、个人账户管理/23

　二、活期储蓄/28

　三、整存整取/30

　四、定活两便/35

　五、零存整取/37

　六、存本取息/40

　七、通知存款/42

　八、个人支票/45

　九、教育储蓄/50

模块二　对公业务/60

　一、对公账户管理/60

　二、单位活期存款/65

　三、单位定期存款/69

　四、单位通知存款/73

　五、单位协定存款/75

【知识链接1-2-1】储蓄原则与储蓄实名制/53

【知识链接1-2-2】个人账户分类管理制度/55

【操作视频】个人活期业务/28

【操作视频】个人存单业务/29

【操作视频】个人定期业务/29

【操作视频】对公活期存款业务/63

【操作视频】对公账户转账业务/67

项目三　银行卡/77

【实训目标】/77

　一、银行卡定义/77

　二、银行卡的分类/77

　三、银行卡的功能/78

　四、银行卡业务的性质/78

　五、借记卡与贷记卡的区别/79

模块一　借记卡/79

　一、开户业务/80

　二、存取款业务/81

三、其他业务/81

模块二　贷记卡/81

　　一、开户激活/82

　　二、存取款业务/83

　　三、转账业务/85

　　四、其他业务/87

　【操作视频】贷记卡开户激活/82

项目四　代理业务/94

　【实训目标】/94

　　一、代收代付业务的特点/95

　　二、代收代付业务的作用/95

　　三、代收代付业务的基本原则/95

　　四、代收代付业务的种类/96

　模块一　批量代理/96

　　一、批量托收（代扣）/96

　　二、批量代收（代发）/98

　模块二　逐笔代理/101

　　一、逐笔代收（有代理清单）/101

　　二、逐笔代收（无代理清单）/103

　【操作视频】批量托收（代扣）/96

项目五　网银业务/105

　【实训目标】/105

　模块一　个人网银/106

　　一、个人网银签约/106

　　二、个人网银修改/107

　　三、个人网银撤销/109

　模块二　企业网银/110

　　一、企业网银签约/110

　　二、企业网银修改/112

　　三、企业网银撤销/114

项目六　支付结算/115

　【实训目标】/115

　　一、支付结算的概念/115

　　二、支付结算的工具/115

　　三、支付结算的方式/116

　　四、支付结算的原则/116

　模块一　同城票据交换/117

　　一、同城提出借方交易/121

　　二、同城提出贷方交易/122

　　三、同城提入借方交易/123

　　四、同城提入贷方交易/124

　　五、收妥入账/126

　　六、退票/128

　　七、查询/129

　模块二　大小额支付系统/130

　　一、跨行汇款/133

　　二、大额金融机构贷记业务/134

　　三、小额普通借记业务/136

　　四、小额定期贷记业务/137

　　五、小额定期借记业务/139

　　六、小额协议合同登记/141

　　七、支付业务状态重置/141

　　八、支付业务冲账/142

　　九、查询业务与查复业务/143

　　十、其他业务/144

　模块三　银行本票与银行汇票/146

　　一、银行本票/146

　　二、银行汇票/150

　模块四　商业汇票/156

　　一、电子商业汇票/157

　　二、纸质商业汇票/177

　模块五　委托收款/191

　【知识链接1-6-1】票据交换所/117

　【案例分析1-6-1】银行汇票结算/150

　【操作视频】跨行汇款业务/133

　【操作视频】小额相关业务/136

　【操作视频】本票签发与兑付/147

　【操作视频】汇票签发与兑付/152

【操作视频】电票业务/158
【操作视频】纸票业务/177

项目七　贷款业务/194
【实训目标】/194
　一、贷款种类/194
　二、贷款程序/197
模块一　个人贷款/200
　一、个人消费贷款/200
　二、个人助学贷款/204
模块二　公司贷款/208
　一、正常贷款/208
　二、贷款展期/211
　三、五级分类/212
　四、贷款收息/216
　五、贷款查询/218
模块三　票据贴现/220
　一、贴现放款/221
　二、贴现转出/223
　三、已转出贴现转回/224
【操作视频】个人贷款业务/201
【操作视频】公司贷款业务/208

项目八　表外业务/226
【实训目标】/226
模块一　银行承兑汇票/226
模块二　保函业务/231
模块三　收费业务/236
模块四　资信证明/237
【操作视频】银行承兑汇票/227
【操作视频】保函业务/233
【操作视频】资信证明业务/239

下篇　票据业务

项目一　实训准备/245
【实训目标】/245

模块一　知识准备/245
　一、票据概念/245
　二、票据特征/245
　三、票据种类/246
　四、票据异同点/247
　五、票据功能/249
　六、票据关系当事人/251
　七、票据权利/251
　八、票据责任/252
　九、票据行为/253
模块二　操作系统/255
　一、系统功能/255
　二、运行环境/255
　三、应用界面/256
　四、用户管理/257
　五、任务管理/258
　六、操作管理/258
【知识链接2-1-1】汇票复本/247
【知识链接2-1-2】票据记载事项/248
【知识链接2-1-3】票据的融资与套利/250

项目二　支票/259
【实训目标】/259
　一、支票分类/259
　二、使用范围/260
　三、签发支票/261
　四、流转程序/262
模块一　普通支票/266
　一、普通支票提取备用金/266
　二、普通支票背书支付货款/269
　三、普通支票连续背书支付费用/270
　四、"不得转让"普通支票支付货款/272
　五、普通支票挂失/273
　六、空头支票退票/275
　七、印鉴不符退票/276
　八、支付密码错误退票/277

3

模块二　现金支票/277
　　一、现金支票提取备用金/277
　　二、现金支票退票/280
　　三、现金支票挂失/281
模块三　转账支票/282
　　一、转账支票支付货款/282
　　二、转账支票背书转让并支付广告费/285
　　三、转账支票二次背书转让/287
　　四、转账支票三次背书转让/289
　　五、空头支票退票/291
　　六、印鉴不符退票/292
　　七、支付密码错误退票/293
　　八、转账支票挂失/294
　　九、转账支票背书后挂失/295
【知识链接2-2-1】磁码与磁码机/264
【操作视频】现金支票提取备用金/277
【操作视频】现金支票挂失/281
【操作视频】转账支票连续背书转让/287
【操作视频】转账支票空头支票退票/291

项目三　本票/298
【实训目标】/298
模块一　银行本票/301
　　一、银行本票支付货款/301
　　二、银行本票背书兑付/306
　　三、银行本票连续背书/307
　　四、银行本票退票/309
　　五、银行本票挂失/310
模块二　商业本票/312
　　一、商业本票概念/312
　　二、商业本票分类/312
　　三、商业本票利率/312
【知识链接2-3-1】本票在日常生活中的应用/300
【操作视频】银行本票支付货款/301

项目四　银行汇票/314
【实训目标】/314
模块　银行汇票/317
　　一、银行汇票结算货款/317
　　二、银行汇票背书转让/323
　　三、银行汇票连续背书转让/325
　　四、银行汇票超出付款期限退票/327
　　五、银行汇票退票/329
　　六、银行汇票挂失/331
【操作视频】银行汇票背书转让/323

项目五　商业汇票/333
【实训目标】/333
模块一　银行承兑汇票/340
　　一、银行承兑汇票支付货款/340
　　二、银行承兑汇票背书转让/346
　　三、银行承兑汇票连续背书转让/348
　　四、银行承兑汇票贴现/350
　　五、银行承兑汇票背书转贴现/354
　　六、银行承兑汇票再贴现/359
　　七、银行承兑汇票背书转贴现后再贴现/363
　　八、银行承兑汇票赎回式贴现/375
　　九、银行承兑汇票背书赎回式转贴现/380
　　十、银行承兑汇票赎回式再贴现/385
　　十一、银行承兑汇票协商退票/391
　　十二、银行承兑汇票挂失/392
模块二　商业承兑汇票/394
　　一、商业承兑汇票结算货款/394
　　二、商业承兑汇票到期兑付货款/398
　　三、商业承兑汇票背书转让/402
　　四、商业承兑汇票连续背书转让/404
　　五、商业承兑汇票贴现/406
　　六、商业承兑汇票连续背书转让转贴现/410
　　七、商业承兑汇票背书后赎回式转贴现/413
　　八、商业承兑汇票连续背书后赎回式转贴现/422

九、商业承兑汇票过期退票/426

十、商业承兑汇票挂失/427

模块三　电子商业汇票/428

一、电子商业汇票概念/429

二、电子商业汇票特点/429

三、电子商业汇票优势/429

四、电子商业汇票系统/430

五、电子商业汇票系统主要功能/431

六、电子商业汇票办理条件/431

七、电子商业汇票承办业务/431

【操作视频】银行承兑汇票贴现/350

【操作视频】商业承兑汇票结算货款/394

参考文献/433

上篇 综合业务

项目一

实训准备

【实训目标】

了解系统登录的步骤，熟悉操作平台的主要功能和操作模块，掌握柜员操作前的准备工作和日初（或日终）处理的内容，掌握重要空白凭证的领用、出库和查询的业务流程，熟悉业务查询及系统维护等通用业务，理解柜员钱箱与支行现金大库、凭证大库之间的关系。

模块一 系统功能

本实训教程是在深圳智盛信息技术股份有限公司提供的商业银行岗位技能实训平台系统软件的支持下完成的。

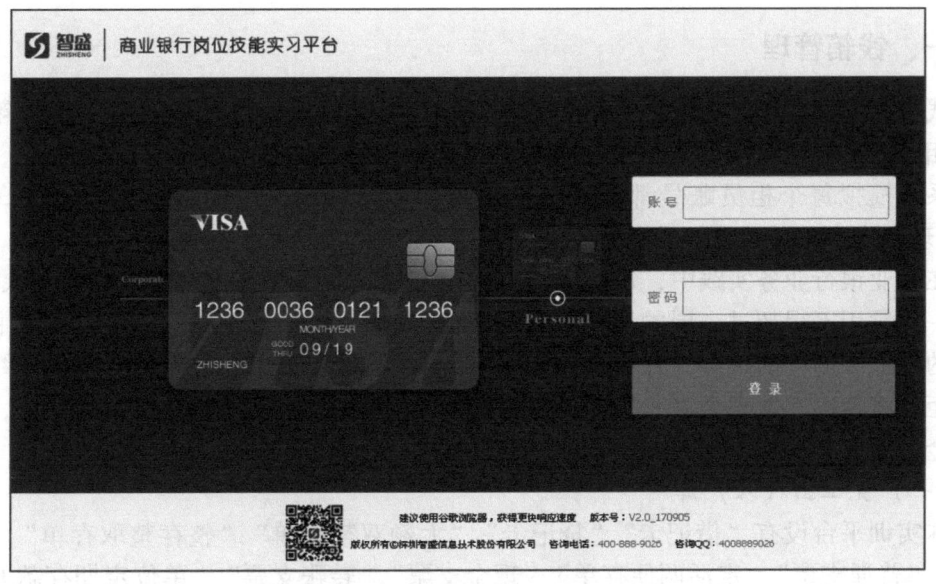

图 1-1-1 商业银行岗位技能实训平台

打开浏览器录入地址：http://120.25.130.17：7021，或在实验单位提供的服务器上登录系统（见图1-1-1）。

本实训平台模拟了商业银行最新的业务规范及操作流程，涵盖了商业银行主要的核心业务，采用了测评和实习两种模式，并可以自由切换。测评模式用于实验教学、实训考核或用于组织班级间、校际间岗位技能竞赛；实习模式用于平台课程实训或专业实习。

实验教师课前需以班级为单位设置模拟支行，并为学生设置柜员账号和操作权限。通过教师端，实验教师可进行"系统管理""任务设置""成绩查询"和"考勤管理"等后台操作。

本系统的界面设计采用标准化设计，分两个功能区：业务模块和任务栏。案例教学真实再现了商业银行的综合业务（见图1-1-2）。

图1-1-2　通用实验界面

一、钱箱管理

钱箱，又称尾箱。有电子钱箱和实物钱箱之分，轧账时电子钱箱与实物钱箱应该账实相符。实物钱箱中主要存放有重要空白凭证、各类印章和现金三大类物品。本实训中系统模拟每个柜员账号都设有一个对应的电子钱箱，主要用于凭证出库（或入库）、现金出库（或入库）和钱箱轧账。

在商业银行业务实践中，每一个支行都设有凭证大库和现金大库，并由专人管理，柜员一次领用不得超过一周的用量。日初操作时，柜员从凭证大库和现金大库中领取相关的凭证和适度的现金，存放在自己的钱箱中，即凭证出库或现金出库；日终操作时，柜员将绝大多数现金（一般是金额在万元以上的现金）和不常使用的凭证，归还到现金大库和凭证大库中，即现金入库或凭证入库。

（一）凭证出（入）库

本实训平台设有"借记卡""贷记卡""大额双整存单""整存整取存单""普通存折""普通支票""定活两便存单""现金支票""转账支票""单位定期存款开户证实书""银行承兑汇票""商业承兑汇票""业务委托书""本票""汇票""进账单"

"保函"和"存款证明",共 18 种常用的凭证。

凭证出(入)库时,录入系统自动产生的开始号码和结束号码,金额为出库或入库的凭证数量。按照重要空白凭证的相关管理办法,商业银行通常以"一份 1 元"为记账单位,纳入表外科目。即将凭证的张数,按单位"元"来标识,每一张凭证计为金额 1 元,柜员出(入)库了多少张凭证,金额即为多少"元"。出库成功后,系统会弹出"操作提示"窗口:"凭证出库数据已成功"。凡在本系统成功的操作,系统都会弹出"操作提示"窗口,并显示操作成功的数据,后文不再赘述(见图 1-1-3、图 1-1-4 和图 1-1-5)。

1. 凭证出库。

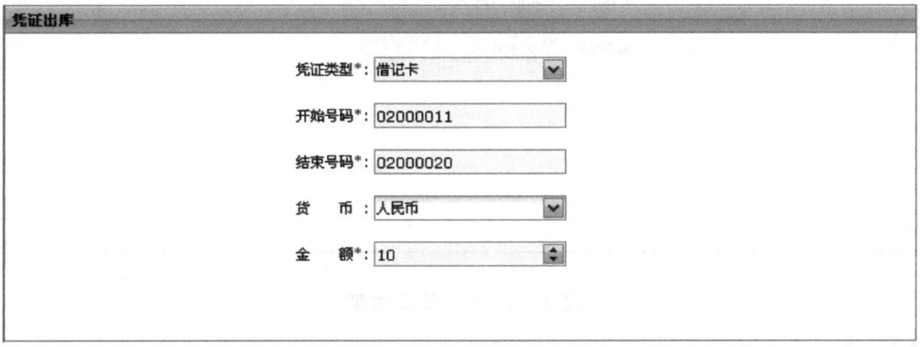

图 1-1-3 凭证出库

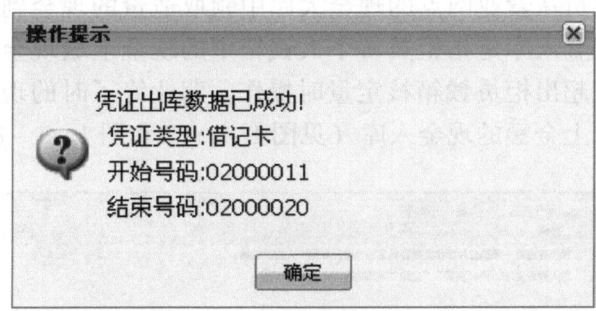

图 1-1-4 凭证出库结果

2. 凭证入库。

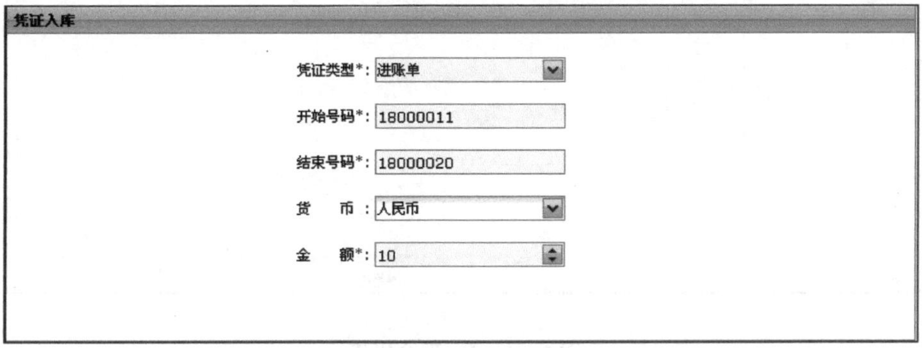

图 1-1-5 凭证入库

3. 凭证作废。柜员钱箱中的重要空白凭证因打印错误、损坏等原因无法使用时，应将其作废。对作废或已停用的凭证作销毁处理时，应进入电脑业务操作系统的"凭证作废"界面，录入作废的凭证类型和起止号码，并确认。

作废的重要空白凭证不得随意撕毁或丢弃，应切角后加盖"作废"戳记，作为"重要空白凭证"表外科目传票的附件，应随当日传票装订（批量销毁的除外），并在"重要空白凭证登记簿"登记（见图1－1－6）。

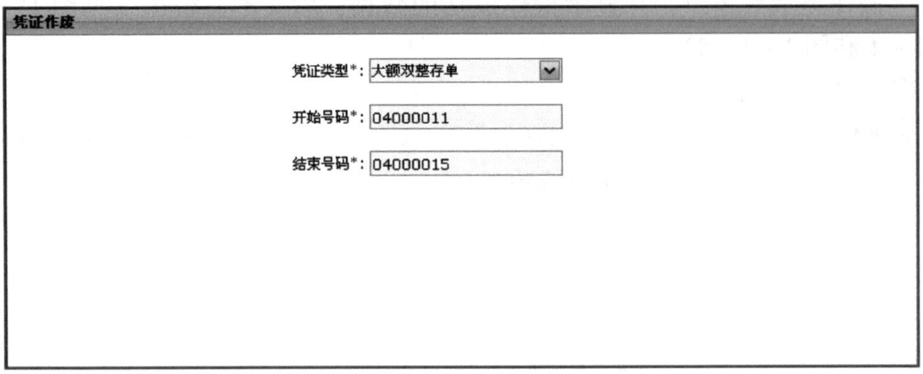

图1－1－6 凭证作废

（二）现金出入库

现金出库是指柜员从营业网点的现金大库中领取适量的现金到个人钱箱中，以便业务的顺利开展。现金入库是指柜员将个人钱箱中的现金上缴现金大库中，通常是在营业终了时或现金量超出柜员钱箱核定量时操作。营业终了时的现金入库，要求柜员将个人钱箱中万元以上金额的现金入库（见图1－1－7和图1－1－8）。

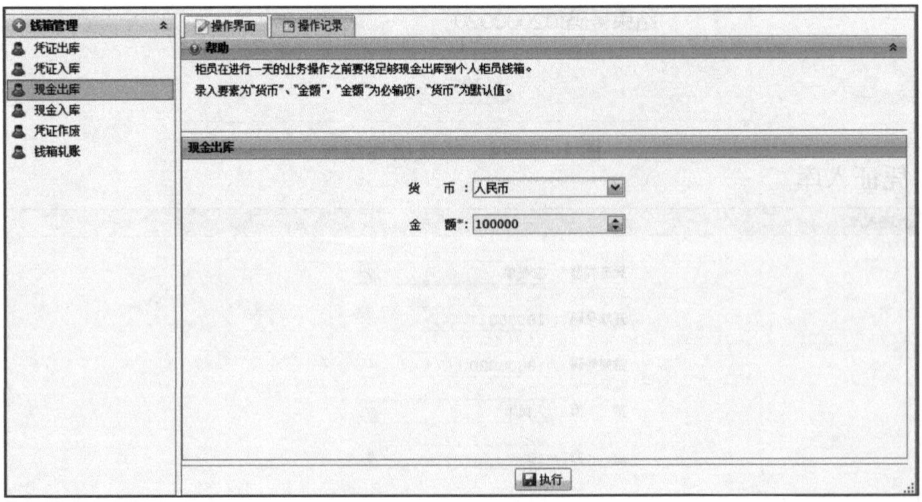

图1－1－7 现金出库

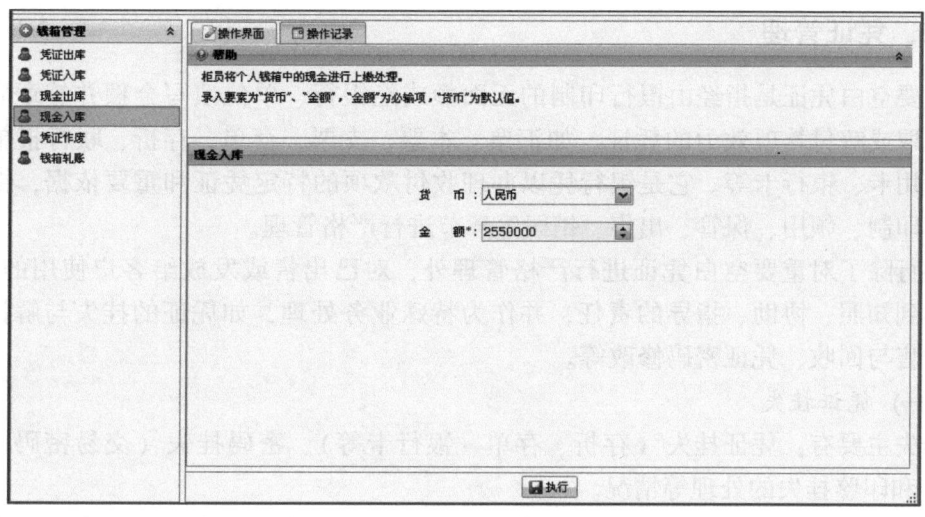

图1-1-8 现金入库

（三）钱箱轧账

钱箱轧账是指柜员日终（或日中）时，清点钱箱，核对个人钱箱里的现金数量、凭证数量和种类与电子钱箱中的是否一致。如果一致，则先上缴现金；再上缴重要空白凭证。现金和重要空白凭证是跟着运钞车运到金库保管的。如果不一致，须进一步核对查找，直到平账为止（见图1-1-9）。

	凭证类型	出库金额	入库金额	贷方发生额	借方发生额	余额(元)
1	现金	210,000.00	0.00	3,522,856.58	19,133,862.00	15,821,005.42
2	借记卡	20.00	0.00	0.00	4.00	16.00
3	信用卡	20.00	0.00	0.00	0.00	20.00
4	大额双整存单	20.00	0.00	0.00	4.00	16.00
5	整存整取存单	20.00	0.00	0.00	2.00	18.00
6	普通存折	20.00	0.00	0.00	1.00	19.00
7	普通支票	100.00	0.00	0.00	75.00	25.00
8	定活两便存单	20.00	0.00	0.00	2.00	18.00
9	现金支票	75.00	0.00	0.00	25.00	50.00
10	转账支票	150.00	0.00	0.00	125.00	25.00
11	单位定期存款开户…	20.00	0.00	0.00	2.00	18.00
12	银行承兑汇票	30.00	0.00	0.00	14.00	16.00
13	商业承兑汇票	20.00	0.00	0.00	3.00	17.00
14	业务委托书	20.00	0.00	0.00	1.00	19.00
15	本票	20.00	0.00	0.00	3.00	17.00
16	汇票	20.00	0.00	0.00	2.00	18.00
17	进账单	20.00	10.00	0.00	4.00	6.00
18	保函	20.00	0.00	0.00	1.00	19.00

图1-1-9 钱箱轧账

二、凭证管理

重要空白凭证是指经由银行印制的无面额或经银行、单位填写金额并签章后，即具有支取或解付款项效力的凭证，如汇票、本票、支票、存单、存折、联行报单以及各类信用卡、银行卡等。它是银行凭以办理收付款项的特定凭证和重要依据，银行必须对其印制、领用、保管、出售、销毁等环节进行严格管理。

银行除了对重要空白凭证进行严格管理外，对已出售或发放给客户使用的凭证，也应尽到知照、协助、指导的责任，并作为特殊业务处理，如凭证的挂失与解挂、支票的出售与回收、凭证密码修改等。

（一）凭证挂失

挂失主要有：凭证挂失（存折、存单、银行卡等）、密码挂失（交易密码、查询密码）和印鉴挂失的处理等情况。

1. 挂失方式及内容。挂失分为口头、书面挂失两种形式。书面挂失是指由存款人或其代理人持有效身份证件到银行以书面形式提出的挂失。凭证挂失7日后、密码挂失3日后方可解挂。如不能办理书面挂失，可以电话、电报、信函形式办理口头挂失，但在5日内须到银行办理正式书面挂失手续，否则自动失效。目前通过电话银行或网上银行办理的口头挂失将长期有效，直至客户本人来解挂为止。

可挂失项目为：存单（存折）、银行卡、密码、印鉴。

2. 挂失业务处理。

（1）办理书面挂失，挂失人需提供存款人的有效身份证件原件及复印件；代理他人挂失的要出示代理人及存款人的身份证件原件及复印件。

（2）书面挂失可在任意网点办理。

（3）挂失人需提供存款人的姓名、存款时间、存期、种类、金额、客户号、账号及住址等有关信息。

（4）书面挂失、印鉴挂失的银行可收手续费。

3. 解挂业务处理。

（1）书面挂失止付期限为7日，口头挂失止付期限为5日，密码挂失止付期限为3日。

（2）存款人本人可持有效证明原件、挂失申请书到挂失网点办理解挂。

（3）挂失后存折找到时，应由存款人本人持身份证明原件、挂失申请书、存折到挂失网点办理取消挂失手续。

（4）解挂时须客户本人亲自到挂失网点办理。

具体见图1-1-10和图1-1-11。

（二）换凭证

客户由于凭证损坏、银行卡失磁等原因，申请更换凭证的，可持有效身份证件（原件）来银行办理，委托代理人办理的，代理人须出示委托人和代理人的有效身份证

项目一 实训准备

图1-1-10 凭证挂失

图1-1-11 凭证解挂

件（原件）。更换新凭证后，柜员应收回旧凭证，并在该凭证盖上"作废"的标识，并做打孔或剪角处理（见图1-1-12）。

（三）支票管理

1. 支票出售。支票出售是指银行将空白支票出售给已开立账户的单位的操作流程。已在银行开立了账户的单位，可在其开户行购买现金支票和转账支票。按照中国人民银行的相关规定，开立基本账户的单位可购买现金支票和转账支票，开立一般账户的单位，只能购买转账支票。原则上每次只允许购买一本支票，每本支票25张，售价25元，另外加收工本费和手续费（见图1-1-13）。

2. 支票挂失。支票作为一种同城结算工具，其主要功能是代替现金的流通，一旦

图 1-1-12 换凭证

图 1-1-13 支票出售

遗失就可能给单位带来经济损失。支票遗失分"已签发支票"和"空白支票"遗失两种情况。

(1) 已签发的支票挂失。现行《支付结算办法》规定,已签发的支票遗失,应及时向其开户行申请挂失止付,请有关单位协助防范。

(2) 空白支票挂失。按照《支付结算办法》的规定,如携带盖有单位印鉴的空白支票外出遗失,属于违章行为,银行不受理此类挂失。此外,单位遗失空白支票,登报"作废"声明不具有法律效力。从民法和经济法的有关规定看,"遗失声明"是一种单方民事行为,并无法律意义。如被冒领支付,银行不负经济和法律责任,受损失的仍归空白支票遗失单位。

3. 支票核销。对已领用的支票,在支付业务处理完毕后,应进行核销处理。会计人员应填制相关机制凭证,并填入待核销支票的相关信息,包括支票号、结算方式、签发日期、收款人名称、付款金额等。

(四)修改密码

预留银行密码是客户特别是个人结算账户支付的主要依据。客户出于安全等因素的考虑要求修改密码的,应严格按照操作规程,要求客户持有开户时的有效身份证明,由本人亲自办理,不得代理(见图1-1-14)。

图1-1-14 借记卡密码修改

【案例分析1-1-1】

违规代客户设置密码的后果

某银行网点受理了一笔由代理人支取大额现金的业务,触发了"个人新开户不通过柜面异常支付"的风险模型。该行风险监控中心经调阅相关账户以及历史明细,综合分析得知,该个人结算账户的开户资料为其本人办理并由本人签名,但此笔大额现金取款代理人的笔迹与其本人在开户凭证上的签名极为相似。究其细节发现,该客户开立账户设置的密码是由柜员代客户输入的,并在无意中泄露给他人。很显然员工违规代理客户办理重要业务,因此被确认为风险事件。

银行相关规定明确指出,由员工代办设置密码很容易引发道德风险,造成客户资金损失引起法律诉讼,影响银行信誉。以信任代替制度,客户风险意识淡薄。现场审核人员未尽职履责,在客户未在场的情况下,由员工代客户输入密码,现场审核人员未加以制止。

三、通用业务

本实训平台中的通用业务指的是,在操作过程中账户系统的辅助功能,银行的系统维护主要是指对已开立的账户进行信息的修改和更正。在实际工作中,柜员操作时难免会出现差错,一经发现应及时更正;此外,随着时间的推移,客户的信息也可能会发生变化,应及时修改。为此,商业银行应时常进行账户信息系统维护。常见的账户信息维护有:信息维护、账户维护和交易维护。

(一)信息维护

信息维护包括个人客户和公司客户的信息维护、表外账户信息维护和表内账户信息维护。主要用于个人客户和公司客户的信息修改与更正;表外账户信息维护和表内账户信息维护主要的作用是对本部门表内账户和表外账户的基本信息进行修改与更正(见图1-1-15)。

通用业务

图1-1-15 对公客户信息维护

(二)账户维护

账户维护包括账户冻结与解冻、账户金额的冻结与部分冻结、冲销户业务和睡眠账户的激活等。

1. 账户冻结与解冻主要是指有执法权的相关机构,持协助冻结存款通知书要求商业银行冻结或解冻有关账户,办理了冻结的账户不得开展任何业务,冻结最长有效期为6个月,到期后银行操作系统将自动解冻,执法机关也可根据实际情况要求商业银行提前解冻账户或续冻账户。

账户金额的冻结与部分冻结是指仅冻结账户中的规定金额,如账户中的金额超过执法规定金额时则部分冻结,账户中的金额不足时则全额冻结,账户金额的冻结仅冻结执法规定的金额,该账户的其他业务依旧可以照常进行(见图1-1-16)。

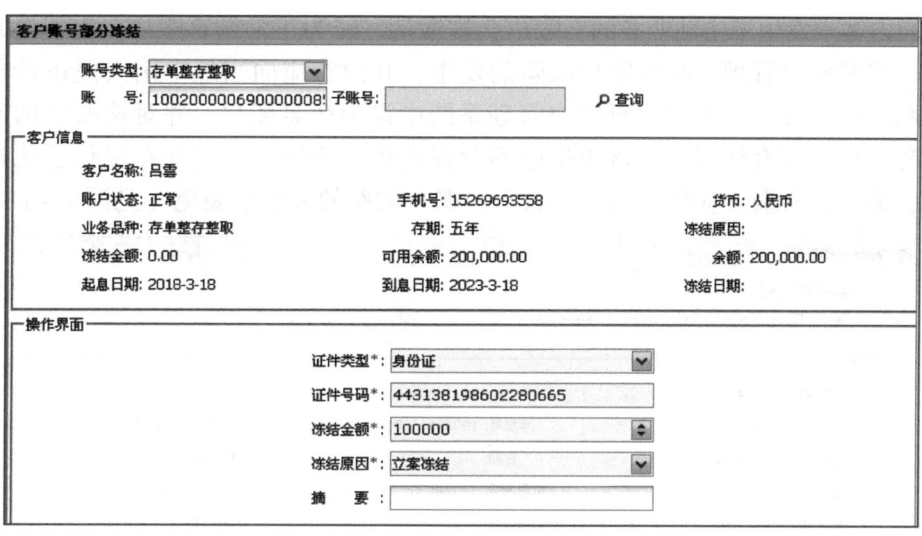

图 1-1-16 客户账户部分冻结

个人和对公单位存在银行的资金,受到法律的保护,并由其自行支配使用,任何单位和个人不得擅自查询、冻结和扣划单位存款。司法机关等国家行政机构依法查询、冻结和扣划单位在银行的存款,则应予以协助执行。有权查询、冻结、扣划单位与个人存款的执法机关如表1-1-1所示。

表1-1-1　　有权查询、冻结、扣划单位与个人存款的执法机关一览表

单位名称	查询		冻结		扣划	
	单位	个人	单位	个人	单位	个人
人民法院	有权	有权	有权	有权	有权	有权
税务机关	有权	有权	有权	有权	有权	有权
海关	有权	有权	有权	有权	有权	有权
人民检察院	有权	有权	有权	有权	无权	无权
公安机关	有权	有权	有权	有权	无权	无权
国家安全机关	有权	有权	有权	有权	无权	无权
军队保卫部门	有权	有权	有权	有权	无权	无权
监察机关	有权	有权	无权	无权	无权	无权
工商行政管理机关	有权	无权	暂停结算	暂停结算	无权	无权
审计机关	有权	无权	无权	无权	无权	无权
证券监管部门	有权	无权	无权	无权	无权	无权

2. 冲销户是指销户和冲正销户的业务。客户有要求销户的自由,银行应协助客户妥善办理销户的相关事宜。也可根据实际情况冲正销户的操作,恢复客户在本银行已开立的账户。

3. 睡眠户是指银行对一年未发生主动业务的单位结算账户或半年内无交易记录的银行卡账户转入睡眠状态的账户,这类账户包括久悬类、遗弃类、空壳类和失真类。在

睡眠期间内客户发生了主动业务的，账户会被激活，转为正常结算账户。为了提高账户利用率、规范账户管理、减少账户风险的发生，开户行应向当地中国人民银行申请将转入睡眠状态的账户在人民银行账户管理系统中设为久悬账户，并对该账户的印鉴卡进行单独管理。当有证据显示该单位已不存在或被注销时，应主动在银行系统进行销户处理，账户如有资金应转入营业外收入，账户欠费的应给予豁免（见图1–1–17）。

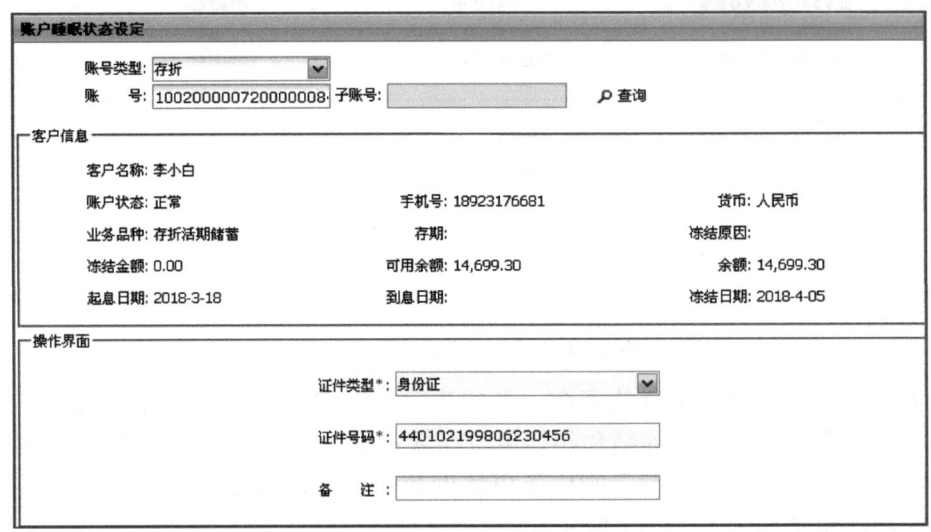

图1–1–17　睡眠户设定

（三）交易维护

主要指冲账业务。在业务操作中难免发生差错，一旦发现，应及时更正，对账务进行冲正操作。在征得客户的同意和配合下，找到发生错账的日期和错账流水，在系统中做冲正处理（见图1–1–18）。

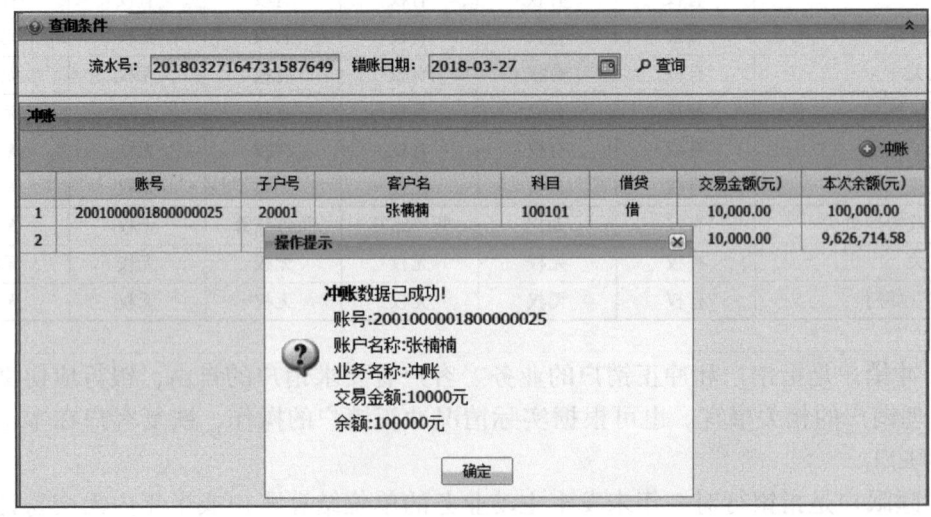

图1–1–18　冲账

四、综合查询

本模块主要是为了便于开展业务,仅限于银行内部有相关权限的管理人员使用。本着为客户保密的原则,任何人不得泄露客户的信息。在本实训课程中,为适用于教学,仅限于教师和学生查询系统中模拟客户的相关信息和操作记录。

(一)客户查询

根据客户提供的相关信息,通过系统查询客户更加详细的信息资料。客户查询包括个人客户和对公客户两个模块的查询,通过客户提供的"客户名称""客户号""证件类别""证件号码""开户日期"和"客户状态"等其中之一或若干条件信息,查询到客户更加详细的信息,如:客户开户时预留的"住址""邮箱",对公客户的"注册日期"和"注册地址""注册资金""法定代表人姓名""法定代表人身份证号码"等重要信息。其中,证件类别有"身份证""护照""军官证"和"营业执照",账户状态有"正常"和"关闭"等类型供选择(见图1-1-19和图1-1-20)。

1. 个人客户综合查询。

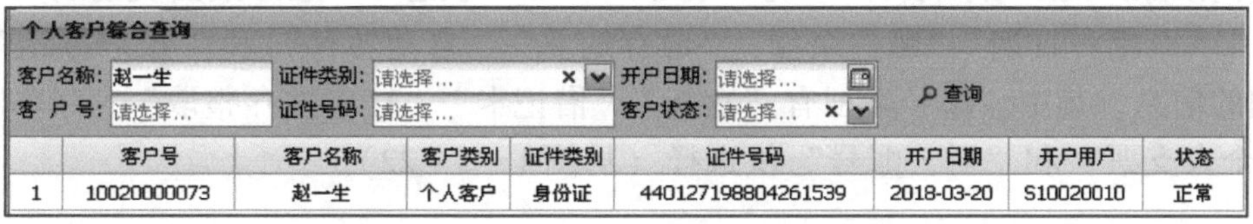

图1-1-19 个人客户综合查询

2. 对公客户号查询。

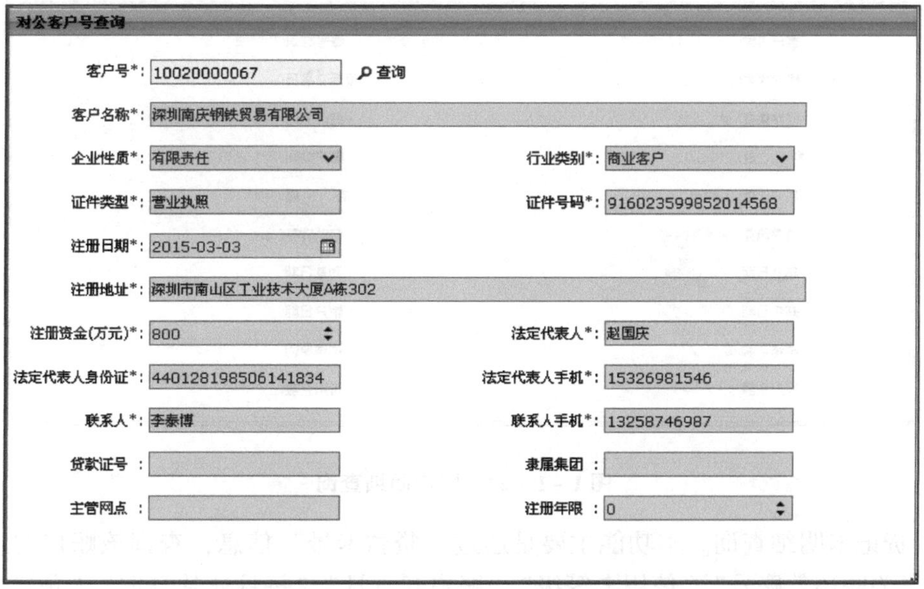

图1-1-20 对公客户号查询

（二）账户查询

1. 账户综合查询。本功能主要是通过"科目""客户号/账号/客户名称"等条件信息，查询客户的"账号""子账号""客户名称""客户日期""账户种类""账户余额""借贷情况"和"账户状态"（见图1–1–21）。

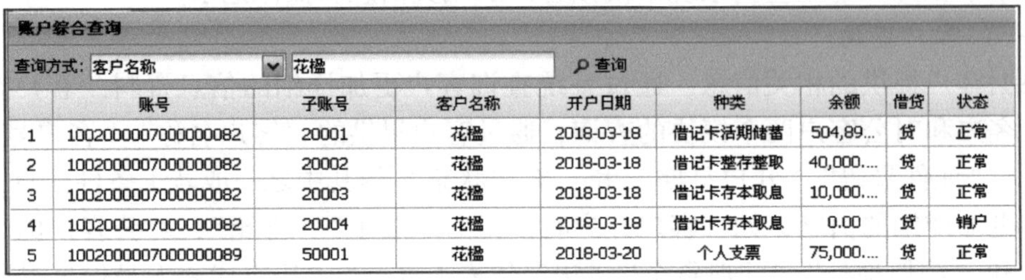

图1–1–21 账户综合查询

2. 账户明细查询。本功能主要是通过"账户类型""账号""子账号"等条件信息，查询该账户的"客户名称""账户标识""账户状态""账户最后交易日""账户起息日""开销户日期""账户余额""通存通兑""自动转存"和"账户冻结"等更加详细的信息。其中，账号类型有"存折""借记卡""存单整存整取""存单定活两便""个人支票"和"对公账号"供选择（见图1–1–22）。

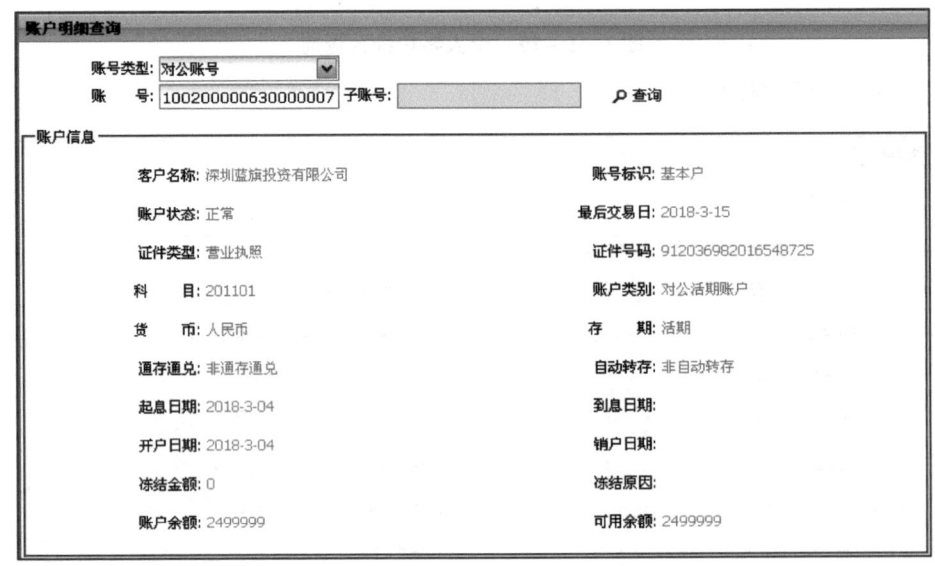

图1–1–22 账户明细查询

3. 贷记卡明细查询。本功能主要是通过"贷款卡号"信息，查询该账户的"账户状态""关联还款账号""信用卡等级""账户起息日""每月还款日期""预借现金额度""POS消费额度""通存通兑"等相关信息（见图1–1–23）。

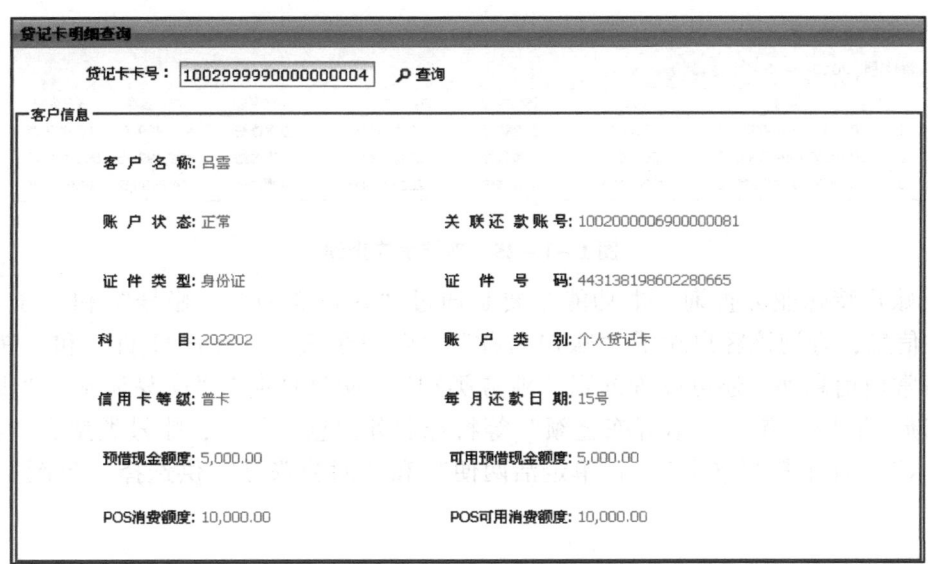

图1-1-23 贷记卡明细查询

4. 贷款明细查询。本功能主要是通过"贷款账号"信息，进行"个人贷款信息查询"和"公司贷款信息查询"。包括"账户名称""借据号""存款账号""贷款状态""贷款类型""币种""贷款月利率""贷款日期""还款日期""贷款本金"和"尚余本金"等相关信息（见图1-1-24）。

图1-1-24 贷款明细查询

5. 冻结解冻查询。本功能主要是通过"冻结日期"信息，查询该账户的"账号""科目""冻结类型""冻结（解冻）日期""冻结原因""冻结金额"和"账户余额"等相关信息（见图1-1-25）。

	账号	科目	冻结类型	冻结(解冻)日期	冻结原因	冻结金额	账户余额
1	1002000006400000072	201801	全部冻结	2018-04-05	立案冻结	432,499.75	682,499.75
2	1002000006400000072	201801	全部解冻	2018-04-05	立案冻结	432,499.75	682,499.75
3	1002000007200000084	20200101	全部冻结	2018-04-05	抵押冻结	14,849.65	14,849.65

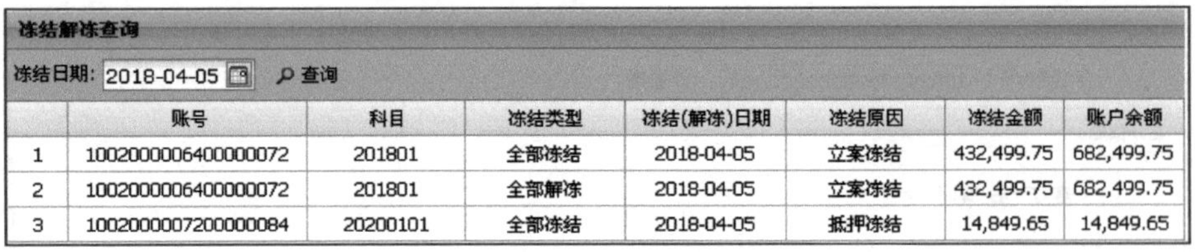

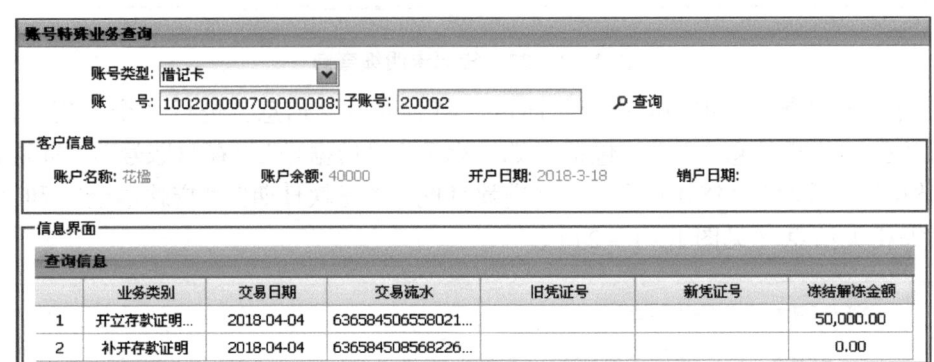

图 1－1－25　冻结解冻查询

6. 账户特殊业务查询。本功能主要是通过“账户类型”“账号”和“子账号”等条件信息，查询该客户除了“账户名称”“账户余额”“开户日期”和“销户日期”等常规信息外，还可以查询到“业务类别”“交易日期”“交易流水”“旧凭证号”“新凭证号”和“冻结解冻金额”等特殊业务信息。其中，账号类型有“存折”“借记卡”“存单整存整取”“存单定活两便”和“对公账号”供选择（见图 1－1－26）。

	业务类别	交易日期	交易流水	旧凭证号	新凭证号	冻结解冻金额
1	开立存款证明...	2018-04-04	636584506558021...			50,000.00
2	补开存款证明	2018-04-04	636584508568226...			0.00

图 1－1－26　账户特殊业务查询

（三）交易查询

1. 交易综合查询。本功能主要是通过“交易日期”“交易种类”“客户号”“账户后缀”和“交易金额”等其中之一或若干的条件信息，查询到交易的“流水号”“账号”“子户号”“交易码”“交易用户”“凭证类型”“凭证号码”和“余额”等交易综合信息。其中，交易类型有“正常”和“冲账”供选择。

2. 交易账务查询。本功能主要是通过“交易日期”“交易种类”“客户号”“账户后缀”“流水号”“交易金额”和“科目号”等其中之一或若干的条件信息，查询交易的“账务流水号”“交易流水”“账号”“子户号”“交易类型”“科目”“借贷”“交易金额”和“账户余额”等交易综合信息。其中，交易类型有“正常”和“冲账”供选择。

3. 账户账务查询。本功能主要是通过“账号”和“查询起始日期”等条件信息，可以查询“交易日期”“账务流水号”“交易流水”“账号”“子户号”“交易类型”“科目”“借贷”“交易余额”和“账户余额”等账户账务综合信息。

4. 开销户查询。本功能主要是通过"查询类别""账号""开户日期"和"销户日期"等其中之一或若干的条件信息，查询客户的"账号""子户号""客户名""开户日期""销户日期""交易用户"和"账户状态"等开销户信息。其中"查询类别"有"开户""预开户"和"销户"等三种类型可供选择。

5. 支票交易查询。本功能主要是通过"支票种类""支票号码"和"支票日期"等其中之一或若干的条件信息，查询支票的"交易日期""账务流水号""账号""金额""支票种类""支票号码"和"交易类别"等支票交易的信息。其中，支票类别有"现金支票"和"转账支票"供选择。

模块二 操作准备

商业银行前台柜员每天的主要工作是直接面对客户办理现金存取、资金划转、单证挂失、业务咨询等柜台操作业务。按照银行业务处理与业务管理制度要求，银行前台柜员每天的基本工作流程可概括为日初操作处理、日间业务操作处理和日终操作处理三个环节。

日初操作处理包括柜员签到、柜员钱箱领用、物品准备等工作内容，主要是做好营业前的各项准备工作，便于准时对外营业。

日间业务操作处理包括银行对客户提供各种业务操作处理，如存款业务处理、贷款业务处理、结算业务处理和代理业务处理等，是银行柜员业务处理的主要内容。

日终操作处理是在一天营业结束后，银行前台柜员进行轧账、账实核对、上缴钱箱等工作，以确保当天处理业务的准确性，保证资金安全，为第二天的营业做好必要的准备。

一、日初处理

（一）营业前准备

营业网点柜台人员每日营业前应提前到达营业场所，并做好如图1-1-27所示的工作。

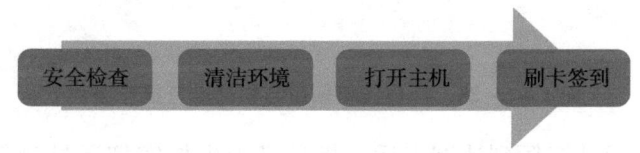

图1-1-27 柜员营业前准备工作操作流程

1. 安全检查。
- 双人同时进入营业场所，并立刻解除自动报警布控设置。
- 检查报警铃等安全防卫器具是否正常、完好。
- 检查二道门锁是否完好。

- 检查录像监控设备是否可以正常使用。

2. 清洁环境。
- 打扫营业柜台以外的卫生,擦拭客户等候区的桌椅、地面,保持窗明几净;整理营业厅及柜台摆放的各类存取款凭证和宣传资料;检查供客户使用的笔、墨等各类便民服务设施是否齐全。
- 打扫营业柜台内的卫生,整理柜面物品,做到整齐有序,不摆放与办公无关的任何物品及资料。
- 清洁 ATM 及各种计算机、机器设备等机具;检查利率牌及日历牌的内容是否正确。

3. 打开主机。每日办理业务开始前,先由网点业务主管开机,柜员才能进行签到操作。为保障系统的安全,必须对柜员进行操作权限认定。

4. 刷卡签到。在主机开启成功后,柜员用自己的工号卡刷卡,登录签到界面。输入柜员工号、钱箱号、操作密码后,签到即告完成,系统进入交易界面。

(1) 柜员工号。柜员工号是柜员在业务操作系统内的唯一标识,也是柜员进入业务操作系统的唯一合法身份,通常由字母或数字组成,由系统运行中心按营业机构编码分配。

(2) 钱箱号。每个柜员都需要建立一个自己的钱箱号。

(3) 操作密码。每个柜员首次使用权限卡或权限卡处于待启用状态时,由会计结算部门负责人在计算机上为其启用工号卡,并设定初始密码。柜员启用工号卡时,应先修改初始密码。

营业网点的所有各级柜员应该按照规定,一个月至少更换一次操作密码,以保证系统及资金安全。

(二) 钱箱准备

钱箱领用的程序如图 1-1-28 所示。

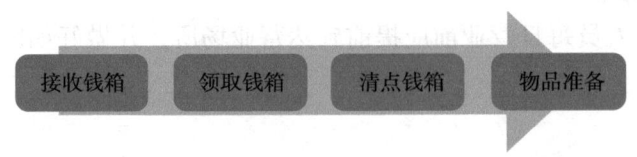

图 1-1-28 柜员钱箱领用与物品准备操作流程

1. 接收钱箱。运钞车辆到达网点后,柜员必须先核实押运员身份,再由两名柜员凭交接清单办理清点、核实钱箱数目,确认无误后,与押运员一起将接入网点的钱箱放置在通勤门内监控下,然后办理交接手续,若有不符应及时报告并查实处理。

2. 领取钱箱。网点各柜员经营业部经理授权后分别领取电子钱箱和实物钱箱。

3. 清点钱箱。柜员对电子钱箱与实物现金的币种、券别张数分别进行明细清点核对。清点时若发现实物现金与电子钱箱不一致,必须及时报告营业经理查实处理。

项目一 实训准备

4. 物品准备。营业网点各柜员需做好现金实物、重要空白凭证、业务印章等重要物品和工作机具的核对定位，有关印章日期应调整至营业当日，准备对外营业。柜员若需离开，上述物品均应在监控范围内上锁保管。

（三）日初操作

1. 开机。每天营业前10分钟，待营业部经理开启服务器和工作终端后，柜员随之打开工作终端，做好操作员签到交易，进入业务操作状态。

2. 调妥日期、时间和操作员号，清点重要空白凭证的数目是否正确，是否够用，并摘录启用号码。

3. 柜员向营业部经理领取钱箱，并做好钱箱交接记录。

4. 双人会同开箱，开箱前先检查封签、锁眼是否完好，有无被揭封、开锁启箱的可疑迹象，经认定无疑后，方能启封开锁开箱。

5. 将钱箱（或封包）内的钞券张数进行复点，与轧账单上的库存现金金额核对相符。

6. 检查现金收讫章、转讫章、日期戳的日期是否正确。

在本实训平台中，学生模拟银行柜员完成日初处理，为一天的工作做必要的准备。通常柜员需领取现金和重要空白凭证，并出库后才能进行日常业务操作。每天按以下顺序处理：

打开机器，进入系统—做日初处理（钱箱管理：现金和有价凭证出库）—处理日常业务—做现金日终平账（钱箱管理尾箱轧账）—退出系统、关机。

本实训模拟商业银行柜员在每日营业开始前需进行岗前准备操作，完成现金及重要凭证出库。为满足教学的需求，要求每位同学先将"借记卡""普通存折""双整存单""定活存单""银行承兑汇票""单位定期存款开户证实书"等15种凭证各10张出库，"现金支票""转账支票""普通支票"各4本及人民币现金10万元出库到柜员个人钱箱。

二、日终处理

在商业银行实际业务中，日终处理通常为：

1. 通过终端打印柜员轧账表及储蓄所轧账表，明细核算和综合核算核对相符，做到账账、账实、账证、账款相符。

2. 按定期、活期、零整、通存通兑和综合类的借、贷方凭证加计金额、笔数，与柜员轧账表核对相符。如不相符，通过查询流水账当天交易日志，进行逐笔勾对，当天轧平。

3. 根据实物分类缮制备忘科目收、付传票，摘要栏内写明起讫号码，并清点剩下的有价单证的张数、金额。

4. 根据各类表内凭证的借、贷方金额，填写现金轧账单，并轧出当日现金库存，与柜员轧账表的库存现金数核对相符，与收付款数字核对相符。

21

5. 双人会同装箱，钞券打点进库，加总金额与现金轧账单上的当日现金库存核对相符，有价单证、公章进箱。随后再上锁、加封，封签上写明库存现金、有价单证金额、加盖两人私章及日期戳。

在本实训平台中，可在完成全部实训任务后，学生模拟银行柜员完成日终处理：将三种不常用的凭证入库，将个人钱箱中万元以上金额的现金入库。

【实训操作】

（一）日初操作

银行柜员在每日营业开始前需进行日初业务操作，完成现金及重要凭证出库。

出库"借记卡""贷记卡""普通存折""整存整取存单""大额双整存单""定活存单""银行承兑汇票""商业承兑汇票""单位定期存款开户证实书""业务委托书""本票""汇票""银行进账单""保函""存款证明"等15种凭证各10张，以及"现金支票""转账支票"和"普通支票"各4本到柜员个人钱箱，同时出库现金10万元到柜员个人钱箱。

日初操作

（二）日终操作

在本实训课程中，为训练学生的日终操作的概念和意识，通常是模拟在营业终了时，将未使用的凭证入库，并将个人钱箱中万元以上金额的现金入库。

日终操作

项目二

存款业务

【实训目标】

了解商业银行存款业务的分类,熟悉个人业务和对公业务的账户管理,掌握个人存款业务和对公存款业务的主要品种,理解个人业务与储蓄业务的相互关系,掌握个人业务与对公业务之间的区别。

模块一 个人业务

一、个人账户管理

(一)个人账户的开立与使用

个人账户分个人储蓄账户和个人结算账户两种。

存款人可根据需要申请开立个人结算账户,也可在已开立的个人储蓄账户中选择并向开户行申请确认个人结算账户,个人结算账户开立后即可启用。

个人储蓄账户由申请人持本人有效身份证明,前往银行即可办理,也可委托代理人办理开户手续,但代理人也需持有效身份证明。

个人银行结算账户是存款人因投资、消费、结算等而凭个人身份证件以自然人名称开立的,可办理支付结算业务的银行结算账户。个人银行结算账户可用于办理个人转账收付和现金存取。

1. 个人银行结算账户的功能。

第一,活期储蓄功能,可以通过个人结算账户存取存款本金和支付利息,该账户的利息按照活期储蓄利息计算。

第二,普通转账功能,通过开立个人银行结算账户,办理汇款、支付水电气等基本日常费用、代发工资等转账结算服务,使用汇兑、委托收款、借记卡、定期借记、定期贷记、电子钱包(IC卡)等转账工具。

第三,通过个人银行结算账户使用支票、信用卡等信用支付工具。

2. 个人银行结算账户的使用范围。根据《人民币银行结算账户管理办法》的规定，下列款项可以转入个人银行结算账户：（1）工资、奖金收入。（2）稿费、演出费等劳务收入。（3）债券、期货、信托等投资的本金和收益。（4）个人债权或产权转让收益。（5）个人贷款转存。（6）证券交易结算资金和期货交易保证金。（7）继承、赠与款项。（8）保险理赔、保费退还等款项。（9）纳税退还。（10）农、副、矿产品销售收入。（11）其他合法款项。

3. 申请开立个人银行结算账户的条件。

（1）使用支票、信用卡等信用支付工具的。

（2）办理汇兑、定期借记、定期贷记、借记卡等结算业务的。

自然人可根据需要申请开立个人银行结算账户，也可以在已开立的储蓄账户中选择并向开户银行申请确认为个人银行结算账户。

4. 个人银行结算账户的开户要求。存款人申请开立个人银行结算账户，应向银行出具下列证明文件：

（1）中国居民，应出具居民身份证或临时身份证。

（2）中国人民解放军军人，应出具军人身份证件。

（3）中国人民武装警察，应出具武警身份证件。

（4）中国香港、澳门地区居民，应出具港澳居民往来内地通行证；中国台湾地区居民，应出具台湾居民往来大陆通行证或者其他有效旅行证件。

（5）外国公民，应出具护照。

（6）法律、法规和国家有关文件规定的其他有效证件。

银行为个人开立银行结算账户时，根据需要还可要求申请人出具户口簿、护照等有效证件。

5. 个人账户分类管理。2016年9月中国人民银行发布《关于加强支付结算管理防范电信网络新型违法犯罪有关事项的通知》，对个人账户进行分类管理，明确要求：

（1）个人银行结算账户。自2016年12月1日起，银行业金融机构（以下简称银行）为个人开立银行结算账户的，同一个人在同一家银行（以法人为单位，下同）只能开立一个Ⅰ类户，已开立Ⅰ类户再新开户的，应当开立Ⅱ类户或Ⅲ类户。银行对本银行行内异地存取现、转账等业务，收取异地手续费的，应当自本通知发布之日起三个月内实现免费。

个人于2016年11月30日前在同一家银行开立多个Ⅰ类户的，银行应当对同一存款人开户数量较多的情况进行摸排清理，要求存款人作出说明，核实其开户的合理性。对于无法核实开户合理性的，银行应当引导存款人撤销或归并账户，或者采取降低账户类别等措施，使存款人运用账户分类机制，合理存放资金，保护资金安全。

（2）个人支付账户。自2016年12月1日起，非银行支付机构（以下简称支付机构）为个人开立支付账户的，同一个人在同一家支付机构只能开立一个Ⅲ类账户。支付机构应当于2016年11月30日前完成存量支付账户清理工作，联系开户人确认需保留的账户，其余账户降低类别管理或予以撤并；开户人未按规定时间确认的，支付机构应当保留其使用频率较高和金额较大的账户，后续可根据其申请进行变更，详细分类见表1-2-1。

表1-2-1　　　　　　　　　　　　个人账户分类管理

	Ⅰ类账户	Ⅱ类账户	Ⅲ类账户
主要功能	全功能	储蓄存款及投资理财 限额消费和缴费 限额向非绑定账户转出资金业务	限额消费和缴费 限额向非绑定账户转出资金业务
账户余额	无限制	无限制	账户余额≤1000元
使用限额	无限额	非绑定账户转账、存取现金、消费缴费： 日累计限额合计：10000元 年累计限额合计：200000元	非绑定账户转账限额、消费缴费： 日累计限额合计：5000元 年累计限额合计：10000元
账户形式	借记卡、储蓄存折	电子账户 可配发实体凭证	电子账户
开立方式	有效身份证件，面核后开立	有效身份证件 无须绑定Ⅰ类账户或信用卡进行身份验证	有效身份证件 无须绑定Ⅰ类账户或信用卡进行身份验证

（二）账户的通存通兑

通存通兑是指某一个银行在某一个范围内（全国、省、市或县），客户在其某一个营业网点（分行、支行、分理处或储蓄所）开户后，可以在其任何一个营业网点办理储蓄业务，不收取任何手续费。

随着计算机技术和网络技术的进步，不同商业银行之间也可实现通存通兑，即跨行通存兑业务。实现跨行通存通兑之后，手中持有甲银行存折的客户，可到乙银行办理存、取款业务，而不必将现金在不同银行间"搬来搬去"。

通存通兑的业务范围一般为活期储蓄（不含个人支票），定期储蓄（不含存本取息、通知存款），银行卡的存款、取款、转账业务，销户、修改密码口头挂失和书面挂失。

但查询、冻结、扣划个人储蓄存款业务，必须在原开户行办理。

【实训操作】

（一）开立（或注销）个人客户号

1. 实训任务。柜员为第一次来本行办理开户业务的个人客户吕雲开立个人客户号（见图1-2-1和图1-2-2）。

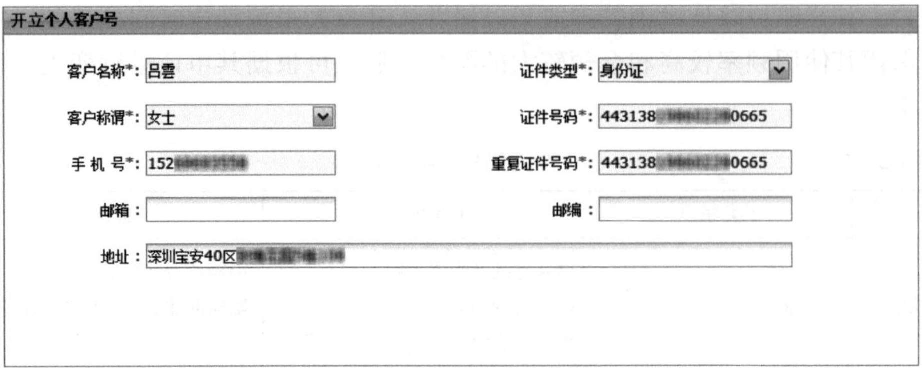

图 1-2-1 开立个人客户号

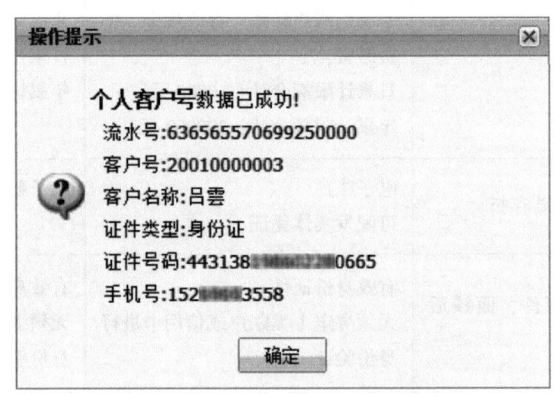

图 1-2-2 系统生成个人客户号

2. 操作提示。

（1）录入要素为"客户名称""客户称谓""证件类型""手机号""邮箱""地址"和"邮编"，其中，"＊"为必填项目。

（2）柜员按照中国人民银行关于个人账户管理的相关规定，为首次来本行申请开户的客户开立个人客户号，每一个有效身份证件（身份证、护照或军官证等）只能开立一个客户号。

（3）初次来本行办理业务的客户须先开立客户号，后开立账户。柜员应详细录入客户的称谓、姓名、有效身份证明、地址、邮编、电话和传真等相关资料。其中，重复录入证件号码的作用是为了确保证件号码录入的准确性，故操作时不得使用"复制键"和"粘贴键"。

（4）客户名称及身份证号码可由实验教师或学生自行设定，也可参照实训任务。

（5）在录入客户的相关信息后，系统自动生成该客户的个人客户号，每个有效身份证件只能开立一个客户号。在实验教学中，为了便于实验操作，应要求学生记录每个客户的客户号。

（6）客户因故申请注销客户号时，应先注销该客户号项下的所有个人账户。

（二）开立（或注销）个人账户

1. 实训任务。柜员为客户吕雲开立个人账户（见图1-2-3和图1-2-4）。

图1-2-3 开立个人账户

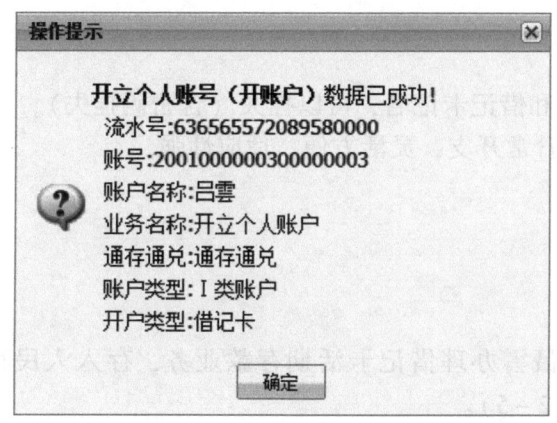

图1-2-4 系统生成个人账号

2. 操作提示。

（1）录入客户号，点击"查询"后，系统自动在窗口的上半部分显示出该客户的详细信息，包括客户号、客户名称、客户类别（个人客户或对公）、客户状态（正常或关闭）、客户地址等。

（2）在操作界面中，选择账户类型（Ⅰ类账户），凭证类型（借记卡、存折、存单等），录入凭证号码，从柜员钱箱已出库的凭证中取出（如借记卡），从第一张开始，顺序使用，不得跳号。填写客户的手机号码，作为预留的联系方式。签印类别选择"密码"，交易密码由学生自行设定，并记录下来，以备在后续实验时使用。

（3）在录入客户的客户号后，系统自动生成该客户的Ⅰ类账户的账号，每个有效身份证件只能开立一个Ⅰ类账户。在实验教学中，为了便于实验操作，应要求学生记录每个客户的账号。

（4）已开立了个人客户号的客户，可开立一个Ⅰ类账户和若干个Ⅱ类账户和Ⅲ类账户。

（5）客户也可根据个人意愿和需要，申请注销个人账户。

二、活期储蓄

活期储蓄存款是一种无固定存期、随时可取、随时可存，也没有存取金额限制的一种储蓄。可以随时到营业网点进行通存通兑，并得到安全、快捷、准确、方便的服务。

（一）起存金额与存期

人民币1元起存，多存不限，期限不限，储户任意选择开卡或开折。凭存折支取（有配发借记卡的，还可凭卡支取），存折记名，可以挂失（含密码挂失）。

（二）存款利率

每季度结算利息一次，并计入本金起息。全部支取时，按销户日挂牌公告的活期储蓄利率计息。

（三）特点

1. 存折（存单）和借记卡记名，可以挂失（含密码挂失）。
2. 活期存款用于日常开支，灵活方便，适应性强。

【实训操作】

（一）活期存款

1. 实训任务。

（1）柜员为客户吕雲办理借记卡活期存款业务，存入人民币50000元整（见图1-2-5）。

（2）柜员为客户李小白办理存折活期存款业务，存入人民币5800元整（见图1-2-6）。

2. 操作提示。

（1）录入正确的账号"查询"后，窗口中显示出含有该客户的开户类型、账号状态、子账号、业务类型、可用余额、冻结金额、客户名称、证件类型等基本信息的一条记录。选择该条记录，点击"存款"按钮，输入实训案例中的存款金额。

个人活期业务

（2）核对客户信息无误后，录入客户的存款金额，点击"执行"。存款超过50000元时，需要输入复核人代码（999999）及复核人密码（999999）。

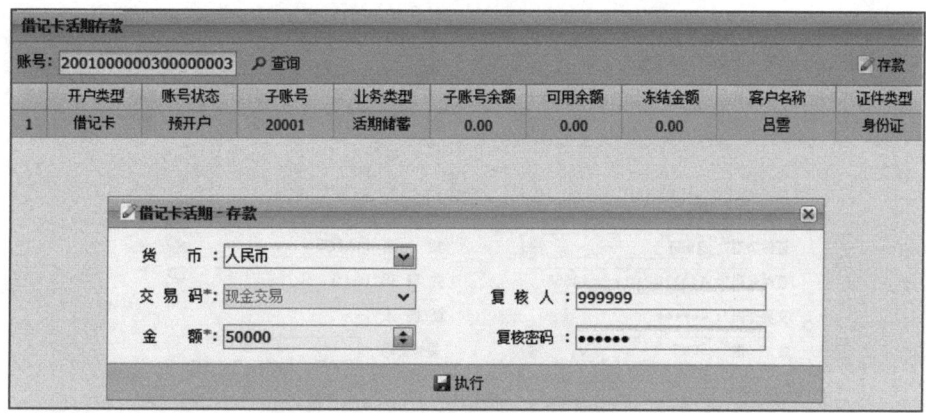

图 1-2-5 借记卡活期存款

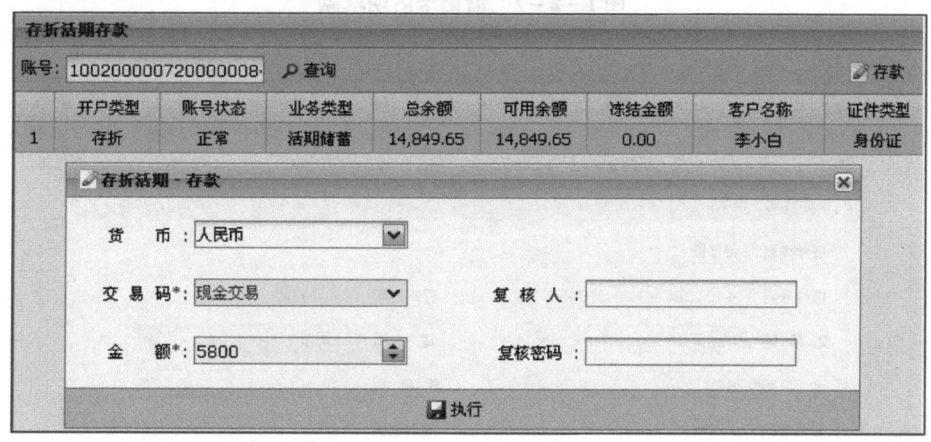

图 1-2-6 存折活期存款

(二) 活期取款

1. 实训任务。

(1) 柜员为客户吕雲办理借记卡活期取款业务,取出人民币 5000 元整 (见图 1-2-7)。

(2) 柜员为客户李小白办理存折活期取款业务,取出人民币 800 元整 (见图 1-2-8)。

2. 操作提示。

(1) 录入正确的账号"查询"后,窗口中显示出该客户的开户类型、账号状态、子账号、业务类型、可用余额、冻结金额、客户名称、证件类型等基本信息的一条记录。选择该条记录,点击"取款"按钮,输入实训案例中的取款金额。

(2) 支取时应正确录入客户的有效身份证号码和密码。密码输入三次错误,系统将锁定该客户,显示"密码挂失"的提示,24 小时内该客户的所有交易不能再进行操作。

个人存单业务

个人定期业务

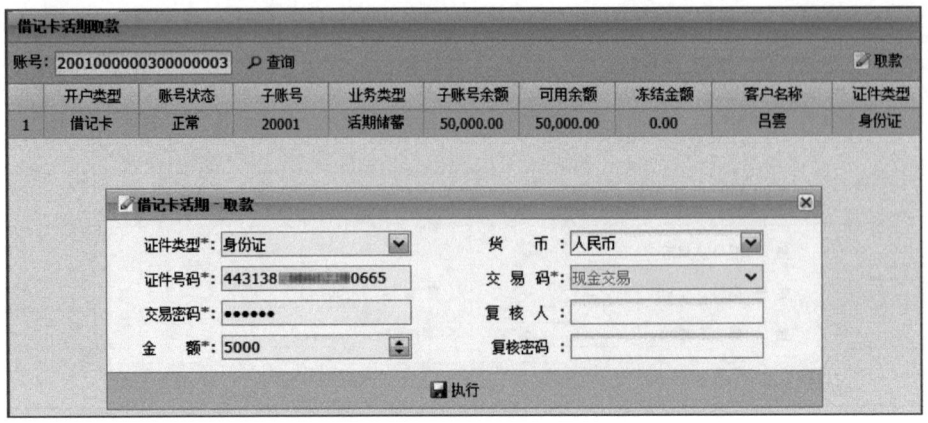

图 1-2-7 借记卡活期取款

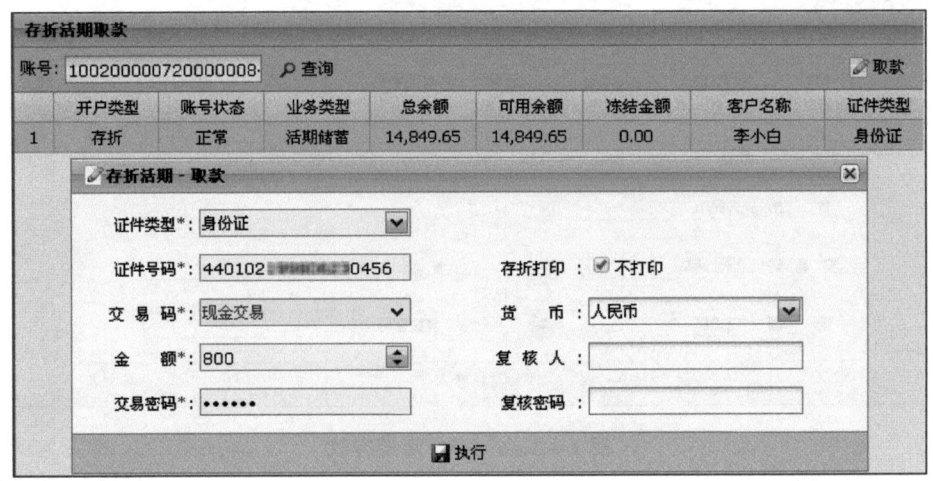

图 1-2-8 存折活期取款

三、整存整取

整存整取定期储蓄是在存款时约定存期，一次存入本金，全部或部分支取本金和利息的储蓄。

(一) 起点金额与存期

一般 50 元起存，多存不限。存期分 3 个月、6 个月、1 年、2 年、3 年和 5 年。储户还可以根据本人意愿办理定期存款到期约定转存或自动转存业务。

(二) 存款利率

到期的定期存款支取时，按开户日挂牌公告的定期储蓄存款利率计付利息。未到期的定期存款，全部提前支取的，按支取日挂牌公告的活期存款利率计付利息；部分提前支取的，提前支取的部分按支取日挂牌公告的活期存款利率计付利息，剩余部分到期时按开户日挂牌公告的定期储蓄存款利率计付利息。

（三）特点

1. 利率较高。定期存款利率高于活期存款，是一种传统的理财工具，定期存款存期越长，利率越高。

2. 可约定转存。客户可在存款时约定转存期限，定期存款到期后的本金和利息将自动按转存期限续存。

3. 可质押贷款。如果定期存款临近到期，但又急需资金，客户可以办理定期存单质押贷款，以避免利息损失。

4. 可提前支取。储户如有急需，可凭本人有效证件办理提前支取，分为全部提前支取和部分提前支取两种。

【实训操作】

（一）整存整取开户

1. 实训任务。

（1）柜员为客户吕雲开设一个存单整存整取账户，开户存入人民币80000元整，存期为1年（见图1-2-9）。

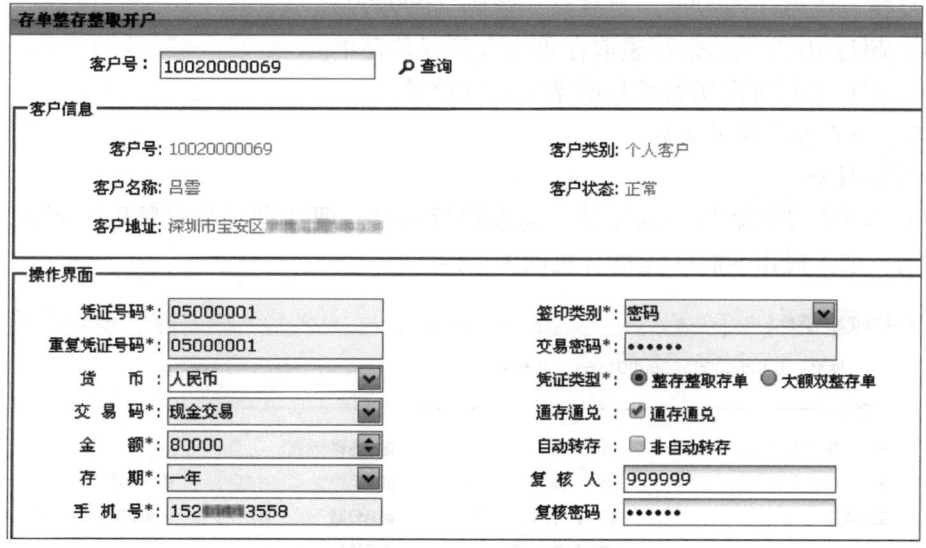

图1-2-9 整存整取（存单）开户

（2）客户花楹前来银行办理借记卡整存整取开户业务，柜员为其开立一个借记卡整存整取账户，开户时存入人民币60000元整，存期为3年（见图1-2-10）。

2. 操作提示。

（1）存单整存整取开户时，录入正确的账号"查询"后，窗口中显示出该客户的"客户号""客户类别""客户名称""客户状态""客户地址"等客户信息。

（2）借记卡整存整取开户时，录入正确的账号后（无须"查询"），点击"开户"按钮，出现"借记卡整存整取—开户"界面。

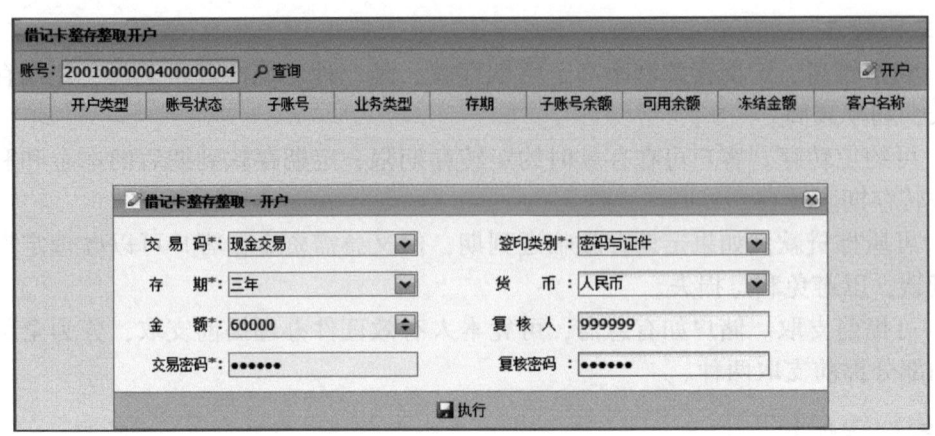

图 1-2-10 整存整取（借记卡）开户

（3）按照任务中所给予的条件分别录入相关的内容，如凭证号码（整存整取存单号码）、交易码（现金交易或转账交易），签印类别（密码与证件或密码或证件），存期（三个月、六个月、一年、二年、三年或五年）等，存款金额超过 50000 元时，需要输入复核人代码（999999）及复核人密码（999999）。

（4）超过 10 万元的整存整取存单为大额双整存单。

（5）客户密码可由实验教师或学生自行设置。

（二）整存整取提前支取

1. 实训任务。

（1）客户吕雲因临时急需用钱，前来银行柜台办理"存单整存整取"提前支取业务，提前支取人民币 50000 元整（见图 1-2-11）。

图 1-2-11 整存整取（存单）提前支取

（2）客户花楹因临时急需用钱，前来银行柜台办理"借记卡整存整取"提前支取业务，提前支取人民币 20000 元整（见图 1－2－12）。

图 1－2－12　整存整取（借记卡）提前支取

2. 操作提示。

（1）存单整存整取提前支取时，录入正确的账号"查询"后，窗口中显示出该客户的"凭证号码""业务品种""签印类别""账户状态""客户名称""起息日期""存期""应付利息""客户地址"等客户信息。

（2）借记卡整存整取提前支取时，录入正确的账号后"查询"，选择其中一条记录，点击"提前支取"，出现"借记卡整存整取—提前支取"界面。

（3）整存整取业务提前支取将会对客户利息产生损失，一般情况是急需用钱才会对整存整取存款进行提前支取。整存整取只能部分提前支取一次，提前支取的部分按当期活期利率计息执行，未提前支取的部分仍可按存款时的整存整取利率执行。

（4）由于客户提前支取，使用存单整存整取业务应使用新的存单替换，原存单作废；但使用借记卡整存整取业务不需要更换凭证，只是借记卡中该笔整存整取账户销户，其他账户仍然有效。

（三）整存整取销户

1. 实训任务。

（1）客户吕雲一笔整存整取存单到期，前来银行支取并销户（见图 1－2－13）。

（2）客户花楹借记卡中的一笔整存整取存款到期，前来银行支取并销户（见图 1－2－14）。

2. 操作提示。

（1）存单整存整取销户时，录入正确的账号"查询"后，窗口中显示出该客户的

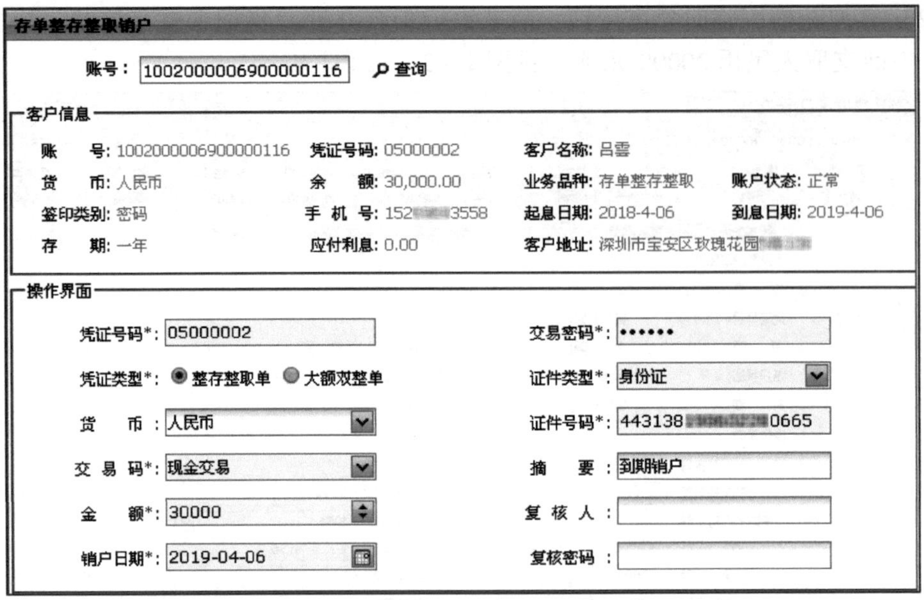

图1-2-13 整存整取（存单）销户

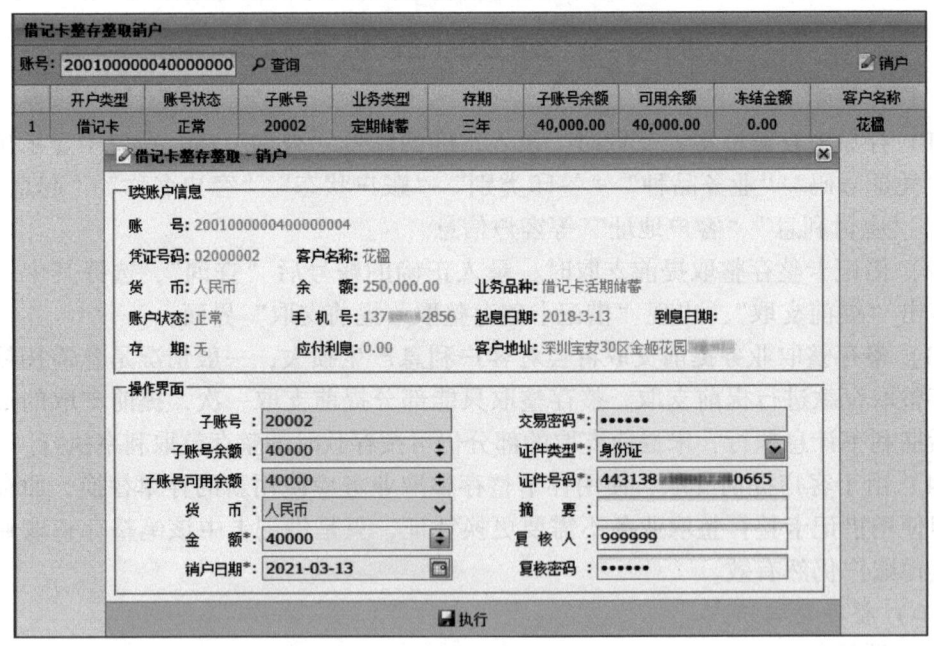

图1-2-14 整存整取（借记卡）销户

"凭证号码""业务品种""签印类别""账户状态""客户名称""起息日期""存期""应付利息""客户地址"等客户信息。

（2）借记卡整存整取销户时，录入正确的账号后"查询"，选择拟销户的一条记录，点击"销户"，出现"借记卡整存整取—销户"界面。

(3) 销户时的金额为该笔整存整取的余额，无须加入利息，销户后系统会自动计息。

四、定活两便

定活两便是指存款时不确定存期，一次存入本金随时可以支取的储蓄业务产品。

（一）存期与起点金额

一般 50 元起存，存期不确定。

（二）存款利率

存期不满 3 个月的，按天数计付活期利息；存期 3 个月以上（含 3 个月）不满半年的，整个存期按支取日定期整存整取 3 个月存款利率打 6 折计息；存期半年以上（含半年）不满 1 年的，整个存期按支取日定期整存整取半年期存款利率打 6 折计息；存期在 1 年以上（含 1 年），无论存期多长，一律按支取日当期整存整取 1 年期存款利率打 6 折计息。

（三）特点

1. 存取灵活，流动性较好。
2. 可质押贷款。

【实训操作】

（一）定活两便开户

1. 实训任务。

（1）客户吕雲现在有人民币 20000 元现金，可能在未来几个月内需要全额支取用于购买电器，针对此种情况，柜员建议她将此笔款项以"定活两便"存单的方式存入银行（见图 1 – 2 – 15）。

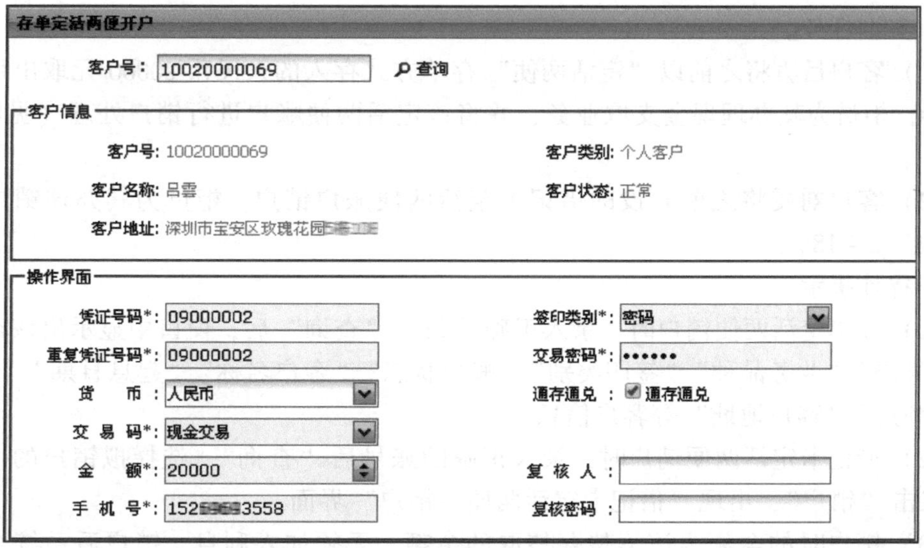

图 1 – 2 – 15　定活两便（存单）开户

(2) 柜员为客户刘震开立一个借记卡定活两便账户，开户存入金额为40000元（见图1-2-16）。

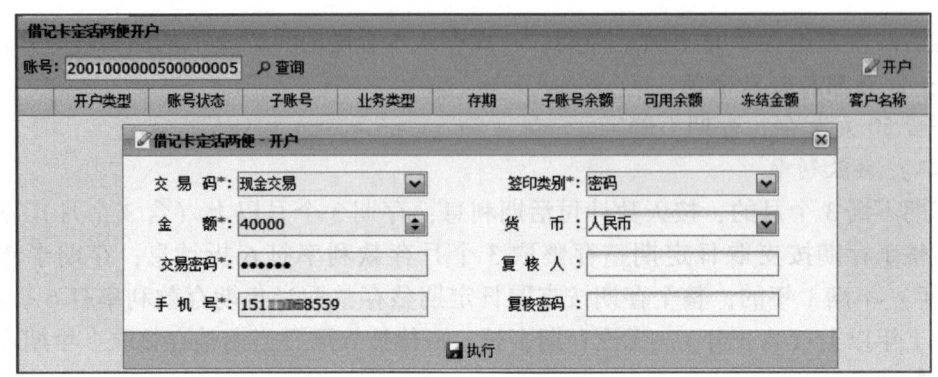

图1-2-16 定活两便（借记卡）开户

2. 操作提示。

(1) 存单定活两便开户时，录入正确的账号"查询"后，窗口中显示出该客户的"客户号""客户类别""客户名称""客户状态""客户地址"等客户信息。

(2) 借记卡定活两便开户时，录入正确的账号后（无须"查询"），点击"开户"按钮，出现"借记卡定活两便—开户"界面。

(3) 按照案例中所给予的条件分别录入相关的内容，如凭证号码（定活两便存单号码）、交易码（现金交易或转账交易），签印类别（密码与证件或密码或证件等）。

(4) 客户密码可由实验教师或学生自行设置。

(二) 定活两便销户

1. 实训任务。

(1) 客户吕雲将之前以"定活两便"存单方式存入的人民币20000元取出用于购买电器，柜员为其办理现金支取业务，并将该定活两便账户进行销户处理（见图1-2-17）。

(2) 客户刘震将之前开设的借记卡定活两便账户销户。柜员为其办理销户手续（见图1-2-18）。

2. 操作提示。

(1) 存单定活两便销户时，录入正确的账号"查询"后，窗口中显示出该客户的"凭证号码""业务品种""签印类别""账户状态""客户名称""起息日期""存期""应付利息""客户地址"等客户信息。

(2) 借记卡定活两便销户时，录入正确的账号后"查询"，选择拟销户的一条记录，点击"销户"，出现"借记卡定活两便—销户"界面。

(3) 销户时的金额为该笔整存整取的余额，无须加入利息，销户后系统会自动计息。

项目二 存款业务

图 1-2-17 定活两便（存单）销户

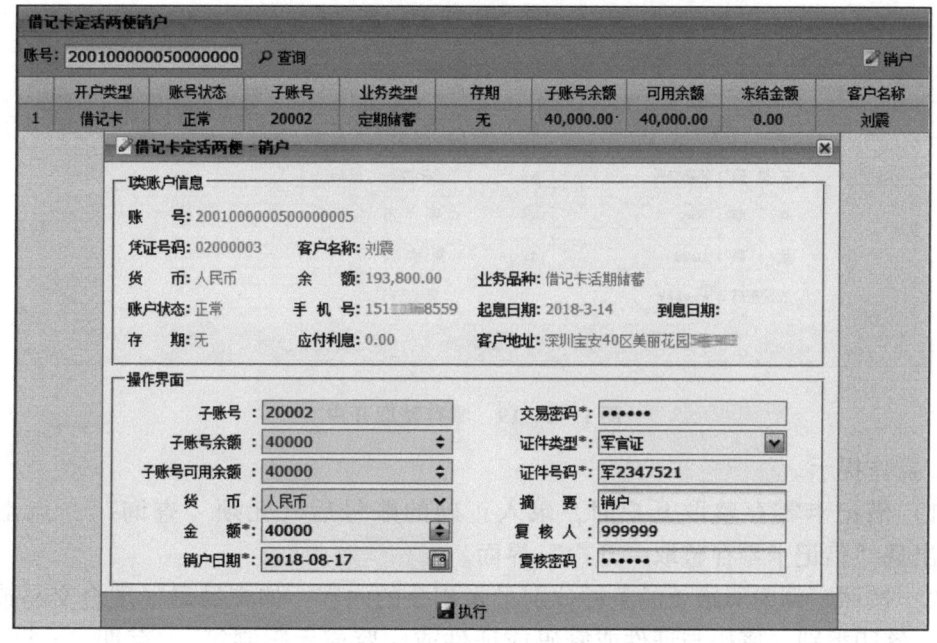

图 1-2-18 定活两便（借记卡）销户

五、零存整取

零存整取是一种集零成整的储种，客户按月定额存入，到期一次支取本息。这种储蓄积累性强、计划性高，有利于集小钱办大事，适合相当一部分收入不高的储户的需要。

（一）起点金额与存期

一般 5 元起存，多存不限。每月存入一次，中途如有漏存，应在次月补存，未补存者到期支取时按实存金额和实际存期计息。存期分为 1 年、3 年和 5 年。

（二）存款利率

利率按当期公布的 1 年、3 年、5 年零存整取挂牌利率，对年对月为到期日。

（三）特点

（1）积少成多，培养理财习惯。（2）可提前支取。（3）可约定转存。（4）可质押贷款。

【实训操作】

（一）零存整取开户

1. 实训任务。客户刘震每月工资性收入均有结余，如以活期方式存入银行利息太少，为此柜员建议他将每月的结余进行零存整取将可以获得更多的利息收入。客户接受了柜员的建议，开立一个借记卡零存整取账户，存期为五年，开户金额为 1000 元（见图 1 - 2 - 19）。

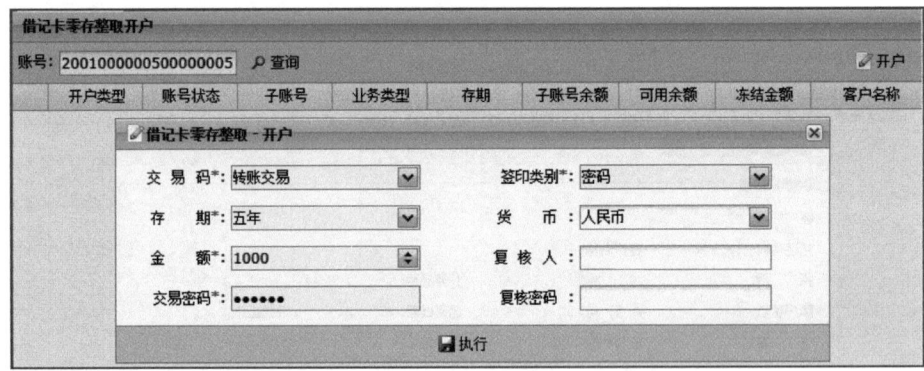

图 1 - 2 - 19　零存整取开户

2. 操作提示。

（1）借记卡零存整取开户时，录入正确的账号后（无须"查询"），点击"开户"，出现"借记卡零存整取—开户"界面。

（2）按照案例中所给予的条件分别录入相关的内容，如交易码（现金交易或转账交易）、签印类别（密码与证件或密码或证件或印鉴或无限制等）、存期（1 年、3 年和 5 年）。

（二）零存整取存款

1. 实训任务。客户刘震前往银行柜台办理"借记卡零存整取"业务，将当月工资结余按约定的零存金额人民币 1000 元存入零存整取账户中（见图 1 - 2 - 20）。

2. 操作提示。

（1）录入正确的账号"查询"后，窗口中显示出该客户的开户类型、账号状态、

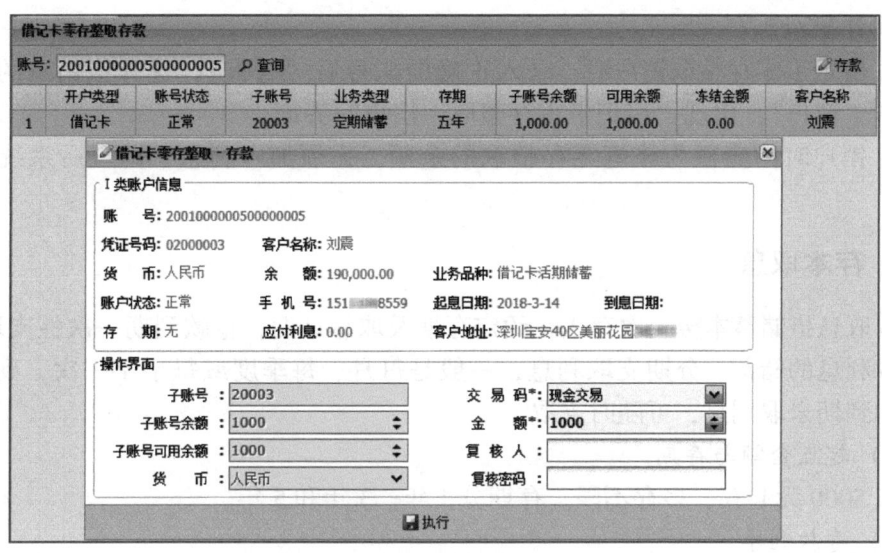

图1-2-20 零存整取（借记卡）存款

子账号、业务类型、可用余额、冻结金额、客户名称、证件类型等基本信息的一条记录。选择该条记录，点击"存款"，输入实训案例中的存款金额。

（2）核对客户信息无误后，录入客户的存款金额，点击"执行"。

（3）每一期的零存整取金额应与开户时存入的金额一致。

（三）零存整取销户

1. 实训任务。客户刘震的借记卡零存整取账户到期，柜员为其办理取款销户业务（见图1-2-21）。

图1-2-21 零存整取（借记卡）销户

2. 操作提示。

(1) 借记卡零存整取销户时，录入正确的账号后"查询"，选择拟销户的一条记录，点击"销户"，出现"借记卡零存整取—销户"界面。

(2) 销户时的金额为该笔零存整取的余额，无须加入利息，销户后系统会自动计息。

六、存本取息

存本取息指储蓄本金一次存入，约定存期及取息日期，存款到期一次性支取本金，分期支取利息的储蓄。分期支取利息，一般是每月、每季度或每半年一次，到期支取本金，如到期未取利息，可随时支取。

(一) 起点金额与存期

一般 5000 元起存，多存不限。存期分 1 年、3 年和 5 年。

(二) 存款利率

存本取息储蓄存款在约定存期内需提前支取，利息按取款当日银行挂牌公告的活期储蓄的利率计息，存期内已支取的定期储蓄利息要一次性从本息中扣回。

(三) 特点

(1) 起存金额较高。(2) 可多次支取利息，灵活方便。(3) 可质押贷款。(4) 可提前支取。

【实训操作】

(一) 存本取息开户

1. 实训任务。客户花楹现有一笔 300000 元款项在一年内不需动用，但每月需要该笔款项的利息作为生活费用补贴。针对这种情况，柜员建议他将此笔款项以"存本取息"的方式存入银行。现为其开立一个存本取息账户，开户金额为 300000 元，存期为 1 年，取息间隔为 1 个月（见图 1-2-22）。

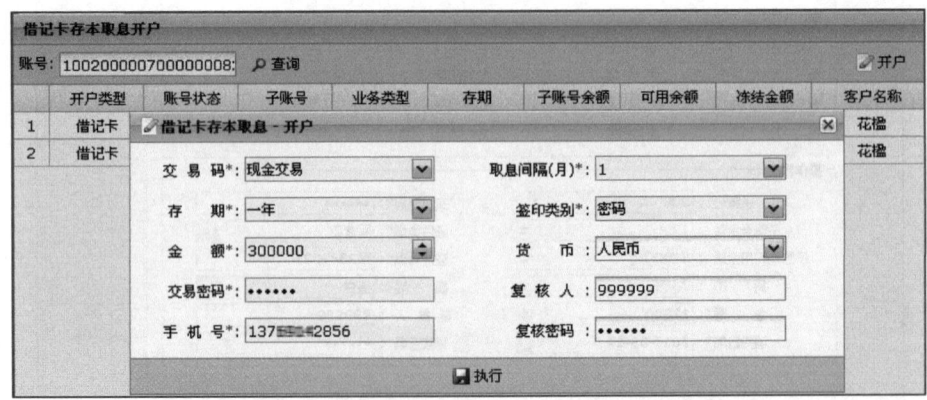

图 1-2-22 存本取息（借记卡）开户

2. 操作提示。

(1) 借记卡存本取息开户时,录入正确的账号后(无须"查询"),点击"开户",出现"借记卡存本取息—开户"界面。

(2) 按照案例中所给予的条件分别录入相关的内容,如交易码(现金交易或转账交易)、签印类别(密码与证件或密码或证件或印鉴或无限制等)、存期(1年、3年和5年)、取息间隔(1个月、3个月、6个月、12个月)。

(二) 存本取息

1. 实训任务。客户花楹每个月持借记卡来银行取息,柜员为其办理"存本取息"业务(见图1-2-23)。

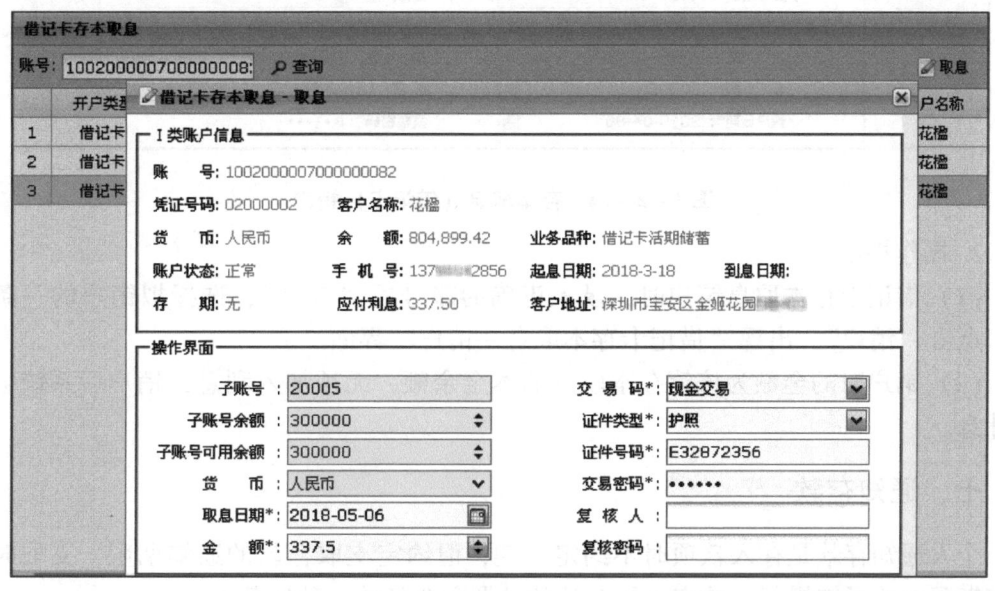

图1-2-23 存本取息(借记卡)

2. 操作提示。

(1) 录入正确的账号"查询"后,窗口中显示出该客户的开户类型、账号状态、子账号、业务类型、可用余额、冻结金额、客户名称、证件类型等基本信息的一条记录。选择该条记录,点击"取息",输入实训案例中的证件类型、证件号码、交易密码、取息日期和金额等。

(2) 核对客户信息无误后,点击"执行"。

(3) 取息的金额为应付利息。

(三) 存本取息销户

1. 实训任务。客户花楹的一笔"存本取息"到期,柜员为其办理"存本取息"账户销户手续(见图1-2-24)。

图 1-2-24 存本取息（借记卡）销户

2. 操作提示。

（1）借记卡存本取息销户时，录入正确的账号后"查询"，选择拟销户的一条记录，点击"销户"，出现"借记卡存本取息—销户"界面。

（2）销户时的金额为该笔存本取息的本金余额，无须加入利息，销户后系统会自动计息。

七、通知存款

个人通知存款是存入款项时不约定存期，但约定支取存款的通知期限，支取时按约定期限提前通知银行，约定支取存款的日期和金额的一种储蓄方式。

（一）起存金额和通知期限

起存金额为5万元，多存不限，以1000元为递增单位，本金一次存入，可一次或分次支取，最低支取金额为5万元，每次支取后的账户余额不得低于5万元。

通知存取按提前通知的期限，分1天通知存款和7天通知存款两个品种。

（二）存款利率

通知存款按照其提前通知的期限，存款利率略有不同，但都会比同期的活期存款利率高。预约提款日如未及时支取，自预约提款日开始，支取部分不再计算通知存款利息。办理提款通知后，如不支取或在预约日之前取消通知，则在通知期限内（1天或7天），不计存款利息。

（三）特点

1. 收益高，资金支取灵活。储蓄不仅可获得高于活期存款的利率，并且可以随时支取存款。

2. 获得"复利"收益。储户可根据需要设置通知存款自动转存的周期。如储户设定通知存款的转存周期为 8 天，则银行将每 8 天的本金和利息进行自动转存，储户不仅可以获得复利收益，还可以随时提前支取通知存款。

【实训操作】

（一）通知存款开户

1. 实训任务。客户赵一生有 80000 元现金，未来 1 个月内需用此款项采购货物，如果存活期，他觉得利息太低，所以决定以"通知存款"方式存入银行。柜员为其开立一个借记卡通知存款账户，开户金额为 80000 元（见图 1-2-25）。

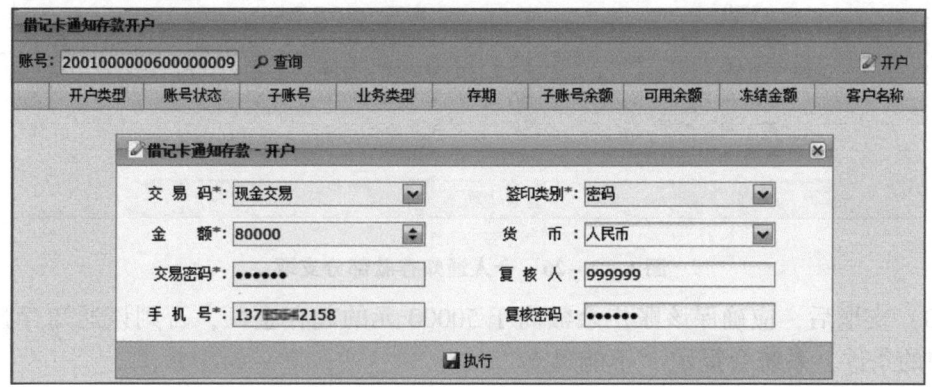

图 1-2-25　个人通知存款开户

2. 操作提示。

（1）借记卡通知存款开户时，录入正确的账号后（无须"查询"），点击"开户"，出现"借记卡通知存款—开户"界面。

（2）按照案例中所给予的条件分别录入相关的内容，如交易码（现金交易或转账交易），签印类别（密码与证件或密码或证件或印鉴或无限制），金额（起存金额应大于 50000 元），交易密码，以及开户人手机号码。

（3）存款金额超过 50000 元时，需要输入复核人代码（999999）及复核人密码（999999）。

（二）通知存款部分支取

1. 实训任务。一个月后，客户赵一生为支付货款，提前 7 天通知银行，需支取 30000 元。柜员为客户赵一生办理"借记卡通知存款"部分支取业务，支取 30000 元，通知期为 7 天（见图 1-2-26）。

2. 操作提示。

（1）录入正确的账号"查询"后，窗口中显示出该客户的开户类型、账号状态、子账号、业务类型、可用余额、冻结金额、客户名称、证件类型等基本信息的一条记录。选择该条记录，点击"提前支取"，输入实训案例中的取款金额。

（2）核对客户信息无误后，录入客户的取款金额，点击"执行"。

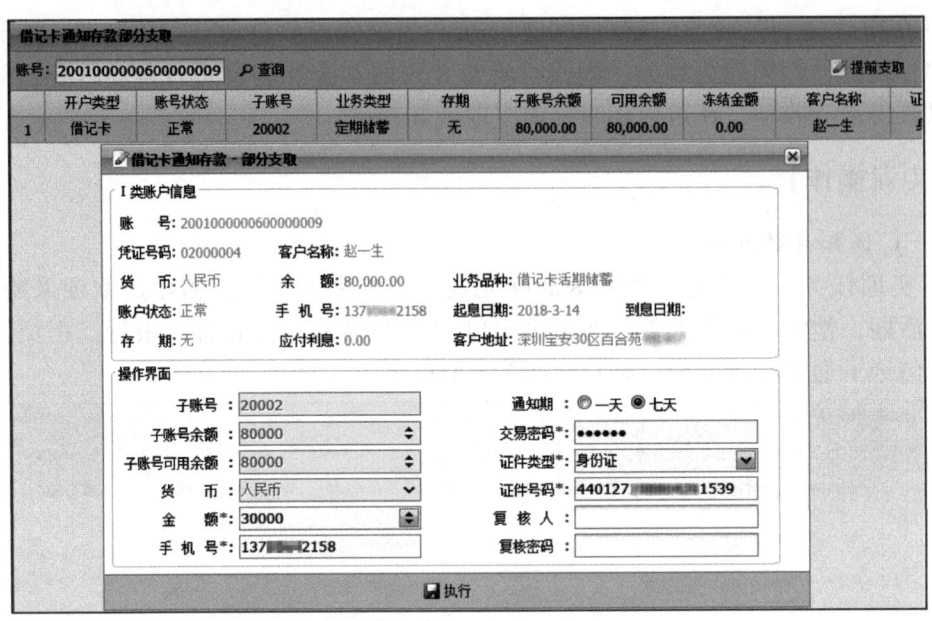

图 1-2-26 个人通知存款部分支取

（3）支取后，应确保该账户余额高于 50000 元的起存金额，否则该通知存款不符合开户的条件，系统会提示"不能透支"。

（三）通知存款销户

1. 实训任务。客户赵一生拟将通知存款账户的余额全部取出，柜员为客户赵一生办理"借记卡通知存款"账户销户业务（见图 1-2-27）。

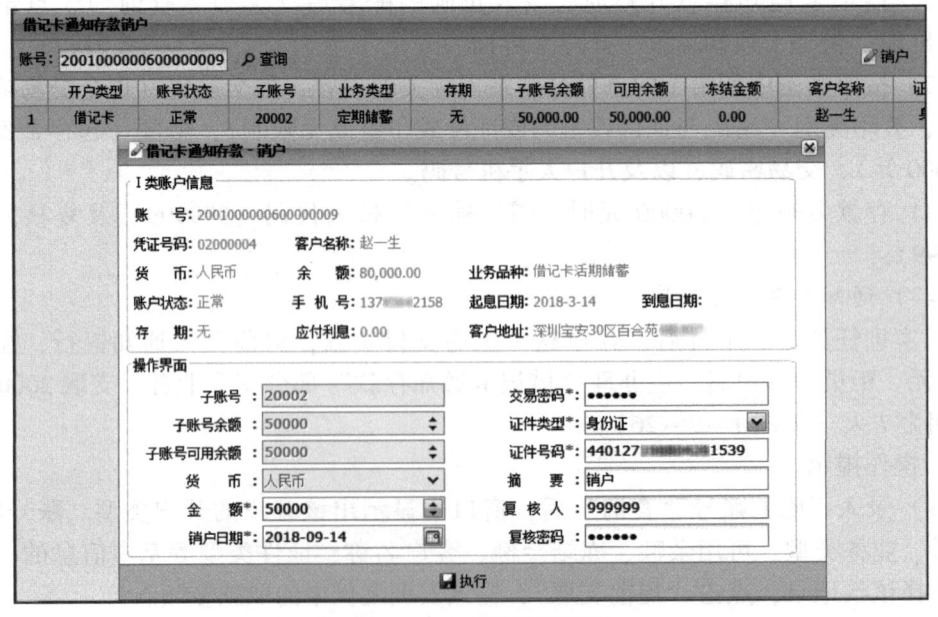

图 1-2-27 通知存款销户

2. 操作提示。

(1) 借记卡通知存款销户时，录入正确的账号后"查询"，选择拟销户的一条记录，点击"销户"，出现"借记卡通知存款—销户"界面。

(2) 销户时的金额为该笔存本取息的本金余额，无须加入利息，销户后系统会自动计息。

八、个人支票

个人支票是指由出票人（个人）签发的，委托办理支票存款业务的银行或者其他金融机构在见票时无条件支付确定的金额给收款人或持票人的票据。个人支票分为现金支票和转账支票两种。凡在银行开立个人支票的客户，均可通过签发支票办理结算、消费和提取现金等业务。

（一）起存金额与存期

1. 个人支票最低起存金额为人民币 5000 元。
2. 存期不限。

（二）存款利率

每季度结算利息一次，并入本金起息。全部支取时，按销户日挂牌公告的活期储蓄利率计息。

（三）特点

1. 取得个人支票。从事各种职业、有稳定的个人或日常经济往来比较多的居民，可凭本人身份证件及担保证明（保证人须有当地户口和正当职业），向银行提出开立个人支票户的申请，并填写"个人支票开户申请书"，预留印鉴、签字样式。申请人获准开户后，按银行规定存储备付金，每次限购一本支票（共 25 张），用完后再凭支票领用单加盖预留印鉴购买新支票。

2. 使用个人支票。支票按其支付方式不同，分为现金支票和转账支票。现金支票只能用于向银行提取现金。提取现金时，支票持有者（持票人）应在支票背面背书，登记身份证号码，到出票人的开户银行支取现金，并按银行相关要求交验证件。转账支票只能用于转账，不能用于提取现金。收款人为单位的支票或经流通转让的支票也不得支取现金；普通支票左上角如划有两条平行线的，则为划线支票，划线支票只能用于转账，不得支取现金。储户购买商品、支付劳务费或其他费用时，可签发个人支票，需加盖预留印鉴，凭个人支票向收款人或收款单位办理支付结算，货款两清。

3. 签发个人支票。出票人签发支票后，应承担票据上的责任和法律上的责任。因此，出票人应按法定格式签发支票。需注意的具体事项是：支票一律采取记名式，即签发支票一定要写明收款人的名称。支票提示付款期限为 10 天。签发支票应使用墨汁或碳素墨水填写（中国人民银行另有规定的除外），未按规定填写，被涂改冒领的，由出票人负责。签发现金支票和用于支取现金的普通支票，必须符合国家现金管理的规定。支票签发时，应加盖与预留银行印鉴完全相符的签章，或使用约定的支付密码。

不准签发空头支票,出票人签发支票的金额应在其付款时银行存款余额之内,否则即为空头支票。出票人不得在支票上预填出票日期,即不准签发远期支票。

4. 保管个人支票。储户获准从开户银行适量领用的个人支票要像对待现金一样妥善保管,防潮、防火、防盗、防鼠咬。不得将空白的支票出租、出借或转让给其他单位或他人使用。不能把空白的支票抵押给销货单位或交给销货单位代为签发。一旦签发的现金支票遗失或被盗,储户应立即书面通知开户银行办理挂失止付。储户办理活期支票存款,必须逐笔登记在自己设立的明细账簿上,并配合开户银行核对余额,确保个人支票信息资料完整无损。

【实训操作】

(一)个人支票开户和预开户

1. 实训任务。客户吕雲为方便支付大额货款项,向其开户银行申请开通"个人支票"账户。柜员为其开立一个普通支票账户,开户金额为 100000 元,客户号为吕雲的个人客户号,签印类别可选择密码(见图 1-2-28)。

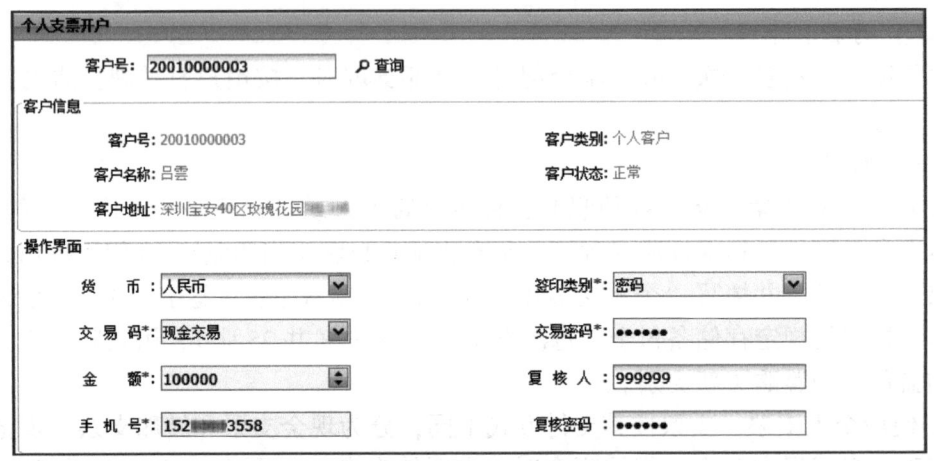

图 1-2-28 个人支票开户

客户赵一生向其开户银行申请预开户"个人支票"账户。客户号为赵一生的个人客户号,签印类别可选择密码(见图 1-2-29)。

2. 操作提示。

(1)录入客户号,点击"查询"后,系统自动在窗口的上半部分显示出该客户的详细信息,包括客户号、客户名称、客户类别(个人客户或对公)、客户状态(正常或关闭)、客户地址等。

(2)在操作界面中,选择交易码(现金交易或转账交易),签印类别(密码、证件、密码与证件、印鉴或无限制等),录入交易金额和交易密码等,填写客户的手机号码,作为预留的联系方式。签印类别选择"密码",交易密码由学生自行设定,并记录下来,以备后续实验时使用。

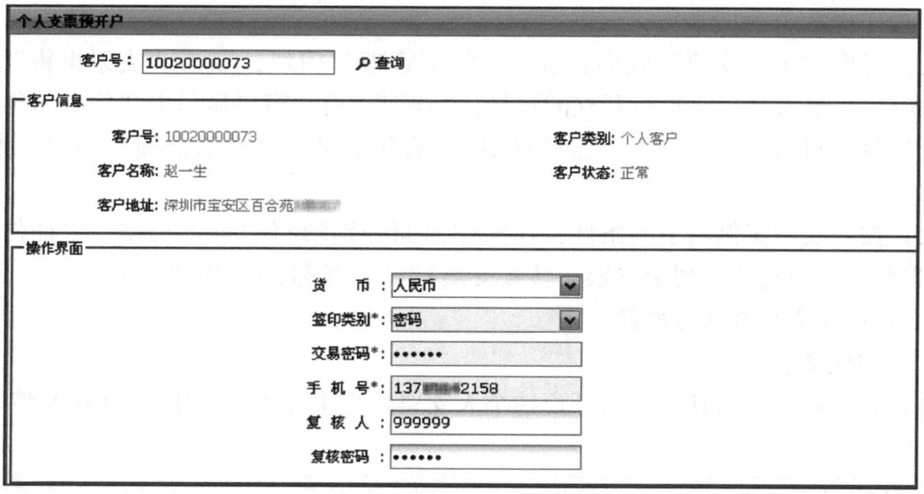

项目二 存款业务

图 1-2-29 个人支票预开户

（3）"支票账户开户"与"支票账户预开户"在开户程序上一致，主要的区别在于，开户时是否存入或转入资金。个人支票开户完成后，账户中有余额的为正常状态账户，账户中没有余额的为预开户状态账户。向已开立的预开户存入或转入资金，资金到账后，预开户可转变为正式账户。

（二）支票出售

1. 实训任务。客户吕雲为日后支付方便，向其开户行申请购买普通支票一本。柜员将之前已经出库的一本普通支票（25 张）出售给吕雲，支票为 1 元/张，系统会自动从吕雲的个人支票账户中扣除此费用（见图 1-2-30）。

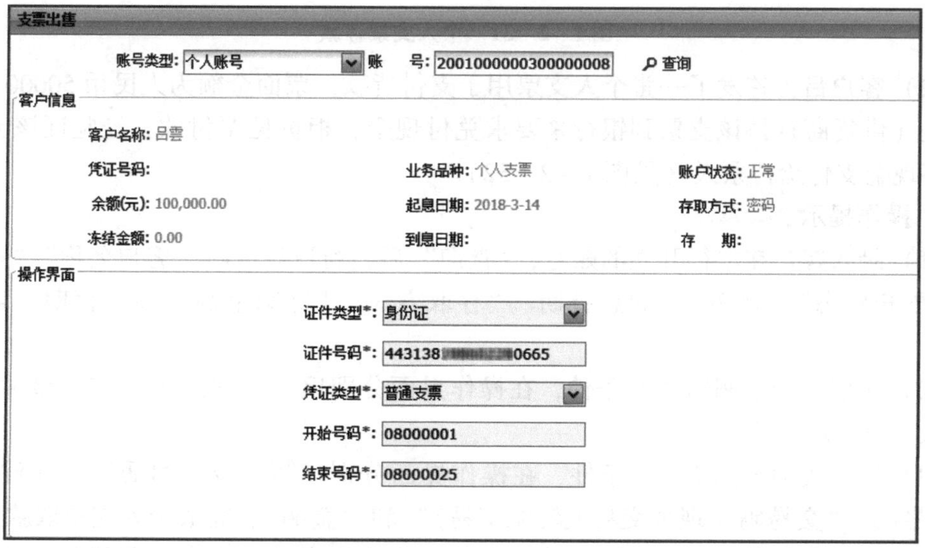

图 1-2-30 支票出售

47

2. 操作提示。

(1) 退出"个人支票"画面,进入"凭证管理"模块,点击"支票出售",选择"个人账户",录入客户在本行开立的账号,"查询"后,窗口显示出"客户名称""业务品种""账户状态""余额""起息日期""存取方式""冻结金额"和"存期"等信息。

(2) 按照实训案例给予的条件,在操作界面分别填写"证件类型""证件号码""凭证类型(普通支票、现金支票、转账支票)""开始号码"和"结束号码"。

(三) 个人支票存款与取款

1. 实训任务。

(1) 客户赵一生向其之前预开户的个人支票账户中存入人民币 125000 元整(见图 1-2-31)。

图 1-2-31 个人支票存款

(2) 客户吕雲签发了一张个人支票用于支付货款,票面金额为人民币 50000 元整,持票人(供货商)持该支票到银行来要求兑付现金,柜员见票付款,经验证该支票真伪后将现金支付给持票人(见图 1-2-32)。

2. 操作提示。

(1) 录入客户在本行开立的账号,"查询"后,窗口显示出"客户名称""业务品种""账户状态""余额""起息日期""存取方式""冻结金额"和"存期"等客户信息。

(2) 按照实训案例给予的条件,在操作界面分别填写"交易码"和"金额",完成个人支票存款业务。

(3) 按照实训案例给予的条件,在操作界面分别填写"支票号码""证件类型""证件号码""交易码(现金交易或转账交易)"和"金额",完成个人支票取款业务。

(4) 本操作仅限于现金支票和普通支票(在左上角未划两条平行线的),转账支票和普通支票(在左上角划有两条平行线的)不能提取现金。

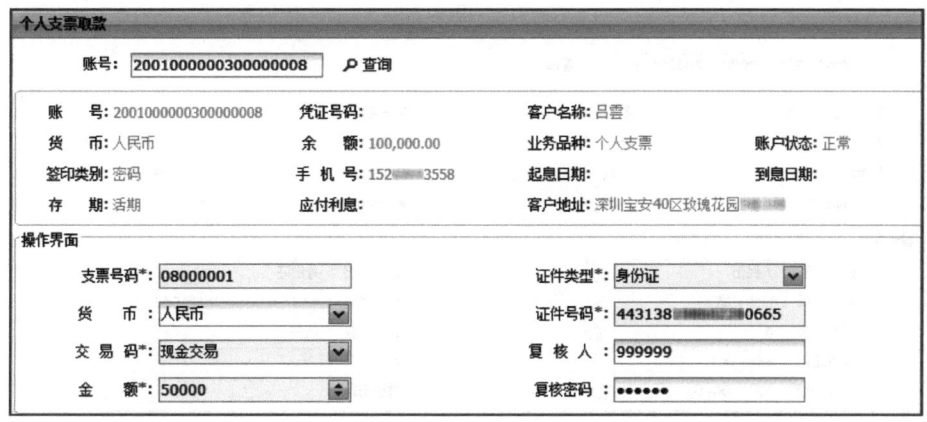

图 1-2-32 个人支票取款

（四）个人支票结清

1. 实训任务。客户吕雲拟将之前开设的个人支票账户销户，柜员要求其对该个人支票账户先进行结清处理后，方可销户（见图 1-2-33）。

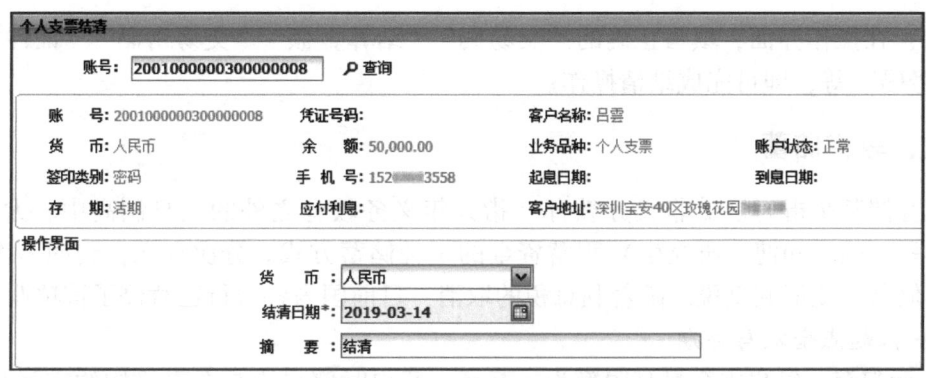

图 1-2-33 个人支票结清

2. 操作提示。

（1）个人支票账户的销户处理，包含三个步骤，即：账户结清—取款—销户。结清时，系统自动按当天该存款种类的挂牌利率进行计息，把利息转入活期账户。

（2）录入客户在本行开立的账号，"查询"后，窗口显示出"客户名称""业务品种""账户状态""余额""起息日期""存期""手机号码"和"存期"等客户信息。

（3）在操作界面，填写"结清日期"，即可完成结清操作。

（4）结清后将该个人支票账户中的金额，通过个人支票全部取出来，使得该个人支票账户的余额为 0 元。

（五）个人支票销户

1. 实训任务。柜员对客户吕雲之前已结清的支票账户进行销户操作（见图 1-2-34）。

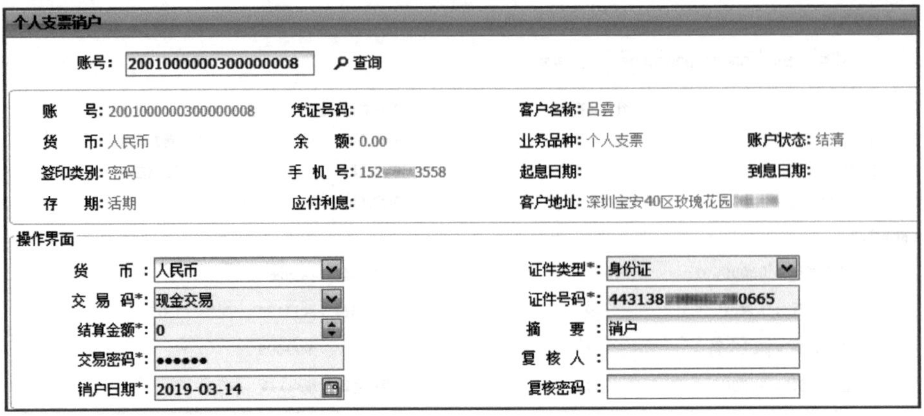

图 1-2-34　个人支票销户

2. 操作提示。

（1）录入客户在本行开立的个人支票账号，"查询"后，窗口显示出"客户名称""业务品种""账户状态""余额""起息日期""存期""手机号码"和"存期"等客户信息。

（2）在操作界面，填写正确的"交易码""结算金额""交易密码""证件类型""证件号码"等，即可完成结清操作。

九、教育储蓄

教育储蓄是指为接受非义务教育（指九年义务教育之外的全日制高中、大中专、大学本科、硕士和博士研究生）积蓄资金的一种储蓄方式。分次存入，到期一次支取本息的储蓄，免征利息税。随着利息税的取消，目前国内各银行已暂停了该项业务。

（一）起点金额与存期

50元起存，每户本金最高限额为2万元，开户时储户应与金融机构约定每月固定存入的金额。分月存入，中途如有漏存，应在次月补齐，未补存者按零存整取定期储蓄存款的有关规定办理。存期分为1年、3年、6年。

（二）存款利率

到期支取时，储户凭存折、身份证和户口簿（户籍证明）以及学校提供的正在接受非义务教育的学生身份证明（税务局印制），一次支取本金和利息。1年期、3年期教育储蓄按开户日同期同档次整存整取定期储蓄存款利率计息；6年期按开户日5年期整存整取定期储蓄存款利率计息。

提前支取时，储户能提供证明的，按实际存期和开户日同期同档次整存整取定期储蓄存款利率计付利息，并免征储蓄存款利息所得税；储户未能提供证明的，按实际存期和支取日活期储蓄存款利率计付利息，并按有关规定征收储蓄存款利息所得税。

逾期支取时，教育储蓄超过原定存期部分（逾期部分），按支取日活期储蓄存款利率计付利息，并按有关规定征收储蓄存款利息所得税。

教育储蓄在存期内遇利率调整，仍按开户日利率计息。

（三）特点

1. 储户特定。教育储蓄的对象（储户）为接受非义务教育的学生。开户时，须凭储户本人（学生）户口簿或居民身份证到储蓄机构以储户本人（学生）的姓名开立存款账户。

2. 税收优惠。按照国家相关政策规定，教育储蓄的利息收入可凭有关证明享受免税待遇。

3. 积少成多。适合为子女积累学费，培养理财习惯。

4. 支取享受优惠时需提供相关证明。支取时必须能够提交学校提供的正在接受非义务教育的学生身份证明（税务局印制），才能享受利息税优惠，且每份证明只享受一次利息税优惠。

5. 提前支取。教育储蓄提前支取时必须全额支取。

【实训操作】

（一）教育储蓄开户

1. 实训任务。肖可可为非义务教育的研究生，持本人有效身份证明和学生证明，申请办理"教育储蓄"客户及存款业务，开户存入现金人民币500元整（见图1－2－35）。

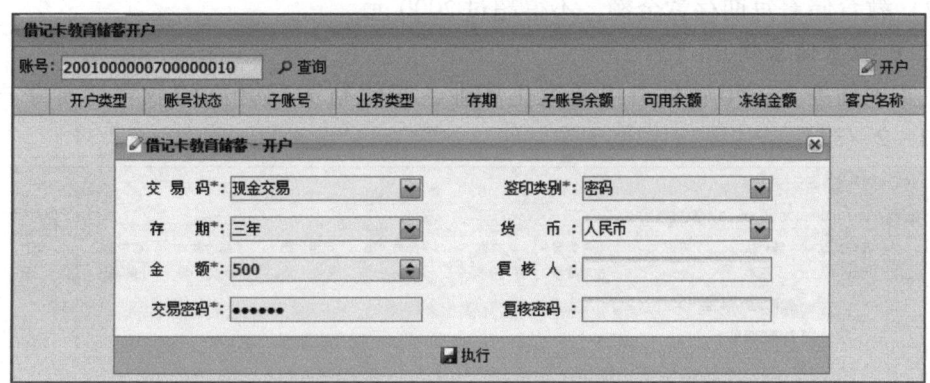

图1－2－35 教育储蓄开户

2. 操作提示。

（1）借记卡教育储蓄开户时，录入正确的账号后（无须"查询"），点击"开户"，弹出"借记卡教育储蓄—开户"界面。

（2）按照案例中所给予的条件分别录入相关的内容，如交易码（现金交易或转账交易），签印类别（密码与证件或密码或证件或印鉴或无限制），存期（1年、3年、6年）等，起存金额不得大于2000元，交易密码可由学生自行设定。

（二）教育储蓄存款

1. 实训任务。肖可可每月为教育储蓄存款500元（见图1－2－36）。

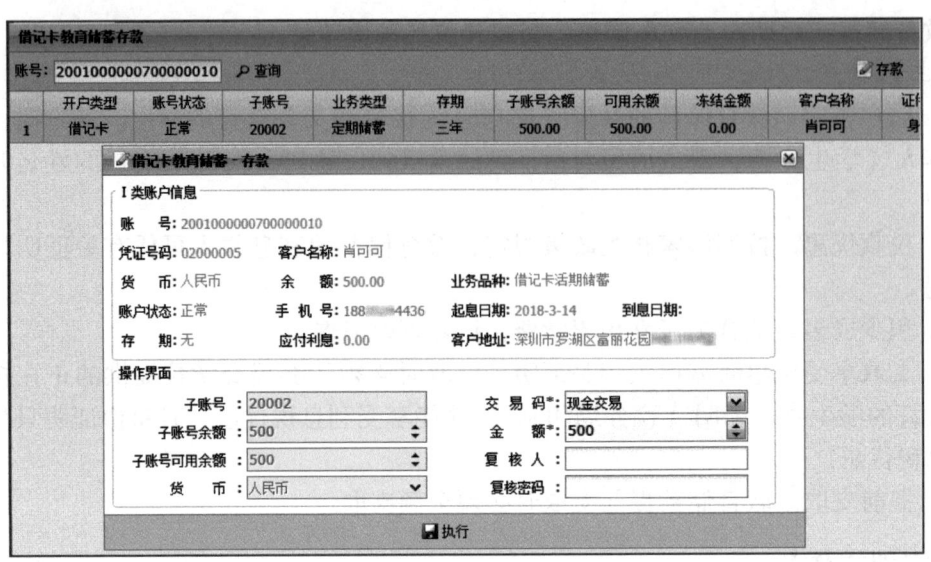

图1-2-36 教育储蓄存款

2. 操作提示。

（1）录入正确的账号"查询"后，窗口中出现该客户的开户类型、账号状态、子账号、业务类型、可用余额、冻结金额、客户名称、证件类型等基本信息的一条记录。选择该条记录，点击"存款"，输入实训案例中的存款金额。

（2）教育储蓄每期存款金额，不得超过2000元。

（三）教育储蓄销户

1. 实训任务。三年后肖可可研究生毕业，来银行为已开立的教育储蓄账户销户（见图1-2-37）。

图1-2-37 教育储蓄销户

项目二 存款业务

2. 操作提示。

(1) 借记卡教育储蓄销户时,录入正确的账号后"查询",选择拟销户的一条记录,点击"销户",出现"借记卡教育储蓄—销户"界面。

(2) 销户时的金额为该笔教育储蓄的余额,无须加入利息,销户后系统会自动计息。销户后,该账户处于关闭状态,不能再使用。

【知识链接1-2-1】
储蓄原则与储蓄实名制

一、储蓄政策与原则

(一) 储蓄政策

2011年1月8日经国务院修正的《储蓄管理条例》第五条规定:"国家保护个人合法储蓄存款的所有权及其他合法收益,鼓励个人参加储蓄。储蓄机构办理储蓄业务,必须遵循'存款自愿,取款自由,存款有息,为客户保密'的原则。"保护和鼓励个人参加储蓄,是我国一贯重要的和长期的政策,这一政策主要体现在以下三个方面:

一是承认储蓄存款的占用权。储蓄存款的主权属于存款所有人,任何人不得侵犯。

二是保障储蓄存款的使用权。储户将货币存入金融机构后,只是暂时转让货币的使用权,一旦存款取回,该存款完全归存款人自由支配,任何单位和个人不得干预。

三是尊重存款的处置权。储蓄存款可以转让、赠送和自由使用。存款人死亡后,其法定继承人有权按照存款人生前遗嘱或法定程序,继承其存款。

(二) 储蓄原则

我国的储蓄原则是"存款自愿、取款自由、存款有息、为储户保密"。这是我国储蓄政策的具体体现,也是商业银行办理储蓄业务必须遵守的基本准则,具有银行法规的性质,各金融机构必须遵照执行。

1. 存款自愿原则。居民个人所持有的货币属于个人财产,是存入储蓄机构还是作为其他用途,完全由居民个人决定,参加储蓄是居民自觉自愿的行为,存与不存、存多存少、存在何处,均由居民自愿选择和决定,储蓄机构和其他任何单位或个人不得以任何理由或方式干涉和强迫。商业银行只能通过宣传和提高服务水平来引导客户,启发居民自愿存款,激发居民踊跃参加储蓄的积极性。

2. 取款自由原则。1992年12月国务院颁布了《储蓄管理条例》,1993年3月1日起实施;2010年12月29日国务院第138次常务会议通过《国务院关于废止和修改部分行政法规的决定》,对本条例部分条款进行了修正,并于2011年1月8日经国务院令第588号发布施行。储户参加储蓄之后,在符合《储蓄管理条例》和有关规章制度的前提下，有权在本人存款余额和期限范围内自由支取，如无正当理由，商业银行必须支付，不得为难和限制。取款自由是保护储蓄存款个人所有权和处置权的重要原则，但取款自由是建立在符合《储蓄管理条例》和中国人民银行有关规定的前提下的自由。商业银行制定的有关提取储蓄存款的规定和手续，是为保障国家、商业银行的权益和储蓄存款的安全所拟订的。如个人大额取款须提前通知商业银行；提前支取定期存款须出示有效身份证明，或有相关效力的判决书、裁定书或调解书办理等。

3. 存款有息原则。储蓄机构对任何储蓄存款应按照中国人民银行规定的当期利率和计息方法，为储户准确计付一定的利息。储蓄利息是商业银行使用储户的货币资金的一种回报，是经济规律的客观要求，也是我国提倡、保护、鼓励居民参加储蓄在经济政策上的具体体现。

4. 为储户保密原则。储户的户名、账号、存款金额、存款期限、存款种类、支取方式、预留密码以及地址等均属于个人隐私，商业银行应遵守保密原则，不得泄露给他人。储蓄存款是居民的合法财产，受宪法保护，居民对其拥有所有权，储蓄机构只是暂时获得使用权，储蓄机构负有保密的职责。同时储蓄机构为确保存款安全，防止被欺骗、盗窃和冒领，也应做好保密工作。

储蓄存款的四项原则，是密切联系、相互补充、相互制约的，是一个有机的整体，在实际工作中必须全面贯彻执行。

二、储蓄实名制与有效身份证明

（一）储蓄实名制

我国于 2000 年 4 月 1 日起对储蓄业务正式实施"储蓄实名制"，由国务院颁布施行的《个人存款账户实名制规定》标志着我国储蓄实名制的开始。个人存款是指公民个人在中华人民共和国境内依法设立的经营个人存款业务的金融机构开立的人民币、外币存款，包括活期存款、定期存款、定活两便存款、通知存款以及其他形式的个人存款。实名是指符合法律、行政法规和国家有关规定的有效身份证件上使用的姓名。个人存款实名制，是指个人到商业银行办理储蓄存款时，应当出示个人有效身份证件，使用上述身份证件上的姓名，不得使用化名、笔名等。银行等金融机构应按照规定进行核对，并登记身份证件上的姓名和号码。

储蓄实名制是保护个人资产和完善社会法律制度的重要基础。在改革开放过程中，一方面人们个人财富的累积程度不断提高；另一方面，社会成员之间的财产关系也日益复杂化，仅仅靠道德或血缘关系等来规范私人财产关系已经远远不够。涉及婚姻、赡养、继承、赠与以及个人财富的支配权等方面的大量法律实践，已经迫切要求财产归属应具体到个人。在法律意义上，储蓄实名制确实使个人资产透明化，对于个人理财以及国家杜绝金融领域的灰色交易及确保个人所得税的有效缴纳等都起到了积极作用。

（二）有效身份证明的类型

2000年3月20日国务院第285号令，颁布了《个人存款账户实名制规定》并于2000年4月1日起施行。《个人存款账户实名制规定》中的实名证件是指：

1. 居住在境内的16周岁以上的中国居民为居民身份证或临时居民身份证、户口簿、护照。
2. 居住在境内的16周岁以下的中国居民为户口簿。
3. 军人（武警）为军人（武警）身份证件；军队（武警）离退休干部及在军事院校学习的现役军人为离休干部荣誉证、军官退休证、文职干部退休证和军事院校学员证。
4. 港澳居民为港澳居民往来内地通行证。
5. 台湾居民为台湾居民往来大陆通行证或其他有效旅行证件。
6. 外国公民为护照。
7. 居住在境外的中国籍华侨为中国护照。

除上述规定以外的其他情形，依照有关法律、行政法规和国家有关规定执行。学生证、机动车驾驶证、外国专家证以及介绍信等不能作为实名制的有效身份证件。

【知识链接1-2-2】

个人账户分类管理制度

2016年11月23日中国人民银行发布特急文件（银发〔2016〕302号），向银行各级重申了人民银行关于银行账户个人账户分类管理的相关要求。个人银行账户实行分类管理的新政已于当年12月1日正式实施。

一、关于Ⅱ、Ⅲ类个人银行账户的开立、变更和撤销

（一）个人开立Ⅱ类、Ⅲ类银行账户（以下简称Ⅱ、Ⅲ类户）可以绑定本人Ⅰ类银行账户（以下简称Ⅰ类户）或者信用卡账户进行身份验证，不得绑定非银行支付机构（以下简称支付机构）开立的支付账户进行身份验证。

（二）个人可以凭有效身份证件通过银行业金融机构（以下简称银行）柜面开立Ⅰ、Ⅱ、Ⅲ类户。个人在银行柜面开立的Ⅱ、Ⅲ类户，无须绑定Ⅰ类户或者信用卡账户进行身份验证。

银行依托自助机具为个人开立Ⅰ类户的，应当经银行工作人员现场面对面审核开户人身份。

（三）银行开办Ⅱ、Ⅲ类户业务，应当遵守银行账户实名制规定和反洗钱客户身份资料保存制度要求，留存开户申请人身份证件的复印件、影印件或者影像等。

有条件的银行，可以通过视频或者人脸识别等安全有效的技术手段作为辅助核实个人身份信息的方式。

（四）银行通过电子渠道非面对面为个人开立Ⅱ类户，应当向绑定账户开户行验证Ⅱ类户与绑定账户为同一人开立且绑定账户为Ⅰ类户或者信用卡账户，第三方机构只能作为验证信息的传输通道。验证的信息应当至少包括开户申请人姓名、居民身份证号码、手机号码、绑定账户账号（卡号）、绑定账户是否为Ⅰ类户或者信用卡账户等5个要素。人民银行小额支付系统已增加对手机号码和信用卡账户的验证功能，银行应当于2016年12月底前完成相关接口开发和修改工作。

银行通过电子渠道非面对面为个人开立Ⅲ类户，应当向绑定账户开户行验证Ⅲ类户与绑定账户为同一人开立，验证的信息应当至少包括开户申请人姓名、居民身份证号码、手机号码、绑定账户账号（卡号）等4个要素。

银行通过电子渠道非面对面为个人开立Ⅱ、Ⅲ类户时，应当要求开户申请人登记验证的手机号码与绑定账户使用的手机号码保持一致。

（五）银行可以通过柜面或者电子渠道为个人办理Ⅱ、Ⅲ类户变更业务。

银行通过电子渠道非面对面为个人办理Ⅱ、Ⅲ类户的姓名、居民身份证号码、手机号码、绑定账户变更业务时，应当按照新开户要求重新验证信息，并采取措施核实个人变更信息的真实意愿。

银行通过电子渠道非面对面为个人办理Ⅱ、Ⅲ类户姓名、居民身份证号码变更，且绑定账户为他行账户的，应当要求个人先将Ⅱ类户所有投资理财等金融产品赎回、提前支取定期存款，将Ⅱ、Ⅲ类户资金全部转回绑定账户后再予以变更。

（六）银行可以通过柜面或者电子渠道为个人办理Ⅱ、Ⅲ类户销户业务。

银行通过电子渠道非面对面为个人办理Ⅱ、Ⅲ类户销户时，绑定账户已销户的，个人可按照银行新开户要求重新验证个人身份信息后绑定新的账户，将Ⅱ、Ⅲ类户资金转回新绑定账户后再办理销户。

（七）银行在联网核查公民身份信息系统运行时间以外办理Ⅱ、Ⅲ类户开户业务的，可以采取以下两种方式对开户申请人身份进行联网核查：一是银行可先为开户申请人开立Ⅱ、Ⅲ类户，该账户只收不付，在银行按规定联网核查个人身份信息后账户才能正常使用；二是银行可以通过公安部认可的其他查询渠道联网核查。

（八）银行应按照《中国人民银行办公厅关于发布〈全国集中银行账户管理系统接入接口规范——个人银行账户部分〉的通知》（银办发〔2016〕168号）要求，对Ⅰ、Ⅱ、Ⅲ类户和信用卡账户有效区分、标识，并按规定向人民币银行结算账户管理系统报备（报备时间另行通知）。

（九）银行为个人开立Ⅱ、Ⅲ类户时，应在与客户签订的账户管理协议中约定长期不动户、零余额账户处置方法。

（十）社会保障卡、军人保障卡管理事项另行通知。

二、关于Ⅱ、Ⅲ类户的使用

（一）银行应当积极引导个人使用Ⅱ、Ⅲ类户办理小额网络支付业务，在移动支付中便捷应用，建立个人银行账户资金保护机制。

（二）Ⅱ类户可以办理存款、购买投资理财产品等金融产品、限额消费和缴费、限额向非绑定账户转出资金业务。经银行柜面、自助设备加以银行工作人员现场面对面确认身份的，Ⅱ类户还可以办理存取现金、非绑定账户资金转入业务，可以配发银行卡实体卡片。其中，Ⅱ类户非绑定账户转入资金、存入现金日累计限额合计为1万元，年累计限额合计为20万元；消费和缴费、向非绑定账户转出资金、取出现金日累计限额合计为1万元，年累计限额合计为20万元。

Ⅲ类户可以办理限额消费和缴费、限额向非绑定账户转出资金业务。经银行柜面、自助设备加以银行工作人员现场面对面确认身份的，Ⅲ类户还可以办理非绑定账户资金转入业务。其中，Ⅲ类户账户余额不得超过1000元；非绑定账户资金转入日累计限额为5000元，年累计限额为10万元；消费和缴费支付、向非绑定账户转出资金日累计限额合计为5000元，年累计限额合计为10万元。

银行可以根据自身风险管理能力和客户需求，在规定限额下设定本银行的具体限额。在确保支付指令的唯一性、完整性及交易的不可抵赖性的前提下，Ⅱ类户向绑定账户转账可以不采用数字证书或者电子签名的支付指令验证方式。Ⅱ类户购买投资理财产品是指购买银行自营或代理销售的投资理财等金融产品。

（三）银行可以通过Ⅱ、Ⅲ类户开展基于主机的卡模拟（HCE）、手机安全单元（SE）、支付标记化（Tokenization）等技术的移动支付业务。

（四）个人可以将在支付机构开立的支付账户绑定本人同名Ⅱ、Ⅲ类户使用。

（五）银行可以向Ⅱ类户发放本银行贷款资金并通过Ⅱ类户还款，Ⅱ类户不得透支。发放贷款和贷款资金归还，不受转账限额规定。

（六）银行可以在确保个人账户资金安全的前提下，通过Ⅱ、Ⅲ类户向绑定账户发送指令扣划资金。

三、建立健全绑定账户信息验证机制

（一）人民银行上海总部，各分行、营业管理部、省会（首府）城市中心支行，深圳市中心支行应当发挥协调作用，推动辖区内地方性法人银行积极利用小额支付系统或者其他渠道，协助建立辖区内地方性法人银行的绑定账户互验机制，实现对绑定账户的客户账户信息查验。

（二）除小额支付系统外，银行可以使用中国银联等机构提供的验证通道，实现Ⅱ类户开户银行与绑定账户开户银行间的信息验证，并严格按照《中国人民银行关于进一步加强银行卡风险管理的通知》（银发〔2016〕170号）的规定，加强账户信息安全保护。

四、相关要求

（一）人民银行分支机构应当督促辖区内银行全面落实个人银行账户分类管理制度，指导银行加快行内系统的改造，开办Ⅱ、Ⅲ类户业务，实现账户分类标识。

（二）银行应当以个人银行账户分类管理为契机提升银行服务水平，加大对网点柜员的培训和对社会公众的宣传力度，使社会公众充分了解并积极利用Ⅱ、Ⅲ类户来满足多样化支付需求和资金保护需求。

经过一年多的实践，2018年1月人民银行再次发文（银发〔2018〕16号）《关于改进个人银行账户分类管理有关事项的通知》（以下简称《通知》），对个人账户分类管理做了更进一步的细化和修正。

一、关于便利个人Ⅱ类银行结算账户、Ⅲ类银行结算账户（以下简称Ⅱ、Ⅲ类户）开户

（一）2018年6月底前，国有商业银行、股份制商业银行等银行业金融机构（以下简称银行）应当实现在本银行柜面和网上银行、手机银行、直销银行、远程视频柜员机、智能柜员机等电子渠道办理个人Ⅱ、Ⅲ类户开立等业务。2018年12月底前，其他银行应当实现上述要求。

（二）个人通过采用数字证书或电子签名等安全可靠验证方式登录电子渠道开立Ⅱ、Ⅲ类户时，如绑定本人本银行Ⅰ类银行结算账户（以下简称Ⅰ类户）或者信用卡账户开立的，且确认个人身份资料或信息未发生变化的，开立Ⅱ、Ⅲ类户时无须个人填写身份信息、出示身份证件等。

银行电子渠道采用的数字证书或生成电子签名过程应当符合《中华人民共和国电子签名法》、金融电子认证规范（JR/T0118－2015）等有关规定。

（三）银行在为个人开立Ⅰ类户时，应当在尊重个人意愿的前提下，积极主动引导个人同时开立Ⅱ、Ⅲ类户。

（四）银行为已经本银行面对面核实身份且留存有效身份证件复印件、影印件或者影像等资料的个人开立Ⅱ、Ⅲ类户时，如个人身份证件未发生变化的，可复用已有留存资料，不需要重复留存身份证件复印件、影印件或者影像等。

（五）银行为个人开立Ⅲ类户时，应当按照账户实名制原则通过绑定账户验证开户人身份，当同一个人在本银行所有Ⅲ类户资金双边收付金额累计达到5万元（含）以上时，应当要求个人在7日内提供有效身份证件，并留存身份证件复印件、影印件或影像，登记个人职业、住所地或者工作单位地址、证件有效期等其他身份基本信息。个人在7日内未按要求提供有效身份证件、登记身份信息的，银行应当中止该账户所有业务。

（六）自本通知印发之日起，同一银行法人为同一个人开立Ⅱ类户、Ⅲ类户的数量原则上分别不得超过5个。

二、关于Ⅱ、Ⅲ类户使用要求

（一）银行应当基于个人银行账户分类管理制度开展业务创新，打造多元化非现金支付方式，提升便民支付水平。积极引导个人使用Ⅱ、Ⅲ类户替代Ⅰ类户用于网络支付和移动支付业务，利用Ⅱ、Ⅲ类户办理日常消费、缴纳公共事业费、向支付账户充值等业务。

（二）Ⅱ、Ⅲ类户可以通过基于主机卡模拟（HCE）、手机安全单元（SE）、支付标记化（Tokenization）等技术的移动支付工具进行小额取现，取现额度应当在遵守Ⅱ、Ⅲ类户出金总限额规定的前提下，由银行根据客户风险等级和交易情况自行设定。

（三）Ⅲ类户任一时点账户余额不得超过2000元。

（四）银行通过电子渠道非面对面为个人新开立Ⅲ类户后，通过绑定账户转入资金验证的，可以接收非绑定账户小额转入资金；消费和缴费支付、非绑定账户资金转出等出金日累计限额合计为2000元，年累计限额合计为5万元。本通知印发之日前，银行非面对面为个人开立的Ⅲ类户，个人已通过绑定账户向该Ⅲ类户转入资金的，经本人同意后，银行可为该Ⅲ类户开通非绑定账户入金功能，账户限额按本通知管理。经银行面对面核实身份新开立的Ⅲ类户，消费和缴费支付、非绑定账户资金转出等出金日累计限额合计调整为2000元，年累计限额合计调整为5万元。

本通知印发之日前经银行面对面核实身份开立的Ⅲ类户，可按照原限额管理。同一家银行通过电子渠道非面对面方式为同一个人只能开立一个允许非绑定账户入金的Ⅲ类户。

（五）银行可以向Ⅲ类户发放本银行小额消费贷款资金并通过Ⅲ类户还款，Ⅲ类户不得透支。发放贷款和贷款资金归还，应当遵守Ⅲ类户余额限制规定，但贷款资金归还不受出金限额控制。

（六）银行为个人非面对面开立的Ⅱ、Ⅲ类户向本人同名支付账户充值的，充值资金可提回Ⅱ、Ⅲ类户，但提现金额不得超过该Ⅱ、Ⅲ类户向支付账户的原充值金额。除充值资金提回外，支付账户不得向Ⅱ、Ⅲ类户入金，但允许非绑定账户入金的Ⅱ、Ⅲ类户除外。

三、其他要求

（一）银行应当充分认识个人银行账户分类管理制度对改进个人银行业务的意义，创新账户产品，优化业务流程，提升客户体验，切实引导个人通过账户分类管理制度保护账户资金和信息安全。

（二）人民银行分支机构应当指导、督促辖区内银行加快系统改造，积极推动Ⅱ、Ⅲ类户业务发展，全面落实个人银行账户分类管理制度。

（三）人民银行分支机构、银行应当加强个人银行账户分类管理制度宣传。通过线上、线下各种渠道和营销活动引导个人开立和使用Ⅱ、Ⅲ类户，加强Ⅱ、Ⅲ类户对于保护银行账户资金和信息安全宣传教育，培养使用Ⅱ、Ⅲ类户习惯，提高个人对Ⅱ、Ⅲ类户的认知度和接受度。

（四）银行应当加强对Ⅱ、Ⅲ类户异常开立和可疑交易的监测，对于个人存在异常开户和可疑交易行为的，应当严格按照《中国人民银行关于加强支付结算管理防范电信网络新型违法犯罪有关事项的通知》（银发〔2016〕261号）、《中国人民银行关于加强开户管理及可疑交易报告后续控制措施的通知》（银发〔2017〕117号）等制度规定，采取拒绝开户或暂停账户非柜面业务等措施。

（五）银行应当严格落实《中国人民银行金融消费者权益保护实施办法》（银发〔2016〕314号）、《中国人民银行关于银行业金融机构做好个人金融信息保护工作的通知》（银发〔2011〕17号）、《中国人民银行关于进一步加强银行卡风险管理的通知》（银发〔2016〕170号）等制度要求，加强Ⅱ、Ⅲ类户和绑定账户信息安全管理，确保信息安全，防止信息泄露和滥用。

本通知印发前有关规定与本通知相抵触的，以本通知规定为准。

模块二 对公业务

为了进一步规范人民币银行结算账户的开立和使用，保证支付结算活动的正常进行，维护经济金融秩序的稳定，促进经济金融的改革和发展，中国人民银行于2003年9月1日起在全国实施《人民币银行结算账户管理办法》。银行结算账户作为集中反映整个社会经济活动资金收付结算的起点与终点，也是一切经济活动资金往来的基础。存款人进行各项经济活动所产生的资金收付结算，包括所有的支付信用工具，主要都是通过银行结算账户之间的资金划转完成的，因此，银行管理就显得尤为重要。中国人民银行通过颁布《人民币银行结算账户管理办法》，可以对银行结算账户反映出的各种信息进行综合分析，并借此建立支付信用系统以及对可疑资金运动的预警机制，准确反映存款人的支付信用状况，及时发现大额可疑资金或异常资金的流出流入，促进社会信用程度的提高，维护经济金融秩序的稳定。

一、对公账户管理

（一）账户的概念

银行账户是在会计科目之下，按照单位经济性质或款项性质进行具体分类的名称。一切单位和个人开展经济活动，都必须在银行开立银行结算账户，办理存款、贷款、结算等各项经济业务。因此，银行结算账户就是银行为存款人开立的办理资金收付结算的人民币活期存款账户。

（二）账户的种类

按存款人不同可分为单位银行结算账户和个人银行结算账户。

1. 单位银行结算账户。存款人以单位名称开立的银行结算为单位银行结算账户。单位银行结算账户按用途分为基本存款账户、一般存款账户、专用存款账户和临时存款账户。

存款人应在注册地或住所地开立单位银行结算。存款人只能在银行开立一个基本存款账户，但根据需要可在基本存款账户开户银行以外的银行开立一个或多个一般账户。存款人开立基本存款账户、专用存款账户和临时存款账户实行核准制度，经中国人民银行核准①后由开户银行核发开户许可证。但存款人因注册验资需要开立的临时存款账户除外。

2. 个人银行结算账户。存款人凭个人有效身份证件以自然人名称开立的银行结算账户为个人银行结算账户。详情已在项目二模块一"个人账户管理"中叙述，此处不再赘述。

（三）单位银行结算账户的开立和使用

1. 基本存款账户的开立和使用。申请开立基本存款账户的存款人有：（1）企业法人；（2）非法人企业；（3）机关、事业单位；（4）团级（含）以上军队、武警部队及分散执勤的支（分）队；（5）社会团体；（6）民办非企业组织；（7）异地常设机构；（8）外国驻华机构；（9）个体工商户；（10）居民委员会、村民委员会、社区委员会；（11）单位设立的独立核算的附属机构；（12）其他组织。

开立基本存款账户需向银行提供以下资料：（1）企业的营业执照或相关的有效证明文件；（2）单位或企业的组织机构代码证；（3）国家税务机关颁发的税务登记证；（4）法人身份证（或法人签名的授权委托书和经办人身份证）；（5）填写的开户申请书、预留银行印鉴卡。

2. 一般存款账户的开立和使用。存款人因借款或结算需要，在基本存款账户开户银行以外的银行开立结算账户，只能用于结算，不得提取现金。

申请开立一般存款账户的条件：存款人必须在开立了基本存款账户的前提下才能申请开立一般账户，并出具基本存款账户的开户许可证。如果是因向银行借款需要的，应出具借款合同；如果是因其他结算需要的，应出具相关证明。

开立一般存款账户需向银行提供以下资料：（1）基本存款账户的开户许可证；（2）企业的营业执照或相关的有效证明文件；（3）国家税务机关颁发的税务登记证；（4）法人身份证（或法人签名的授权委托书和经办人身份证）；（5）填写的开户申请书、预留银行印鉴卡；（6）以上资料还需提供盖有单位公章的复印件一份。

3. 专用存款账户的开立和使用。存款人因对其特定用途资金进行专项管理和使用而开立的银行结算账户。

申请开立专用存款账户的条件是：存款人申请开立专用存款账户，应向银行出具其开立的基本存款账户规定的证明文件、基本存款账户开户许可证和有关证明资料。

---

① 2018年12月24日国务院常务会议决定，在2019年底前，取消企业银行账户开户许可，由"核准"改为"备案"。

开立专用存款账户需向银行提供以下资料：（1）基本建设资金、更新改造资金、政策性房地产开发资金、住房基金、社保基金，应出具主管部门批文。（2）财政预算外资金，应出具财政部门证明。（3）粮、棉、油收购资金，应出具主管部门批文。（4）单位银行卡备用金，应按照中国人民银行批准的《银行卡章程》的规定出具有关证明和资料。（5）证券交易结算资金，应出具证券公司或证券管理部门证明。（6）期货交易保证金，应出具期货公司或期货管理部门的证明。（7）金融机构存放同业资金，应出具其证明。（8）收入汇缴资金和业务支出资金，应出具基本有关证明。（9）党、团、工会设在单位的组织机构经费，应出具该单位或有关部门的批文或证明。（10）其他按规定需要专项管理和使用的资金，应出具有关法规、规章或政府部门的有关文件。

4. 临时存款账户的开立和使用。存款人因临时需要并在规定期限内使用而开立的银行结算账户。临时账户的有效期最长不得超过两年。

申请开立专用存款账户的条件：因临时需要或注册地不在本地的企业或单位，并在注册地已开立了基本存款账户。

开立专用存款账户需向银行提供以下资料：（1）临时机构应出具其驻地主管部门的同意设立临时机构的批文；（2）异地建筑施工及安装单位，应出具其营业执照正本或其隶属单位的营业执照正本，以及施工及安装地建设主管部门核发的许可证或建设施工及安装合同；（3）异地从事临时经营活动的单位，应出具其营业执照正本以及临时经营地工商行政管理部门的批文；（4）注册验资资金，应出具工商行政管理部门核发的《企业名称预先核准通知书》或有关部门批文；（5）基本存款账户开户许可证。

综上所述，基本存款账户是存款人的主办账户。存款人日常经营活动的资金收付及其工资、差旅费和现金的支取，应通过该账户办理。一般存款账户用于办理存款人借款转存、借款归还和其他结算的资金收付。该账户可以办理现金缴存，但不得办理现金支取。专用存款账户用于办理各项专用资金的收付。临时存款账户用于办理临时机构以及存款人临时经营活动发生的资金收付；存款人在使用中需要延长期限的，应在有效期限内向开户银行提出申请，并由开户银行报中国人民银行当地分支机构核准后办理展期。

（四）账户的变更与撤销

1. 账户变更。存款人账户变更名称（但不改变开户银行及账号）、法定代表人或主要负责人、住址以及其他开户资料应在5个工作日内向开户银行提出银行结算的变更申请，并出具有关部门的证明文件。

（1）账户名称和法人（负责人）变更。存款人应提供以下证明资料：工商行政管理局的变更证明；中国人民银行的变更银行结算账户申请书；更新的营业执照、组织机构代码证、国税地税税务登记证、旧的开户许可证、法人身份证（或法人签名的授权委托书和经办人身份证）。

以上资料还需提供盖有单位公章的复印件一份。在管理系统的改变栏提交变更项目，由中国人民银行办理变更手续。

（2）印鉴变更。办理印鉴变更手续，待新的开户许可证出证后和新的印鉴的启用日期到期后，方可办理。

（3）一般变更。除提供上述证明文件外，还需提供已更新的开户许可证及复印件。

（4）其他变更。如地址、电话号码、邮政编码等内容的更改时，应填写银行账户变更申请书，在电脑业务系统的"客户信息维护"界面做相应的修改。

2. 账户撤销。有下列情形之一的，存款人应向开户银行提出撤销银行结算账户的申请：（1）被撤并、解散、宣告破产或关闭的；（2）注销、被吊销营业执照的；（3）因迁址需要变更开户银行账户的；（4）因其他原因需要撤销银行结算账户的。

已在工商行政管理局注销的，需提供注销证明；因业务需要转往其他银行的，需提供书面证明；客户填写销户申请书后，需交回各种重要空白票据及结算凭证；如果单位营业执照已在工商局注销的，可允许提现；如转往其他银行，只能转账到同一名称的其他银行；如客户已取消其他所有账户，可按其公司章程，按股东出资比例分别转入各股东的个人结算账户。

【实训操作】

（一）开立对公客户号

1. 实训任务。柜员为第一次来本行办理开户业务的对公客户深圳蓝旗投资有限公司开设对公客户号（见图1-2-38）。

对公活期存款业务

图1-2-38 开立对公客户号

2. 操作提示。

（1）录入要素为"企业性质（分别有全民所有制、集体、个体、三资、股份制、有限责任制、个体独资、合伙企业、其他、三来一补等选项）""行业类别（分别有工业客户、商业客户、建筑业客户、农业客户、城镇集体企业客户、三资企业客户、私营及个体企业客户、其他企业客户、异地企业客户、单位其他客户、系统内机构等选项）""客户名称""证件类型""证件号码""注册日期""注册地址""注册金额""法定代表人""法定代表人身份证""法定代表人手机号码""联系人""联系人手机号码""贷款卡号码""隶属集团""主管网点"等，其中，"*"为必填项目。

（2）柜员按照中国人民银行关于账户管理的相关规定，为首次来本行申请开户的单位客户开立客户号，开户单位须提供"营业执照""组织机构代码证""地税登记证""国税登记证"和"法定代表人身份证"。每一套单位有效证明只能开立一个对公客户号。

（3）初次来本行办理业务的客户须先开客户号，后开立账户。柜员应详细录入单位名称、营业执照等有效单位证明、注册地址、邮编、法人代表和联系人电话和传真等。

（4）客户名称及营业执照等证件号码可由实验教师或学生自行设定，也可参照实训案例中的信息。

（5）在录入客户的相关信息后，系统自动生成该客户的对公客户号，每个有效单位证件只能开立一个客户号。在实验教学中，为了便于实验操作，应要求学生记录每个客户的客户号。

（二）开立对公存款账户

1. 实训任务。对公客户深圳蓝旗投资有限公司来本行，申请开立一个基本存款账户（见图1-2-39）。

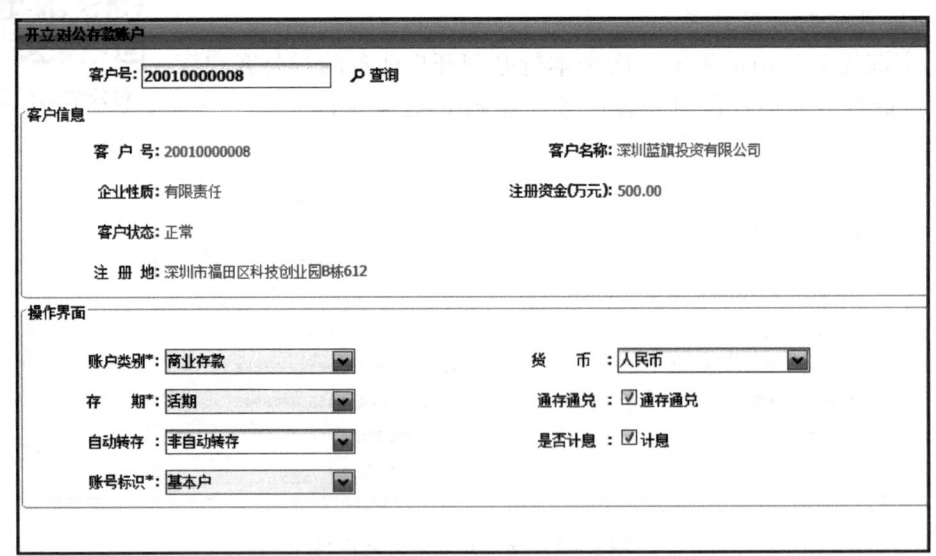

图1-2-39 开立对公存款账户

2. 操作提示。

（1）录入客户号，点击"查询"后，系统自动在窗口的上半部分显示出该客户的详细信息，包括客户号、客户名称、企业性质、客户状态、注册资金和注册地等。

（2）在操作界面中，选择账户类别（工业存款、商业存款、建筑业存款、农业存款、城镇集体企业存款、三资企业存款、私营及个体企业存款、其他企业存款、异地企业存款、单位其他存款、保险公司存款、行政事业单位存款、1年以内定期存款、1年以上定期存款、1年以上大额可转让定期存款、通知存款等），存期（活期、3个月、6个月、1年、2年、3年、5年等），账户标识（基本户、一般户、临时户、专用户、辅助户、其他）。

（3）系统自动生成的账号，要求学生记录。

二、单位活期存款

单位活期存款是以现金、转账方式的存、取，通过各种支付工具来实现的。单位活期存款按结息日挂牌公告的活期存款利率计息，遇利率调整不分段计息。

（一）存入现金

客户办理存入现金业务，应填写一式两联的现金送款单，与送存的现金一起交给柜员办理。

（二）支取现金

客户提取现金时需填写要素齐全的支票和取款人有效身份证明交给柜员办理。

【实训操作】

（一）出售支票

1. 实训任务。对公客户深圳蓝旗投资有限公司为日后支付方便，向其开户行申请购买现金支票和转账支票各一本（见图1-2-40）。

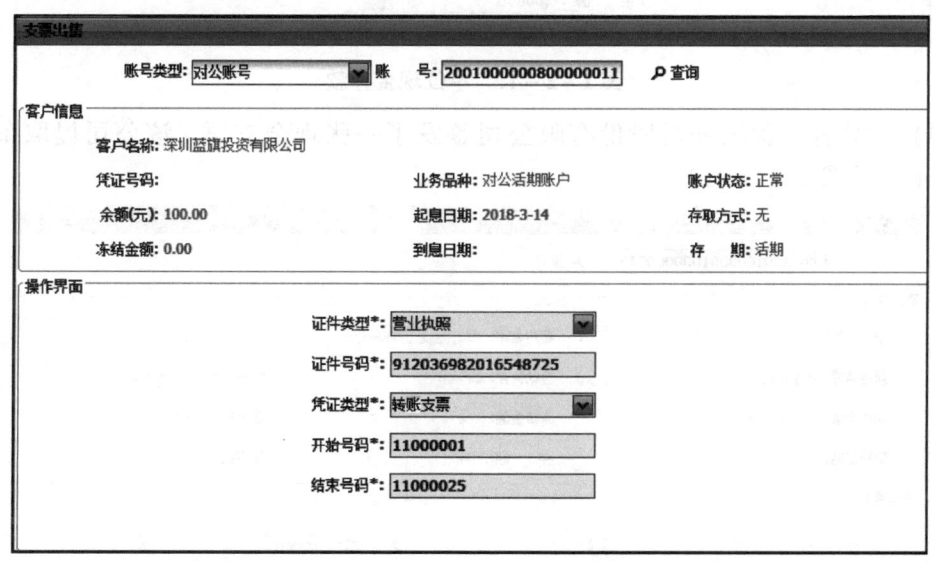

图1-2-40 支票出售

2. 操作提示。

（1）退出"对公业务"模块，进入"凭证管理"模块，点击"支票出售"，选择"对公账户"，录入客户在本行开立的账号，"查询"后，窗口显示出"客户名称""业务品种""账户状态""余额""起息日期""存取方式""冻结金额"和"存期"等信息。

（2）按照实训案例给予的条件，在操作界面分别填写"证件类型""证件号码"

"凭证类型（普通支票、现金支票、转账支票）""开始号码"和"结束号码"。

（3）柜员将之前已经出库的现金支票和转账支票出售给深圳蓝旗投资有限公司，支票为1元/张，每本支票25元，另外加收工本费和手续费，系统会自动从深圳蓝旗投资有限公司账户中扣除此费用。

（二）现金存款（或取款）

1. 实训任务。

（1）对公客户深圳蓝旗投资有限公司向其之前开立的基本存款账户（预开户）中存入人民币500000元整（见图1-2-41）。

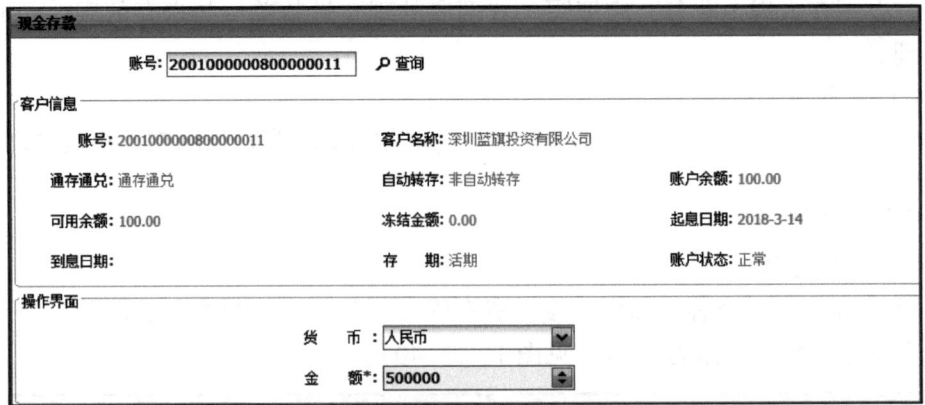

图1-2-41 单位现金存款

（2）对公客户深圳仲岳股份有限公司签发了一张现金支票，该公司提取备用金10000元（见图1-2-42）。

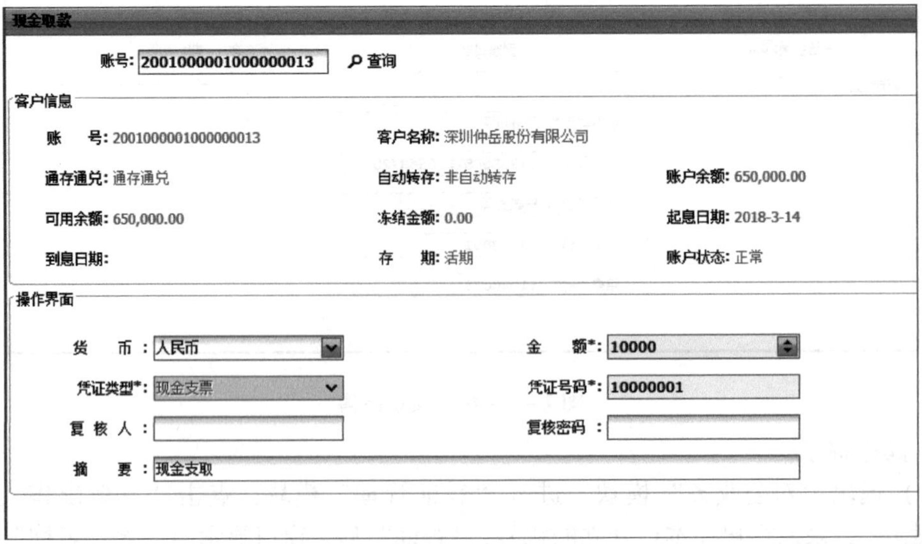

图1-2-42 单位现金取款

2. 操作提示。

（1）录入对公客户在本行开立的账号，"查询"后，窗口显示出"客户名称""业务品种""账户状态""账户余额""可用余额""起息日期""账户状态""冻结金额"和"存期"等客户信息。

（2）按照实训案例给予的条件，在操作界面填写"金额"，完成对公存款业务。

（3）按照实训案例给予的条件，在操作界面分别填写"凭证号码（现金支票号码）"和"金额"，完成现金支票取款业务。

（4）支取金额超过柜员权限（通常为50000元），须增加复核人。复核人代码为999999，复核人密码为999999。

（三）账户转账

1. 实训任务。对公客户深圳光耀投资有限公司开出转账支票一张，用于支付往来货款100000元，收款方为已在本行开户的对公客户深圳仲岳股份有限公司（见图1-2-43）。

对公账户转账业务

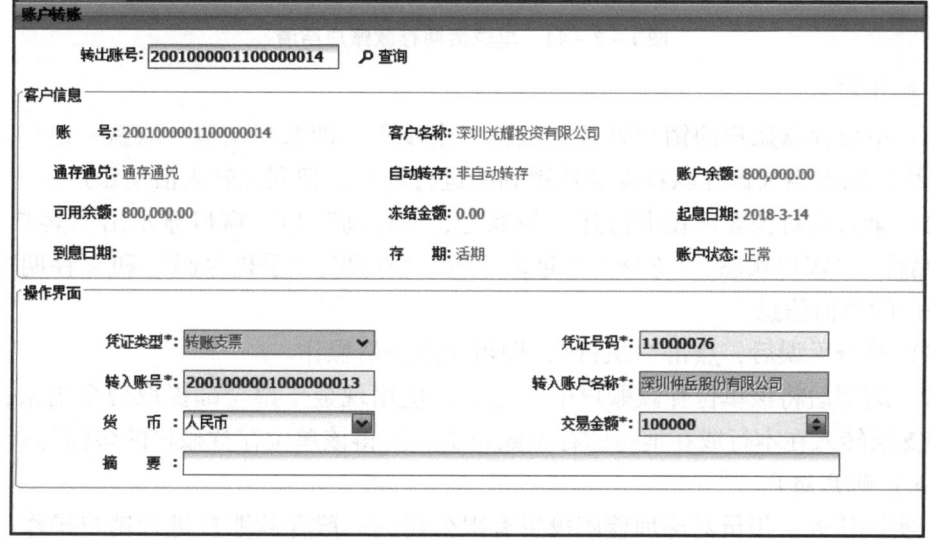

图1-2-43 账户转账

2. 操作提示。

（1）账户转账可在活期账户之间相互转账；也可在活期账户与定期账户之间转账，但此时的定期账户只能是预开户（即该账户中余额为0元）；定期账户向活期账户转账时，不能是预开户。

（2）录入转出账号后"查询"，系统窗口显示出"客户名称""账户余额""可用余额""起息日期""存期"和"账户状态"等客户信息。由此可初步判断转出账户是否能够足额支付。

（3）按照实训案例给予的条件，在操作界面分别填写"凭证号码（转账支票号码）""转入账号"和"金额"，完成转账支票转账业务。

（四）账户结清

1. 实训任务。对公客户深圳蓝旗投资有限公司拟将之前开立的一般存款账户销户，柜员要求该公司财务人员先对该一般存款账户进行结清处理后，方可销户（见图1-2-44）。

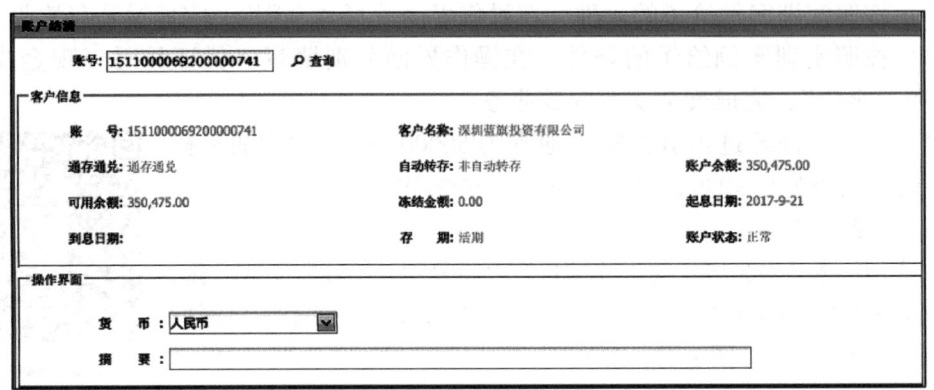

图1-2-44　单位活期存款账户结清

2. 操作提示。

（1）单位存款账户的销户处理，包含三个步骤，即账户结清—取款—销户。结清时，系统自动按当天该存款种类的挂牌利率进行计息，把利息转入活期账户。

（2）录入该对公客户在本行开立的账号，"查询"后，窗口显示出"客户名称""业务品种""账户状态""余额""起息日期""存期""手机号码"和"存期"等该存款账户的当前信息。

（3）核查无误后，点击"执行"，即可完成结清操作。

（4）结清后将该单位存款账户中的金额，使用现金支票全部提取现金出来，或使用转账支票转入在本行或在他行的存款账户上，使得该单位存款账户的余额为0元。

（五）账户销户

1. 实训任务。柜员对深圳蓝旗投资有限公司的一般存款账户进行销户操作（见图1-2-45）。

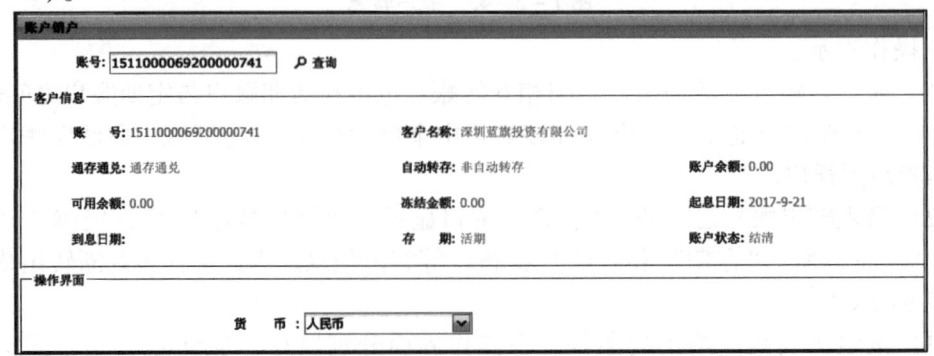

图1-2-45　单位活期存款账户销户

2. 操作提示。

（1）录入该对公客户在本行开立的账号，"查询"后，窗口显示出"客户名称""业务品种""账户状态""余额""起息日期""存期""手机号码"和"存期"等该存款账户的当前信息。

（2）核查无误后，点击"执行"，即可完成销户操作。

三、单位定期存款

单位定期存款是银行与公司类存款人双方在存款时事先约定存款期限，把闲置资金存入银行，在存款到期时，银行按存入日约定的利率计付利息的一种存款。金融机构对单位定期存款实行管理（大额可转让定期存单除外）。开户时单位须提交开户申请书、营业执照副本等，并预留印鉴。印鉴应包括单位财务专用章、单位法定代表人章（或主要负责人印章）和财会人员名章。由接受存款的商业银行给存款单位开出单位定期存款开户证实书（以下简称证实书），证实书仅对存款单位开户证实，不得作为质押的权利凭证。

单位定期存款的期限各行不一致，一般分1个月、3个月、6个月、1年、3年、5年、7年几个档次。起存金额1万元，多存不限。单位定期存款在存期内按存款存入日挂牌公告的定期存款利率计付利息，遇利率调整，不分段计息。

存款单位支取定期存款只能以转账方式将存款转入其基本存款账户，不得将定期存款用于结算或从定期存款中提取现金。支取定期存款时，须出具证实书并提供预留印鉴，存款所在金融机构审核无误后为其办理支取手续，同时收回证实书。

单位定期存款可以全部或部分提前支取，但只能提前支取一次。全部提前支取的，按支取日挂牌公告的活期存款利率计息；部分提前支取的，提前支取的部分按支取日挂牌公告的活期存款利率计息，其余部分如不低于起存金额由金融机构按原存期开具新的证实书，按原存款开户日挂牌公告的同档次定期存款利率计息；不足起存金额的则予以销户。

【实训操作】

（一）新开户转账存款

1. 实训任务。客户对公账户深圳光耀投资有限公司的基本账户中有部分资金长期闲置，为了获取更多的利息收入，决定从基本账户中取出100000元转存为定期存款，存期为1年。柜员根据业务申请，为对公账户深圳光耀投资有限公司开立单位定期存款账户，完成新开户转账存款操作（见图1-2-46、图1-2-47）。

2. 操作提示。

（1）单位定期存款有两种方式：转账存款和现金存款，既可以从该单位的活期账户中转入定期账户，也可以用现金直接存入定期账户。但必须先开立单位存款预开户定期账户。

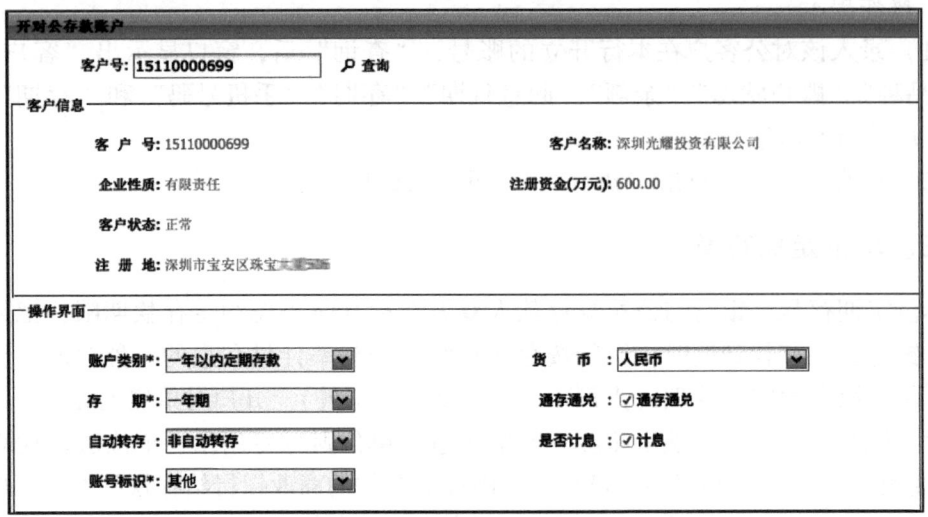

图 1-2-46 单位定期存款预开户

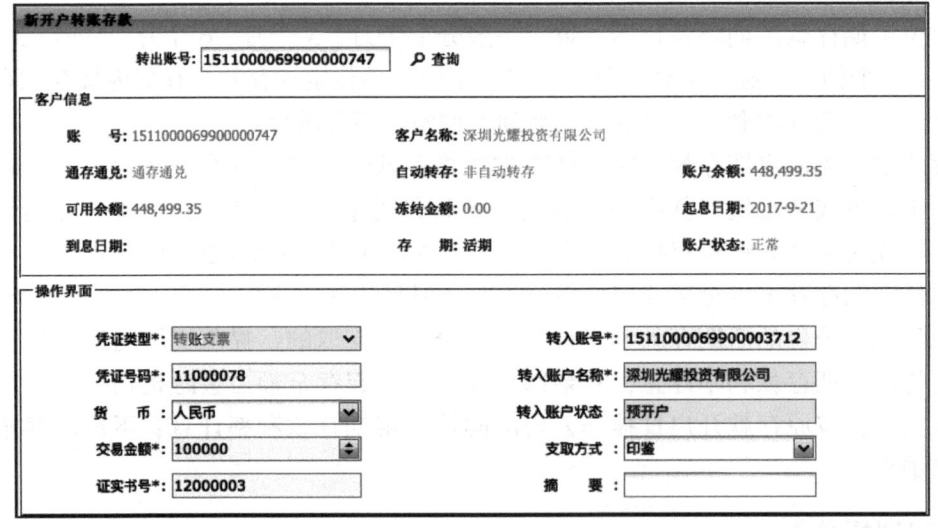

图 1-2-47 新开户转账存款

(2) 通过转账方式激活预开户定期存款账户的业务处理。其中，转出账号为活期存款账户，转入账号为定期存款账户或通知存款账户，且须为预开户状态，证实书号为单位定期存款开户证实书的凭证号。选择转账支票时，系统自动检索支票号与账户的对应关系，并自动核销。

(二) 新开户现金存款

1. 实训任务。客户深圳新银贸易有限公司的财务人员到本行办理现金定期存款业务。柜员为其办理了存入现金人民币 300000 元到客户深圳新银贸易有限公司新开的定期存款账户中，存期为 2 年（见图 1-2-48、图 1-2-49）。

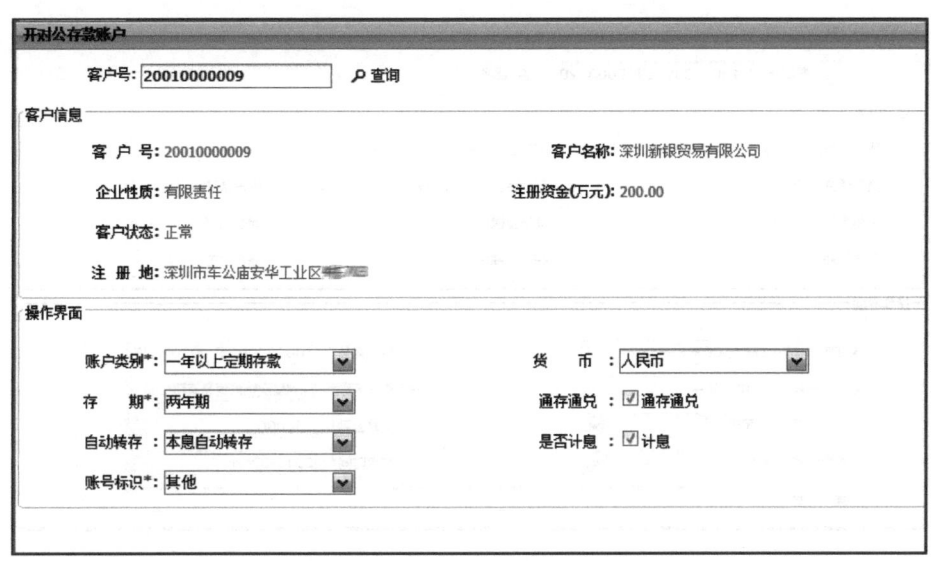

图 1-2-48 单位定期存款预开户

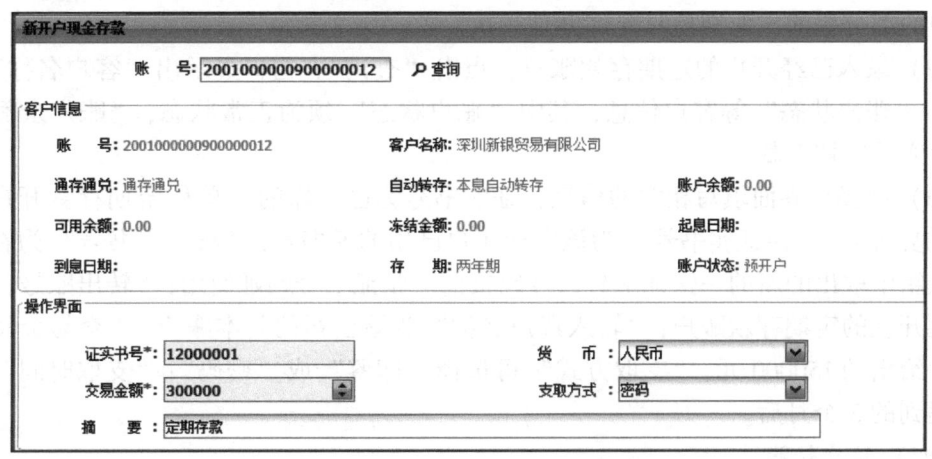

图 1-2-49 新开户现金存款

2. 操作提示。通过存入现金的方式激活预开户定期存款账户的业务处理。录入刚刚开立的定期存款账户,点击"查询",窗口显示出"客户名称""存期"和"账户状态"等客户信息,其中"账户状态"须为预开户状态,证实书号为已出库的单位定期存款开户证实书的凭证号。

(三) 部分提取转账

1. 实训任务。3 个月后,客户深圳南庆钢铁贸易有限公司因需要从定期存款账户中提前支取 150000 元,转出账号为已开立定期存款账户,转入账号为该公司的基本存款户账号。提前支取定期存款需要更换新的一张单位定期存款开户证实书凭证(见图 1-2-50)。

2. 操作提示。

(1) 该操作用于定期存款、通知存款账户进行部分转账的业务处理。每个定期存

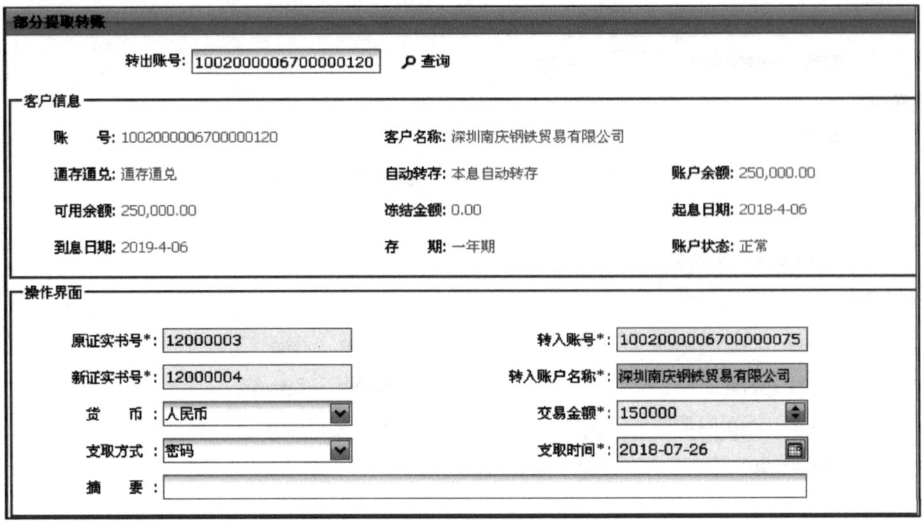

图 1-2-50 部分提取转账

款账户的部分提前支取交易只允许办理一次。

（2）录入已经开户的定期存款账户，点击"查询"，窗口显示出"客户名称""存期"和"账户状态"等客户信息，其中"账户状态"须为正常状态，"账户余额"为已经存入的定期存款。

（3）在操作界面填写相关的信息，证实书号为已出库的"单位定期存款开户证实书"的凭证号。"原证实书号"为该定期账户已用的证书号；"新证实书号"为在已出库的钱箱中取出的新的一张证书号，号码接前一张证书号顺延使用；"转出账号"为前一案例开立的定期存款账户；"转入账户名称"为该公司的基本账户；"交易金额"为案例中给出的150000元，"支取方式"可选择"印鉴"或"密码"；"支取时间"为案例中提到的3个月后。

（四）销户转账

1. 实训任务。一年后，客户深圳南庆钢铁贸易有限公司的定期存款到期，该公司将定期存款的余额全部取出转入该公司的基本账户中，并把该定期存款账户销户（见图1-2-51）。

2. 操作提示。

（1）定期存款销户采用转账方式执行。系统按规定利率计算利息，本息合计转入其基本账户。

（2）录入已经开户的定期存款账户，点击"查询"，窗口显示出"客户名称""存期"和"账户状态"等客户信息，其中"账户状态"须为正常状态，"账户余额"为定期存款余额。

（3）在"操作界面"填写相关信息，进行销户。其中，依照案例给出的条件，"证实书号"为该笔定期存款单位定期存款开户证实书；"转入账号"为该公司的基本

项目二 存款业务

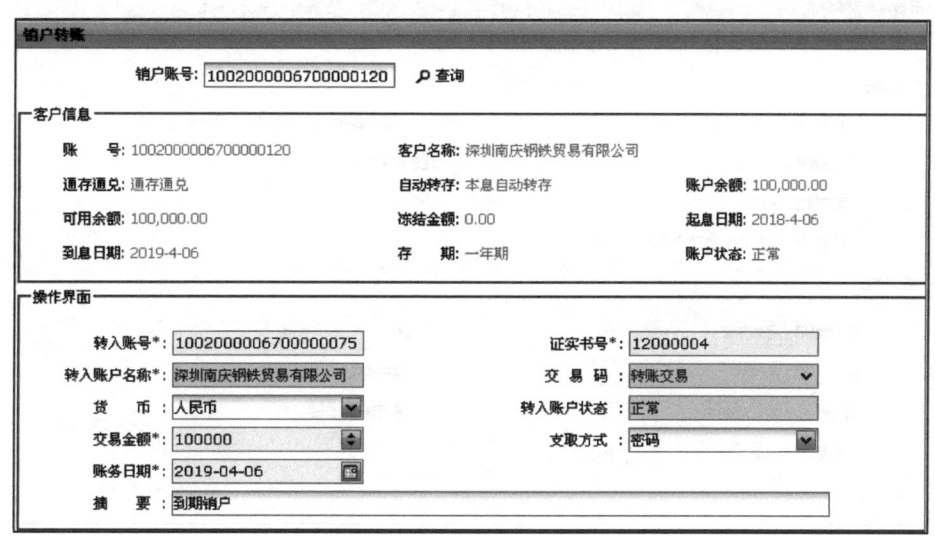

图 1-2-51 到期销户转账

账户;"账务日期"为一年后定期存款的到期日。

四、单位通知存款

单位通知存款是指单位存款人在存入款项时不约定存期,支取时,需提前通知银行,约定取款日期和金额方能支取的一种单位存款。

单位通知存款按存款人提前通知银行的期限长短分为 1 天通知存款和 7 天通知存款。

单位通知存款最低起存金额为 50 万元,最低支取金额为 10 万元,每次支取后的最低余额不得少于 50 万元。需一次性存入,可一次或分次支取。

【实训操作】

(一)单位通知存款开户

1. 实训任务。深圳仲岳股份有限公司来本行办理通知存款开户业务,并由该公司的基本账户转账 650000 元,通知期为 1 天,支取方式类别为密码(见图 1-2-52、图 1-2-53)。

2. 操作提示。

(1)单位通知存款开户时,录入正确的账号后,查询。

(2)按照案例中所给予的条件分别录入相关的内容,如通知期(1 天、7 天)等,起存金额应大于 500000 元。

(3)单位通知存款有现金存款和转账存款两种方式。

(二)单位通知存款部分支取

1. 实训任务。深圳仲岳股份有限公司提前 1 天通知本行,部分支取 120000 元。柜

73

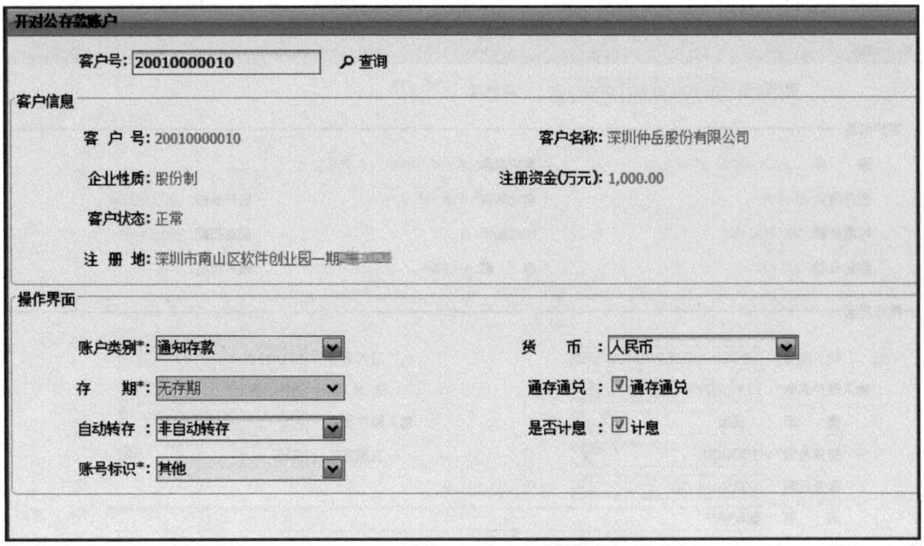

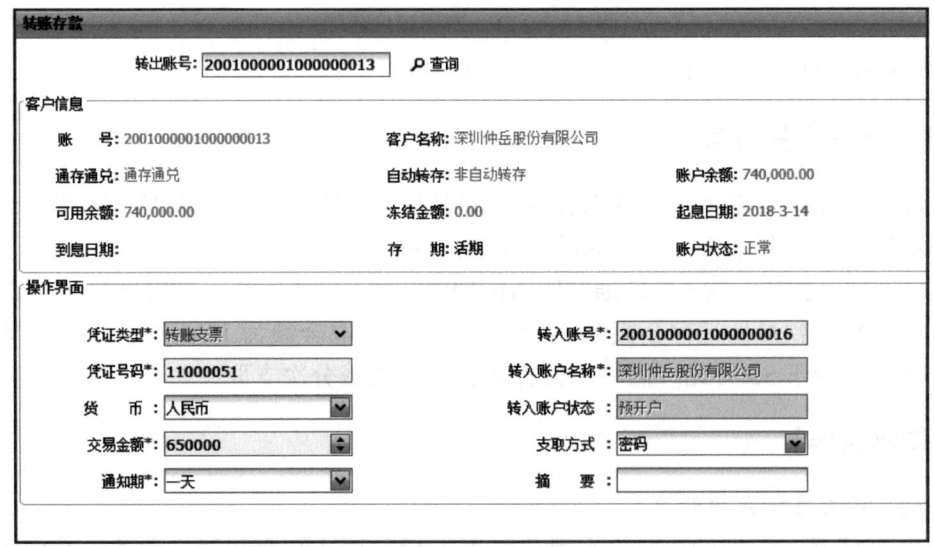

图1-2-52 开立通知存款账户

图1-2-53 转账存款

员为其办理该业务(见图1-2-54)。

2. 操作提示。

(1) 单位通知存款部分提前支取时,录入正确的账号后,查询。

(2) 按照案例中所给予的条件分别录入相关的内容,如交易金额、转入账号、摘要等。

(三) 单位通知存款销户

1. 实训任务。一年后,深圳仲岳股份有限公司的出纳来本行办理单位通知存款销户业务。通知存款账户余额转入该公司的基本账户中(见图1-2-55)。

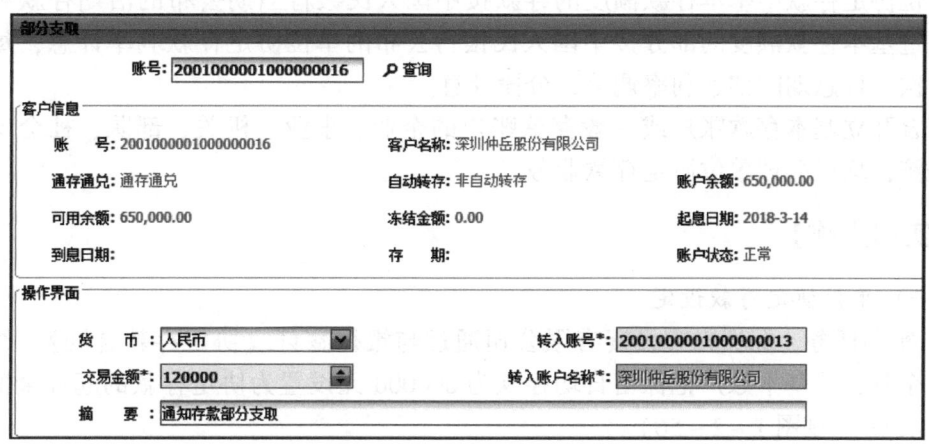

图 1-2-54 单位通知存款部分支取

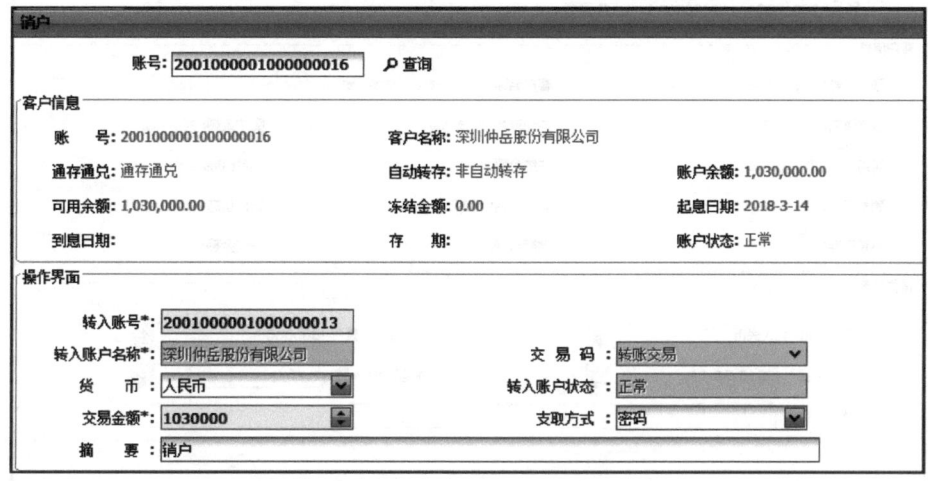

图 1-2-55 单位通知存款销户

2. 操作提示。

(1) 单位通知存款销户时，录入正确的账号后，查询。

(2) 填写转入账号、交易金额和支取方式（密码或印鉴）。销户时的金额为该笔存本取息的本金余额，无须加入利息，销户后系统会自动计息。

五、单位协定存款

单位协定存款是指单位客户按照与银行约定的存款额度开立的结算账户，账户中超过基本存款额度的部分，银行将其转入单位协定账户，并以优惠利率计息的一种单位存款。

单位协定存款最低约定基本存款额度为人民币 10 万元，单位客户可根据实际情况与银行约定具体的基本存款额度。

单位协定存款中基本存款额度的存款按中国人民银行当期公布的活期存款利率计息。超过基本存款额度的部分按中国人民银行公布的单位协定存款利率计息,每季度结息一次,计息期间如遇利率调整,分段计息。

符合开立基本存款账户或一般存款账户的企业、事业、机关、部队、社会团体和个体经济,均可办理单位协定存款业务。

【实训操作】

(一) 单位协定存款设定

1. 实训任务。深圳光耀投资有限公司通过与银行签订《协定存款合同》,约定期限为3个月,该基本账户把保留日均存款为600000元设置为协定存款的起存金额,年利率1.75%(见图1-2-56)。

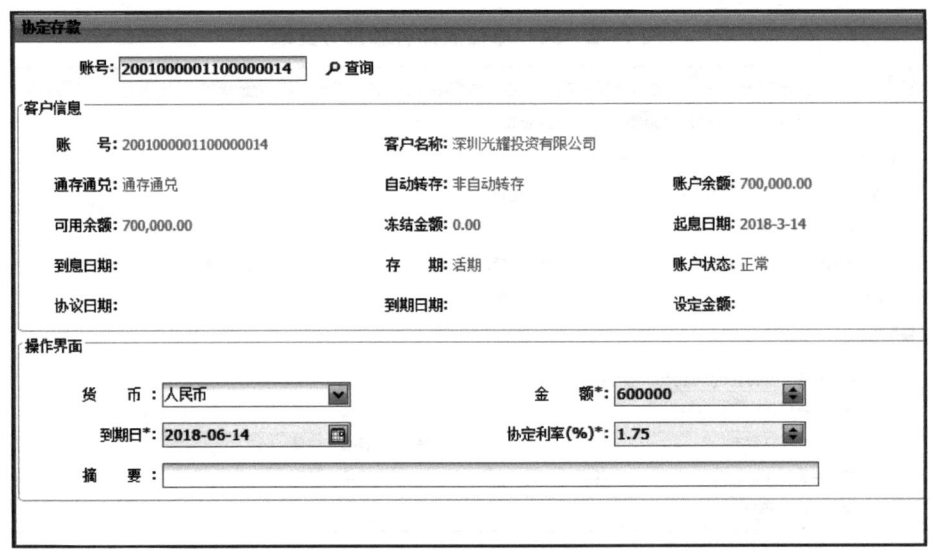

图1-2-56 单位协定存款开户

2. 操作提示。

(1) 录入已经开户的活期存款账户,点击"查询",窗口显示出"客户名称""存期"和"账户状态"等客户信息,其中"账户状态"须为正常状态,"账户余额"为活期存款余额。

(2) 在操作界面填写相关信息,如金额应大于与银行协定存款的起存金额(600000元),协定利率为1.75%,到期日为与银行协定的期限,可以是3个月、6个月、1年、2年等。

(二) 单位协定存款取消

单位与银行签订《协定存款合同》到期后,该《协定存款合同》自动失效,该账户不再受《协定存款合同》中约定的起存金额和期限的限制,银行系统自动取消之前给予该账户协定存款的优惠利率,恢复为正常当前活期利率。

项目三

银行卡

【实训目标】

了解银行卡业务的功能和优势,熟悉借记卡业务与贷记卡业务的区别,掌握贷记卡激活、贷记卡存取款业务、贷记卡转账业务以及贷记卡其他特殊业务的操作要点。熟悉贷记卡业务运作环节的业务流程、支付结算的相关纪律和规定,理解贷记卡与借记卡关联账户之间的相互关系。

一、银行卡定义

银行卡是指由商业银行向社会发行的具有消费信用、转账结算、存取现金等全部或部分功能的信用支付电子工具。

银行卡的使用与推广是近代金融业最重大的业务创新之一。它使得商品经济领域中充当一般等价物的特殊商品——货币,从实物货币、金属货币、纸质货币,进入到一个更高级的电子货币时代。所谓电子货币,是指现代社会中,利用高科技手段,使电子计算机系统能够储存和处理金融业务的一种替代货币形态。

二、银行卡的分类

银行卡包括信用卡和借记卡。根据其功能不同,可有以下分类,如表1-3-1所示。

表1-3-1　　　　　　　　　　银行卡分类

功能	分类	
按结算币种不同	人民币卡	外币卡
按使用对象不同	商务卡	个人卡
按信息载体不同	磁性卡	芯片卡(IC卡)

续表

功能	分类		
按信用程度不同	贷记卡	准贷记卡	借记卡
按使用功能不同	转账卡	专用卡	储值卡

三、银行卡的功能

1. 存取现金。持卡人可以凭银行发行的银行卡在联网通用的各家银行的自动柜员机（ATM）上自动存取款，或在发卡行的分支机构柜面通存通兑现金。自动柜员机24小时不间断服务，持卡人根据预先设定的卡密码，自行操作存取现金、查询账户等。发卡行可以利用银行卡存取款的功能，吸收存款，增加资金来源。

2. 转账结算。持卡人凭银行发行的银行卡，可以在发卡行的特约商户及其他银行的特约商户直接购物消费。即先消费，结算时凭银行卡办理支付，事后，由银行划款给商户，再扣减持卡人存款。银行卡起到支付凭证的作用，它使交易结算变得更加简便、快捷、卫生。

3. 透支消费。对于使用信用卡的顾客，在其购物消费过程中，如果所支付的货物与服务费用超过信用卡存款账户余额时，在规定的限额范围之内允许持卡人进行短期的透支行为。从实质上讲，这是发行信用卡的银行向客户提供的消费信贷。该功能为贷记卡所特有的功能。

除以上基本功能外，持卡人还可以根据各家发卡银行与特约商户的约定和对银行卡功能的创新，享受诸如优惠积分、折扣以及代发工资、代扣各类费用和智能化管理等附加服务。

四、银行卡业务的性质

银行卡业务是银行的新兴业务，属于中间业务范畴。

第一，从银行卡的基本特点看，持卡人申领银行卡（借记卡）须事先向银行存入资金，因此银行可以吸收存款，扩大资金来源。银行卡业务扩大和发展了储蓄存款业务和对企业存款业务，因此银行卡业务具有负债性质。

第二，从贷记卡的特点看，它实际上是银行向持卡人发放了贷款。在发卡时要对申请人进行资信调查，作必要的信用评定；在用款时，收单行与发卡行要通过授权处理；用款后，发卡银行要向持卡人追讨债务，持卡人按规定还本付息。可见，银行卡业务又具有资产业务性质。

第三，从银行卡业务本身的基本性质看，它主要属于银行的中间服务业务，其兼有的资产业务与负债业务性质是附属的。

第四，银行卡业务是银行的零售业务。相对于银行的其他结算方式，银行卡是一种新兴的信用工具，发卡银行直接面向市场发展特约商户和持卡人，并为其进行不断的服务。

五、借记卡与贷记卡的区别

表 1-3-2　　　　　　　　　　借记卡与贷记卡的区别

借记卡	准贷记卡	贷记卡
先存后用	先存后用，可适当透支	先用后还
存款计息	存款计息	存款不计息
同城取现无手续费	同城取现无手续费	取现收取高手续费
年费很低	年费介于借记卡和贷记卡之间	年费最高
无使用年限限制	使用年限最长为两年	使用年限一般为三年
不提供对账单，可索取	不提供对账单，可索取	每月免费提供账单
不可透支	可透支（额度小）	月透支10万元以下，单笔单位不得超过5万元，个人不超过2万元
	无免息期	免息还款期最长为60天
	透支之日起每天按万分之五计单利	免息期后每天按万分之五计复利，超信用额度部分按5%收取滞纳金
	最长透支天数60天	无透支天数约束

模块一　借记卡

借记卡是指发卡银行向持卡人签发的，没有信用额度，持卡人先存款、后使用的银行卡。其主要功能：

● 存取现金。借记卡大多具备本外币、定期、活期等储蓄功能，借记卡可在发卡银行网点、自助银行存取款，也可在全国乃至全球的 ATM 上取款。

● 转账汇款。持卡人可通过银行网点、网上银行、自助银行等渠道将款项转账或汇款给其他账户。

● 刷卡消费。持卡人可在商户用借记卡刷卡消费。

● 代收代付。借记卡可用于代发工资，也可缴纳各种费用，如通信费、水费、电费、燃气费等。

● 资产管理。理财产品、开放式基金、保险、个人外汇买卖、贵金属交易等均可通过借记卡进行签约、交易和结算。

● 其他服务。许多银行借记卡的服务已延伸到金融服务之外，如为持卡人提供机场贵宾通道、医疗健康服务等。

【实训操作】

借记卡已在个人业务中做过详细介绍，此处为与贷记卡对应，仅做简单介绍（见图 1-3-1 至图 1-3-4）。

一、开户业务

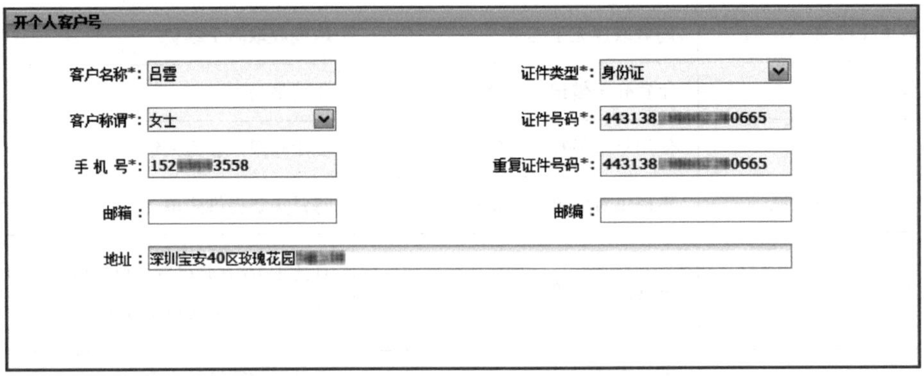

图 1-3-1 借记卡开客户号

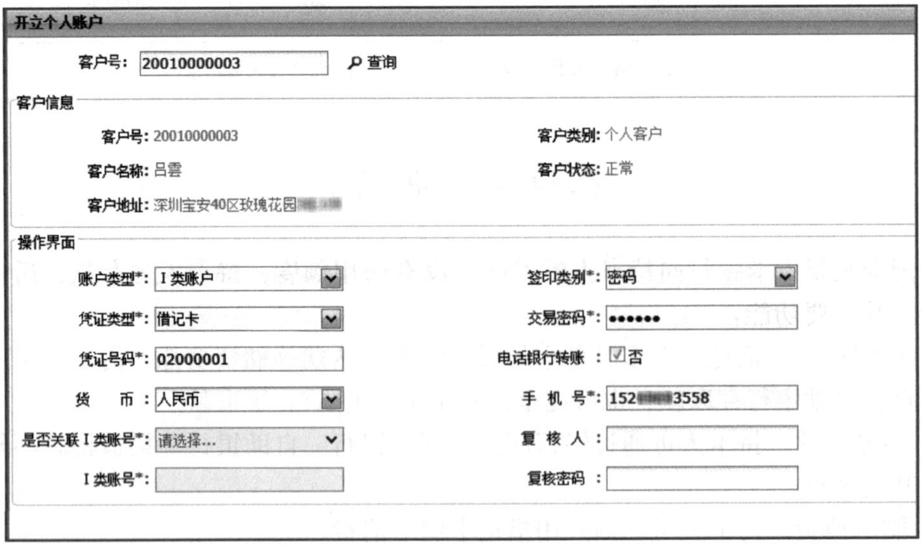

图 1-3-2 借记卡开立个人账户

二、存取款业务

借记卡存取款业务（见图1-3-3和图1-3-4）。

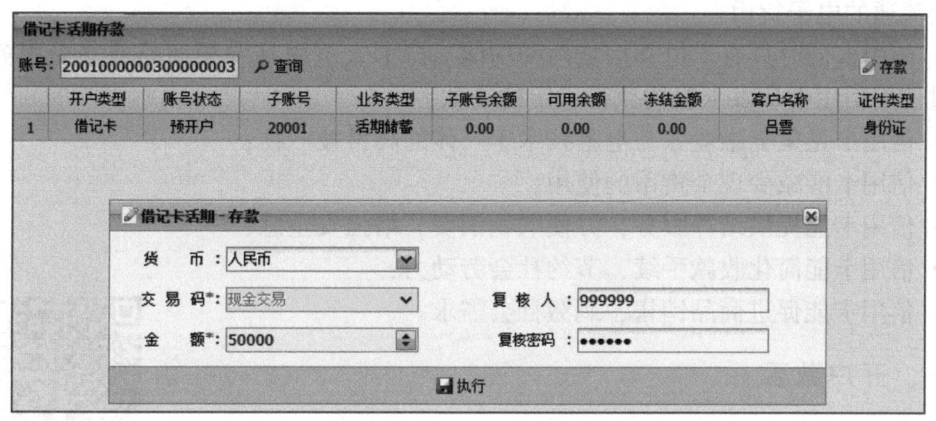

图1-3-3 借记卡存款

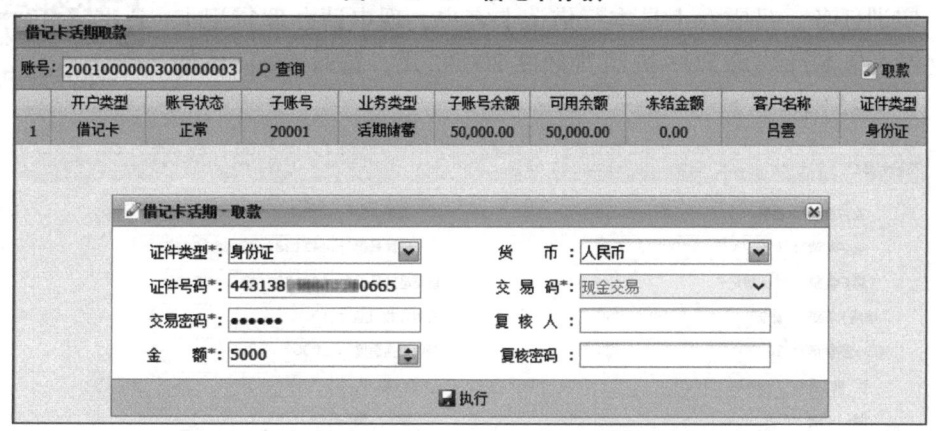

图1-3-4 借记卡取款

三、其他业务

借记卡除了开户、存取款外，还有整存整取、定活两便、零存整取、存本取息、通知存款、个人支票和教育储蓄等多个业务品种，但都须在借记卡活期账户下的子账户中展开业务，已在"个人业务"中详细介绍，此处不再赘述。

模块二 贷记卡

信用卡，又称贷记卡，是一种非现金交易付款的方式，是简单的信贷服务，又分为贷记卡和准贷记卡。贷记卡是指银行发行的并给予持卡人一定信用额度、持卡人可在信用额度内先消费后还款的信用卡；准贷记卡是指银行发行的，持卡人按要求交存

一定金额的备用金,当备用金账户余额不足以支付时,可在规定的信用额度内透支的准贷记卡。贷记卡的主要特点如下:

- 信用卡是当今发展最快的一项金融业务之一,它是一种可在一定范围内替代传统现金流通的电子货币;
- 信用卡同时具有支付和信贷两种功能。持卡人可用其购买商品或享受服务,还可通过使用信用卡从发卡机构获得一定的贷款;
- 信用卡是集金融业务与电脑技术于一体的高科技产物;
- 信用卡能减少现金货币的使用;
- 信用卡能提供结算服务,方便购物消费,增强安全感;
- 信用卡能简化收款手续,节约社会劳动力;
- 信用卡能促进商品销售,刺激社会需求。

一、开户激活

(一) 贷记卡开户

1. 实训任务。吕雲女士是本行借记卡客户,现申请办理贷记卡开户业务,与本行约定 POS 机消费额度 20000 元,每月 15 日还款(见图 1-3-5)。

贷记卡开户激活

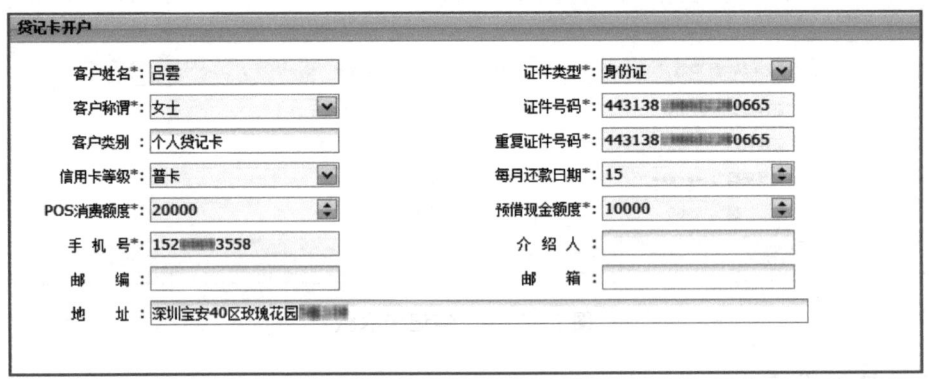

图 1-3-5 贷记卡开户

2. 操作提示。

(1) 根据客户在本行开立借记卡时预留的信息,填写客户的详细信息,并针对客户在本行的存款余额、消费结算和信用情况,确定信用卡登记为普通卡(即普卡)。

(2) 信用卡分三个等级:普卡,金卡,白金卡,POS 机消费额度和预借现金额度分别是:

普卡:0~5 万元(含 5 万元);现金额度,0~2.5 万元(含 2.5 万元)

金卡:5 万~10 万元(含 10 万元);现金额度,2.5 万~5 万元(含 5 万元)

白金卡:10 万~20 万元(含 20 万元);现金额度,5 万~10 万元(含 10 万元)

预借现金额度为 POS 机消费额度的一半，系统自动填入。

（二）贷记卡激活

1. 实训任务。根据吕雲女士的要求，贷记卡开户后立即进行了贷记卡激活业务（见图 1－3－6）。

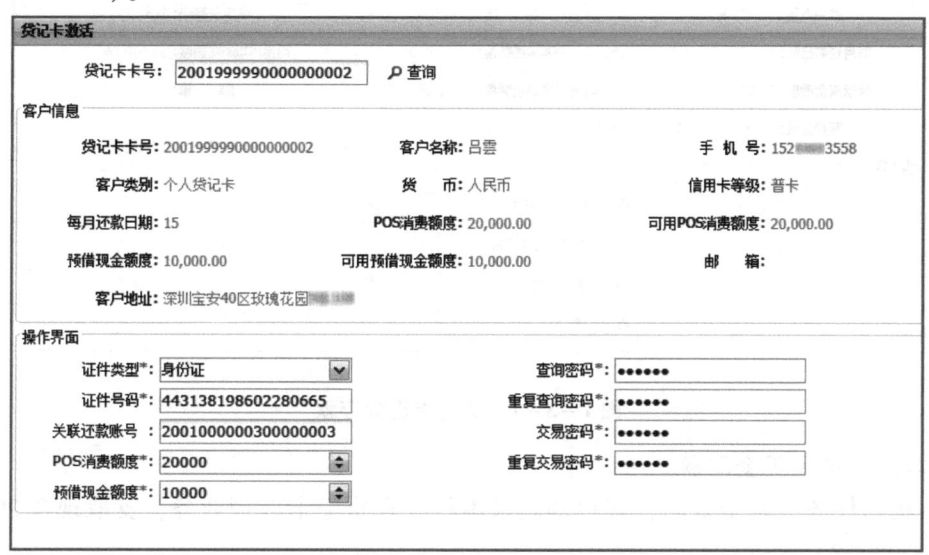

图 1－3－6　贷记卡激活

2. 操作提示。

（1）录入贷记卡卡号，点击"查询"，窗口显示出客户信息，如客户名称、客户类别、手机号、信用卡等级、每月还款日期、POS 消费额度、可用 POS 消费额度、预借现金额度、可用预借现金额度、客户地址等。

（2）在操作界面中，选择证件类型，填写证件号码、POS 消费额度、预借现金额度，客户预留查询密码和交易密码等，点击"执行"即可完成贷记卡激活操作。

二、存取款业务

（一）贷记卡现金存款

1. 实训任务。刘震先生是本行借记卡客户，现申请办理贷记卡开户业务，与本行约定 POS 消费额度 10000 元，每月 5 日还款，并进行了贷记卡激活操作。客户刘震来本行办理贷记卡现金存款业务，存入金额为人民币 800 元，柜员为其办理（见图 1－3－7）。

2. 操作提示。

（1）录入贷记卡卡号，点击"查询"，窗口显示出客户信息，如客户名称、客户类别、手机号、信用卡等级、每月还款日期、POS 消费额度、可用 POS 消费额度、预借现金额度、可用预借现金额度、客户地址等。

（2）在操作界面中，填写交易码（现金交易）和存款金额（800 元），点击"执行"即可完成贷记卡现金存款操作。

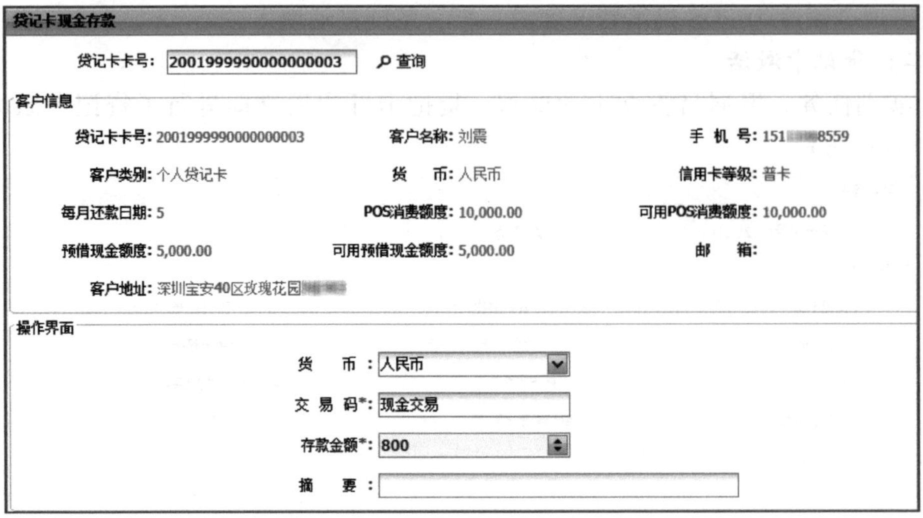

图 1-3-7 贷记卡现金存款

（二）贷记卡现金取款

1. 实训任务。若干日后，客户刘震来本行办理贷记卡取现业务，支取现金2000元（见图1-3-8）。

图 1-3-8 贷记卡现金取款

2. 操作提示。

（1）录入贷记卡卡号，点击"查询"，窗口显示出客户信息，如客户名称、客户类别、手机号、信用卡等级、每月还款日期、POS消费额度、可用POS消费额度、预借现金额度、可用预借现金额度、客户地址等。

（2）在操作界面中，填写取款金额（2000元），客户输入交易密码，点击"执行"即可完成贷记卡现金取款操作。

三、转账业务

（一）贷记卡转借记卡

1. 实训任务。客户刘震来本行办理贷记卡转借记卡业务，从贷记卡转出3000元到其本人活期借记卡账户（见图1-3-9）。

图1-3-9 贷记卡转借记卡

2. 操作提示。

（1）录入贷记卡卡号，点击"查询"，窗口显示出客户信息，如客户名称、客户类别、手机号、信用卡等级、每月还款日期、POS消费额度、可用POS消费额度、预借现金额度、可用预借现金额度、客户地址等。

（2）在操作界面中，填写对方账户的账号后，系统自动显示出客户名称，输入转账金额，点击"执行"即可完成贷记卡转借记卡操作。

（二）卡折转贷记卡

1. 实训任务。客户吕雲为信用卡还款，来本行办理卡折转贷记卡业务。从其本人活期借记卡中转出3000元到该贷记卡账户中（见图1-3-10）。

2. 操作提示。

（1）录入贷记卡卡号，点击"查询"，窗口显示出客户信息，如客户名称、客户类别、手机号、信用卡等级、每月还款日期、POS消费额度、可用POS消费额度、预借现金额度、可用预借现金额度、客户地址等。

（2）在操作界面中，填写转出账户的账号后，系统自动显示出客户名称、账户类

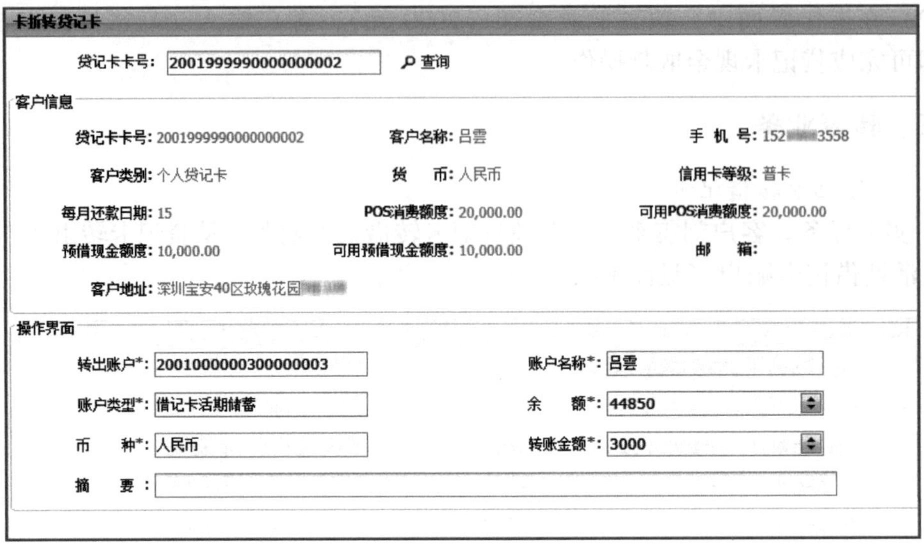

图1-3-10 卡折转贷记卡

型（借记卡活期储蓄）和该账户余额，输入转账金额，点击"执行"即可完成卡折转贷记卡操作。

（3）在卡折转贷记卡操作中，转出账户可以是借记卡或存折，可以是贷记卡本人的借记卡或存折，也可以是他人的借记卡或存折，但账户中的余额必须大于转账金额。

（三）内部账转贷记卡

1. 实训任务。因账务处理，从银行内部账户转出1000元到客户吕雲贷记卡账户（见图1-3-11）。

图1-3-11 内部账转贷记卡

2. 操作提示。

(1) 录入贷记卡卡号,点击"查询",窗口显示出客户信息,如客户名称、客户类别、手机号、信用卡等级、每月还款日期、POS 消费额度、可用 POS 消费额度、预借现金额度、可用预借现金额度、客户地址等。

(2) 在操作界面中,选择内部账户后,系统自动显示出客户名称(内部账转贷记卡内部户),输入转账金额,点击"执行"即可完成内部账转贷记卡操作。

四、其他业务

(一)建立自扣还款代理关系与撤销自扣还款代理关系

1. 实训任务。为方便贷记卡还款,刘震申请将贷记卡与之前开立的活期借记卡建立自扣还款代理关系。到还款日时,系统将自动从该借记卡中扣除相应的款项偿还贷记卡的消费金额(见图 1-3-12)。

图 1-3-12 建立自扣还款代理关系

2. 操作提示。

(1) 录入贷记卡卡号,点击"查询",窗口显示出客户信息,如客户名称、客户类别、手机号、信用卡等级、每月还款日期、POS 消费额度、可用 POS 消费额度、预借现金额度、可用预借现金额度、客户地址等。

(2) 在操作界面中,选择证件类型,录入自扣还款代理关系关联还款账户的账号,系统自动显示出账户名称,审核确认无误后,点击"执行"即可完成建立自扣还款代理关系操作。

(3) 如果客户出于某种需要,或柜员操作错误,该建立自扣还款代理关系可以进行撤销操作。在操作界面,选择证件类型,填写证件号码和交易密码,点击"执行"即可完成撤销自扣还款代理关系操作。

(二) 贷记卡反交易

1. 实训任务。柜员将吕雲借记卡转入贷记卡的金额错输成 20000 元。为纠正操作错误，柜员进行贷记卡反交易业务操作（见图 1-3-13、图 1-3-14）。

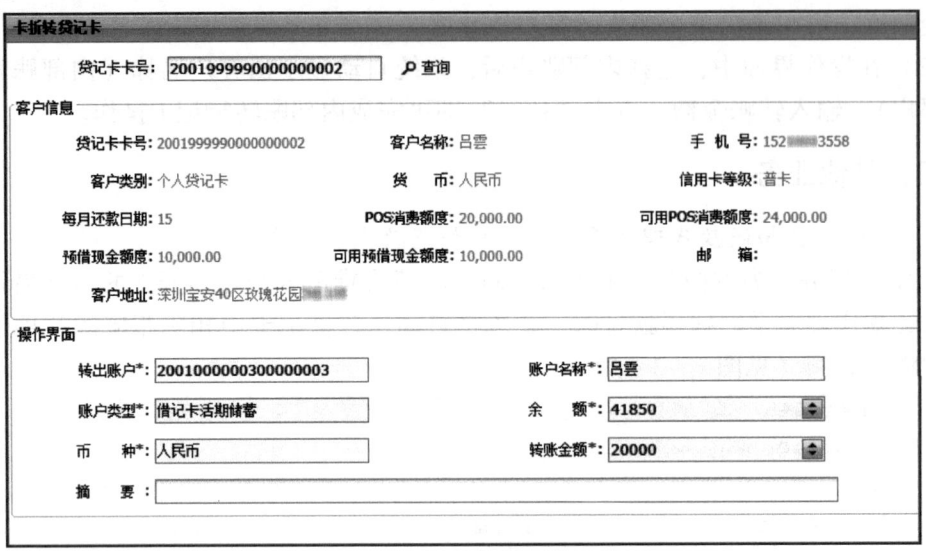

图 1-3-13　卡折转贷记卡

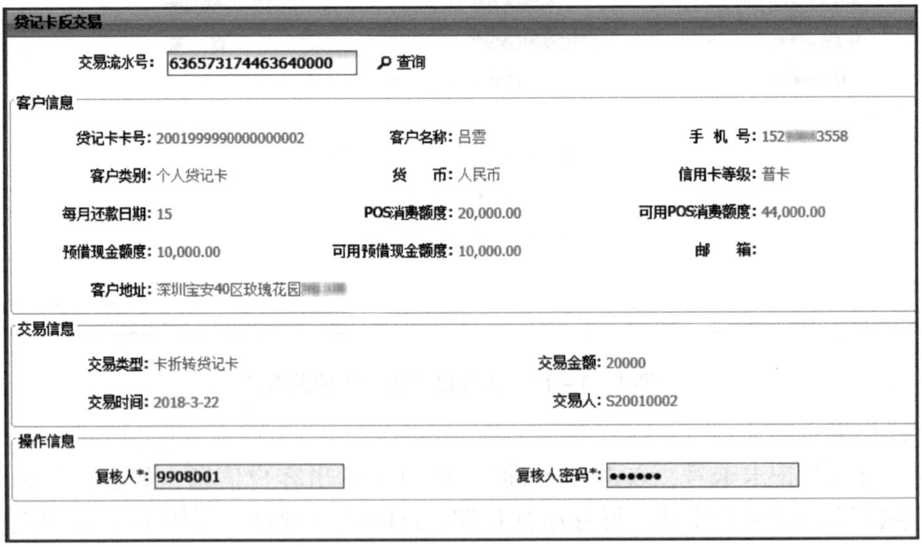

图 1-3-14　贷记卡反交易

2. 操作提示。

（1）录入交易流水号，点击"查询"，窗口显示如下内容：

客户信息：贷记卡卡号、客户名称、客户类别、手机号、信用卡等级、每月还款日期、POS 消费额度、可用 POS 消费额度、预借现金额度、可用预借现金额度、客户地址等。

交易信息：交易类型、交易金额、交易时间、交易人等。

（2）在操作界面中，填写复核人工号和复核人密码，审核确认无误后，点击"执行"即可完成贷记卡反交易操作。

（3）由于柜员操作错误，输错了金额，可进行贷记卡反交易操作。完成该操作后，该笔错误操作就被消除。如需更正，输入正确的金额，需要重新进行上一业务的操作。

（三）贷记卡修改密码与密码重置

1. 实训任务。

（1）客户吕雲出于安全考虑，持本人有效身份证明，不定期来本行申请修改贷记卡密码。

（2）客户吕雲因忘记密码，持本人有效身份证明，来本行申请重置贷记卡密码（见图1-3-15、图1-3-16）。

图1-3-15　贷记卡修改密码

图1-3-16　贷记卡重置密码

2. 操作提示。

(1) 修改密码与重置密码的区别：修改密码是客户在自己掌握密码的情况下更换新的密码。出于账户安全的考虑，银行也常常提醒客户至少每三个月更换一次密码。重置密码则是在客户忘记密码的情况下，设置新的密码。无论是修改密码还是密码重置，银行都要求客户必须持本人有效身份证件，由本人亲自办理，不得代办。

(2) 录入贷记卡卡号，点击"查询"，窗口显示出客户信息，如客户名称、客户类别、手机号、信用卡等级、每月还款日期、POS消费额度、可用POS消费额度、预借现金额度、可用预借现金额度、客户地址等。

(3) 修改密码：在操作界面中，选择证件类型和密码类型（交易密码或查询密码），填写证件号码。客户输入原密码和新密码，并确认新密码。审核确认无误后，点击"执行"，即可完成贷记卡修改密码的操作。

(4) 重置密码：在操作界面中，选择证件类型，填写证件号码，客户输入重置的、新的查询密码和交易密码，并重复输入一次。审核确认无误后，点击"执行"，即可完成贷记卡重置密码的操作。

(四) 贷记卡挂失与贷记卡解挂

1. 实训任务。

(1) 刘震因贷记卡遗失，来本行申请办理贷记卡挂失业务。

(2) 刘震已经找回挂失的贷记卡，柜员为其办理解挂业务（见图1-3-17、图1-3-18）。

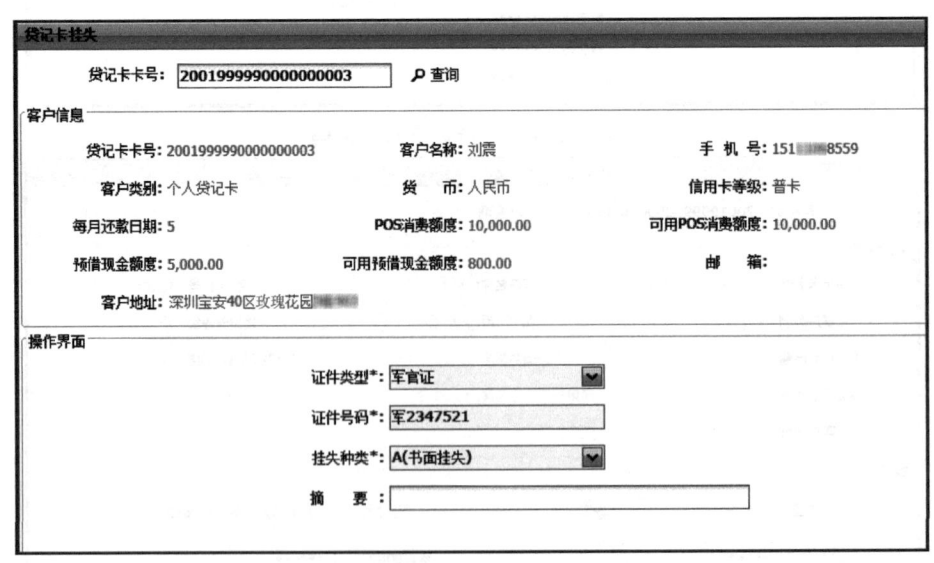

图1-3-17 贷记卡挂失

2. 操作提示。

(1) 录入贷记卡卡号，点击"查询"，窗口显示出客户信息，如客户名称、客户

图 1-3-18 贷记卡解挂

类别、手机号、信用卡等级、每月还款日期、POS 消费额度、可用 POS 消费额度、预借现金额度、可用预借现金额度、客户地址等。

（2）贷记卡挂失：在操作界面中，选择证件类型（身份证、护照或军官证）和挂失种类（书面挂失、口头挂失和密码挂失），填写证件号码。审核确认无误后，点击"执行"即可完成贷记卡挂失的操作。

（3）贷记卡解挂：在操作界面中，选择证件类型，填写证件号码，客户输入交易密码。审核确认无误后，点击"执行"即可完成贷记卡解挂的操作。

（4）客户贷记卡挂失后，如果在挂失期内，又找到了该张贷记卡，银行可立即给予解挂，不需要更换贷记卡；如果没有找到该张贷记卡，挂失期后（7 天），可来银行办理解挂手续，银行为客户更换一张新的贷记卡（账号不变）。无论是不换凭证解挂还是换凭证解挂，银行都要求客户必须持本人有效身份证件，由本人亲自办理，不得代办。

（五）贷记卡销户申请与销户申请撤销

1. 实训任务。客户吕雲因个人原因来本行办理贷记卡销户申请（见图 1-3-19）。
2. 操作提示。

（1）录入贷记卡卡号，点击"查询"，窗口显示出客户信息，如客户名称、客户类别、手机号、信用卡等级、每月还款日期、POS 消费额度、可用 POS 消费额度、预借现金额度、可用预借现金额度、客户地址等。

（2）在操作界面中，选择证件类型（身份证、护照或军官证），填写证件号码、已用 POS 消费额度、已用预借现金额度，客户输入交易密码，审核确认无误后，点击"执行"即可完成贷记卡销卡申请操作。

（3）如果客户出于某种需要，或柜员操作错误，已完成的贷记卡销卡申请可以进行撤销操作。

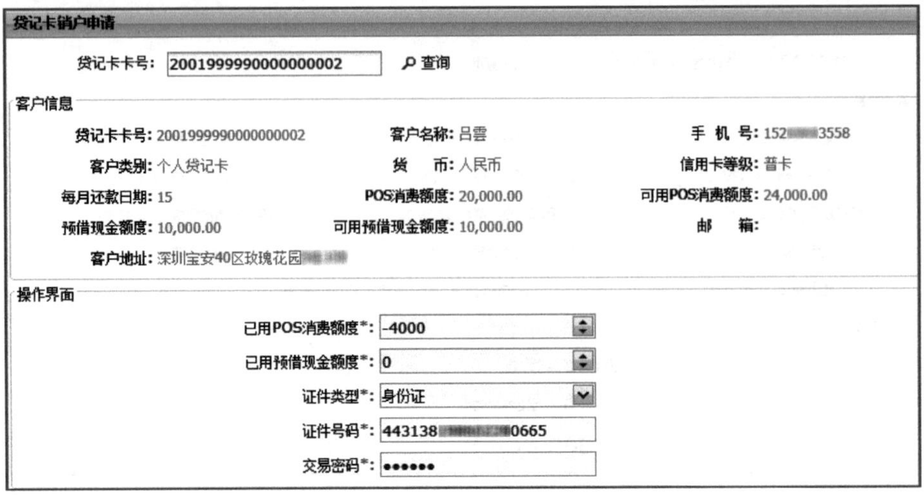

图 1-3-19 贷记卡销户申请

（4）已用 POS 消费额度 = POS 消费额度 - 可用 POS 消费额度

已用预借现金额度 = 预借现金额度 - 可用预借现金额度

（六）贷记卡销户结清

1. 实训任务。客户吕雲在本行办理贷记卡销户申请后，做结清处理（见图 1-3-20）。

图 1-3-20 贷记卡销户结清

2. 操作提示。

（1）录入贷记卡卡号，点击"查询"，窗口显示出客户信息，如客户名称、客户类别、手机号、信用卡等级、每月还款日期、POS 消费额度、可用 POS 消费额度、预借现金额度、可用预借现金额度、客户地址等。

（2）在操作界面中，选择证件类型（身份证、护照或军官证），填写证件号码、已用 POS 消费额度、已用预借现金额度，客户输入交易密码，审核确认无误后，点击"执行"即可完成贷记卡销户结清操作。

（3）已用 POS 消费额度 = POS 消费额度 – 可用 POS 消费额度

已用预借现金额度 = 预借现金额度 – 可用预借现金额度

（七）贷记卡账单明细查询

1. 实训任务。因业务需要，柜员查询客户贷记卡的账单明细（见图 1 – 3 – 21）。

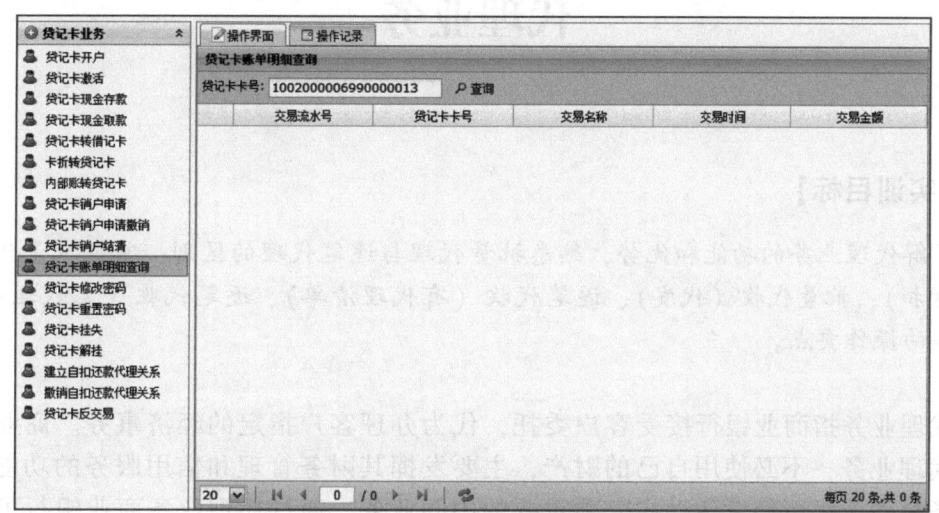

图 1 – 3 – 21　贷记卡账单明细查询

2. 操作提示。录入贷记卡卡号，点击"查询"，就会出现客户的交易流水、贷记卡卡号、交易名称、交易时间和交易金额。

项目四

代理业务

【实训目标】

了解代理业务的功能和优势,熟悉批量代理与逐笔代理的区别,掌握批量代理托收(代扣)、批量代收(代发)、逐笔代收(有代理清单)、逐笔代收(无代理清单)等业务的操作要点。

代理业务指商业银行接受客户委托,代为办理客户指定的经济事务。商业银行经营代理业务,不必使用自己的财产,主要发挥其财务管理和信用服务的功能。代理业务是商业银行经营活动中一项重要的中间业务,通过代理业务商业银行可以扩大经营范围,增加业务收入,为开展其他业务提供机会。同时,个人与公司客户也可以把自身不方便做的或不能做的业务交给商业银行操作,从而能集中力量进行其他活动或业务,达到节约成本、提高效率的目的。商业银行的代理业务主要包括代收代付业务、代理有价证券和代理保险等三方面业务,本实训教程主要介绍代收代付业务。

商业银行代收代付业务是商业银行利用自身网点、人员、技术、汇兑和网络等优势,接受行政管理部门、社会团体、企事业单位和个人委托、代为办理指定范围内的收付款项的服务性中间业务。

代收代付业务是商业银行利用自身的结算便利,接受客户的委托,代其办理指定款项的收付事宜的业务。企业在日常经济活动中,除了一般的买卖交易款项的收付外,还常常有许多定期的小额款项的收付,如单位支付职工工资,社会保障部门发放离退休人员养老金,物业公司及公用事业单位定期向客户收取的物业费、水费、电费、煤气费等。这些款项的收付,对企事业单位来说,一是涉及的收付面很广,二是每笔收付的金额一般较小,三是收付频繁。因此这些款项的收付给单位带来繁杂的事务性工作,甚至使一些单位不能及时、准确地支付或收妥有关款项。为了帮助企事业单位从以上困难中解脱出来,商业银行利用自身的结算便利,开办了各类代收代付业务。

一、代收代付业务的特点

银行代收代付业务一般具有以下特点：
- 时间的固定性，代理收付款项的时间一般是固定不变的，如每年的几个月份，每月的上、中、下旬，每周的星期几等。
- 收付款的经常性，代收代付业务不是一次完成任务，而是持续不断地收付。
- 数额的少量性，这些收付的款项金额一般不大，零碎而不一。
- 工作量的广泛性，收付的范围和压力一般相当大。
- 手续的统一性，收付款的内容一般简单一致，经办手续一致，以便核审。
- 发展代理收付业务，无论是对于商业银行，还是企业和个人，都具有明显的社会效益和经济效益。

二、代收代付业务的作用

- 为商业银行筹资、融资工作开辟了一条新的渠道

商业银行办理代收代付业务，突破了以往吸收存款、筹集资金中一些传统的思维方式，变直接吸存为间接吸存，变单一依靠客户上门为主动出击，为新时期商业银行的筹资、融资工作开拓了新途径。

- 为单位和个人理财提高了资金使用效益

商业银行开办代收代付业务，有利于收款单位节约人力、物力和财力，并在一定范围内可以加强经济核算，节省不必要的开支，同时有利于商业银行对付款单位的审查监督，保证付款单位按时履约，提高了资金的周转使用效率。由商业银行作为信用中介，又增强了双方单位的安全感。

- 为社会提供广泛的、多样化的服务

商业银行开办的代收代付业务，以其多种方式和丰富的业务内容为社会各界提供了广泛的、多样化的服务，丰富了现代金融的内容。代收代付业务以其多边的经济联系和多种手段扩大了信用中介，使直接金融与间接金融交替运用，活跃了金融市场，方便了人民生活。

三、代收代付业务的基本原则

- 明确代收代付业务金额的使用方向。客户要求商业银行代理收付时，必须向商业银行提出申请，并明确所收付款项的金额、用途和代理形式。
- 签订收付款项的代理合同。商业银行为客户代理收付款项时，要签订经济合同或代理协议，明确责任，避免经济纠纷。
- 要坚持互惠互利原则。商业银行为客户代收代付款项时，要坚持互惠互利原则，根据具体情况，按照一定的规定收取管理的手续费用。
- 要以国家的相关法规为业务依据。商业银行为客户代收代付款项时，要遵守国

家有关法律及政策规定，遵守商业银行的结算原则。

• 要坚持银行不垫款原则。商业银行为客户代收代付款项时，对付款方不能按时交纳款项的情况，商业银行不负任何责任，要坚持银行不垫款原则，但有义务向客户提供真实情况。

四、代收代付业务的种类

按照银行内部业务处理方式不同，代收代付业务分为批量代收代付业务和银行柜台逐笔代收费业务等。

（一）批量代收代付业务

批量代收业务是指银行通过计算机联机系统代理公用事业等单位向个人用户收取费用的一种转账结算。批量代收是银行特种委托收款结算业务在计算机技术条件下的实现方式。在账户存款余额足够的情况下，付款人也免去了定期交费的烦恼。联机批量代收业务项目主要包括各项公用事业费、保险费、出租车营运款、物业管理费、学杂费等。

批量代付业务是指银行通过计算机联机系统代单位向个人发放工资、奖金、养老金、公积金等款项的业务。典型的业务品种为代发工资、代发养老金。银行开办代发工资业务在揽住储蓄源头，增加资金来源的同时，减轻了单位财会人员的工作量。单位财会人员只需开具转账支票，连同职工工资清单和制作好的代发数据磁盘交银行即可，解决了单位从银行领取现金再向个人发放工资的麻烦。

（二）银行柜台逐笔代收费业务

银行提供柜台逐笔代收费服务的目的：一是增加银行服务品种；二是集聚人气，推动银行的派生业务；三是增强与收费单位的银企合作。目前柜台代收费的项目主要有市内固定电话费、移动通信话费、水费、电费、煤气费等公用事业费等。

模块一　批量代理

【实训操作】

一、批量托收（代扣）

1. 实训任务。中国电信深圳分公司与本行签订新楼盘岭南花园居民的固定电话费批量托收（代扣）业务合同。代理批量管理时，明细信息来源为手工录入，总笔数450笔，总金额35659.58元，本行柜员完成批量托收（代扣）业务（见图1-4-1至图1-4-3）。

2. 操作提示。批量托收（代扣）业务包括水费托收、电费托收、电话费托收、移动电话费托收、税款托收业务。通常分三个步骤完成：新增代理合同管理—新增代理批量管理—批量托收（代扣）。

批量托收（代扣）

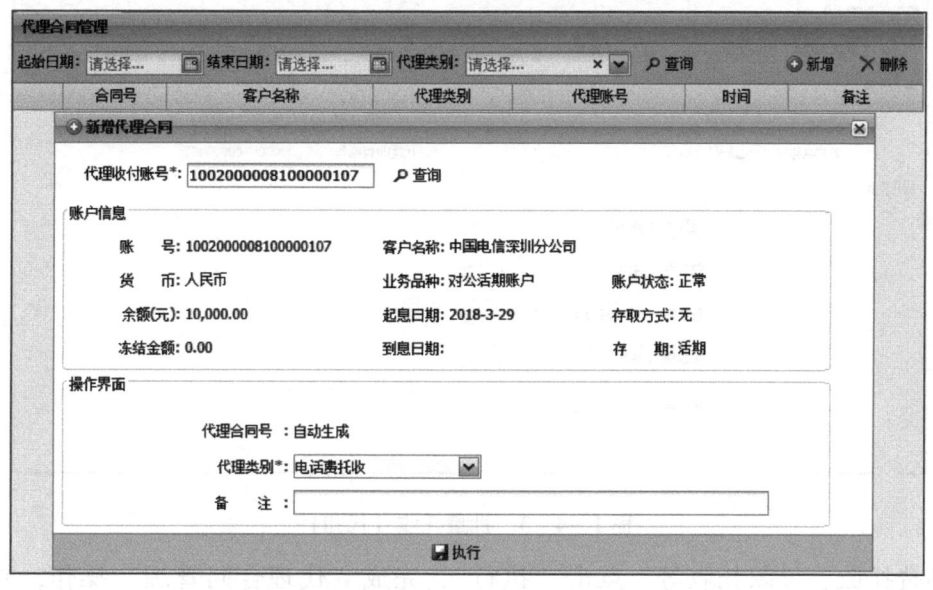

图 1-4-1 代理合同管理

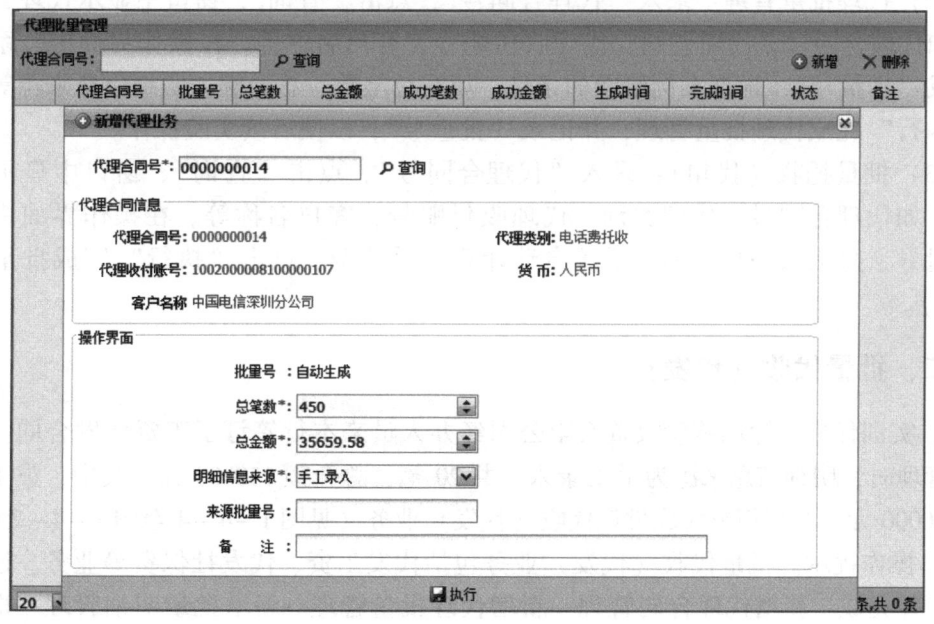

图 1-4-2 代理批量管理

（1）代理合同管理：录入代理收付账号，进行查询，窗口显示出该账户信息，如账号、客户名称、业务品种、账户状态、余额、起息日期、存期等。其中，账号为用于批量托收（代扣）的账户，该账户必须为基本账户或专用账户。在操作界面中，代理合同号系统将自动生成，选择代理类别，如水费托收、电费托收、电话费托收、移

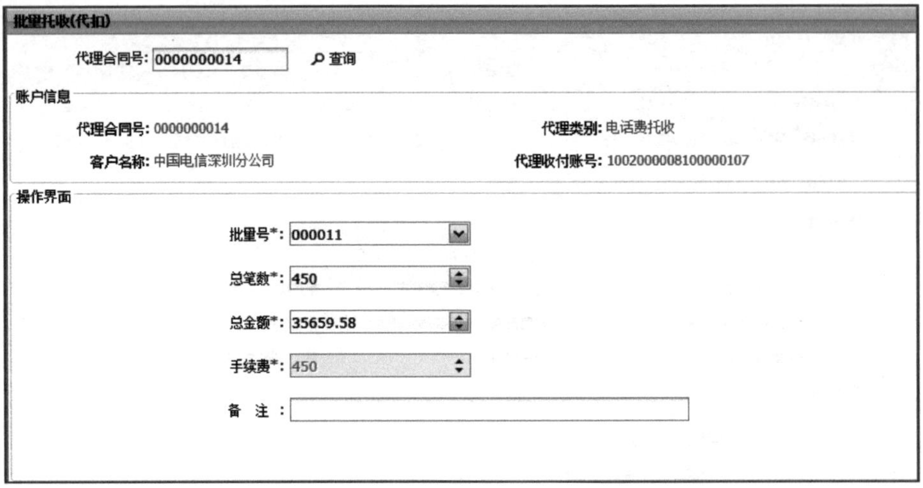

```
批量托收(代扣)
代理合同号: 0000000014    查询
账户信息
    代理合同号: 0000000014              代理类别: 电话费托收
    客户名称: 中国电信深圳分公司         代理收付账号: 1002000008100000107
操作界面
    批量号*: 000011
    总笔数*: 450
    总金额*: 35659.58
    手续费*: 450
    备 注:
```

图1-4-3 批量托收（代扣）

动电话费托收、税款托收等。点击"执行"，完成"代理合同管理"操作，并记录"代理合同号"，以便后续实验操作。

（2）代理批量管理：录入"代理合同号"，点击"查询"，窗口中显示代理合同信息，如代理合同号、代理类别、代理收付账号、客户名称等。在操作界面中，系统自动生成"批量号"，根据案例给予的条件，填写总笔数、总金额、明细信息来源等，点击"执行"完成代理批量管理，并记录"批量号"，以便后续实验操作。

（3）批量托收（代扣）：录入"代理合同号"，点击"查询"，窗口中显示账户信息，如代理合同号、代理类别、代理收付账号、客户名称等。在操作界面中，填写批量号、总笔数和总金额，系统自动计算出手续费，点击"执行"完成批量托收（代扣）。

二、批量代收（代发）

1. 实训任务。深圳蓝旗投资有限公司经办人员来本行签订了工资代发合同。代理批量管理时，明细信息来源为手工录入，共20笔，总金额150000元。其中，员工吕雲工资10000元。本行柜员完成批量代收（代发）业务（见图1-4-4至图1-4-7）。

2. 操作提示。批量代收（代发）业务包括代发工资、代发社保费等业务。通常分四个步骤完成：新增代理合同管理—新增代理批量管理—新增批量明细管理—批量代收（代发）。

（1）代理合同管理：录入代理收付账号，进行查询，窗口显示出该账户信息，如账号、客户名称、业务品种、账户状态、余额、起息日期、存期等。其中，账号为用于批量代收（代发）的账户，该账户必须为基本账户或专用账户。在操作界面中，代理合同号系统将自动生成，选择代理类别，如代发工资、代发社保费等。点击"执行"完成"代理合同管理"操作，并记录"代理合同号"，以便后续实验操作。

图 1-4-4 代理合同管理

图 1-4-5 代理批量管理

（2）代理批量管理：录入"代理合同号"，点击"查询"，窗口中显示代理合同信息，如代理合同号、代理类别、代理收付账号、客户名称等。在操作界面中，系统自动生成"批量号"，根据案例给予的条件，填写总笔数、总金额、明细信息来源等，点击"执行"完成代理批量管理，并记录"批量号"，以便后续实验操作。

（3）批量明细管理：录入"代理合同号"和"批量号"，点击"查询"，窗口中

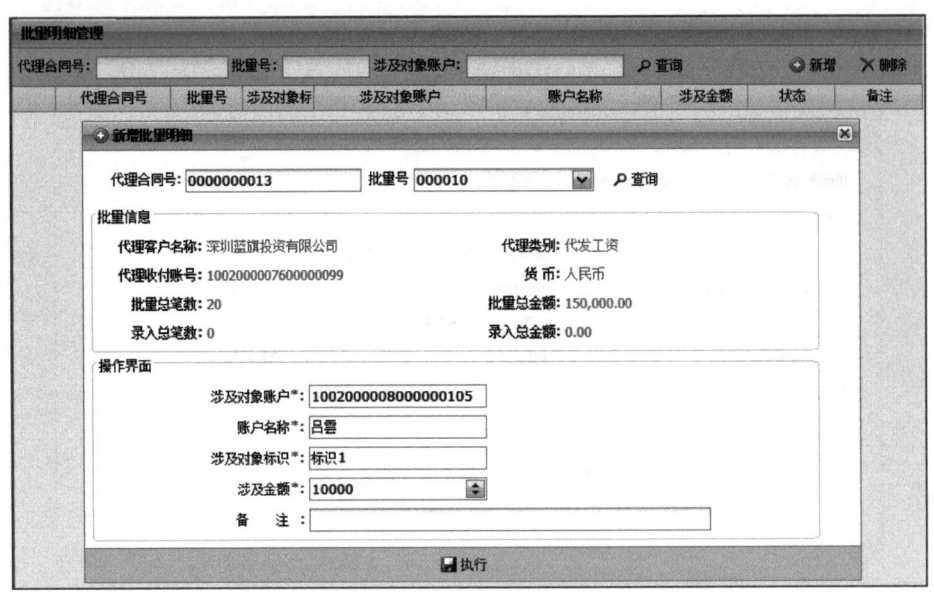

图1-4-6 批量明细管理

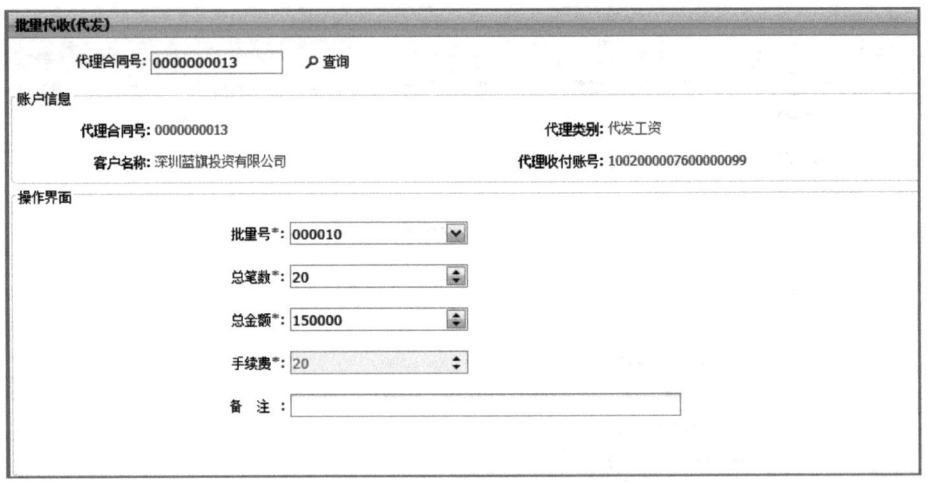

图1-4-7 批量代收（代发）

显示批量信息，如代理客户名称、代理类别、代理收付账号、批量总笔数、批量总金额等。在操作界面中，根据案例给予的条件，填写涉及对象账户、系统自动弹出相应的账户名称、涉及对象标识、输入涉及金额，点击"执行"完成批量明细管理，并记录"批量号"，以便后续实验操作。

（4）批量代收（代发）：录入"代理合同号"，点击"查询"，窗口中显示账户信息，如代理合同号、代理类别、代理收付账号、客户名称等。在操作界面中，填写批量号、总笔数和总金额，系统自动计算出手续费，点击"执行"完成批量代收（代发）。

模块二　逐笔代理

一、逐笔代收（有代理清单）

1. 实训任务。南方电网深圳分公司与本行签订代收电费合同。吕雲选择用自己的Ⅰ类借记卡账户转账交易，缴纳电费。其中，代理明细管理时，明细信息来源为手工录入，代收吕雲的1笔电费，金额150元。本行柜员完成逐笔代收（有代理清单）业务（见图1-4-8至图1-4-11）。

图1-4-8　代理合同管理

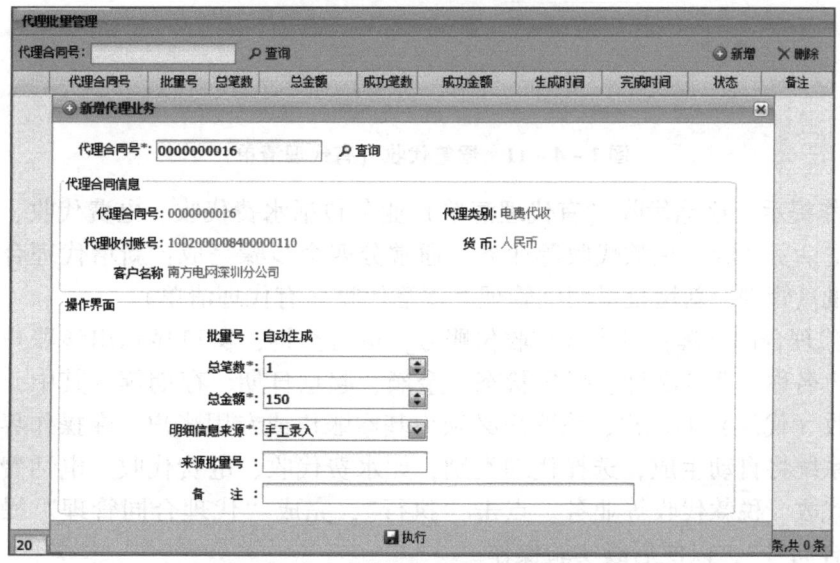

图1-4-9　代理批量管理

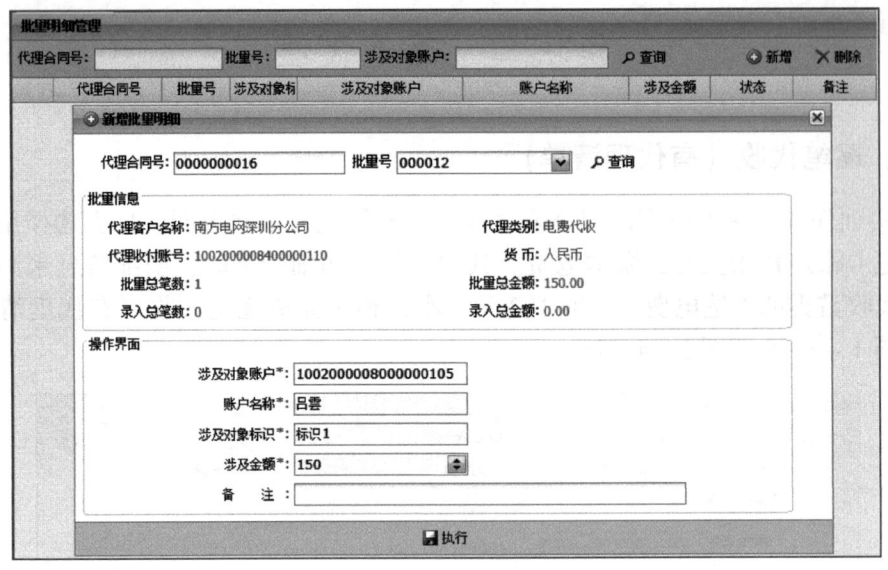

图 1－4－10　批量明细管理

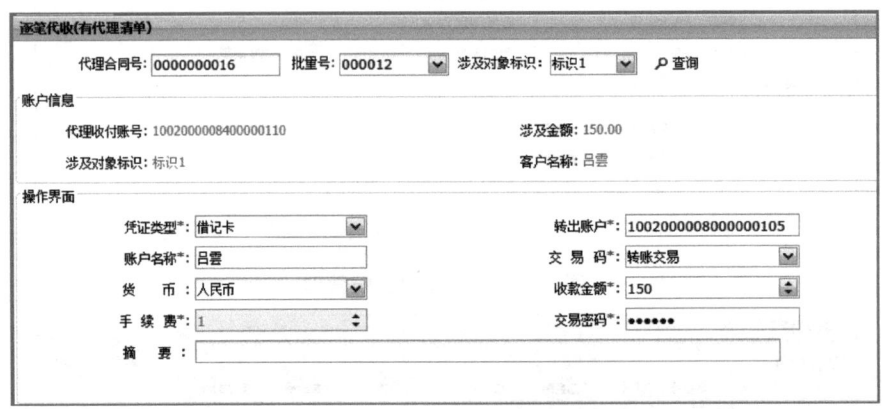

图 1－4－11　逐笔代收（有代理清单）

2. 操作提示。逐笔代收（有代理清单）业务包括水费代收、电费代收、电话费代收、移动电话费代收、税款代收等业务。通常分四个步骤完成：新增代理合同管理—新增代理批量管理—新增批量明细管理—逐笔代收（有代理清单）。

（1）代理合同管理：录入代理收付账号，进行查询，窗口显示出该账户信息，如账号、客户名称、业务品种、账户状态、余额、起息日期、存期等。其中，账号为用于批量代收（代发）的账户，该账户必须为基本账户或专用账户。在操作界面中，代理合同号系统将自动生成，选择代理类别，如水费代收、电费代收、电话费代收、移动电话费代收、税款代收等业务。点击"执行"，完成"代理合同管理"操作，并记录"代理合同号"，以便后续实验操作。

（2）代理批量管理：录入"代理合同号"，点击"查询"，窗口中显示代理合同信息，如代理合同号、代理类别、代理收付账号、客户名称等。在操作界面中，系统自动生成"批量号"，根据案例给予的条件，填写总笔数、总金额、明细信息来源等，点击"执行"完成代理批量管理，并记录"批量号"，以便后续实验操作。

（3）批量明细管理：录入"代理合同号"和"批量号"，点击"查询"，窗口中显示批量信息，如代理客户名称、代理类别、代理收付账号、批量总笔数、批量总金额等。在操作界面中，根据案例给予的条件，填写涉及对象账户、系统自动弹出相应的账户名称、涉及对象标识，输入涉及金额，点击"执行"完成批量明细管理，并记录"批量号"，以便后续实验操作。

（4）逐笔代收（有代理清单）：录入"代理合同号"，选择"批量号"和"涉及对象标识"，点击"查询"，窗口中显示账户信息，如代理收付账号、客户名称等。在操作界面中，选择代收账户的凭证类型（借记卡或普通存折）等，填写转出账户、收款金额和交易密码，选择交易码（现金交易或转账交易），点击"执行"完成逐笔代收（有代理清单）。

二、逐笔代收（无代理清单）

1. 实训任务。深圳市公安局交警大队支队与本行签订了代收行政事业罚没基金业务合同，用于代收个人客户的交通违章罚款。刘震用自己的 I 类借记卡账户缴纳之前的 1 笔交通违章罚款，金额 200 元。柜员处理完成了逐笔代收（无代理清单）业务（见图 1-4-12、图 1-4-13）。

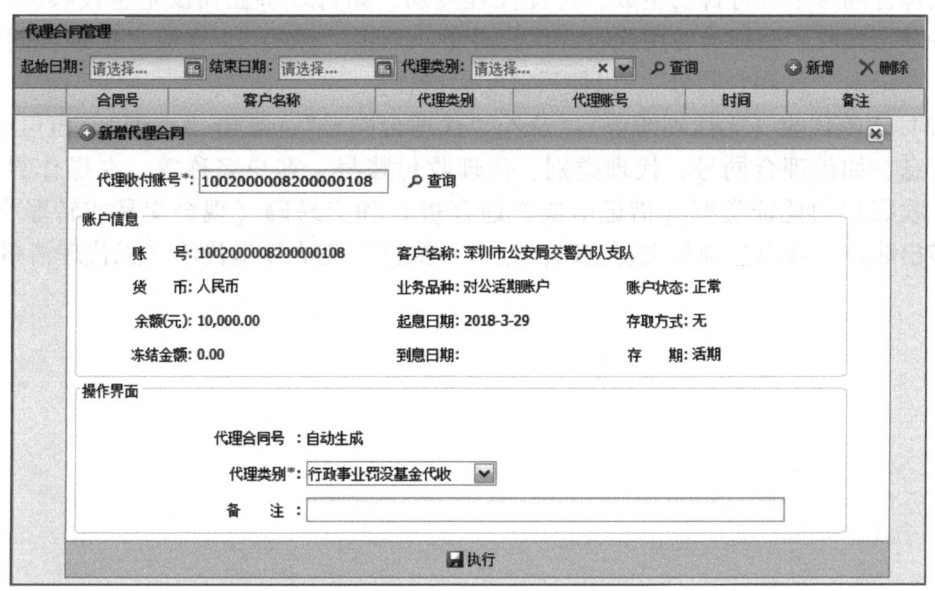

图 1-4-12 代理合同管理

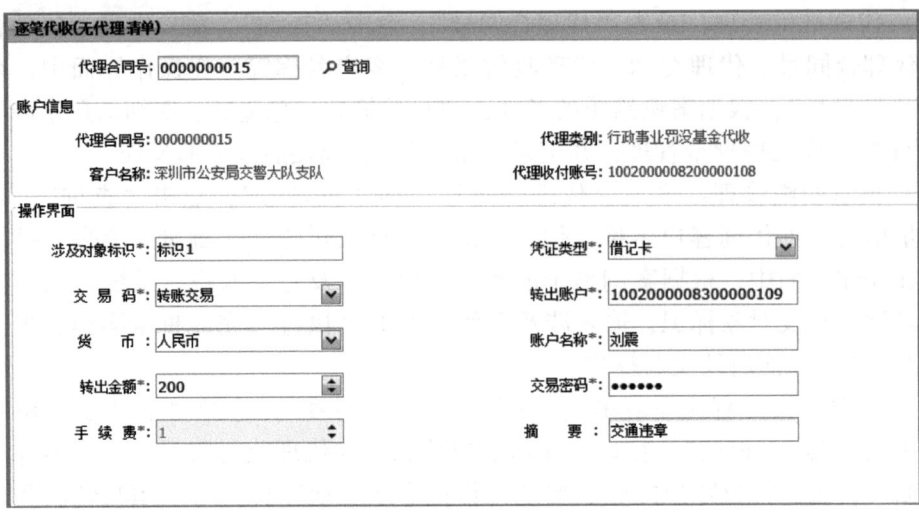

图 1-4-13　逐笔代收（无代理清单）

2. 操作提示。逐笔代收（无代理清单）业务包括行政事业罚没基金代收、行政事业收费基金代收、医疗卡费用代收等代收业务。通常分两个步骤完成：新增代理合同管理—逐笔代收（无代理清单）。

（1）代理合同管理：录入代理收付账号，进行查询，窗口显示出该账户信息，如账号、客户名称、业务品种、账户状态、余额、起息日期、存期等。其中，账号为用于逐笔代收（无代理清单）的账户，该账户必须为基本账户或专用账户。在操作界面中，代理合同号系统将自动生成，选择代理类别，如行政事业罚没基金代收、行政事业收费基金代收、医疗卡费用代收等代收业务。点击"执行"，完成"代理合同管理"操作，并记录"代理合同号"，以便后续实验操作。

（2）逐笔代收（无代理清单）：录入"代理合同号"，点击"查询"，窗口中显示账户信息，如代理合同号、代理类别、代理收付账号、客户名称等。在操作界面中，选择代收账户的凭证类型（借记卡或普通存折）和交易码（现金交易或转账交易），填写转出账户、转出金额和交易密码，点击"执行"完成逐笔代收（无代理清单）。

项目五

网银业务

【实训目标】

了解网银业务的功能和优势,熟悉个人网银业务与企业网银业务的区别,掌握网银签约、网银修改、网银撤销业务的操作要点。熟悉网银修改中的注册管理、账户管理、操作员管理和证书管理的关联性,理解网银签约中信息查询、关联账户与网银证书之间的关系。

网上银行(简称网银)是商业银行在互联网中设立的虚拟柜台,银行利用网络技术,通过互联网向客户提供开户、销户、查询、对账、行内转账、跨行转账、信贷、网上证券、投资理财等传统服务项目,使客户足不出户就能够安全、便捷地管理活期和定期存款、支票、信用卡及个人投资等。

网上银行的特点是客户只要拥有账号和密码,便能在世界各地通过互联网,进入网络银行处理交易,与传统银行业务相比,网上银行的优势体现在以下几点:

第一,大大降低银行经营成本,有效提高银行盈利能力。开办网上银行业务,主要利用公共网络资源,不需设置物理的分支机构或营业网点,减少了人员费用,提高了银行后台系统的效率。

第二,无时空限制,有利于扩大客户群体。网上银行业务打破了传统银行业务的地域、时间限制,即能在任何时候、任何地方、以任何方式为客户提供金融服务,这既有利于吸引和保留优质客户,又能主动扩大客户群,开辟新的利润来源。

第三,有利于服务创新,向客户提供多种类、个性化服务。通过银行营业网点销售保险、证券和基金等金融产品,往往受到很大限制,主要是由于一般的营业网点难以为客户提供详细的、低成本的信息咨询服务。利用互联网和银行支付系统,容易满足客户咨询、购买和交易多种金融产品的需求,客户除办理银行业务外,还可以很方便地进行网上买卖股票、债券等,网上银行能够为客户提供更加合适的个性化金融服务。

按照服务对象,通常可以把网上银行分为个人网上银行和企业网上银行两种。

1. 个人网上银行。个人网上银行主要适用于个人和家庭的日常消费支付与转账。客户可以通过个人网上银行服务，完成实时查询、转账、网上支付和汇款功能。个人网上银行服务的出现，标志着银行的业务触角直接伸展到个人客户的家庭 PC 桌面上，方便使用。

2. 企业网上银行。企业网上银行主要针对企业与政府部门等企事业客户。企事业组织可以通过企业网上银行服务实时了解企业财务运作情况，及时在组织内部调配资金，轻松处理大批量的网上支付和工资发放等业务。

模块一　个人网银

【实训操作】

一、个人网银签约

1. 实训任务。个人客户赵一生来本行申请办理个人网银业务。柜员为客户赵一生办理个人网银签约，绑定了编号为 USB Key 8310307880 的 U 盾，并设置单笔限额为 5000 元和日累计最高限额为 20000 元的消费、转账限额（见图 1 - 5 - 1 至图 1 - 5 - 3）。

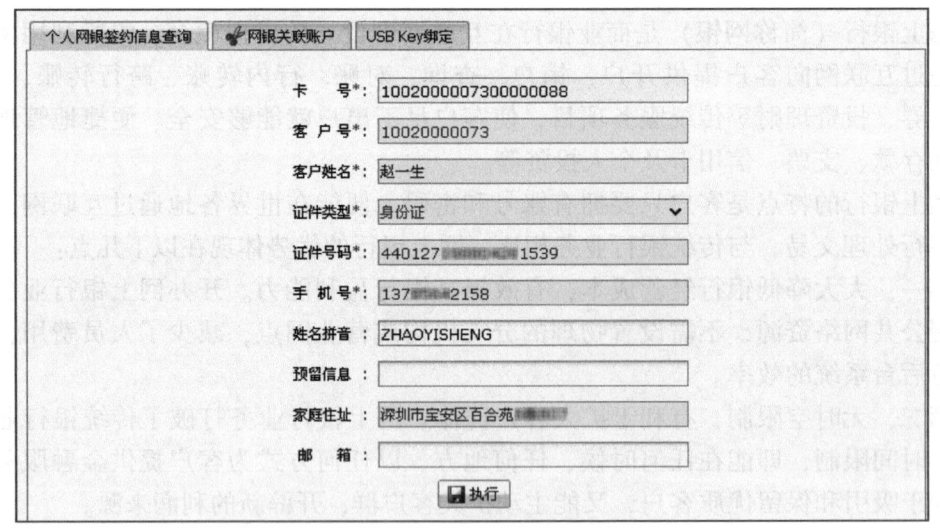

图 1 - 5 - 1　个人网银签约信息查询

2. 操作提示。

（1）个人网银签约分三个步骤：个人网银签约信息查询—网银关联账户—USB Key 绑定。

（2）个人网银签约信息查询：录入客户借记卡账号，点击"查询"，显示出该客户的客户号、客户姓名、证件类型、证件号码、手机号码、姓名拼音、预留信息、家

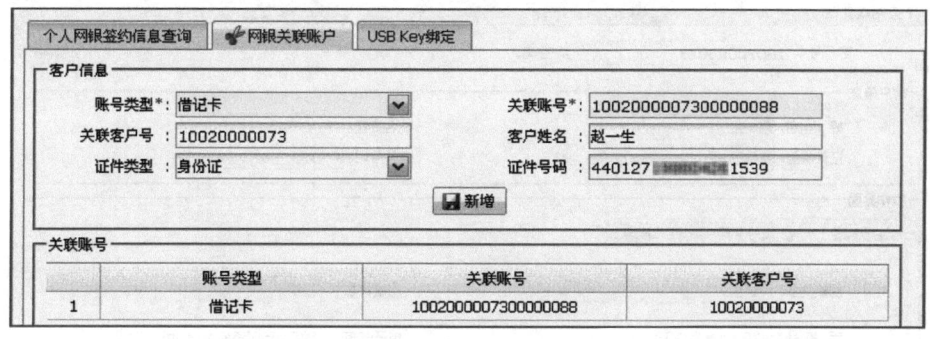

图1-5-2 个人网银关联账户

图1-5-3 个人网银USB Key绑定

庭住址、邮箱等客户信息。表明客户已在本行开立了个人借记卡账户。审核确认无误后，点击"执行"，即可完成个人网银签约信息查询的操作。

(3) 网银关联账户：选择"账号类型"（借记卡、存折），填写关联账号后，系统自动显示该客户信息：关联客户号、客户姓名、证件类型、证件号码等。点击"新增"，即可完成网银关联账户的操作。

(4) USB Key绑定：录入客户号和USB Key编号，根据案例给予的条件，填写单笔限额和日累计最高限额的数额，点击"执行"，即可完成USB Key绑定的操作。

二、个人网银修改

1. 实训任务。一段时间后，个人客户赵一生因手机号码变更、增加个人住址、与个人网银关联的借记卡更换以及提高单笔限额日累计最高限额等信息的变化，持本人有效身份证件，来本行申请办理个人网银修改（见图1-5-4至图1-5-6）。

图1-5-4 个人网银修改—注册管理

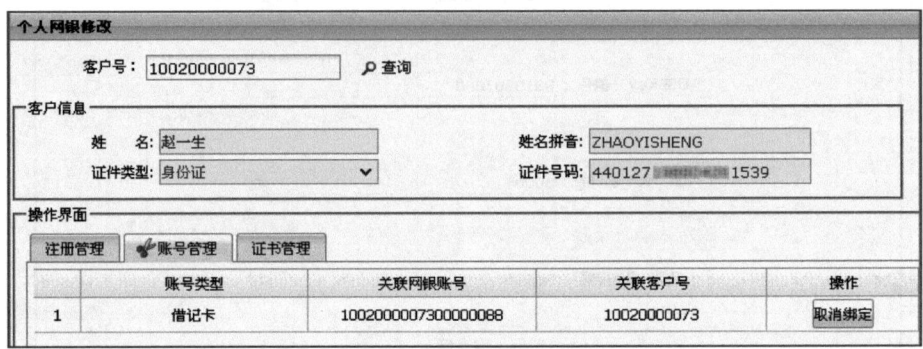

图1-5-5 个人网银修改—账号管理

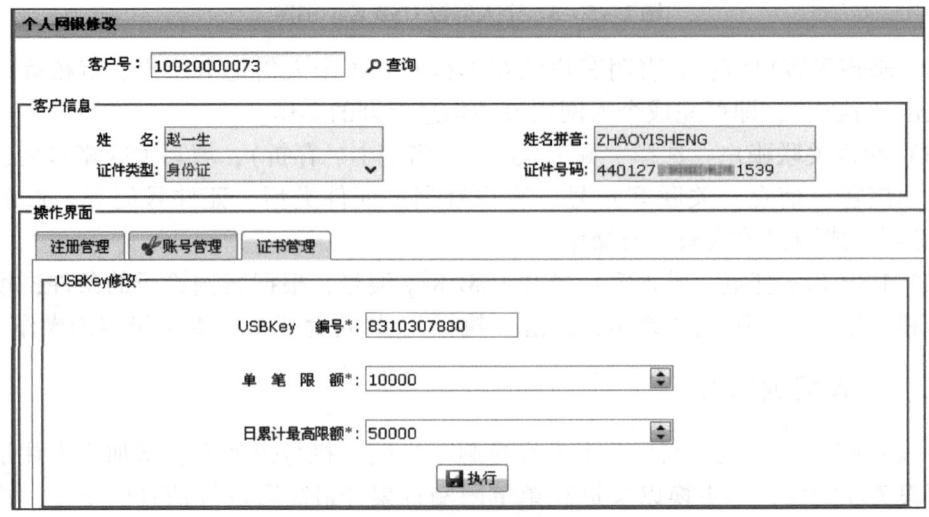

图1-5-6 个人网银修改—证书管理

2. 操作提示。

（1）个人网银修改分三部分内容：注册管理，账号管理和证书管理。分别对应的是客户信息（手机号码、住址等）的变更；网银与原借记卡的绑定关系的变更；限额（包括单笔限额和日累计最高限额）的变更等。

（2）注册管理：录入客户号，点击"查询"，显示出客户信息，如客户姓名、证件类型、证件号码、姓名拼音等信息。填写新的手机号码和新的联系地址。审核确认无误后，点击"执行"，即可完成个人网银修改—注册管理的操作。

（3）账号管理：录入客户号，点击"查询"，显示出客户信息，如客户姓名、证件类型、证件号码、姓名拼音等信息。在操作界面中，点击"取消绑定"，之前与借记卡绑定的关系解除，即可完成个人网银修改—账号管理的操作。

（4）证书管理：录入客户号，点击"查询"，显示出客户信息，如客户姓名、证件类型、证件号码、姓名拼音等信息。填写 USB Key 编号，重新填写变更后的单笔限额和日累计最高限额的金额。点击"执行"，即可完成个人网银修改—证书管理的操作。

三、个人网银撤销

1. 实训任务。个人客户赵一生由于个人原因，来本行申请办理了个人网银撤销业务（见图 1-5-7）。

图 1-5-7 个人网银撤销

2. 操作提示。录入客户号，点击"查询"，窗口显示出关联网银账号、关联 USB 信息，审核确认无误后，点击"执行"，即可完成个人网银撤销的操作。

模块二　企业网银

【实训操作】

一、企业网银签约

1. 实训任务。对公客户深圳蓝旗投资有限公司法定代表人刘伶（身份证号码为430126××××××1563，手机号码为151×××5658）来本行办理企业网银签约业务，并决定关联该公司的基本户，签约类型为专业版网银，客户为普通客户；将该公司员工李旭设置成操作员，李旭身份证号码为440105××××××0052，手机号码为189×××8815，操作员权限为管理操作员；员工李旭的 USB Key 为854×××1653，单笔限额50万元，日累计限额300万元，柜员为其办理企业网银证书签约业务（见图1-5-8至图1-5-11）。

图1-5-8　企业网银签约信息查询

图1-5-9　企业网银关联账户

图1-5-10 企业网银操作员设置

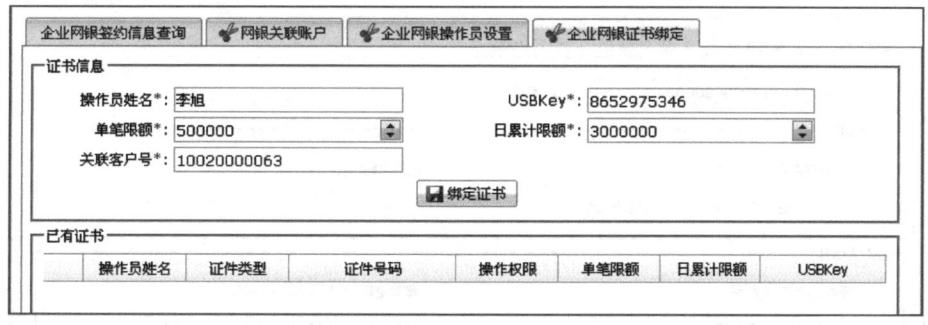

图1-5-11 企业网银证书绑定

2. 操作提示。

（1）企业网银签约分四个步骤：企业网银签约信息查询—企业网银关联账户—企业网银操作员设置—企业网银证书绑定。

（2）企业网银签约信息查询：录入客户号，点击"查询"，显示出企业信息：证件类型、证件号码、地址等客户信息，表明该客户已在本行开立对公账户。在经办人信息界面，填写经办人姓名、移动电话、证件类型、证件号码等信息；在其他信息界面，选择签约类型（专业版、普通版）和客户等级（普通客户、VIP会员）等，审核确认无误后，点击"执行"，即可完成企业网银签约信息查询的操作。

（3）网银关联账户：选择"账号类型"（基本户、一般户、专用户、临时户），填写关联账号后，系统自动显示出该客户信息：关联客户号、客户姓名、证件类型、证件号码等。点击"新增"，即可完成企业网银关联账户的操作。

（4）企业网银操作员设置：在操作员信息界面，填写操作员姓名、姓名拼音、证件类型（身份证、护照、军官证）、证件号码、移动电话、邮箱、关联客户号等信息，选择操作员权限（管理操作员、普通操作员）。点击"新增"，即可完成企业网银操作员设置的操作。

（5）企业网银证书绑定：录入操作员姓名、UBS Key编号、单笔限额、日累计限额、关联客户号等信息，点击"绑定证书"，即可完成企业网银证书绑定的操作。

二、企业网银修改

1. 实训任务。深圳蓝旗投资有限公司将经办人由原法定代表人刘伶改为员工赵宇，赵宇的身份证号码为44315×××××××2254，移动电话号码为158×××5465。

因李旭离职，深圳蓝旗投资有限公司取消了其管理操作员身份，重新设定公司员工张晓明暂时为管理操作员，USB Key 编码、单笔限额和日累计限额保持不变，本行柜员为该公司办理企业网银修改业务。

根据业务发展的需要，深圳蓝旗投资有限公司提高了单笔限额和日累计最高限额，分别改为：单笔限额为 100 万元，日累计最高限额为 500 万元（见图 1–5–12 至图 1–5–15）。

图 1–5–12　企业网银修改—注册管理

图 1–5–13　企业网银修改—账户管理

图 1-5-14 企业网银修改—操作员管理

图 1-5-15 企业网银修改—证书管理

2. 操作提示。

（1）企业网银修改分四部分内容：注册管理、账号管理、操作员管理和证书管理。分别对应的是企业经办人资料的变更，网银与原账户的绑定关系的变更，操作员信息的变更，限额（包括单笔限额和日累计最高限额）的变更等。

（2）注册管理：录入客户号，点击"查询"，显示出企业信息，如证件类型、证件号码、地址等信息。在经办人信息界面，填写经办人姓名、移动电话、证件类型、证件号码等信息；在其他信息界面，选择客户等级（普通客户、VIP 客户），填写预留信息等。审核确认无误后，点击"执行"，即可完成企业网银修改—注册管理的操作。

（3）账户管理：在客户信息界面，选择账户标识（基本户、一般户、专用户、临时户等），录入关联账号，窗口显示关联客户号、客户姓名、证件类型和证件号码等。点击"新增"，在关联账号界面，显示出一条与证书绑定的新增记录，即可完成企业网银修改—账户管理的操作。

（4）操作员管理：在操作员信息界面，填写新的管理员姓名、姓名拼音、证件类型、证件号码、移动电话、邮箱、操作员权限和关联客户号等操作员相关的信息，点击"新增"，即可完成企业网银修改—操作员管理的操作。

（5）证书管理：在证书信息界面，填写变更后的操作员姓名、USB Key 编号、关联客户号、单笔限额和日累计限额的金额。点击"绑定证书"，即可完成企业网银修改—证书管理的操作。

三、企业网银撤销

1. 实训任务。深圳蓝旗投资有限公司因自身发展的原因,撤销了在本行的企业网银业务(见图1–5–16)。

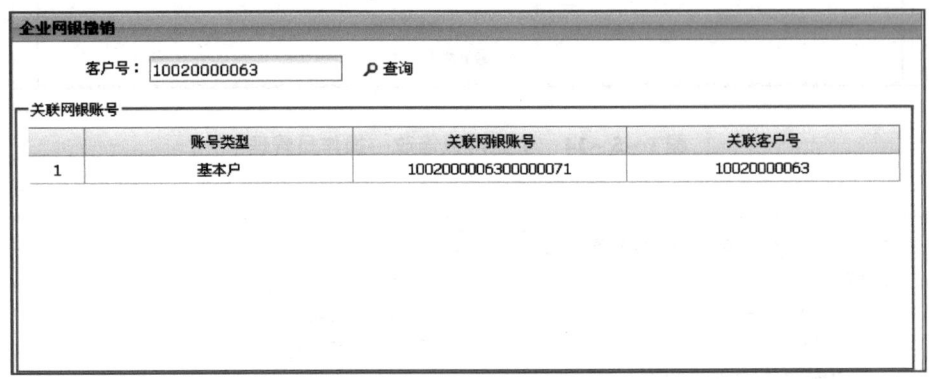

图1–5–16 企业网银撤销

2. 操作提示。录入客户号,点击"查询",窗口显示出关联网银账号、关联USB信息,审核确认无误后,点击"执行",即可完成企业网银撤销的操作。

项目六

支付结算

【实训目标】

了解支付结算的主要功能,熟悉支付结算完整的运作体系,掌握同城票据交换、大小额支付系统、银行本票、银行汇票、商业汇票和委托收款等支付结算的业务内容和操作要点。

一、支付结算的概念

支付结算是指单位或个人在社会经济活动中使用票据、信用卡和汇兑、托收承付、委托收款等结算方式进行货币给付及其资金清算的行为。根据国家有关规定,一切企事业单位之间的货币结算,除按《现金管理条例》的规定可以使用现金外,都必须通过银行办理转账结算,所以,支付结算是国民经济活动中的资金清算中介,也是商业银行一项主要的经营业务。

二、支付结算的工具

结算业务借助的主要结算工具包括银行汇票、商业汇票、银行本票和支票。

1. 银行汇票是出票银行签发的,由其在见票时按照实际结算金额无条件支付给收款人或者持票人的票据。

2. 商业汇票是出票人签发的,委托付款人在指定日期无条件支付确定的金额给收款人或持票人的票据。商业汇票分银行承兑汇票和商业承兑汇票。

3. 银行本票是银行签发的,承诺自己在见票时无条件支付确定的金额给收款人或者持票人的票据。

4. 支票是出票人签发的,委托办理支票存款业务的银行在见票时无条件支付确定的金额给收款人或持票人的票据。

三、支付结算的方式

主要包括同城结算方式和异地结算方式。

1. 汇款业务,是由付款人委托银行将款项汇给外地某收款人的一种结算业务。汇款结算分为电汇、信汇和票汇三种形式。

2. 托收业务,是指债权人或售货人为向外地债务人或购货人收取款项而向其开出汇票,并委托银行代为收取的一种结算方式。

3. 信用证业务,是由银行根据申请人的要求和指示,向受益人开立的载有一定金额,在一定期限内凭规定的单据在指定地点付款的书面保证文件。

4. 其他支付结算业务,包括利用现代支付系统实现的资金划拨、清算,利用银行内外部网络实现的转账等业务。

四、支付结算的原则

支付结算的基本原则是单位、个人和银行在进行支付结算活动时所必须遵循的行为准则。根据社会经济发展的需要,在总结我国改革开放以来结算工作经验的基础上,行业主管部门针对支付结算行为,确立了"恪守信用,履约付款;谁的钱进谁的账,由谁支配;银行不垫款"的三项基本原则。

1. 恪守信用,履约付款原则。这一原则是《民法通则》"诚实信用"原则在支付结算中的具体表现。根据该原则,结算当事人必须依照共同约定的民事法律关系的内容享受权利和承担义务,严格遵守信用,依约履行付款义务,特别是应按照约定的付款金额和付款日期进行支付。这一原则对履行付款义务的当事人具有约束力,是维护合同秩序,保障当事人经济利益的重要保证。

2. 谁的钱进谁的账,由谁支配原则。这一原则主要在于维护存款人对存款资金的所有权或经营权,保证其对资金的自主支配权。银行作为资金结算的中介机构,在办理结算时必须遵循存款人的委托,按照其意志,保证将所收款项支付给其指定的收款人;对存款人的资金,除国家法律另有规定外,必须由其自主支配,其他任何单位、个人以及银行本身都不得对其资金进行干预和侵犯。这一原则既保护了存款人的合法权益,又加强了银行办理结算的责任。

3. 银行不垫款原则。这一原则主要在于划清银行资金和存款人资金的界限。根据该原则,银行办理结算只负责办理结算当事人之间的资金转移,而不能在结算过程中为其垫付资金。这一原则有利于保护银行资金的所有权或经营权,有利于促使单位和个人以自己所有或经营的财产直接对自己的债务承担责任,从而保证了银行资金的安全。

上述三个原则既可单独发挥作用,也是一个有机的整体,分别从不同角度强调了付款人、收款人和银行在结算过程中的权利和义务,从而切实保障了结算活动的正常进行。

模块一 同城票据交换

(一) 票据交换的概念

票据交换指同一城市的所有商业银行机构，将相互代收、代付的凭证、票据，按规定的时间、场次，集中到既定场所进行交换，轧计往来银行之间应收、应付的票据差额，由主办清算行以转账方式进行清算的同城银行间资金清算的办法。

票据交换由本地中国人民银行（称为主办清算行）主持，设置票据交换所，并派出清算员组织资金清算。参加票据交换的所有商业银行（称为清算行），须经中国人民银行批准并核发票据交换所交换行号，在当地中国人民银行开立备付金账户并存入备付金，方可按规定时间参加票据交换。

票据交换所一般每一个营业日规定两场交换，上午和下午各为一场。上午受理的票据可在当天下午进行交换，下午受理的票据可待次日上午进行交换（年终结算日除外）。交换票据时，一般可分为提出行和提入行两个系统。向其他银行提出票据的银行称为提出行，应提交其他银行清算的票据称为提出票据，收回票据的银行称为提入行，收回由本行清算的票据称为提入票据。参加票据交换的各清算行都可能在提出交换票据的同时，也收到对方提交的票据，因而既是提出行又是提入行。各清算行对提出和提入的票据应分别进行核算。

(二) 票据交换的结算业务

票据交换途径分提出票据和提入票据，并通过票据交换所进行资金清算。

1. 票据交换所。票据交换所是集中办理同城或同一区域内各银行间应收、应付票据的交换和资金清算的场所。它开始时由银行间共同协议设置，随着中央银行制度的建立和发展，现已成为中央银行领导下的一个票据清算机构。

【知识链接 1-6-1】

票据交换所

世界上最早的票据交换所是 1773 年在当时票据最发达的英国伦敦成立的。中国最早的票据交换所出现在上海。清朝末年，上海旧式的钱庄相当兴盛。1890 年，上海钱业公会成立了汇划总会，使用"公单"，通过汇划总会以"公单"交换和转账结算来清算差额。这是中国早期的票据交换形式，起到了票据清算中心的作用。民国初期，华商银行增设渐多，为此，上海银行公会委托银行业联合准备委员会，参照美国票据交换所，筹办上海银行业自己的票据清算机构，其间克服了当时钱庄与外商银行的种种阻挠和反对，终于在 1933 年 1 月 10 日成立了中国第一家新型的票据交换所——上海票据交换所。

2. 交换票据的处理。在票据交换所内，各行的交换员将提出的票据按票据清单上列明的提入行交换号码，分发到各交换行在交换所的固定位置上，然后回到本行所在的固定位置，点收他行送来的票据。其处理程序如下：

（1）核对他行提交的借（贷）方票据清单的笔数、金额是否与所附票据相符，核对提入票据是否属于本行票据。

（2）分别计算本场本行提入借方票据和贷方票据的笔数、金额合计，填写"提入借（贷）票据汇总计数单"，然后计算本场本次交换本行应收金额和应付金额。其中，应收金额等于提出借方票据金额与提入贷方票据金额之和；应付金额等于提出贷方票据金额与提入借方票据金额之和。如果应收金额大于应付金额即为应收差额，反之为应付差额。

（3）交换所收齐各行输（交）来的数据后，通过计算机进行分类汇总，并轧计出交换行本场票据交换中应收金额、应付金额及应收或应付差额，然后将有关数据打印出来交给各行的交换员进行复核。

（4）本行交换员将已汇总的应收金额、应付金额及应收或应付差额与中国人民银行清算员打印的相应数据核对一致后，填写"同城票据清算划收（划付）专用转账凭证"一式四联。其中两联交票据交换所划拨转账清算差额，另两联带回本行进行账务处理。

3. 提出票据与提入票据。提出票据就是某银行将客户要求提交其他银行的清算票据集中起来，按收、付分类，通过票据交换所送达对方银行的行为。提出票据又分为提出贷方票据和提出借方票据。提出贷方票据是主动要求对方银行收款、本行付款的票据行为，提出借方票据是要求对方银行付款、本行收款的票据行为。

提入票据则是将其他银行收进的要求本银行清算的票据按收、付分类，通过票据交换所取回本银行的行为。提入票据也分为提入贷方票据和提入借方票据。提入贷方票据是本行收款、对方银行主动付款的票据行为，提入借方票据则是本行付款、对方银行收款的票据行为。

各银行提出交换的票据可分为两类：第一类是提出在本行开户的收款单位提交的应由他行开户单位付款的票据（称为代付票据或借方票据），例如收款单位向其开户银行提交银行汇票、同城委托收款结算凭证等；第二类是收到本行开户单位提交的委托本行向他行开户单位付款的票据（称为代收票据或贷方票据），例如付款人提交的转账结算凭证等。

4. 提出行的结算。各参加票据交换的银行应设置交换组或清算柜，配备专门的交换员对本行代收的他行票据集中办理交换。提出交换前，将应交换票据按提入行清分，并将提出交换的借方票据和贷方票据的业务数据分别输入电脑录成软盘，然后通过联网将软盘数据传给清算中心，并由计算机按提入行（对方行）行号分别打印出"提出借方票据清单"和"提出贷方票据清单"，由交换员带至交换所进行交换。最后，将所有的借方票据清单和贷方票据清单分别汇总，编制"提出票据汇总记数单"代记账凭证办理转账（见图1-6-1、图1-6-2）。

【提出借方】

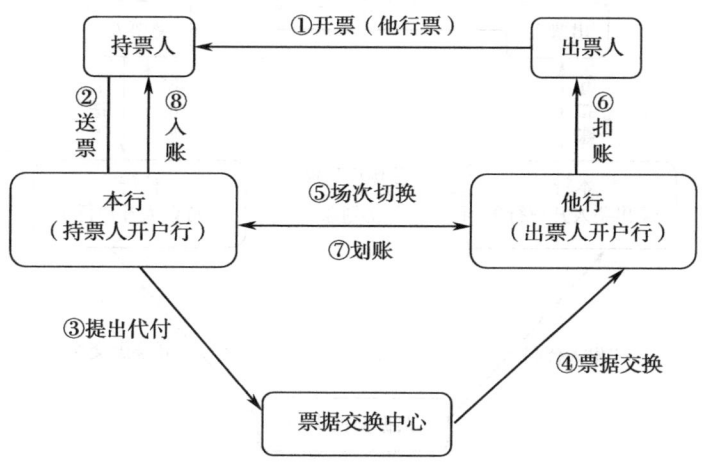

图1-6-1 提出借方流程

【提出贷方】

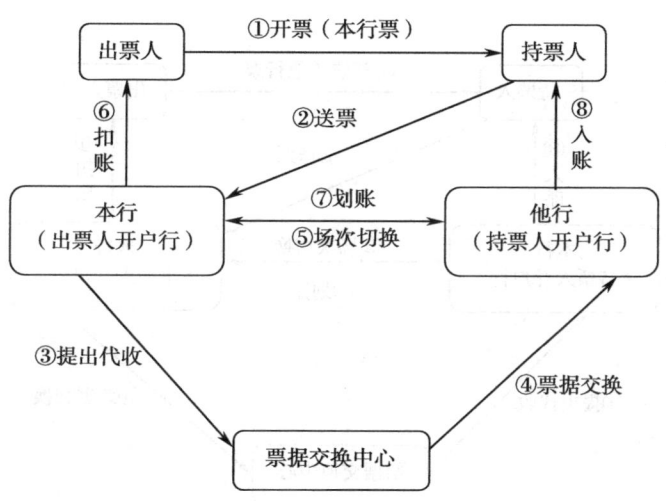

图1-6-2 提出贷方流程

5. 提入行的结算。通过票据交换，通常提回两种票据：一种是提入借方票据，即付款单位在本行开户的票据；另一种是提入贷方票据，即收款单位在本行开户的票据。根据提回的借、贷方票据以及提入借（贷）方票据汇总计数单办理转账（见图1-6-3、图1-6-4）。

对于提回借方票据的付款单位的存款不足以支付票款，或借方（贷方）票据因票据要素错误无法办理支付的票据，则应办理退票。将退票的票据专夹保管，以便下场交换时退回原提出行。

【提入借方】

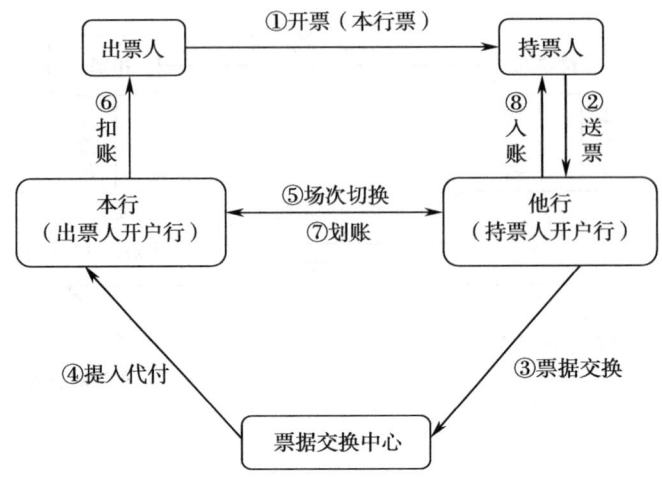

图 1-6-3 提入借方流程

【提入贷方】

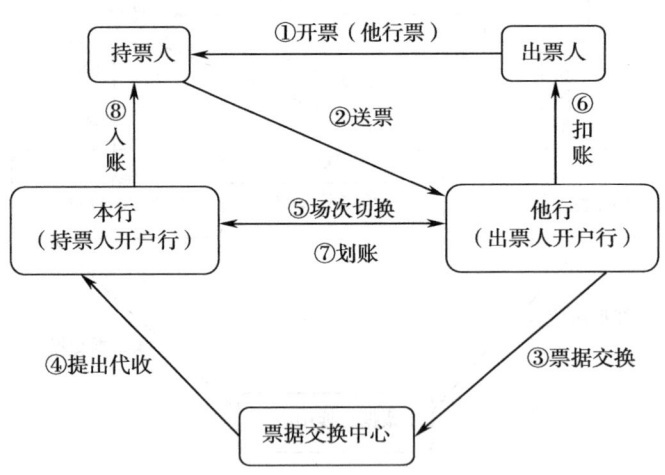

图 1-6-4 提入贷方流程

6. 退票。在票据交换中，无论是提出或提入的票据，在处理中出现问题如账号户名不符、印鉴不符、大小写不符、付款人账户余额不足等，都需退票。退票中有的是本行提出的票据被他行退回，有的是他行提入的票据被本行退回。退票必须在规定的时间内办理，通常是下一场的交换时间为退票时间。提出的票据被退回时，统一由总行清算中心集中记账，记账后系统会自动发出公告，将具体的退票内容通知营业网点；客户回单联和被退票据由各营业网点签收领回再退给客户。

【实训操作】

一、同城提出借方交易

1. 实训任务。对公客户深圳南庆钢铁贸易有限公司（本行客户）持有一张转账支票。出票人为深圳市大新基金股份有限公司（他行客户，开户行：中国农业银行股份有限公司，交换行号：103584000324，付款人账号：6226080105584000188），票面金额为 86600 元，本行客户深圳南庆钢铁贸易有限公司的出纳填写进账单来本行办理该转账支票入账，录入之后进行复核，柜员为其办理的是同城提出借方交易（见图 1 - 6 - 5 和图 1 - 6 - 6）。

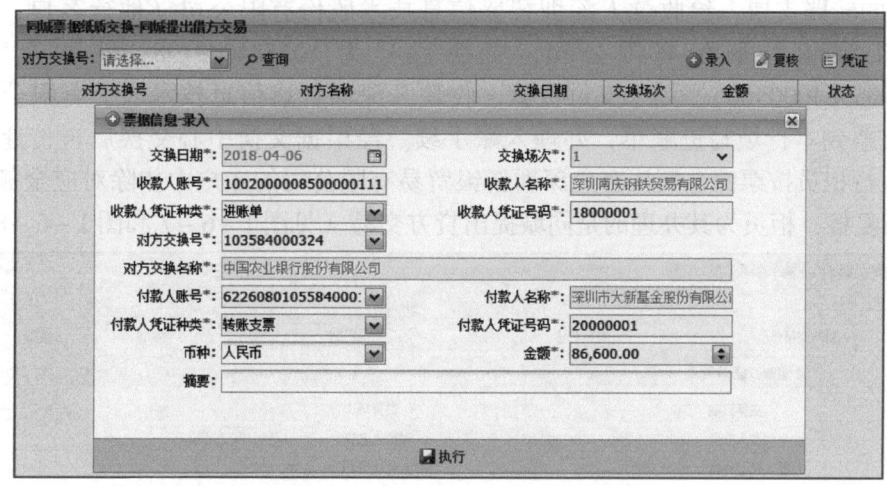

图 1 - 6 - 5　同城提出借方交易（录入）

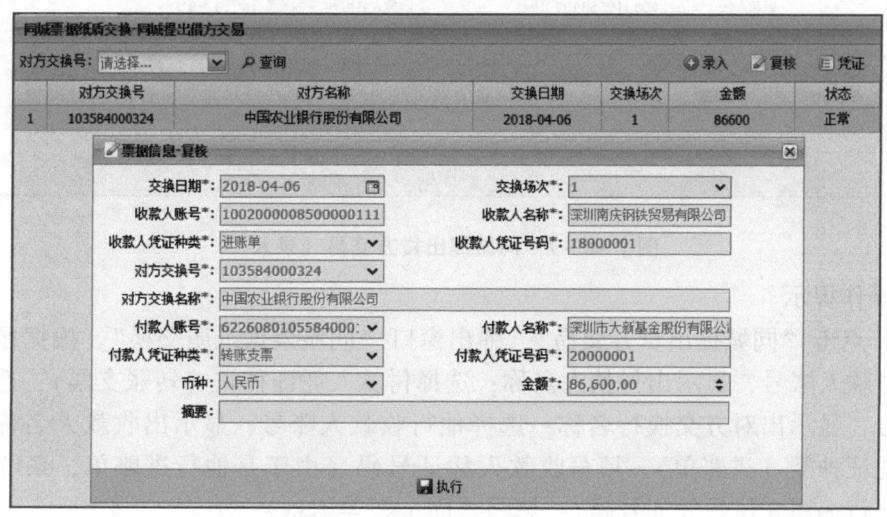

图 1 - 6 - 6　同城提出借方交易（复核）

2. 操作提示。

(1) 点击"同城提出借方交易",弹出窗口"同城票据纸质交换"。根据题意,录入本行收款人账号,显示出收款人名称;选择收款人凭证种类(进账单);选择对方交换行号,显示出对方交换行名称;选择他行付款人账号,显示出付款人名称,选择付款人凭证种类(转账支票),填写付款人凭证号码(由于是他行转账支票,系统不做校验,可自行编写8位数凭证号码);填写票面金额等信息。

(2) 选择上述完成的操作记录,进行复核。

二、同城提出贷方交易

1. 实训任务。对公客户深圳新银贸易有限公司(本行客户)签发一张票面金额为66550元的转账支票,给收款人深圳智盛信息技术股份有限公司(他行客户,开户行为中国工商银行股份有限公司,交换行号为102584009198,收款人账号为6226060105584000560),用于支付货款。收款人深圳智盛信息技术股份有限公司的出纳持该支票到本行填写进账单,办理入账手续。经票据交换中心交换后再传递到本行网点,银行柜员按票面金额从客户深圳新银贸易有限公司的账户中扣除对应金额。录入之后进行复核,柜员为其办理的是同城提出贷方交易(见图1-6-7和图1-6-8)。

图1-6-7 同城提出贷方交易(录入)

2. 操作提示。

(1) 点击"同城提出贷方交易",弹出窗口"同城票据纸质交换"。根据题意,录入本行付款人账号,显示出付款人名称;选择付款人凭证种类(转账支票);选择对方交换行号,显示出对方交换行名称;选择他行收款人账号,显示出收款人名称,选择收款人凭证种类(进账单),填写收款人凭证号码(由于是他行进账单,系统不做校验,可自行编写8位数凭证号码);填写票面金额等信息。

(2) 选择上述完成的操作记录,进行复核。

项目六 支付结算

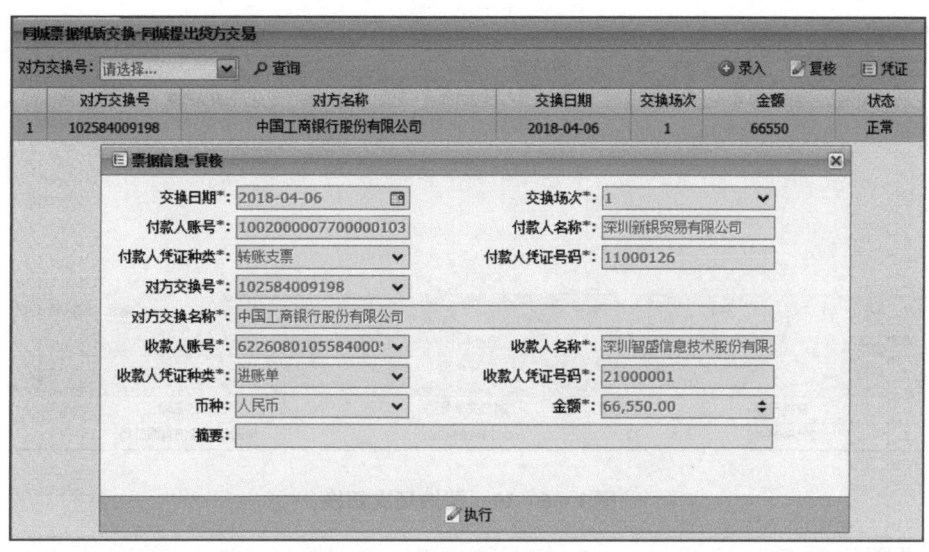

图1-6-8 同城提出贷方交易（复核）

三、同城提入借方交易

1. 实训任务。对公客户深圳仲岳投资有限公司（本行客户）开出一张票面金额为 20233 元的转账支票给深圳大新基金股份有限公司（他行客户，开户行为中国银行股份有限公司，交换号为 104584001436，收款人账号为 6226080105584000188），转账支票的签发日期为交易当日，深圳大新基金股份有限公司的出纳持票到其开户的银行办理支票入账，柜员录入、复核后，柜员将该支票办理同城提入借方交易（见图1-6-9 至图1-6-12）。

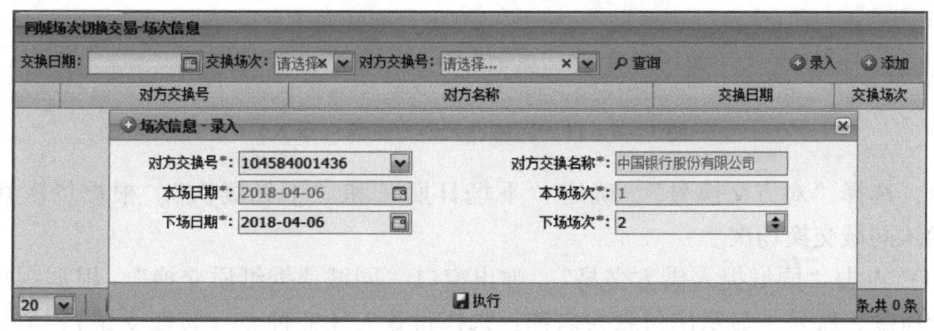

图1-6-9 同城场次切换（录入）

2. 操作提示。

（1）同城录入操作之前需确认是否已经进行场次切换，如已发生场次切换，则直接操作提入；如没有发生场次切换，则先场次切换之后再操作提入。凡同城提入的票据均须先进行场次交换操作。

（2）点击"同城场次切换交易"和"录入"，弹出"场次信息—录入"窗口，根

123

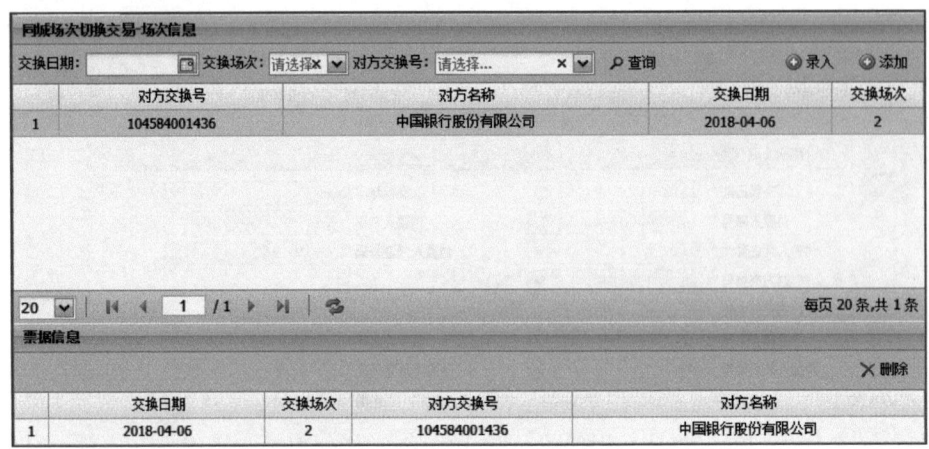

图 1-6-10 同城场次切换

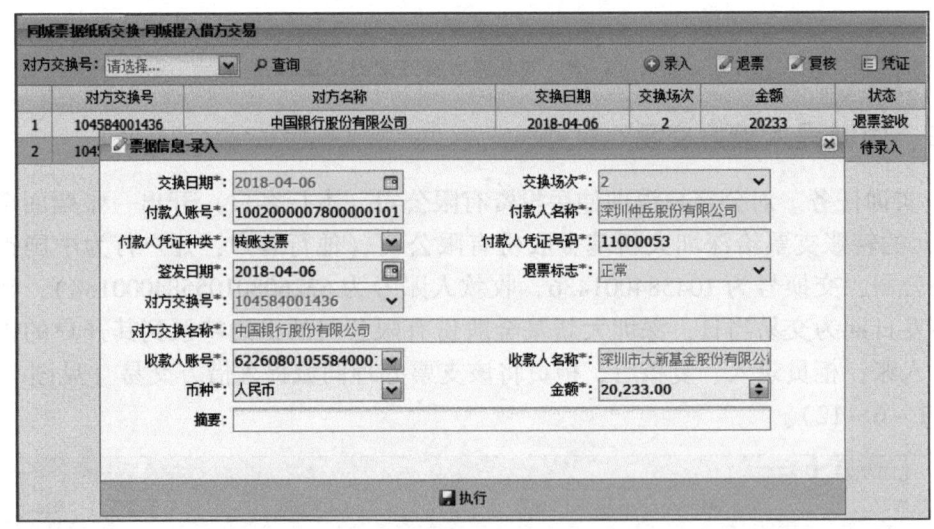

图 1-6-11 同城提入借方交易（录入）

据题意，选择"对方交换号"，确定"下场日期"和"下场场次"。根据场次切换信息，确认同城交换场次。

(3) 点击"同城提入借方交易"，弹出窗口"同城票据纸质交换"。根据题意，录入本行付款人账号，显示出付款人名称；选择付款人凭证种类（转账支票）；填写签发日期；系统显示对方交换号，显示出对方交换行名称；选择他行收款人账号，显示出收款人名称；填写票面金额等信息。

(4) 选择上述完成的操作记录，进行复核。

四、同城提入贷方交易

1. 实训任务。深圳蓝旗投资有限公司（本行客户）持有一张他行转账支票，付款

项目六 支付结算

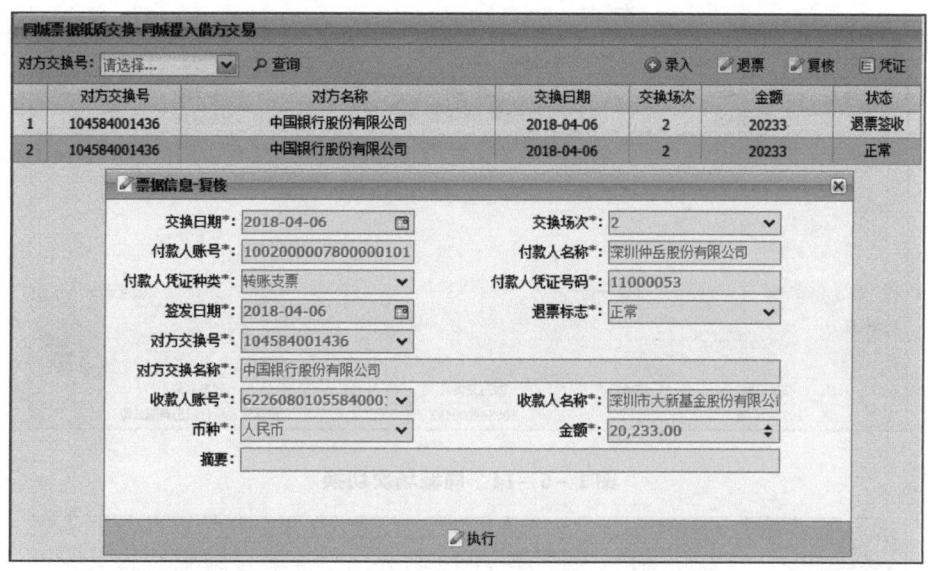

图1-6-12 同城提入借方交易（复核）

人为深圳智盛信息技术股份有限公司（他行客户，开户行为中国建设银行股份有限公司，交换号为105584000193，付款人账号为6226080105584000560），进账单的签发日期为交易当日，交易金额为34550元，深圳市蓝旗投资有限公司的出纳来本行填写进账单，办理入账手续，录入之后进行复核，柜员为其办理同城提入贷方交易（见图1-6-13至图1-6-16）。

柜员将涉及深圳仲岳投资有限公司开出转账支票的同城提入借方交易进行单笔入账，本行柜员为其办理同城票据单笔入账。

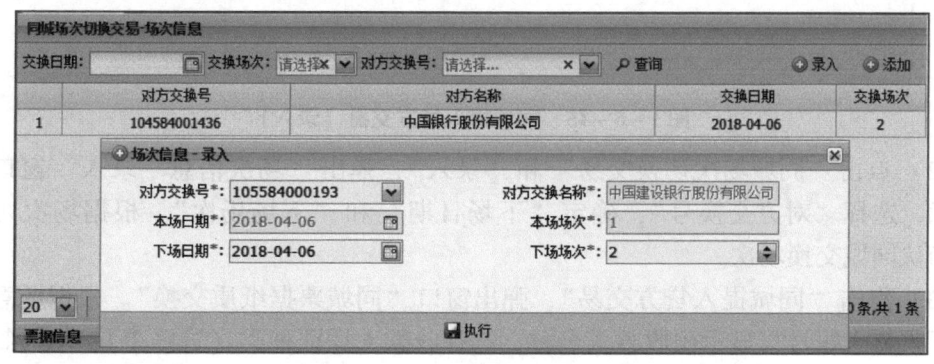

图1-6-13 同城场次切换（录入）

2. 操作提示。

（1）同城录入操作之前需确认是否已经进行场次切换，如已发生场次切换，则直接操作提入；如没有发生场次切换，则先场次切换之后再操作提入。凡同城提入的票据均须先进行场次交换操作。

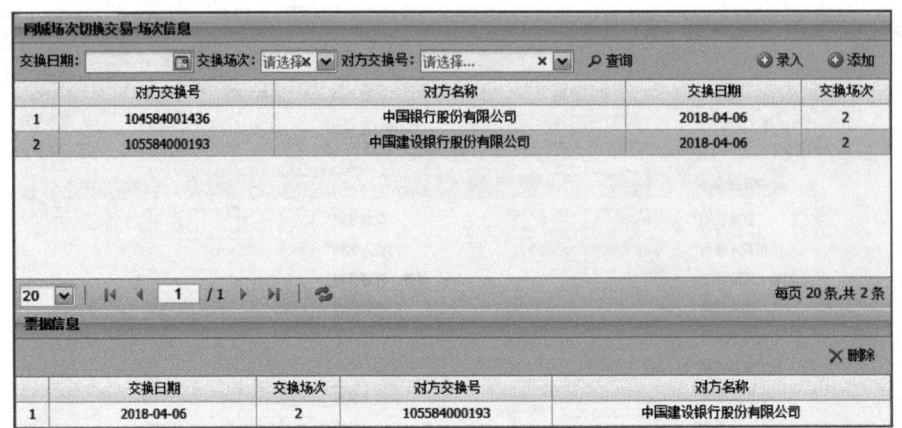

图1-6-14 同城场次切换

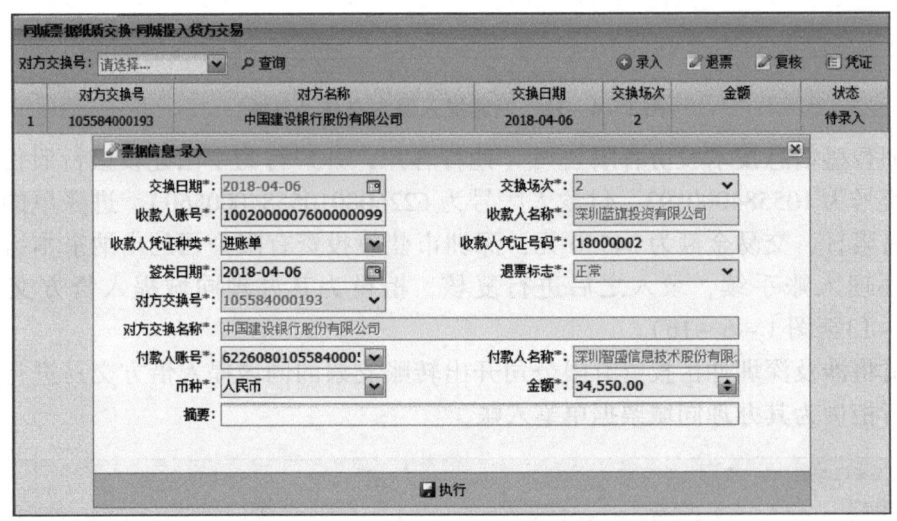

图1-6-15 同城提入贷方交易（录入）

（2）点击"同城场次切换交易"和"录入"，弹出"场次信息—录入"窗口，根据题意，选择"对方交换号"，确定"下场日期"和"下场场次"。根据场次切换信息，确认同城交换场次。

（3）点击"同城提入贷方交易"，弹出窗口"同城票据纸质交换"。根据题意，录入本行收款人账号，显示出收款人名称；选择收款人凭证种类（进账单）；填写签发日期；系统显示对方交换号，显示出对方交换行名称；选择他行付款人账号，显示出付款人名称；填写票面金额等信息。

（4）选择上述完成的操作记录，进行复核。

五、收妥入账

1. 实训任务。上述案例中，无论是同城提出借（贷）方交易还是同城提入借

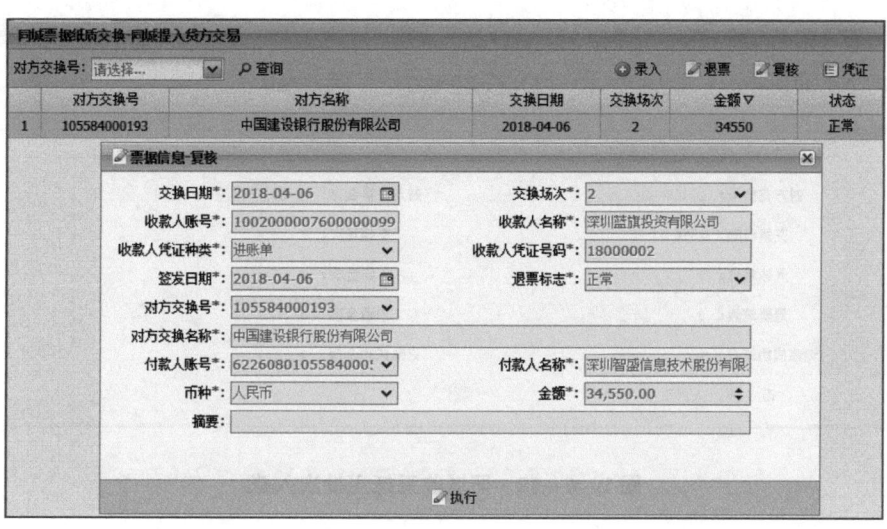

图1-6-16　同城提入贷方交易（复核）

（贷）方交易，都需经过"录入"和"复核"操作后，收妥入账，使得票面金额抵达对方账户上。具体可通过"同城收妥抵用单笔入账"或"同城收妥抵用批次入账"操作完成（见图1-6-17和图1-6-18）。

（1）收妥抵用单笔入账。

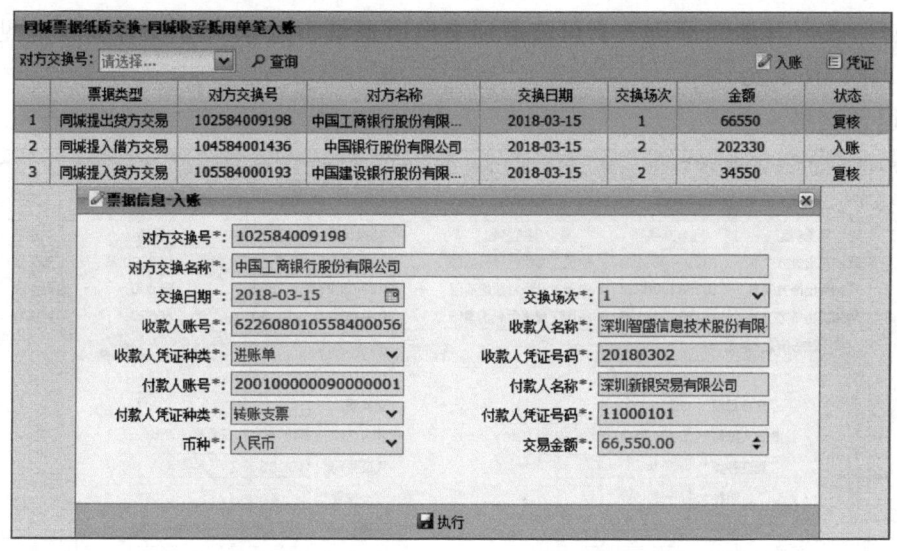

图1-6-17　同城收妥抵用单笔入账

（2）收妥抵用批次入账。

2. 操作提示。

（1）收妥抵用单笔入账。点击"同城收妥抵用单笔入账"，弹出窗口"票据信息—入账"和在此之前完成的"复核"记录，选择其中一条记录，单笔入账。

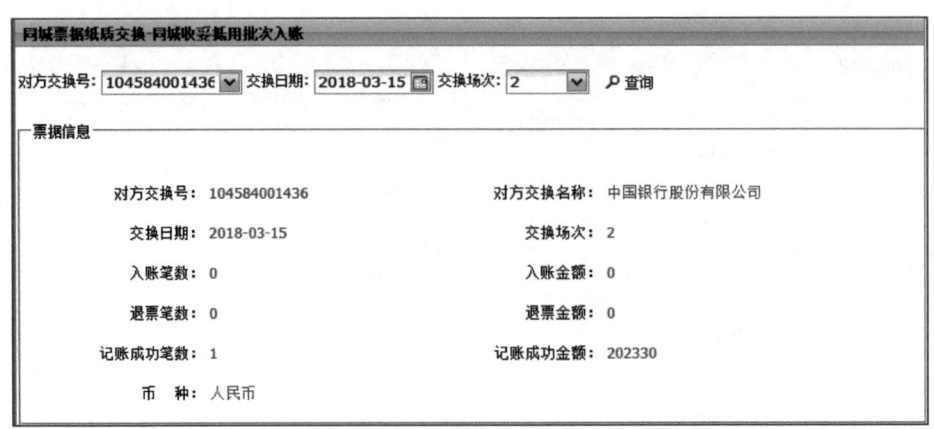

图 1-6-18　同城收妥抵用批次入账

（2）收妥抵用批次入账。点击"同城收妥抵用批次入账"，弹出窗口，选择"对方交换号"、"交换日期"和"交换场次"，窗口显示出相关的票据信息，如入账笔数、入账金额、退票笔数、退票金额、记账成功笔数和记账成功金额等。

六、退票

因"余额不足""印鉴不符""金额填写不当""有未填项或涂改""出票日期超过有效期"或"其他"原因，有可能遭到交换所退票，退票后应及时签收（见图1-6-19和图1-6-20）。

1. 退票交易。

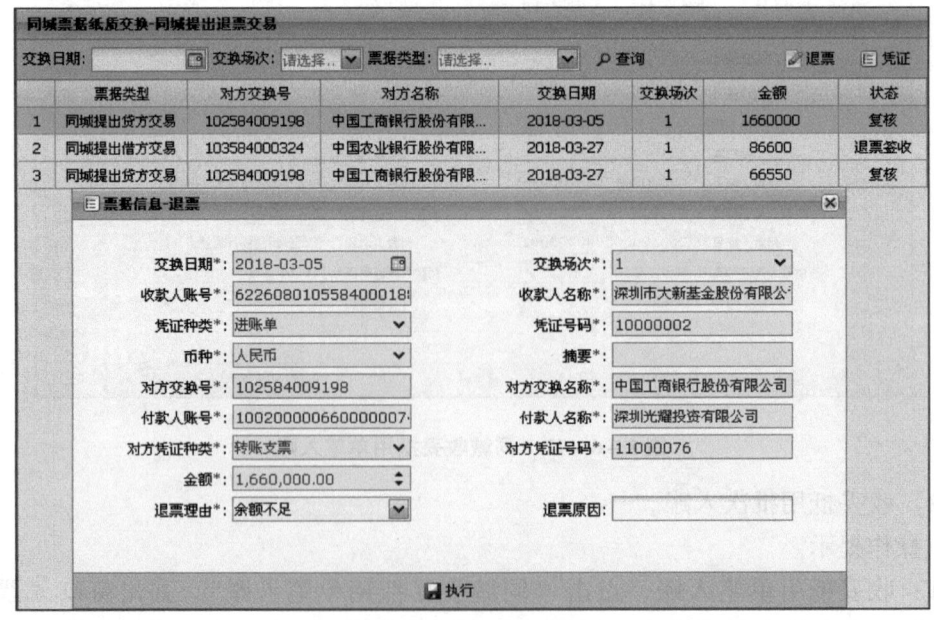

图 1-6-19　退票交易

2. 退票签收。

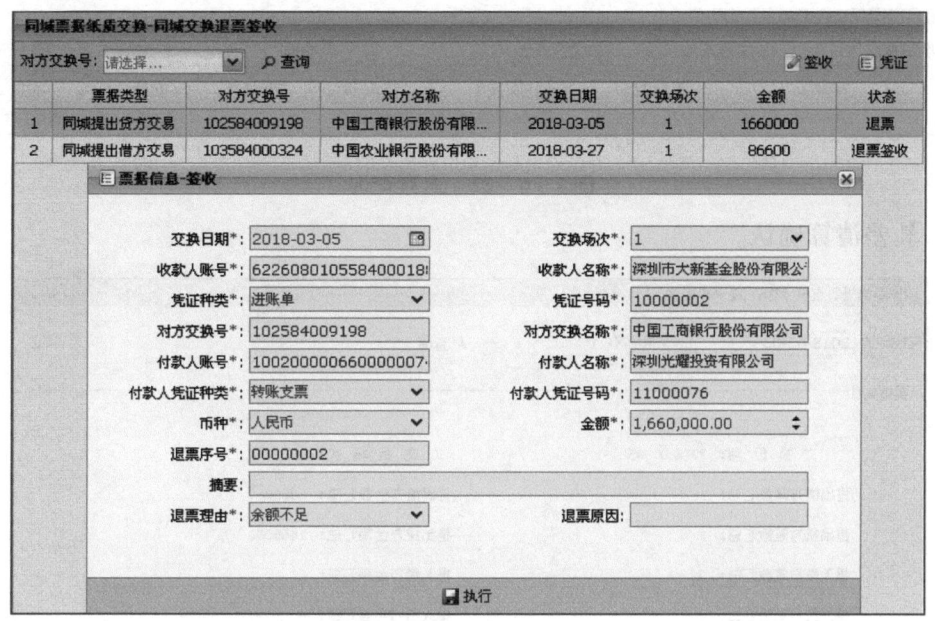

图 1-6-20 退票签收

七、查询

同城票据交换中，可通过"查询"功能，了解到相关的信息。如"同城票据交换查询""同城退票查询"和"同城轧差清算确认"（见图 1-6-21 至图 1-6-23）。

1. 同城票据交换查询。

序号	交易流水号	票据类型	对方交换号	交换日期	交换场次	金额	状态
1	636558814782558414	同城提出借方交易	104584001436	2018-03-05	1	80000	入账
2	636558804314549678	同城提出贷方交易	102584009198	2018-03-05	1	1660000	复核
3	636558811623827745	同城提入借方交易	104584001436	2018-03-05	2	300000	复核
4	636558814557525542	同城提入贷方交易	103584000324	2018-03-05	2	2500000	复核
5	636577793126000999	同城提出借方交易	103584000324	2018-03-27	1	86600	退票签收
6	636577640931905994	同城提出贷方交易	102584009198	2018-03-27	1	66550	复核
7	636577787308928281	同城提入借方交易	104584001436	2018-03-27	2	20233	复核
8	636577790674330771	同城提入贷方交易	105584000193	2018-03-27	2	34550	复核

图 1-6-21 同城票据交换查询

2. 退票查询。

图 1-6-22 退票查询

3. 轧差清算确认。

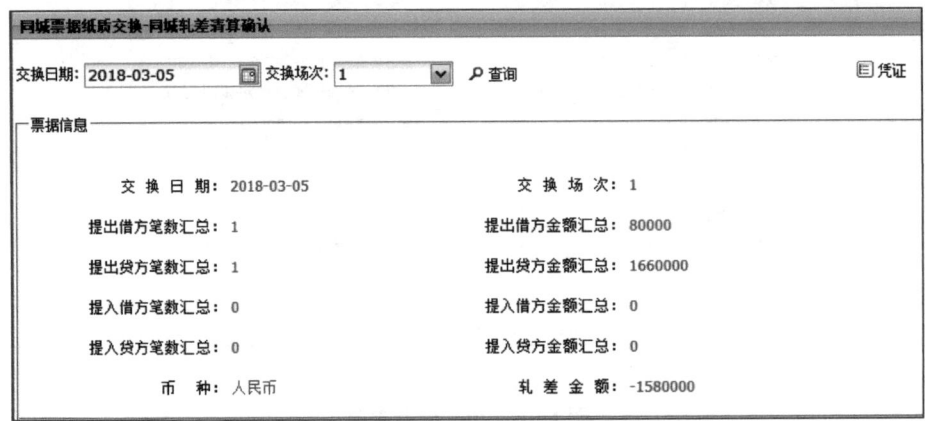

图 1-6-23 同城轧差清算确认

模块二 大小额支付系统

(一) 支付系统的概念和基本架构

1. 支付系统的概念。我国银行支付结算主要依赖于中国现代化支付系统。中国现代化支付系统（CNAPS）是中国人民银行按照我国支付清算需要，利用现代计算机技术和通信网络自主研发建设的，能够高效、安全处理各银行的异地、同城各种支付业务及其资金清算和货币市场交易的资金清算的应用系统，是适应我国经济发展需要的、先进的、全面支持处理同城及异地范围内的贷记业务和借记业务的跨行支付清算系统。它以其功能强大、覆盖面广、资金汇划安全快捷等优势，已成为商业银行间跨地区资金汇划的主要渠道。它是各银行和货币市场的公共支付清算平台，是中国人民银行发挥其金融服务职能的重要的核心支持系统。

2. 支付系统的基本构架。中国现代化支付系统设有两级处理中心，即国家处理中心（NPC）和全国省会（首府）及深圳城市处理中心（CCPC）。国家处理中心分别与各城市处理中心连接，其通信网络采用专用网络，以地面通信为主，卫星通信为备份。

支付系统运行管理范围包括国家处理中心、城市处理中心、直接参与者前置机系统、支付系统备份系统、支付系统网络。

国家处理中心分别与各城市处理中心连接，各发起行或接收行通过前置机系统与当地的城市处理中心连接，形成支付体系。

（1）国家处理中心（NPC）。是支付系统的运行、管理和处理中心，负责支付业务资金清算、信息存储、支付指令的接收和转发、系统运行状态管理等，以及对商业银行集中开设的清算账户进行资金清算和处理。

清算账户是指经中国人民银行批准直接参与者与特许参与者开设的用于资金清算的存款账户。凡参加中国现代化支付系统的商业银行都需开立此账户。

（2）城市处理中心（CCPC）。主要负责当地支付系统参与者的管理及支付业务的接收和转发。

（3）参与者前置机（MBFE）。用作当地城市处理中心（CCPC）与支付系统参与者（MBFE）综合业务系统间接口的链接，负责完成各参与者与城市处理中心（CCPC）间的数据的转换、发送、加押和校验。各商业银行前置机系统（MBFE）终端的使用与管理由其清算中心负责。

支付系统含有大额实时支付系统（HVPS）和小额批量支付系统（BEPS）两个应用系统，以及清算账户管理系统（SAPS）和支付管理信息系统（PMIS）两个辅助系统组成。大额实时支付系统已覆盖全国范围（含港澳地区），小额批量支付系统也覆盖了全国大部分城市。

两个支付系统相对独立，但共享主机、通信、存储、清算账户和基础数据等资源，在功能上相互补充，适用于所有贷记业务、借记业务和定期借记业务。

贷记业务是付款人主动发起的资金汇划业务，借记业务是收款人发起并提交支付信息直接贷记收款人账户的业务，定期借记也是由收款人发起的，在约定时间从付款人账户扣划资金并贷记收款人账户。为防范支付风险，保障资金安全，必须对收款人发起的各类借记业务进行严格控制和管理。

（二）中国现代化支付系统的适用范围

1. 支付系统支撑的支付工具包括汇兑、委托收款、托收承付、定期贷记等贷记支付工具，银行汇票、国内信用证、银行本票、支票、旅行支票、定期借记等借记支付工具，以及商业汇票、银行卡等其他工具，还有中央银行和国家金库办理的资金汇划。

2. 支付系统的参与者根据其参与支付系统的身份不同，分为直接参与者、间接参与者和特许参与者。

（1）直接参与者。指与支付系统城市处理中心（CCPC）连接并在中国人民银行开设清算账户的商业银行以及中国人民银行地级市（含）以上中心支行（库）直接参与者与城市处理中心直接连接，通过城市处理中心处理其支付清算业务。

（2）间接参与者。指未在中国人民银行开设清算账户而为其直接参与者办理资金清算的银行和非银行金融机构以及中国人民银行县（市）支行（库）。间接参与者不得与城市处理中心（CCPC）连接，其支付业务通过行内系统或其他方式提交为其资金清算的直接参与者，由该直接参与者提交支付系统处理。商业银行支行级分支机构均为间接参与者。

(3) 特许参与者。指经中国人民银行批准支付系统办理特定业务的机构，如外汇交易中心、中国国债登记公司、公开市场操作室等。

(三) 大额实时支付系统

大额支付系统实行逐笔实时处理，全额清算资金。建设大额支付系统的目的，就是为了给各银行和广大企业单位以及金融市场提供快速、高效、安全、可靠的支付清算服务，防范支付风险。同时，该系统对人民银行更加灵活、有效地实施货币政策具有重要作用。该系统处理同城和异地、商业银行跨行之间和行内的大额贷记及紧急的小额贷记支付业务，处理中国人民银行系统的贷记支付业务。

大额支付系统的"大额"是指规定金额起点以上的业务，目前大额支付系统规定的金额起点是5万元，也就是说所有的贷记支付业务都可以通过大额支付系统处理。

在系统正常运行情况下，一笔支付业务从支付系统发起到支付系统接收行的时间为实时到达。如收款客户的开户行实施了支付系统，付款客户在营业日当日下午16:30前办理的大额支付业务都可实现实时到达收款行。

其中接收行是指接收支付系统支付指令的银行，收款行是指收款人开户行。

相比电子联行系统，现代化支付系统在功能、安全和效率等方面都有质的飞跃。开通现代化支付系统的城市其电子联行小站关闭，原电子联行的职能全部由现代支付系统承担。

(四) 小额批量支付系统

小额批量支付系统在一定时间内对多笔支付业务进行轧差处理，净额清算资金。建设小额批量支付系统的目的，是为社会提供低成本、大业务量的支付清算服务，支撑各种支付业务的使用，满足社会各种经济活动的需要。该系统处理同城和异地纸凭证截留的商业银行跨行之间的定期借记和定期贷记支付业务，中央银行会计和国库部门办理的借记支付业务，以及每笔金额在规定起点以下的小额贷记支付业务。小额批量支付系统采取批量发送支付指令，轧差净额清算资金。

小额批量支付系统是以电子方式批量处理同城、异地的借记支付业务以及金额在规定起点以下的贷记支付业务的应用系统。并非像大额实时支付系统那样实时处理，而是以批量数据包的形式传输和处理。包括普通借记业务、定期借记业务、小额贷记业务。小额批量支付系统具有种类多、业务量大、金额小、时效性要求不高等特点，处理周期一般在2小时至2天以内。

通过小额批量支付系统处理的支付业务的资金以轧差形式进行清算，一经轧差即具有支付最终性，不可撤销，银行应当在轧差当日完成资金清算。

小额批量支付系统实行每周7天×24小时不间断运行。即每一自然日均予办理资金汇划，但资金清算日必须是大额支付系统的工作日。

【实训操作】

一、跨行汇款

1. 实训任务。深圳仲岳股份有限公司的财务人员将 70000 元货款汇到深圳新美如实业有限公司，业务类型和业务种类均为普通汇兑，现金支付手续费，付款账户类型为有卡支付，柜员为其办理该业务，并将这笔款项优先级归纳到普通，接收行号为 10258400918（中国工商银行股份有限公司）（见图 1-6-24 至图 1-6-26）。

跨行汇款业务

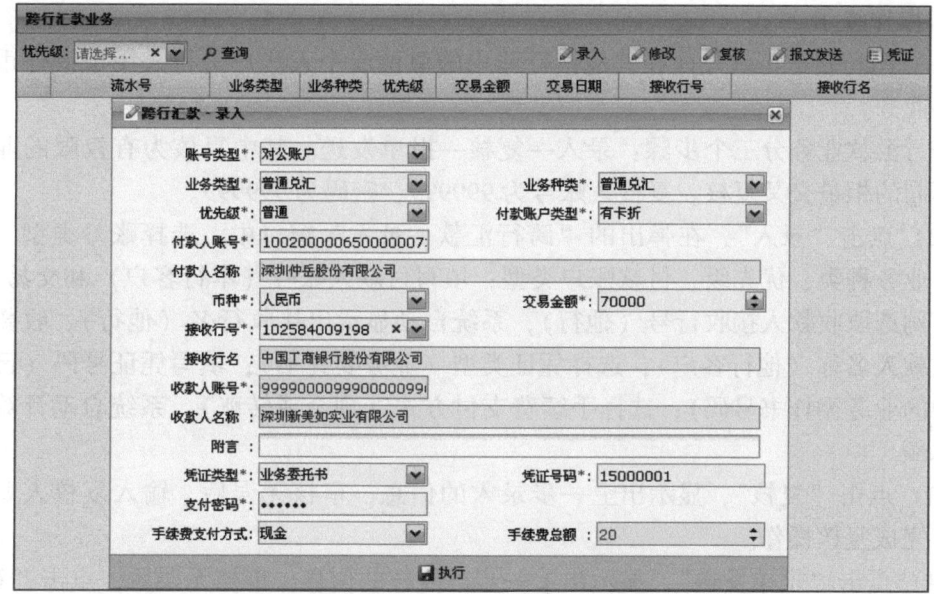

图 1-6-24　跨行汇款业务录入

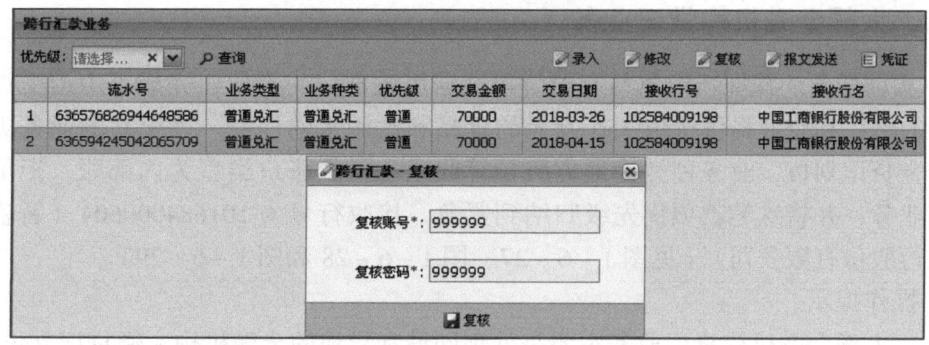

图 1-6-25　跨行汇款业务复核

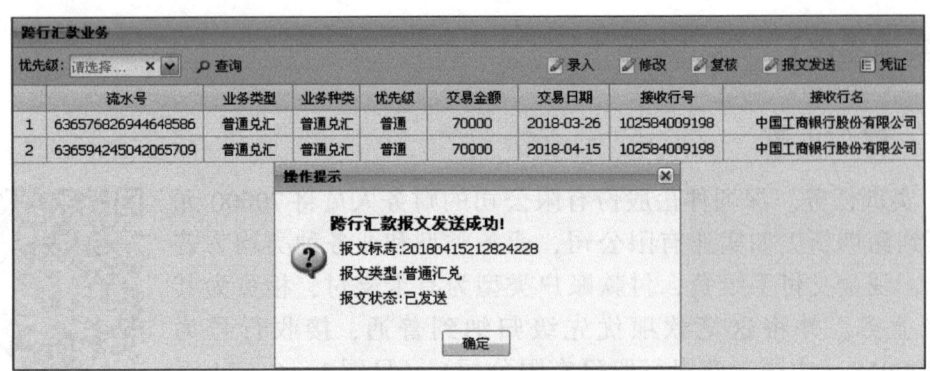

图1-6-26 跨行汇款业务报文发送

2. 操作提示。

（1）跨行转账汇款是向在其他银行开户的单位或个人账户进行人民币或外币转账汇款的业务。

跨行汇款业务分三个步骤：录入—复核—报单发送。其中复核为有权限的业务人员或不同的柜员交叉复核。复核人账号为999999，密码为999999。

（2）点击"录入"，在弹出的"跨行汇款—录入"窗口中，选择账号类型、业务类型、业务种类、优先级、付款账户类型；填写付款人账号（本行客户）和交易金额；根据案例选取收款人接收行号（他行），系统自动显示出接收行名（他行）、收款人账号和收款人名称（他行客户）；选择凭证类型（业务委托书）；填写凭证号码（已出库凭证中的业务委托书号码）；选择手续费支付方式（现金或转账），系统自动计算出手续费总额。

（3）点击"复核"，显示出上一步录入的信息，审核无误后，输入复核人账号和密码，完成复核操作。

（4）点击"报单发送"，显示出上一步已复核的信息，审核无误后，点击"确定"完成报单发送操作。

二、大额金融机构贷记业务

1. 实训任务。深圳新银贸易有限公司根据民政部门的授权，完成了为遭受洪水灾害地区的居民和企业提供价值350万元的食品和饮用水的任务。该交易的业务类型为国库资金贷记划拨，业务种类为地方级预算收入。付款账户类型为内部账，柜员为其办理该业务，并将这笔款项优先级归纳到紧急，接收行号为101684000604（智盛模拟商业银行股份有限公司）（见图1-6-27、图1-6-28和图1-6-29）。

2. 操作提示。

（1）大额金融机构贷记业务主要是处理同城和异地的金融机构大额贷记支付业务。其处理的业务种类包括汇兑、委托收款划回、托收承付划回、中央银行和国库部门办理的资金汇划以及公开操作市场和债券交易的即时转账等。

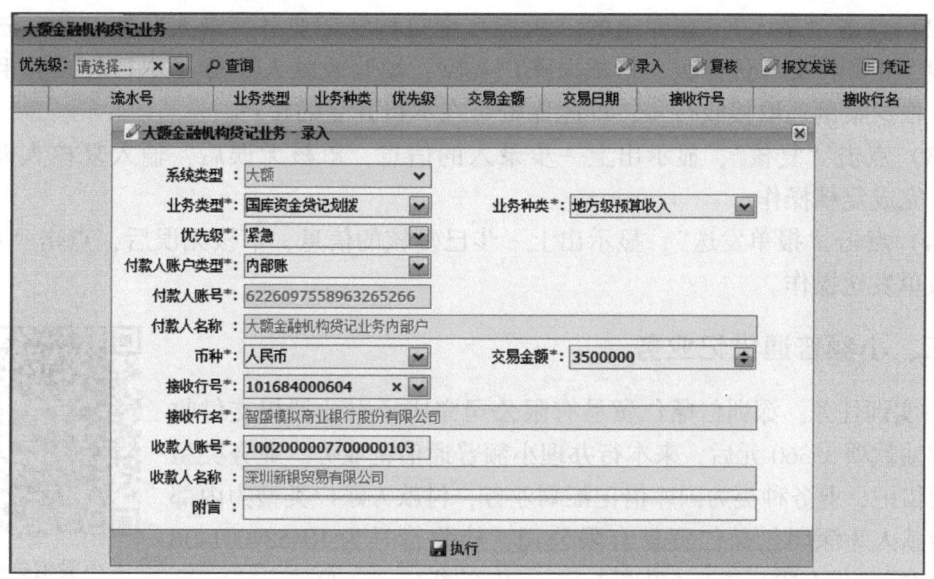

图1-6-27 大额金融机构贷记业务录入

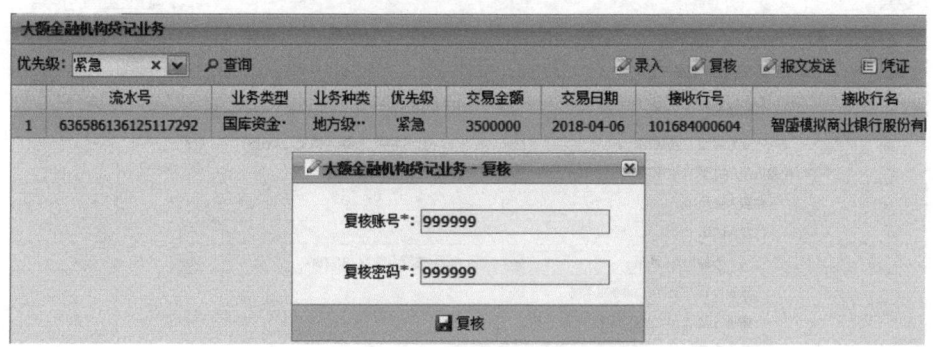

图1-6-28 大额金融机构贷记业务复核

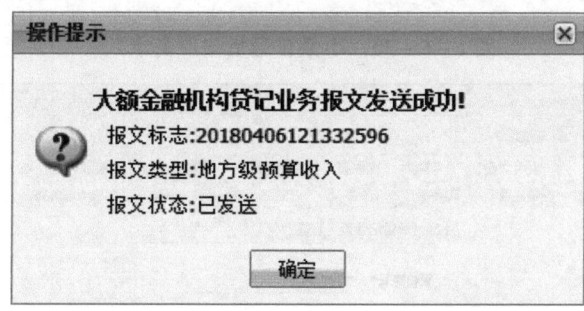

图1-6-29 大额金融机构贷记业务报文发送

该业务分三个步骤：录入—复核—报单发送。其中，复核为有权限的业务人员或不同的柜员交叉复核。复核人账号为999999，密码为999999。

（2）点击"录入"，在弹出的"大额金融机构贷记业务—录入"窗口中，选择业务类型、业务种类、优先级、付款人账户类型；填写收款人账号（本行客户）和交易金额；根据案例选取接收行号，即国库资金在本行开立的账户。

（3）点击"复核"，显示出上一步录入的信息，审核无误后，输入复核人账号和密码，完成复核操作。

（4）点击"报单发送"，显示出上一步已复核的信息，审核无误后，点击"确定"完成报单发送操作。

三、小额普通借记业务

1. 实训任务。深圳仁鼎仁贸易有限公司完成了财政授权支付收购粮棉油款项 35360 元后，来本行办理小额普通借记业务。业务类型为普通借记，业务种类为国库借记汇划业务，付款人账户类型为内部账，收款人为深圳仁鼎仁贸易有限公司，接收行号为 104584001436（中国银行股份有限公司）（见图 1-6-30 至图 1-6-32）。

小额相关业务

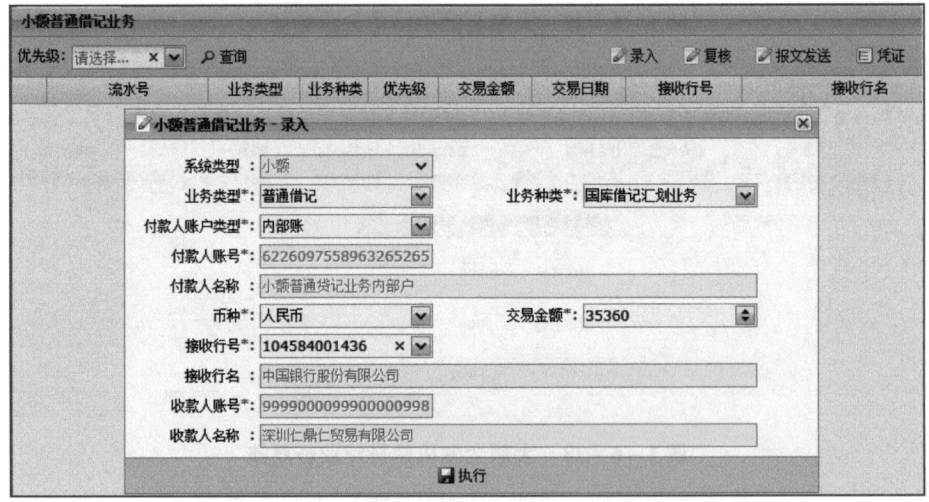

图 1-6-30　小额普通借记业务录入

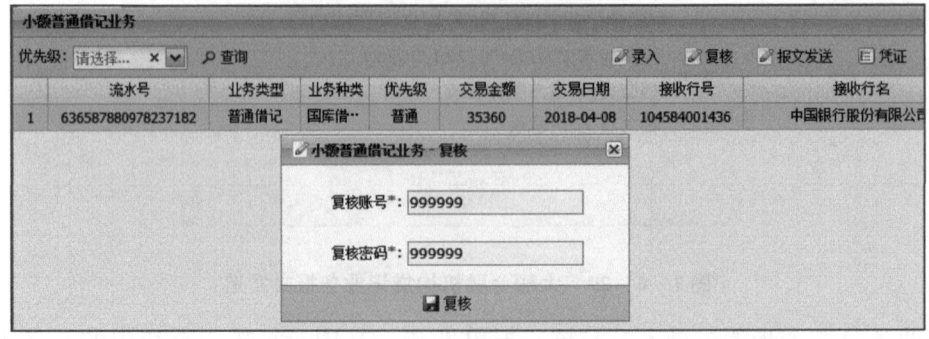

图 1-6-31　小额普通借记业务复核

项目六 支付结算

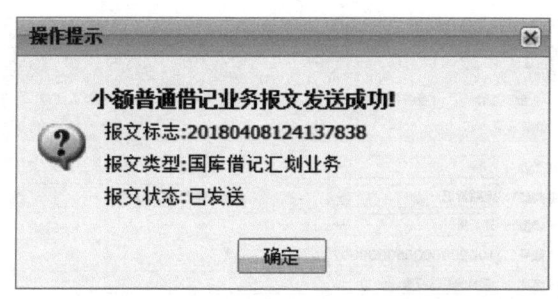

图 1-6-32 小额普通借记业务报文发送

2. 操作提示。

(1) 小额普通借记为收款人发起的借记付款人账户的业务,如代理银行完成财政授权支付后向国库申请清算资金、中国人民银行内部之间的划付业务。

该业务分三个步骤:录入—复核—报单发送。其中,复核为有权限的业务人员或不同的柜员交叉复核。复核人账号为999999,密码为999999。

(2) 点击"录入",在弹出的"小额普通借记业务—录入"窗口中,选择业务类型、业务种类、付款人账户类型(内部账);填写交易金额;根据案例选取接收行号,收款人为他行客户深圳市仁鼎仁股份有限公司。

(3) 点击"复核",显示出上一步录入的信息,审核无误后,输入复核人账号和密码,完成复核操作。

(4) 点击"报单发送",显示出上一步已复核的信息,审核无误后,点击"确定"完成报单发送操作。

四、小额定期贷记业务

1. 实训任务。对公客户深圳仲岳股份有限公司来本行办理小额定期贷记业务,业务类型为定期贷记,支付两笔工资给吕雲和花楒,总金额3万元,付款人账户类型为有卡支付,通过转账的方式支付手续费。其中吕雲涉及金额16500元,花楒金额为13500元,且两个收款人的接收行号均为101684000604(智盛模拟商业银行股份有限公司)(见图1-6-33至图1-6-36)。

2. 操作提示。

(1) 当事各方按照事先签订的协议,定期发生的批量付款业务,如代付工资、保险金等。其业务特点是单个付款人同时付款给多个收款人。

该业务分三个步骤:录入—复核—报单发送。其中,复核为有权限的业务人员或不同的柜员交叉复核。复核人账号为999999,密码为999999。

(2) 点击"录入",在弹出的"小额定期贷记业务—录入"窗口中,选择业务类型(定期贷记)、业务种类(代发工资、代发养老金、代发保险金、代发奖金)、付款人账户类型(有卡折、无卡折、内部账);填写付款人账号(本行客户)和付款总金额、总笔数;选择手续费支付方式(现金、转账),手续费总额系统自动计算出来。点击"新增明细",添加客户吕雲、花楒交易记录。

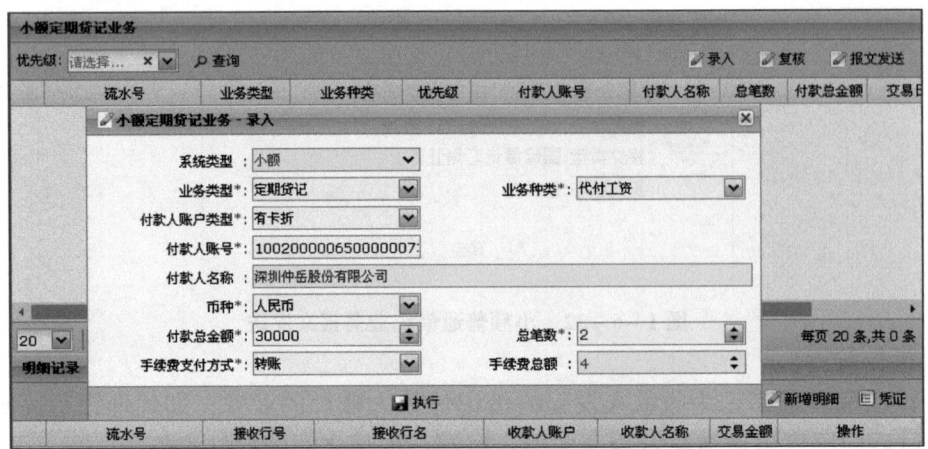

图 1-6-33 小额定期贷记业务录入

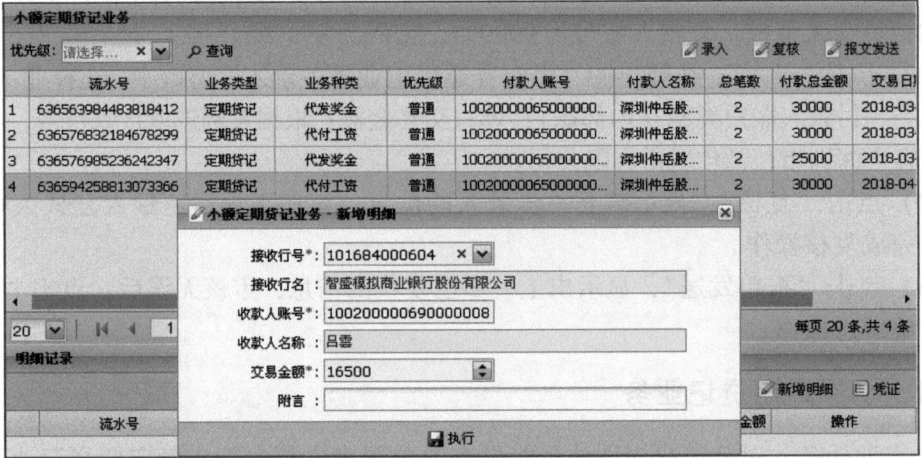

图 1-6-34 小额定期贷记业务新增明细

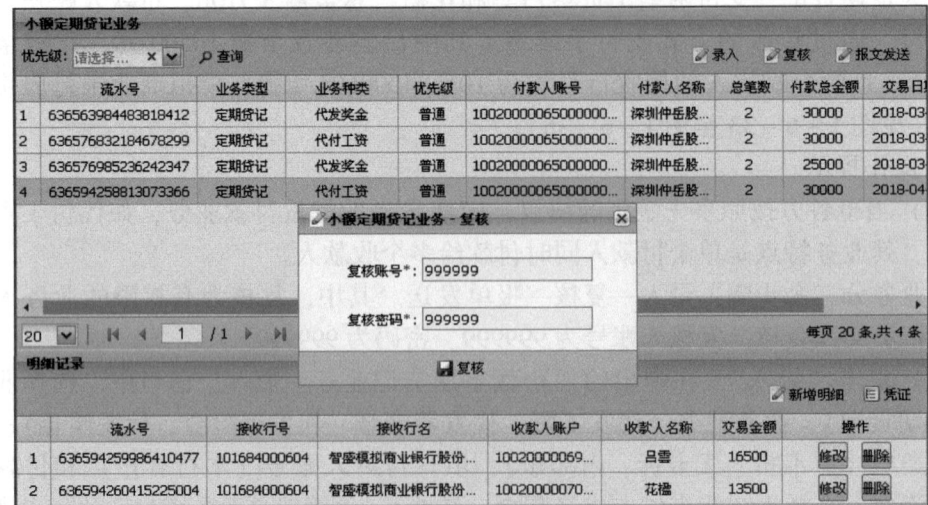

图 1-6-35 小额定期贷记业务复核

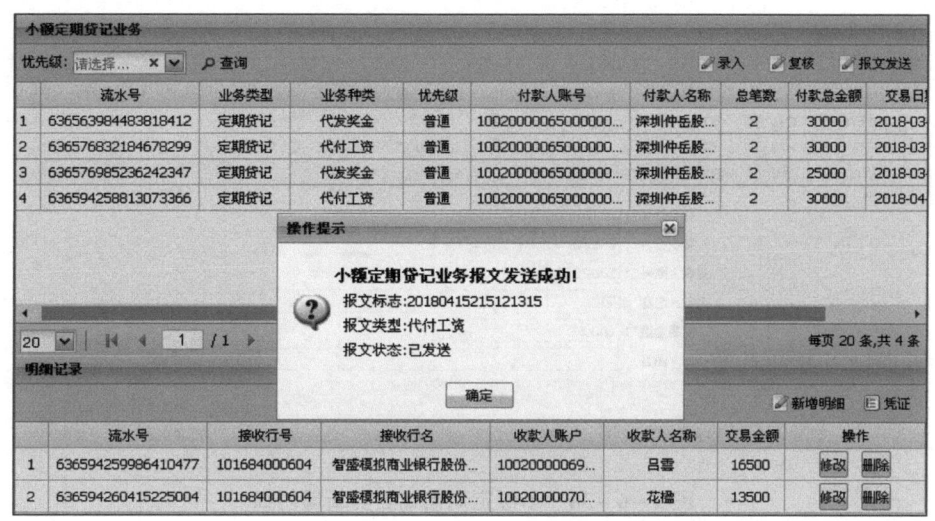

图 1-6-36　小额定期贷记业务报文发送

（3）点击"复核"，显示出上一步录入的信息，审核无误后，输入复核人账号和密码，完成复核操作。

（4）点击"报单发送"，显示出上一步已复核的信息，审核无误后，点击"确定"完成报单发送操作。

五、小额定期借记业务

1. 实训任务。对公客户南方电网深圳分公司来本行办理小额定期借记业务，业务类型为定期借记，本期收入电费5笔，金额4672.42元，收款人南方电网深圳分公司，账户类型为有卡支付，收款人的接收行号为101684000604。其中电费明细记录：花楹100.58元、李小白150.35元、赵一生120.37元、深圳光耀投资有限公司1800.87元、深圳新银贸易有限公司2500.25元（见图1-6-37至图1-6-40）。

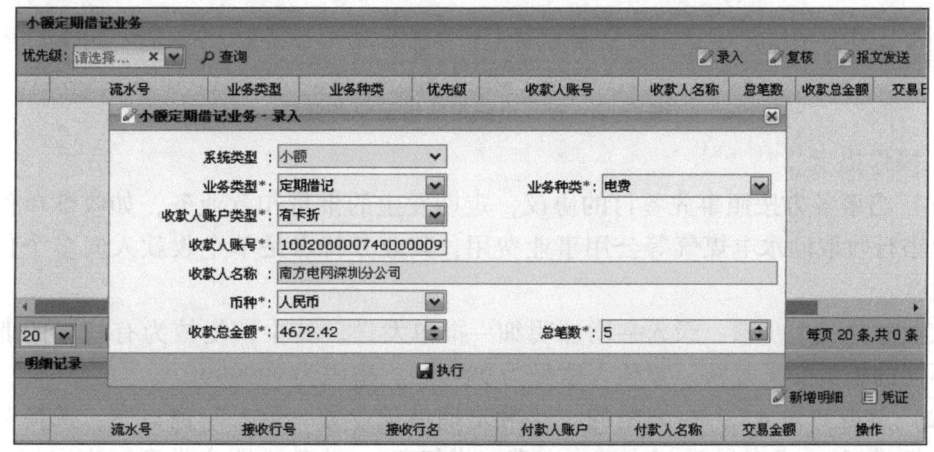

图 1-6-37　小额定期借记业务录入

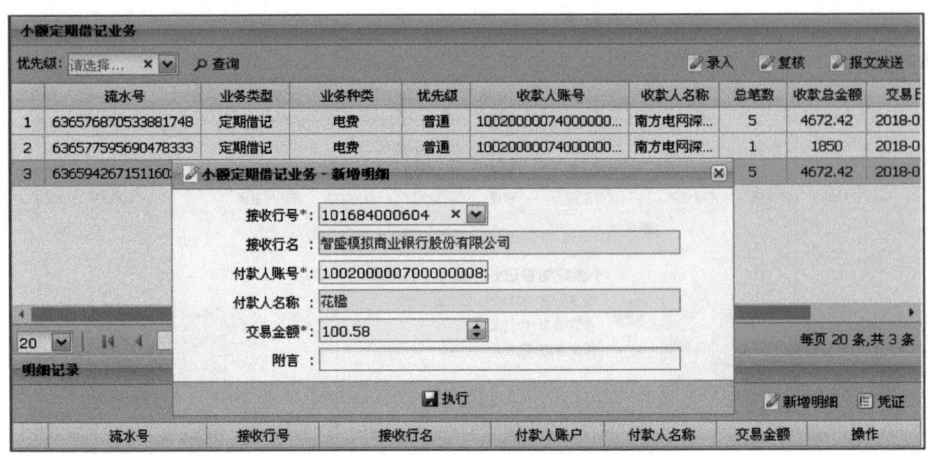

图 1-6-38　小额定期借记业务新增明细

图 1-6-39　小额定期借记业务复核

2. 操作提示。

（1）当事各方按照事先签订的协议，定期发生的批量扣款业务，如收款单位委托其开户银行收取的水电煤气等公用事业费用，其业务特点是单个收款人向多个付款人同时收款。

该业务分三个步骤：录入—增加明细—报单发送。其中，复核为有权限的业务人员或不同的柜员交叉复核。复核人账号为999999，密码为999999。

（2）点击"录入"，在弹出的"小额定期借记业务—录入"窗口中，选择业务类型（定期借记）、业务种类（水费、电费、煤气费）、收款人账户类型（有卡折、无卡

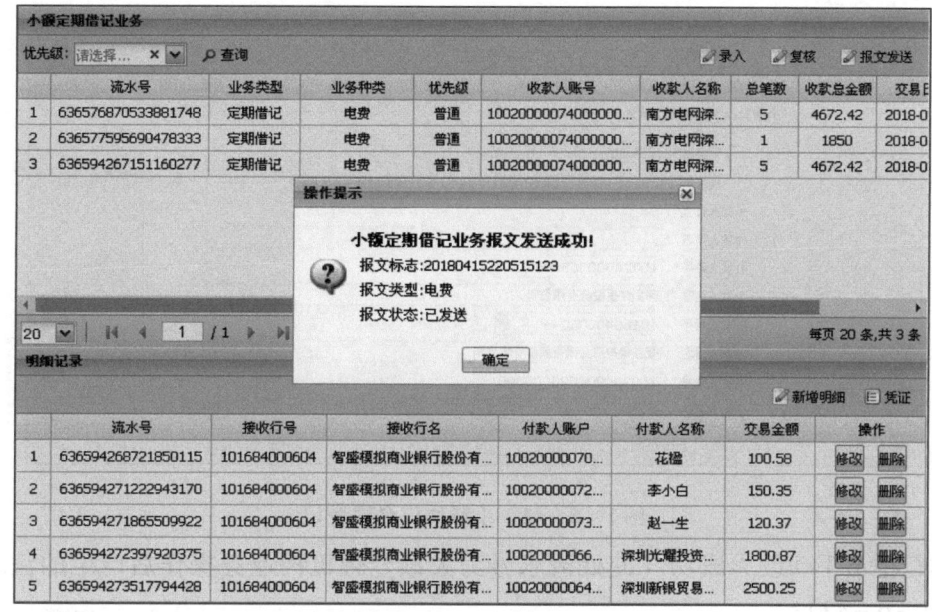

图1-6-40 小额定期借记业务报文发送

折、内部账);填写收款人账号(本行客户)和收款总金额、总笔数。

(3)新增定期借记明细。根据案例,添加付款人账号和交易金额。

(4)点击"复核",显示出上一步录入的信息,审核无误后,输入复核人账号和密码,完成复核操作。

(5)点击"报单发送",显示出上一步已复核的信息,审核无误后,点击"确定"完成报单发送操作。

六、小额协议合同登记

1. 实训任务。本行柜员将上述案例中客户深圳仲岳股份有限公司来本行办理的小额定期贷记业务进行合同登记,合同类型为定期贷记,交易金额3万元,付款人账号为深圳仲岳股份有限公司基本户,收款人行号为101684000604,收款人为吕雲(备注:流水号为小额相关业务中已经操作过的小额定期贷记业务)(见图1-6-41)。

2. 操作提示。

点击"录入",在弹出的"小额协议合同登记—录入"窗口中,选择合同类型(定期借记、定期贷记);填写流水号(为已经操作过的小额定期贷记业务后产生的流水号)、付款人账号;选择收款人行号,系统自动显示出收款人账户和收款人名称。点击"执行",完成"小额协议合同登记"业务操作。

七、支付业务状态重置

1. 实训任务。大额金融机构贷记业务的报文已经发送成功,但是系统仍为发送状

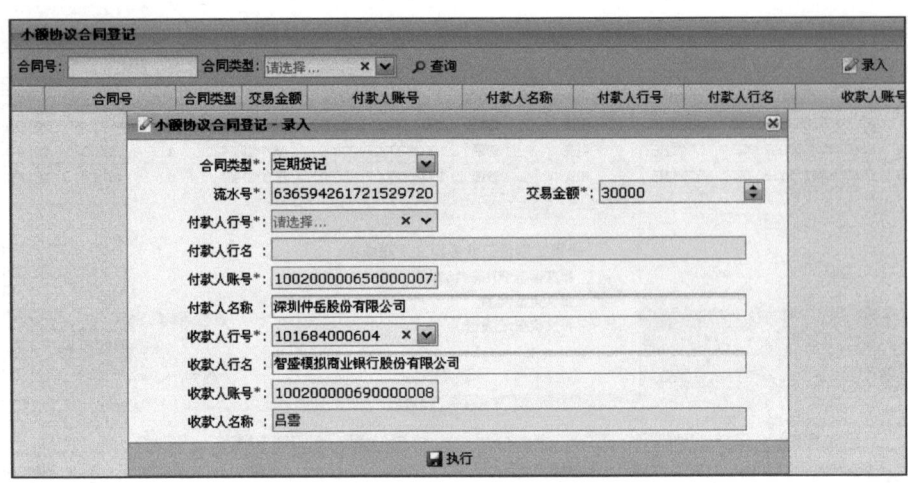

图1-6-41 小额协议合同登记

态,本行柜员手动设为成功(此处流水号为大额金融机构业务操作后产生的流水号)(见图1-6-42)。

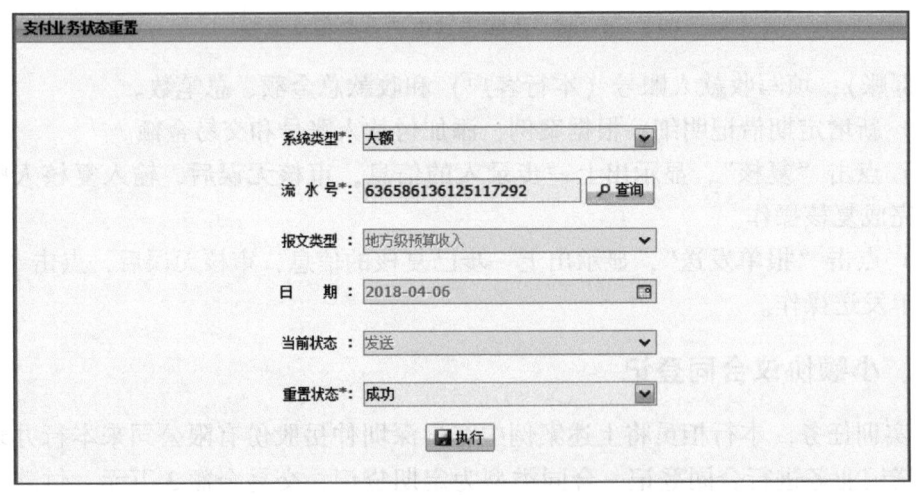

图1-6-42 支付业务状态重置

2. 操作提示。选择系统类型(大额、小额),查询流水号(已经操作过的大额金融机构业务产生的流水号)。系统自动显示该流水号项下的报文类型、日期、当前状态等,手动选择重置状态为成功,点击"执行",即可完成"支付业务状态重置"的业务操作。

八、支付业务冲账

1. 实训任务。南方电网深圳分公司来本行办理小额定期借记业务,业务类型为定期借记,收入电费1笔,金额1850元,收款人账户类型为有卡支付,付款单位为对公客户深圳仲岳股份有限公司,接收行号为101684000604(智盛模拟商业银行股份有限公司);银行柜员发现此操作有误:将金额1580元错录为1850元,故做"冲账"处理(见图1-6-43)。

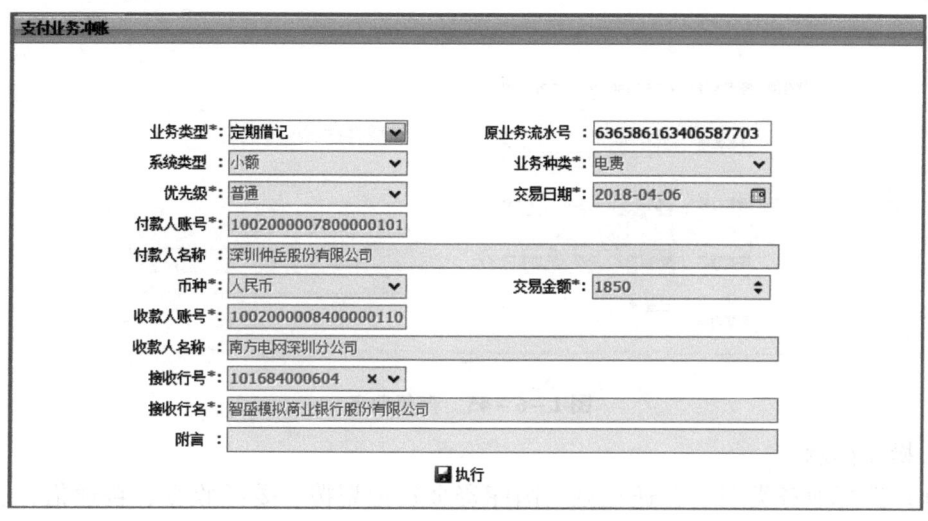

图1-6-43 支付业务冲账

2. 操作提示。选择业务类型(定期借记、定期贷记),查询流水号(已经操作过的小额定期借记后产生的流水号)。系统自动显示该流水号项下的系统类型、业务种类、优先级、交易日期、付款人账号、付款人名称、交易金额、收款人账号、收款人名称、接收行号、接收行名等信息。点击"执行",即可完成"支付业务冲账"的业务操作。

九、查询业务与查复业务

1. 实训任务。客户吕雲迟迟未收到公司发放的奖金,通过开户行申请查询,柜员为其查询,并及时回复开户行(见图1-6-44、图1-6-45)。

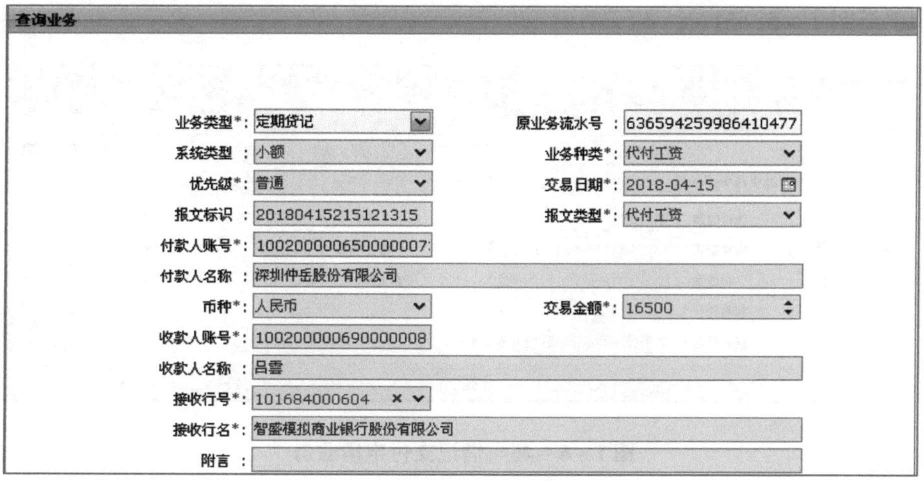

图1-6-44 查询业务

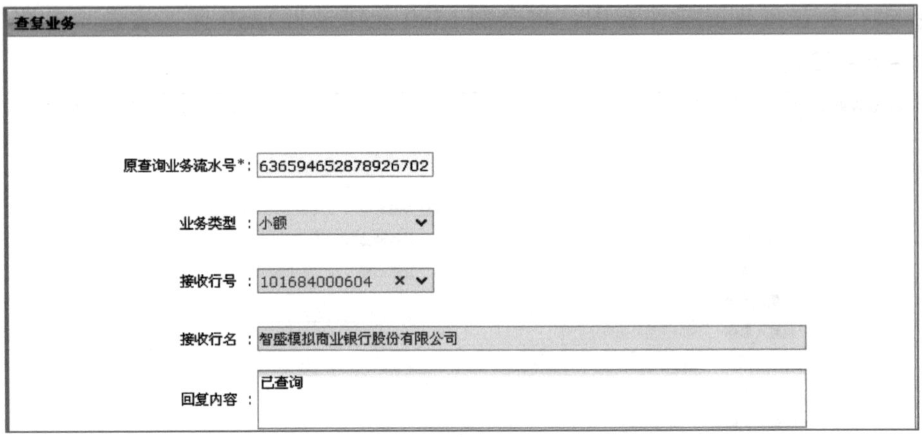

图1-6-45 查复业务

2. 操作提示。

(1) 选择业务类型（普通汇兑、国库资金贷记划拨、委托收款、普通借记、定期贷记、定期借记），填写原业务流水号（已经操作过的小额定期贷记后产生的流水号）。系统自动显示该流水号项下的系统类型、业务种类、优先级、交易日期、报文标识、付款人账号、付款人名称、交易金额、收款人账号、收款人名称、接收行号、接收行名等信息。点击"执行"，即可完成"查询业务"的操作。

(2) 填写原查询业务流水号，系统自动显示该流水号项下的业务类型、接收行号、接收行名，并填写回复内容。点击"执行"，即可完成"查复业务"的操作。

十、其他业务

在大小额支付系统中，有部分功能是供银行内部操作时使用的，如借记支付申请业务、状态查询业务、退回申请业务、退回应答业务、支付系统账务明细查询和支付系统信息业务查询等。此处不再列举实训案例，仅提供实验截图，供读者参考（见图1-6-46至图1-6-51）。

图1-6-46 借记支付申请业务

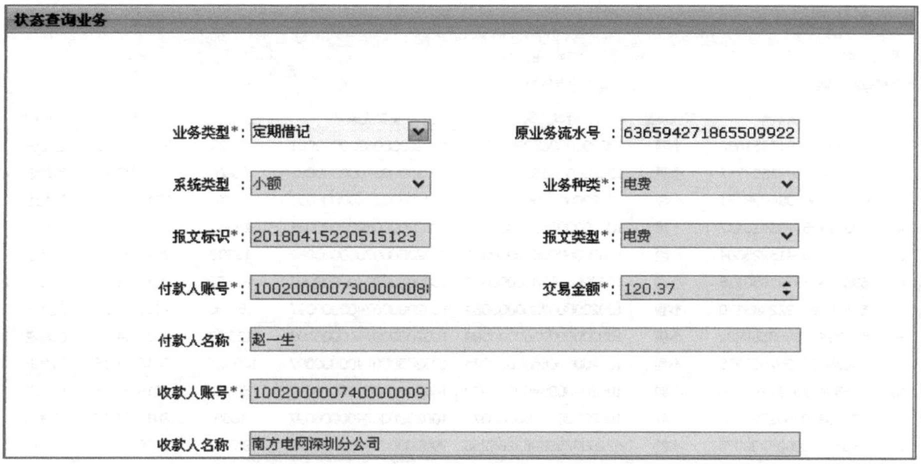

图 1-6-47 状态查询业务

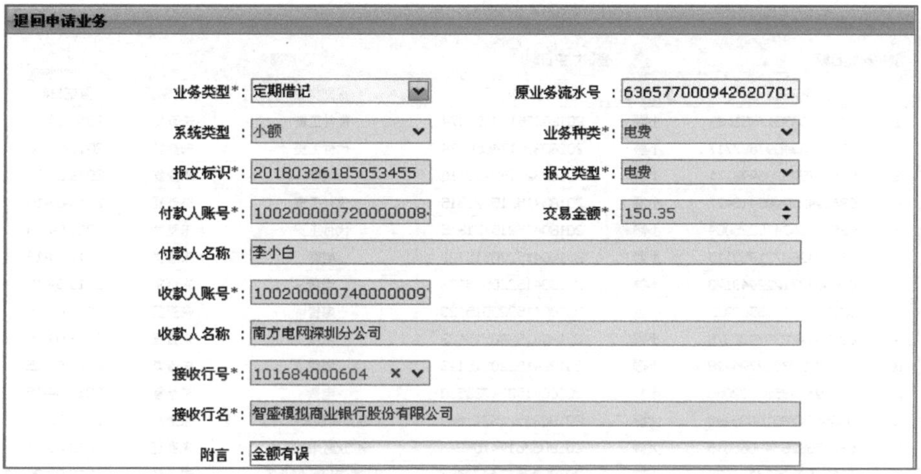

图 1-6-48 退回申请业务

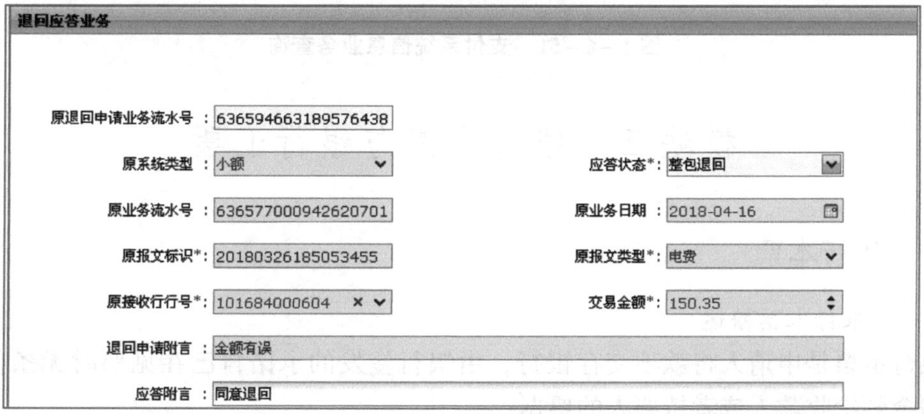

图 1-6-49 退回应答业务

支付系统账务明细查询

系统类型：小额　交易金额：0
登记起始日期：请选择…　登记结束日期：请选择…　查询

	业务流水号	系统类型	付款人账号	收款人账号	交易金额	登记日期	处理状态
1	636576833817351682	小额	1002000006500000073	1002000006900000081	25000	2018-03-26	已发送
2	636576834097687717	小额	1002000006500000073	1002000007000000082	5000	2018-03-26	已发送
3	636577596386998171	小额	1002000006500000073	1002000007400000097	1850	2018-03-27	已发送
4	636594259986410477	小额	1002000006500000073	1002000006900000081	16500	2018-04-15	已发送
5	636594260415225004	小额	1002000006500000073	1002000007000000082	13500	2018-04-15	已发送
6	636594268721850115	小额	1002000007000000082	1002000007400000097	100.58	2018-04-15	已发送
7	636594271222943170	小额	1002000007200000084	1002000007400000097	150.35	2018-04-15	已发送
8	636594271865509922	小额	1002000007300000088	1002000007400000097	120.37	2018-04-15	已发送
9	636594272397920375	小额	1002000006600000074	1002000007400000097	1800.87	2018-04-15	已发送
10	636594273517794428	小额	1002000006400000072	1002000007400000097	2500.25	2018-04-15	已发送
11	636594293582792080	小额	1002000006500000073	1002000007400000097	1850	2018-04-15	已发送
12	636576830624739075	小额	6226097558963265265	9999000099900000998	35360	2018-03-26	已发送

图 1－6－50　支付系统账务明细查询

支付系统信息业务查询

登记起始日期：请选择…　登记结束日期：请选择…　查询

	业务流水号	系统类型	报文标识	报文类型	查复标识	登记日期
1	636576833817351682	小额	20180326174658474	代付工资	未查复	2018-03-26
2	636576834097687717	小额	20180326174658474	代付工资	未查复	2018-03-26
3	636577596386998171	小额	20180327145929116	电费	未查复	2018-03-27
4	636594259986410477	小额	20180415215121315	代付工资	待查复	2018-04-15
5	636594260415225004	小额	20180415215121315	代付工资	未查复	2018-04-15
6	636594268721850115	小额	20180415220515123	电费	未查复	2018-04-15
7	636594271222943170	小额	20180415220515123	电费	未查复	2018-04-15
8	636594271865509922	小额	20180415220515123	电费	未查复	2018-04-15
9	636594272397920375	小额	20180415220515123	电费	未查复	2018-04-15
10	636594273517794428	小额	20180415220515123	电费	未查复	2018-04-15
11	636594293582792080	小额	20180415224733530	电费	未查复	2018-04-15
12	636567478616836449	大额	20180315215741699	地方级预算收入	未查复	2018-03-15
13	636576828648066016	大额	20180326174104823	地方级预算收入	未查复	2018-03-26
14	636576830624739075	小额	20180326174422487	国库借记汇划业务	未查复	2018-03-26
15	636576826944648586	大额	20180326173814554	普通兑汇	未查复	2018-03-26
16	636594245042065709	大额	20180415212824228	普通兑汇	未查复	2018-04-15

图 1－6－51　支付系统信息业务查询

模块三　银行本票与银行汇票

一、银行本票

（一）银行本票概述

银行本票是申请人将款项交存银行，由银行签发的承诺自己在见票时无条件支付确定的金额给收款人或者持票人的票据。

1. 银行本票的基本要素。银行本票按照其金额是否固定可分为不定额和定额两种。不定额银行本票是指凭证上金额栏是空白的，签发时根据实际需要填写金额（起点金额为5000元），并用压数机压印金额的银行本票；定额银行本票是指凭证上预先印有固定面额的银行本票，面额为1000元、5000元、10000元和50000元，其提示付款期限自出票日起最长不得超过2个月。

2. 银行本票的主要内容。（1）表明"银行本票"的字样；（2）无条件支付的承诺；（3）确定的金额；（4）收款人名称；（5）出票日期；（6）出票人签章。

欠缺记载上列事项之一的，银行本票无效。

（二）银行本票的结算

1. 银行本票的申请。申请人办理银行本票，应向银行填写一式三联"银行本票申请书"，其格式由人民银行各分行确定和印制，详细填明收款人名称，个体经济户和个人需要支取现金的还应填明"现金"字样。如申请人在签发银行有账户，则应在银行本票申请书上加盖预留银行印鉴。

2. 银行本票的签发。签发银行受理银行本票申请书后，应认真审查申请书填写的内容是否正确。审查无误后，办理收款手续。付款单位在银行开立账户的，签发银行直接从其账户划拨款项；付款人用现金办理本票的，签发银行直接收取现金。银行按照规定收取办理银行本票的手续费，其收取的办法与票款相同。

银行办妥票款和手续费收取手续后，即签发银行本票。

3. 银行本票的结算流程（见图1-6-52）。

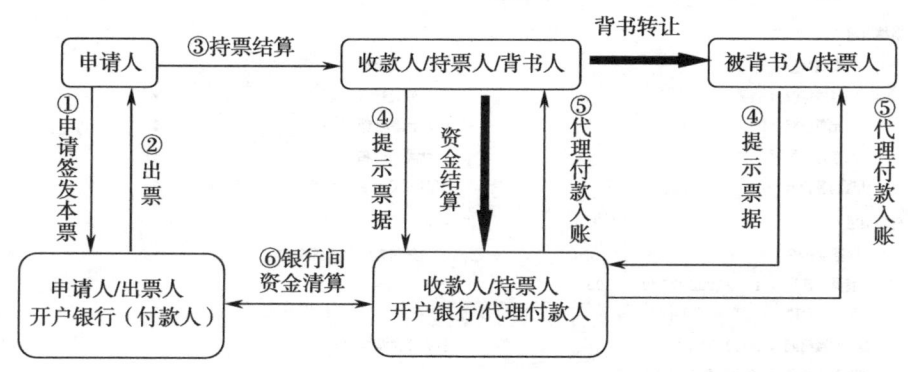

图1-6-52 银行本票结算流程

【实训操作】

1. 实训任务。

（1）深圳蓝旗投资有限公司签发了一张可再转让的转账本票，付款账户为深圳蓝旗投资有限公司，付款类型为有卡折支付，收款人为深圳新银贸易有限公司。出票金额50万元，手续费收费方式为转账；代理付款行为智盛模拟商业银行股份有限公司（101684000604）。

本票签发与兑付

深圳新银贸易有限公司财务来银行兑付转账本票，持票人账号为深圳新银贸易有限公司基本户账号，提示付款日期为出票日之后的第15天，兑付类型为正常兑付（见图1-6-53、图1-6-54）。

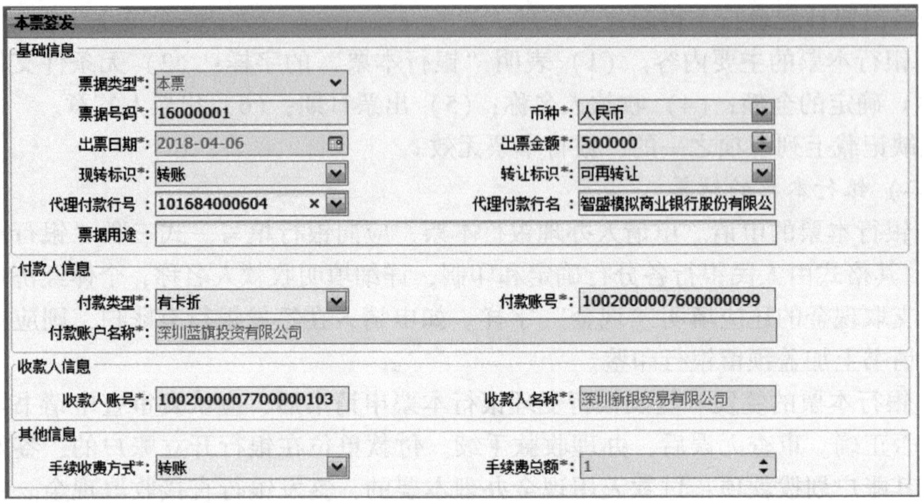

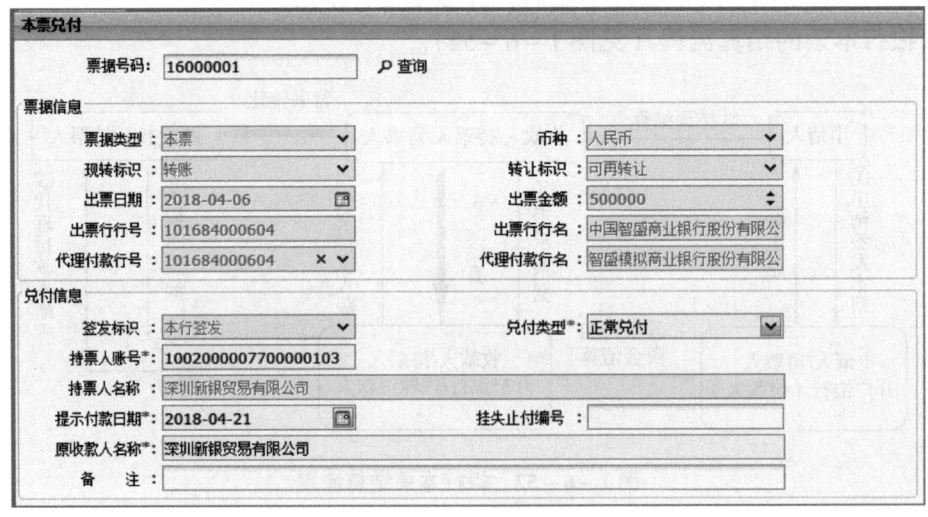

图1-6-53　银行本票签发

图1-6-54　银行本票兑付

（2）花楹签发了一张不可再转让的现金银行本票，付款账号为花楹的借记卡活期账号，付款类型为有卡折支付，收款人为李小白。出票金额为85000元，手续费收费方式为现金。该本票到期15天后，花楹所签发银行本票因逾期未使用而被退回（见图1-6-55、图1-6-56）。

2. 操作提示。

（1）银行本票业务的主要操作有：签发—兑付，或签发—退回。除此之外还有挂

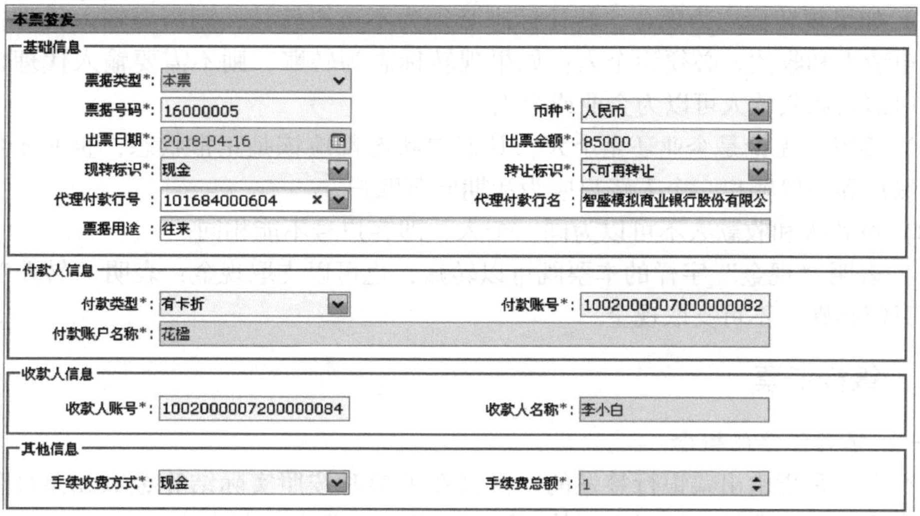

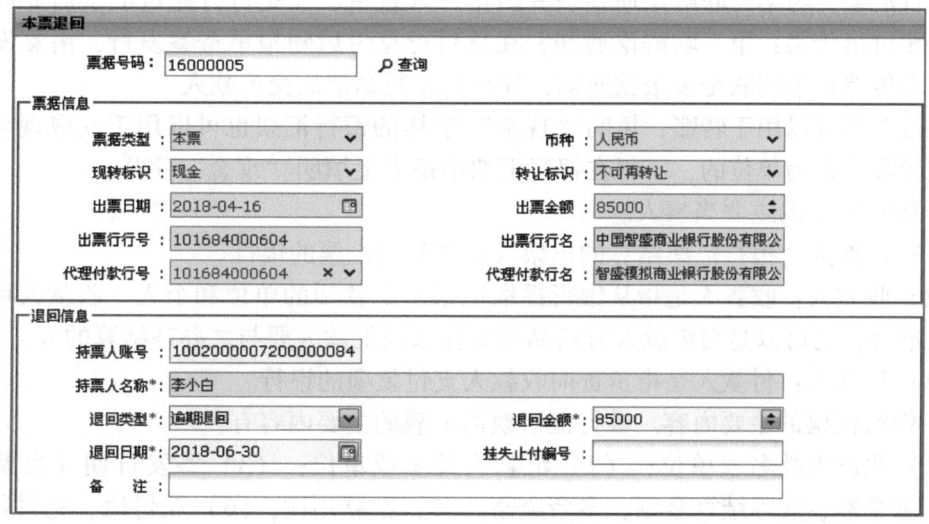

图 1-6-55　银行本票签发

图 1-6-56　银行本票退回

失（解挂）、查询、重打等辅助业务。

（2）在基础信息界面：输入票据号码（已出库的本票凭证号码），选择现转标识（现金、转账）、转让标识（可再转让、不可再转让）、代理付款行号、出票日期，填写出票金额和票据用途。

（3）在付款人信息界面：选择付款类型（有卡折、无卡折），填写付款账号，系统自动显示付款账户名称。

（4）在收款人信息界面：填写收款账号，系统自动显示收款账户名称。

（5）在其他信息界面：选择手续费收费方式（现金、转账）。

（6）如果现转标志为现金，转让标志必须为不可再转让，则需要输入代理付款行信息，申请人和收款人必须为个人；如果现转标志为转账，则不需要输入代理付款行信息，申请人和收款人可以为企业或个人。

（7）签发人无论是企业还是个人，其账户状态都应该是正常状态，企业账户可以是基本账户和一般账户，个人账户应为活期储蓄账户。

（8）付款人和收款人不可以为同一个人，即客户号不能相同。

（9）表明"现金"字样的本票既可以转账，也可以支取现金；表明"转账"字样的本票只能转账，不可支取现金。

二、银行汇票

（一）银行汇票的概念

银行汇票是指由出票银行签发的，由其在见票时按照实际结算金额无条件付给收款人或者持票人的票据。银行汇票的出票银行为银行汇票的付款人。

银行汇票一式四联，第一联为卡片，由签发行结清汇票，做汇出付出传票；第二联为银行汇票，与第三联解讫通知一并由汇款人自带，在兑付行兑付汇票后此联做联行往来账付出传票；第三联解讫通知，在兑付行兑付后随报单寄签发行，由签发行做余款收入传票；第四联是多余款通知，并在签发行结清后交汇款人。

银行汇票可以用于转账，填明"现金"字样的银行汇票也可以用于支取现金。申请人或者收款人为单位的，不得在银行汇票申请书上填明"现金"字样。

1. 银行汇票的主要当事人。

（1）出票人：银行汇票结算的出票人是指签发汇票的银行。

（2）收款人：收款人是指从银行提取汇票所汇款项的单位和个人。收款人可以是汇款人本身，也可以是与汇款人有商品交易往来或汇款人要与之办理结算的人。

（3）付款人：付款人是指负责向收款人支付款项的银行。

2. 银行汇票的主要内容。银行汇票票面记载的主要内容有：

（1）收款人姓名或单位；（2）汇款人姓名或单位；（3）签发日期（发票日）；（4）汇款金额、实际结算金额、多余金额；（5）汇款用途；（6）兑付地、兑付行、行号；（7）付款日期。

【案例分析1-6-1】

银行汇票结算

深蓝贸易公司到甲市采购商品，2月10日向开户银行申请用银行存款办理往甲市的转账汇票500000元。根据银行退回的"银行汇票委托书"存根联作银行存款付款凭证，其会计分录为：

借：其他货币资金——银行汇票　　　　　　　　　　　　　500000

　　贷：银行存款　　　　　　　　　　　　　　　　　　　　500000

如果汇款单位用现金办理银行汇票，则财务部门在收到银行签发的银行汇票后根据"银行汇票委托书"第一联存根联编制现金付款凭证，其会计分录为：

借：其他货币现金——银行汇票
  贷：现金

对于银行按规定收取的手续费和邮电费，汇款单位应根据银行出具的收费收据支付，用现金支付的编制现金付款凭证，从其账户中扣收的编制银行存款付款凭证。其会计分录为：

借：财务费用
  贷：现金或银行存款

(二) 银行汇票的结算

1. 银行汇票的签发和解付。银行汇票的签发和解付，只能由中国人民银行和商业银行参加"全国联行往来"的银行机构办理。跨系统银行签发的转账银行汇票的解付，应通过同城票据交换将银行汇票和解讫通知提交同城的有关银行审核支付后抵用。省、自治区、直辖市内和跨省、市的经济区域内，按照有关规定办理。在不能签发银行汇票的银行开户的汇款人需要使用银行汇票时，应将款项转交附近能签发银行汇票的银行办理。

2. 银行汇票一律记名。所谓记名是指在汇票中指定某一特定人为收款人，其他任何人都无权领款；但如果指定收款人以背书方式将领款权转让给其指定的收款人，其指定的收款人有领款权。

3. 银行汇票的汇票金额起点为 500 元，500 元以下款项银行不予办理银行汇票结算。银行汇票的付款期为 1 个月。

银行汇票的付款期，是指从签发之日起到办理兑付之日止的时期，不论月大月小，统一到下月对应日期止的 1 个月。比如签发日为 3 月 5 日，则付款期到 4 月 5 日止。如果到期日遇假日可以顺延。逾期的汇票，兑付银行将不予办理。

4. 银行汇票的结算流程（见图 1-6-57）。

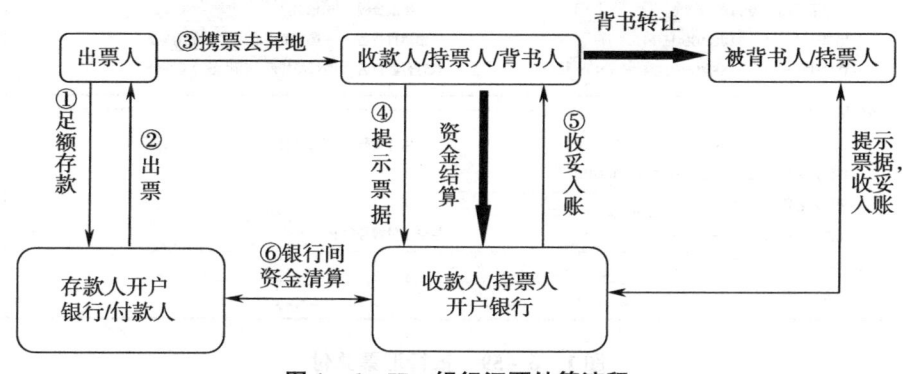

图 1-6-57　银行汇票结算流程

【实训操作】

1. 实训任务。

(1) 客户赵一生携带身份证向本行申请签发银行汇票一张,出票金额为 68000 元,收款人为刘震,现转标识为现金,转让标识为不可再转让,付款类型为有卡折支付,手续费收费方式为现金。该银行汇票到期日前一个星期,刘震携有效身份证件持该汇票来本行提示付款(见图 1-6-58、图 1-6-59)。

汇票签发与兑付

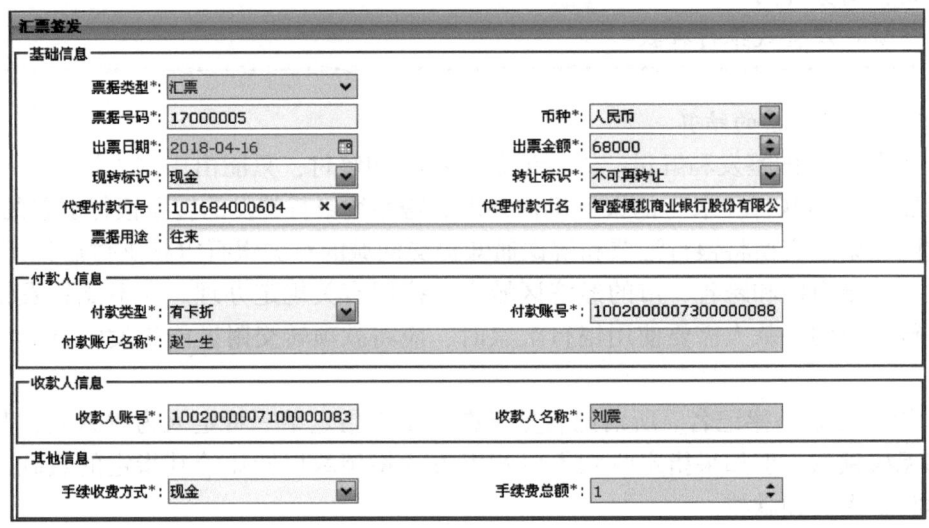

图 1-6-58 银行汇票签发

图 1-6-59 银行汇票兑付

（2）深圳光耀投资有限公司作为付款人，签发了一张不可再转让的转账汇票给深圳蓝旗投资有限公司，付款类型为有卡折支付，收款人账号为深圳蓝旗投资有限公司下的账号，出票金额为60万元，手续费收费方式为转账。

深圳光耀投资有限公司签发的转账汇票因未使用而被退回，退回日期为出票日后的第15天（见图1-6-60、图1-6-61）。

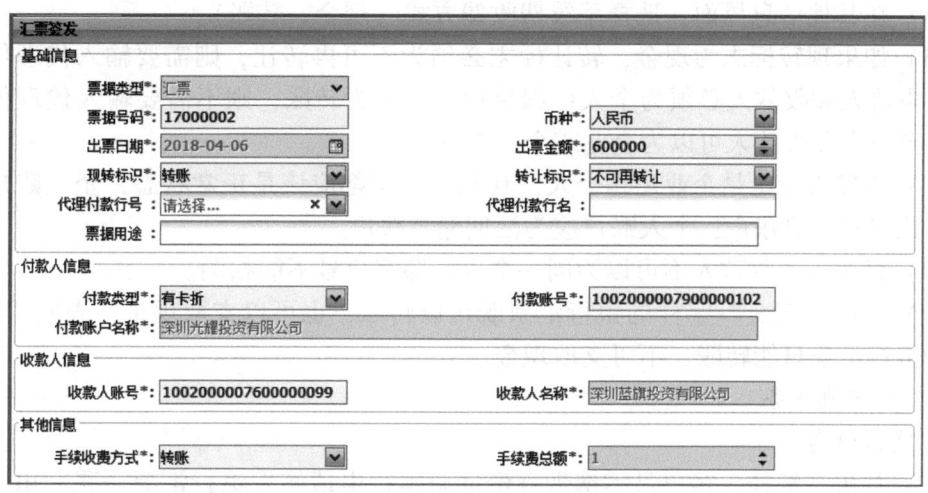

图1-6-60　银行汇票签发

图1-6-61　银行汇票退回

2. 操作提示。

（1）银行汇票业务的主要操作有：签发—兑付，或签发—退回。除此之外还有挂失（解挂）、查询、重打等辅助业务。

（2）在基础信息界面：输入票据号码（已出库的本票凭证号码），选择现转标识

(现金、转账)、转让标识(可再转让、不可再转让)、代理付款行号、出票日期,填写出票金额和票据用途。

(3) 在付款人信息界面:选择付款类型(有卡折、无卡折),填写付款账号,系统自动显示付款账户名称。

(4) 在收款人信息界面:填写收款账号,系统自动显示收款账户名称。

(5) 在其他信息界面:选择手续费收费方式(现金、转账)。

(6) 如果现转标志为现金,转让标志必须为不可再转让,则需要输入代理付款行信息,申请人和收款人必须为个人;如果现转标志为转账,则不需要输入代理付款行信息,申请人和收款人可以为企业或个人。

(7) 签发人无论是企业还是个人,其账户状态都应该是正常状态,企业账户可以是基本账户和一般账户,个人账户应为活期储蓄账户。

(8) 付款人和收款人不可以为同一个人,即客户号不能相同。

(9) 表明"现金"字样的银行汇票既可以转账,也可以支取现金;表明"转账"字样的银行汇票只能转账,不可支取现金。

(三) 其他业务

1. 实训任务。

(1) 挂失与解挂。客户吕雲携带身份证向本行申请签发银行汇票一张,出票金额18000元,收款人为赵一生,现转标识为现金,转让标识为不可再转让,付款类型为有卡折支付,手续费收费方式为现金。

三天后,赵一生不慎遗失该银行汇票,前来本行挂失止付。后来赵一生又找到了该银行汇票,前来本行解挂。柜员为他做不换凭证解挂操作(见图1-6-62至图1-6-64)。

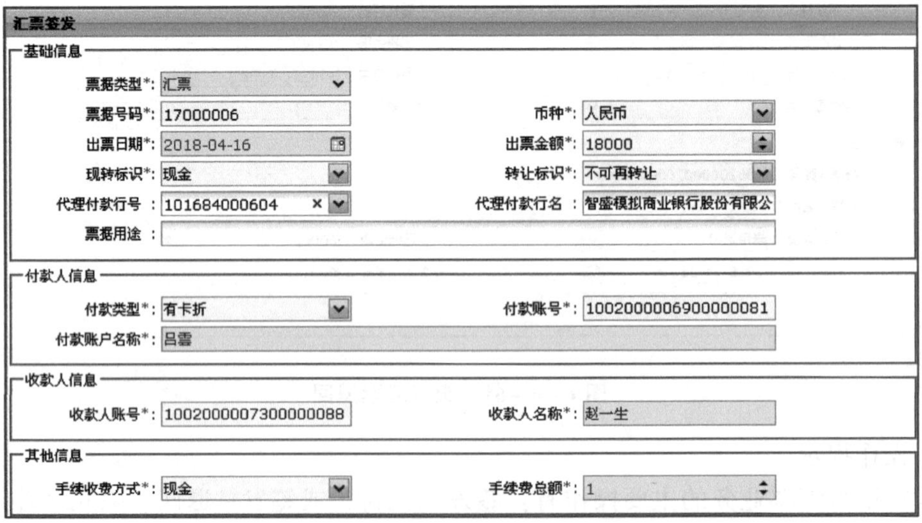

图1-6-62 银行汇票签发

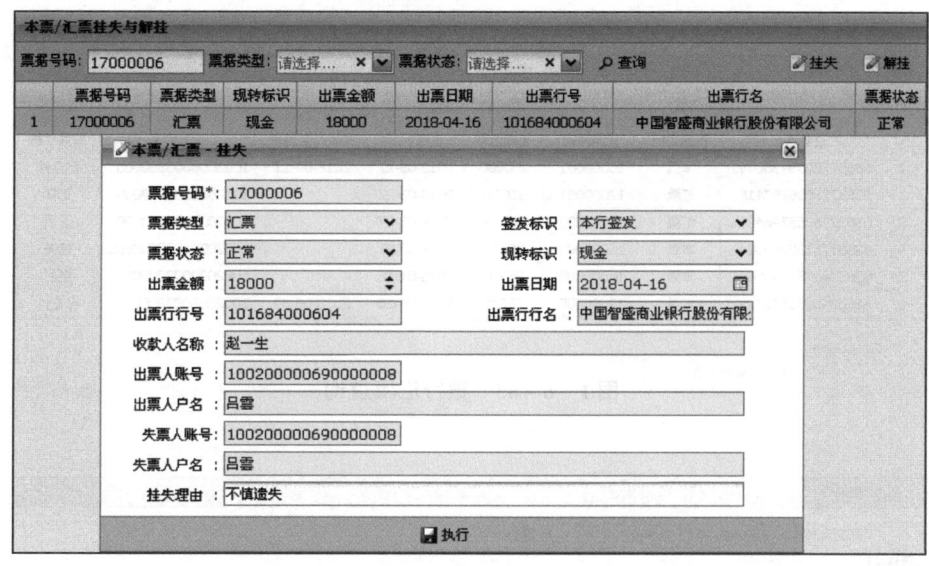

图1-6-63　银行汇票挂失

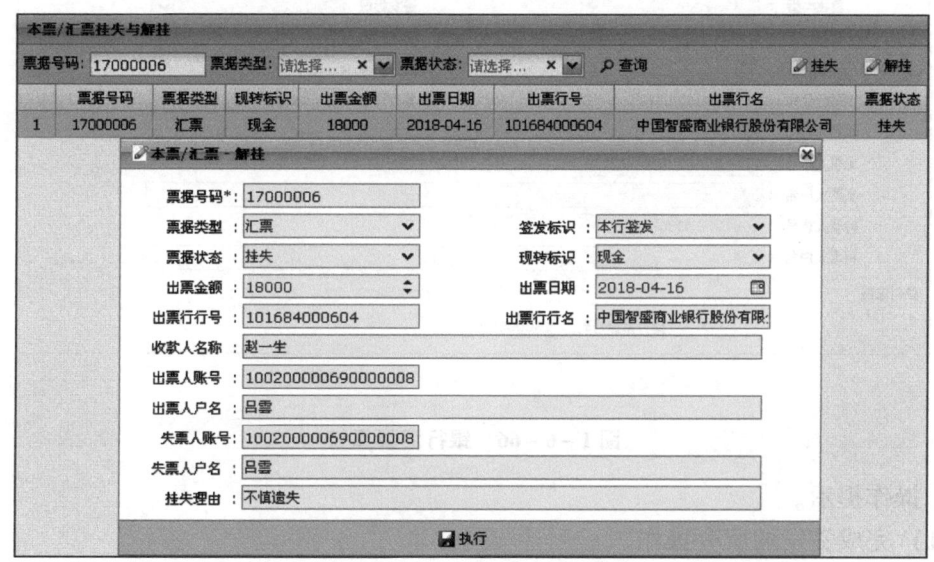

图1-6-64　银行汇票解挂

（2）查询。查询功能是供银行内部操作时查询本票和汇票的。通过票据号码、票据类型、票据专题，查询该银行本票或银行汇票的交易流水、票据号码、出票金额、提示付款日期、付款账号、票据状态等信息（见图1-6-65）。此处不再列举实训案例，仅提供实验截图，供读者参考。

（3）重打。重打功能是本票或汇票由于意外损坏、玷污等特殊原因，重新打印的操作。输入签发流水号，查询该票据的所有信息，再确定是否可以重打（见图1-6-66）。此处不再列举实训案例，仅提供实验截图，供读者参考。

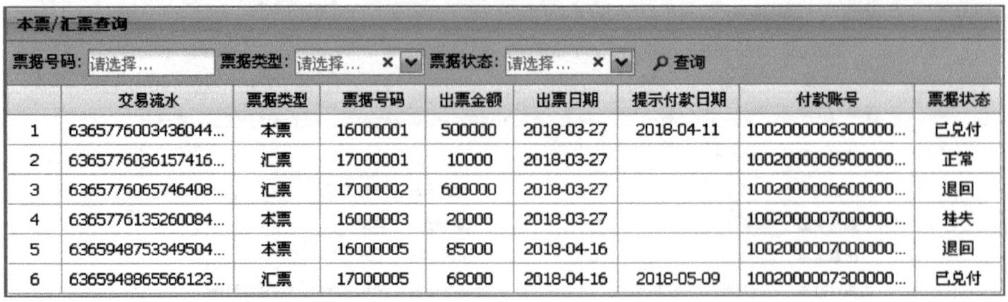
本票/汇票查询

票据号码: 请选择… 票据类型: 请选择… 票据状态: 请选择… 查询

	交易流水	票据类型	票据号码	出票金额	出票日期	提示付款日期	付款账号	票据状态
1	6365776003436044...	本票	16000001	500000	2018-03-27	2018-04-11	1002000006300000...	已兑付
2	6365776036157416...	汇票	17000001	10000	2018-03-27		1002000006900000...	正常
3	6365776065746408...	汇票	17000002	600000	2018-03-27		1002000006600000...	退回
4	6365776135260084...	本票	16000003	20000	2018-03-27		1002000007000000...	挂失
5	6365948753349504...	本票	16000005	85000	2018-04-16		1002000007000000...	退回
6	6365948865566123...	汇票	17000005	68000	2018-04-16	2018-05-09	1002000007300000...	已兑付

图1-6-65　银行汇票查询

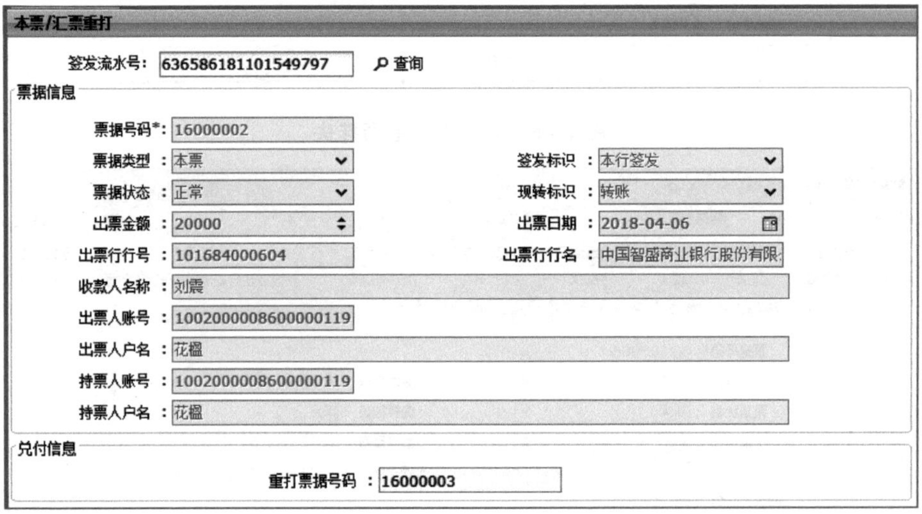

图1-6-66　银行汇票重打

2. 操作提示。

（1）完成签发的所有操作。

（2）输入票据号码，窗口会显示一条已签发的汇票（或本票）的记录，点击“挂失”，即完成该汇票挂失的操作。

（3）输入票据号码，窗口会显示一条已挂失的汇票（或本票）的记录，点击“解挂”，即完成该汇票解挂的操作。

模块四　商业汇票

商业汇票指银行承兑汇票和商业承兑汇票，又分为纸质商业汇票和电子商业汇票，俗称“纸票”和“电票”。

一、电子商业汇票

电子商业汇票是指出票人依托电子商业汇票系统,以数据电文形式制作的,委托付款人在指定日期无条件支付确定的金额给收款人或者持票人的票据。

电子商业汇票分为电子银行承兑汇票和电子商业承兑汇票。

电子商业汇票系统是指经中国人民银行批准建立,由中国人民银行监管建设的,依托网络和计算机技术,接收、存储、发送电子商业汇票数据电文,提供与电子商业汇票货币给付、资金清算行为相关的服务,并提供纸质商业汇票登记查询服务、商业汇票转贴现公开报价服务的业务处理平台。电子商业汇票系统的营业时间为周一至周日 8:00 至 20:00。

电子银行承兑汇票由银行业金融机构或财务公司承兑;电子商业承兑汇票由银行、财务公司以外的法人或其他组织承兑。

电子商业汇票的付款期限自出票日起至到期日止,最长不得超过 1 年。

电子商业汇票以人民币为计价单位,单张票据金额不得超过 10 亿元。

电子商业汇票业务信息存放于电子商业汇票系统(Electronic Commercial Draft System,ECDS)中,并以 ECDS 中的记录为准。客户通过本行企业网银系统对存放于 ECDS 的电子商业汇票进行操作。

目前电子商业汇票仅限于在企业客户中开展(见图 1-6-67、图 1-6-68)。

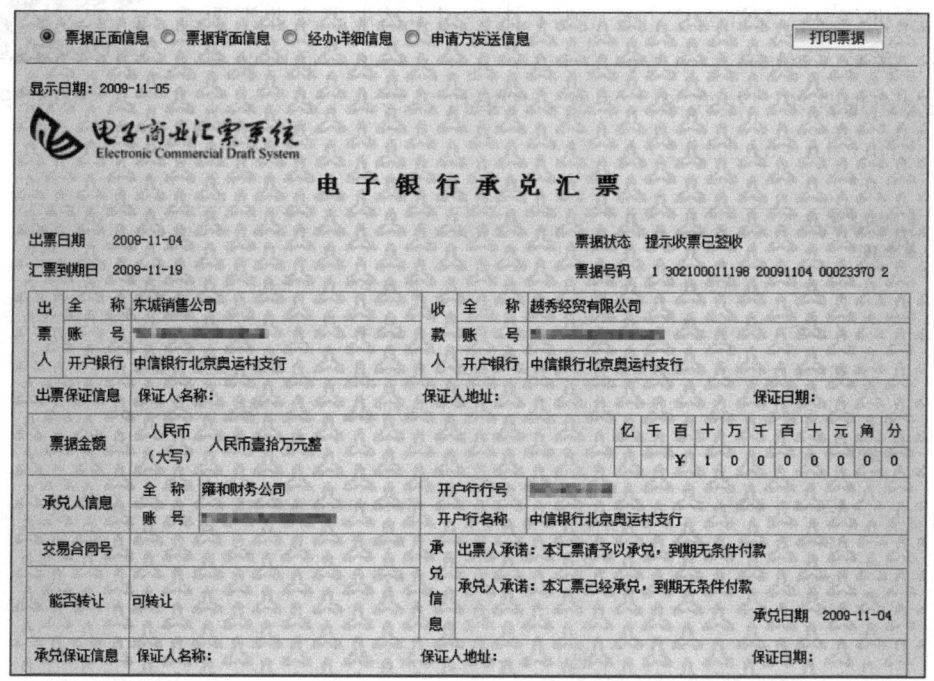

图 1-6-67　电子银行承兑汇票正面信息

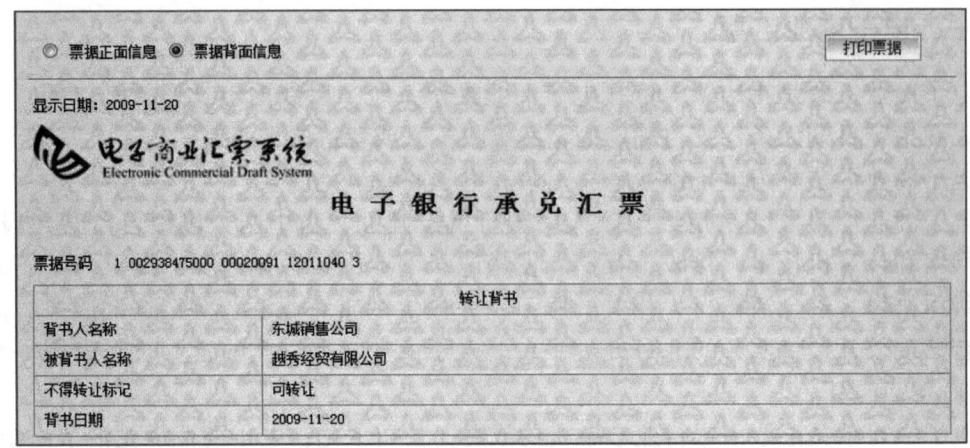

图1-6-68 电子银行承兑汇票背面信息

【实训操作】

（一）客户签约

在本行申请电子商业汇票的客户，必须已在本行开立过人民币结算账户（基本账户或一般账户），并已开通了企业网上银行业务，方可申请本行签约开办电子商业汇票。

1. 实训任务。深圳南庆钢铁贸易有限公司申请电子商业汇票签约业务，联系人赵国庆手机号码为153×××1546。后因业务需要，该公司增加第二位联系人李燃，其手机号码为156×××4519（见图1-6-69至图1-6-71）。

电票业务

图1-6-69 客户签约

2. 操作提示。

（1）点击"客户签约"，弹出"电子商业汇票—客户签约"窗口。在基础信息界

图1-6-70 客户签约修改

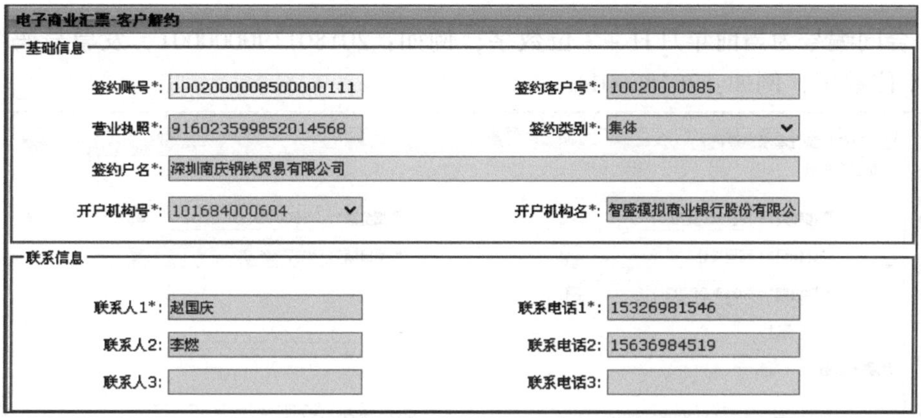

图1-6-71 客户解约

面,填写签约账户,系统自动显示出签约客户号、营业执照、签约类别、签约户名、开户机构号、开户机构名等信息。在联系信息界面,填写联系人姓名、联系电话,最多可录入3个联系人。

(2) 为方便开展业务,企业可随时增加和修改联系人。点击"客户签约修改",在联系信息界面,修改或增加联系人姓名、联系电话即可。

(3) 由于客户或银行的原因,双方均可以发起解约。解约后,不能再进行电子商业汇票的业务操作。

(二) 出票、承兑及收票

一笔成功的出票及承兑业务处理,包括出票信息登记—出票人提示承兑—出票人提示收票三个业务步骤。即首先客户应通过"出票信息登记"登记票据信息,然后通过"提示承兑申请"功能向承兑人发出承兑申请,待承兑人签收该申请后,客户再向收款人发出"提示收票申请",收款人签收后,出票过程即完成。

1. 实训任务。

（1）深圳南庆钢铁贸易有限公司签发了一张可再转让的电子商业承兑汇票，承兑人为深圳南庆钢铁贸易有限公司，收票人为在中国建设银行（105584000193）开户的深圳仲岳股份有限公司，5个月后到期，票面金额250万元；

（2）出票后，出票人发起提示承兑申请，申请已被签收；

（3）票据承兑后，出票人进行提示收票申请，且申请未被签收；

（4）票据原申请人发起撤销申请，且撤销成功；

（5）票据撤销后，因票据未用被退回，现在柜员为客户办理撤票业务（见图1-6-72至图1-6-77）。

重要提示：

1. 出票人必须是已经与本行进行客户签约的。

2. 承兑人与收款人不得为同一人，且账号必须为对公客户，正常状态下的基本户和一般户。

3. 合同编号为当前年月日+7位数字，例如：201801190000001，发票号码为当前年份+4位数字，例如：20180001。

图1-6-72 出票信息登记

图1-6-73 提示承兑申请

图1-6-74 提示收票申请

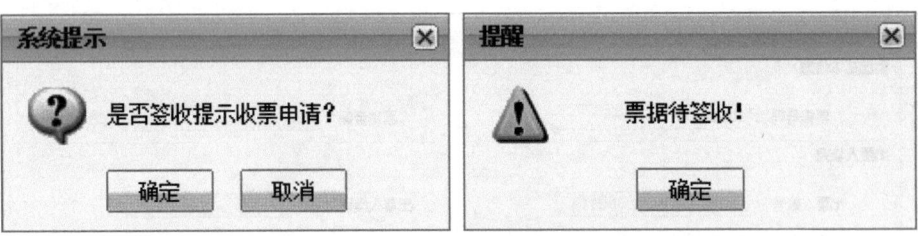

图1-6-75 提示收票申请未签收

图1-6-76 撤销

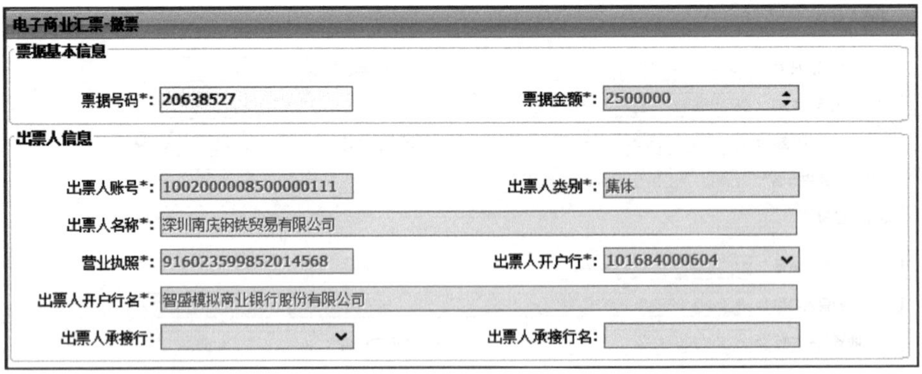

图1-6-77 撤票

2. 操作提示。

(1) 点击"出票信息登记",弹出"电子商业汇票—出票信息登记"的窗口。

在票据基本信息界面,填写票据金额,选择转让标记(可再转让、不可再转让)和到期日期,系统自动显示出票据种类(银行承兑汇票)和出票日期(向ECDS发送出票登记的日期，如为未来日，则必须使用"预约办理"）。

在出票人信息界面，填写出票人账号，系统自动显示出票人类别、出票人名称、营业执照、出票人开户行、出票人开户行名、出票人信用等级、出票人评级到期日、出票人评级机构等信息。

在承兑人信息界面，填写承兑人账号，系统自动显示出承兑人开户行、承兑人名称、承兑人开户行名。

在收票人信息界面，填写收票人账户，系统自动显示出收票人开户行、收票人名称、收票人开户行名。

点击"执行"，完成出票登记，系统自动生成票据号码，须记录便于后续实验之用。

（2）点击"提示承兑申请"，弹出"电子商业汇票——提示承兑申请"的窗口。

在票据基本信息界面，填写票据号码，系统自动显示出票据金额。

在出票人信息界面，系统自动显示出票人账号、出票人类别、出票人名称、营业执照、出票人开户行、出票人开户行名等信息。

在承兑人信息界面，系统自动显示出承兑人账号、承兑人名称、承兑人开户行、承兑人开户行名。

在其他信息录入界面，填写交易合同编号和发票号码，系统自动显示出到期无条件支付、批次号、出票人备注、出票人承接行、出票人承接行名。其中，合同编号为当前年月日＋7位数字，例如：201801290000001，发票号码为当前年份＋4位数字，例如：20180001，顺延使用。

点击"执行"，出现系统提示：是否签收承兑申请？"确定"或"取消"，根据案例作出选择，完成提示承兑申请的操作。

（3）点击"提示收票申请"，弹出"电子商业汇票——提示收票申请"的窗口。

在票据基本信息界面，填写票据号码，系统自动显示出票据金额。

在出票人信息界面，系统自动显示出票人账号、出票人类别、出票人名称、营业执照、出票人开户行、出票人开户行名等信息。

在收票人信息界面，系统自动显示出收票人账号、收票人名称、收票人开户行、收票人开户行名。

在其他信息录入界面，系统自动显示出票人承接行、出票人承接行名、出票人备注。

点击"执行"，出现系统提示：是否签收提示收票申请？"确定"或"取消"，根据案例作出选择，完成提示收票申请的操作。

（4）"撤销"是指业务的操作还处于客户内部的业务流程中或业务流程已结束但预约日期未到的情况下，客户的操作人员（仅为业务操作过程中的最后一名操作人）可通过相关查询功能找到该笔业务后，通过撤销功能进行撤销。相关业务的"撤销"是在网银菜单中的"撤销"功能，如："提示承兑撤销"（经办、审核）、"提示收票撤销"（经办、审核）等，该"撤销"是指客户的申请指令已经通过本行系统发送给

ECDS 后，在对手方尚未签收前，客户通过本行向 ECDS 发出撤销指令。在票据未被收款人签收前，出票人均可使用"未用退回"功能将票据撤销。若票据处于"提示承兑待签收""提示收票待签收"等待签收状态时，出票人须先将相关的申请撤销后，才能使用"未用退回"功能。票据一旦成功使用"未用退回"，该票据即被撤销并作废。

点击"撤销"，弹出"电子商业汇票—业务撤销"的窗口。

在票据基本信息界面，填写票据号码，系统自动显示出票据金额。

在撤销申请人信息界面，系统自动显示出申请人账号、申请人类别、申请人名称、营业执照、申请人开户行、申请人开户行名、申请人承接行、申请人承接行名等信息。

在接收人信息界面，系统自动显示出接收人账号、接收人名称、接收人开户行、接收人开户行名。

点击"执行"，完成业务撤销的操作。

（5）"撤票"是指客户完成撤销操作后的票据，该票据不能继续流转，称为"撤票"。如未用退回或到期未用退回，均可以撤票。

点击"撤票"，弹出"电子商业汇票—撤票"的窗口。

在票据基本信息界面，填写票据号码，系统自动显示出票据金额。

在出票人信息界面，系统自动显示出出票人账号、出票人类别、出票人名称、营业执照、出票人开户行、出票人开户行名、出票人承接行、出票人承接行名等信息。

点击"执行"，完成撤票的操作。

"撤票"与"撤销"的区别：撤票只有在"出票已登记""提示承兑已签收"状态下才可发起，交易成功后票据状态改为"票据已作废"，原承兑关系解除，即承兑人已不负有承兑义务；撤销只有在"票据待签收"状态下才可发起，交易成功后票据状态回到上一票据状态。

（三）背书转让申请

企业之间基于商品交易、债权债务清偿或其他合法事由，可办理电子商业汇票背书转让业务。

背书转让应遵循以下规定：

第一，背书人和被背书人必须是企业；

第二，必须在提示付款期之前背书转让；

第三，票据未记载"不得转让"事项。

背书转让业务，包括背书人提示背书转让申请—被背书人签收两个步骤。即首先背书人应通过"背书转让申请"发出提示信息，被背书人签收后，背书转让业务即完成。通过该功能，背书人向被背书人发出背书转让业务的申请，背书转让将使票据权利发生转移。

1. 实训任务。

（1）深圳新银贸易有限公司出票了一张票面金额为 750 万元，且可再转让的电子银行承兑汇票，承兑人为智盛模拟商业银行股份有限公司，收票人为在中国银行

（104584001436）开户的深圳光耀投资有限公司，票据将于6个月后到期。

（2）出票人发起了提示承兑申请和提示收票申请且票据已被签收。

（3）持票人深圳光耀投资有限公司因资金短缺，急于周转，提出背书转让申请，将票据背书给深圳仲岳股份有限公司，该票据还可再次背书转让，申请已被签收。

（4）票据到期后第5天，深圳仲岳股份有限公司向承兑人发起提示付款申请，代理申请标识为票据当事人自己签章，申请被签收（见图1-6-78）。

图1-6-78 背书转让申请

2. 操作提示。

（1）本案例须先完成"客户签约—出票信息登记—提示承兑申请—提示收票申请"等业务流程，再做"背书转让申请"。前四个步骤的操作与前一案例相似，此处不再赘述。

（2）点击"背书转让申请"，弹出"电子商业汇票—背书转让申请"的窗口。

在票据基本信息界面，填写票据号码，系统自动显示出票据金额。

在背书人信息界面，系统自动显示出背书人账号、背书人类别、背书人名称、营业执照、背书人开户行、背书人开户行名等信息。选择转让标记（可再转让、不可再转让）和背书申请日期，系统自动显示出背书人承接行、背书人承接行名、背书人备注。

在被背书人信息界面，输入被背书人账号，系统自动显示出被背书人名称、被背书人开户行、被背书人开户行名等信息。

点击"执行"，出现系统提示：是否签收背书转让申请？"确定"或"取消"，根据案例作出选择，完成提示背书转让申请的操作。

(四) 保证申请

保证是指保证人和债权人约定，当债务人不履行债务时，保证人按照约定履行债务或者承担责任的行为。

保证业务包括电子商业汇票出票阶段出票人发起的保证申请、承兑人发起的保证申请和流转阶段背书人发起的保证申请。被保证的电子商业汇票，保证人与被保证人对持票人承担连带责任，保证人可以为一人或多人。

保证业务处理，包括被保证人提示保证申请—保证人签收两个步骤。即首先被保证人应通过"保证申请"发出提示信息，保证人签收后，保证过程即完成。

保证人必须在被保证人作出其他票据行为之前完成保证业务处理。

1. 实训任务。深圳光耀投资有限公司签发了一张票面金额为1500万元，且可再转让的电子银行承兑汇票，承兑人为智盛模拟商业银行股份有限公司，收票人为在中国工商银行（102584009198）开户的深圳南庆钢铁贸易有限公司，票据将于5个月后到期。持票人发起保证申请，保证人为深圳仲岳股份有限公司，申请被签收（见图1-6-79）。

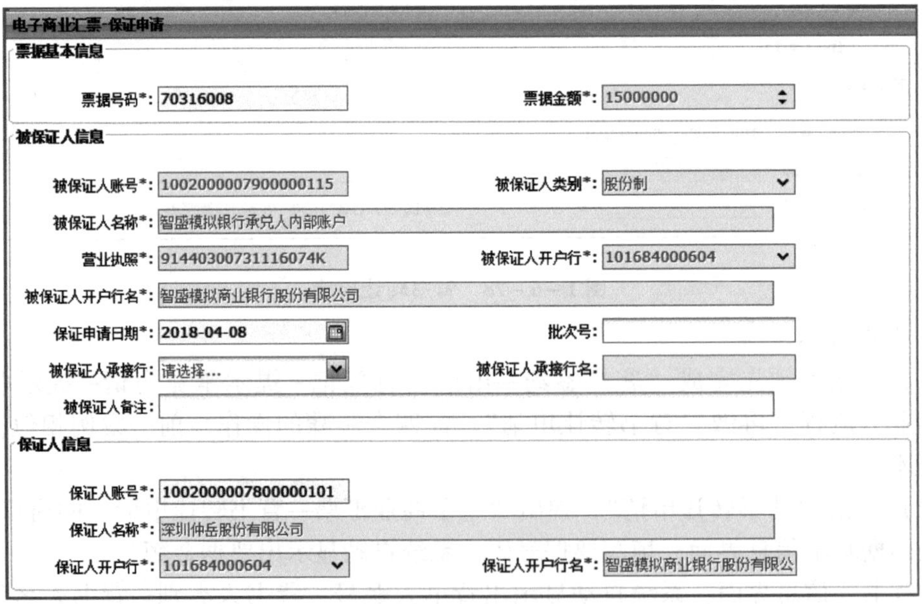

图1-6-79 保证申请

2. 操作提示。

（1）本案例是出票人发起的保证申请，应先完成"客户签约—出票信息登记"等业务流程，再做"保证申请"。前两个步骤的操作与前面的案例相似，此处不再赘述。

（2）点击"保证申请"，弹出"电子商业汇票—保证申请"的窗口。

在票据基本信息界面，填写票据号码，系统自动显示出票据金额。

在被保证人信息界面，系统自动显示出被保证人账号、被保证人类别、被保证人名称、营业执照、被保证人开户行、被保证人开户行名等信息。选择保证申请日期，系统自动显示出被保证人承接行、被保证人承接行名、被保证人备注。

在保证人信息界面，输入保证人账号，系统自动显示出保证人名称、保证人开户行、保证人开户行名等信息。

点击"执行"，出现系统提示：是否签收保证申请？"确定"或"取消"，根据案例作出选择，完成保证申请的操作。

（五）质押与质押解除

电子商业汇票的持票人作为汇票的债权人，可以将汇票质押。出质人向质权人发出质押申请，质押将产生质押背书，票据权利也将转让。

电子商业汇票质押业务应遵循以下规定：

第一，各类业务主体均可作为出质人或质权人；

第二，质押申请日期≤质押解除日期＜票据到期日；

第三，票据上未记载"不得转让"事项。

质押业务处理，包括出质人提示质押申请—质权人签收两个步骤。即首先出质人应通过"质押申请"发出提示信息，质权人签收后，质押背书转让即完成。

质押解除业务处理，包括原质权人提示质押解除申请—原出质人签收两个步骤。即首先原质权人应通过"质押解除申请"发出提示信息，原出质人签收后，质押解除即完成。

1. 实训任务。深圳蓝旗投资有限公司出票了一张票面金额1000万元，且可再转让的电子银行承兑汇票，承兑人为智盛模拟商业银行股份有限公司，收票人为在中国农业银行（103584000324）开户的深圳新银贸易有限公司，票据将于6个月后到期。

出票人发起提示承兑申请，申请被签收；出票人发起提示收票申请，申请被签收。

出票1个月后，该票据被进行质押申请，质权人是深圳光耀投资有限公司，质押已经成功。出票3个月后，持票人来本行办理质押解除，柜员为其办理（见图1-6-80至图1-6-81）。

2. 操作提示。

（1）本案例应先完成"出票信息登记—提示承兑申请—提示收票申请"等业务流程，再做"质押申请"。前三步骤的操作与前面的案例相似，此处不再赘述。

（2）点击"质押申请"，弹出"电子商业汇票—质押申请"的窗口。

在票据基本信息界面，填写票据号码，系统自动显示出票据金额。

在出质人信息界面，系统自动显示出出质人账号、出质人类别、出质人名称、营业执照、出质人开户行、出质人开户行名等信息。选择质押申请日期，系统自动显示出出质人承接行、出质人承接行名、出质人备注。

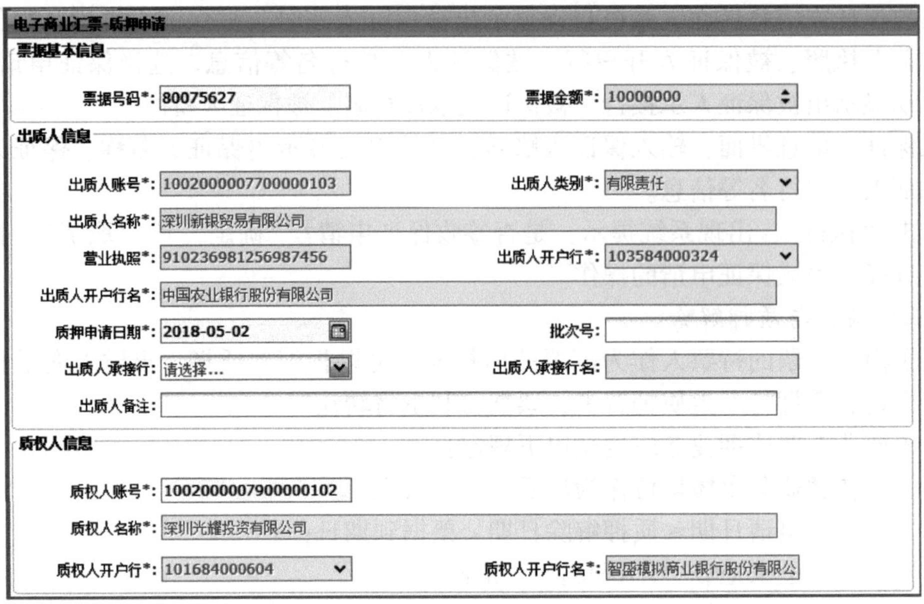

图 1-6-80　质押申请

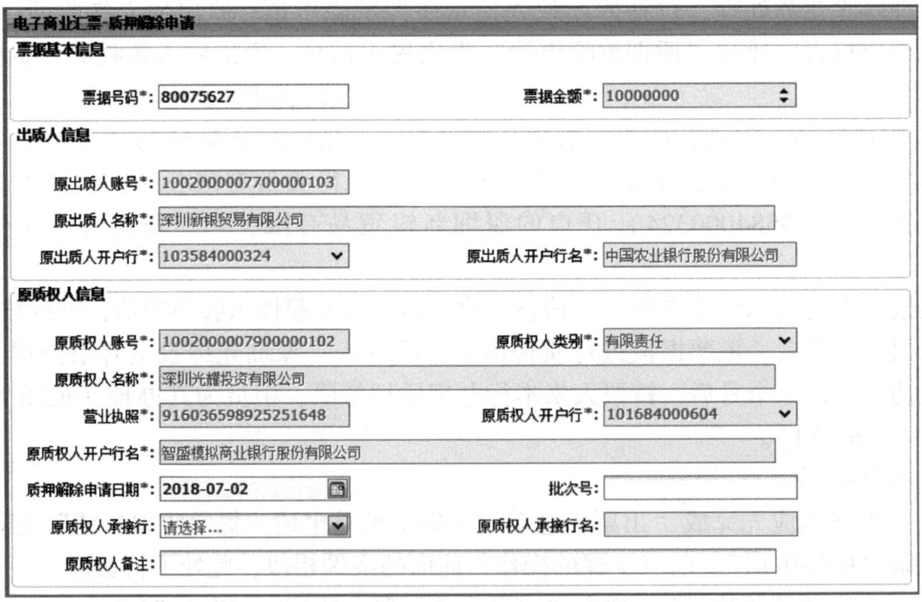

图 1-6-81　质押解除申请

在质权人信息界面，输入质权人账号，系统自动显示出质权人名称、质权人开户行、质权人开户行名等信息。

点击"执行"，出现系统提示：是否签收质押申请？"确定"或"取消"，根据案例作出选择，完成提示质押申请的操作。

（3）点击"质押解除申请"，弹出"电子商业汇票—质押解除申请"的窗口。

在票据基本信息界面，填写票据号码，系统自动显示出票据金额。

在出质人信息界面，系统自动显示出原出质人账号、原出质人名称、原出质人开户行、出质人开户行名等信息。

在原质权人信息界面，输入质押解除申请日期，系统自动显示出原质权人账号、原质权人类别、原质权人名称、营业执照、原质权人开户行、原质权人开户行名等信息。

点击"执行"，出现系统提示：是否签收质押解除申请？"确定"或"取消"，根据案例作出选择，完成提示质押解除申请的操作。

（六）提示付款

提示付款包括非逾期提示付款和逾期提示付款。非逾期提示付款是指持票人在票据到期日前或提示付款期内发起提示付款。非逾期提示付款是超过提示付款期提示付款。

电子商业汇票提示付款业务应遵循以下规则：

第一，提示付款期自票据到期日起 10 日，最后一日遇法定节假日、大额支付系统非营业日、电子商业汇票系统非营业日顺延；

第二，持票人可在票据到期日前或提示付款期内发起提示付款；

第三，超过提示付款期提示付款的，按照逾期提示付款进行处理，可在票据到期日后 2 年内发起逾期提示付款。

提示付款业务处理，包括持票人提示付款申请—承兑人签收两个步骤。即首先持票人应通过"提示付款申请"发出提示信息，承兑人签收后，提示付款即完成。

1. 实训任务。深圳光耀投资有限公司签发了一张票面金额为 850 万元，且可再转让的电子银行承兑汇票，承兑人为智盛模拟商业银行股份有限公司，收票人为在中国农业银行（103584000324）开户的深圳南庆钢铁贸易有限公司，票据将于 5 个月后到期。

出票人发起了提示承兑申请，申请被签收；出票人发起了提示收票申请，申请被签收。

票据到期 2 天后，持票人向承兑人发起提示付款申请，代理申请标识为票据当事人自己签章，申请被签收（见图 1-6-82）。

2. 操作提示。

（1）本案例出票人深圳光耀投资有限公司已在前述案例中完成了"出票信息登记—提示承兑申请—提示收票申请"等业务流程，再做"提示付款申请"。

（2）点击"提示付款申请"，弹出"电子商业汇票—提示付款申请"的窗口。

在票据基本信息界面，填写票据号码，系统自动显示出票据金额。

在付款人信息界面，系统自动显示出付款人账号、付款人名称、付款人开户行、付款人开户行名等信息。

图 1-6-82 提示付款申请

在持票人信息界面，选择代理申请人标识（票据当事人自己签章、开户机构代理申请签章），持票人申请日期等，系统自动显示出持票人账号、持票人类别、持票人名称、营业执照、持票人开户行、持票人开户行名、提示付款金额、清算标识、持票人承接行、持票人承接行名、持票人备注等信息。

点击"执行"，出现系统提示：是否签收提示付款申请？"确定"或"取消"，根据案例作出选择，完成提示付款申请的操作。

（3）"提示逾期付款申请"与弹出"提示付款申请"在操作上并无二致，此处不再赘述。主要区别在于提示付款的申请日期不同。

提示付款申请日范围：票据到期日至到期日+10天；

逾期提示付款申请日范围：超过票据到期日+10天，但不超过到期日+2年。

（七）追索通知

根据追索原因，追索包括拒付追索和非拒付追索。除追索清偿和非拒付追索的拒付证明需要线下处理外，其余流程全部通过线上处理。追索业务处理，包括追索通知—同意清偿两个步骤。

追索流程完成后，清偿人可以发起再追索，再追索业务流程同追索业务流程。

追索业务应遵循以下规则：

第一，为同一票据债务人担保的多个保证人之间不得追索；

第二，质权人不能被追索。

追索人可以向多个被追索人发出追索通知，但只能依次一对一发起。若为非拒付追索，追索人还需线下向被追索人提供非拒付追索的相关证明。网银中每次只能追索一人，系统自动显示可被追索的被追索人，客户可选择。

1. 实训任务。深圳南庆钢铁贸易有限公司出票了一张票据金额850万元，且可转让的电子银行承兑汇票，承兑人为智盛模拟商业银行股份有限公司，收票人为在中国农业银行（103584000324）开户的深圳新银贸易有限公司，6个月后到期。

出票人发起提示承兑申请，申请被签收；出票人发起提示收票申请，申请被签收。

票据到期日，持票人深圳仲岳股份有限公司发起提示付款申请，但申请未被签收。

票据到期15天后，深圳仲岳股份有限公司向承兑人深圳光耀投资有限公司发起票据追索，追索成功。

票据追索成功当天，被追索人向深圳仲岳股份有限公司发起追索同意清偿的申请，对方同意追索（见图1-6-83、图1-6-84）。

图1-6-83 追索通知

2. 操作提示。

（1）本案例应先完成"客户签约—出票信息登记—提示承兑申请—提示收票申请—提示付款申请"等业务流程，再做"追索通知—同意清偿"操作。前五个步骤的操作与前面的案例相似，此处不再赘述。

（2）点击"追索通知"，弹出"电子商业汇票—追索通知"的窗口。

在票据基本信息界面，填写票据号码，系统自动显示出票据金额。

在追索人信息界面，填写追索通知日期，系统自动显示追索人账号、追索人类别、追索人名称、追索人营业执照、追索人开户行、追索人开户行名、追索类型、追索金额、追索人承接行、追索人承接行名、追索通知备注等信息。

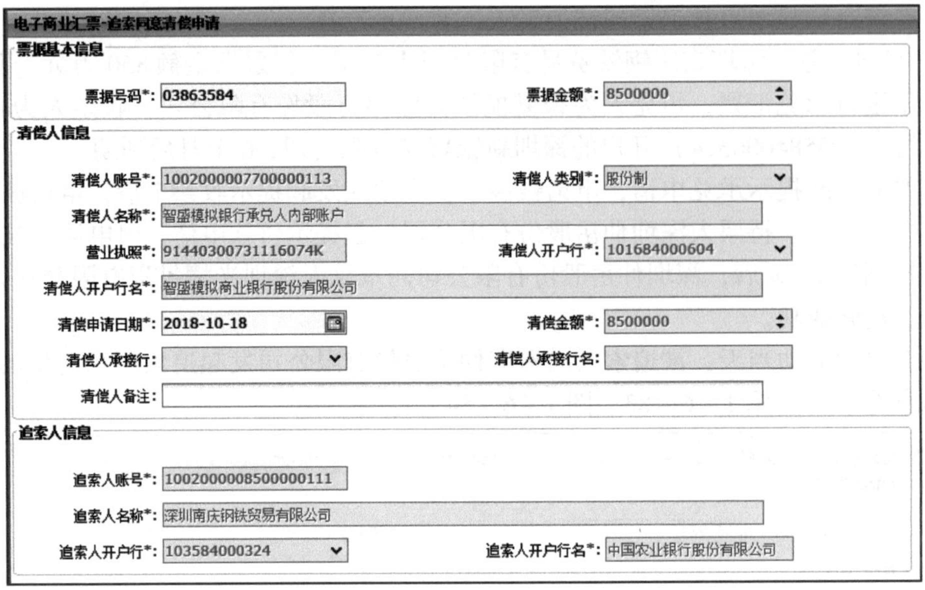

图1-6-84　追索同意清偿申请

在被追索人信息界面，填写被追索人账号，系统自动显示被追索人营业执照、被追索人名称、被追索人开户行、被追索人开户行名、被追索人承接行、被追索人承接行名等信息。

点击"执行"，出现系统提示：是否签收追索通知？"确定"或"取消"，根据案例作出选择，完成追索通知的操作。

（3）点击"追索同意清偿申请"，弹出"电子商业汇票—追索同意清偿申请"的窗口。

在票据基本信息界面，填写票据号码，系统自动显示出票据金额。

在清偿人信息界面，系统自动显示出清偿人账号、清偿人类别、清偿人名称、营业执照、清偿人开户行、清偿人开户行名等信息。选择清偿申请日期，系统自动显示出清偿人承接行、清偿人承接行名、清偿人备注。

在追索人信息界面，系统自动显示追索人账号、追索人名称、追索人开户行、追索人开户行名等信息。

点击"执行"，出现系统提示：是否签收追索同意清偿申请？"确定"或"取消"，根据案例作出选择，完成追索同意清偿申请的操作。

（八）其他业务

1. 实训任务。

（1）回复业务。深圳新银贸易有限公司签发了一张票据金额为750000元且可再转让的电子银行承兑汇票，承兑人为智盛模拟商业银行股份有限公司，收票人为在中国工商银行（102584009198）开户的深圳光耀投资有限公司，票据将于5个月后到期；出票人深圳新银贸易有限公司发起提示承兑申请，申请未被签收；出票人深圳新银贸易有限公司进行提示承兑回复操作，代理回复标识为票据当事人自己签章，承兑人智盛模拟商业银行股份有限公司同意签收（见图1-6-85）。

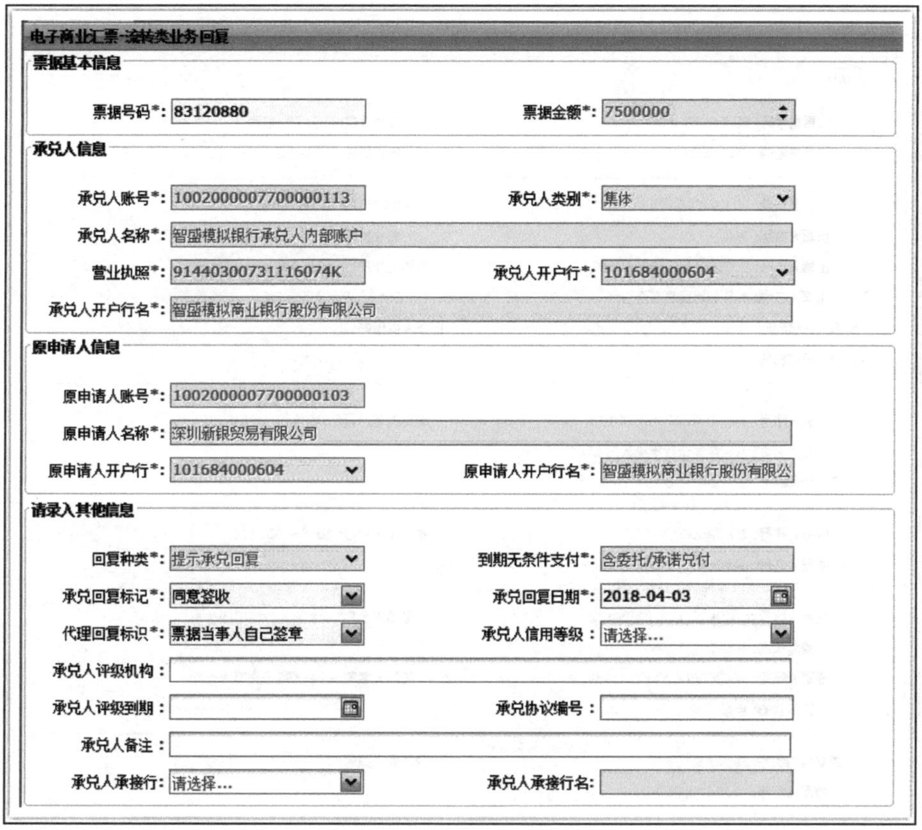
电子商业汇票-流转类业务回复

票据基本信息

票据号码*: 83120880　票据金额*: 7500000

承兑人信息

承兑人账号*: 1002000007700000113　承兑人类别*: 集体

承兑人名称*: 智盛模拟银行承兑人内部账户

营业执照*: 91440300731116074K　承兑人开户行*: 101684000604

承兑人开户行名*: 智盛模拟商业银行股份有限公司

原申请人信息

原申请人账号*: 1002000007700000103

原申请人名称*: 深圳新银贸易有限公司

原申请人开户行*: 101684000604　原申请人开户行名*: 智盛模拟商业银行股份有限公

请录入其他信息

回复种类*: 提示承兑回复　到期无条件支付*: 含委托/承诺兑付

承兑回复标记*: 同意签收　承兑回复日期*: 2018-04-03

代理回复标识*: 票据当事人自己签章　承兑人信用等级：请选择...

承兑人评级机构：

承兑人评级到期：　承兑协议编号：

承兑人备注：

承兑人承接行: 请选择...　承兑人承接行名:

图1-6-85　流转类业务回复

（2）查验业务（见图1-6-86、图1-6-87）。

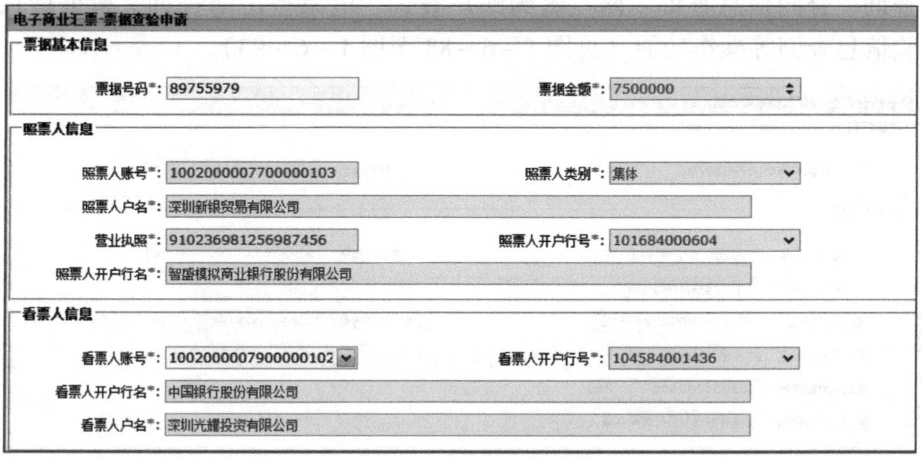
电子商业汇票-票据查验申请

票据基本信息

票据号码*: 89755979　票据金额*: 7500000

照票人信息

照票人账号*: 1002000007700000103　照票人类别*: 集体

照票人户名*: 深圳新银贸易有限公司

营业执照*: 910236981256987456　照票人开户行号*: 101684000604

照票人开户行名*: 智盛模拟商业银行股份有限公司

看票人信息

看票人账号*: 1002000007900000102　看票人开户行号*: 104584001436

看票人开户行名*: 中国银行股份有限公司

看票人户名*: 深圳光耀投资有限公司

图1-6-86　票据查验申请

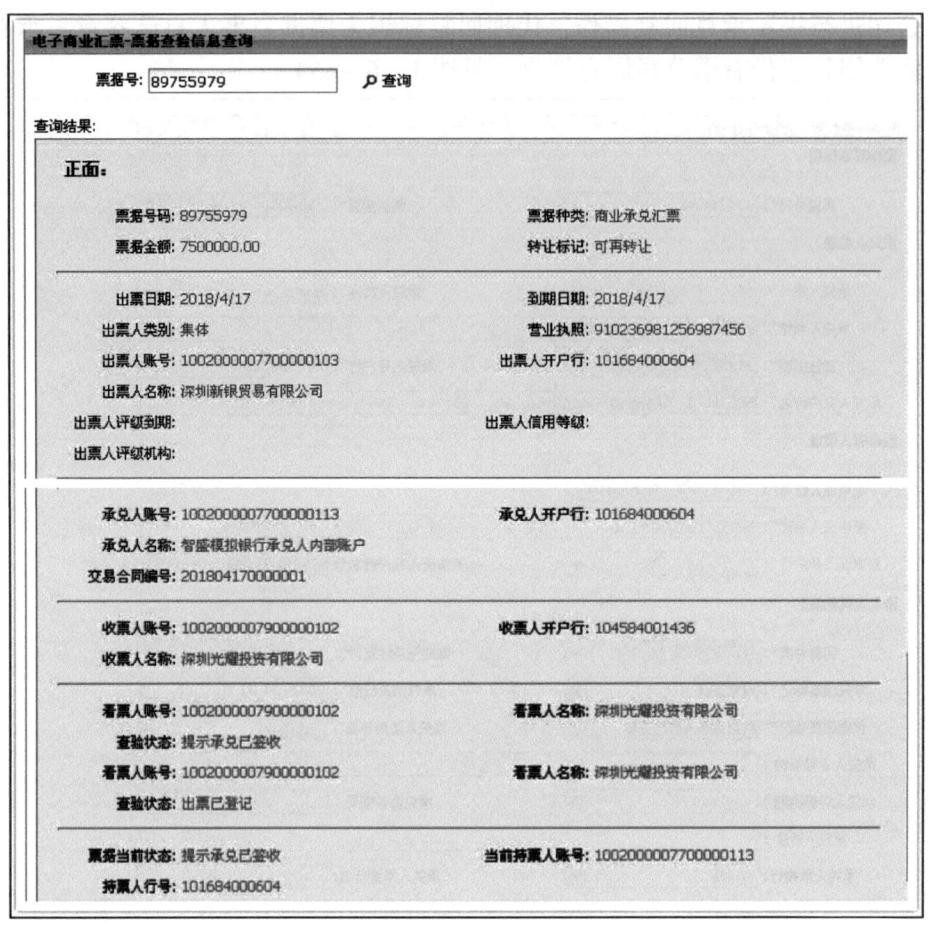

图 1-6-87　票据查验信息查询

（3）查询业务。为方便客户更多地了解票据信息，系统提供了查询功能。包括支付信用查询、合同信息查询、网点签约账户查询、电票登记簿查询、票据信息查询、票据查验信息查询等操作功能（见图1-6-88至图1-6-93）。

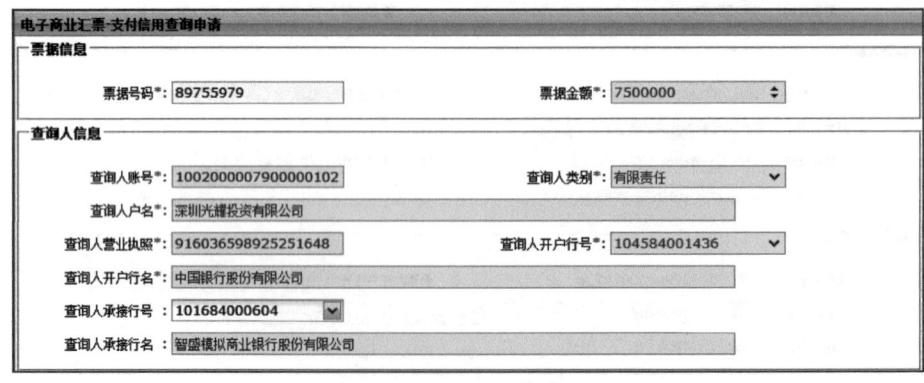

图 1-6-88　支付信用查询申请

项目六 支付结算

客户可通过票据号码、合同号码、发票号码、签约账号、出票日期、到期日期、登记序号等信息登录系统，查询客户曾经实施票据行为或现正持有的票据。

此处不再列举实训案例，仅提供实验截图，供读者参考。

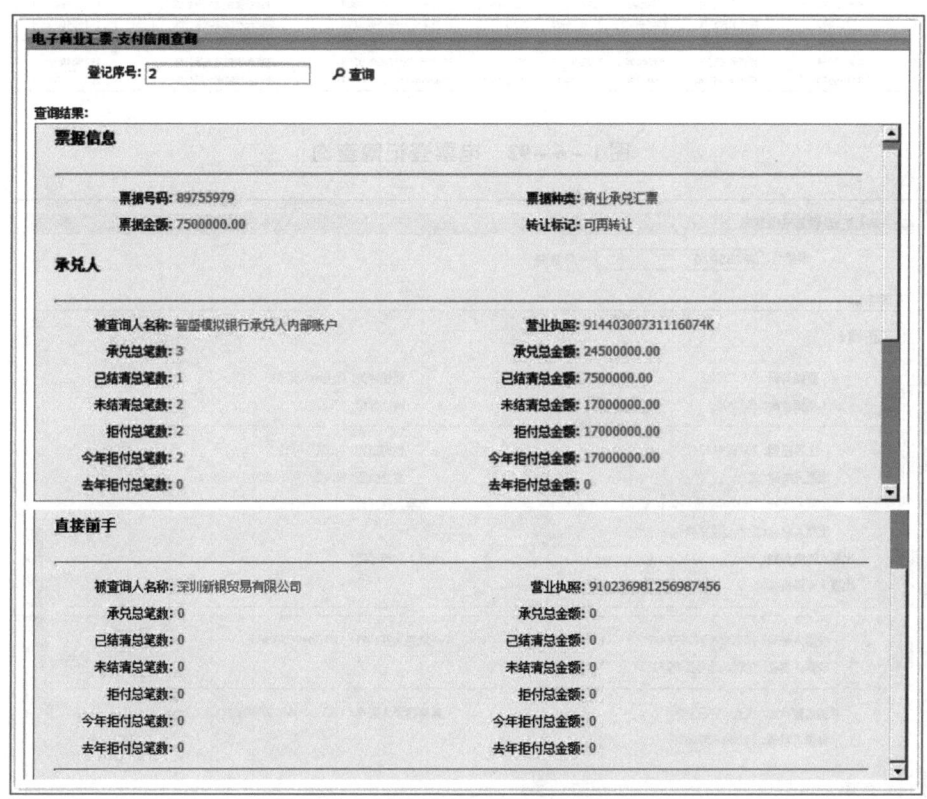

图1-6-89 支付信用查询

	票据号码	使用日期
1	20638527	2018-04-02
2	83120880	2018-04-02
3	80075627	2018-04-02
4	70316008	2018-04-03
5	15115113	2018-04-03
6	03863584	2018-04-03
7	89755979	2018-04-17

图1-6-90 合同信息查询

	签约日期	签约账号	签约客户号	签约户名	开户机构号	开户机构名
1	2018-04-02	10020000076000000099	10020000076	深圳蓝骐投资有限公司	101684000604	智盛模拟商业银行股份有限公司
2	2018-04-02	10020000077000000103	10020000077	深圳新银贸易有限公司	101684000604	智盛模拟商业银行股份有限公司
3	2018-04-03	10020000079000000102	10020000079	深圳光耀投资有限公司	101684000604	智盛模拟商业银行股份有限公司
4	2018-04-02	10020000085000000111	10020000085	深圳高庆钢铁贸易有限公司	101684000604	智盛模拟商业银行股份有限公司

图1-6-91 网点签约账户查询

175

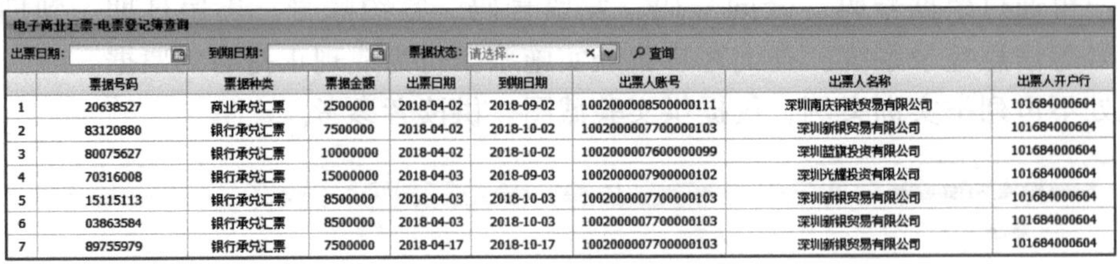

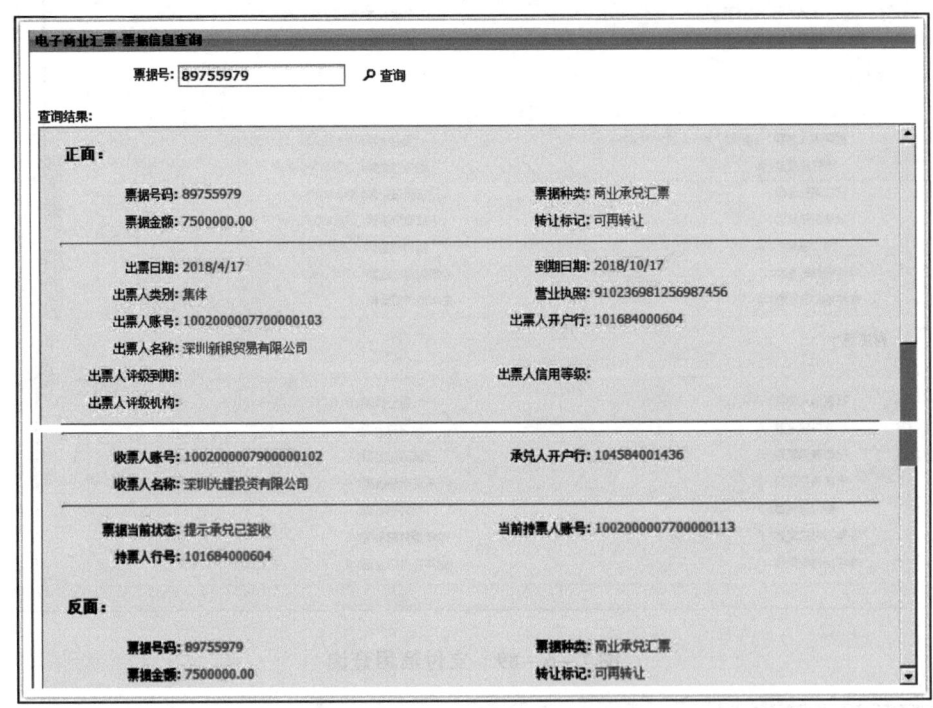

图 1-6-92　电票登记簿查询

图 1-6-93　票据信息查询

2. 操作提示。

(1) 回复业务。本案例应先完成"客户签约—出票信息登记—提示承兑申请"等业务流程，再做"提示承兑回复"操作。以上多个步骤的操作与前面的案例相似，此处不再赘述。

点击"回复"，弹出"电子商业汇票—流转类业务回复"的窗口。

在票据基本信息界面，填写票据号码，系统自动显示出票据金额。

在承兑人信息界面，系统自动显示承兑人账号、承兑人类别、承兑人名称、营业执照、承兑人开户行、承兑人开户行名等信息。

在原申请人信息界面，系统自动显示原申请人账号、原申请人名称、原申请人开户行、原申请人开户行名等信息。

在其他信息界面，选择承兑回复标记（同意签收、拒绝签收）和代理回复标识（票据当事人自己签章、开户机构代理申请签章），填写承兑回复日期，系统自动显示回复种类、到期无条件支付、承兑回复日期、承兑人信用等级、承兑人评级机构、承兑人评级到期、承兑协议编号等信息。

点击"执行"，出现系统提示：是否签收回复？"确定"或"取消"，根据案例作出选择，完成回复的操作。

（2）查验。本案例沿用"回复"的案例，已完成了"客户签约—出票信息登记—提示承兑申请"等业务流程，再做"票据查验申请"。

点击"票据查验申请"，弹出"电子商业汇票—票据查验申请"的窗口。

在票据基本信息界面，填写票据号码，系统自动显示出票据金额。

在照票人信息界面，系统自动显示照票人账号、照票人类别、照票人户名、营业执照、照票人开户行、照票人开户行名等信息。

在看票人信息界面，选择看票人账号，系统自动显示看票人账号、看票人户名、看票人开户行、看票人开户行名等信息。

点击"执行"，出现系统提示：是否签收查验申请？"确定"或"取消"，根据案例作出选择，完成查验的操作。

二、纸质商业汇票

纸票业务

商业汇票是出票人签发的，委托付款人在指定日期无条件支付确定的金额给收款人或者持票人的票据。商业汇票分为商业承兑汇票和银行承兑汇票。商业承兑汇票由银行以外的付款人承兑（付款人为承兑人），银行承兑汇票由银行承兑。商业汇票的付款期限，最长不得超过6个月。纸质商业汇票是商业汇票的原始状态，是依据《中华人民共和国票据法》《支付结算办法》运行和流转的。

商业银行作为纸质商业汇票登记查询的主体负责按规定的登记方式和登记试点将纸质商业汇票相关信息登记至电子商业汇票系统。商业银行办理纸质商业汇票的贴现、转贴现、质押等业务时，可通过电子商业汇票系统查询票据的相关信息。

纸质商业汇票登记包括承兑登记、未用退回登记、贴现登记、转贴现登记、再贴现登记、质押登记、质押解除登记、委托收款登记、结清登记、拒付登记、挂失止付或公示催告登记、止付解除登记。

纸质商业汇票查询包括纸票登记信息查询、支票登记信息查复、登记序号查询、支票登记簿查询、支票挂失公示催告及止付解除查询。

【实训操作】

（一）承兑

1. 实训任务。

（1）现有一张纸质商业承兑汇票需要进行承兑登记。出票人为深圳仲岳股份有限公司，收款人为深圳南庆钢铁贸易有限公司，承兑人为深圳仲岳股份有限公司。票据金额100万元，5个月后票据到期。

（2）纸质商业承兑汇票因未被使用而被退回，本行柜员进行未用退回登记。

2. 操作提示。

（1）点击"纸票承兑登记"，弹出"纸票商业汇票—纸票承兑登记"的窗口，有"登记"、"修改"和"作废"三个按钮。

（2）点击"登记"，弹出"纸票承兑登记—登记"的窗口。选择票据种类（银行承兑汇票、商业承兑汇票），填写票据号码、票据金额、出票日期、到期日期、承兑日期、合同号、发票号码、承兑协议编号、承兑人账号、出票人账号、收款人账号，系统自动显示出承兑人名称、承兑人开户行号、承兑人开户行名、出票人名称和收款人名称等信息。

点击"执行"，即可完成纸票承兑登记操作（见图1-6-94）。

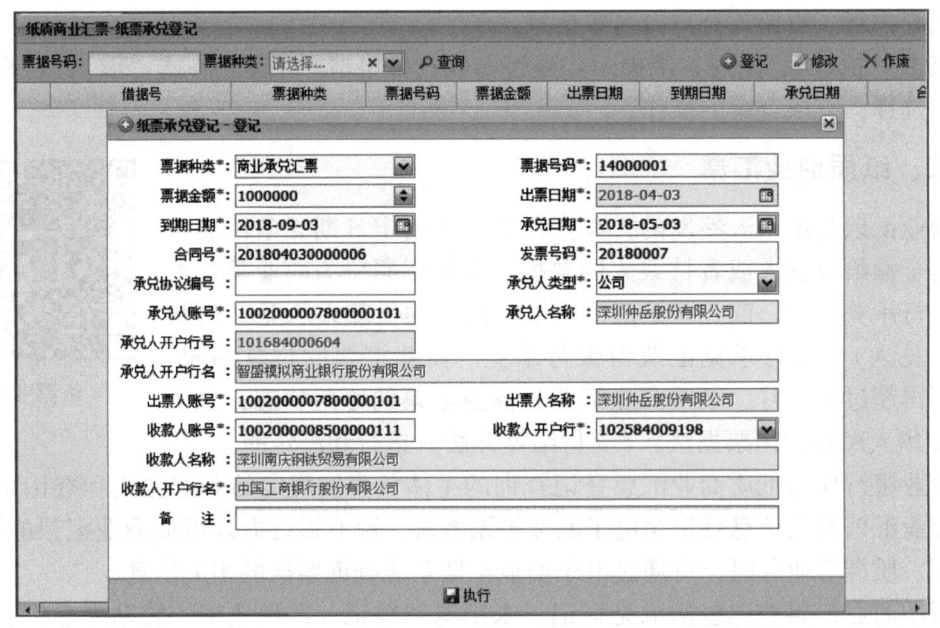

图1-6-94 纸票承兑登记

（3）如需修改操作，可点击"修改"，系统自动显示已完成纸票承兑登记的记录，选择其中一条记录，对其相关的资料进行修改。

（4）如需作废操作，可点击"作废"，系统自动显示已完成纸票承兑登记的记录，选择其中一条记录，对其相关的资料进行作废。

（5）合同编号为当前年月日+7位数字，例如：201801290000001，发票号码为当前年份+4位数字，例如：20180001，顺序使用。

(二) 未用退回登记

未用退回登记分未用退回登记和到期未用退回两种。

1. 实训任务。上一案例中,深圳仲岳股份有限公司签发了一张商业承兑汇票,并来本行完成了承兑登记。后来该张纸质商业承兑汇票因未被使用而被退回,柜员进行未用退回登记。

2. 操作提示。

(1) 点击"未用退回登记",弹出"纸质商业汇票—未用退回登记"的窗口。有"登记"和"修改"两个按钮。

(2) 点击"登记",弹出"未用退回登记—登记"的窗口。填写票据号码,选择未用退回日期,系统自动显示票据种类、票据金额、出票日期、到期日期、承兑人账号、承兑人名称、承兑人开户行、承兑人开户行名和备注信息。

点击"执行",即可完成未用退回登记操作(见图1-6-95)。

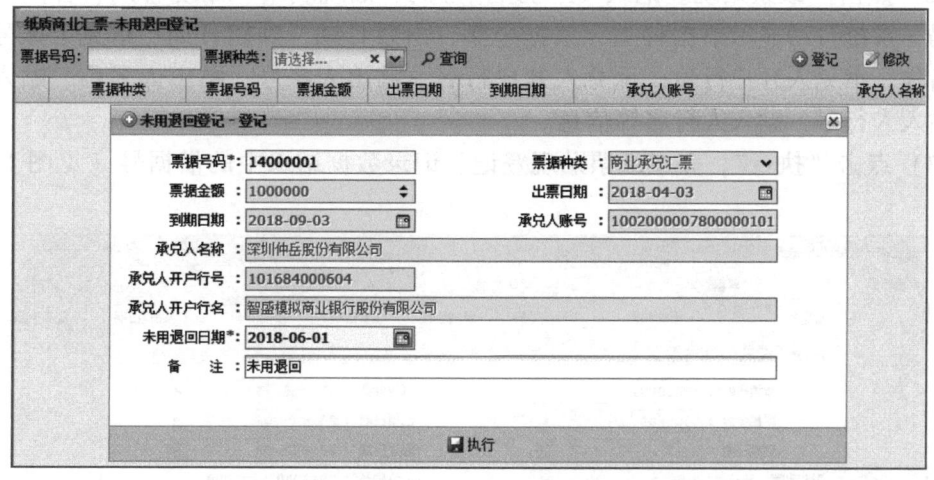

图1-6-95 未用退回登记

(3) 如需修改操作,可点击"修改",系统自动显示已完成纸票承兑登记的记录,选择其中一条记录,对其相关的资料进行修改。

(三) 贴现

贴现是指持票人在票据到期日前将票据权利背书转让给银行、财务公司,由其扣除一定利息后,将约定金额支付给持票人的票据行为。

贴现应遵循以下规定:

• 贴出人必须为企业,贴入人必须为接入行、接入财务公司、被代理行、被代理财务公司;

• 贴现必须在票据到期日之前完成;

• 票据未记载"不得转让"事项。

贴现包括买断式贴现和回购式贴现。买断式贴现是贴出人贴出后,贴现交易即完成并结束。回购式贴现是贴出人和贴入人在贴现时约定在指定的日期内,贴出人向贴入人回购票据。

贴现业务处理必须包括贴出人提示贴现申请、贴入人签收两个业务子流程。即首先贴出人应通过"贴现申请"发出提示信息,贴入人签收后,贴现即完成。

1. 实训任务。现有一张纸质银行承兑汇票需要进行承兑登记。出票人为深圳南庆钢铁贸易有限公司,收款人为深圳仲岳股份有限公司,承兑人为智盛模拟商业银行股份有限公司。票据金额850万元,6个月后票据到期。

票据到期前5个月,该票据申请贴现,柜员进行贴现登记,当期贴现利率为3.5‰,登记以后该票据贴现放款,放款金额等于贴现余额。

2. 操作提示。

(1) 本案例应先完成:纸票承兑登记,再做纸票贴现。纸票承兑登记的操作与前面的案例相似,此处不再赘述。

(2) 点击"纸票贴现登记",填写票据号码、贴现利率、贴现日期、合同号和发票号码,系统自动显示票据种类、票据金额、出票日期、到期日期、承兑人账号、承兑人名称、承兑人开户行号、承兑人开户行名、贴出人账号、贴出人名称、贴入人名称、贴入人行号、贴入人行名等信息。

(3) 点击"执行",完成纸票贴现登记。记录数据结果中的借据号(见图1-6-96)。

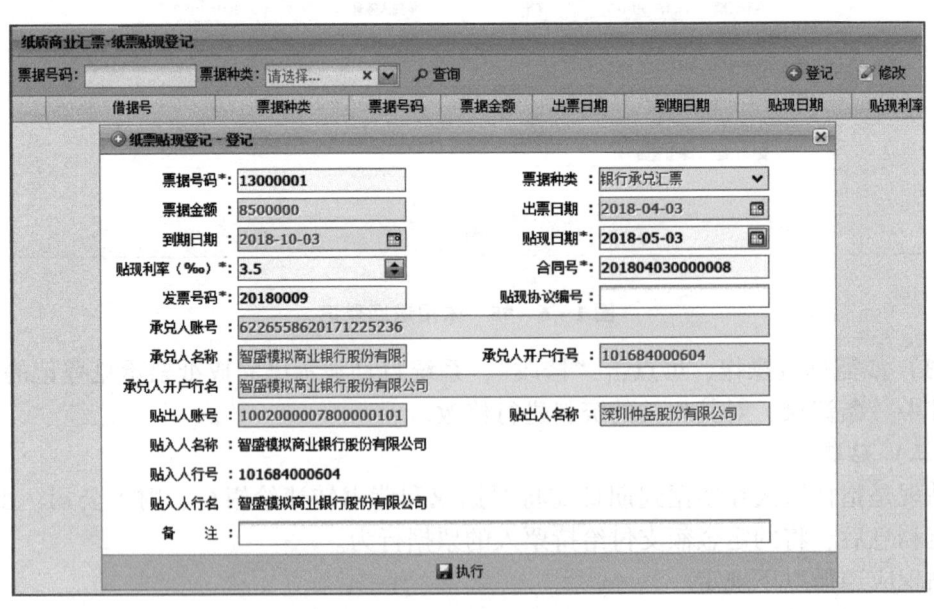

图1-6-96 纸票贴现登记

(4) 转入"贷款"项下的"票据贴现"模块,点击"贴现放款",录入借据号查询,在票据信息界面中,显示出系统内已有的信息及数据,合同号、票据种类、票据号码、票据金额、出票日期、到期日期、贴现利率、贴现利息、贴现余额、贴现日期、入账账号、入账人名称。在操作界面中，输入放款日期和放款金额（放款金额等于贴现余额），点击"执行"，完成票据贴现的操作（见图1-6-97）。

图1-6-97 贴现放款

（四）转贴现

转贴现是指持有票据的银行、财务公司在票据到期日前将票据权利背书转让给其他银行、财务公司，由其扣除一定利息后，将约定金额支付给持票人的票据行为。

转贴现业务应遵循以下规定：

- 贴出人和贴入人必须为接入行、接入财务公司、被代理行、被代理财务公司；
- 转贴现必须在票据到期日之前完成；
- 票据未记载"不得转让"事项。

转贴现业务包括买断式转贴现和回购式转贴现。

转贴现业务处理，包括"贴出人提示转贴现申请—贴入人签收"两个步骤。即首先贴出人应通过"转贴现申请"发出提示信息，贴入人签收后，转贴现即完成。

1. 实训任务。接上一案例：该票据到期前4个月，该票据申请转贴现，柜员进行转贴现登记，转贴现利率为3.3‰，贴入行行号为103584000324（中国农业银行股份有限公司）；进行贴现类型为卖断转贴的交易，本行柜员为其办理贴现转出业务。

将转出贴现进行转回操作，本行柜员为办理已转出贴现转回业务，转回类型为核销。

2. 操作提示。

（1）点击"转贴现登记"，填写票据号码，显示出系统内已有的信息及数据，如票据种类、票据金额、出票日期、到期日期、贴现日期、承兑人账号、承兑人名称、承兑人开户行、承兑人开户名称、贴出人账号、贴出人名称等信息，选择和填写转贴现日期、转贴现利率和贴入人行号，系统显示出贴入人行名。

（2）点击"执行"，完成转贴现登记。记录数据结果中的借据号（见图1-6-98）。

图 1-6-98 转贴现登记

（3）转入"贷款"项下的"票据贴现"模块，点击"贴现转出"，录入借据号查询，在票据信息界面中，显示出系统已有的信息及数据，如票据种类、票据号码、票据金额、出票日期、到期日期、转/再贴现日期、转/再贴现利率、转/再贴现利息、转/再贴现余额、贴入人行号、贴入人名称、贴入人行名。在操作界面中，选择贴现类型、转出日期、转回日期，点击"执行"，完成转贴现的操作（见图 1-6-99）。

图 1-6-99 贴现转出

（4）回购式贴现操作：当票据状态为纸票回购转贴已转出，转回类型为回购，执行之后票据状态为纸票回购转贴已完成；当票据状态为纸票卖断转贴已转出，转回类型为核销，执行之后票据状态为纸票卖断转贴已完成（见图1-6-100）。

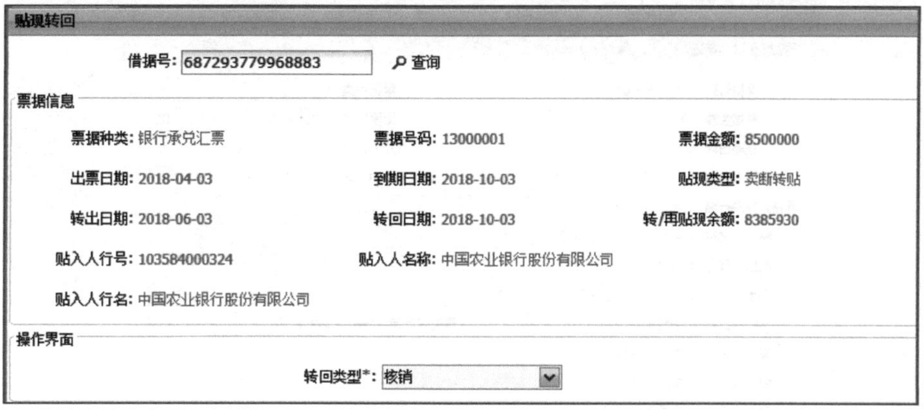

图1-6-100　贴现转回

（五）再贴现

再贴现是指持有票据的金融机构，在票据到期日前将票据权利背书转让给中国人民银行及其分支机构，由其扣除一定利息后，将约定金额支付给持票人的票据行为。

再贴现业务应遵循以下规定：

● 贴出人必须为接入行、接入财务公司、被代理行、被代理财务公司；贴入人必须为中国人民银行。

● 再贴现必须在票据到期日之前完成。

● 票据未记载"不得转让"事项。

再贴现业务处理须包括贴出人提示再贴现申请、贴入人签收两个业务子流程。即首先贴出人应通过"再贴现申请"发出提示信息，贴入人签收后，再贴现即完成。

1. 实训任务。接上一案例：票据继续流转，该票据到期前3个月，中国农业银行股份有限公司因资金周转，再次将此张票据贴现给中国人民银行，再贴现利率为3.1‰。

再贴现登记之后的票据进行回购再贴，以及回购再贴之后的票据进行转回交易，本行柜员首先为其办理贴现转出业务，其次办理已转出贴现转回业务，转回类型为回购。

2. 操作提示。

（1）点击"再贴现登记"，填写票据号码，显示出系统内已有的信息及数据，如票据种类、票据金额、出票日期、到期日期、承兑人账号、承兑人名称、承兑人开户行号、承兑人开户行名、贴出人名称、贴出人行号、贴出人行名等信息。选择和填写再贴现日期、再贴现利率，系统显示出贴入人名称、贴入人行名、贴入人行号等信息。

（2）点击"执行"，完成再贴现登记。记录数据结果中的借据号（见图1-6-101）。

图1-6-101 再贴现登记

（3）转入"贷款"项下的"票据贴现"模块，点击"贴现转出"，录入借据号查询，在票据信息界面中，显示出系统已有的信息及数据，如票据种类、票据号码、票据金额、出票日期、到期日期、转/再贴现日期、转/再贴现利率、转/再贴现利息、转/再贴现余额、贴入人行号、贴入人名称、贴入人行名。在操作界面中，选择贴现类型、转出日期、转回日期，点击"执行"，完成再贴现的操作（见图1-6-102）。

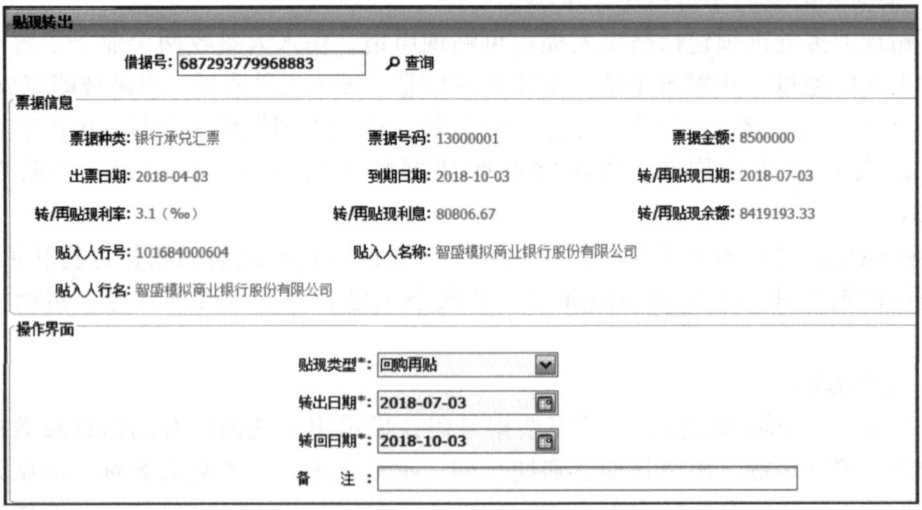

图1-6-102 贴现转出

(4) 回购式贴现操作：当票据状态为纸票回购再贴已转出，转回类型为回购，执行之后票据状态为纸票回购再贴已完成；当票据状态为纸票卖断再贴已转出，转回类型为核销，执行之后票据状态为纸票卖断再贴已完成（见图1-6-103）。

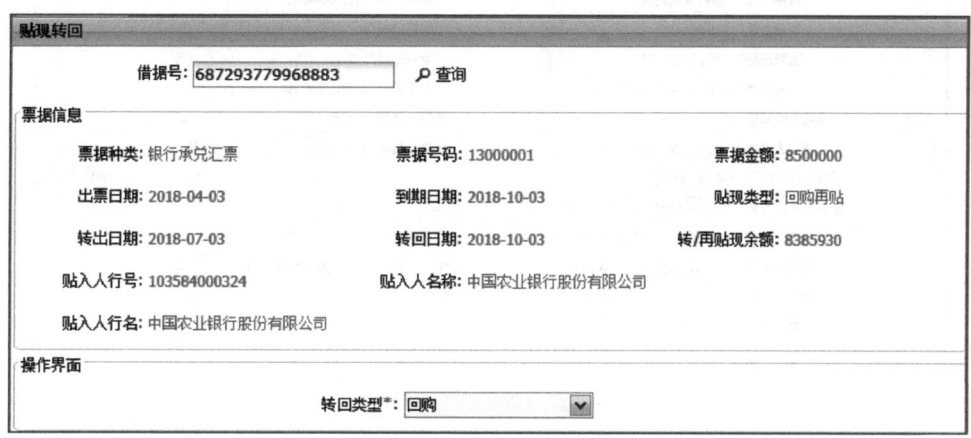

图1-6-103　贴现转回

（六）质押

1. 实训任务。现有一张纸质银行承兑汇票需要进行承兑登记，出票人为深圳光耀投资有限公司，收款人为深圳南庆钢铁贸易有限公司，承兑人为智盛模拟商业银行股份有限公司。票据金额750万元，5个月后票据到期。

出票1个月后，深圳南庆钢铁贸易有限公司将票据质押给了深圳蓝旗投资有限公司，柜员将票据进行质押登记。

出票3个月后，因质押到期，将票据进行质押解除操作。

2. 操作提示。

（1）本案例应先完成纸票承兑登记，再做质押操作。纸票承兑登记的操作与前面的案例相似，此处不再赘述（见图1-6-104）。

（2）点击"质押登记"，填写票据号码、质押日期和质权人账号，窗口自动显示系统内存有的数据和信息，如票据种类、票据金额、出票日期、到期日期、承兑人账号、承兑人名称、承兑人开户行名称、承兑人开户行号、出质人账号、出质人名称、质权人行号、质权人行名等信息。点击"执行"，完成质押登记（见图1-6-105）。

（3）点击"质押解除登记"，填写票据号码，窗口自动显示系统内存有的数据和信息，如票据种类、票据金额、出票日期、到期日期、承兑人账号、承兑人名称、承兑人开户行名、承兑人开户行号、原出质人账号、原出质人名称、质押日期、原质权人名称、原质权人行号、原质权人行名等信息。填写质押解除日期，点击"执行"，完成质押解除登记（见图1-6-106）。

图 1-6-104 纸票承兑登记

图 1-6-105 质押登记

(七) 委托收款

1. 实训任务。接上一案例：收款人深圳南庆钢铁贸易有限公司将票据办理委托收款，柜员为其办理委托收款信息登记业务。

2. 操作提示。点击"委托收款"，填写票据号码、委托收款日期，窗口自动显示系统内存有的数据和信息，如票据种类、票据金额、出票日期、到期日期、承兑人账号、承兑人名称、承兑人开户行号、承兑人开户行名、最后持票人名称、委托

项目六 支付结算

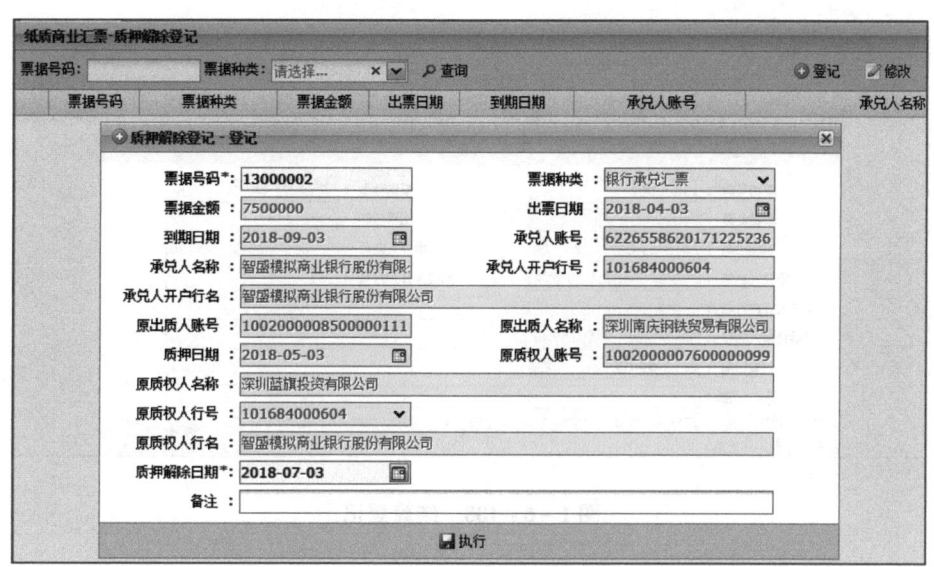

图 1-6-106 质押解除登记

收款行号、委托收款行名等信息。点击"执行",完成委托收款登记操作(见图 1-6-107)。

图 1-6-107 委托收款登记

(八)结算

1. 实训任务。接上一案例:票据已经付款,柜员将结算信息登记到系统。

2. 操作提示。点击"结算登记",填写票据号码、付款日期,窗口自动显示系统内存有的数据和信息,如票据种类、票据金额、出票日期、到期日期、承兑人账号、承兑人名称、承兑人开户行、承兑人开户行名、最后持票人名称等信息。点击"执行",完成结算登记操作(见图 1-6-108)。

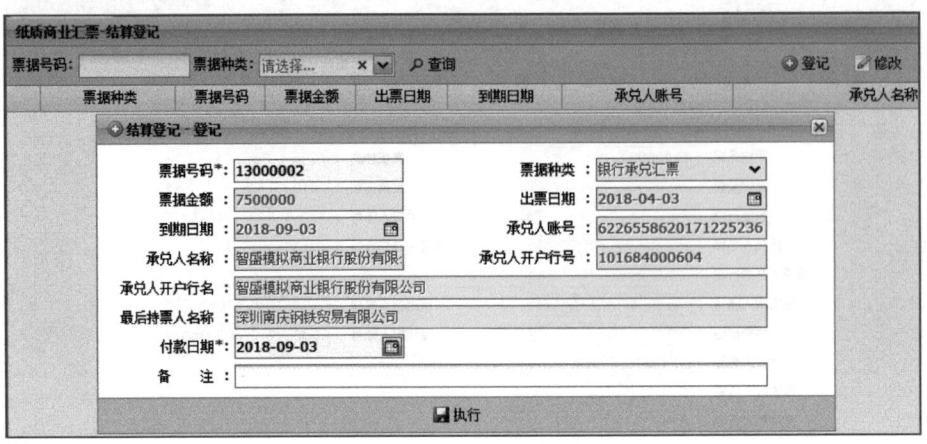

图1-6-108 结算登记

（九）拒付

因承兑人拒绝付款，票据进行拒付登记。拒付日期根据情况自行选择（见图1-6-109）。

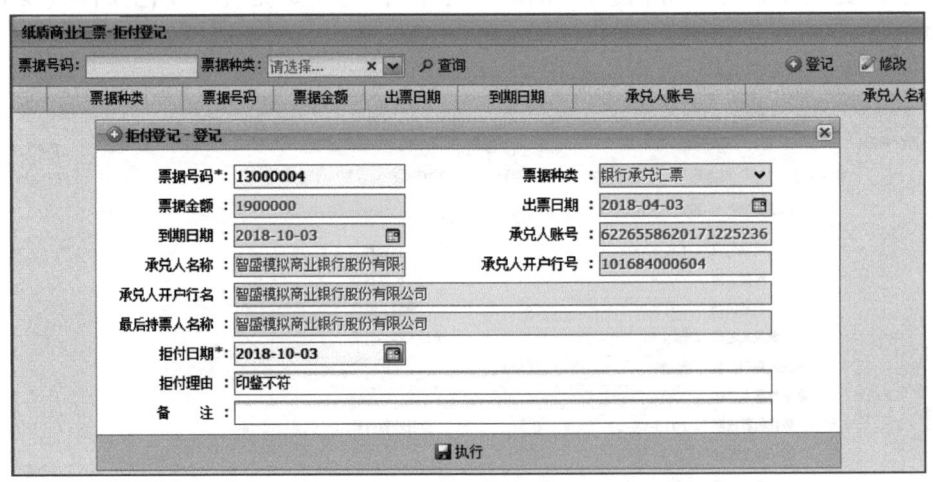

图1-6-109 拒付登记

（十）挂失

1. 实训任务。接上一案例：深圳蓝旗投资有限公司财务人员发现票据遗失，柜员为其办理了挂失止付业务；深圳蓝旗投资有限公司财务人员找回票据，来本行办理了止付解除业务。

2. 操作提示。

（1）点击"挂失止付及公示催告登记"，填写票据号码、申请止付日期、止付类型，窗口自动显示系统内存有的数据和信息，如票据种类、票据金额、出票日期、到期日期、承兑人账号、承兑人名称、承兑人开户行号、承兑人开户行名、申请止付人名称、受理止付人名称等信息。点击"执行",完成挂失止付及公示催告操作(见图1-6-110)。

图 1-6-110　挂失止付及公示催告登记

(2)点击"止付解除登记",填写票据号码、止付解除日期,窗口自动显示系统内存有的数据和信息,如票据种类、票据金额、出票日期、到期日期、承兑人账号、承兑人名称、承兑人开户行号、承兑人开户行名、止付解除类型、申请止付解除人、受理止付解除人等信息。点击"执行",完成止付解除操作(见图1-6-111)。

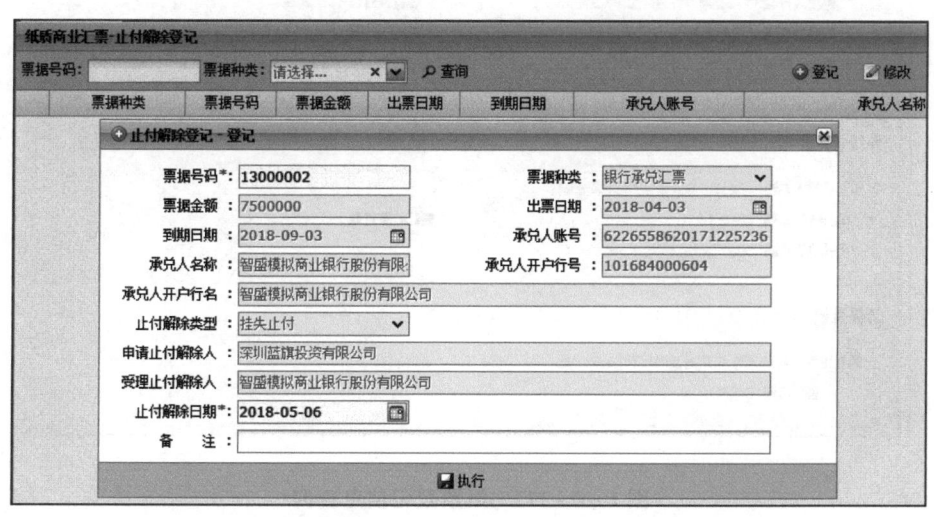

图 1-6-111　止付解除登记

（十一）查询

根据业务需要，进行各类查询（见图1－6－112、图1－6－113）。

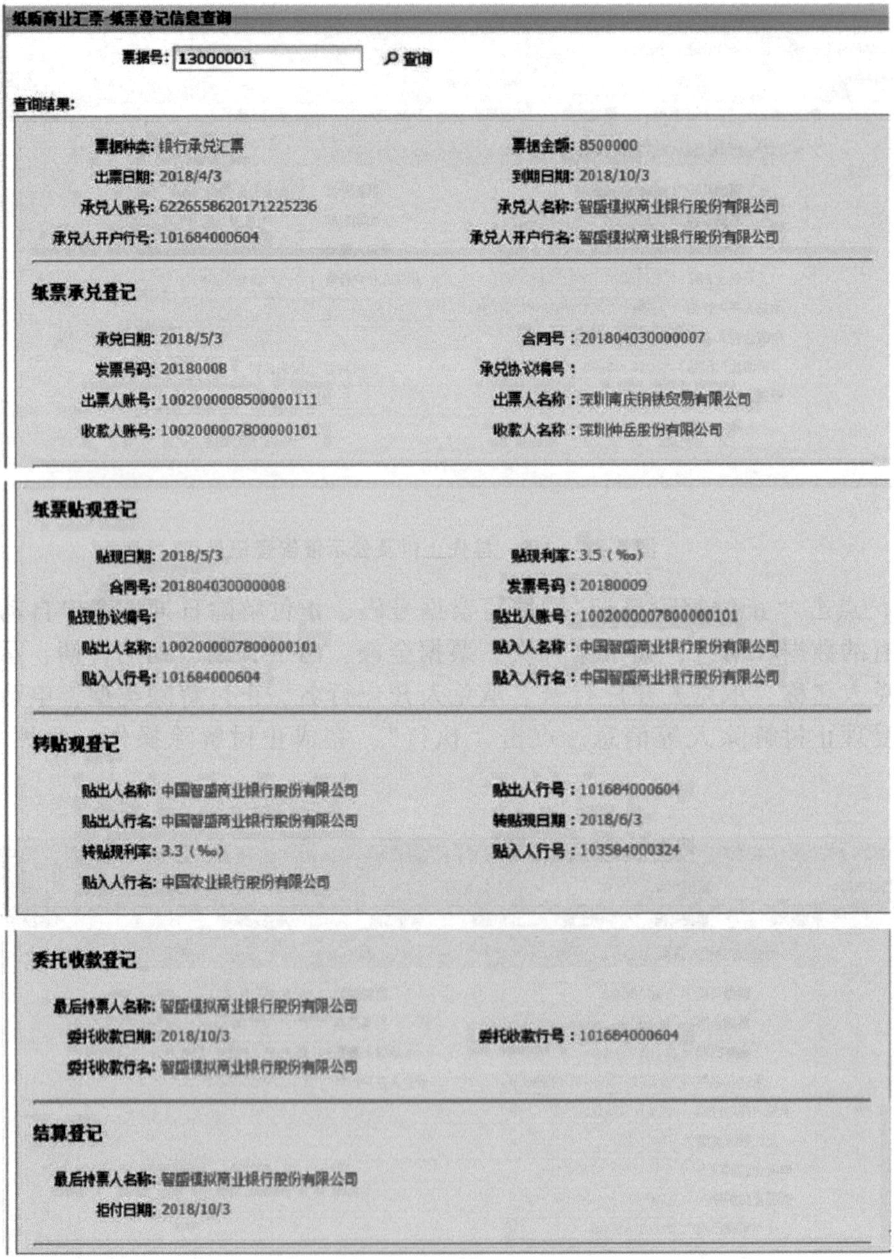
纸质商业汇票-纸票登记信息查询

票据号: 13000001 查询

查询结果:

票据种类: 银行承兑汇票　　票据金额: 8500000
出票日期: 2018/4/3　　到期日期: 2018/10/3
承兑人账号: 6226558620171225236　　承兑人名称: 智盛模拟商业银行股份有限公司
承兑人开户行号: 101684000604　　承兑人开户行名: 智盛模拟商业银行股份有限公司

纸票承兑登记

承兑日期: 2018/5/3　　合同号: 201804030000007
发票号码: 20180008　　承兑协议编号:
出票人账号: 1002000008500000111　　出票人名称: 深圳南庆钢铁贸易有限公司
收款人账号: 1002000007800000101　　收款人名称: 深圳仲岳股份有限公司

纸票贴现登记

贴现日期: 2018/5/3　　贴现利率: 3.5（‰）
合同号: 201804030000008　　发票号码: 20180009
贴现协议编号:　　贴出人账号: 1002000007800000101
贴出人名称: 1002000007800000101　　贴入人名称: 中国智盛商业银行股份有限公司
贴入人行号: 101684000604　　贴入人行名: 中国智盛商业银行股份有限公司

转贴现登记

贴出人名称: 中国智盛商业银行股份有限公司　　贴出人行号: 101684000604
贴出人行名: 中国智盛商业银行股份有限公司　　转贴现日期: 2018/6/3
转贴现利率: 3.3（‰）　　贴入人行号: 103584000324
贴入人行名: 中国农业银行股份有限公司

委托收款登记

最后持票人名称: 智盛模拟商业银行股份有限公司
委托收款日期: 2018/10/3　　委托收款行号: 101684000604
委托收款行名: 智盛模拟商业银行股份有限公司

结算登记

最后持票人名称: 智盛模拟商业银行股份有限公司
拒付日期: 2018/10/3

图1－6－112　纸票登记信息查询

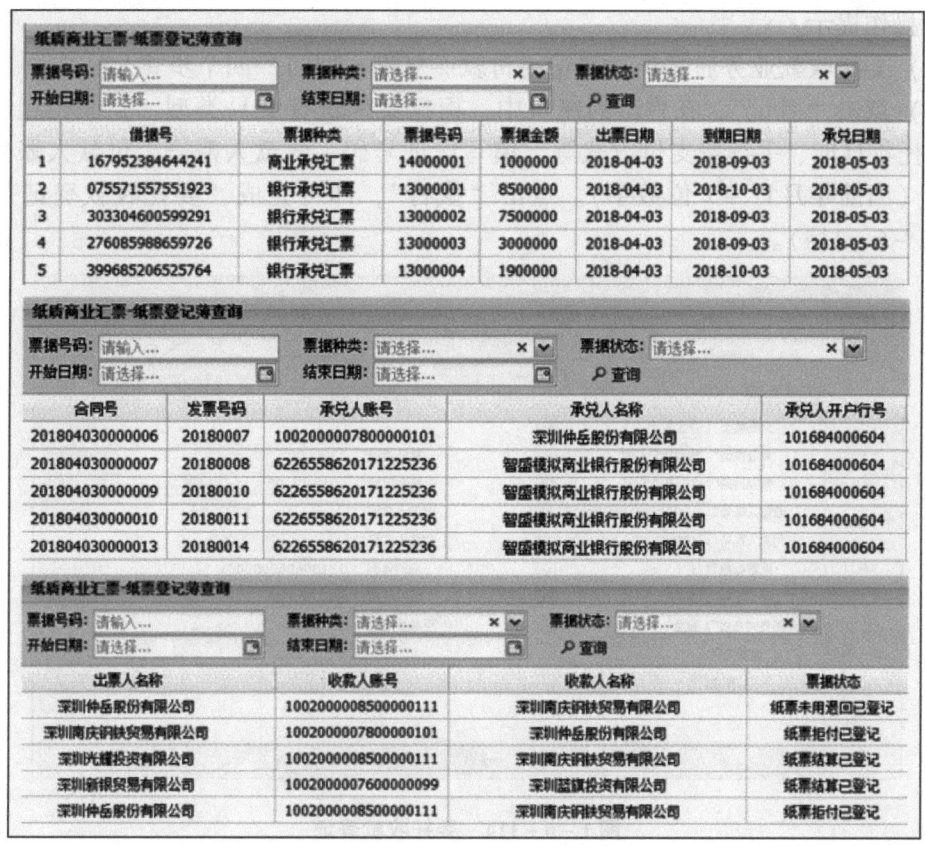

图 1-6-113 纸票登记簿查询

模块五 委托收款

委托收款是收款人委托银行向付款人收取款项的结算方式。委托收款结算款项的划回方式有邮寄和电报两种。委托收款适用于在银行或其他金融机构开立账户的单位和个体经济户的商品交易，公共事业单位向用户收取水电费、邮电费、煤气费、公租房租金等劳务款项以及其他应收款项，无论是同城还是异地，均可使用委托收款的结算方式。

【实训操作】

1. 实训任务。深圳南庆钢铁贸易有限公司作为收款人，向本行申请银行承兑汇票委托收款登记。到期日为 5 个月后，深圳光耀投资有限公司作为付款人，支付票面金额 60 万元，现金收取手续费，附寄张数 1 张；深圳光耀投资有限公司全额支付了这笔款项，接收行号为 104584001436（中国银行股份有限公司）；柜员对此笔大额委托收款进行复核；柜员根据此笔委托收款，操作划回业务。

2. 操作提示。

（1）委托收款业务通常分"登记—付款—复核—划回"四个步骤。

（2）点击"登记"，在弹出的窗口中，根据案例选择交易类型、凭证类型、到期日期、托收日期、手续费支付方式等，填写凭证号码、收款人账号、付款人账号、合同号码（当前年月日＋7位数字）。点击"执行"，即可完成"委托收款登记"操作（见图1-6-114）。

图1-6-114　委托收款登记

（3）点击"付款"，选择接收行号和付款方式。点击"执行"，即可完成"委托收款付款"操作（见图1-6-115）。

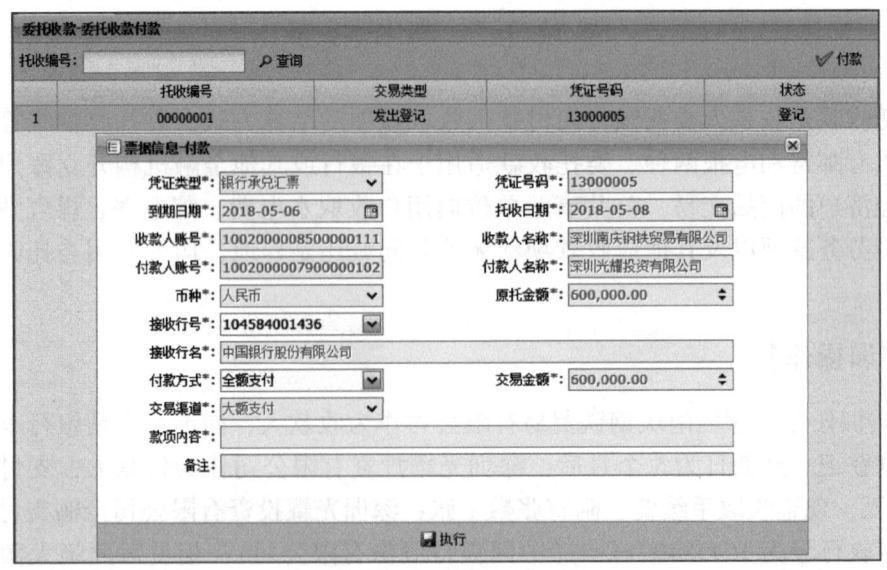

图1-6-115　委托收款付款

(4)点击"复核",审核托收编号、交易类型、凭证号码和付款状态,确认无误后,点击"执行",即可完成"委托收款复核"操作(见图1-6-116)。

图1-6-116 委托收款复核

(5)点击"划回",弹出的窗口中,显示该银行承兑汇票的全部信息,审核确认无误后,点击"执行",即可完成"委托收款划回"操作(见图1-6-117)。

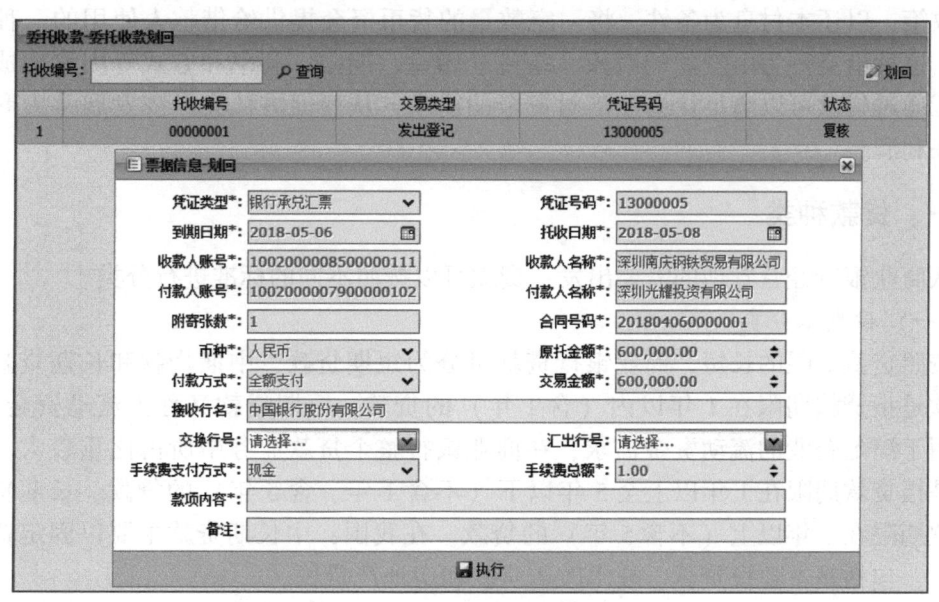

图1-6-117 委托收款划回

项目七

贷款业务

【实训目标】

了解商业银行贷款业务管理的工作环节和操作流程主要内容,熟悉公司贷款、个人贷款、票据贴现和表外业务的具体内容,掌握公司贷款、个人贷款和票据贴现的主要业务品种,理解表外业务在贷款业务中的重要性,掌握公司贷款与票据业务之间的相互关系。

贷款是商业银行最重要的资产业务,是指商业银行作为贷款人按照一定的贷款原则和政策,以还本付息为条件,将一定数量的货币资金提供给借款人使用的一种借贷行为。这种借贷行为由贷款的对象、条件、用途、期限、利率和方式等因素构成。商业银行通过贷款可以满足社会经济对资金的需求,从而促进社会经济发展并为商业银行带来利润。

一、贷款种类

从商业银行经营管理的需要出发,贷款可以按照不同的标准进行分类。

(一) 按期限分类

按照贷款期限的长短,商业银行贷款可分为短期贷款、中期贷款和长期贷款。短期贷款是指贷款期限在 1 年以内(含 1 年)的贷款。短期贷款又称为流动资金贷款,主要用于满足企业的流动资金需求,在商业银行整个贷款业务中所占比重较大。中期贷款是指贷款期限在 1 年以上至 5 年以下(不含 1 年、含 5 年)的贷款。长期贷款是指贷款期限在 5 年以上(不含 5 年)的贷款。在我国,中长期贷款主要以固定资产贷款为主,包括基本建设贷款、技术改造贷款和房地产贷款。

(二) 按保障条件分类

按照贷款发放时的保障条件,商业银行贷款可分为信用贷款、担保贷款和票据贴现。

1. 信用贷款。信用贷款是指依据借款人的信用状况向借款人发放的贷款,这类贷款没有人的担保（保证人），也没有物的担保（抵押和质押），借款人仅凭信誉而获得的贷款。从理论上讲，这类贷款风险较大，商业银行一般只向熟悉的、信誉良好的、确保能偿还的借款人发放，目前商业银行极少发放此类贷款。

2. 担保贷款。担保贷款是指由借款人或第三方依法提供担保而发放的贷款。担保贷款包括保证贷款、抵押贷款、质押贷款。

保证贷款指贷款人按照《中华人民共和国担保法》的规定，保证人以第三方承诺在借款人不能偿还贷款本息时，按规定承担连带责任而发放的贷款。保证人为借款提供的贷款担保为不可撤销的全额连带责任保证，也就是指贷款合同内规定的贷款本息和由贷款合同引起的相关费用。保证人还必须承担由贷款合同引发的所有连带民事责任。

抵押贷款是指贷款人按照《中华人民共和国担保法》规定的抵押方式以借款人或第三人的财产作为抵押物发放的贷款。当债务人不能履行债务时，债权人有权依法按照合同以抵押财产折价或者拍卖、变卖该抵押财产的价款优先得到受偿。可以用来抵押的财产主要有房屋、机器、土地等。

质押贷款是指贷款人按照《中华人民共和国担保法》规定的质押方式以借款人或第三人的动产或权利为质押物发放的贷款。质押又可分为权利质押和动产质押。可作为质押的质物包括国库券（国家有特殊规定的除外），国家重点建设债券，金融债券，AAA级企业债券，储蓄存单等有价证券，仓单、提单，应收账款权，收费权等。作为质物的动产或权利必须符合《中华人民共和国担保法》的有关规定，出质人必须依法享有对质物的所有权或处分权，并向商业银行书面承诺为借款人提供质押担保。

3. 票据贴现。指商业银行以购买借款人未到期商业票据的方式发放的贷款。借款人以未到期的票据（期票、汇票等）向商业银行融通资金，申请贴现，商业银行扣除一定的利息后发放相应的贷款。票据贴现是一种风险比较小的贷款。

（三）按对象和用途分类

商业银行贷款的用途非常复杂，它涉及再生产的各个环节、各个行业、各个部门、各个企业，与多种生产要素有关，贷款用途本身也可以按不同的标准进行划分。各商业银行根据自身的市场定位，作出不同的划分。通常有两种分类方法：

1. 按贷款对象分为工商贷款、农业贷款、科技开发贷款、消费贷款。

工商贷款为发放给工商企业的贷款。商业银行放出的款项一般以这类贷款居多，其偿还期有长有短，视企业的需要而定。凡经工商行政管理机关（或主管机关）核准登记的企（事）业法人、个人合伙、个体工商户或具有中华人民共和国国籍的具有完全民事行为能力的自然人，均可申请建立信贷关系和申请贷款。持有工商行政管理部门颁发的企业法人营业执照的借款人，必须向其注册地的中国人民银行分支机构申领贷款卡。一个企业只能领取一张贷款卡，并每年年检一次。

农业贷款是指金融机构针对农业生产的需要，提供给从事农业生产的企业和个人的贷款。在现代农业中，随着农工一体化的发展，许多国家把为农业生产前生产资料供应、生产后农产品加工和运销等提供的贷款也归入农业贷款。

科技开发贷款是指用于新技术和新产品的研制开发、科技成果向生产领域转化或应用而发放的贷款。这类贷款主要用于支持国家科技开发计划（星火、火炬、成果推广等）的实施以及攻关等科技计划的成果转化。科技开发贷款对象包括工业、农业、商业企业和科研生产联合体或实行企业化管理的科研事业单位。

消费贷款也称消费者贷款，是商业银行以消费者信用为基础，对消费者个人发放的，用于购置耐用消费品或支付其他费用的贷款。个人消费信贷近年来在我国发展迅猛，已成为一项重要的贷款业务。

2. 按贷款用途分为流动资金贷款、固定资产贷款。

流动资金贷款是为满足在生产经营过程中短期资金需求，确保生产经营活动的正常进行而发放的贷款。按贷款期限可分为一年期以内的短期流动资金贷款和一年至三年期的中期流动资金贷款。流动资金贷款作为一种高效实用的融资手段，具有贷款期限短、手续简便、周转性较强、融资成本较低的特点。

固定资产贷款是商业银行以企业的固定资产购置、技术改造、技术引进和技术开发等的不同资金需要为对象而发放的贷款。商业银行发放固定资产贷款，为企业提供固定资产更新改造过程中的资金需求，充分发挥商业银行促进经济发展和高科技开发运用的杠杆作用，对推动国民经济发展和加速现代化建设具有重大的作用。

（四）按偿还方式分类

按照贷款偿还方式的不同划分，商业银行贷款可以分为一次性偿还、分期偿还两种方式。一次性偿还是指借款人在贷款到期日时一次性还清贷款本金的贷款，其利息可以分期支付，也可以在归还本金时一次性付清。通常，短期的临时性、周转性贷款都是采取一次性偿还方式。分期偿还贷款是指借款人按规定的期限分次偿还本金和支付利息的贷款，这种贷款的期限通常按月、季、年确定，中长期大多采取这种方式，其利息的计算方法通常为等额付息法。

（五）按风险程度分类

按照贷款的风险程度划分，商业银行贷款可以分为正常贷款、关注贷款、次级贷款、可疑贷款、损失贷款。其中，次级以下的三类贷款通常划为不良资产。

（六）按发放的自主程度分类

按照发放贷款时银行的自主程度，是否承担本息收回的责任及责任划分的大小，商业银行贷款可分为自营贷款、委托贷款和特定贷款。

1. 自营贷款是指贷款人以合法方式筹集的资金自主发放的贷款，其风险由贷款人承担，并由贷款人收回本金和利息。

2. 委托贷款是指由政府部门、企事业单位及个人等委托人提供资金，由贷款人（即受托人）根据委托人确定的贷款对象、用途、金额期限、利率等代为发放、监督使用并协助收回的贷款。贷款人（受托人）只收取手续费，不承担贷款风险。

3. 特定贷款是指经国务院批准并对贷款可能造成的损失采取相应补救措施后责成国有独资商业银行发放的贷款。

二、贷款程序

常见的贷款流程如图1-7-1所示。

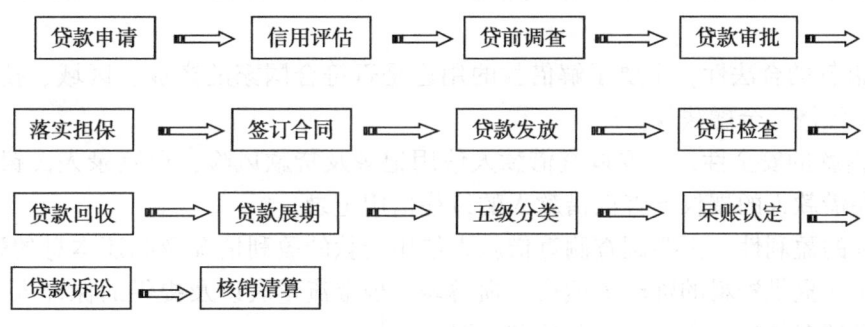

图1-7-1 贷款流程

(一) 贷款申请

凡符合借款条件的借款人，在银行开立结算账户、与银行建立信贷关系之后，如果出现资金需求，都可以向银行申请贷款。

借款人申请贷款必须填写借款申请书。借款申请书的基本内容包括借款人名称、性质、经营范围、申请贷款的种类、期限、金额、方式、用途、用款计划以及有关的经济技术指标。

为便于贷款人审查贷款，借款人在递交借款申请书的同时，还必须提供以下资料：

1. 借款人及保证人的基本情况及有关法律文件，如营业执照、组织机构代码证、地税局和国税局的税务登记证、法人代表有效身份证明以及对经办人的授权委托书等文件。

2. 财政部门或会计（审计）师事务所核准的上年度会计报表及申请贷款前3个月的财务报表（包括资产负债表、损益表和现金流量表）。

3. 自有资本和自有流动资金的情况。

4. 担保物及拟同意担保的有关证明文件。

(二) 对借款人的信用等级评估

银行在对借款人的贷款申请进行深入细致调查研究的基础上，还要利用掌握的资料，对借款人的领导者素质、经济实力、资金结构、履约情况、经营效益和发展前景等因素进行信用评估，划分信用等级。信用评估可以由贷款银行独立进行，评估结果由商业银行内部掌握使用；也可以由有资质的专门信用评估机构对借款人进行统一评估，评估结果供各家银行使用。

(三) 贷款调查

银行受理借款人的申请后，指派专业的信贷人员进行调查，就是贷款"三查"制度之一——贷前调查。信贷人员应履行和享有职能、责任和权利做好调查分析前的准备工作，调查分析方法可采用直接座谈调查、全面调查、抽样调查、实地调查等多种方法，调查内容主要是了解借款人的概况、生产经营情况、市场分析、技术优势。即：

1. 借款人的品行，主要了解与借款人的资料有关的证明文件、批准文件和法律文件。
2. 借款的合法性，主要了解借款的用途是否符合国家的产业、区域、技术以及环保政策和经济、金融法规。
3. 借款的安全性，主要调查借款人信用记录及贷款风险，可登录人民银行的信贷网站，在借款人的授权下查询借款人的过往信用记录。

借款的盈利性，主要调查测算借款人使用贷款的盈利情况及归还本息的资金来源，可根据企业提供资料的资产负债表、损益表、现金流量表以及提供的保证人、抵押物、质押物等情况作出必要的财务分析和非财务分析。

(四) 贷款审批

商业银行根据已建立的审贷分离、分级审批的贷款管理制度进行贷款审批，即贷款"三查"制度之二——贷中审查。各级审批人员及审贷委员会成员着重审查贷款原因、审查贷款额度、审查贷款期限和审查贷款用途，并根据信贷人员贷前调查报告中提供的有关资料进行核实、评定，复测贷款风险度，提出意见。

主要的审查机构是信贷审查部、审贷委员会，审查的具体内容为：

1. 借款单位、担保单位的各类证照及有效期。
2. 借款单位、担保单位法人代表证明书及授权委托书。
3. 借款单位贷款卡及有效期。
4. 借款单位、担保单位董事会决议。
5. 股份有限公司为其股东或其他人提供担保情况。
6. 借款单位的贷款申请书。
7. 保证人、抵押物或质押物产权所属的法律手续资料。
8. 保证、抵押或质押担保；贷款合同。
9. 企业信用登记评定表、资产风险度评审表的真实性。

(五) 签订合同与落实担保措施

借款申请经审查批准后，必须按《合同法》，由商业银行与借款人签订借款合同。借款合同应当约定借款种类、借款用途、金额、利率、借款期限、还款方式、借贷双方的权利和义务、违约责任和双方认为需要约定的其他事项，并送当地公证机关进行公证。

同时还应对贷款实施必要的担保措施：保证贷款应当由保证人与贷款人签订保证合同，或保证人在借款合同上载明与贷款人协商一致的保证条款；抵押贷款、质押贷款应当由抵押人、出质人与贷款人签订抵押合同、质押合同，并依法办理登记手续。

（六）贷款发放

借款合同生效后，银行应按照合同规定的条款发放贷款。在发放贷款时，借款人应先填写好借据，经办人员审核无误，并由信贷部门负责人或主管行长签字盖章，送银行会计部门出具放款通知书，将贷款足额划入借款人账户，供借款人使用。

（七）贷后检查

贷款发放后，贷款人应当对借款人履行借款合同的情况及借款人的经营状况进行追踪调查和检查，即贷款"三查"制度之三——贷后检查。贷后检查的主要内容包括：

1. 借款人的基本情况有无变更。
2. 贷款是否按规定用途使用。
3. 借款人的产品适销程度及市场变化。
4. 保证人、抵押物或质押物的保证性，测定贷款风险程度。
5. 借款人资产负债结构的变化。
6. 借款人还款资金来源的落实情况等。

贷后检查的方式可采取跟踪调查和定期调查等方式。

（八）贷款回收

贷款人应当按照借款合同规定按时足额收回贷款本金和利息，并将贷款过程的相关资料归档。贷款人在短期贷款到期一个星期之前、中长期贷款到期一个月之前，应向借款人发出还本付息通知单。贷款人对逾期的贷款要及时发出催收通知单，做好逾期贷款本息的催收工作。贷款人对不能按借款合同约定期限归还的贷款应当按规定加收罚息。

（九）贷款展期

借款人在贷款期间发生暂时的资金周转困难，致使不能按期偿还贷款本金，应提前30个工作日向贷款银行申请展期，但每笔贷款只能展期一次。贷款展期是指借款人在向贷款银行申请并获得批准的情况下，延期偿还贷款的行为。短期贷款展期期限不得超过原贷款期限；中期贷款展期期限不得超过原贷款期限的一半；长期贷款展期期限不得超过3年。借款人未申请展期，或申请未获批准的，或展期到期仍不能归还的，该贷款从到期日次日起，转入逾期贷款账户。

（十）贷款的五级分类

商业银行对已放贷的贷款需要实时监控，定期分类，以评估信贷风险。根据银监会《贷款风险分类指引》（银监发〔2007〕54号），信贷资产分类采用以风险为基础的分类方法。把信贷资产分为"正常、关注、次级、可疑、损失"五类，后三类合称为不良资产。

（十一）呆账认定

当借款人出现以下情况时，可以认定为呆账。

1. 借款人和担保人被依法宣告破产、关闭、解散并终止法人资格，银行对借款人和担保人进行追偿后，未能收回的贷款。

2. 借款人死亡或者依照《中华人民共和国民法通则》的规定，宣告失踪或宣告死亡，银行依法对其财产或遗产进行清偿后，未能收回的贷款。

3. 借款人和担保人虽未依法宣告破产、关闭、解散，但经有关部门认定已完全停止经营活动，被县或县以上工商行政管理部门依法注销或吊销营业执照，终止法人资格，银行对借款人和担保人进行追偿后，未能收回的贷款。

4. 借款人和担保人虽不符合上述第3项规定的条件，但经有关部门认定借款人和担保人事实上已经破产、被撤销或解散，已完全停止经营活动在2年以上，银行对借款人和担保人进行追偿后，未能收回的贷款。

5. 借款人和担保人不能偿还到期贷款，银行诉诸法律，经法院对借款人和担保人强制执行，借款人和担保人所属财产不足以执行或无财产可供执行，法院裁定终结执行后，仍无法收回的贷款。

6. 借款人触犯刑律，依法受到法律制裁，处理的财产不足以归还所欠贷款，又无另外债务承担者，确认无法收回的贷款。

7. 由于第1~6项规定的原因借款人和担保人不能偿还到期贷款，银行依法取得抵债资产，其抵债资产的所计价值小于贷款本金的差额，经追偿后仍无法收回的部分。

8. 银行因开立信用证、办理承兑汇票、开具保函、信用卡透支等原因发生垫款时，凡开证申请人、持卡人和保证人由于第1~7项规定的原因，无法偿还垫款，银行经依法追偿后仍无法收回的垫款。

9. 其他经国家税务总局允许核销的贷款。

(十二) 贷款诉讼

贷款逾期后，经商业银行多次催收，未能收回本息。在诉讼时效内，商业银行应将借款人（或主要债务人）和担保人起诉到当地人民法院，要求借款人履行债务及担保人承担连带责任，以保全商业银行资产免受或少受损失。

根据最高人民法院《关于审理民事案件适用诉讼时效制度若干问题的规定》，有关民商事诉讼时效制度的司法解释：当事人约定同一债务分期履行的，诉讼时效期间从最后一期履行期限届满之日起计算，贷款的诉讼时效为2年。有抵押物担保的情况下，主债权诉讼时效丧失后，抵押担保的诉讼时效还要延续2年（另有约定除外）；借款人破产终结后，对没有在破产程序中得到清偿的债权，应在破产程序终结后6个月内向保证人主张权利。

模块一　个人贷款

一、个人消费贷款

(一) 个人消费贷款合同管理

1. 实训任务。客户吕雲女士为购买小轿车，到本行办理"短期汽车消费贷款"业务。贷款需关联的个人存款账号为吕雲在本行开设的个人借记卡账户，贷款金额为10万元，贷款月利率为6.00‰，还款日期为1年，贷款用途为汽车，担保方式为抵押，还款方式为等额偿还，利息偿还方式为借贷人偿还。

2. 操作提示。

（1）该操作用于放贷前将经信贷审查部门审核并批准的贷款借据录入系统。

个人贷款业务

（2）点击"新增"，将个人客户吕雲的贷款信息录入系统。

存款账户为吕雲的个人借记卡存款账户，贷款还款账户与吕雲在本行开设的个人借记卡账户相关联。贷款类别为"短期汽车消费贷款"，贷款金额为10万元，贷款利率为6‰，还款日期为1年，担保方式为抵押，还款方式为等额偿还，利息偿还方式为借贷人偿还（见图1-7-2）。

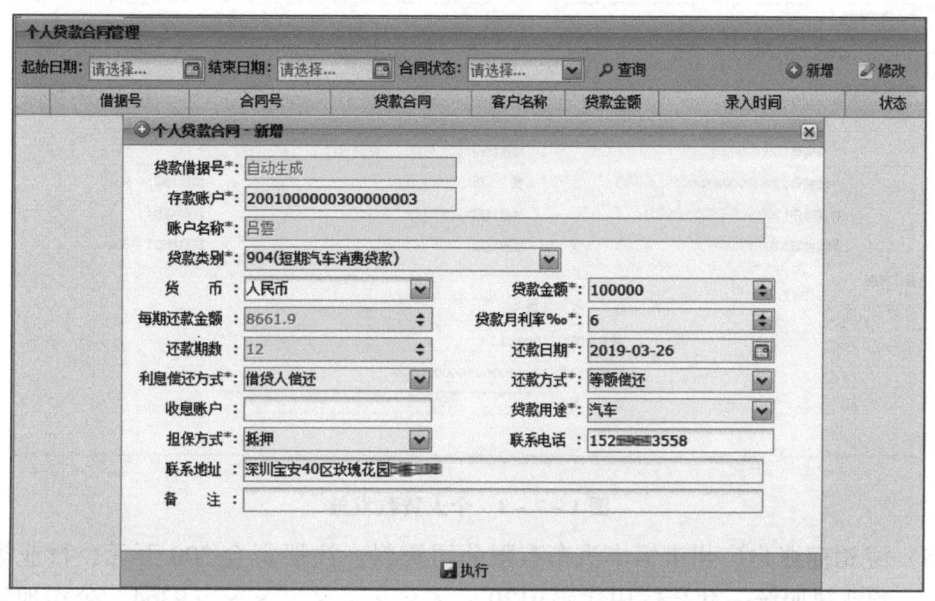

图1-7-2 个人消费贷款合同管理

（3）贷款借据号由系统自动生成一个15位数的号码，每次仅生成一个，不得重复使用。

（4）贷款类别号可根据实际案例通过系统给出的贷款类别进行选择，如904短期汽车消费贷款、119中期流动资金保证贷款、140商业短期抵押质押贷款等。

（5）操作成功后，应记录该笔贷款的借据号和贷款合同号，以便后续的贷款发放实验使用。

（二）个人贷款发放

1. 实训任务。经本行各级信贷部门审批并通过了个人客户吕雲的贷款申请，综合柜员办理吕雲的贷款全额发放业务。

2. 操作提示。

(1) 贷款必须在录入借据的当天发放,如果当天贷款未发放,该借据自动作废,必须重新填写借据。但系统中仍保留该笔借据记录。

(2) 在录入借据的当天,根据贷款借据发放贷款,系统自动检查存款账户是否能做存款交易,并根据存款账号找到客户号,自动生成贷款账号,并将贷款转入该客户在本行的借记卡户,建立存贷款的对应关系。

(3) 录入借据号查询,在窗口中自动显示出该客户的贷款合同信息,如客户号、客户名称、合同号、贷款类别、贷款利率、存款账户、贷款日期、还款期数、贷款金额、还款日期、贷款状态等。

(4) 在操作界面中,选择货币种类(系统默认人民币),填写贷款金额和经营商账户。执行后系统自动生成贷款账户用于发放贷款,而存款账户用于偿还贷款本金和利息(见图1-7-3)。

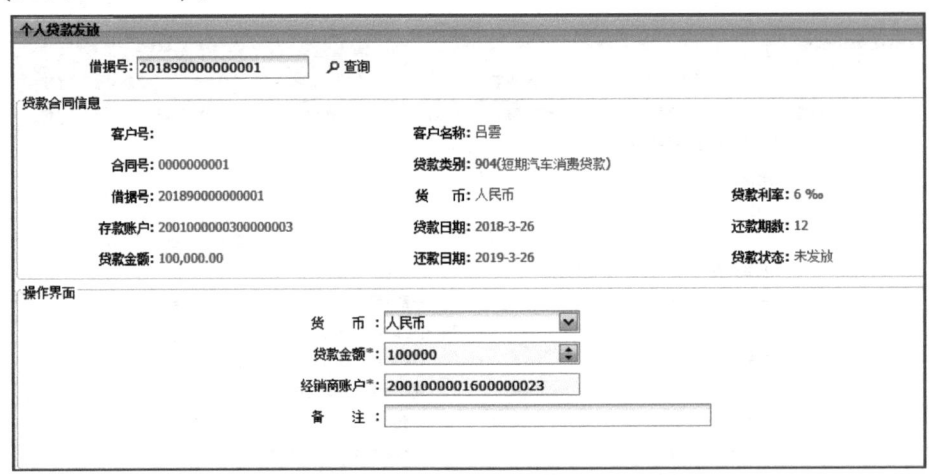

图1-7-3 个人贷款发放

(5) 经销商账户广州市恒丰汽车有限公司资料:注册资金300万元,行业类别商业客户,营业执照统一社会信用代码9120××××××××9364,公司地址:深圳市龙岗区龙腾大厦首层78号,公司成立于2007年9月27日,法定代表人赵昭身份证号码为4331××××××××1639,预留手机号为135×××6987,联系人蒋银,联系人手机号为133×××1258,该公司财务人员来本行开立商业存款基本账户,现金存款30万元。根据上述信息,获得经营商深圳市恒丰汽车有限公司在本行的一般存款账号。

(三) 提前全部(或部分)还贷

在商业银行实务中,客户通常根据自己的财力,作出"提前部分还贷"或"提前全部还贷"的决策。

1. 实训任务。客户吕雲提前2个月还贷,综合柜员为其办理"短期汽车消费贷款"提前全部还贷。

2. 操作提示。

（1）录入借据号查询，在窗口中自动显示出该客户的贷款合同信息，如客户号、货币类别、客户名称、存款账户、贷款日期、每期金额、总期数、贷款金额、贷款利率、尚余本金、还款日期、贷款状态等。

（2）在操作界面中，选择货币种类（系统默认人民币），填写尚余贷款金额。执行后系统自动在存款账户中扣划尚余贷款余额和利息。

（3）提前全部还贷或提前部分还贷，在操作上相似，此处不再赘述（见图1-7-4）。

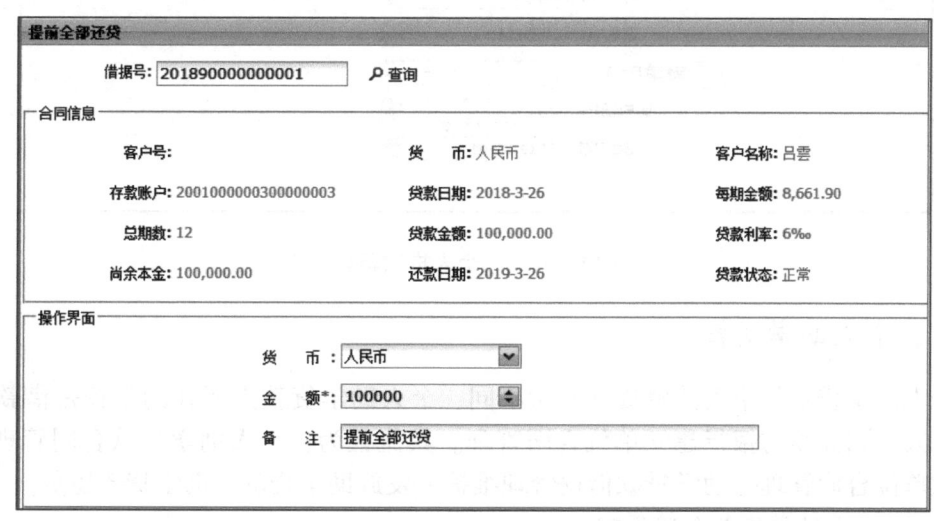

图1-7-4　个人贷款提前全部还贷

（四）个人贷款调息

1. 实训任务。人民银行公布了新的贷款利率，银行决定遵照人民银行的指令调整贷款利率。

2. 操作提示。

（1）人民银行公布新的贷款利率，商业银行应该及时遵照人民银行的指令，实时调整贷款利率。对于人民银行调息之后发放的贷款，应立即执行人民银行的最新贷款利率；对于人民银行调息之前发放的贷款，可延续到次年的1月1日，执行人民银行的最新贷款利率。

（2）因银行自身原因调整贷款利率比例，可按照银行信贷部门的意见执行。

（3）进行"个人贷款调息"的操作时，录入该笔贷款的借据号，进行"查询"。窗口显示该笔贷款合同的相关信息，如客户号、货币类别、客户名称、存款账户、贷款日期、每期金额、总期数、贷款金额、贷款利率、尚余本金、还款日期、贷款状态等。

（4）在操作界面填写"调息方式""新贷款月利率"或"调整比例""起始日期"等，即可执行"个人贷款调息"操作（见图1-7-5）。

```
个人贷款调息
借据号: 201890000000001    🔍 查询
合同信息
  客户号:                货  币: 人民币           客户名称: 吕雲
  存款账户: 20010000003000000003  贷款日期: 2018-3-26  每期金额: 8,661.90
  总期数: 12             贷款金额: 100,000.00    贷款利率: 6‰
  尚余本金: 100,000.00   还款日期: 2019-3-26    贷款状态: 正常
操作界面
  货  币*: 人民币
  调息方式*: 调整比例
  新贷款月利率‰*: 0
  调整比例%*: 10
  起始日期*: 2019-01-01
```

图1-7-5 个人贷款调息

二、个人助学贷款

个人助学贷款与个人消费贷款有所不同，个人助学贷款人所在的学校是借款学生的担保人，因此须与银行建立单位合同管理。其流程为：个人助学贷款合同管理—助学贷款单位合同管理—助学贷款借据管理维护—发放助学贷款—助学贷款还贷。

（一）个人助学贷款合同管理

1. 实训任务。肖可可为在校大学生，来本行申请"中长期助学贷款"业务，并办理活期借记卡与贷款相关联的手续。贷款金额为3万元，贷款月利率为3.75‰，还款日期为3年，贷款用途为其他，担保方式为保证，还款方式为一次性偿还，利息偿还方式为借贷人偿还。

2. 操作提示。

（1）该操作用于放贷前将经信贷审查部门审核并批准的贷款借据录入系统。

（2）点击"新增"，将个人客户肖可可的贷款信息录入系统。

肖可可须在本行开立一个个人借记卡存款账户，贷款还款账户与肖可可在本行开设的个人借记卡账户相关联。贷款类别为"中长期助学贷款"，贷款金额为3万元，贷款利率为3.75‰，还款日期为3年，担保方式为保证，还款方式为一次性偿还，利息偿还方式为借贷人偿还（见图1-7-6）。

（3）贷款借据号由系统自动生成一个15位数的号码，每次仅生成一个，不得重复使用。

（4）"贷款类别号"可根据实际案例通过系统给出的贷款类别进行选择，如904短期汽车消费贷款、119中期流动资金保证贷款、915中长期助学贷款、140商业短期抵押质押贷款等。

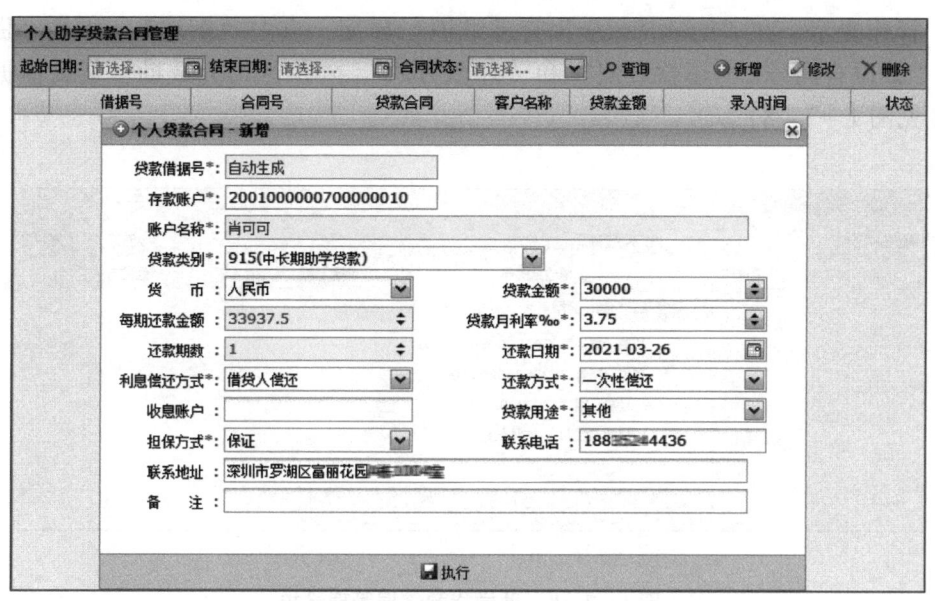

图1-7-6 个人助学贷款合同管理

(5) 操作成功后,应记录该笔贷款的借据号和贷款合同号,以便后续的贷款发放实验使用。

(二) 助学贷款单位合同管理

1. 实训任务。接前一案例。

2. 操作提示。新增单位合同,系统自动生成单位合同号,并与财政存款账户、账户名称和表外欠息账户相关联(见图1-7-7)。

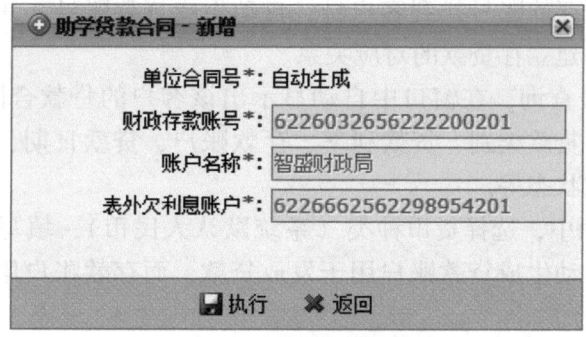

图1-7-7 助学贷款合同管理

(三) 助学贷款借据管理维护

1. 实训任务。深圳市理工技术学院为助学贷款人肖可可的所在单位。在助学贷款单位合同管理新建一个单位合同号,并与之前肖可可建立的助学贷款借据号进行绑定。

2. 操作提示。在"助学贷款借据管理维护"界面,点击"新增",录入"贷款借据号""单位合同号""还款日期"和"还款方式","执行"完成助学贷款借据管理维护(见图1-7-8)。

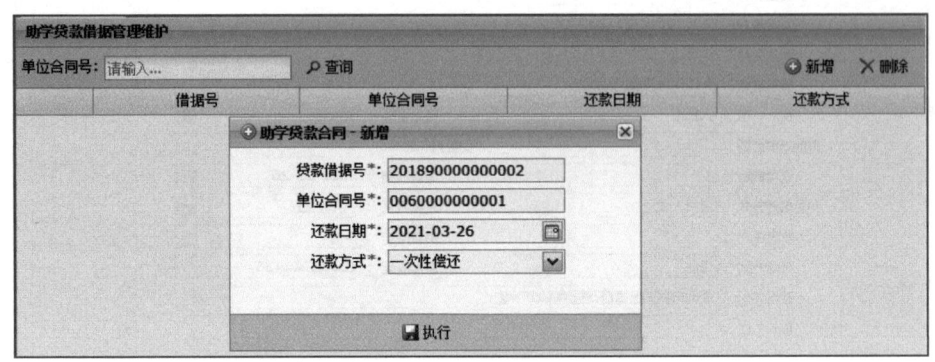

图1-7-8　助学贷款借据管理维护

(四) 发放助学贷款

1. 实训任务。经本行各级信贷部门审批并通过了个人客户肖可可的助学贷款申请,综合柜员办理助学贷款的全额发放业务。

2. 操作提示。

(1) 贷款必须在录入借据的当天发放,如果当天贷款未发放,该借据自动作废,必须重新填写借据。但系统中仍保留该笔借据记录。

(2) 在录入借据的当天,根据贷款借据发放贷款,系统自动检查存款账户是否能做存款交易,并根据存款账号找到客户号,自动生成贷款账号,并将贷款转入该客户在本行的借记卡户,建立存贷款的对应关系。

(3) 录入借据号查询,在窗口中自动显示出该客户的贷款合同信息,如客户号、客户名称、合同号、贷款类别、贷款利率、存款账户、贷款日期、还款期数、贷款金额、还款日期、贷款状态等。

(4) 在操作界面中,选择货币种类(系统默认人民币),填写贷款金额和经营商账户。执行后系统自动生成贷款账户用于发放贷款,而存款账户用于偿还贷款本金和利息(见图1-7-9)。

(5) 经销商为深圳市理工技术学院,注册资金为1亿元,注册时间为2005年7月12日,行业类别为单位其他客户,账户类别为行政事业单位存款,统一社会信用代码为121000004312542542,单位地址为深圳市南山区学院大道506号,法定代表人为周隋,身份证号为4421××××××××5938,预留手机号为152×××4569,联系人张强,联系人手机号为131×××5444,财务人员来本行开立活期基本账户,现金存款350万元。根据上述信息,获得经营商深圳市理工技术学院在本行的基本存款账户。

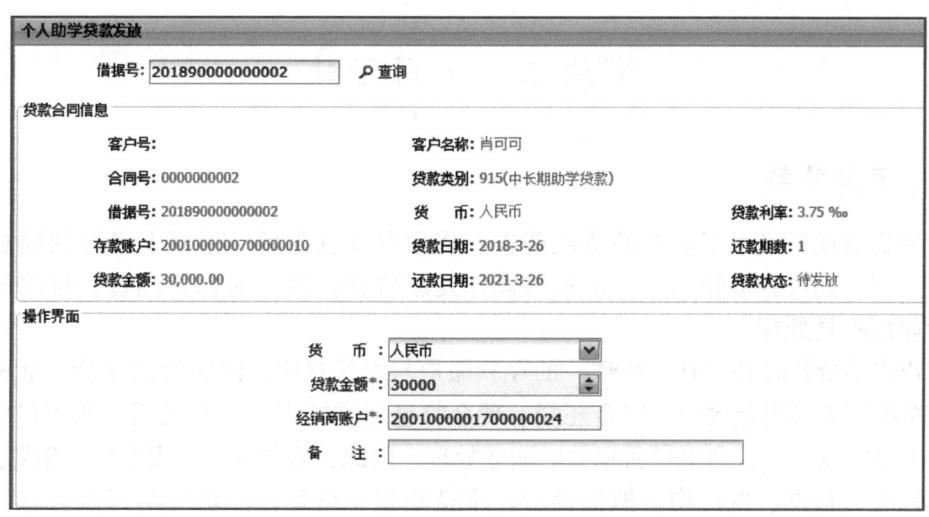

图 1-7-9　个人助学贷款发放

（五）助学贷款提前全部还贷

1. 实训任务。两年后，客户肖可可一次性提前偿还全部助学贷款 3 万元。柜员为其完成"助学贷款提前全部还贷"操作。

2. 操作提示。

（1）录入借据号查询，在窗口中自动显示出该客户的贷款合同信息，如客户号、货币类别、客户名称、存款账户、贷款日期、每期金额、总期数、贷款金额、贷款利率、尚余本金、还款日期、贷款状态等。

（2）在操作界面中，选择货币种类（系统默认人民币），填写尚余贷款金额。执行后系统自动在存款账户中扣划尚余贷款余额和利息（见图 1-7-10）。

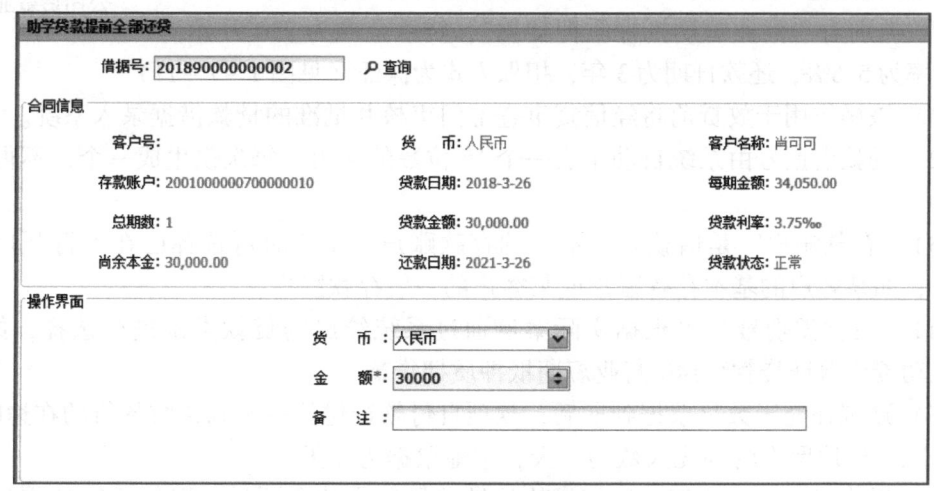

图 1-7-10　个人助学贷款提前全部还贷

模块二　公司贷款

一、正常贷款

一笔贷款项目经过了前期的贷款调查、贷款审批过程后,得到上级行的同意和批准,营业部接到放款通知书后,由柜员操作发放贷款;之后的客户还贷、贷款展期都需由营业部柜员处理。

客户申请贷款时必须有一个唯一的存款账户与之相对应,同时为确保贷款业务的安全性,系统不支持现金放贷、现金还贷、现金收息之类的交易,在通用记账窗口中也不允许发生与贷款及应收利息科目相关的账务处理。因此,贷款原则上发放到一般账户。

本系统将借据、抵押物、抵债资产、不良贷款、贴现、汇票等均列入贷款管理的范围之内,同时支持贷款户的提前部分或全部还款、单笔、拆笔收息,自动生成欠息登记簿。

(一)贷款借据管理

借据管理是在贷款发放前根据信贷部门提供的贷款借据,录入基本要素信息,作为贷款业务的起点,也是贷款业务中关键的一步。

1. 实训任务。深圳蓝旗投资有限公司以其基本户来本行办理"中期流动资金保证贷款"合同管理业务,贷款金额为 100 万元,贷款月利率为 5.60‰,担保方式为保证,还款期限 3 年,贷款用途为流动资金。柜员首先要为其新建借据。

公司贷款业务

2. 操作提示。点击"新增",将客户深圳蓝旗投资有限公司的贷款信息录入系统。存款账户为客户深圳蓝旗投资有限公司的一般账户,贷款类别为"商业短期抵押质押贷款",贷款金额为 220 万元,贷款利率为 5.6‰,还款日期为 3 年,担保方式为保证(见图 1-7-11)。

(1)该操作用于放贷前将经信贷审查部门审核并批准的贷款借据录入系统。

(2)贷款借据号由系统自动生成一个 15 位数的号码,每次仅生成一个,不得重复使用。

(3)"存款账户"是借款人在本行的存款账户。实验时可选择已在本行开户的对公客户,如某客户的基本存款账户或某客户的一般存款账户。

(4)"贷款类别号"可根据实际案例通过系统给出的贷款类别进行选择,如 119 中期流动资金保证贷款、140 商业短期抵押质押贷款等。

(5)贴现补充天数是票据到期后,款项自付款行付款后至到达收款行的在途时间,一般情况下外地票据的补充天数为 3 天,本地票据为 0 天。

(6)操作成功后,应记录该笔贷款的借据号和贷款合同号,以便后续的贷款发放实验使用。

项目七 贷款业务

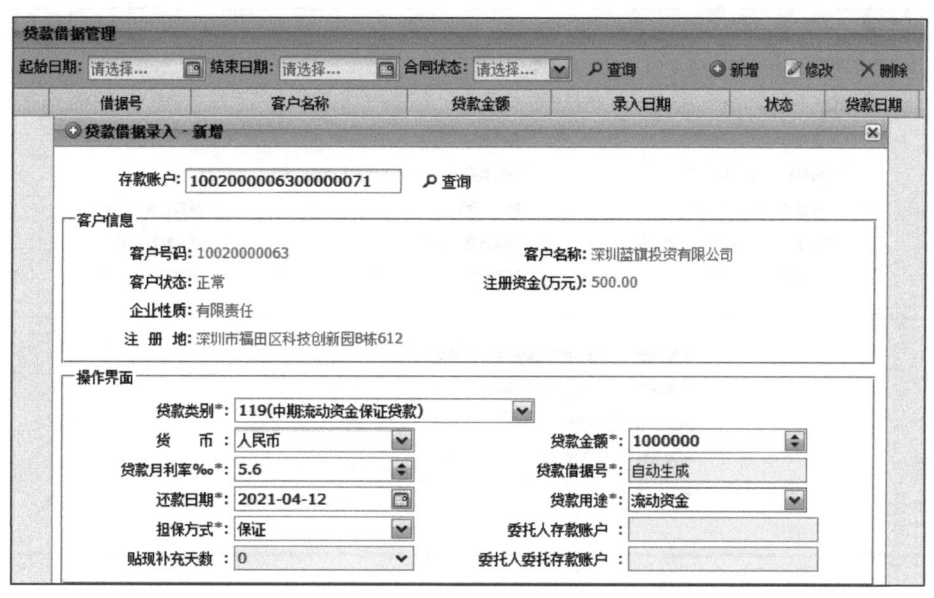

图 1-7-11 贷款借据管理

(二) 贷款发放

1. 实训任务。经过银行信贷部门各级审批并通过了深圳蓝旗投资有限公司贷款申请,柜员向客户深圳蓝旗投资有限公司全额发放 100 万元贷款 (借据号为上一步操作所获得的借据号)。

2. 操作提示。

(1) 贷款必须在录入借据的当天发放,如果当天贷款未发放,该借据自动作废,必须重新填写借据。但系统中仍保留该笔借据记录。

(2) 在录入借据的当天根据贷款借据发放贷款,系统自动检查存款账户是否能做存款交易,并根据存款账号找到客户号,自动生成贷款账号,并将贷款转入一般活期存款户,建立存贷款的对应关系。如果存款账户为预开户则须激活账户,同时根据贷款金额登记在开销户登记簿上 (见图 1-7-12)。

(3) 录入借据号查询,客户贷款合同信息在窗口中自动显示出来。在操作界面中,选择贷款类别和货币种类 (系统默认人民币),填写存款账户账号和贷款金额。执行后系统自动生成贷款账户用于发放贷款,而存款账户用于偿还贷款本金和利息。

(三) 部分还贷

1. 实训任务。客户深圳蓝旗投资有限公司因资金周转出现问题,无法将到期贷款全额偿还,只能将上一笔贷款部分还贷 45 万元。本行信贷部门工作人员经过走访调查,批准了其部分还贷的申请。柜员为其办理了部分还贷业务。

2. 操作提示。

(1) 实现贷款本金的部分偿还,还贷只冲减贷款本金,不收取当期利息,本操作

209

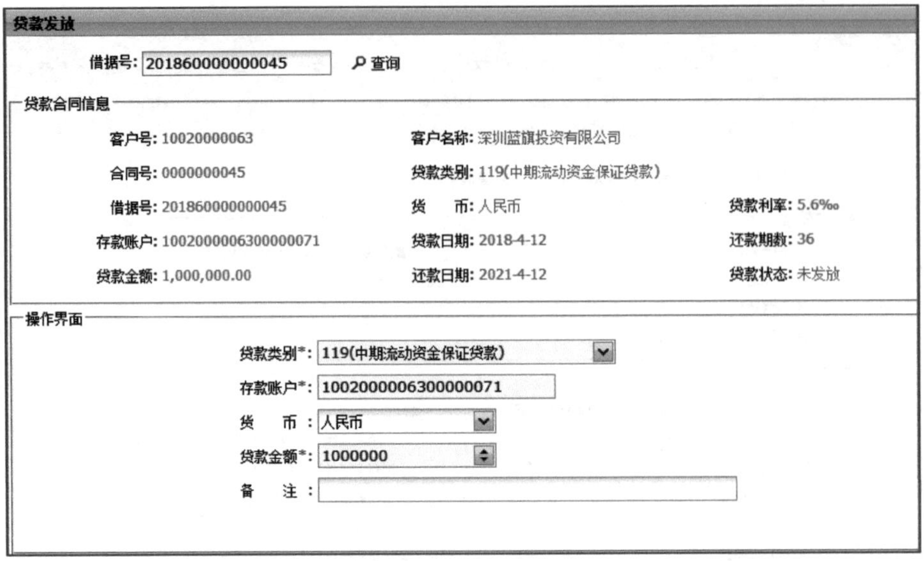

图 1-7-12 贷款发放

不对应收利息进行处理，根据需要可以先执行自动收息。本操作也不实现违约金的收取，若收取违约金，视作营业外收入在通用记账模块手工记账。在支行范围内允许跨网点收贷，不能跨支行操作。

（2）申请部分还贷的贷款账户不允许有欠息，即必须先把以前拖欠的利息（包括表内和表外）还清，才能偿还本金（见图 1-7-13）。

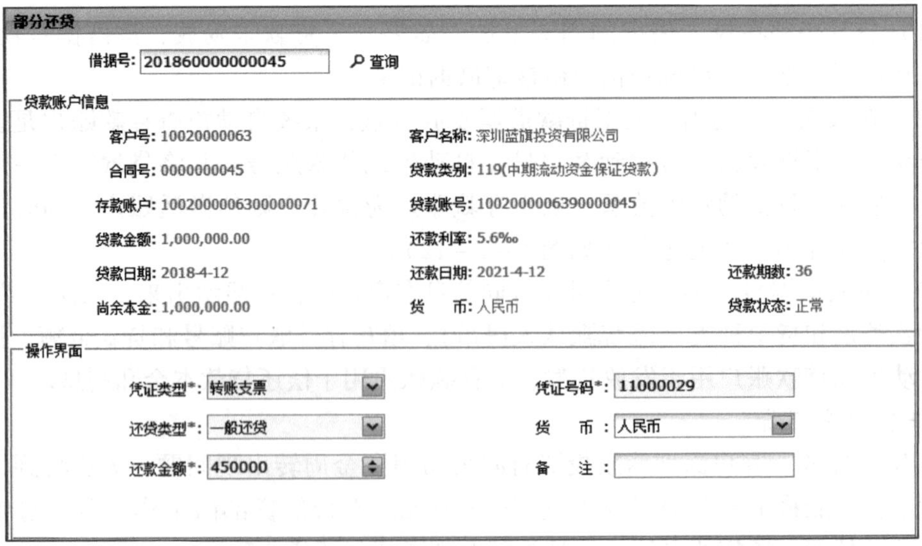

图 1-7-13 部分还贷

（3）凭证类型选择转账支票，凭证号码为该公司在本行已领购的、能够正常使用的转账支票，按顺序使用。

（四）全部还贷

1. 实训任务。客户深圳蓝旗投资有限公司的会计前来银行柜台办理全部还贷业务，将上一笔贷款全部还清。

2. 操作提示。

（1）实现贷款全部还贷处理，处理贷款本金和利息的扣收，利随本清。打印转账传票和计息传票（见图1-7-14）。

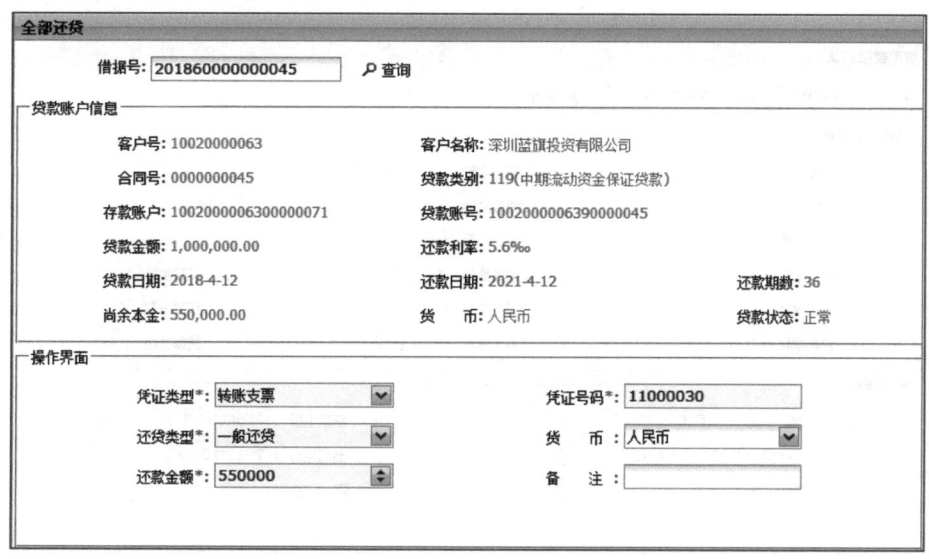

图1-7-14 全部还贷

（2）系统自动检查该存款账户是否有对应未结清的表内表外应收利息账户。若该贷款账户有应收利息，须先执行自动收息（系统自动处理）。本操作不对应收利息进行处理，也不实现对违约金的收取，若收取违约金，在通用记账模块中手工记账解决。

（3）若是委托贷款，且在委托贷款到期日贷款人未将委托贷款还清，在到期日营业终了时，若贷款人存款账户不足，就从委托人的委托存款账户中扣还所余贷款，委托存款扣还完贷款后的余额由手工转至委托人指定的存款账户中。

（4）若是抵质押贷款，要有相应的抵质押物登记记录，全部还贷后系统联动处理该抵质押物，自动注销该笔抵质押物记录。

二、贷款展期

1. 实训任务。客户深圳新银贸易有限公司以其基本户来本行办理"短期商业抵押质押贷款"合同管理业务，贷款金额为85万元，贷款月利率为5.50‰，担保方式为抵押，还款期限为1年，贷款用途为流动资金。柜员首先要为其新建借据，并照常发放贷款，后因该企业资金周转困难，向本行申请展期，要求将上一笔贷款的还款期限再延长6个月，展期利率为8.10‰。经本行信贷部门批准同意，柜员为其办理了贷款展期业务。

2. 操作提示。

（1）点击"新增"，将客户的贷款信息录入系统。存款账户为客户在本行的一般账户，贷款类别为短期流动资金抵押质押贷款，贷款金额为85万元，贷款利率为5.5‰，还款日期为1年，担保方式为抵押（见图1-7-15）。

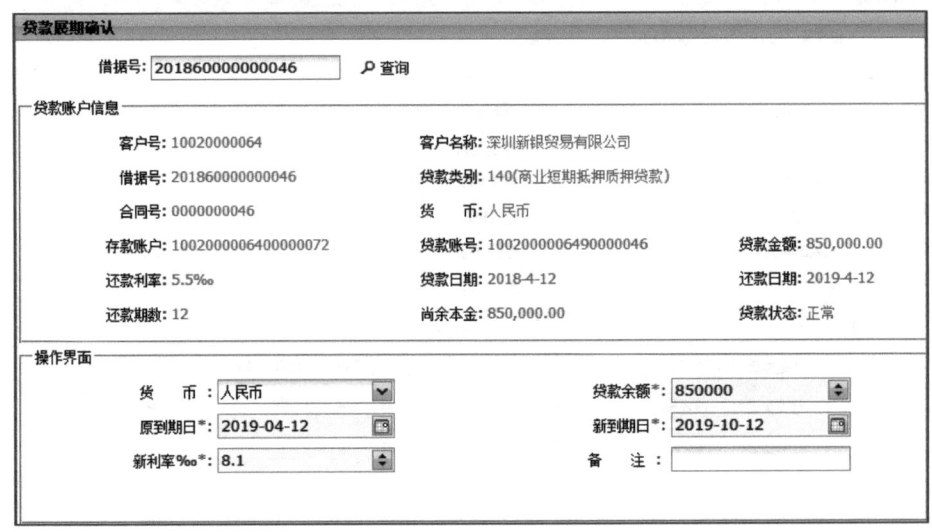

图 1-7-15 贷款展期

（2）系统中有专门的贷款展期模块实现贷款展期功能，系统在贷款到期日，自动调整贷款的到期日和贷款利率，贷款的展期期限加上原期限达到新的利率档次期限，从展期之日起，按新的期限档次利率计收利息，如利率调整，做分段计息处理。展期的审批流程由信贷部门管理。

（3）申请贷款展期的贷款账户性质必须是正常贷款，展期操作只能作一次且只能在贷款到期日前一个月内处理。

（4）操作流程：新增贷款借据—正常发放贷款—到期后申请展期。

三、五级分类

中国人民银行制定的《贷款风险分类指导原则》规定，按风险程度，将贷款划分为五类，即正常、关注、次级、可疑、损失。

（一）五级分类的定义

1. 正常类：借款人能够履行合同，有充分把握按时足额偿还本息；
2. 关注类：尽管借款人目前有能力偿还贷款本息，但是存在一些可能对偿还产生不利影响的因素；
3. 次级类：借款人的还款能力出现了明显的问题，依靠其正常经营收入已无法保证足额偿还本息；
4. 可疑类：借款人无法足额偿还本息，即使执行抵押或担保，也肯定要造成一部分损失；
5. 损失类：在采取所有可能的措施和一切必要的法律程序之后，本息仍然无法收回，或只能收回极少部分。

从上述定义不难看出，贷款风险分类的标准有一条最核心的内容，就是贷款归还的可能性。而决定贷款能否偿还，借款人的还款能力是最主要的因素。在法制健全的情况下，借款人的还款能力几乎是唯一重要的因素。在我国当前的情况下，有些借款人明明有能力还款，却偏偏赖账不还，而银行又无法通过法律程序迅速地保全资产。因此还款意愿也影响着还款的可能性。但是究其实质，还款能力还是占主导地位的因素之一。

（二）五级分类的标准

1. 正常类贷款是指借款人的财务状况无懈可击，没有任何理由怀疑贷款的本息偿还会发生任何问题。
2. 关注类贷款是指贷款的本息偿还仍然正常，但是发生了一些可能会影响贷款偿还的不利因素。如果这些因素继续下去，则有可能会影响贷款的偿还。因此，对这类贷款要给予关注，或对其进行监控。这类贷款的损失概率充其量不超过5%。逾期90～180天的贷款，至少要被划分为关注类。
3. 次级类贷款是指借款人依靠其正常经营收入已经无法偿还贷款本息，而不得不通过重新融资或拆东墙补西墙的办法来归还贷款。贷款本息损失的概率在30%～50%。从期限上考察，逾期在181～360天的贷款，至少要被划分为次级类。
4. 可疑类贷款具备次级类贷款的所有症状，但是程度更加严重。如果是有抵押担保的贷款，即使履行抵押担保，贷款本息也注定要发生损失。只是由于该贷款正在重组等原因，对损失的程度尚难以确定，故为"可疑"。一般来说，这类贷款的损失概率在50%～75%。从期限上考察，逾期在360～720天的贷款，至少要被划分为可疑类贷款。
5. 损失类贷款是指无论采取什么措施和履行什么程序，贷款都注定要损失。或者虽然能够收回极少部分，但其价值已经微乎其微，从银行的角度看，已没有意义将其作为银行的资产在账面上保留。不用说，这类贷款的损失概率基本上在95%～100%。如果贷款逾期在720天以上，肯定要被划分为损失类，并应该在履行必要内部程序之后，立即冲销。

【实训操作】

(一) 不良贷款结转

1. 实训任务。上述案例中,贷款到期后深圳新银贸易有限公司未能如期偿还,展期6个月后仍无力偿还,反复催收无果,贷款到期15个月后还没有结清,本行进行结转不良贷款操作。

2. 操作提示。

(1) 完成贷款的借据管理—贷款发放—部分还贷等操作。

(2) 进行结转不良贷款操作时,录入该笔贷款的借据号,进行"查询"。窗口显示该贷款账户的相关信息,如客户号、客户名称、合同号、贷款类别、存款账号、贷款账号、贷款金额、还款利率、贷款日期、还款日期、尚余本金、贷款状态等。

(3) 在操作界面填写结转日期和贷款余额,即可执行"结转不良贷款"操作(见图1-7-16)。

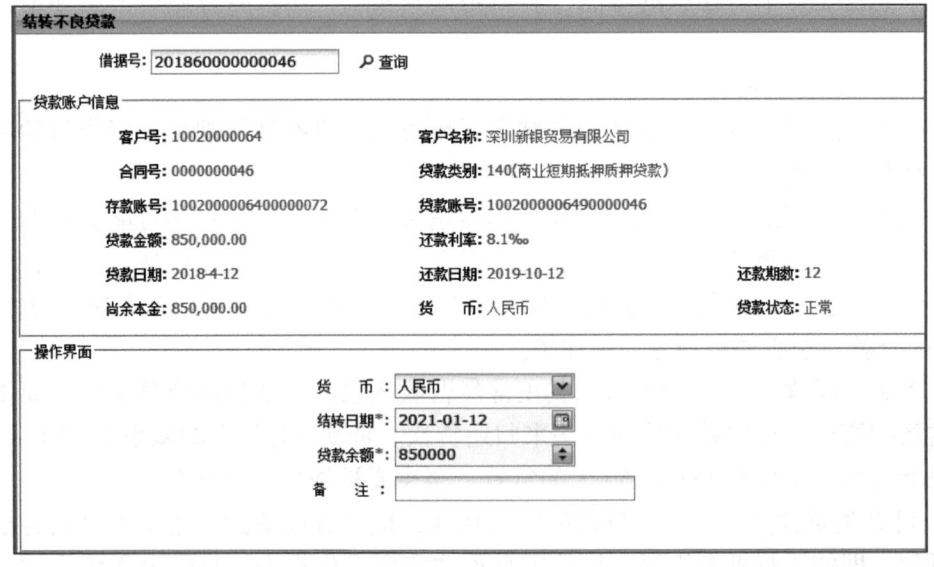

图1-7-16 结转不良贷款

(4) 90 < 结转日期 – 还款日期 ≤ 180,逾期类别为次级贷款,结转过后贷款状态为次级贷款;180 < 结转日期 – 还款日期 ≤ 360,逾期类别为可疑贷款,结转过后贷款状态为可疑贷款;结转日期 – 还款日期 > 360,逾期类别为损失贷款,结转过后贷款状态为损失贷款。

借据号状态为正常状态时,可以结转为任何状态;借据号状态为次级贷款时,只能结转为可疑贷款和损失贷款;借据号状态为可疑贷款时,只能结转为损失贷款。

逾期类别包括次级贷款、可疑贷款和损失贷款。

(5) 合同编号为当前年月日 +7 位数字，例如：201801190000001。

（二）可疑（或损失）贷款核销

1. 实训任务。上一案例中的深圳新银贸易有限公司结转不良贷款后，仍未能偿还剩余本金，本行做核销处理。根据该笔贷款逾期的时间，可分别做可疑贷款核销或损失贷款核销。

2. 操作提示。

（1）进行"可疑贷款核销"或"损失贷款核销"的操作时，录入该笔贷款的借据号，进行"查询"。窗口显示该贷款账户的相关信息，如客户号、客户名称、合同号、贷款类别、存款账号、贷款账号、贷款金额、还款利率、贷款日期、还款日期、尚余本金、贷款状态等，其中贷款状态为"可疑"的，做可疑贷款操作，贷款状态为"损失"的，做损失贷款操作。

（2）在操作界面，填写核销余额和选择货币币种（系统默认人民币），即可执行"结转不良贷款"操作（见图 1 – 7 – 17）。

图 1 – 7 – 17　损失贷款核销

（三）抵债资产处理

1. 实训任务。上一案例中的深圳新银贸易有限公司做贷款损失核销后，依据相关的法律程序，对该笔贷款的抵押质押品进行拍卖变卖，做抵债资产处理，作价金额 685000 元，冲抵贷款本金。

2. 操作提示。

（1）进行"抵债资产处理"的操作时，录入该笔贷款的借据号，进行"查询"。窗口显示该贷款账户的相关信息，如客户号、客户名称、合同号、贷款类别、存款账号、贷款账号、贷款金额、还款利率、贷款日期、还款日期、尚余本金、贷款状态等。

(2) 在操作界面,根据风险控制部门实际处置抵债资产的情况,如实填写该笔贷款的抵押或质押资产的作价余额,即可执行"抵债资产处理"操作(见图1-7-18)。

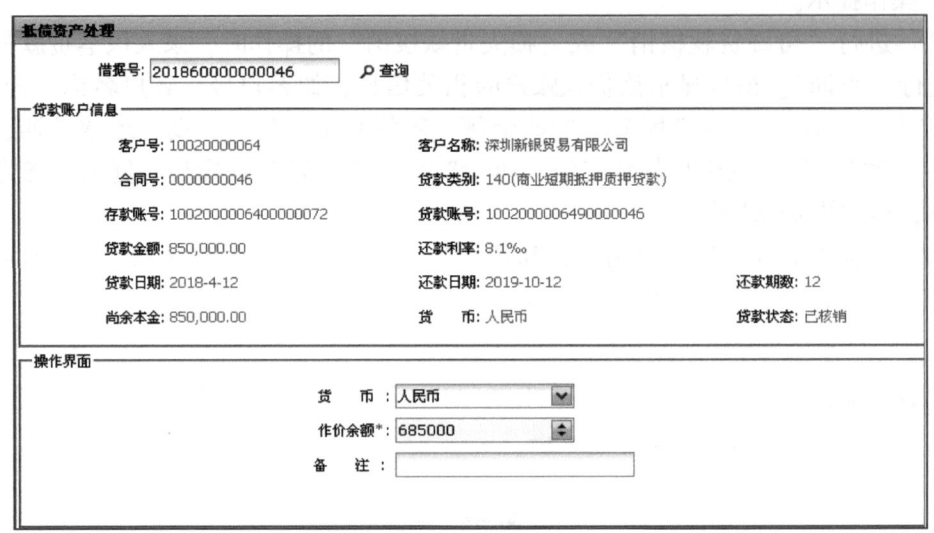

图1-7-18 抵债资产处理

四、贷款收息

(一) 单个账户自动收息

1. 实训任务。客户深圳仲岳股份有限公司在本行申请到一笔贷款,公司会计凭贷款合同前来办理借款手续。本行为其新建借据,并正常发放贷款。系统为该笔贷款账户每一期按时自动收息。

深圳仲岳股份有限公司在本行申请到的这笔贷款,以其基本户来本行办理"商业短期抵押质押贷款"合同管理业务,并将该笔贷款与公司的基本户存款账户进行相关联,贷款金额为70万元,贷款月利率为5.60‰,担保方式为抵押,贷款用途为流动资金,还款期限为1年。本行将贷款全部发放给深圳仲岳股份有限公司。

2. 操作提示。

(1) 进行"单个账户自动收息"的操作时,录入该客户的存款账户,进行"查询"。窗口显示该存款账户的相关信息,如账号、客户名称、应收利息和、业务品种、账户余额、可用余额、账户状态等(见图1-7-19)。

(2) 核对应收利息和与台账是否相符,如一致,即可执行"单个账户自动收息"操作。

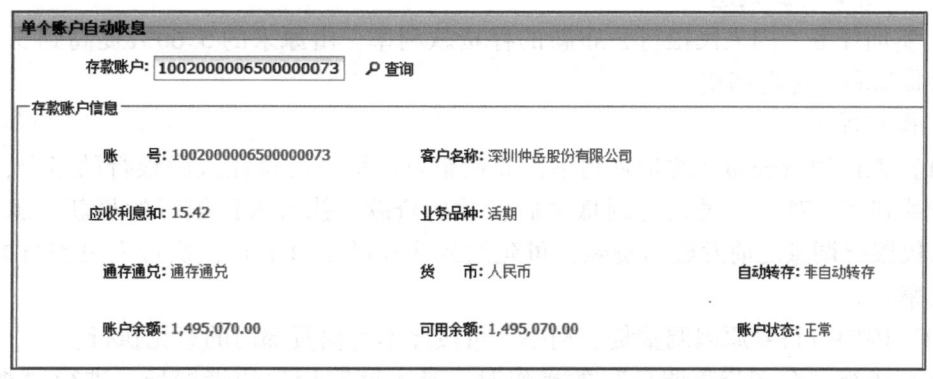

图 1 – 7 – 19　单个账户自动收息

（二）拆笔自动收息

1. 实训任务。上一案例中的深圳新银贸易有限公司，贷款到期后自称无法偿还剩余本金，只能偿还贷款利息，本行进行拆笔自动收息操作，收取利息。

2. 操作提示。

（1）进行"拆笔自动收息"的操作时，录入该客户的存款账户，进行"查询"。窗口显示该存款账户的相关信息，如账号、客户名称、应收利息和、业务品种、账户余额、可用余额、账户状态等。

（2）在操作界面填写"借据号"和"收息金额"，其中，收息金额应与应收利息和一致，即可执行"拆笔自动收息"操作（见图 1 – 7 – 20）。

图 1 – 7 – 20　拆笔自动收息

217

（三）公司贷款调息

1. 实训任务。因人民银行公布新的存贷款利率，由原来的5.60‰提高到5.80‰，本行对贷款利率进行调整。

2. 操作提示。

（1）人民银行公布新的贷款利率，商业银行应该及时遵照人民银行的指令，实时调整贷款利率。对于人民银行调息之后发放的贷款，执行人民银行的最新贷款利率；对于人民银行调息之前发放的贷款，可延续到次年的1月1日，执行人民银行的最新贷款利率。

（2）因银行自身原因调整贷款利率，可按照本行信贷部门的意见执行。

（3）进行"公司贷款调息"的操作时，录入该笔贷款的借据号，进行"查询"。窗口显示该笔贷款合同的相关信息，如客户号、客户名称、总期数、存款账户、贷款日期、每期金额、贷款类别、贷款金额、贷款利率、尚余本金、还款日期、贷款状态等。

（4）在操作界面填写"调息方式""新贷款月利率"或"调整比例""起始日期"等，即可执行"公司贷款调息"操作（见图1-7-21）。

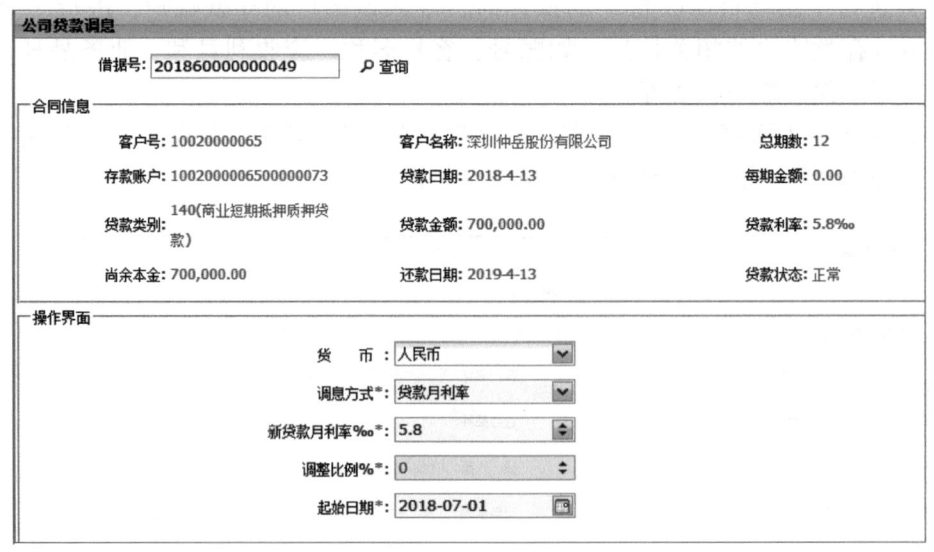

图1-7-21 公司贷款调息

五、贷款查询

为便于即时了解贷款的相关信息，系统中常常设置一些查询功能。录入存款账户，点击"查询"，即可进行"放款记录查询""还款记录查询""到期贷款记录查询"、"应收利息明细查询"等（见图1-7-22至图1-7-25）。

项目七 贷款业务

(一) 放款记录查询

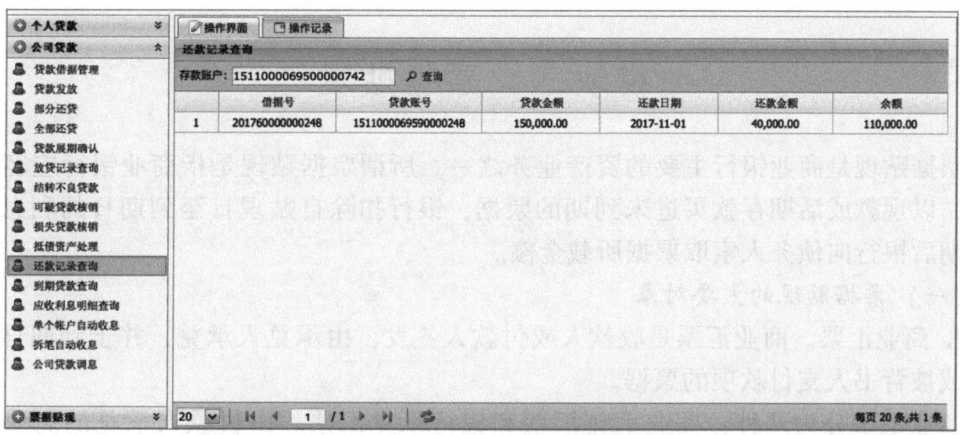

图1-7-22 放款记录查询

(二) 还款记录查询

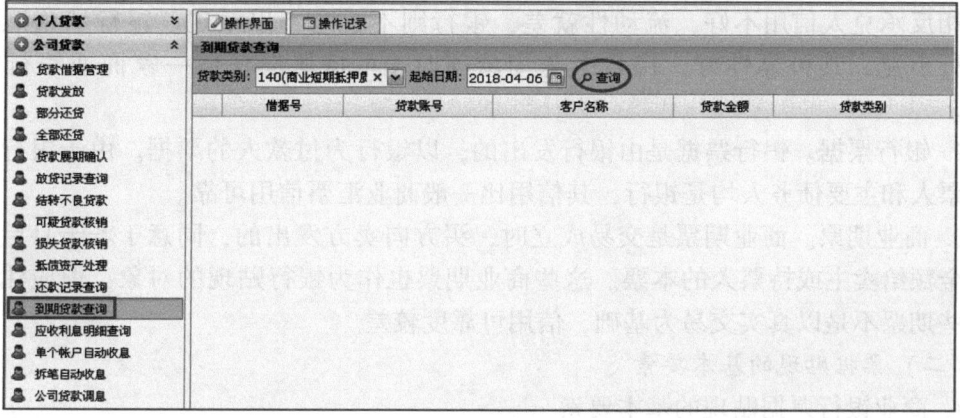

图1-7-23 还款记录查询

(三) 到期贷款记录查询

图1-7-24 到期贷款记录查询

219

（四）应收利息明细查询

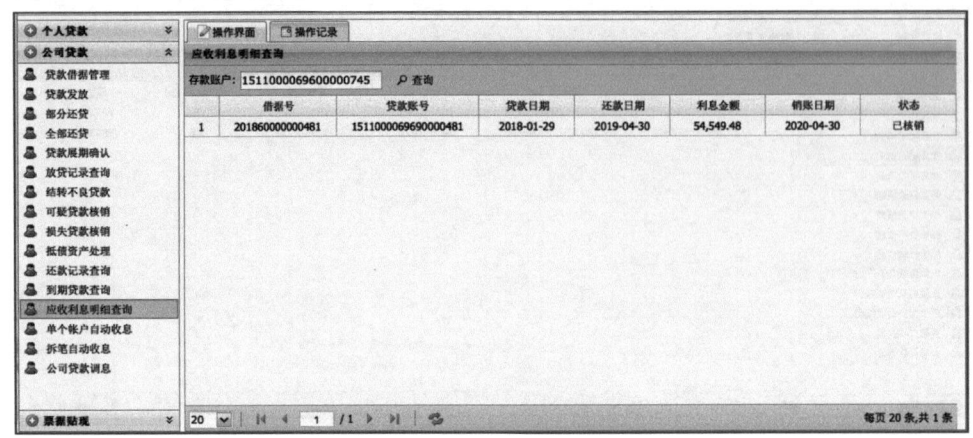

图 1－7－25　应收利息明细查询

模块三　票据贴现

票据贴现是商业银行主要的资产业务之一。所谓票据贴现是指商业银行应客户的要求，以现款或活期存款买进未到期的票据，银行扣除自贴现日至到期日的利息，票据到期后银行向债务人索取票据所载金额。

（一）票据贴现的主要对象

1. 商业汇票。商业汇票是收款人或付款人签发，由承兑人承兑，并于到期日向收款人或被背书人支付款项的票据。

商业汇票分为两种：商业承兑汇票和银行承兑汇票。由付款人承兑的商业汇票称为商业承兑汇票，由银行承兑的商业汇票称为银行承兑汇票。商业承兑汇票的流动性根据承兑人的信用而定，如果承兑人信用好，流动性就高，银行也愿意予以贴现；相反承兑人信用不好，流动性就差，银行则不愿意予以贴现。银行承兑汇票是由银行承兑，其可靠性好，持票人急用款项时，可持票向任何一家商业银行申请贴现。

2. 银行票据。银行票据是由银行发出的，以银行为付款人的票据。由于银行票据的出票人和主要债务人均是银行，其信用比一般商业汇票信用可靠。

3. 商业期票。商业期票是交易成立时，买方向卖方发出的，同意于若干日后支付一定金额给卖主或持票人的本票。这些商业期票也作为银行贴现的对象，但应注意的是这些期票不是以真实交易为基础，信用可靠度较差。

（二）票据贴现的基本要素

1. 商业银行票据贴现的基本要素

（1）贴现额：指按汇票的票面金额来核定。

（2）贴现期：指贴现银行向贴现申请人支付票款之日起至该汇票到期日为止的期限。

（3）贴现率：将未来支付改变为现值所使用的利率，或指持票人以未到期的票据向银行要求兑现，银行将利息先行扣除所使用的利率。

上述三个基本要素确定以后可以计算出银行实际付给贴现申请人的金额。银行办理贴现时应对贴现申请人和票据进行审查，如果不符合相关要求不能贴现。

2. 银行进行审查的主要内容

票据的各项内容是否合法、齐全；票据的安全性如何；背书人的信用程度及人数多少；票据的期限；贴现数额的限度。

（三）票据贴现与贷款的区别

1. 主要区别

（1）期限不同：票据贴现的期限大多数在6个月以内，而贷款即使是短期贷款也多数为6个月以上1年以内，而中长期贷款均为1年以上。

（2）收息方法不同：票据贴现是贴现日预先扣收利息，而贷款利息往往是按月（或季）结算并收取利息。不少贷款是还清本金时一并计算利息并收取。

（3）当事人不同：票据贴现的当事人有银行、票据出票人、承兑人以及持票人即申请贴现人，而贷款的当事人为银行、借款人和保证人等。

（4）清偿方式不同：票据贴现是一种票据买卖关系，申请贴现人是向银行卖出票据，票据由承兑人承兑到期无条件清偿的责任，贴现银行在票据到期日凭票向承兑人收款，只有在票据被拒付时，才向申请人追索。贷款一般由借款人还本付息，如果是保证贷款，保证人应承担连带责任。

【实训操作】

一、贴现放款

（一）贴现放款

1. 实训任务。现有一张纸质银行承兑汇票需要进行承兑登记。出票人为深圳南庆钢铁贸易有限公司，收款人为深圳仲岳股份有限公司，承兑人为智盛模拟商业银行有限公司。票据金额为850万元，6个月后票据到期。

票据到期前5个月，该票据申请贴现，柜员进行贴现登记，当期贴现利率为3.5‰，登记以后该票据贴现放款，放款金额等于贴现余额。

2. 操作提示。

（1）作为持票人向银行申请贴现的行为，是申请贷款的另一种形式。在通过了信贷审查和风险控制部门的审核同意后，银行柜面可以办理贴现放款。因此，本业务的操作流程为：持票人来银行办理贷款借据管理—向银行申请贴现放款。

（2）在"纸票承兑登记"模块中，完成"纸票承兑登记"和"纸票贴现登记"（见图1-7-26、图1-7-27）。

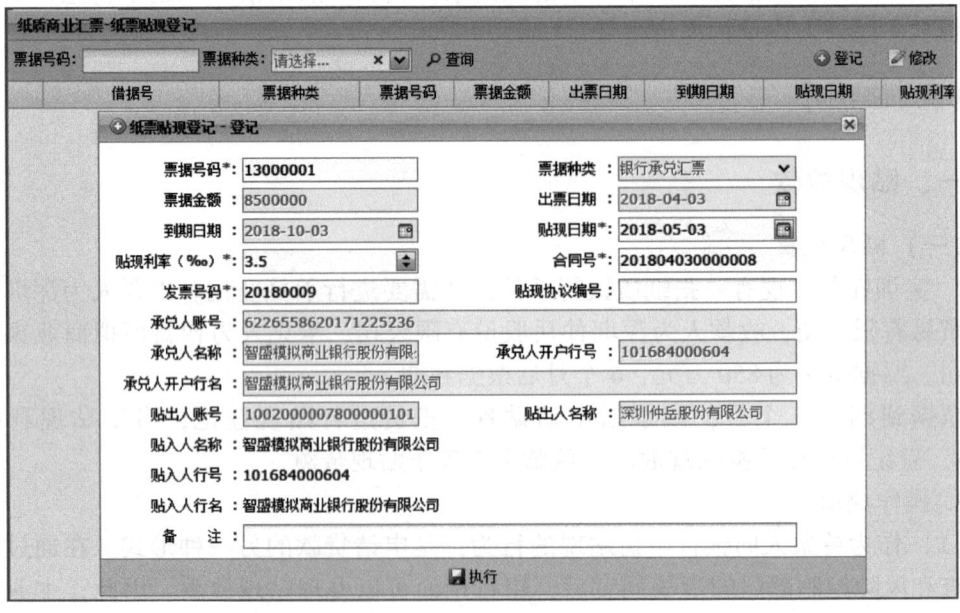

图1-7-26 纸票承兑登记

图1-7-27 纸票贴现登记

（3）在"票据贴现"模块中，填写"放款日期"和"放款金额"，完成"贴现放款"操作。其中"放款金额"为"贴现余额"（见图1-7-28）。

图1-7-28 贴现放款登记

（二）贴现放款撤销

因操作错误或接受上级指令，可撤销贴现放款操作。使用错误操作的交易流水号进行查询，"票据信息"窗口中显示出该票据的所有信息。在"操作界面"，填写"放款日期"和"放款金额"，完成"贴现放款撤销"操作。

二、贴现转出

（一）贴现转出

1. 实训任务。上述案例中的票据到期前4个月，该票据申请转贴现，柜员进行转贴现登记，转贴现利率为3.3‰，贴入人行号为103584000324（中国农业银行股份有限公司）；进行贴现类型为卖断转贴的交易，本行柜员为其办理贴现转出业务。

2. 操作提示。

（1）填写在上一案例中系统自动产生的借据号，"票据信息"窗口中显示出该票据的所有信息。

（2）在"操作界面"，选择贴现类型"贴现""转贴现"和"再贴现"；根据题意确定"转出日期"和"转回日期"。点击"执行"，完成"贴现转出"操作（见图1-7-29、图1-7-30）。

（二）贴现转出撤销

因操作错误或接受上级指令，可撤销贴现转出操作。使用错误操作的交易流水号进行查询，"票据信息"窗口中显示出该票据的所有信息。在"操作界面"，选择贴现类型"贴现""转贴现"和"再贴现"；根据题意确定"转出日期"和"转回日期"。点击"执行"，完成"贴现转出撤销"操作。

图 1-7-29 转贴现登记

图 1-7-30 贴现转出登记

三、已转出贴现转回

(一) 已转出贴现转回

1. 实训任务。上述案例中，将转出贴现进行转回操作，本行柜员办理已转出贴现转回业务，转回类型为核销。

2. 操作提示。

(1) 填写在上一案例中系统自动产生的借据号,"票据信息"窗口中显示出该票据的所有信息。

(2) 在"操作界面",选择转回类型:"回购"或"核销"。点击"执行",完成"已转出贴现转回"操作(见图 1 – 7 – 31)。

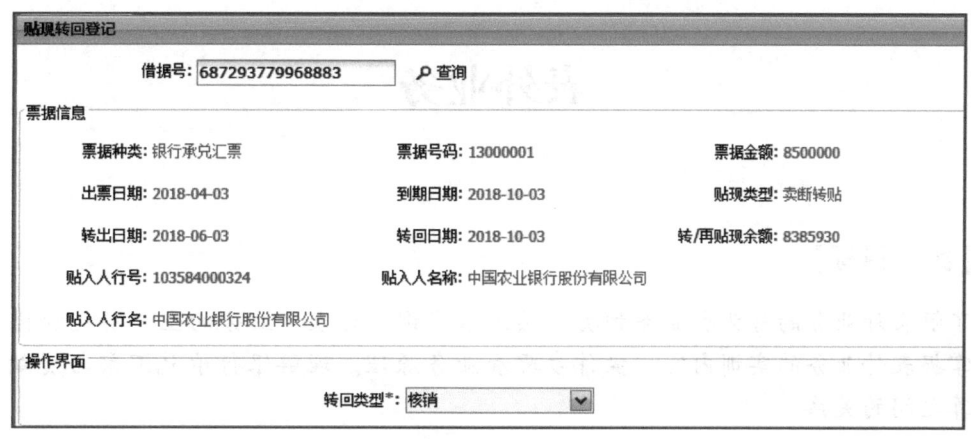

图 1 – 7 – 31　贴现转回登记

(二) 贴现转回撤销

因操作错误或接受上级指令,可撤销贴现转回操作。使用错误操作的交易流水号进行查询,"票据信息"窗口中显示出该票据的所有信息。在"操作界面",选择转回类型"回购"或"核销",完成"贴现转回撤销"操作。

项目八

表外业务

【实训目标】

了解表外业务的含义和业务种类,熟悉本实训平台表外业务的主要功能和操作模块,掌握表外业务的实训内容、操作步骤和业务原理。理解银行承兑汇票与贷款、支付结算之间的关系。

表外业务是指商业银行从事的不列入资产负债表,但影响银行当期损益的经营活动。主要包括担保类、承诺类和金融衍生交易类业务。本章节主要介绍银行承兑汇票、保函业务、收费业务和资信证明等业务的操作。

模块一 银行承兑汇票

银行承兑汇票是由在承兑银行开立存款账户的存款人出票,向开户银行申请并经银行审查同意承兑的,保证在指定日期无条件支付确定的金额给收款人或持票人的票据。银行承兑汇票是由出票人签发并由其开户银行承兑的票据。银行承兑汇票在流转过程中,分为签发—托收(或背书或贴现)两个环节,本模块主要介绍签发银行承兑汇票这一环节,托收、背书或贴现环节在项目六"支付结算"和项目七"贷款业务"中分别介绍。

(一)银行承兑的概念

银行承兑业务是指签发银行承兑汇票的出票人,向其开户银行申请承兑,银行审查同意签章承兑后,将汇票交付给出票人,在约定的到期日,汇票的收款人或持票人凭票委托其开户银行办理收款,承兑银行见票后无条件支付票款的业务。

(二)银行承兑的功能

商业银行开办银行承兑业务可以利用银行信用为客户提供担保,加快客户资金结算效率,推动市场信用体系的建立。随着市场经济不断丰富,企业的支付方式也不断多样化,其中银行承兑汇票是一种十分重要和有效的方式。

（三）银行承兑的风险提示

1. 出票人签发银行承兑汇票必须有真实的商品交易为依据，即银行不得对外签发融资性票据。银行对签发无真实或无对价交易的汇票申请承兑的应拒绝受理，防止出票人利用银行承兑汇票拆借资金或套取其他银行贴现资金，并将此违反票据法的行为记入出票人的不良信用记录。

2. 承兑申请人应根据自身的资信情况交存相应比例的保证金，承兑行应按信用等级不同分别确定承兑申请人应交存的保证金作为担保。以存单、国库券等安全系数高、变现能力强的有价证券作质押担保的，其质押价值可相应抵冲应交存的保证金，其质押率最高不得超过90%，但若以本行出具的存单作质押担保的，其质押率可按100%执行。以外资银行出具备用信用证作为银行承兑担保的，其开证金额可相应抵冲应交存的保证金，但开证银行的资信状况及备用信用证的真实性必须验证审查和确认。

3. 承兑金额大于交存保证金的差额部分，承兑申请人应提供银行认可的其他担保。

【实训操作】

（一）承兑汇票录入

1. 实训任务。客户深圳南庆钢铁贸易有限公司作为出票人签发了一张期限6个月的银行承兑汇票，票据金额180万元，收款人为深圳新银贸易有限公司，客户深圳南庆钢铁贸易有限公司缴纳保证金比例40%，手续费率0.5‰，垫款利率10‰，柜员录入此出票信息。

银行承兑汇票

2. 操作提示。

（1）正常的签发银行承兑汇票的流程是：签发录入—记账（或批量记账）—到期备付。

（2）根据案例给予的条件，逐一录入票面信息。如客户号、出票人账户、票据号码（银行承兑汇票的凭证号）、票据金额、合同号（合同编号为当前年月日+7位数字，例如：201801300000001，顺延下去）、收款人账号、票据到期日、保证金账号（通常为出票人账号一致）、保证金比例、垫款利率、手续费率等，系统自动搜寻出出票人名称、收款人名称，自动计算出保证金金额、手续费金额等（见图1-8-1）。

（3）执行后产生的实验结果，学生需记录借据号，以备后续实验之用。

（二）承兑汇票记账及批量记账

1. 实训任务。按照上一案例的条件继续操作，给予该银行承兑汇票记账。记账分单一票据记账和批量记账两种方式。

2. 操作提示。

（1）银行承兑汇票单一记账：录入上一实验步骤产生的借据号，查询后，在窗口显示出该票据的信息，审核确认无误后，点击"执行"，完成记账操作。

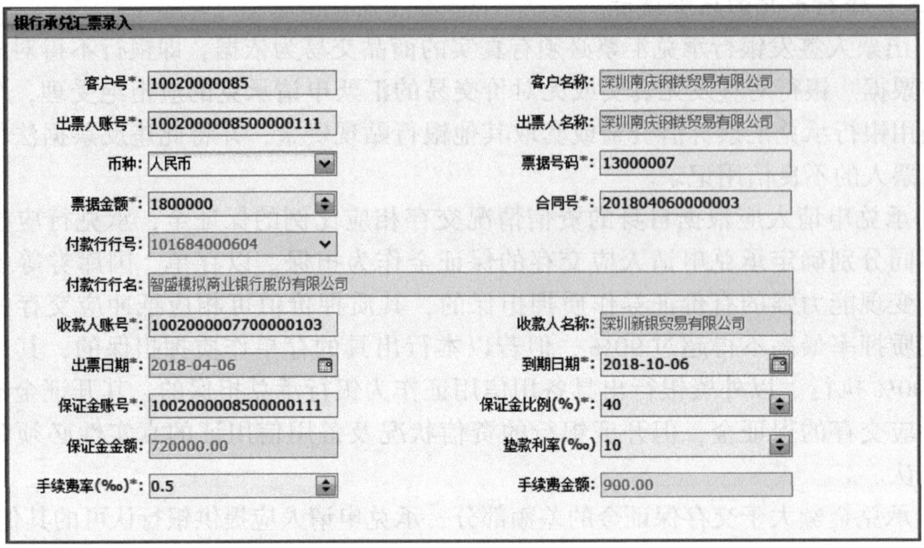

银行承兑汇票录入

客户号*: 10020000085　　客户名称: 深圳南庆钢铁贸易有限公司
出票人账号*: 1002000008500000111　　出票人名称: 深圳南庆钢铁贸易有限公司
币种: 人民币　　票据号码*: 13000007
票据金额*: 1800000　　合同号*: 201804060000003
付款行行号: 101684000604
付款行行名: 智盛模拟商业银行股份有限公司
收款人账号*: 1002000007700000103　　收款人名称: 深圳新银贸易有限公司
出票日期*: 2018-04-06　　到期日期*: 2018-10-06
保证金账号*: 1002000008500000111　　保证金比例(%)*: 40
保证金金额: 720000.00　　垫款利率(‰): 10
手续费率(‰)*: 0.5　　手续费金额: 900.00

图 1 –8 –1　承兑汇票录入

（2）如果有多张银行承兑汇票同时需要记账，可采用批量记账的方式。录入该票据的合同号，选择“未签发”，显示出载有银行承兑汇票信息的一条记录，审核确认无误后，在每一条记录前的小方框中打“✓”，完成批量记账操作（见图 1 –8 –2、图 1 –8 –3）。

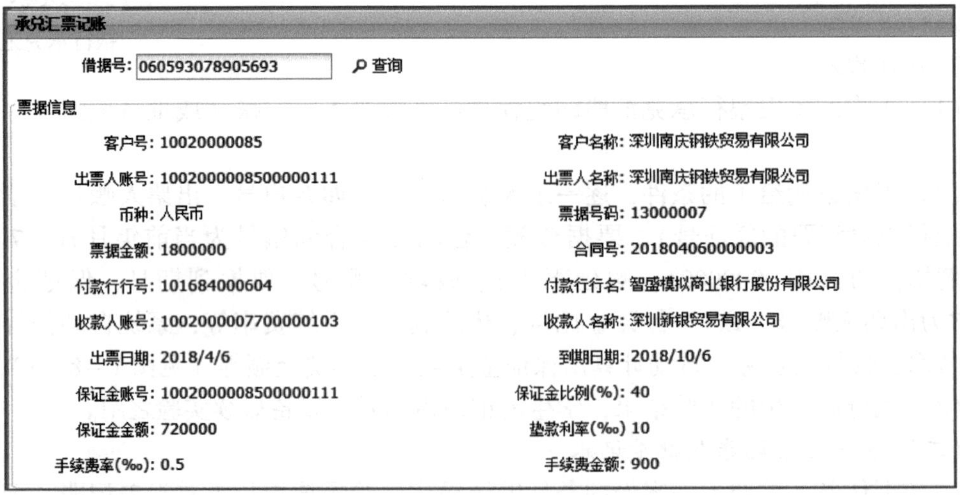

承兑汇票记账

借据号: 060593078905693　查询

票据信息

客户号: 10020000085　　客户名称: 深圳南庆钢铁贸易有限公司
出票人账号: 1002000008500000111　　出票人名称: 深圳南庆钢铁贸易有限公司
币种: 人民币　　票据号码: 13000007
票据金额: 1800000　　合同号: 201804060000003
付款行行号: 101684000604　　付款行行名: 智盛模拟商业银行股份有限公司
收款人账号: 1002000007700000103　　收款人名称: 深圳新银贸易有限公司
出票日期: 2018/4/6　　到期日期: 2018/10/6
保证金账号: 1002000008500000111　　保证金比例(%): 40
保证金金额: 720000　　垫款利率(‰) 10
手续费率(‰): 0.5　　手续费金额: 900

图 1 –8 –2　承兑汇票记账

（三）到期备付

银行承兑汇票到期备付（见图 1 –8 –4）。

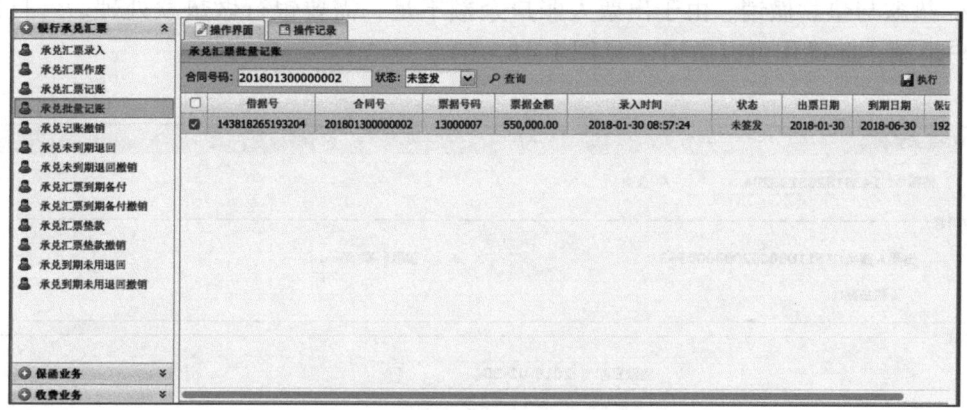

图 1-8-3 承兑汇票批量记账

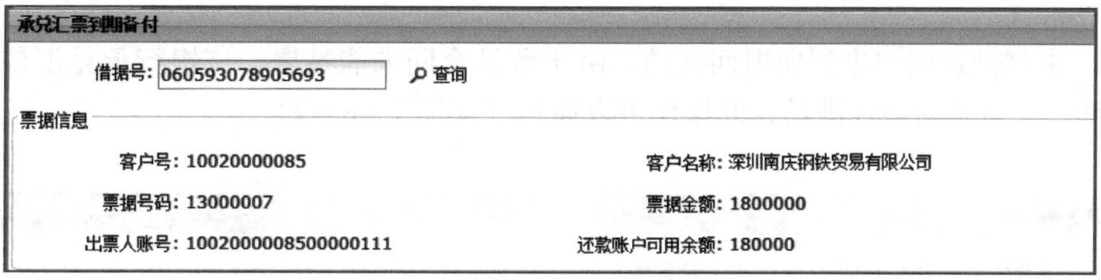

图 1-8-4 承兑汇票到期备付

(四) 承兑汇票特殊处理

在签发银行承兑汇票时，可能出现一些特殊情况。如由于填写错误，客户作废了该张银行承兑汇票；由于贸易合同未能签署，该银行承兑汇票未到期退回；由于贸易未能成交，该银行承兑汇票到期未用退回；由于出票人账户余额不足，需要银行垫款等，需做特殊处理。

1. 作废。由于填写错误等原因，作废该张承兑汇票。已作废的银行承兑汇票，不可重新使用，故此操作不可撤销 (见图 1-8-5)。

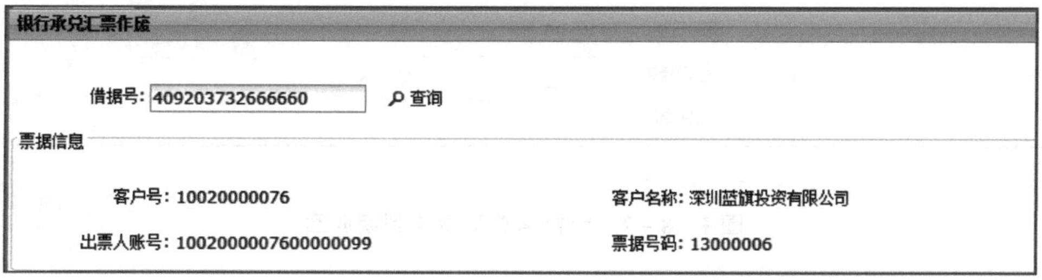

图 1-8-5 银行承兑汇票作废

229

2. 垫款与垫款撤销。由于出票人账户余额不足，需要银行做垫款处理。一旦出票人账户足额，此操作可以撤销（见图1-8-6）。

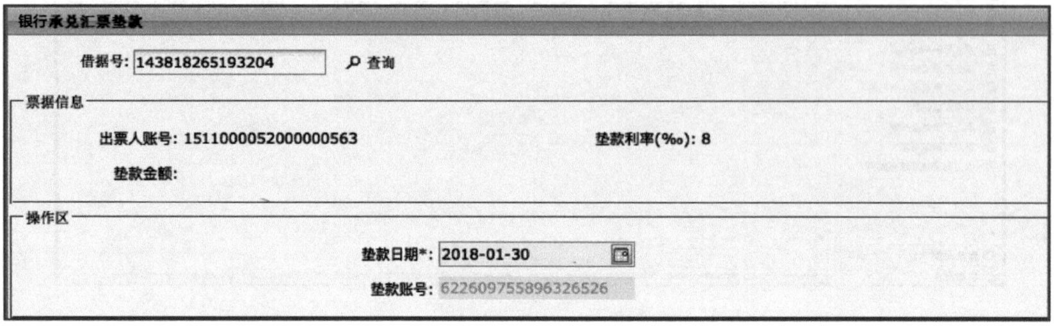

图1-8-6　银行承兑汇票垫款

3. 未到期退回与未到期退回撤销。由于贸易合同未能签署，该银行承兑汇票未到期退回；一旦贸易条件满足，此操作可以撤销（见图1-8-7）。

图1-8-7　银行承兑汇票未到期退回

4. 到期未用退回与到期未用退回撤销。由于贸易未能成交，该银行承兑汇票到期未用退回；一旦贸易条件满足，此操作可以撤销（见图1-8-8）。

```
银行承兑汇票到期未用退回
  借据号: 369447001709427    🔍查询
票据信息
       客户号: 1002000007 银行承兑汇票      客户名称: 深圳新银贸易有限公司
     出票人账号: 1002000007700000103         出票人名称: 深圳新银贸易有限公司
         币种: 人民币                      票据号码: 13000009
       票据金额: 255000                    合同号: 201804090000001
      付款行行号: 101684000604              付款行行名: 智盛模拟商业银行股份有限公司
      收款人账号: 1002000007900000102       收款人名称: 深圳光耀投资有限公司
       出票日期: 2018/4/9                  到期日期: 2018/10/9
      保证金账号: 1002000007700000103       保证金金额: 127500
操作区
           退回原因: 未用退回
```

图1-8-8 银行承兑汇票到期未用退回

模块二 保函业务

(一) 保函的概念

所谓保函就是商业银行应某交易（贸易、合约等）的一方当事人要求，而向交易的另一方担保该交易项下某种责任或义务的履行所作出的，在一定期限内承担一定金额支付责任或经济赔偿责任，并由其或第三方提供反担保业务的书面付款保证承诺。

保函中的委托人与收益人。委托人是指保函基础合同中付款、履约的义务人，在申请保函时称申请人，在签订保函协议时称委托人，在保函签发时又称被担保人。委托人的特定债务行为是指保函基础合同（又称主债务合同）中的付款、履约等义务行为。受益人是指在保函基础合同中接收付款、履约等义务的权利人，同时是保函的接收人。

(二) 保函的内容

保函中记载的主要内容有：

- 保函的受益人名称及其地址；
- 保函申请人名称及其地址；
- 保函的种类及保函的担保目的；
- 与保函有关的合同号、招标号或有关工程项目名称；
- 保函的担保金额及使用的货币；
- 保函的担保期限；
- 保函的赔付条款，即保函的付款承诺及有关索赔条件的具体规定。

(三) 保函的种类

1. 投标保函。投标保函是指在以投标方式成交的购买和承建项目中，招标方为了达到制约各投标人行为之目的而要求投标人通过其银行所开出的一种书面付款保证文件，凭此文件担保银行向招标方作出保证，保证投标人在其报价的有效期内不撤标、不改标、不更改原报价条件，并在其一旦中标后，按照招标文件的规定在一定时间内与招标方签订合同并提交履约保函，如果投标人日后违反以上条件，担保银行将向招标人赔付一定金额的款项作为补偿。

2. 履约保函。履约保函是担保银行应供货方或劳务承包方的请求向买方或业主所作出的一种履约保证承诺，也即担保供货方、劳务承包方诚信、善意、及时地履行合约，倘若以后未能按合约规定及时发运货物、提供劳务或完成承建的工程，以及未能履行合约项下的其他义务，则担保行将向买方或业主支付一笔不超过保函金额的罚款，作为对其损害的补偿及作为对供货方或劳务承包方的惩罚。履约保函是对履约责任者的一种制约手段，迫使他们履行义务，否则将损失这笔相当于合约总金额5%～10%的款项。

3. 预付款保函。预付款保函又称为还款保函，在买卖合同中又可称为定金保函。在大额交易中，买方或业主常须在合约签订的一定时间内向供货方或劳务承包方支付一笔相当于合同价款15%～20%的预付款作为合约的启动资金。买方或业主为了避免今后由于履约责任者拒绝履约或无法履约却又不予退款而无端损失，常常会要求供货方或劳务承包方在买方或业主实施支付前通过其银行开出这种还款保函，由担保银行承诺，一旦申请人未能履约，担保行将在收到买方或业主提出的索赔后向其返还预付款，使买方或业主的预付金能得以收回。

4. 付款保函。付款保函是指银行对合同某一方在合同项下的付款责任所作出的担保，它是由买方或业主通过其银行向卖方或承包方所出具的一种旨在保护贷款支付的付款保证凭信。付款保函作为结算领域中的结算工具和信用中介形式，起到了以银行信用介入商业贸易，用于取代和补充商业信用，从而解决合同双方互不信任的情况，保证贸易和劳务交易的顺利进行。

5. 工程维修保函。银行接受施工单位的请求，向工程业主保证如施工单位在工程竣工后不履行合同约定的工程维修义务，或工程质量不符合合同约定而施工单位又不能维修时，银行将根据工程业主的索赔，按照保函约定承担保证责任。其特点是以商业银行信用作为担保，使客户与业主双方顺利达成合同。

6. 关税保函。银行接受被保证人的请求，向海关保证，如被保证人在商贸活动中违反海关的具体规定或要求，银行将根据海关的索赔，按照保函约定承担保证责任。其特点是在关税保证合同项下银行提供保函服务，商业银行按照保函约定承担担保责任。

7. 留置金保函。银行接受卖方请求，向买方保证，货到后如发现品质与合同不符，货物短量或残损时，银行承诺将买方预支的留置金退还。一般情况下，留置金保函的金额为担保合同总价的5%左右。在买卖合同项下银行提供保函服务,促成买卖双方在合同规定范围内完成交易业务。

(四) 保函的风险提示

1. 管理权限。由于保函业务在资金垫付和合同文本方面存在一定风险,因此各分支行无权对外签发保函,由总行有关部门负责保函业务的日常管理工作,并接受资产负债管理委员会下达的比例指标,负责全行保函业务的总量控制。

2. 保证金。为降低银行风险,客户应根据自身的资信情况提供相应比例的保证金。保证金必须开立保证金专户并以转账方式交付,保证金的利息按单位活期存款利率计算,并执行利随本清的结算办法。保证金与保函金额的差额必须提供反担保,反担保是抵押、质押的,必须执行银行有关抵押、质押贷款管理的规定,并办妥抵押物、质押物的评估、保险、公证、登记或移交手续。

表1-8-1 保函的保证金比例

申请人信用	保证金比例
AAA 级企业	10%~30%
AA 级企业	30%~50%
A 级企业	50%~70%
BBB 级企业	70%~100%
BB 级企业	70%~100%
B 级及以下企业	100%

【实训操作】

(一) 创建保函

在本实训系统中创建保函,并打印保函,即可完成操作。

1. 实训任务。深圳光耀投资有限公司基本户缴纳50%的保证金,开立了一张半年期投标保函,结算账户为保证金账号,借据金额为200万元,开立之后进行打印。

2. 操作提示。

(1) 点击"创建保函",弹出窗口中显示客户号、客户名称、凭证号码、合同开始日期、合同到期日期、保证金账号、结算账号、借据金额、保证金比例、保证金金额、保函品种。

保函业务

(2) 按照案例提供的条件,做必要的填写。执行后,记录借据号、合同号等实验数据(见图1-8-9、图1-8-10)。

(二) 表外收入记账与记账撤销

开立保函后,应进行表外收入记账,如遇填写错误或客户条件变换的情况,此操作可以撤销。

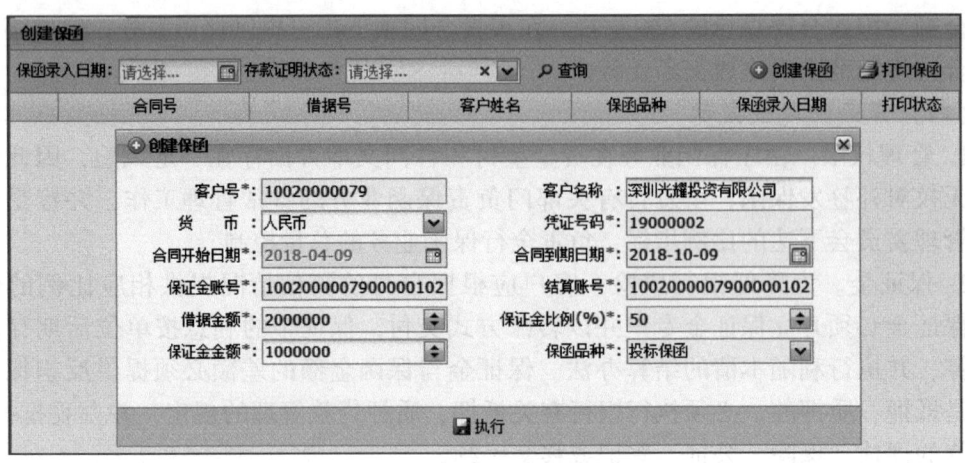

图 1-8-9 创建保函

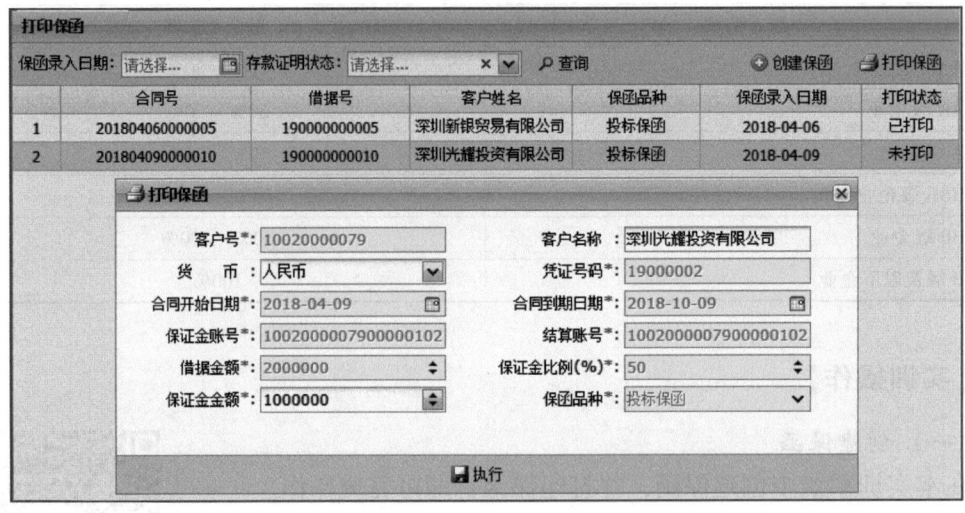

图 1-8-10 打印保函

1. 实训任务。本行对深圳光耀投资有限公司的投标保函进行表外收入记账，手续费率为 0.5‰，垫款利率为 8‰。

2. 操作提示。

（1）录入借据号查询后，窗口显示该保函的相关信息。如客户名称、合同开始日期、保证金账号、结算账号、保证金比例、借据金额、凭证号码等。

（2）按照案例提供的条件，填写手续费率、垫款利率和保函凭证号，系统自动计算出手续费（见图 1-8-11）。

（三）表外付出记账与记账撤销

当保函申请人不能履约时，银行需对保函中的承诺事项进行赔付，即进行表外付出记账。如遇填写错误或客户条件变换的情况，此操作可以撤销。

1. 实训任务。深圳仲岳股份有限公司基本户缴纳 30% 的保证金，向银行申请开立

图1-8-11 表外收入记账

了一张1年期履约保函,结算账户为保证金账号,借据金额为100万元;到期后深圳新银贸易有限公司未能履约,本行不得不为该保函赔付,并做表外付出记账。

2. 操作提示。

(1) 录入借据号查询后,窗口显示该保函的相关信息。如客户名称、合同开始日期、保证金账号、结算账号、保证金比例、借据金额、凭证号码等。

(2) 按照案例提供的条件,填写付出金额和交易类型(正常或赔付)。

(3) 根据账户可用余额进行选择,当可用余额足够支付借据金额时,交易类型为正常;当可用余额不足以支付借据金额时,交易类型为赔付(见图1-8-12)。

图1-8-12 表外付出记账

模块三 收费业务

银行收费业务通常是指在为客户办理业务并提供相关服务时所收取的各种服务费用和手续费,主要以中间业务收费为主。

业务收费一般可分为十大类:支付结算类、银行卡类、代理业务类、理财业务类、担保业务类、承诺业务类、交易业务类、基金托管业务类、咨询顾问类和其他类。

【实训操作】

本实训系统仅就手工收费,进行操作练习。

1. 实训任务。李煦然女士持有效身份证(号码:4431××××××××0568)来本行开立一个I类借记卡账户,预留的手机号为155×××1365,家庭地址:广州黄埔区裕安居2栋305,账户一次性存入现金120000元,银行现金收取工本费10元。

本行为回馈客户,对存款超过10万元的客户,免收手续费。因此柜员为客户李煦然撤销收取的借记卡工本费。

2. 操作提示。录入李煦然借记卡账号查询后,窗口显示出账户信息。填写客户付费方式、证件类型、证件号码、费种类型、付费金额等,审核确认无误后,点击"执行"完成操作。如遇突发情况或客户条件变化,此操作可以撤销(见图1-8-13和图1-8-14)。

图1-8-13 手工收费

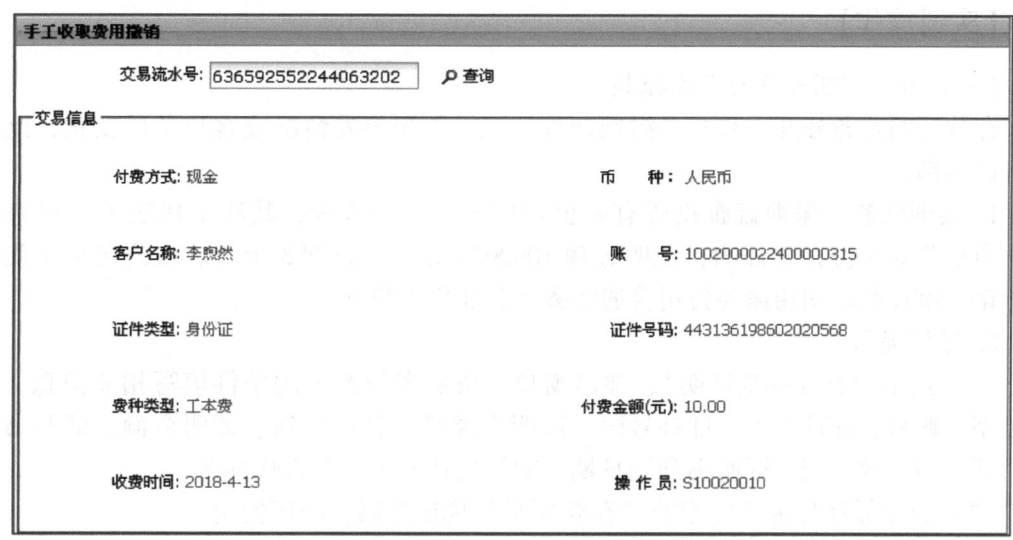

图 1-8-14 撤销手工收费

模块四 资信证明

资信证明是指由银行或其他金融机构出具的具有足以证明他人资产、信用状况的各种文件、凭证等。此类证明文件不论以何种名义、形式出具，核心是证明他人拥有某项资产、债权或具有何种程度的经济实力等。

商业银行的资信证明有信用等级证书和存款证明两种。

（一）信用等级证书

信用等级证书是银行根据客户申请，经过对其信用状况进行调查、审核、评定后，其信用评级结果对外出具并仅用于专门用途的证明文件。

（二）存款证明业务

凡在银行开户的单位或个人因项目招标或其他经济事项的需要，可向银行提出申请出具存款证明。

1. 申请人为单位的，需提供单位经办人身份证件、单位介绍信或单位授权委托书及存款证明接收方要求出具存款证明的书面依据或其他有关证明材料，如公开招标的标书，发布招标信息的报刊、网站、网页资料，政府部门的公告、简报等。

2. 申请人为个人的，本人前来办理，出示有效身份证件及存款证明接收方要求出具存款证明的书面依据。

3. 存款证明仅证明申请人在证明开立前一日在银行的存款余额，而且不具备银行担保效力。对被公、检、法、税、海关等有权部门冻结的款项不得开具存款证明。

【实训操作】

（一）存款证明开立与开立撤销

存款证明业务分开立和开立撤销两种情况。如遇突发情况或客户条件变化，此操作可以撤销。

1. 实训任务。深圳蓝旗投资有限公司因参与项目投标，其法定代表人亲自来本行，申请开立 2 份存款证明，证明金额 1000000 元，有效期 3 个月。该公司法定代表人承诺，该存款证明用途为公司普通业务，并非用于贷款。

2. 操作提示。

（1）点击"开立存款证明"，弹出窗口，按照案例给予的条件填写相关信息：账号类型、账号、证件类型、证件号码、证明书类型、打印份数、证明金额、证明书用途、证明书生效日期、证明书到期日期、起始凭证号码、是否代办等。

（2）起始凭证号为已出库的"存款证明"凭证号码，顺序使用。

（3）如遇突发情况或客户条件变化，此操作可以撤销（见图 1 – 8 – 15、图 1 – 8 – 16）。

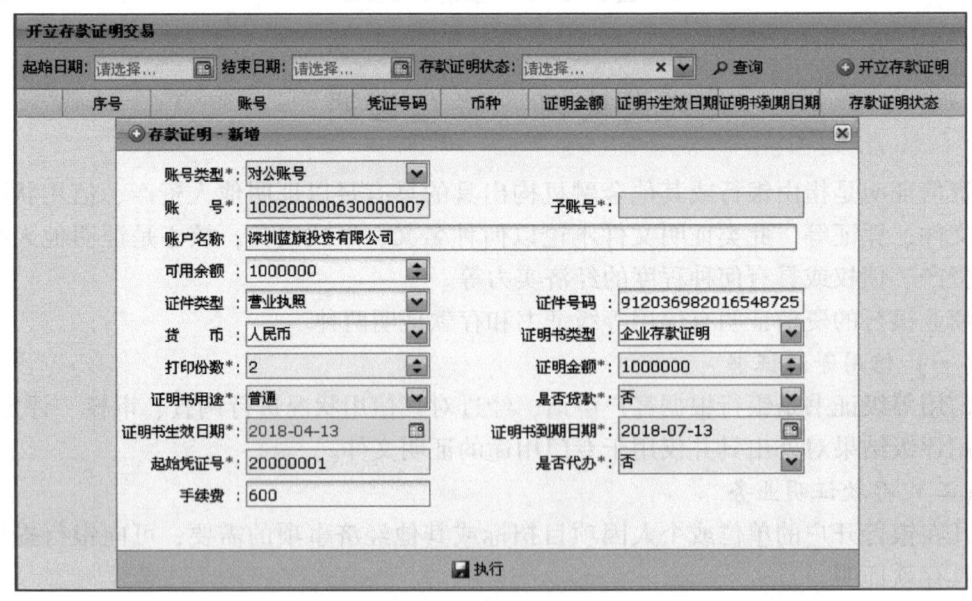

图 1 – 8 – 15 存款证明开立

（二）存款证明补开与补开撤销

1. 实训任务。深圳蓝旗投资有限公司财务人员不慎将所有存款证明遗失，法定代表人亲自来本行办理补开业务。后来该公司财务人员找回遗失的存款证明，法定代表人亲自来本行办理存款证明补开撤销。

2. 操作提示。

（1）点击"补开存款证明"，弹出窗口。录入证明书序号，显示出该证明书的相

项目八 表外业务

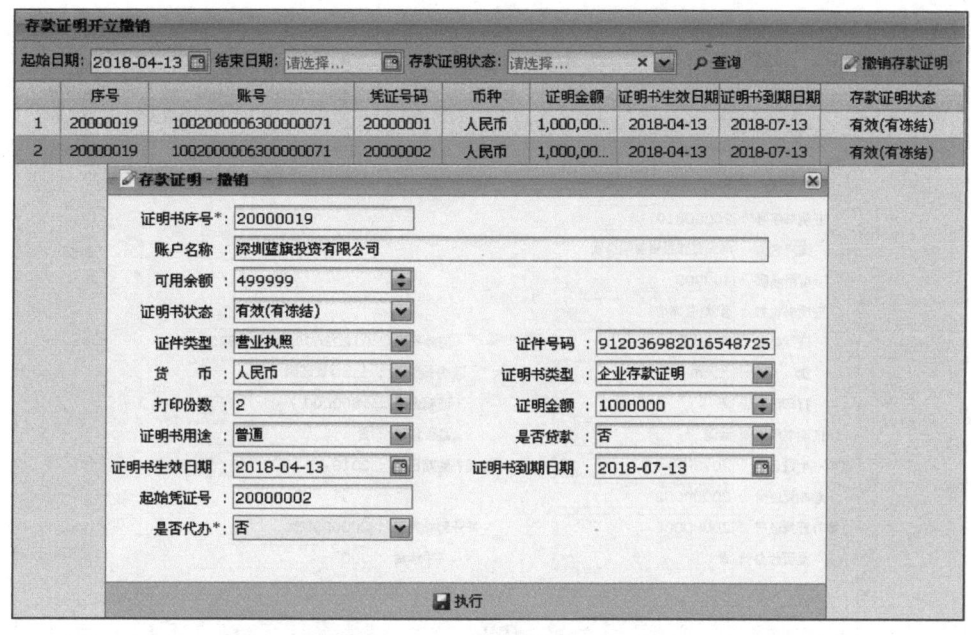

图1-8-16 存款证明开立撤销

关信息：账户名称、可用余额、证明书状态、证件类型、证件号码、证明书类型、打印份数、证明金额、证明书用途、证明书生效日期、证明书到期日期、起始凭证号码、补开份数、补开起始凭证、是否代办等。

（2）证明书序号为本行录入证明书序号，所有已使用的证明书序列号，可到"开立存款证明"的操作记录中查询。

（3）如遇突发情况或客户条件变化，此操作可以撤销（见图1-8-17、图1-8-18）。

（三）存款证明到期解冻与提前解冻

存款证明解冻业务分到期解冻和提前解冻两种情况。

1. 实训任务。

（1）客户深圳蓝旗投资有限公司的法定代表人于到期日当天，来本行办理存款证明到期解冻手续（见图1-8-19）。

（2）客户花楹因出国旅游，需银行为其出具存款证明2份，证明金额50000元，期限3个月，柜员按规定为客户本人办理资信证明。两个月旅游结束回国后，客户花楹要求办理其存款证明提前解冻业务。

2. 操作提示。

（1）点击"存款证明到期解冻"或"存款证明提前解冻"，弹出窗口。录入证明书序号，显示出该证明书的相关信息：账户名称、可用余额、证明书状态、证件类型、证件号码、证明书类型、打印份数、证明金额、证明书用途、证明书生效日期、证明书到期

资信证明业务

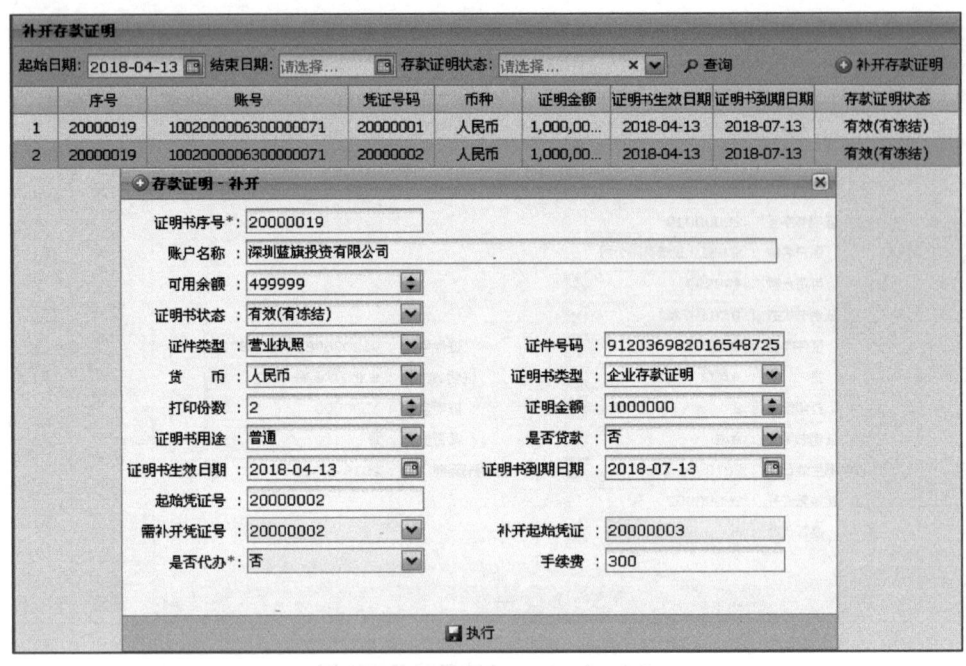

图1-8-17 存款证明补开

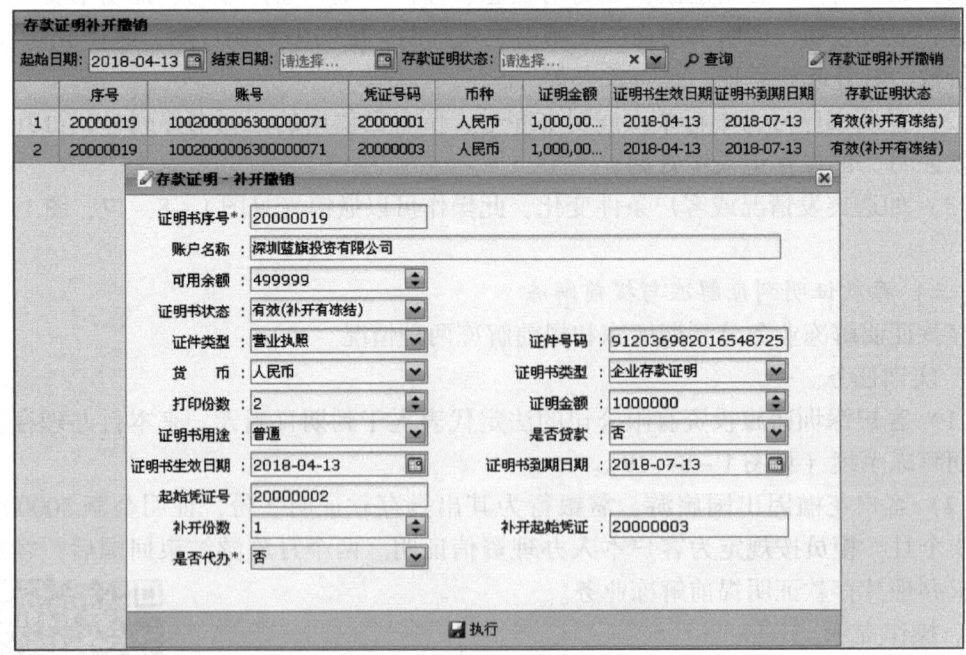

图1-8-18 存款证明补开撤销

日期、起始凭证号码、提前解冻日期、是否代办手续费等。

(2) 证明书序号为本行所有已使用的证明书序列号,可到"开立存款证明"的操

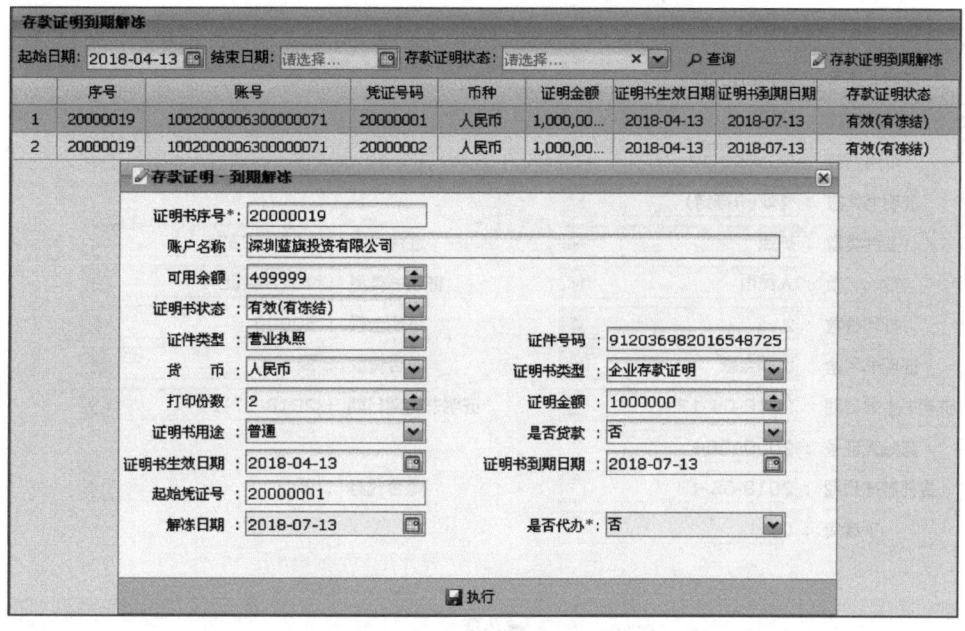

图 1-8-19 存款证明到期解冻

作记录中查询。

（3）解冻后的"存款证明"为无效证明（见图1-8-20、图1-8-21）。

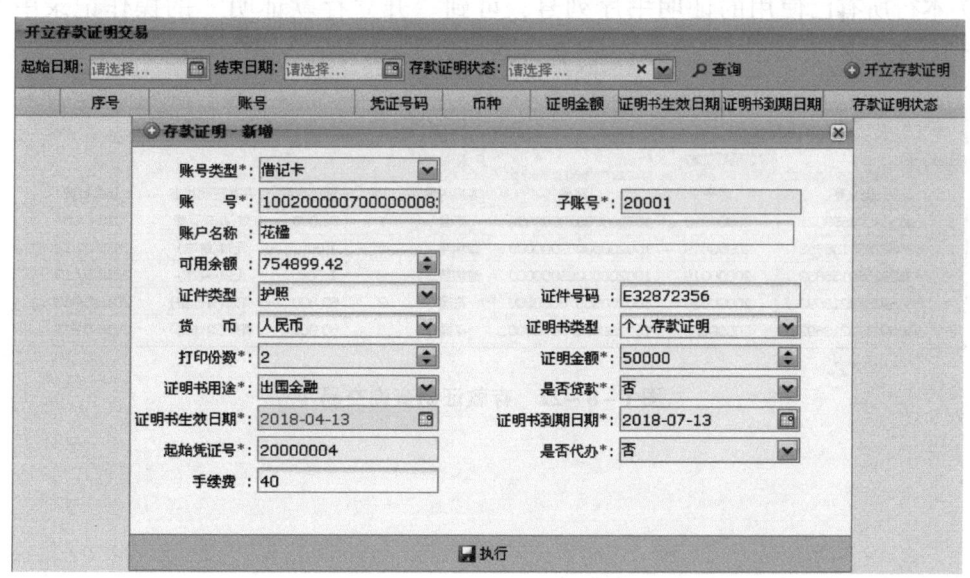

图 1-8-20 存款证明开立

（四）存款证明查询

1. 实训任务。柜员根据业务需要，进行"存款证明查询"操作。
2. 操作提示。点击"存款证明查询交易"，弹出窗口，录入证明书序号，选择

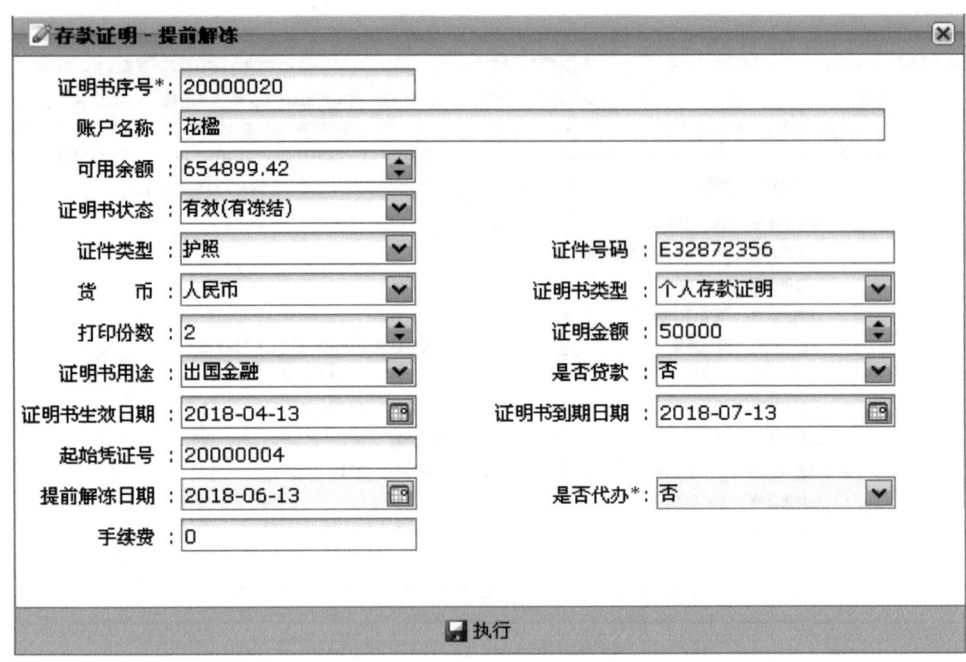

图 1-8-21 存款证明提前解冻

"存款证明"状态,即可查询本行所有已开立的"存款证明"相关信息。其中证明书序号为本行所有已使用的证明书序列号,可到"开立存款证明"的操作记录中查询(见图 1-8-22)。

图 1-8-22 存款证明查询交易

下篇　票据业务

项目一

实训准备

【实训目标】

了解银行票据业务实训平台的登录步骤,熟悉该实训平台的主要功能和操作模块,掌握票据业务的基本原理、基本知识和基本技能,完成在本系统的学生用户注册、资料修改和密码修改等。

模块一　知识准备

一、票据概念

我国的票据是指由出票人签发的、约定自己或委托付款人在见票时或指定的日期向收款人或持票人无条件支付一定金额的有价证券,即某些可以代替现金流通的有价证券。这是狭义的票据的概念。广义的票据泛指各种有价证券和凭证,如债券、股票、提单、发票等。

二、票据特征

票据的特征主要表现在以下几个方面:

1. 票据是设权证券。票据权利是经过出票人的出票行为而产生即由出票行为设立票据权利。

2. 票据是要式证券。票据必须具备法定的格式要件。

3. 票据是文义证券。票据上的权利义务只依票据上所记载的文义来确定,票据文义以外的任何事实与证据皆不能用来作为认定票据上的权利和义务的证据。

4. 票据是无因证券。票据上的权利与义务不以任何原因为其有效的条件。

5. 票据是流通证券。票据的权利仅以背书或交付即可有效转让,其他证券的转让则需要登记过户。

即票据以支付一定金额为目的;票据是出票人依法签发的有价证券;票据所表示

的权利与票据不可分离；票据所记载的金额由出票人自行或委托他人支付；票据的持票人只要向付款人提示付款，付款人即应无条件向持票人或收款人支付票据金额；票据是一种可转让证券。

三、票据种类

参照《支付结算办法》第二十一条的表述，票据是指"银行汇票、商业汇票、银行本票和支票"。结合我国商业银行票据的具体实践，本教材以支票、本票、银行汇票和商业汇票为实训项目，进行实训操作的讲解（见图2-1-1）。

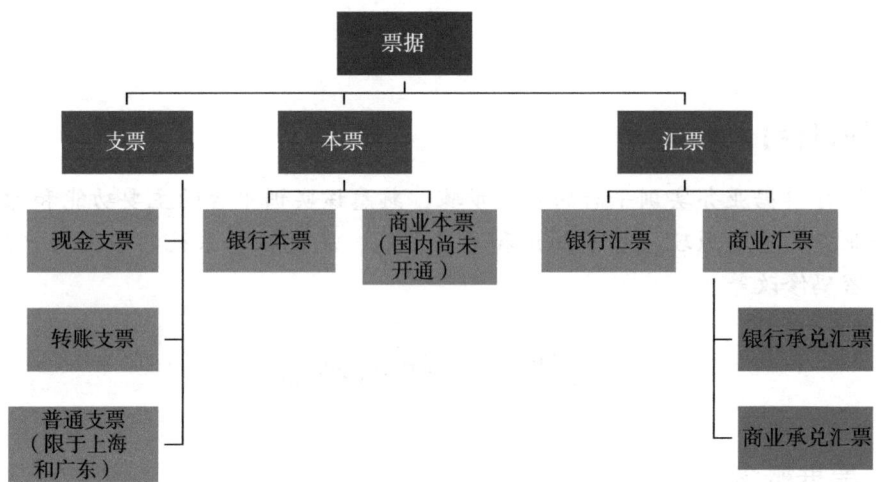

图2-1-1 我国常用的票据分类

（一）支票

支票是银行存款户对银行签发的要求于见票时对收款人或持票人无条件支付一定金额的票据。

支票分现金支票、转账支票和普通支票。

1. 现金支票。专门用于支取现金的一种支票。当客户需要使用现金时，随时签发现金支票，向开户银行提取现金，银行在见票时无条件支付给收款人确定金额的现金的票据。

2. 转账支票。转账支票是出票人签发的，委托办理支票存款业务的银行在见票时无条件支付确定的金额给收款人或持票人的票据；在银行开立存款账户的单位和个人客户，用于同城交易的各种款项，均可签发转账支票，委托开户银行办理付款手续。转账支票只能用于转账。

3. 普通支票。支票上未印有"现金"或"转账"字样的为普通支票。普通支票可以用于支取现金，也可以用于转账。在普通支票左上角划两条平行线的，为划线支票，划线支票只能用于转账，不得支取现金。目前仅限于广东和上海地区使用。

（二）本票

本票是由出票人签发的，保证即期或定期或在可以确定的将来时间向收款人无条件支付一定金额的票据。

本票分银行本票和商业本票。目前我国尚未开通商业本票。

（三）汇票

汇票是出票人签发的，委托付款人在见票时，或者在指定日期无条件支付确定的金额给收款人或者持票人的票据。

汇票分银行汇票和商业汇票，商业汇票又分银行承兑汇票和商业承兑汇票。

四、票据异同点

（一）相同点

支票、本票、汇票同属于票据。票据是由出票人签发的、约定自己或委托付款人在见票时或指定的日期向收款人或持票人无条件支付一定金额的有价证券。

（二）不同点

1. 性质不同。支票、汇票为委托证券，本票为自付证券。即本票由自己支付，支票和汇票由第三方受委托支付。

2. 基本当事人不同。支票和汇票有三个基本当事人，即出票人、付款人、收款人；而本票只有两个基本当事人，即出票人（实质上出票人和付款人为同一人）和收款人。

3. 责任不同。本票和支票出票人有直接支付责任；汇票无直接支付责任，只有担保责任。

4. 复本。汇票有复本，而本票、支票则没有。

【知识链接 2-1-1】

汇票复本

汇票复本是指汇票的出票人应持票人的请求，就同一汇票关系而签发的数份内容相同的汇票。

（一）复本是同一汇票关系的一式数份的汇票

复本即"复数"的意思。汇票的一般存在形式为单独一份，这种情况，有时对持票人反而不利。为了便利和安全，制作数份内容相同的汇票，表明其为汇票复本，是一种有效的方法。既然为同一汇票关系的数份证券，其内容就应当完全相同，以免发生麻烦。

复本应记载同一文句，即各份内容完全相同。应标明为复本。应对各份编列序号，如复本一、复本二；如未编号，每张汇票视为单独生效。

（二）复本由持票人请求，出票人应其请求而签发

凡签发复本，必由出票人为之，其他任何持票人无此权利。通常有两种做法：

第一，出票时，最初持票人为了安全和便利，请求出票人签发复本；

第二，原无复本，后来持票人为了安全和便利，经过其前手，然后顺次至最初持票人、至出票人，请求签发复本。

(三) 复本的作用

第一，防止因汇票毁损灭失，使持票人行使票据权利发生困难，预防失票可能造成的不安全，强化票据权利的安全性。在无复本的场合，遇有票据毁损灭失，票据权利人不仅不能行使权利，还需防止冒领、第三人善意取得等，一旦发生意外，便会产生诸多麻烦，有复本在手，即可迅速采取保护措施，防患于未然。

第二，促使票据流通，增加汇票的便利。汇票的异地使用，因路程、时间等因素制约，影响其流通转让，有复本者，可以解决这个矛盾。票据权利人可以一份提示承兑，以另一份背书转让，互无影响。复本虽有数份，付款者仅为其一，一份付款，其他作废。

5. 绝对记载事项不同。

表 2-1-1　　　　　　　　　票据绝对记载事项

票据种类	支票	本票	汇票
绝对记载事项	表明"支票"字样	表明"本票"字样	表明"汇票"字样
	无条件支付的委托	无条件支付的承诺	无条件支付的委托
	确定的金额	确定的金额	确定的金额
	付款人名称	收款人名称	付款人名称
	出票日期	出票日期	收款人名称
	出票人签章	出票人签章	出票日期
			出票人签章

【知识链接 2-1-2】

票据记载事项

票据记载相关事项是票据行为的一项重要内容。票据记载事项一般分为绝对记载事项、相对记载事项、任意记载事项以及不发生《票据法》上效力的事项几种。

(一) 绝对记载事项

如不记载，票据行为即为无效。各类票据有具体的必须记载事项。

1. 出票人在票据上的签章不符合《票据法》等规定的，票据无效；

2. 承兑人、保证人在票据上的签章不符合《票据法》等规定的，其签章无效，但不影响其他符合规定签章的效力；

3. 背书人在票据上的签章不符合《票据法》等规定的，其签章无效，但不影响其前手符合规定签章的效力。

（二）相对记载事项

相对记载事项是指《票据法》规定应该记载而未记载，适用法律的有关规定而不使得票据失效的事项。如汇票上未记载付款日期的，为见票即付，属于相对记载事项。

如果未记载，由法律另做相应规定予以明确，并不影响票据的效力（未约定，按法定），例如，背书日期、承兑日期、保证日期等。

（三）任意记载事项

任意记载事项是指《票据法》不强制当事人必须记载而允许当事人自行选择，不记载时不影响票据效力，记载时则产生票据效力的事项。如出票人在汇票记载"不得转让"字样的，汇票不得转让。其中"不得转让"事项即为任意事项。

（四）不发生《票据法》上效力的事项

不具有票据效力，银行不负审查责任。

6. 使用区域不同。支票可用于同城或票据交换地区；本票只用于同一票据交换地区；汇票在同城和异地均可以使用。

7. 付款期限不同。支票付款期为 10 天；本票付款期为 2 个月，逾期兑付的，银行不予受理；汇票必须承兑，承兑到期，持票人方能兑付。商业承兑汇票到期日付款人账户不足支付时，其开户银行应将商业承兑汇票退给收款人或被背书人，由其自行处理。银行承兑汇票到期日付款，但承兑到期日已过，持票人没有要求兑付的如何处理，《银行结算办法》没有规定，各商业银行都自行做了一些补充规定，如中国工商银行规定超过承兑期日 1 个月持票人没有要求兑付的，承兑失效。

五、票据功能

票据的主要功能包括支付功能、汇兑功能、信用功能、结算功能和融资功能。其中，结算功能和融资功能是最为核心的功能。支票、本票和汇票的功能侧重于结算，银行承兑汇票和商业承兑汇票既可以结算又可以融资。票据持有人通过非贸易的方式取得商业汇票（银行承兑汇票和商业承兑汇票），以该票据向银行申请贴现（转贴现、再贴现等）套取资金，实现融资目的。

1. 支付功能。即票据可以充当支付工具，代替现金使用。对于当事人来讲，用票据支付可以消除携带现金的不便，克服点钞的麻烦，节省计算现金的时间。

2. 汇兑功能。即票据可以代替货币在不同地方之间运送，方便异地之间的支付。如果异地之间使用货币，需要运送或携带，不仅费事费力，而且也不安全。大额货币的运送更是如此。如果只是拿着一张票据到异地支付，相对而言既安全又方便。

3. 信用功能。即票据当事人可以凭借自己的信誉，将未来才能获得的金钱作为现在的金钱来使用。例如银行承兑汇票，甲企业购买乙企业货物，甲企业暂时款项不足，便凭借自己的信誉签发了一张以乙企业为收款人、以自己的开户银行为付款人，约定3个月后付款的票据给乙企业。此时，甲企业实际上是将3个月后才能筹足的款项用于现在使用。

4. 结算功能。即债务抵销功能。简单的结算是互有债务的双方当事人各签发一张本票，待两张本票都到期可以相互抵销债务。若有差额，由一方以现金支付。

5. 融资功能。即融通资金或调度资金。票据的融资功能是通过票据的贴现、转贴现和再贴现实现的。

【知识链接 2-1-3】

票据的融资与套利

（一）票据融资中的套利机会

所谓票据套利，即由于当前市场票据贴现利率与存款利率倒挂，出现存款利率高于票据贴现利率的情况时，企业利用该利差获得利润的行为就称为票据套利。

目前国内商业银行在票据融资时，银行承兑的汇票主要参照上海银行间同业拆放利率（Shibor）上浮5%～10%的水平进行贴现。票据融资利率一般高于半年期银行存款，这就产生了套利机会。票据融资属于短期融资，期限一般不长于6个月，电子汇票不得长于1年。

（二）票据套利形成的原因

1. 贴现利率低于贷款利率为票据套利创造了条件。采用票据的低成本融资来代替中长期贷款，有利于降低企业的财务成本。

2. 企业和银行的双赢，直接推动了票据套利行为。当贴现利率低于存款利率时，企业通过票据贴现可获得收益，同时银行也可以获得稳定性较高的定期存款和利息收入。

（三）票据套利的风险

对于票据市场而言，若企业认识到半年期定期存款利率与直贴现利率之间的套利空间，引发企业的承兑热潮，即循环大量贴票，签发承兑汇票—贴现—签发承兑汇票—贴现，其直接导致的结果就是，银行的半年期定期存款大量增多（利息支出增多），银行的贴现利息收入大量增多，企业从银行获取大量的资金，并有可能引发滚动开票现象的发生。

长此以往，票据市场背离了实体经济，企业生产经营活动的显著下滑与票据融资的"井喷式"增长存在明显的背离，票据在市场上实际在"空转"，虚构交易在银行签发票据现象严重，1亿元的保证金通过一次票据贴现可获得3.3亿元的资金，再操作一次则获得10亿元，呈几何增长级数。

原本充裕的流动性让银行资产负债管理承受了相当大的压力，商业银行为获取眼前的蝇头小利，不得不在市场的驱动下无奈地操作。

六、票据关系当事人

票据关系当事人，是指享有票据权利，承担票据义务的法律关系主体。根据我国《票据法》的规定，票据当事人是指在票据上签章并承担责任的人和享有票据权利的人，包括出票人、收款人、持票人、承兑人、背书人、保证人、付款人及其代理付款人等。在这些票据法律关系的主体中，他们既可以是个人，也可以是法人，还可以是国家。票据关系当事人分为票据关系的基本当事人和票据关系的非基本当事人。

（一）基本当事人

票据关系的基本当事人是指票据一经成立就已存在的当事人，包括出票人、收款人、付款人。基本当事人不存在或不完全，票据法律关系就不能成立，票据也就无效。

1. 出票人。指以法定方式作成票据并在票据上签章，将票据交付给收款人的人。出票后应承担保兑和保付的责任，是票据的主债务人。但支票除外，因支票无主债权人。

2. 付款人。指根据出票人的命令支付票款的人。承兑前，付款人对票据不负法律责任；承兑后，则成为票据的主债务人。

3. 收款人。指收取票款的人。既可以是持票请求付款的持票人，也可以是背书转让票据的背书人。在前者是债权人，在后者则成为担保票据付款的债务人。

（二）非基本当事人

指票据已经成立，通过各种票据行为而加入票据关系中的当事人，如背书人、保证人、参加付款人、预备付款人等。非基本当事人并不是任何票据都存在的，一般来说，票据债务人为非基本当事人时，在票据法律关系中所承担的义务也较基本当事人轻，仅为副票据义务或辅助的票据义务。

1. 持票人。指依法取得并占有票据的收款人或背书人或被指示人。持票人享有对主债务人及其保证人的付款请求权和对次债务人的第二次请求权。

2. 承兑人。指接受出票人的付款委托或命令，同意承担付款义务并将此项意思记载于汇票上的人，是汇票的主债务人。

3. 背书人。指以转让票据权利或授予他人一定的票据权利为目的，在票据背面签章并交付给受让人或被授权人的人，是票据的次债务人，承担担保票据承兑的责任。

4. 保证人。指票据债务人以外的人，即对出票人、背书人、承兑人提供担保行为的人。

七、票据权利

票据权利是指持票人向票据债务人请求支付票据金额的权利，它包括付款请求权和追索权。

（一）权利种类

1. 付款请求权。又称第一次请求权，指持票人对票据主债务人（如汇票的承兑人、本票的发票人、支票的保付人等）行使请求其支付票据金额的权利。

2. 追索权。指因持票人在第一次请求权没有或者无法实现的情况下，对票据的其他付款义务人（如汇票、支票的发票人，汇票、本票的保证人，票据背书人等）行使请求偿还票款的权利。

我国《票据法》第四条第四款规定："票据权利，是指持票人向票据债务人请求支付票据金额的权利。"它首先应当要求票据的主债务人（付款人、承兑人）向其偿付，如果主债务人没有或无法（如账上无款支付或者破产等）偿付时，持票人才有权要求其他付款义务人（背书人、保证人、出票人）向其偿付票款。

（二）权利取得

票据权利与票据同时存在，不持有票据，就不能行使权利，凡是善意取得票据的人也就取得票据权利。善意取得票据必须具备以下条件：

1. 必须依票据上的转让方法取得，即以背书或直接交付方式取得。

2. 取得票据时无恶意、无重大过失。

3. 付对价。

（三）权利丧失

1. 票据记载不合格或已过期。

2. 超过保全票据权利的期限。

八、票据责任

票据责任是指票据债务人向持票人支付票据金额的义务。实务中，票据债务人承担票据义务一般有四种情况：一是汇票承兑人因承兑而应承担付款义务；二是本票出票人因出票而承担自己付款的义务；三是支票付款人在与出票人有资金关系时承担付款义务；四是汇票、本票、支票的背书人，汇票、支票的出票人、保证人，在票据不获承兑或不获付款时的付款清偿义务。

（一）票据责任的定义

票据责任有广义和狭义的区别。

1. 广义的票据责任。广义的票据责任是指票据当事人根据票据行为或者法律观点而承担的票据义务，如《支付结算办法》第二百零九条规定：单位、个人和银行按照法定条件在票据上签章的，必须按照所记载的事项承担票据责任。《支付结算办法》第5章规定的责任大多也属于这种票据责任。

2. 狭义的票据责任。狭义的票据责任是指在票据上签章的票据行为人应当对持票人支付一定金额的义务。这里的责任与义务的内容是一致的，本书所指的票据责任是指狭义上的票据责任，而民事责任是指违反民事义务所承担的法律后果，民事责任不等于民事义务，民事义务是民事责任的前提，二者的内容并非一致，票据责任不同于民事责任。

（二）票据责任的性质

1. 票据责任具有双重性。

票据责任具有双重性，而民事责任则不具有双重性。票据责任的承担者，即票据债务人，具有付款和担保的双重责任。这是由票据行为的独立性和无因性所决定的。

票据行为的独立性，使得产生于同一票据上的众多票据行为彼此独立，互不影响，互不依赖，即使某一票据行为无效，其他票据行为的效力也不受任何干扰和妨碍。

票据行为的无因性，使得票据行为一旦要式具备，即产生法律效力，而不问产生票据行为的基础关系如何。纵使基础关系无效或者有瑕疵，票据行为的效力也不受影响。

2. 票据责任具有连带性。票据责任具有连带性，所有票据当事人对持票人均负有共同的责任。在持票人的债权不能实现时，所有在票据上签名盖章的人都要对持票人承担连带责任。持票人有权以自己的名义对任何票据当事人进行追索，而不问先后顺序和有无直接关系。正因为如此，持票人的权利才得以保障。

3. 票据责任以票据上所记载的事项为准。票据责任以票据上所记载的事项为准，承担责任的方式和尺度完全由法律严格规定。持票人对票据债务人行使权利，请求支付票据金额时，只能依据单据上记载内容，而不得以票据以外的证据方法来变更或补充其权利。同样，在票据上签名的人，必须依签名时的票据上记载的内容对票据承担责任，不管是主债务人还是次债务人，向持票人支付票据金额时，均以票据记载事项为准，任何人不得以票据记载事项以外的，要求债务人承担票据责任。

4. 票据责任基于票据行为而产生。票据责任是以金钱给付为义务，它基于票据行为而产生。而这种票据授受、签章等形式意义行为的产生，并不反映导致票据授受的具体交易形态或原因。票据责任与民事责任是相互独立存在的，在票据当事人之间存在票据责任，但未必存在民事责任。票据行为一旦完成，票据责任即产生，即使票据责任不能成立，也不影响民事责任的存在。反之，主张票据责任，不必证明导致票据责任的原因关系的义务或责任的存在。

九、票据行为

票据行为分为狭义的票据行为和广义的票据行为。

狭义的票据行为是指能产生票据债权债务关系的法律行为，有出票、背书、承兑、参加承兑、保证、保付六种。广义的票据行为是指以发生、变更或消灭票据的权利义务关系为目的的法律行为，包括出票、背书、涂改、禁止背书、付款、保证、承兑、参加承兑、划线、保付等。

（一）狭义的票据行为

1. 出票。出票是指出票人依照法定款式作成票据并交付于收款人的行为。它包括"作成"和"交付"两种行为。所谓"作成"就是出票人按照法定款式制作票据，在票据上记载法定内容并签名。由于现在各种票据都由一定机关印制，因而所谓"作成"只是填写有关内容和签名而已。所谓"交付"是指根据出票人本人的意愿将其交给收款人的行为，不是出于出票人本人意愿的行为如偷窃票据不能称作"交付"，因而也不能称作出票行为。

2. 背书。背书是指持票人转让票据权利与他人。票据的特点在于其流通。票据转让的主要方法是背书，当然除此之外还有单纯交付。背书转让是持票人的票据行为，只有持票人才能进行票据的背书。背书是转让票据权利的行为，票据一经背书转让，票据上的权利也随之转让给被背书人。

3. 承兑。承兑是指汇票的付款人承诺负担票据债务的行为。承兑为汇票所独有。汇票的发票人和付款人之间是一种委托关系，发票人签发汇票，并不等于付款人就一定付款，持票人为确定汇票到期时能得到付款，在汇票到期前向付款人进行承兑提示。如果付款人签字承兑，那么他就对汇票的到期付款承担责任，否则持票人有权对其提起诉讼。

4. 参加承兑。参加承兑是指票据的预备付款人，或第三人为了特定票据债务人的利益，代替承兑人进行承兑，以阻止持票人于汇票到期日前行使追索权的一种票据行为。它一般是在汇票得不到承兑、付款人或承兑人死亡、逃亡或其他原因无法承兑、付款人或承兑人被宣告破产的情况下发生。

5. 保证。保证是指除票据债务人以外的人为担保票据债务的履行、以负担同一内容的票据债务为目的的一种附属票据行为。票据保证的目的是担保其他票据债务的履行，适用于汇票和本票，不适用于支票。

6. 保付。保付是指支票的付款人向持票人承诺负绝对付款责任的一种附属票据行为。保付是支票付款人的一种票据行为。支票一旦经付款人保付，在支票上注明"照付"或"保付"字样，并经签名后，付款人便负绝对付款责任，不论发票人在付款人处是否有资金，也不论持票人在法定提示期间是否有提示，或者即使发票人撤回付款委托，付款人均须按规定付款。

（二）票据行为的表现方式

在具体操作时，票据行为表现为票据当事人把行为的意思按照法定的方式记载在票据上，并由行为人签章后将票据交付。它包括三方面内容，即记载、签章和交付。

1. 记载。通俗地讲就是票据当事人在票据上写明所要记载的内容，如签发票据时应写明票据的种类、金额、无条件支付命令、签发票据日期以及其他需要明确的内容，承兑汇票时写上"承兑"字样，保证时应写上"保证"或"担保"字样。

2. 签章。即是指签名、盖章或签名加盖章，它表明行为人对其行为承担责任。自然人签章是指在票据上亲自书写其姓名或加盖其私章。法人和其他使用票据单位的签章为该法人或者该单位的盖章加其法定代表人或其授权的代理人的签章。按照《票据法》的规定，在票据上的签名应当为该当事人的本名，而不能用笔名、艺名等来代替。

3. 交付。是指票据行为人应将票据交付给执票人。票据行为人在票据上进行记载，并进行签章后，票据还不能发生法律效力，只有票据被交付给了对方，票据才能发生法律效力。

模块二 操作系统

本系统是在深圳智盛信息技术股份有限公司提供的"银行票据业务教学实训平台软件"系统的支持下完成的（见图2-1-2）。

一、系统功能

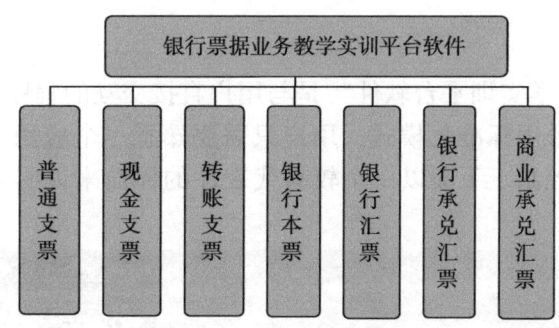

图2-1-2 系统功能

其中：

普通支票：主要包括普通支票领购、出票、兑付、挂失、退票等业务。

现金支票：主要包括现金支票领购、出票、兑付、背书、挂失、退票等业务。

转账支票：主要包括转账支票领购、出票、兑付、背书、挂失、退票等业务。

银行本票：主要包括银行本票企业出票、兑付、背书、挂失、退票等业务。

银行汇票：主要包括银行汇票企业出票、兑付、背书、挂失、退票等业务。

银行承兑汇票：主要包括银行承兑汇票企业出票、承兑、兑付、背书、挂失、退票等业务。

商业承兑汇票：主要包括商业承兑汇票企业出票、承兑、兑付、背书、挂失、退票等业务。

二、运行环境

（一）服务器硬件环境

1. CPU处理器：英特尔®至强®处理器 INTEL 至强四核 E3-1220v2（Cache 8M，频率：3.1GHz，四核心）标配数量：1颗或至强 E5606 以上。

2. 内存：8GB ECC Unbuffer DDR3 1333 内存以上。

（二）服务器软件环境

1. 操作系统：Windows Server 2003 sp2 32 位版/Windows Server 2008 R2 64 位版。

2. IIS：Internet 信息服务（IIS）管理器 6.0 以上。
3. 数据库：Windows SQL Server 2000 SP4 或 Windows SQL Server 2008 R2。

（三）学生机电脑环境

1. 操作系统：Windows 7 32 位版/Windows XP。
2. CPU：INTEL 奔腾 G1610 系列以上。
3. 内存：2G 以上。
4. 浏览器：IE8、Adobe Flash Player for IE_ 11.8.800.168。
5. 办公软件：Microsoft Office 2003（Word/Excel）。

三、应用界面

（一）界面说明

"银行票据业务教学实训平台软件"是与用户直接交互的程序，为了方便用户学习与使用，界面的设计采用标准化模式，用户只需要熟悉一个应用界面，就能够非常快速地掌握其他界面的控制。下面以一个较有代表性的界面来说明界面设计的标准（见图 2-1-3）。

图 2-1-3 实训主界面

基本操作设置概要：

- 功能键：点击此处可以实现数据执行。
- 检索栏：输入查询关键词，可查询出想要查看或编辑的相应记录。
- 数据加工处理区：在此次可完成对数据填写。
- 操作任务栏：本系统以任务驱动的方式完成对各个用户的测评。

（二）系统登录

1. 系统登录。打开 Internet Explorer 浏览器，在地址栏输入：http：//服务器 IP 地址：8008/Admin/Login.aspx，登录系统（见图 2-1-4）。

图 2-1-4 实验主界面

2. 使用说明。需要输入信息的地方可以通过"TAB"键顺序向下切换焦点，反向切换焦点可以通过"Shift + Tab"键实现。

提示：Internet Explorer 为微软公司授权软件。使用本系统浏览器版本必须是 Internet Explorer 8.0，否则不能正常运行。

四、用户管理

（一）学生端

学生使用教师分配的用户名和密码，首次登录本系统后，立即点击屏幕左下角的"开始"，修改个人信息资料（包括学号和姓名）和登录密码。

（二）教师端

教师管理员主要功能为设置学生用户、教学任务和成绩管理。

1. 学生用户。实训指导教课前可设置参加实训的班级以及班内的学生用户，系统根据教师设置的班级个数和学生人数，自动生成用户名和统一密码或随机密码，以便教师提供给学生使用。

2. 实训任务。本系统的实训模块主要有票据审核和实训任务。

票据审核是模拟展示商业银行票据票面的样式和格式，从商业银行的角度审核票面填写得是否符合规定和规范。模拟商业银行票据实训任务是指模拟商业银行各种票据操作流程，包括支票、本票、银行汇票、银行承兑汇票、商业承兑汇票五大类票据业务。

教师可根据教学大纲的要求，安排适当的学时进行票据审核和实训任务模块的操作。

3. 成绩管理。成绩管理是指教师对班级学生成绩的采集、统计和管理，并导出学生成绩的 Excel 表格。

教师可随时分别查看班级和学生的实训任务成绩、票据审核成绩、实训汇总成绩，还可以看到学生操作的具体时间和操作的 IP 地址，以及完成此项实训所花费的时间，并自动按照成绩、用时等条件进行班级排名。

五、任务管理

任务管理是指教师给各个班级分配学习任务，包括实训任务管理和票据审核管理，主要是设置实训计划、任务背景、实训任务、班级实训计划等环节。指导教师对分配的每一道题分值、得分点进行课前设置。

（一）票据审核

设置票据审核。进入票据审核管理界面：任务管理—票据审核管理—本机票据审核计划。点击"新增"按钮在弹出来的页面填写新增计划内容，点击"保存"，新增计划完成；点击"修改"按钮完成修改计划内容，点击"保存"按钮即可完成对内容的修改任务；点击"删除"按钮删除任务。

（二）实训任务

设置实训任务。进入设置实训任务界面：任务管理—实训任务管理—设置实训任务。选择计划名称，点击查询，选择一条数据，再点击"新增"按钮在弹出的页面填写新增题目的分值、得分点和开始结束时间，点击"修改"按钮修改分值和得分点信息，点击"删除"按钮删除题目。

六、操作管理

（一）任务背景

设置任务背景是指教师对实训平台中设置的任务，进行案例编写（本系统已导入了正常难度的案例），并对分配的每一道题进行流程走向的管理。从学生端可以看到实训任务案例的文字描述，并根据该实训任务的描述进行模拟商业银行票据业务的操作。

进入设置实训计划界面：任务管理—实训任务管理—设置任务背景。点击"新增"按钮在弹出的页面填写新增题目信息，点击"修改"按钮修改题目信息，点击"删除"按钮删除题目。

（二）任务帮助

从学生端可以看到完成该实训任务案例的操作步骤和视频演示，以便帮助学生完成实训操作。如果教师端选择"隐藏"任务帮助，则学生端就无法看到系统提供的操作步骤和视频演示帮助。

（三）操作日志

操作日志是系统自动保存的各个学生操作的记录，供教师查看学生的操作情况。

（四）操作查询

从学生端可以查询学生操作的结果是否正确，并指出操作错误之处，供学生更正操作。如果教师端选择"不公开"操作查询，则学生端就无法看到系统提供的学生操作结果与正确操作答案的比较。

项目二

支 票

【实训目标】

了解支票的分类和功能,熟悉普通支票、现金支票和转账支票的票面样式和主要区别,掌握此三种支票的流转过程及其相关当事人的权利与义务。理解普通支票、现金支票和转账支票之间的相互关系。

支票是出票人签发的、委托银行在见票时无条件支付确定的金额给收款人或者持票人的票据。

一、支票分类

(一)普通支票

支票上未印有"现金"或"转账"字样的为普通支票(见图2-2-1)。

图 2-2-1 普通支票(票样)

普通支票可以用于支取现金,也可以用于转账。普通支票支取现金通常用于支付工资、差旅费和备用金等。

在普通支票左上角划两条平行线的,又称划线支票,划线支票只能用于转账,不得支取现金。

259

普通支票目前仅限于我国上海和广东地区使用。

（二）现金支票

现金支票是专门制作的用于支取现金的一种支票。由存款人签发用于到银行为本单位提取现金，也可以签发给其他单位和个人用来办理结算或者委托银行代为支付现金给收款人（见图2-2-2）。

图2-2-2　现金支票（票样）

在银行开立基本存款账户或临时存款账户的客户，需要支付工资、差旅费、备用金等时，均可以使用现金支票，向开户银行提取现金。

（三）转账支票

转账支票是出票人签发的，委托办理支票存款业务的银行在见票时无条件支付确定的金额给收款人或持票人的票据。在银行开立存款账户的单位和个人客户，用于同城交易的各种款项，均可签发转账支票，委托开户银行办理付款手续。转账支票只能用于转账，不能支取现金（见图2-2-3）。

图2-2-3　转账支票（票样）

二、使用范围

出票人可以是单位或个人；仅限于同一票据交换区域交易（已开通全国支票影像系统的银行除外）；可转账结算和支取现金；签发时无金额起点限制，适用于所有款项。

三、签发支票

图 2-2-4 签发支票

（一）基本当事人

1. 出票人：付款单位（或个人）。
2. 付款人：出票人的开户银行。
3. 收款人：收款单位（或个人）。

（二）绝对记载事项

1. 表明："支票"字样。
2. 委托：无条件支付委托，而非承诺。
3. 出票日期：大写出票日期。
4. 确定的金额：填写的出票金额必须大小写金额一致。
5. 付款人名称：全称或标准简称（应与其在开户银行预留的名称一致）。
6. 出票人签章：单位（财务专用章、有权人章）；个人（签名或盖章）。

（三）相对记载事项

1. 付款地：单位（营业场所）；个人（住所）可以不填写。
2. 出票地：单位（营业场所）；个人（住所）可以不填写。

（四）禁止签发

禁止签发空头支票、远期支票和支付密码错误的支票。

1. 空头支票。是指支票出票人所签发的支票金额超过了其在付款人处实有的存款金额，导致付款人无法支付的后果。

空头支票分余额不足和印鉴不符两种。余额不足即出票金额大于在付款人账户中的实际金额；印鉴不符是出票人签章与在开户银行预留的印鉴不符。这两种情况均可导致付款人无法正常支付。

2. 远期支票。是指实际出票日早于票据上记载的出票日，导致收款人无法立即收到款项。支票是即期票据，禁止签发远期支票的目的在于，避免因付款期限过长而产生空头支票。

3. 对空头支票的处罚。中国人民银行及其分支机构为实施空头支票行政处罚的主体。

依据《票据管理实施办法》第三十一条规定:"签发空头支票或者签发与其预留的签章不符的支票,不以骗取财物为目的的,由中国人民银行处以票面金额5%但不低于1000元的罚款"。

空头支票的罚款,由出票人在规定期限内到指定的罚款代收机构主动缴纳,逾期不缴纳的,中国人民银行及其分支机构可采取每日按罚款数额的3%加处罚款、要求银行停止其签发支票、申请人民法院强制执行等措施。

四、流转程序

支票的流转过程主要包括支付结算、背书转让、挂失止付和退票等环节(见图2-2-5)。

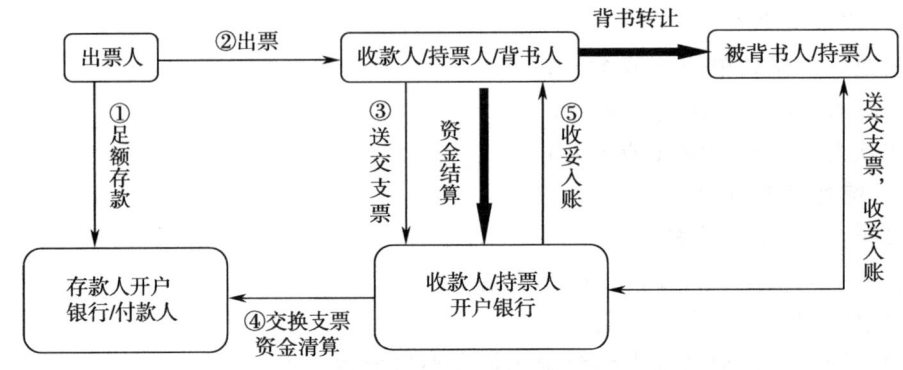

图2-2-5 支票结算流程

支付结算指客户根据其在银行的存款和透支限额开出支票,命令银行从其账户中支付一定款项给收款人,从而实现资金调拨,了结债权债务关系的一种过程。

（一）支付结算

支票的支付结算通常是通过同城票据交换来完成的。同城票据交换是为了满足收款人、付款人在同一城市或规定区域但不在同一银行开户的企事业单位和个人之间办理资金清算的需要,由开户银行将有关的结算票据持往指定场所相互交换代收、代付票据,相互交换清算资金头寸的金融行为,是商业银行间结算工作的一项重要内容。同城票据交换由当地中国人民银行统一组织实施和管理,通过交换票据方式并按照中国人民银行相关规定在同一票据交换区域办理各商业银行和金融机构之间各种款项的票据资金清算。当收款人或付款人在本地他行开户时,客户可选择同城票据交换渠道办理资金的结算。

1. 票据交换。是指同一城市的所有商业银行机构,将相互代收、代付的凭证、票据,按规定的时间、场次,集中到既定场所进行交换,轧计往来银行之间应收、应付的票据差额，由主办清算行以转账方式进行清算的同城银行间资金清算的办法。

票据交换由本地中国人民银行（称为主办清算行）主持，设置票据交换所，并派出清算员组织资金清算。参加票据交换的所有商业银行（称为清算行），须经中国人民银行批准并核发票据交换所交换行号，在当地中国人民银行开立备付金账户并存入备付金，方可按规定时间参加票据交换。

票据交换所一般每一个营业日规定两场交换，上午和下午各一场。上午受理的票据可在当天下午进行交换，下午受理的票据可待次日上午进行交换（年终结算日除外）。交换票据时，一般可分为提出行和提入行两个系统。向其他银行提出票据的银行称为提出行，应提交其他银行清算的票据称为提出票据，收回票据的银行称为提入行，收回由本行清算的票据称为提入票据。参加票据交换的各清算行都可能在提出交换票据的同时，也收到对方提交的票据，因而既是提出行又是提入行。各清算行对提出和提入的票据应分别进行核算。

2. 票据交换的结算业务。票据交换途径分提出票据和提入票据，并通过票据交换所进行资金清算。

（1）票据交换所。票据交换所是集中办理同城或同一区域内各银行间应收、应付票据的交换和资金清算的场所。它开始时由银行间共同协议设置，随着中央银行制度的建立和发展，现已成为中央银行领导下的一个票据清算机构。

（2）交换票据的处理。在票据交换所内，各行的交换员将提出的票据按票据清单上列明的提入行交换号码，分发到各交换行在交换所的固定位置上，然后回到本行所在的固定位置，点收他行送来的票据。其处理程序如下：

① 核对他行提交的借（贷）方票据清单的笔数、金额是否与所附票据相符，核对提入票据是否属于本行票据。

② 分别计算本场本行提入借方票据和贷方票据的笔数、金额合计，填写"提入借（贷）票据汇总计数单"，然后计算本场本次交换本行应收金额和应付金额。其中，应收金额等于提出借方票据金额与提入贷方票据金额之和；应付金额等于提出贷方票据金额与提入借方票据金额之和。如果应收金额大于应付金额即为应收差额，反之为应付差额。

③ 交换所收齐各行输（交）来的数据后，通过计算机进行分类汇总，并轧计出交换行本场票据交换中应收金额、应付金额及应收或应付差额，然后将有关数据打印出来交给各行的交换员进行复核。

④ 本行交换员将已汇总的应收金额、应付金额及应收或应付差额与中国人民银行清算员打印的相应数据核对一致后，填写"同城票据清算划收（划付）专用转账凭证"一式四联。其中两联交票据交换所划拨转账清算差额，另外两联带回本行进行账务处理。

（3）提出票据与提入票据。提出票据就是某银行将客户要求提交其他银行的清算票据集中起来，按收、付分类，通过票据交换所送达对方银行的行为。提出票据又分为提出贷方票据和提出借方票据。提出贷方票据是主动要求对方银行收款、本行付款的票据行为，提出借方票据是要求对方银行付款、本行收款的票据行为。

提入票据则是将其他银行收进的要求本银行清算的票据按收、付分类，通过票据交换所取回本银行的行为。提入票据也分为提入贷方票据和提入借方票据。提入贷方票据是本银行收款、对方银行主动付款的票据行为，提入借方票据则是本银行付款、对方银行收款的票据行为。

各银行提出交换的票据可分为两类：第一类是提出在本行开户的收款单位提交的应由他行开户单位付款的票据（称为代付票据或借方票据），例如收款单位向其开户银行提交银行汇票、同城委托收款结算凭证等；第二类是收到本行开户单位提交的委托本行向他行开户单位付款的票据（称为代收票据或贷方票据），例如付款人提交的转账结算凭证等。

（4）提出行的结算。各参加票据交换的银行应设置交换组或清算柜，配备专门的交换员对本行代收的他行票据集中办理交换。提出交换前，将应交换票据按提入行清分，并将提出交换的借方票据和贷方票据的业务数据分别输入计算机录成软盘，然后通过联网将软盘数据传给清算中心，并由计算机按提入行（对方行）行号分别打印出"提出借方票据清单"和"提出贷方票据清单"，由交换员带至交换所进行交换。最后，将所有的借方票据清单和贷方票据清单分别汇总，编制"提出票据汇总记数单"代记账凭证办理转账。

（5）提入行的结算。通过票据交换，通常提回两种票据：一种是提入借方票据，即付款单位在本行开户的票据；另一种是提入贷方票据，即收款单位在本行开户的票据。根据提回的借、贷方票据以及提入借（贷）票据汇总计数单办理转账。

对于提回借方票据的付款单位的存款不足以支付票款，或借方（贷方）票据因票据要素错误无法办理支付的票据，则应办理退票。将退票的票据专夹保管，以便下场交换时，退回原提出行。

【知识链接2-2-1】

磁码与磁码机

磁码机是用于打印识别码的机器。支票清分时的识别码，从左至右依次分5个域：支票号、交换行号、支票账号、交易码和金额，出售前打印前3个域，提出票据交换时补打后2个域（见图2-2-6）。

磁码（即磁性号码），是将0～9的数字，用磁性油墨印刷或用磁性色带打印在支票或其他票券正面的特定位置，以供磁性阅读机识别的一种资料输入方式的通称。这种方式为使票据交换清算作业达到迅速正确，并减轻人力负荷的目的，采用自动化处理的方法，使票据上加印的磁性墨水字输入电子阅读分类机，阅读票面上磁字的银行代号、金额、日期等资讯，再予分类并核计，这是全世界各大票据交换所采用的一种技术，也就是"磁性墨水字体辨认"，通称磁码。

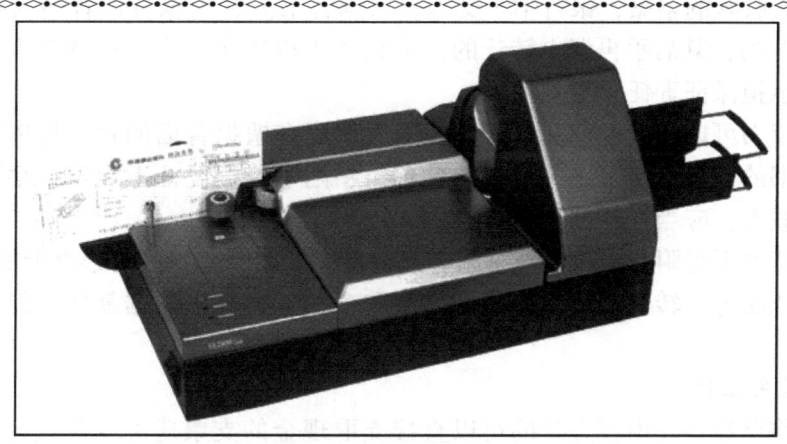

图2-2-6 磁码机

磁性号码的应用是为了提高票据处理的效率,在世界上有两种常用字体系统,一种是CMC-7即欧洲通用的符号,而另一种是E-13B,是美国国家标准规格,也是我国所采用的字体(见图2-2-7)。

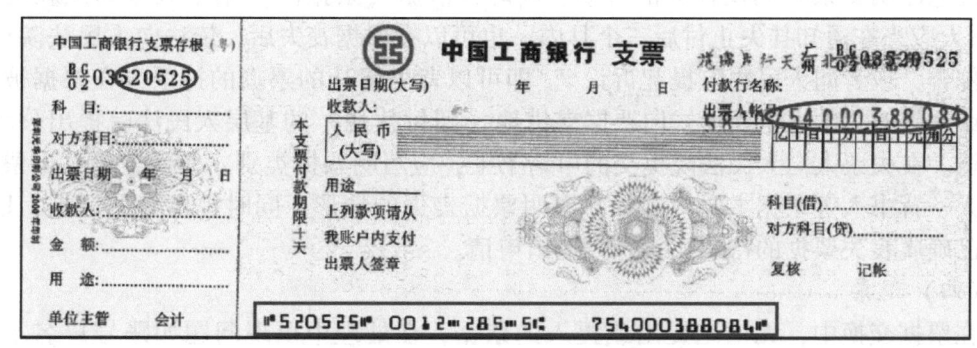

图2-2-7 支票上的磁码

(二)背书转让

背书转让是指以转让票据权利为目的的背书行为。《票据法》规定,持票人将票据权利转让给他人,应当背书并交付票据。所以,当持票人为了转让票据权利而在票据背面或者粘单上记载有关事项并签章,就是在进行背书转让。背书转让一经成立,即发生法律效力,产生票据权利移转的效力、票据权利的证明效力和票据责任的担保效力等背书效力。

支票背书转让的要求:

第一,支票背书转让仅限于转账支票和已划线的普通支票,现金支票或可以支取现金的普通支票不得背书转让。

第二,票据出票人在票据正面记载"不得转让"字样的,票据不得转让;其直接后手再背书转让的,出票人对其直接后手的被背书人不承担保证责任,对被背书人提示付款或委托收款的票据,银行不予受理。票据背书人在票据背面背书人栏记载"不得转让"字样的,其后手再背书转让的,记载"不得转让"字样的背书人对其后手的被背书人不承担保证责任。

第三,背书可以连续进行。票据的背书人应当在票据背面的背书栏依次背书。背书栏不够背书的,可以使用统一格式的粘单,粘附于票据凭证上规定的粘贴处。粘单上的第一记载人,应当在票据和粘单的粘贴处签章。

第四,背书不得附有条件。背书附有条件的,所附条件不具有票据上的效力。

第五,依法背书转让的票据,任何单位和个人不得冻结票据款项。但是法律另有规定的除外。

(三)挂失止付

出票人将已经签发内容齐备的可以直接支取现金的支票遗失或被盗等,或收款人将收受的可以直接支取现金的支票遗失或被盗等时,应当出具公函或有关证明,填写两联挂失申请书(可以用进账单代替),加盖预留银行的签名式样和印鉴,向开户银行申请挂失止付。

银行查明该支票确未支付,经收取一定的挂失手续费后受理挂失,在挂失人账户中用红笔注明支票号码及挂失的日期。同时,依据《票据法》第十五条第三款规定:"失票人应当在通知挂失止付后三个月内,也可以在票据丧失后,依法向人民法院申请公示催告,或者向人民法院提起诉讼。"即可以背书转让的票据的持票人在票据被盗、遗失或灭失时,须以书面形式向票据支付地(即付款地)的基层人民法院提出公示催告申请。在失票人向人民法院提交的申请书上,应写明票据类别、票面金额、出票人、付款人、背书人等票据主要内容,并说明票据丧失的情形,同时提出有关证据,以证明自己确属丧失票据的持票人,有权提出申请。

(四)退票

在票据交换中,无论是提出或提入的票据,在处理中出现问题如账号户名不符、印鉴不符、大小写不符、付款人账户余额不足等,都需退票。退票中有的是本行提出的票据被他行退回,有的是他行提入的票据被本行退回。退票必须在规定的时间内办理,通常是下一场的交换时间为退票时间。提出的票据被退回时,统一由总行清算中心集中记账,记账后系统会自动发出公告,将具体的退票内容通知营业网点,客户回单联和被退票据由各营业网点签收领回再退给客户。

模块一 普通支票

一、普通支票提取备用金

【实训案例】

2017年11月15日,广州市天硕设备技术有限公司向其开户银行中国建设银行白云支行申请购买了一本普通支票。当日,广州市天硕设备技术有限公司签发了一张金额为 45000 元的普通支票,并从其开户银行提取备用金。

【实训操作】

操作流程:领购—出票—兑付(见图 2-2-8 至图 2-2-12)。

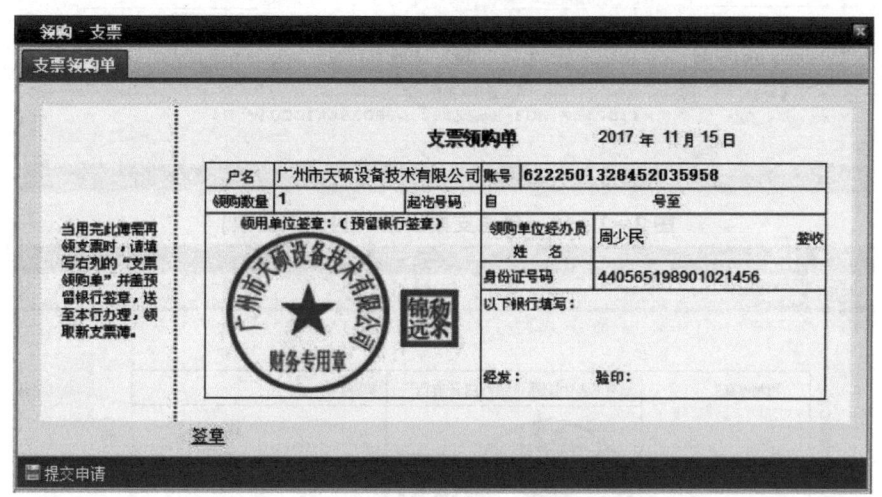

图 2-2-8　普通支票领购(企业申请)

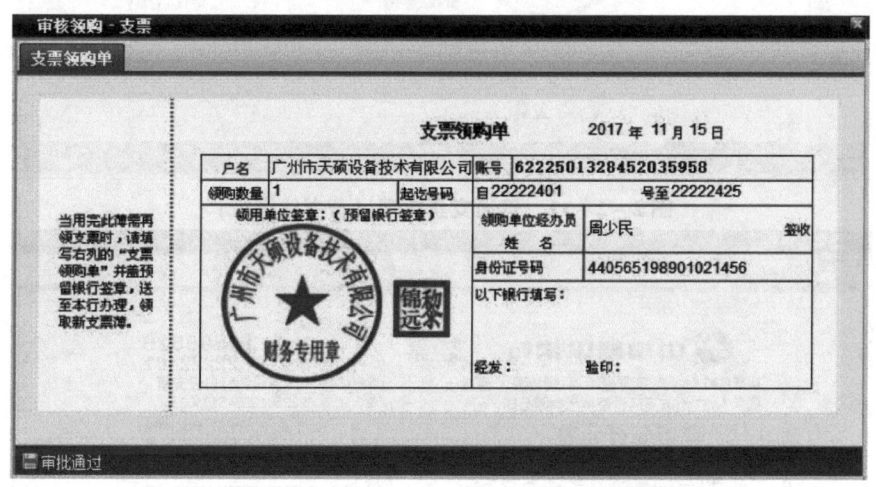

图 2-2-9　普通支票领购(银行审核)

【操作说明】

1. 企业出票人填写支票领购单:企业出票人—领购—填写支票领购单。

2. 银行付款人审核支票领购单:银行付款人—领购—选择数据—审核—填写支票号码。

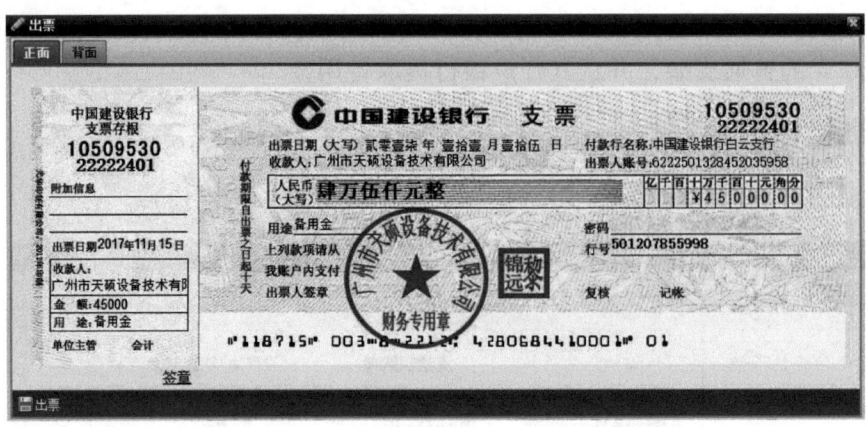

图 2-2-10　普通支票出票（付款人出票）

图 2-2-11　普通支票兑现（背书给银行）

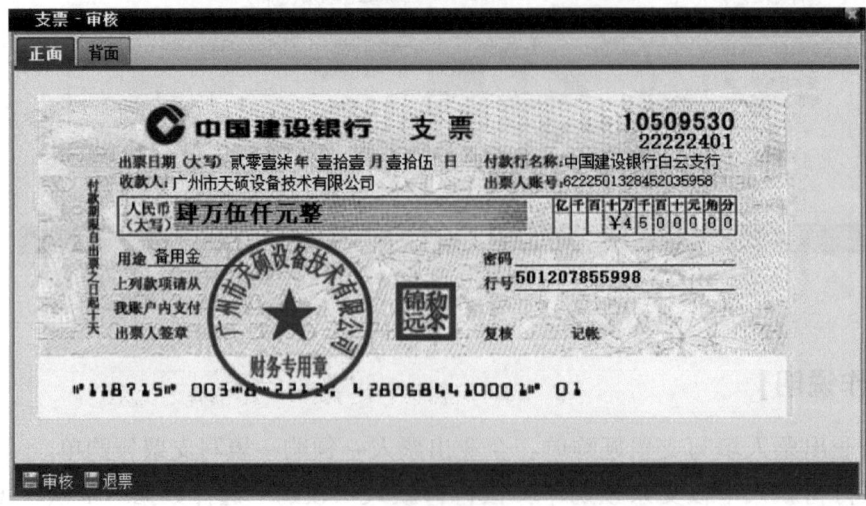

图 2-2-12　普通支票审核（银行受理）

3. 企业出票人选择对应未用支票进行出票：填写支票信息。
4. 企业收款人进行兑付（由企业和银行双方完成）。
（1）企业收款人在票据背面做背书给银行处理后，提交到银行付款人处理；
（2）银行付款人找到对应的数据进行兑付审核；
（3）企业提取备付金是供本企业使用的，不用填写进账单，直接做背书操作后切换到银行付款人进行兑付。

二、普通支票背书支付货款

【实训案例】

2017年11月13日，深圳市典尔信息技术有限公司向其开户银行中国银行深圳支行申请购买了一本普通支票。2017年11月13日，深圳市典尔信息技术有限公司为了支付公司往来费用，签发了一张75000元的普通支票给深圳市鹏大通讯股份有限公司。出票后的第三天（不含出票日），深圳市鹏大通讯股份有限公司把收到的深圳市典尔信息技术有限公司的支票背书给深圳智达有限公司支付公司业务费用，深圳智达有限公司将该支票提交给其开户银行办理了进账手续，委托其收款。

【实训操作】

操作流程：领购—出票—背书—兑付（见图2-2-13、图2-2-14)①。

图2-2-13　普通支票背书（背书转让）

---

① 为简明扼要，凡与前一案例相同的操作，不再图示，下同。

图 2-2-14 普通支票兑现(背书给银行)

【操作说明】

1. 企业出票人填写支票领购单:企业出票人—领购—填写支票领购单。
2. 银行付款人审核支票领购单:银行付款人—领购—选择数据—审核—填写支票号码。
3. 企业出票人选择对应未用支票进行出票:填写支票信息。
4. 企业收款人进行背书:企业收款人填写被背书人相关资料—签章—点击提交按钮—完成背书(收款人、背书人、被背书人三种当事人都可进行背书、兑付、退票操作,且流程不因当事人不同而不同)。
5. 企业被背书人进行兑付(由企业和银行双方完成):

(1) 企业被背书人填写进账单并在票据背面做背书给银行的处理后,提交到银行付款人处理;

(2) 银行付款人找到对应的数据进行兑付审核。

三、普通支票连续背书支付费用

【实训案例】

2017年11月13日,广州市天硕设备技术有限公司向其开户银行中国建设银行白云支行申请购买了一本普通支票。当日,广州市天硕设备技术有限公司为了支付公司往来费用,签发了一张16000元的普通支票给广州市欧冠原材料加工厂。次日,广州市欧冠原材料加工厂把收到的广州市天硕设备技术有限公司的普通支票背书给中兴通信股份有限公司支付设备货款。出票后的第三天(不含出票日),中兴通信股份有限公司又把该支票背书给光大贸易有限公司支付业务费用，光大贸易有限公司将该支票提交给其开户银行委托收款。

【实训操作】

操作流程：出票—背书1—背书2—兑付（见图2-2-15至图2-2-17）。

图2-2-15　普通支票背书（第一次背书）

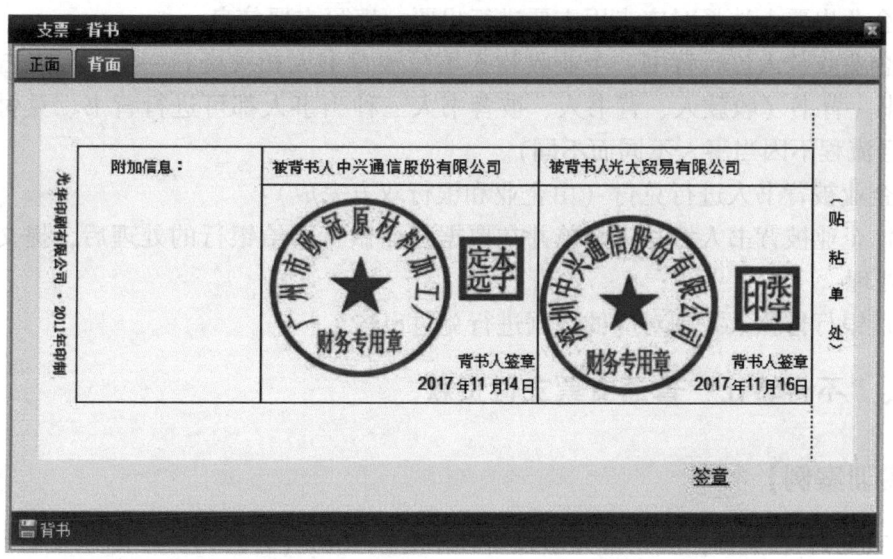

图2-2-16　普通支票背书（第二次背书）

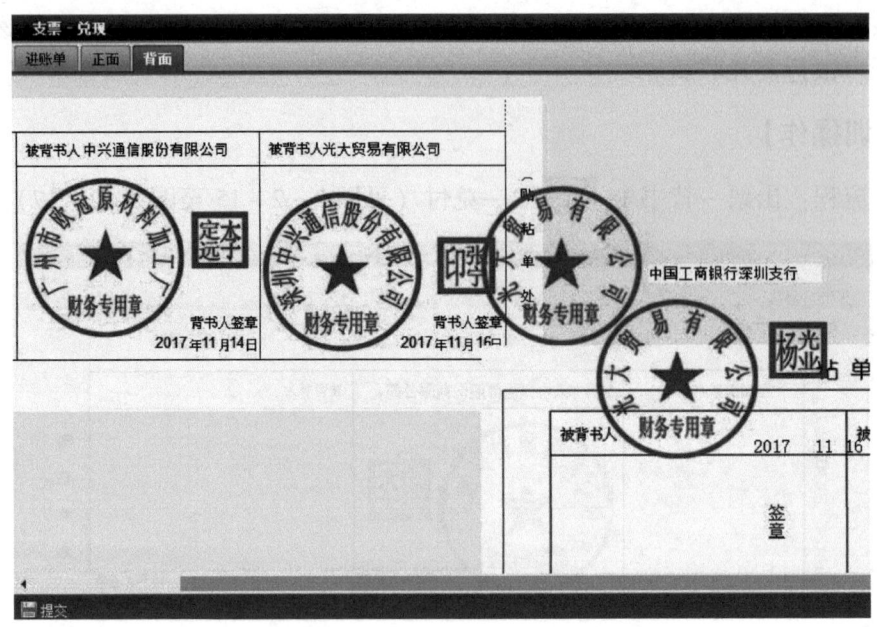

图 2-2-17 普通支票兑现（背书给银行）

【操作说明】

1. 已领购过支票的企业（如广州市天硕设备技术有限公司），可使用已领购的支票直接出票，省略企业领购和银行审核两个步骤，但支票号码不得重复使用，应顺延使用。

2. 企业出票人选择对应未用支票进行出票：填写支票信息。

3. 企业收款人进行背书：企业收款人填写被背书人相关资料—签章—点击提交按钮—背书—背书（收款人、背书人、被背书人三种当事人都可进行背书、兑付、退票操作，且流程不因当事人不同而不同）。

4. 企业被背书人进行兑付（由企业和银行双方完成）：

（1）企业被背书人填写进账单并在票据背面做背书给银行的处理后，提交到银行付款人处理；

（2）银行付款人找到对应的数据进行兑付审核。

四、"不得转让"普通支票支付货款

【实训案例】

2017年11月6日，广州市天硕设备技术有限公司（开户行：中国建设银行白云支行）为了支付购买设备费用，签发了一张74000元的普通支票给广州市欧冠原材料加工厂，并在附加信息中注明"不得转让"字样，广州市欧冠原材料加工厂在支票有效期内到银行办理了进账手续。

项目二 支票

【实训操作】

操作流程：出票—兑付（见图2-2-18）。

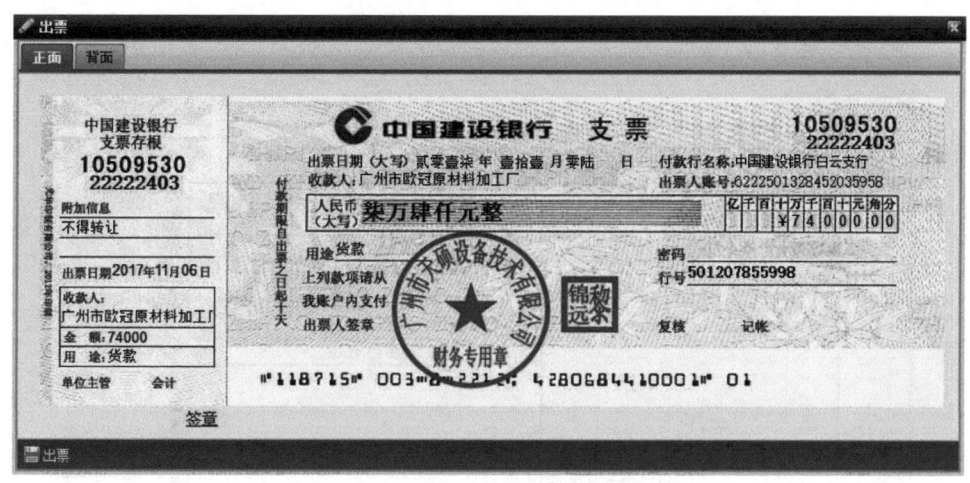

图2-2-18 普通支票出票（付款人出票）

【操作说明】

1. 已领购过支票的企业，可使用已领购的支票直接出票，省略企业领购和银行审核两个步骤，但支票号码不得重复使用，应顺延使用。

2. 企业出票人选择对应未用支票进行出票：填写支票信息，注明"不得转让"。

3. 企业收款人进行兑付（由企业和银行双方完成）：

（1）企业收款人填写进账单并在票据背面做背书给银行的处理后，提交到银行付款人处理；

（2）银行付款人找到对应的数据进行兑付审核。

五、普通支票挂失

【实训案例】

2017年11月6日，广州市欧冠原材料加工厂向其开户银行中国建设银行白云支行申请购买了一本普通支票。2017年11月6日，广州市欧冠原材料加工厂需要购进一批办公室设备，派采购员前往广州市天硕设备技术有限公司采购。经过洽谈，广州市欧冠原材料加工厂购买了2台复印机，总价为20000元，当天设备送达，验货后，广州市欧冠原材料加工厂签发了一张中国建设银行白云支行的金额为20000元的普通支票，交付给广州市天硕设备技术有限公司。后因广州市天硕设备技术有限公司不慎将支票丢失，广州市天硕设备技术有限公司财务人员前来银行办理了挂失手续。

【实训操作】

操作流程:领购—出票—挂失(见图 2 – 2 – 19、图 2 – 2 – 20)。

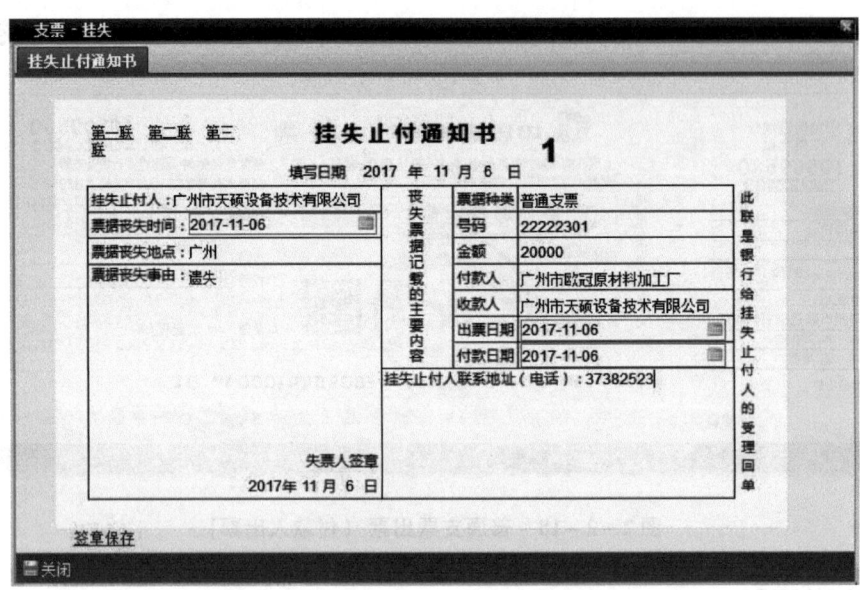

图 2 – 2 – 19　普通支票挂失(挂失申请)

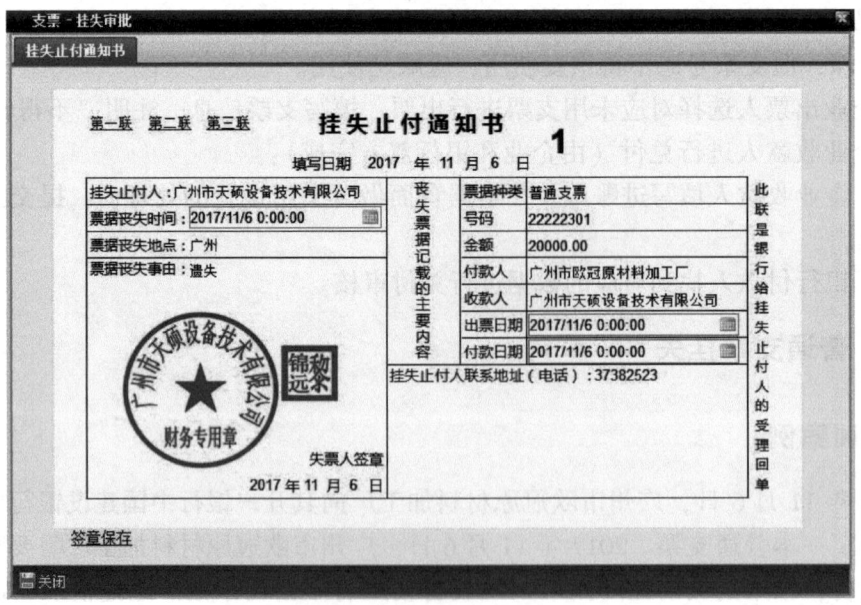

图 2 – 2 – 20　普通支票挂失(挂失审批)

【操作说明】

1. 企业出票人填写支票领购单:企业出票人—领购—填写支票领购单。

2. 银行付款人审核支票领购单：银行付款人—领购—选择数据—审核—填写支票号码。

3. 企业出票人选择对应未用支票进行出票：填写支票信息。

4. 企业收款人申请挂失（由企业和银行双方完成）：

（1）企业收款人—填写挂失止付通知书—签章—提交；

（2）银行付款人—选择数据，点击审核，签章后保存即可。

六、空头支票退票

【实训案例】

2017年11月13日，深圳市典尔信息技术有限公司向其开户银行中国银行深圳支行申请购买了一本普通支票。2017年11月13日，深圳市典尔信息技术有限公司需支付一笔公司往来货款，签发了一张90000元的普通支票给深圳市鹏大通讯股份有限公司。次日，深圳市鹏大通讯股份有限公司把收到的深圳市典尔信息技术有限公司的普通支票交给其开户银行委托收款，该支票经票交中心交换后发现深圳市典尔信息技术有限公司账户余额不足支付支票款，银行临柜柜员把该普通支票作退票处理，并通知了深圳市典尔信息技术有限公司开户行。出票人开户行对深圳市典尔信息技术有限公司开具空头支票的行为依法进行了罚款处理。

【实训操作】

操作流程：出票—退票（见图2-2-21）。

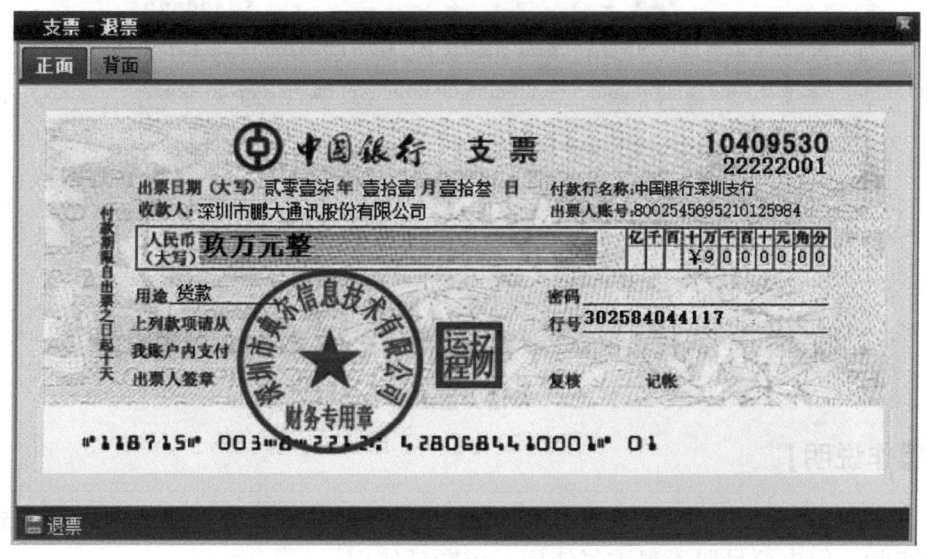

图2-2-21 普通支票退票（余额不足）

【操作说明】

1. 已领购过支票的企业，可使用已领购的支票直接出票，省略企业领购和银行审核两个步骤，但支票号码不得重复使用，应顺延使用。

2. 企业出票人选择对应未用支票进行出票：填写支票信息。

3. 企业收款人进行退票：选择数据—点击退票按钮即可。

七、印鉴不符退票

【实训案例】

2017年11月14日，深圳市典尔信息技术有限公司向其开户银行中国银行深圳支行购买了一本普通支票，2017年11月14日，深圳市典尔信息技术有限公司为了支付往来费用，签发一张60000元的转账支票给深圳市鹏大通讯股份有限公司。次日，深圳市鹏大通讯股份有限公司出纳持收到的深圳市典尔信息技术有限公司的普通支票到托收银行办理了进账手续，后经出票人开户行审核，发现该支票的出票人签章与银行预留印鉴不符，托收银行对该支票进行了退票处理。

【实训操作】

操作流程：出票—退票（见图2-2-22）。

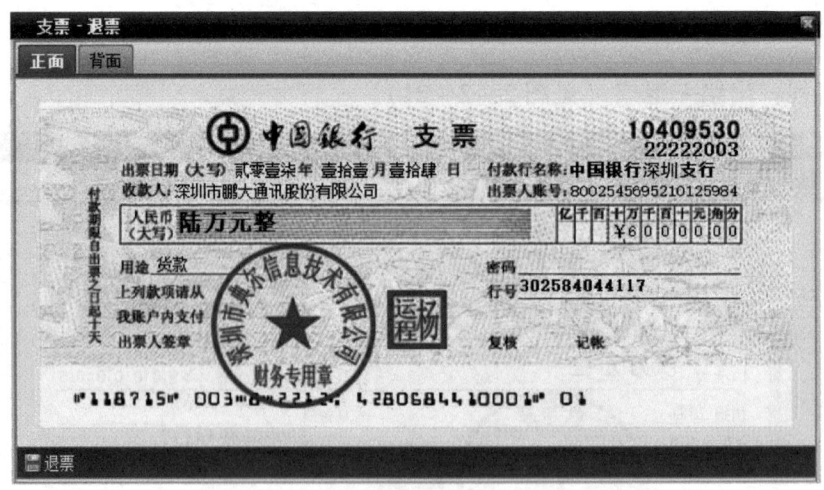

图2-2-22 普通支票退票（印鉴不符）

【操作说明】

1. 已领购过支票的企业，可使用已领购的支票直接出票，省略企业领购和银行审核两个步骤，但支票号码不得重复使用，应顺延使用。

2. 企业出票人选择对应未用支票进行出票：填写支票信息。

3. 企业收款人进行退票：选择数据—点击退票按钮即可。

八、支付密码错误退票

【实训案例】

2017年11月8日,深圳市典尔信息技术有限公司(开户行:中国银行深圳支行)为了支付购买设备费用,签发了一张80000元的普通支票给深圳市鹏大通讯股份有限公司,深圳市鹏大通讯股份有限公司出纳通过其开户银行中国建设银行梅龙支行委托付款,但因其支付密码不对,银行临柜柜员把该支票作退票处理。

【实训操作】

操作流程:出票—退票(见图2-2-23)。

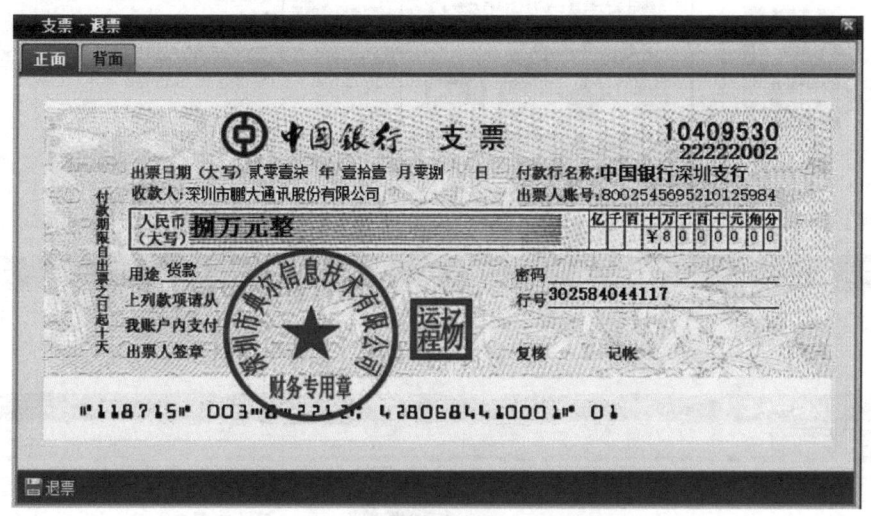

图2-2-23 普通支票退票(密码错误)

【操作说明】

1. 已领购过支票的企业,可使用已领购的支票直接出票,省略企业领购和银行审核两个步骤,但支票号码不得重复使用,应顺延使用。
2. 企业出票人选择对应未用支票进行出票:填写支票信息。
3. 企业收款人进行退票:选择数据—点击退票按钮即可。

模块二 现金支票

一、现金支票提取备用金

【实训案例】

2017年11月9日,临淄市图博智能工程有限公司向其开户银

现金支票提取备用金

行中国农业银行临淄支行购买一本现金支票,当日,临淄市图博智能工程有限公司签发了一张金额为50000元的现金支票并从其开户行提取备用金。

【实训操作】

操作流程:领购—出票—兑付(见图2-2-24至图2-2-28)。

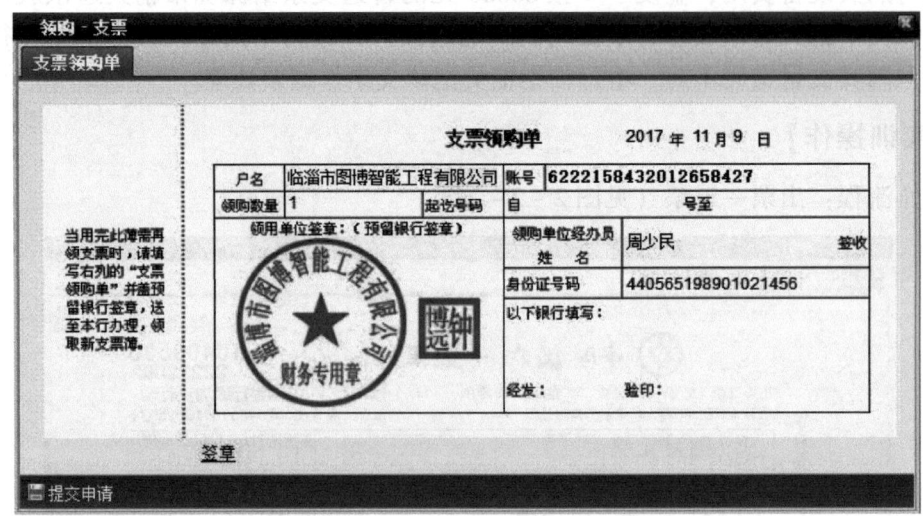

图2-2-24 现金支票领购(企业申请)

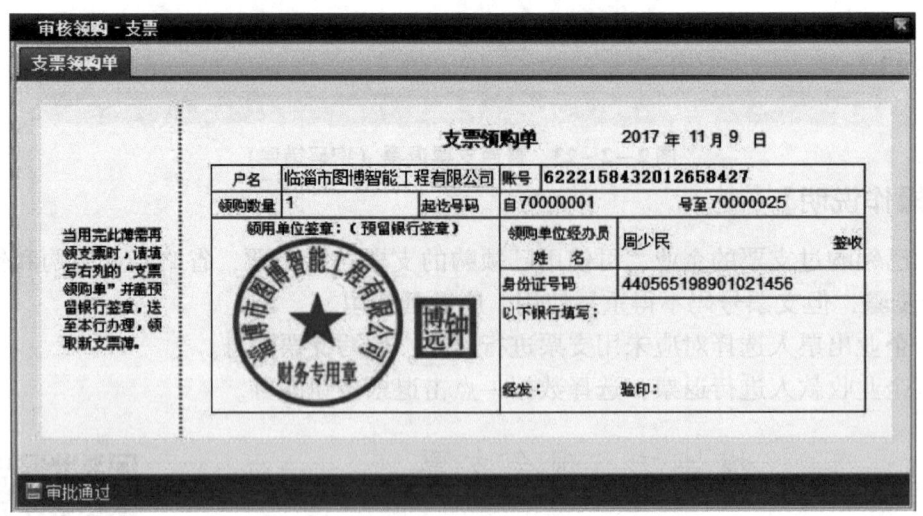

图2-2-25 现金支票审核(银行审核)

【操作说明】

1. 企业出票人填写支票领购单:企业出票人—领购—填写支票领购单。

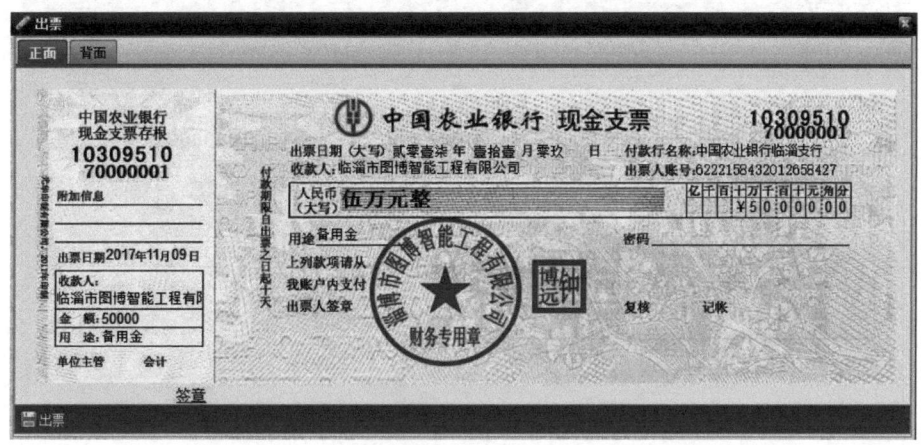

图 2-2-26 现金支票出票（付款人出票）

图 2-2-27 现金支票兑现（背书给银行）

2. 银行付款人审核支票领购单：银行付款人—领购—选择数据—审核—填写支票号码。

3. 企业出票人选择对应未用支票进行出票：填写支票信息。

4. 企业收款人进行兑付（由企业和银行双方完成）：

（1）企业收款人：填写进账单并在票据背面做背书给银行的处理后，提交到银行付款人处理；

（2）银行付款人：找到对应的数据进行兑付审核；

（3）企业提取备付金是供本企业使用的，不用填写进账单，直接做背书操作后切换到银行付款人进行兑付。

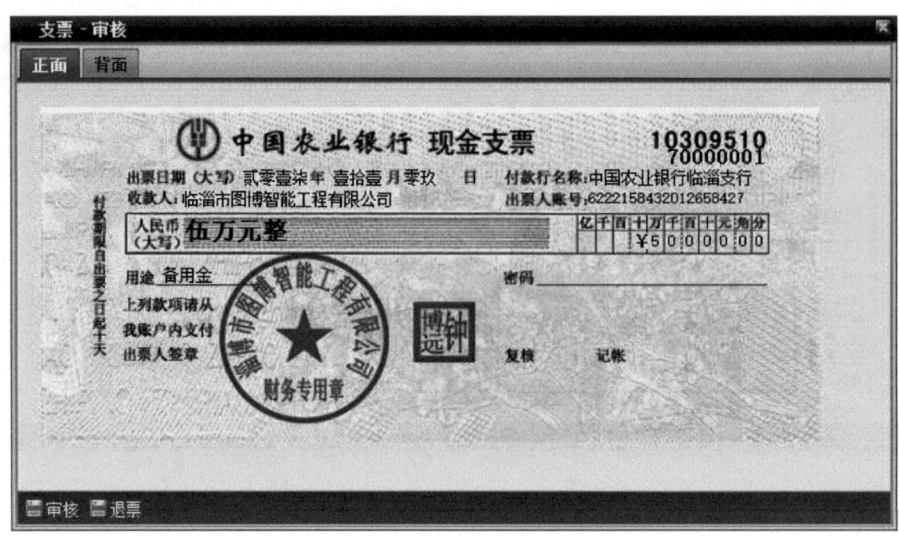

图 2-2-28　现金支票审核（银行受理）

二、现金支票退票

【实训案例】

2017 年 11 月 14 日，中兴通信股份有限公司向其开户银行购买一本现金支票，当日，签发了一张金额为 75000 元的现金支票从其开户银行提取现金备用，但因该现金支票盖章模糊不清，银行柜员把该支票退回给公司出纳。

【实训操作】

操作流程：领购—出票—退票（见图 2-2-29）。

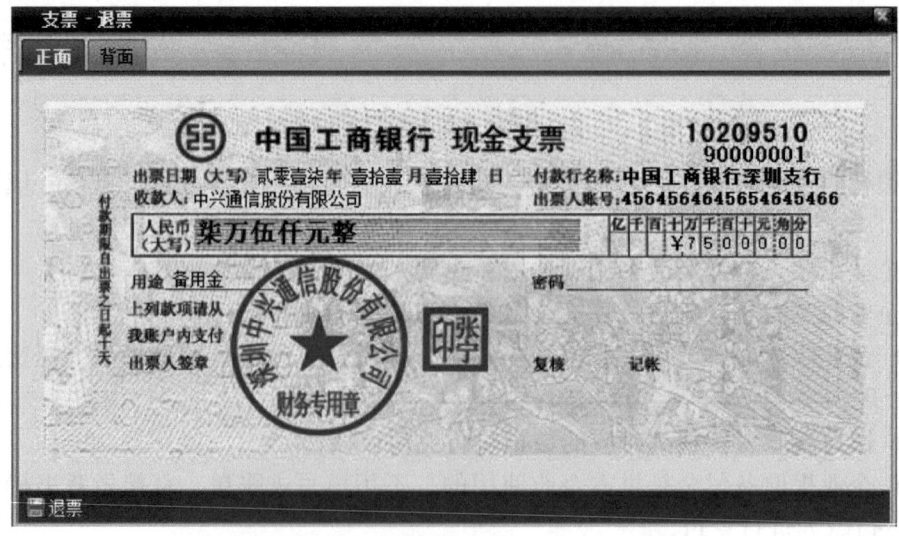

图 2-2-29　现金支票退票（印章不符）

【操作说明】

1. 企业出票人填写支票领购单：企业出票人—领购—填写支票领购单。
2. 银行付款人审核支票领购单：银行付款人—领购—选择数据—审核—填写支票号码。
3. 企业出票人选择对应未用支票进行出票：填写支票信息。
4. 企业收款人进行退票：选择数据—点击退票按钮即可。

三、现金支票挂失

【实训案例】

2017年11月15日，广州市欧冠原材料加工厂向其开户银行申请购买一本现金支票，当日，签发了一张金额为40000元的现金支票从其开户银行提取现金备用，后不慎将该支票丢失，公司出纳前来银行办理支票挂失手续。

现金支票挂失

【实训操作】

操作流程：领购—出票—挂失（见图2-2-30、图2-2-31）。

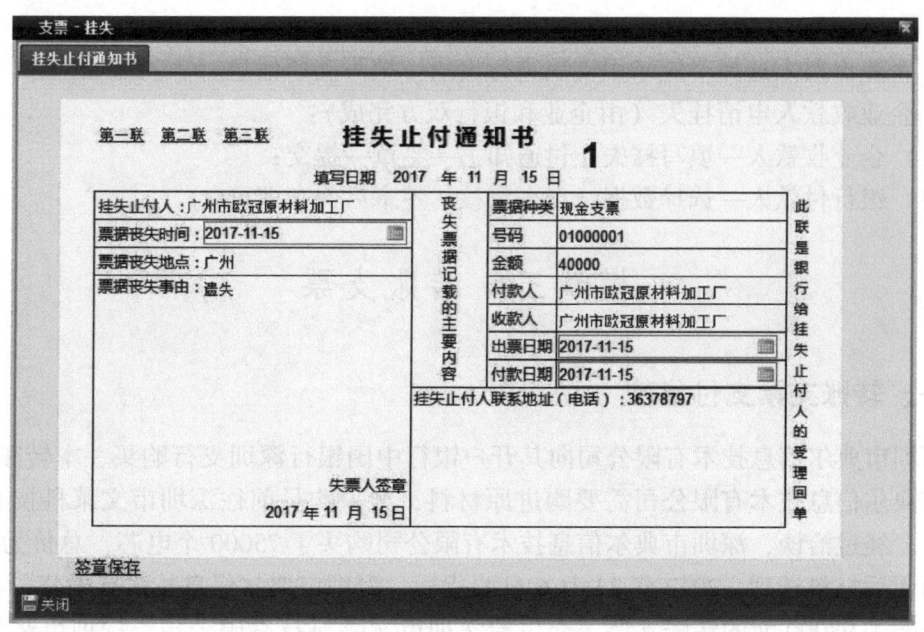

图2-2-30 现金支票挂失（挂失申请）

【操作说明】

1. 企业出票人填写支票领购单：企业出票人—领购—填写支票领购单。

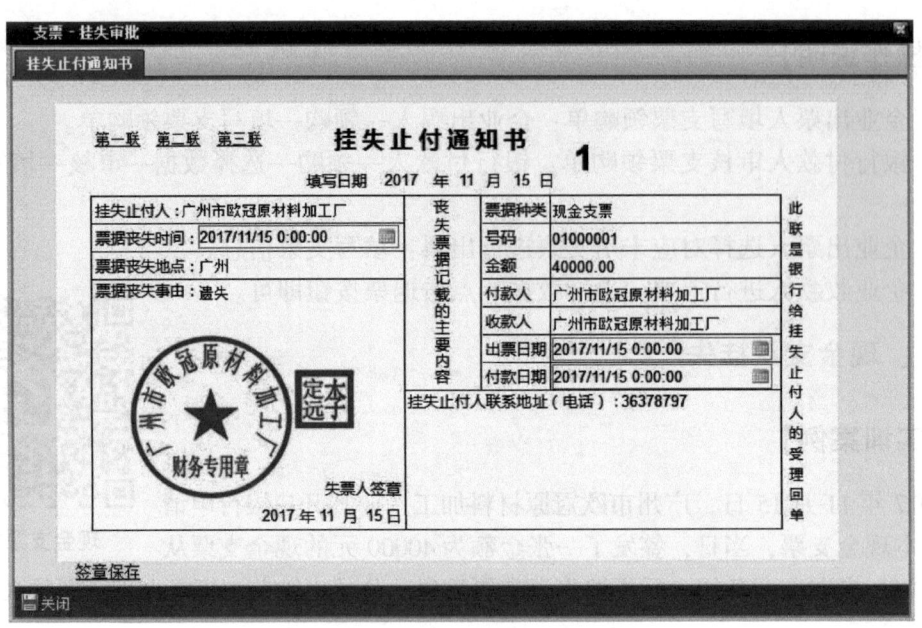

图 2-2-31 现金支票挂失（挂失审批）

2. 银行付款人审核支票领购单：银行付款人—领购—选择数据—审核—填写支票号码。

3. 企业出票人选择对应未用支票进行出票：填写支票信息。

4. 企业收款人申请挂失（由企业和银行双方完成）：

（1）企业收款人—填写挂失止付通知书—签章—提交；

（2）银行付款人—选择数据，点击审核，签章后保存即可。

模块三　转账支票

一、转账支票支付货款

深圳市典尔信息技术有限公司向其开户银行中国银行深圳支行购买一本转账支票。深圳市典尔信息技术有限公司需要购进原材料，派采购员前往深圳市文莱科技有限公司采购。经过洽谈，深圳市典尔信息技术有限公司购买了 75000 个电芯，总价为 98000 元，两天后材料送到，2017 年 11 月 6 日验货后，深圳市典尔信息技术有限公司签发了一张金额为 98000 元的转账支票，交付给深圳市文莱科技有限公司。深圳市文莱科技有限公司委托其开户银行中国银行深圳支行结清了货款。

【实训操作】

操作流程：领购—出票—兑付（见图 2-2-32 至图 2-2-38）。

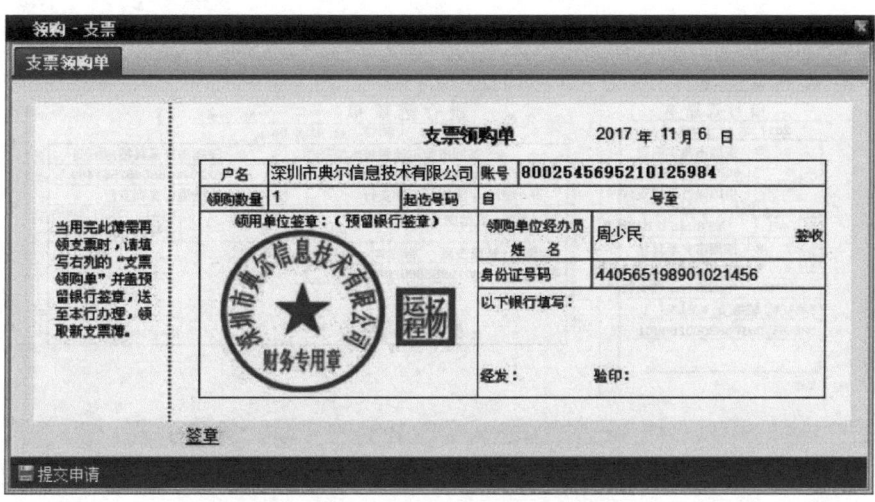

图 2-2-32 转账支票领购（企业申请）

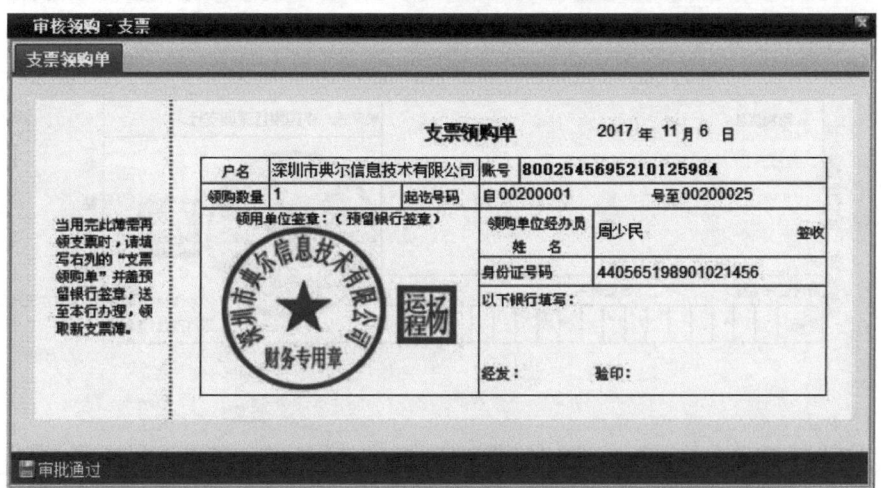

图 2-2-33 转账支票领购（银行审核）

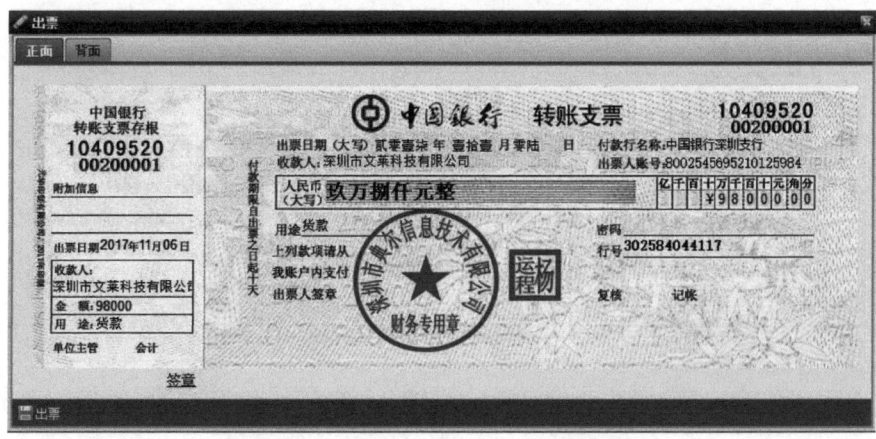

图 2-2-34 转账支票出票（付款人出票）

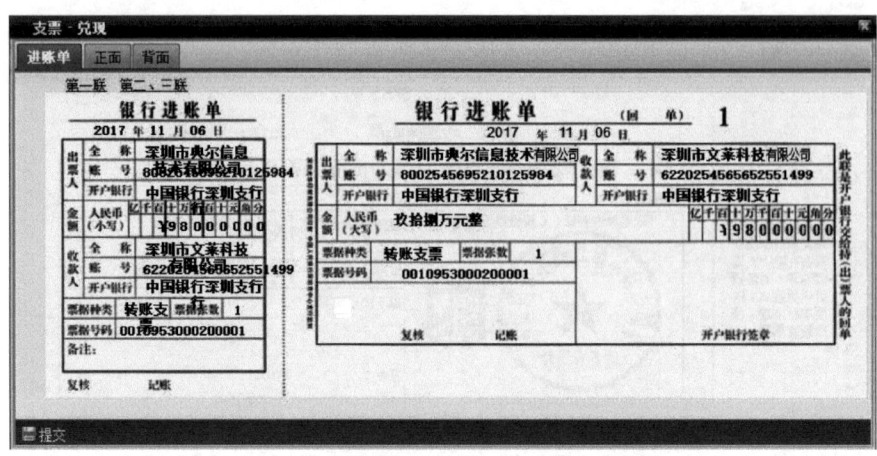

图2-2-35 转账支票兑现（填写进账单）

图2-2-36 转账支票兑现（背书给银行）

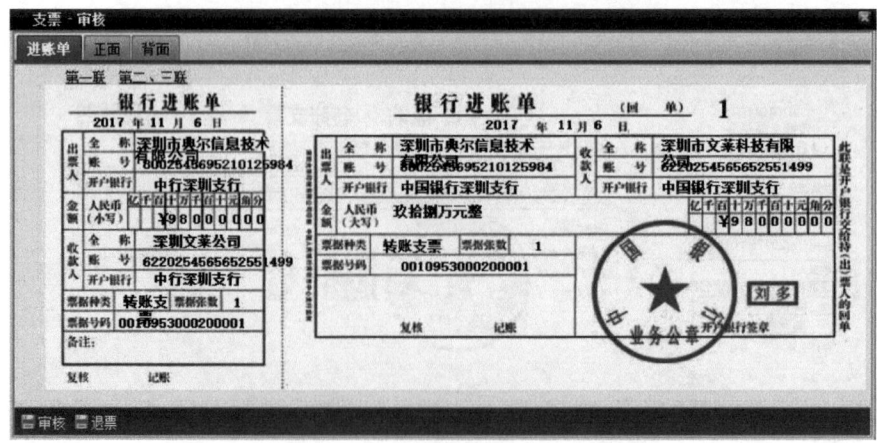

图2-2-37 转账支票审核（第一联签章）

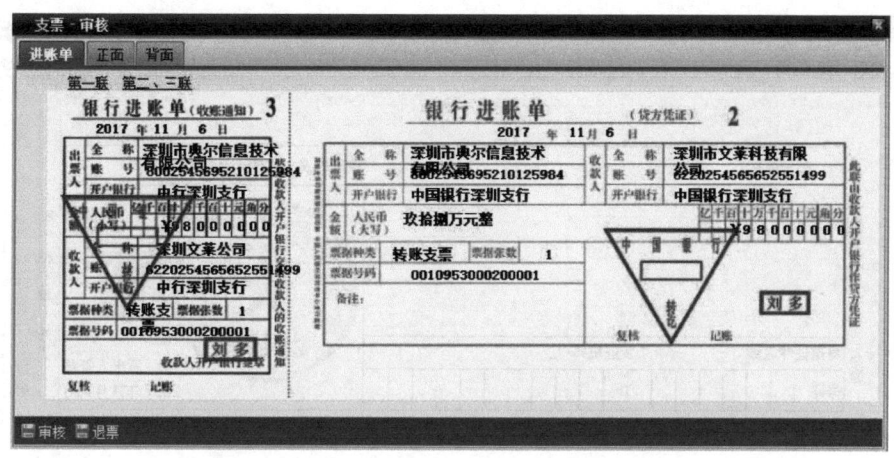

图2-2-38 转账支票审核（第二、三联签章）

【操作说明】

1. 企业出票人填写支票领购单：企业出票人—领购—填写支票领购单。

2. 银行付款人审核支票领购单：银行付款人—领购—选择数据—审核—填写支票号码。

3. 企业出票人选择对应未用支票进行出票：填写支票信息。

4. 企业收款人进行兑付（由企业和银行双方完成）：

（1）企业收款人在票据背面做背书给银行处理后，提交到银行付款人处理；

（2）银行付款人找到对应的数据进行兑付审核。

二、转账支票背书转让并支付广告费

【实训案例】

2017年11月13日，深圳智达有限公司向其开户银行中国银行深圳支行购买一本转账支票，当天，深圳智达有限公司为了交车辆保险费，签发一张98000元的转账支票给深圳市鹏程保险公司，出票后的第三天（不含出票日），深圳市鹏程保险公司把收到的深圳智达有限公司的转账支票背书给广州市图派广告公司支付广告费用，广州市图派广告公司将转账支票交给其开户银行委托收款。

【实训操作】

操作流程：领购—出票—背书—兑付（见图2-2-39、图2-2-40）。

【操作说明】

1. 企业出票人填写支票领购单：企业出票人—领购—填写支票领购单。

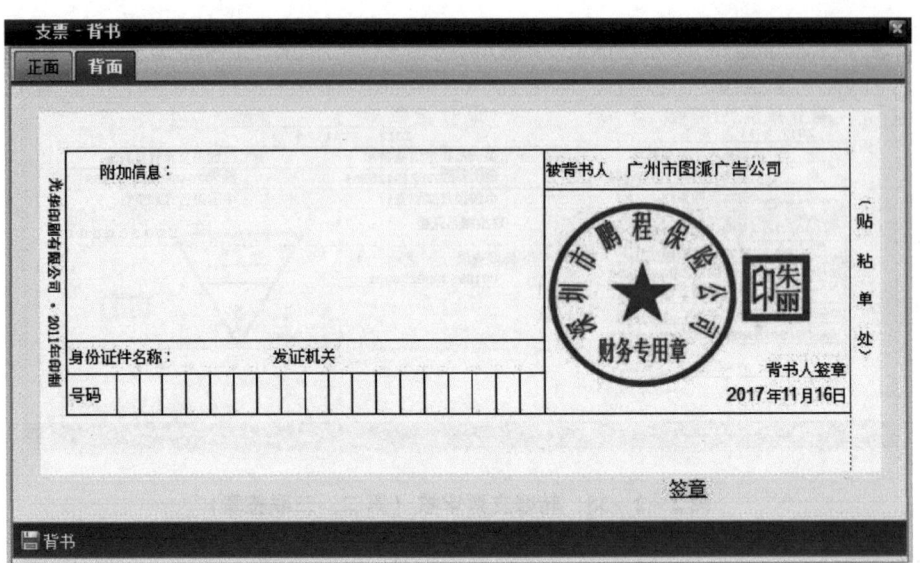

图 2-2-39 转账支票背书（背书转让）

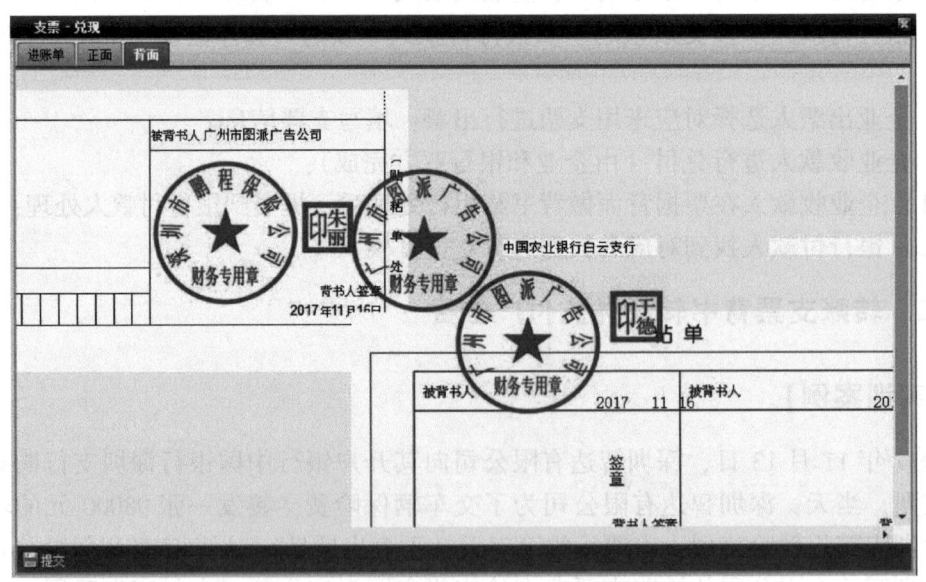

图 2-2-40 转账支票兑现（背书给银行）

2. 银行付款人审核支票领购单：银行付款人—领购—选择数据—审核—填写支票号码。

3. 企业出票人选择对应未用支票进行出票：填写支票信息。

4. 企业收款人进行背书：企业收款人填写被背书人相关资料—签章—点击提交按钮—完成背书（收款人、背书人、被背书人三种当事人都可进行背书、兑付、退票操作，且流程不因当事人不同而不同）。

5. 企业被背书人进行兑付（由企业和银行双方完成）：

（1）企业被背书人填写进账单并在票据背面做背书给银行的处理后，提交到银行付款人处理；

（2）银行付款人找到对应的数据进行兑付审核。

三、转账支票二次背书转让

【实训案例】

2017年11月6日，九江市光达汽车销售有限公司向其开户银行中国银行武宁支行购买一本转账支票，当天，九江市光达汽车销售有限公司为了支付公司旅游费用，签发一张89000元的转账支票给九江市文化旅游集团有限公司，次日，九江市文化旅游集团有限公司把收到的九江市光达汽车销售有限公司的转账支票背书给九江市光达汽车销售有限公司支付货款费用，出票后的第三天（不含出票日），九江市光达汽车销售有限公司又把该转账支票背书给九江市立天建设有限公司支付货款费用，九江市立天建设有限公司将转账支票交给其开户银行委托收款。

转账支票连续背书转让

【实训操作】

操作流程：领购—出票—背书1—背书2—兑付（见图2-2-41至图2-2-43）。

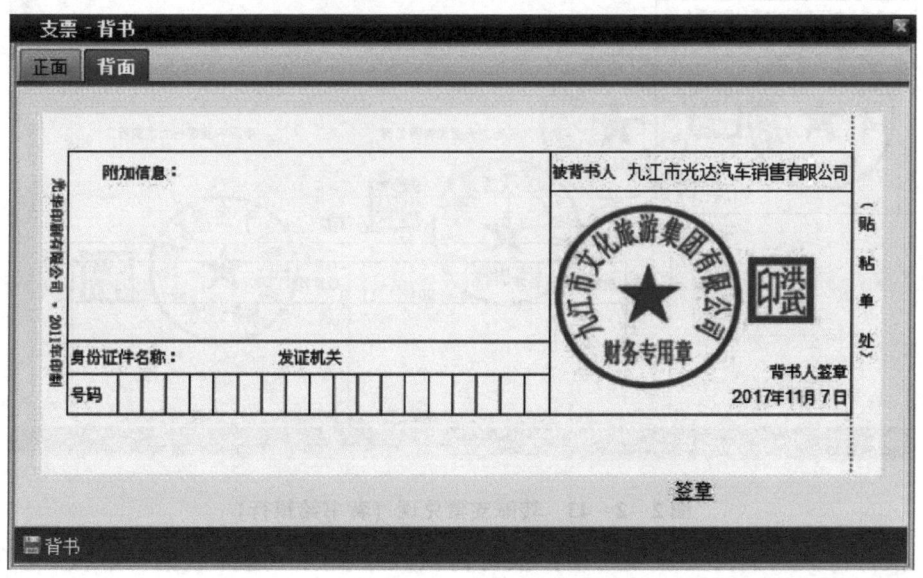

图2-2-41 转账支票背书（第一次背书）

【操作说明】

1. 企业出票人填写支票领购单：企业出票人—领购—填写支票领购单。

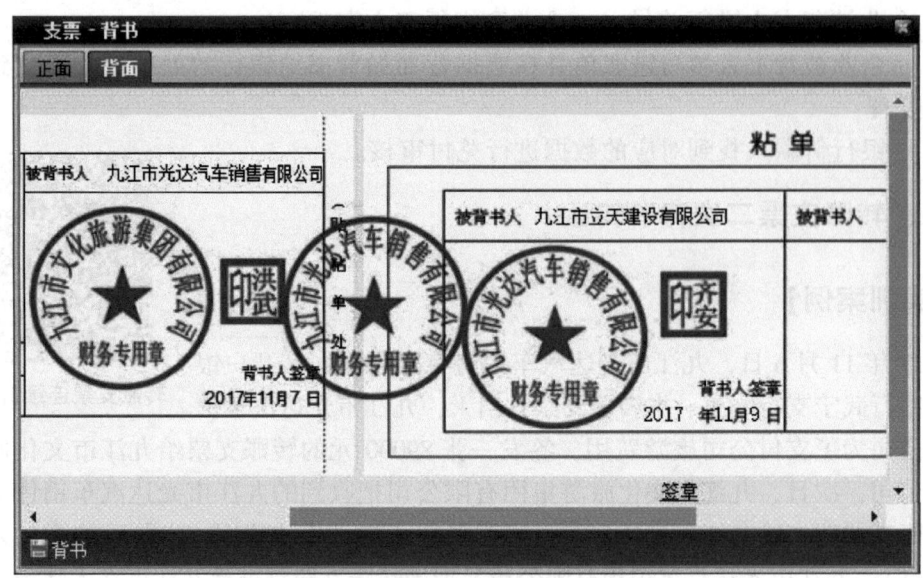

图 2-2-42 转账支票背书（第二次背书）

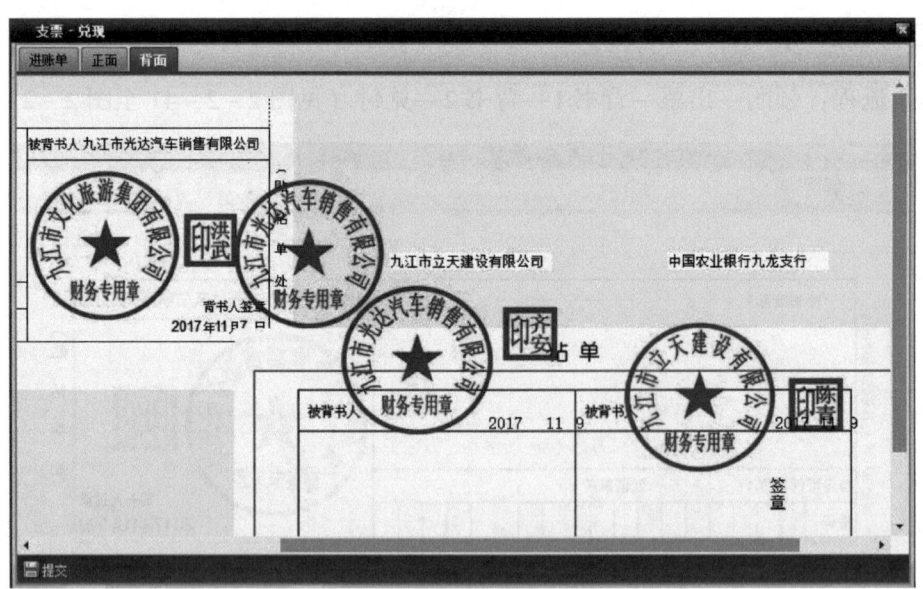

图 2-2-43 转账支票兑现（背书给银行）

2. 银行付款人审核支票领购单：银行付款人—领购—选择数据—审核—填写支票号码。

3. 企业出票人选择对应未用支票进行出票：填写支票信息。

4. 企业收款人进行背书：企业收款人填写被背书人相关资料—签章—点击提交按钮—背书—背书（收款人、背书人、被背书人三种当事人都可进行背书、兑付、退票操作，且流程不因当事人不同而不同）。

5. 企业被背书人进行兑付（由企业和银行双方完成）：

（1）企业被背书人填写进账单并在票据背面做背书给银行的处理后，提交到银行付款人处理；

（2）银行付款人找到对应的数据进行兑付审核。

四、转账支票三次背书转让

【实训案例】

2017年11月13日，深圳市典尔信息技术有限公司（开户行：中国银行深圳支行）为了支付购买公司设备费用，签发一张120000元的转账支票给广州市天硕设备技术有限公司，次日，广州市天硕设备技术有限公司把收到的深圳市典尔信息技术有限公司的转账支票背书给广州市欧冠原材料加工厂支付货款费用，出票后的第三天（不含出票日），广州市欧冠原材料加工厂又把该转账支票背书给广州市中恒建设有限公司支付货款费用，出票后的第五天（不含出票日），广州市中恒建设有限公司将转账支票背书给广州市图派广告公司支付往来费用，广州市图派广告公司将转账支票提交给其开户银行委托收款。

【实训操作】

操作流程：出票—背书1—背书2—背书3—兑付（见图2-2-44至图2-2-47）。

图2-2-44 转账支票背书（第一次背书）

【实训步骤】

1. 已领购过支票的企业，可使用已领购的支票直接出票，省略企业领购和银行审核两个步骤，但支票号码不得重复使用，应顺延使用。

图 2-2-45 转账支票背书（第二次背书）

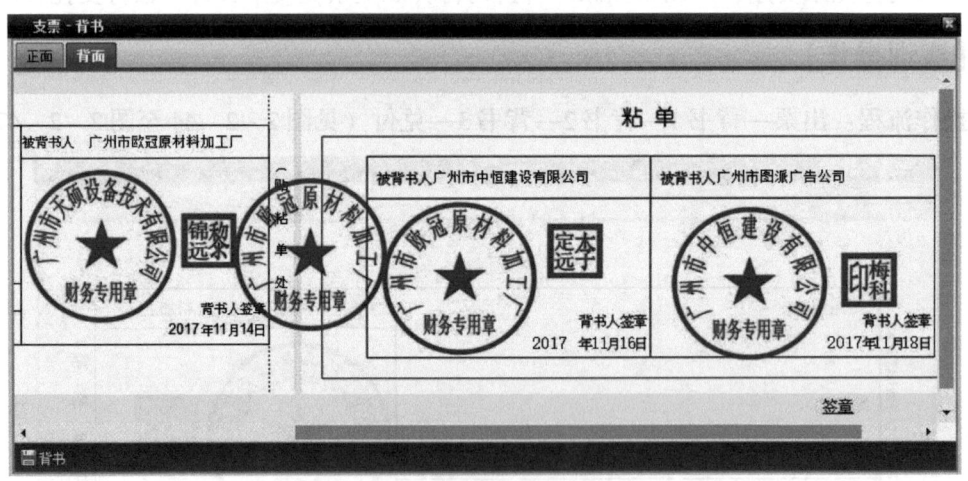

图 2-2-46 转账支票背书（第三次背书）

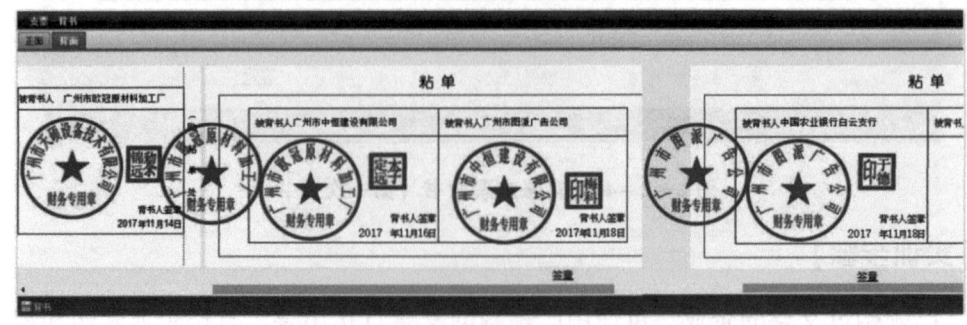

图 2-2-47 转账支票兑现（背书给银行）

2. 企业出票人选择对应未用支票进行出票：填写支票信息。

3. 企业收款人进行背书：企业收款人填写被背书人相关资料—签章—点击提交按钮—背书—背书（收款人、背书人、被背书人三种当事人都可进行背书、兑付、退票操作，且流程不因当事人不同而不同）。

4. 企业被背书人进行兑付（由企业和银行双方完成）：

（1）企业被背书人填写进账单并在票据背面做背书给银行的处理后，提交到银行付款人处理；

（2）银行付款人找到对应的数据进行兑付审核。

五、空头支票退票

【实训案例】

转账支票空头支票退票

2017 年 11 月 13 日，南昌市跃龙贸易股份有限公司向其开户银行中国工商银行赣江支行申请购买了一本转账支票。现南昌市跃龙贸易股份有限公司需支付一笔公司往来费用，签发了一张 48000 元的转账支票给南昌市宏海制衣有限公司。次日，南昌市宏海制衣有限公司把收到的南昌市跃龙贸易股份有限公司的转账支票交给其开户银行委托收款，转账支票经票据交换中心交换后，反馈给托收银行南昌市跃龙贸易股份有限公司账户余额不足，托收银行柜员把该转账支票作退票处理，并通知南昌市跃龙贸易股份有限公司开户行，对南昌市跃龙贸易股份有限公司开具空头支票的行为依法进行了罚款处理。

【实训操作】

操作流程：领购—出票—退票（见图 2 - 2 - 48）。

图 2 - 2 - 48 转账支票退票（余额不足）

【操作说明】

1. 企业出票人填写支票领购单：企业出票人—领购—填写支票领购单。
2. 银行付款人审核支票领购单：银行付款人—领购—选择数据—审核—填写支票号码。
3. 企业出票人选择对应未用支票进行出票：填写支票信息。
4. 企业收款人进行退票：选择数据—点击退票按钮即可。

六、印鉴不符退票

【实训案例】

2017年11月6日，深圳市鹏大通讯股份有限公司为了支付公司员工宿舍房租费用，签发一张90000元的转账支票给深圳市天心乐物业有限公司用于支付房租费用，出票后的第三天（不含出票日），深圳市天心乐物业有限公司把深圳市鹏大通讯股份有限公司开具的转账支票背书给中兴通信股份有限公司支付往来货款，中兴通信股份有限公司将转账支票交给其开户银行委托收款，但因背书人印鉴不符，银行柜员把该转账支票退回给持票人前手。

【实训操作】

操作流程：领购—出票—背书—退票（见图2-2-49）。

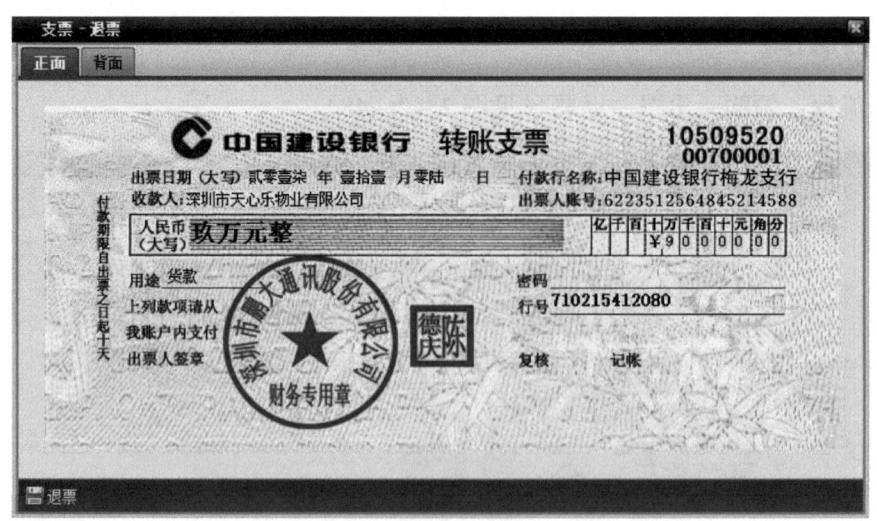

图2-2-49　转账支票退票（印鉴不符）

【操作说明】

1. 企业出票人填写支票领购单：企业出票人—领购—填写支票领购单。

2. 银行付款人审核支票领购单：银行付款人—领购—选择数据—审核—填写支票号码。

3. 企业出票人选择对应未用支票进行出票：填写支票信息。

4. 企业收款人进行背书：企业收款人填写被背书人相关资料—签章—点击提交按钮—完成背书（收款人、背书人、被背书人三种当事人都可进行背书、兑付、退票操作，且流程不因当事人不同而不同）。

5. 企业被背书人进行退票：选择数据—点击退票按钮即可。

七、支付密码错误退票

【实训案例】

2017年11月13日，广州市嘉博纺织贸易有限公司向其开户银行中国建设银行白云支行申请购买了一本转账支票。当天，广州市嘉博纺织贸易有限公司需要购进办公室设备，派采购员前往广州市天硕设备技术有限公司采购设备。经过洽谈，广州市嘉博纺织贸易有限公司购买了2台复印机，总价为130000元，出票后的第三天（不含出票日）设备送到，验货后，广州市嘉博纺织贸易有限公司签发了一张金额为130000元的转账支票，交付给广州市天硕设备技术有限公司用于支付设备款。广州市天硕设备技术有限公司出纳通过其开户银行中国建设银行白云支行委托收款，但因该支票支付密码不对，银行临柜柜员把该转账支票退回给供货公司出纳。

【实训操作】

操作流程：领购—出票—退票（见图2-2-50）。

图2-2-50 转账支票退票（密码错误）

【操作说明】

1. 企业出票人填写支票领购单：企业出票人—领购—填写支票领购单。
2. 银行付款人审核支票领购单：银行付款人—领购—选择数据—审核—填写支票号码。
3. 企业出票人选择对应未用支票进行出票：填写支票信息。
4. 企业收款人进行退票：选择数据—点击退票按钮即可。

八、转账支票挂失

【实训案例】

2017年11月13日，中兴通信股份有限公司向其开户银行中国工商银行深圳支行购买一本转账支票。2017年11月13日，中兴通信股份有限公司需要购进办公室设备，派采购员前往广州市天硕设备技术有限公司采购。经过洽谈，中兴通信股份有限公司购买了2台复印机，总价为92000元，出票后的第三天（不含出票日）后设备送到，验货后，中兴通信股份有限公司签发了一张金额为92000元的转账支票用于支付设备款，交付给广州市天硕设备技术有限公司，后因转账支票不慎丢失，广州市天硕设备技术有限公司出纳前来银行办理支票挂失手续。

【实训操作】

操作流程：领购—出票—挂失（见图2-2-51、图2-2-52）。

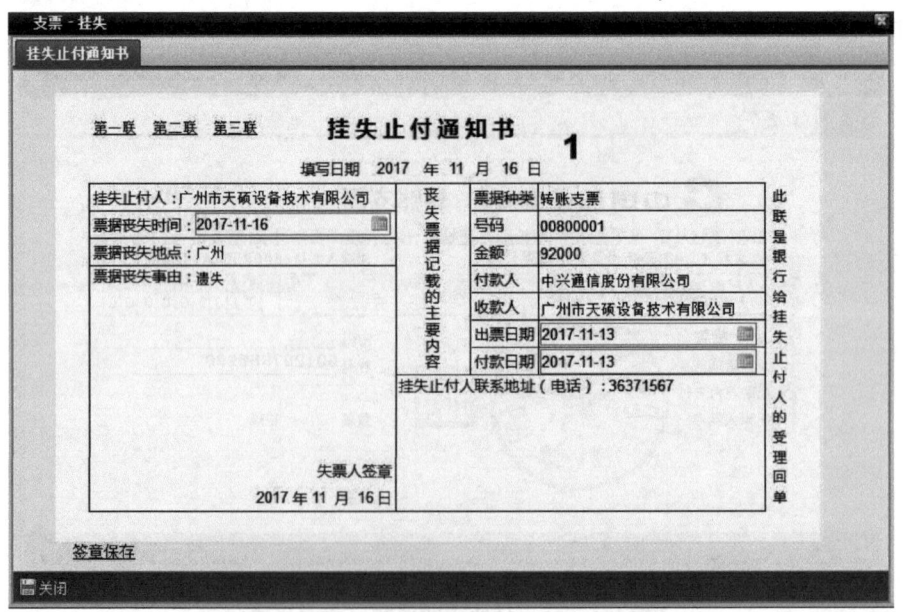

图2-2-51 转账支票挂失（挂失申请）

项目二 支票

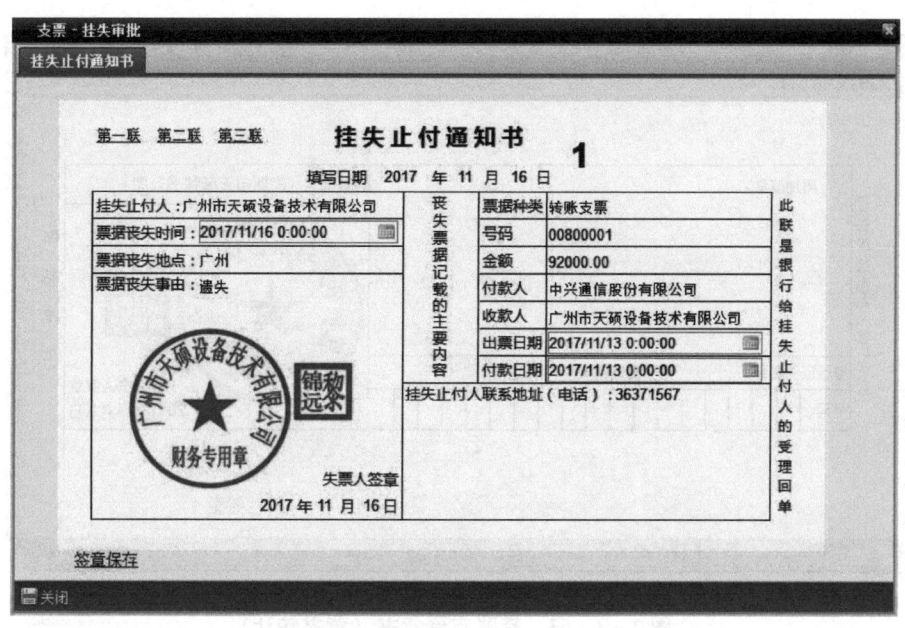

图 2-2-52 转账支票挂失（挂失审核）

【操作说明】

1. 企业出票人填写支票领购单：企业出票人—领购—填写支票领购单。
2. 银行付款人审核支票领购单：银行付款人—领购—选择数据—审核—填写支票号码。
3. 企业出票人选择对应未用支票进行出票：填写支票信息。
4. 企业收款人申请挂失（由企业和银行双方完成）：
（1）企业收款人—填写挂失止付通知书—签章—提交；
（2）银行付款人—选择数据，点击审核，签章后保存即可。

九、转账支票背书后挂失

【实训案例】

2017 年 11 月 13 日，深圳市典尔信息技术有限公司为了支付公司员工宿舍房租费用，签发了一张 9500 元的转账支票给深圳市天心乐物业有限公司，出票后的第三天（不含出票日），深圳市天心乐物业有限公司把收到的深圳市典尔信息技术有限公司的转账支票背给深圳市天智贸易公司支付往来货款，后因持票人不慎将转账支票丢失，深圳市天智贸易公司出纳前来银行办理支票挂失手续。

【实训操作】

操作流程：出票—背书—挂失（见图 2-2-53 至图 2-2-55）。

295

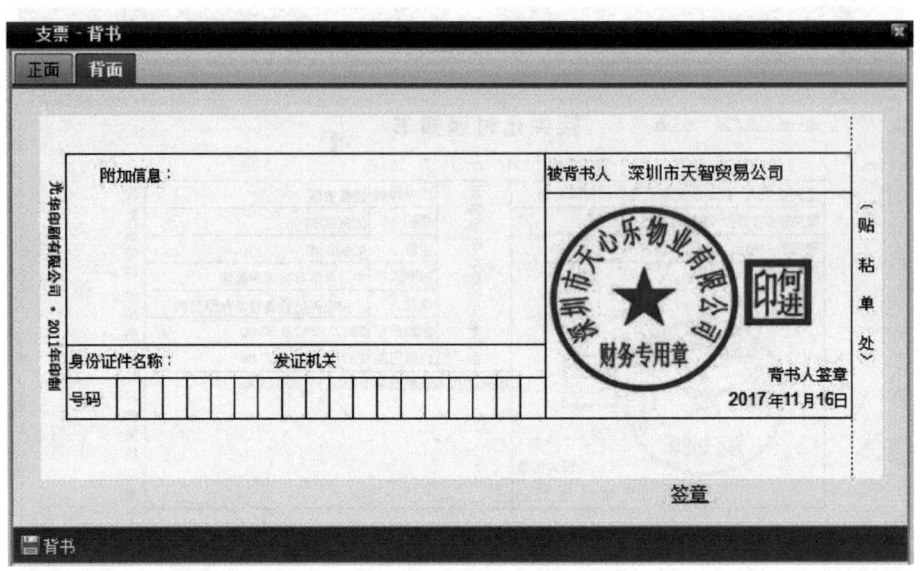

图 2-2-53 转账支票背书（背书转让）

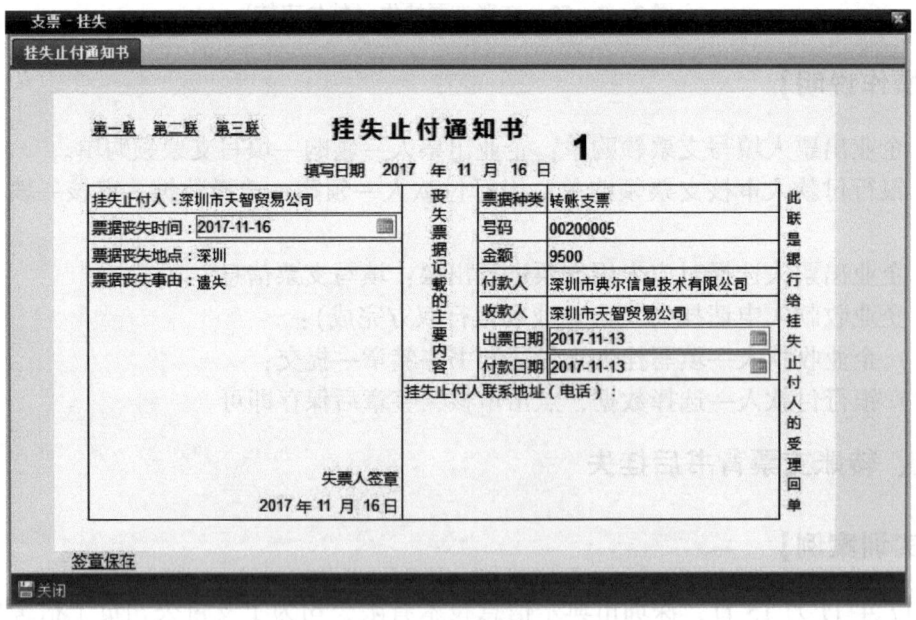

图 2-2-54 转账支票挂失（挂失申请）

【操作说明】

1. 已领购过支票的企业，可使用已领购的支票直接出票，省略企业领购和银行审核两个步骤，但支票号码不得重复使用，应顺延使用。

2. 企业出票人选择对应未用支票进行出票：填写支票信息。

项目二 支票

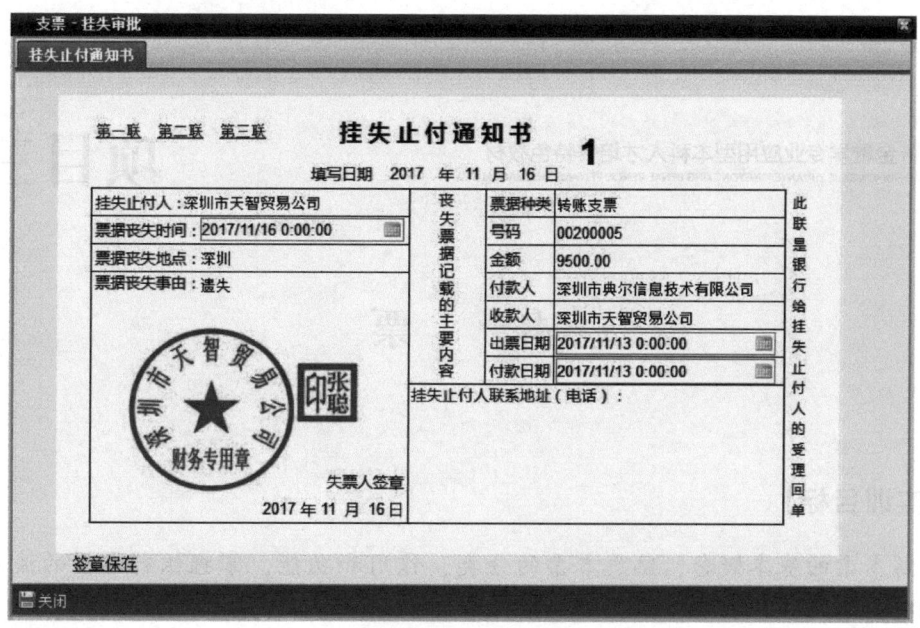

图 2-2-55 转账支票挂失（挂失审核）

3. 企业收款人进行背书：企业收款人填写被背书人相关资料—签章—点击提交按钮—完成背书（收款人、背书人、被背书人三种当事人都可进行背书、兑付、退票操作，且流程不因当事人不同而不同）。

4. 企业被背书人申请挂失（由企业和银行双方完成）：

（1）企业被背书人—填写挂失止付通知书—签章—提交；

（2）银行付款人—选择数据，点击审核，签章后保存即可。

项目三

本 票

【实训目标】

了解本票的基本概念,熟悉本票的分类、作用和功能,掌握银行本票的流转过程及其相关当事人的权利与义务。理解银行本票在支付结算中的作用和意义。

(一) 本票定义

《票据法》第七十三条规定本票的定义是:本票是由出票人签发的,承诺自己在见票时无条件支付确定的金额给收款人或持票人的票据。在第二款接着规定,本法所称本票是指银行本票。以下以介绍银行本票为主。

本票是一项书面的无条件的支付承诺,由一个人作成,并交给另一人,经制票人签名承诺,即期或定期或在可以确定的将来时间,支付一定数目的金钱给一个特定的人或其指定人或来人。

国外票据交易中允许企业和个人签发本票,称为商业本票(又称一般本票)。但在国际贸易中使用的本票,均为银行本票,不包括商业本票。本票的出票人必须具有支付本票金额的可靠资金来源,并保证支付。

银行本票都是即期的;商业本票可以是即期的或远期的。

(二) 本票分类

1. 银行本票。银行本票按照不同的方式,可以分为:

(1) 定额本票、不定额本票。其中定额本票有 1000 元、5000 元、10000 元和 50000 元等不同面额。

(2) 现金本票、转账本票。

(3) 单位本票、个人本票。

2. 商业本票。商业本票又称一般本票。出票人为企业或个人,票据既可以是即期本票,也可是远期本票。

(三) 使用范围

出票人可以是单位或个人。仅限于同一票据交换区域交易。可转账结算和支取现金。签发时无金额起点限制,适用于所有款项。

(四)本票特点

1. 自付票据:本票是由出票人本人对持票人付款。

2. 基本当事人少:本票的基本当事人只有出票人和收款人两个。

3. 无须承兑:本票在很多方面可以适用汇票法律制度。但是由于本票是由出票人本人承担付款责任,无须委托他人付款,所以,本票无须承兑就能保证付款。

(五)流转程序(见图2-3-1)

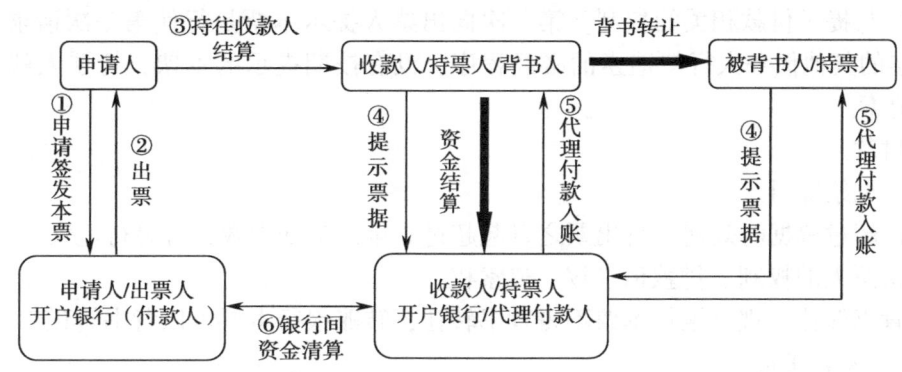

图2-3-1 银行本票结算流程

(六)签发本票(见图2-3-2)

1. 基本当事人。

(1) 出票人(付款人):签发本票的银行。

(2) 收款人:收款单位或个人。

2. 绝对记载事项。表明:其为"本票"字样。承诺:无条件支付承诺,而非委托。出票日期。确定的金额。出票人签章。收款人或其指定人姓名。

3. 相对记载事项

(1) 付款地:出票人营业场所,可以不填写。

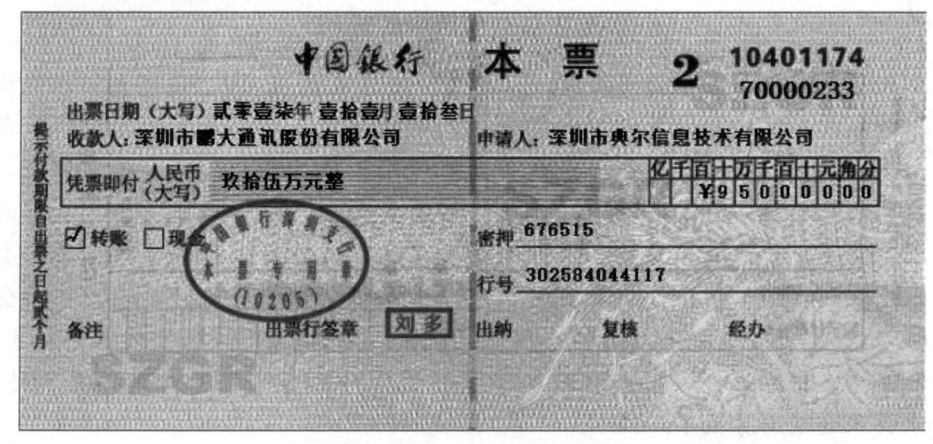

图2-3-2 签发银行本票

（2）出票地：出票人营业场所提示付款，可以不填写。

（七）交付收款人

本票可以行使背书、保证、付款等行为和追索权。

1. 提示付款。

（1）提示付款：本票的出票人在持票人提示本票时，必须承担付款的责任。

（2）提示付款期限为自出票之日起2个月。

（3）超过提示付款期：出票人仍应该付款，与出票人以外的前手无关。

（4）与提示付款相关的权利。第一次向出票人提示本票是行使第一次请求权，它是向本票的其他债务人行使追索的必经程序，没有按期提示的本票，持票人就不能向其前手追索。

2. 付款。

（1）见票即付。

（2）超过票据时效期：自出票之日起超过2年，票据无效，可另行追索。

3. 持票人的权利。付款请求权、追索权。

4. 背书转让。现金银行本票不得背书转让，转账银行本票可以背书转让。

（八）本票用途

1. 商品交易中的远期付款，可先由买主签发一张以约定付款日为到期日的本票，交给卖方，卖方可凭本票如期收到货款，如果急需资金，他可将本票贴现或转售他人。

2. 用作金钱的借贷凭证，由借款人签发本票交给贷款人收执。

3. 企业向外筹集资金时，可以发行商业本票，通过金融机构予以保证后，在证券市场销售获取资金，并于本票到期日还本付息。

4. 客户提取存款时，银行本应付给现金，如果现金不够，可将存款银行开立的即期本票给客户，以代替支付现钞。

【知识链接2-3-1】

本票在日常生活中的应用

市民张先生拟购买一套商品房，需要支付给开发商首付款30万元。张先生可采用三种方式支付这笔较大金额的款项：一是提取现金；二是刷卡支付；三是签发个人支票。提取现金不够安全，且需提前一天与银行预约；刷卡消费环境较为熟悉，也比较方便，但需在卡中存有足够的消费金额，不得透支；个人支票无须费用，但需事先开立个人支票账户，并购买支票。而使用银行本票就方便安全多了，张先生只要到开户银行申请签发一张银行本票交付给房地产公司，票面金额为30万元，支付每笔1元左右的手续费，就能轻松地完成转账付款业务，方便、安全和实惠。房地产公司拿着这张本票在1个月内到自己的开户银行提示付款，就可以收取这笔购房款了。

项目三 本票

> 银行本票实际上是一种以商业银行信用为担保的结算凭证，由客户向开户银行提出申请，再由银行签发，承诺自己或代理付款银行在见票时，无条件支付票面所记载的金额付给收款人或持票人的票据。简单地说，银行本票就等同于现金，可以在一定区域范围内的银行之间自由流通使用。

模块一 银行本票

一、银行本票支付货款

【实训案例】

南昌市钢铁集团公司购买了一批原材料，价值950000元，供需双方商定货款以银行本票方式结算。2017年11月13日，南昌市钢铁集团公司向其开户银行中国银行昌北支行提交了一份银行本票申请书，申请签发一张转账银行本票950000元，南昌市三牌机械有限公司收到银行本票当天即向其开户银行提示付款，中国银行昌北支行营业部票据经办人员审查无误后为南昌市三牌机械有限公司办理了本票转账结算手续，完成了货款结算业务。

银行本票支付货款

【实训操作】

操作流程：申请—出票—兑付（见图2-3-3至图2-3-11）。

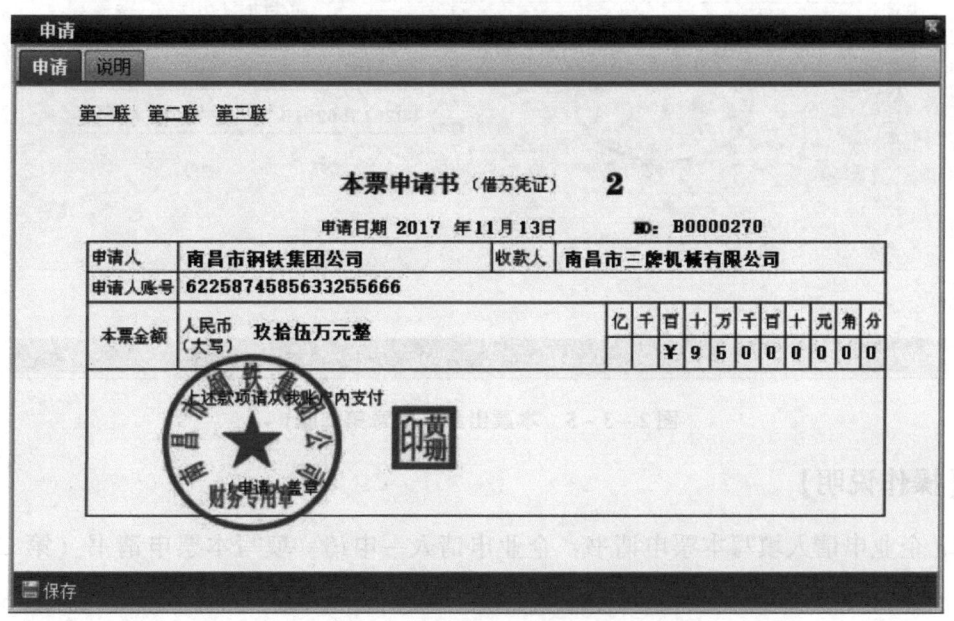

图2-3-3 本票申请（填写申请书）

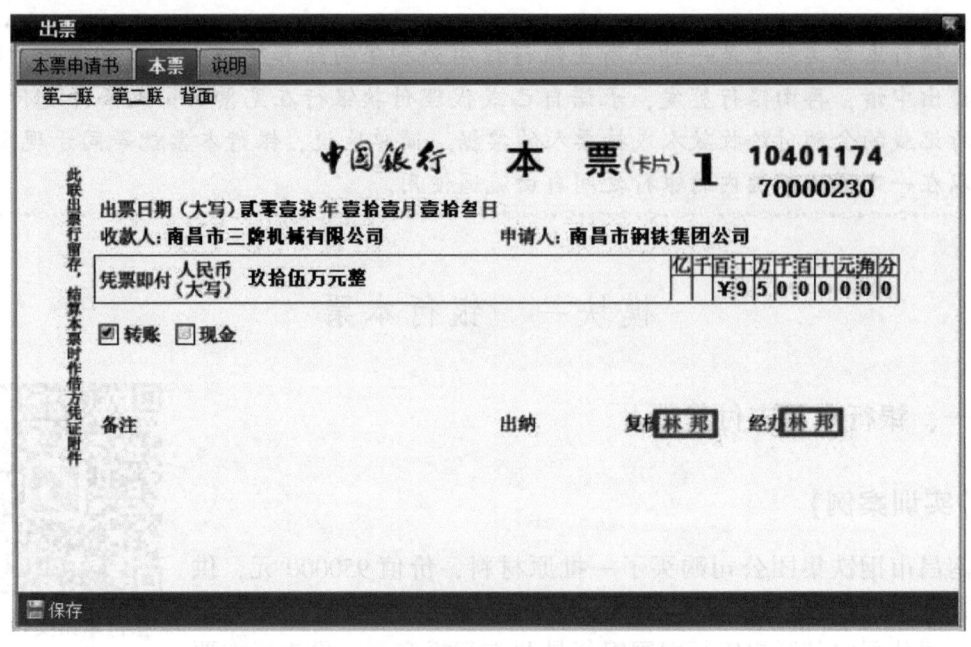

图 2-3-4 本票出票(填写本票)

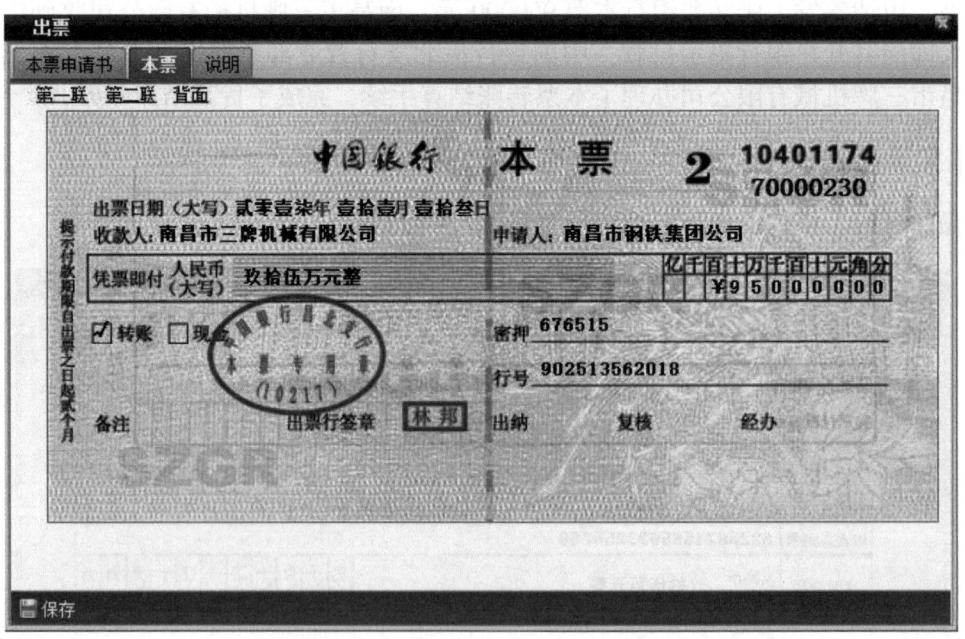

图 2-3-5 本票出票(签章第二联)

【操作说明】

1. 企业申请人填写本票申请书：企业申请人—申请—填写本票申请书（第二联签章）；点击"提交"按钮完成申请。

项目三 本票

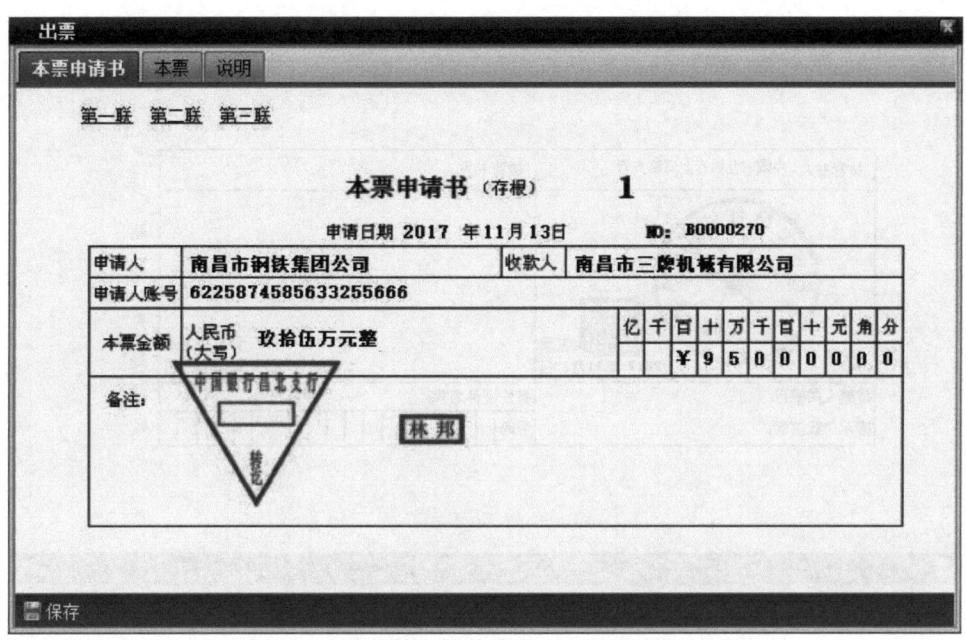

图 2-3-6 本票出票（申请书签章第一联）

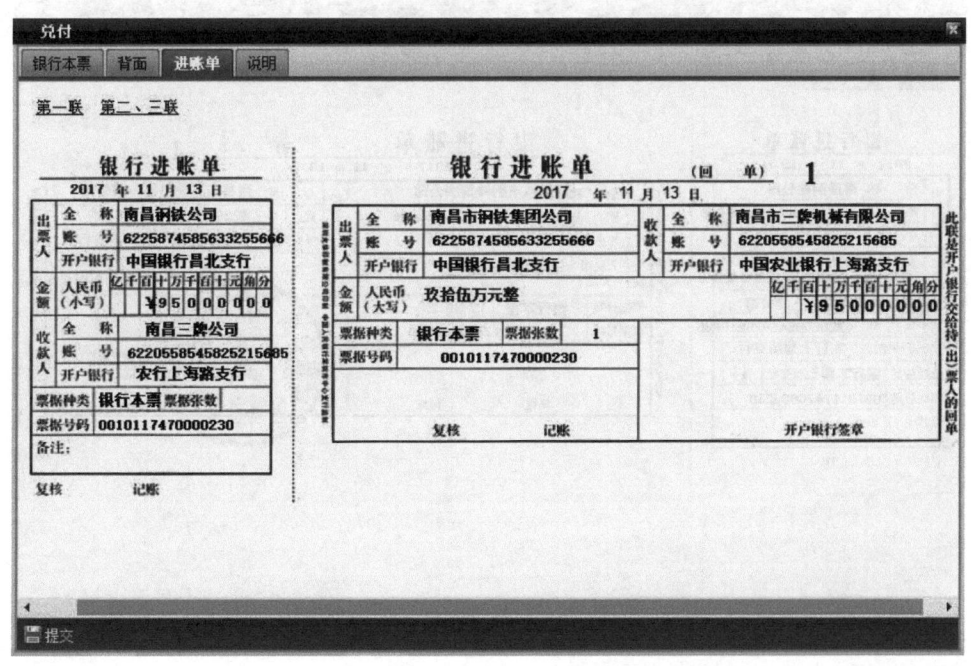

图 2-3-7 本票兑付（填写进账单）

2. 银行付款人出票：银行付款人填写本票出票信息（第一、二联签章，申请书第一联签章）；点击"提交"按钮完成出票。

303

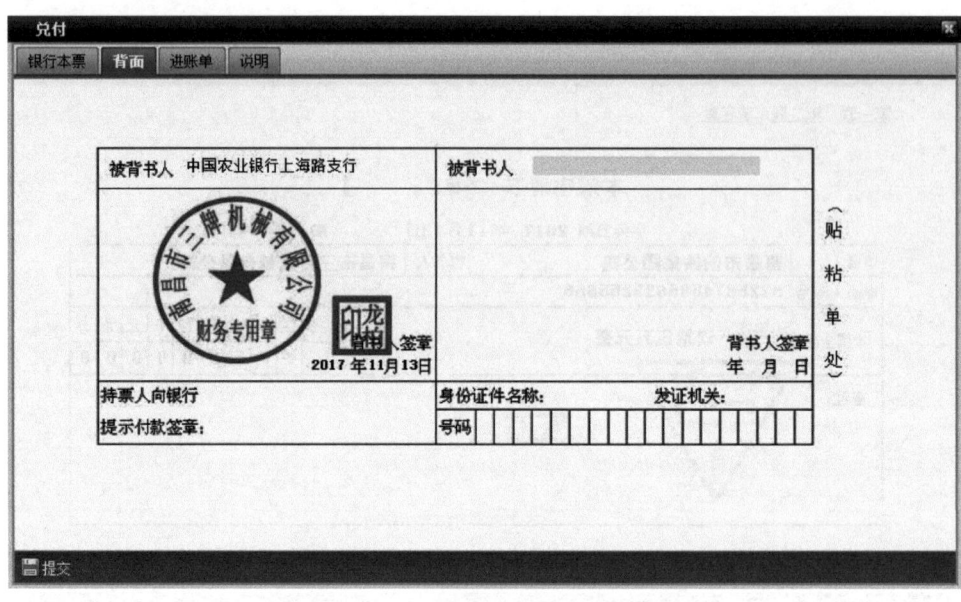

图 2-3-8 本票兑付（提交银行）

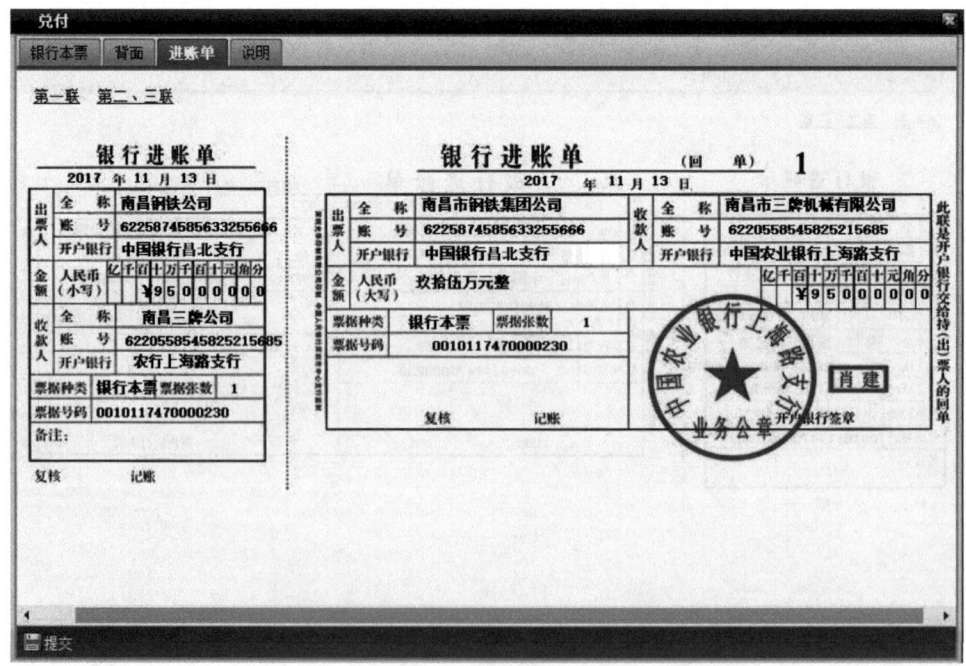

图 2-3-9 本票兑付（进账单签章第一联）

3. 企业收款人进行兑付（由企业和银行双方完成）：

（1）企业收款人填写进账单并点击"进账单"按钮进行保存，本票背面填写付款

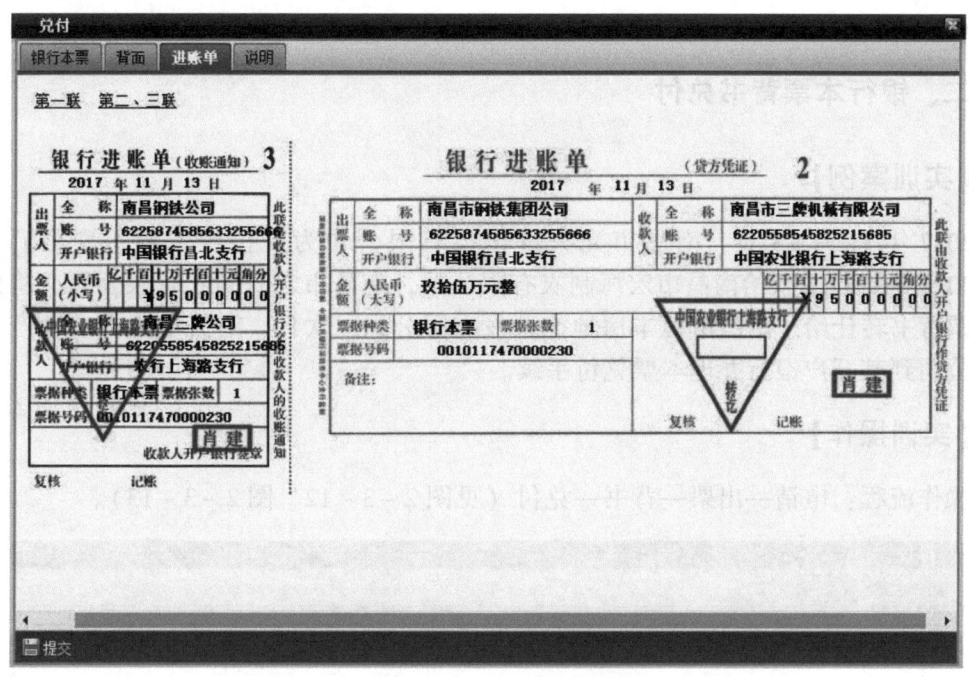

图 2-3-10 本票兑付（进账单签章第二、三联）

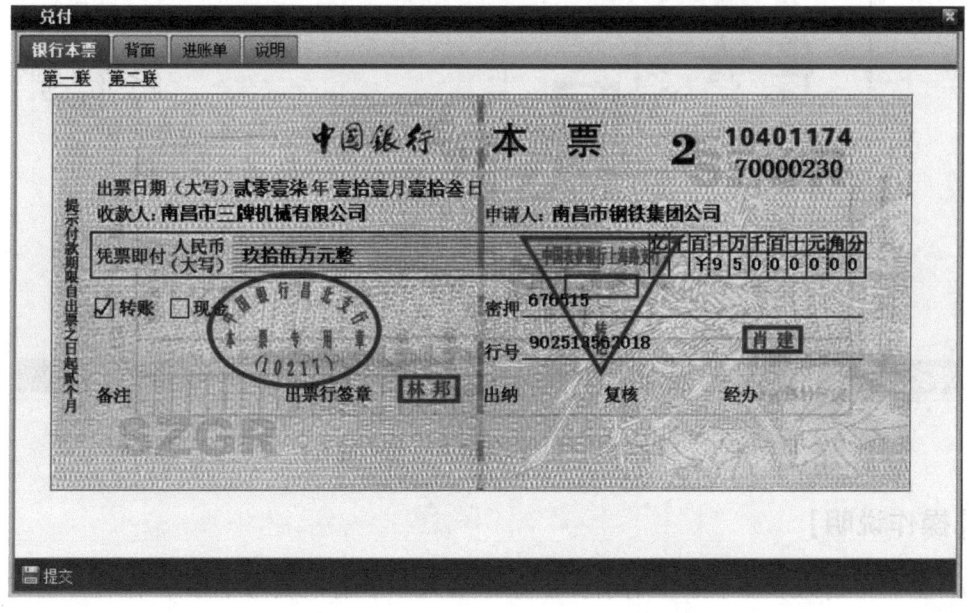

图 2-3-11 本票兑付（银行受理）

行，并签章；点击"保存"按钮；

(2) 切换当事人：银行付款人在兑付列表中选择企业提交过来需要兑付的本票数

305

据,点击"兑付"按钮(进账单签章、本票签章);点击"保存"按钮。

二、银行本票背书兑付

【实训案例】

2017年11月13日,南昌市光大进出口有限公司为支付设备款,签发了一张850000元的银行本票给南昌市宏海制衣有限公司,南昌市宏海制衣有限公司又将此银行本票背书转让给了南昌市恒丰房地产开发有限公司,次日,南昌市恒丰房地产开发有限公司到其开户银行办理本票兑付手续。

【实训操作】

操作流程:申请—出票—背书—兑付(见图2-3-12、图2-3-13)。

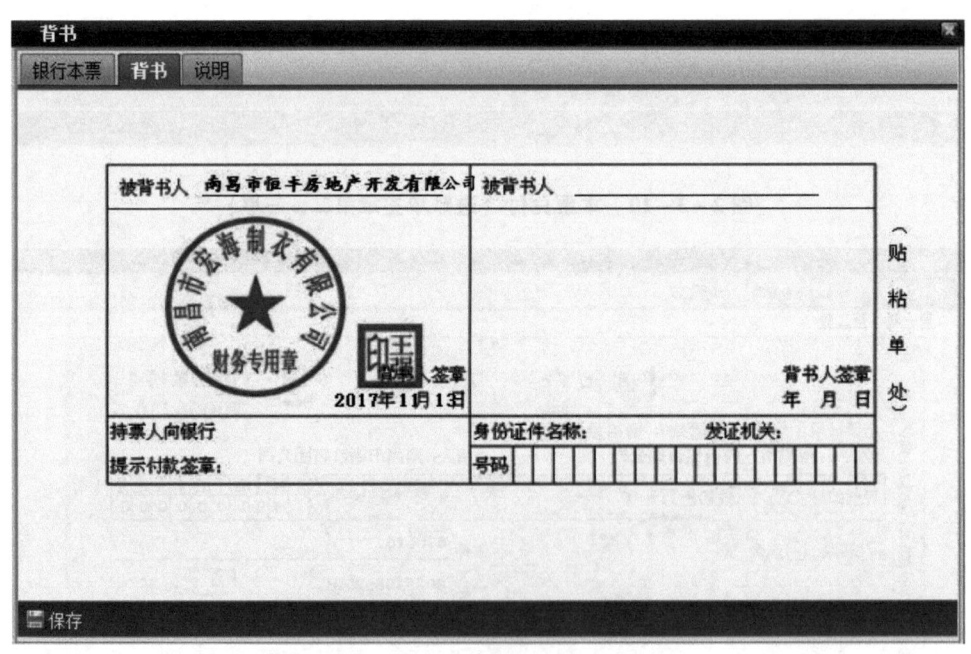

图2-3-12 本票背书(背书转让)

【操作说明】

1. 企业申请人填写本票申请书:企业申请人—申请—填写本票申请书(第二联签章);点击"提交"按钮完成申请。

2. 银行付款人出票:银行付款人填写本票出票信息(第一、二联签章,申请书第一联签章);点击"提交"按钮完成出票。

3. 企业收款人进行背书:企业收款人填写被背书人的相关资料,并进行签章;点

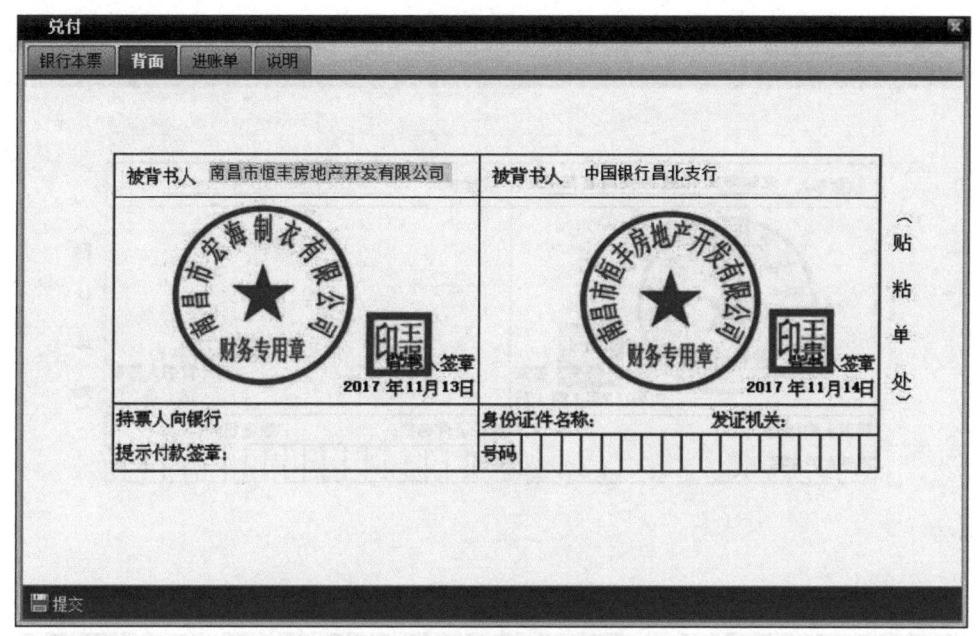

图 2-3-13 本票兑付（提交银行）

击"提交"按钮，完成背书（收款人、背书人、被背书人三种当事人都可进行背书、兑付、退票操作，且流程不因当事人不同而不同）。

4. 企业被背书人进行兑付（由企业和银行双方完成）：

（1）企业被背书人填写进账单并点击"进账单"按钮进行保存，本票背面填写付款行，并签章；点击"保存"按钮；

（2）切换当事人：银行付款人在兑付列表中选择企业提交过来需要兑付的本票数据，点击"兑付"按钮（进账单签章、本票签章）；点击"保存"按钮。

三、银行本票连续背书

【实训案例】

2017年11月13日，九江市盛业建材有限公司为支付购买设备款，签发了一张900000元的银行本票给九江市知杰佳塑料有限公司，九江市知杰佳塑料有限公司又将此银行本票背书转让给九江市文化旅游集团有限公司，次日，九江市文化旅游集团有限公司又把该本票背书给九江市光达汽车销售有限公司支付往来货款，九江市光达汽车销售有限公司到其开户银行兑付该银行本票。

【实训操作】

操作流程：申请—出票—背书1—背书2—兑付（见图2-3-14至图2-3-16）。

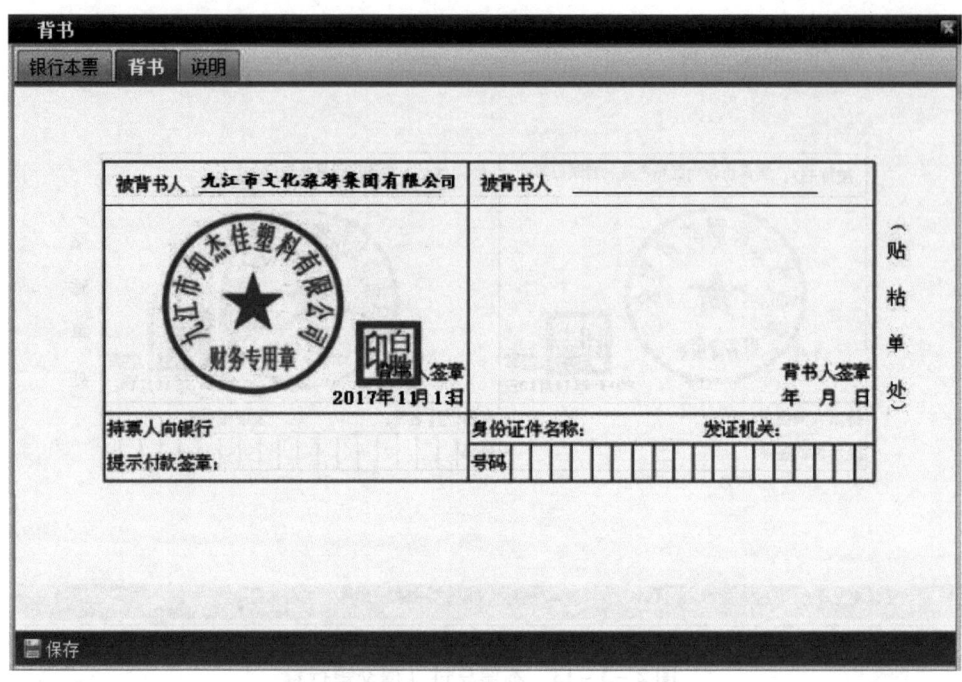

图 2-3-14 本票背书（第一次背书）

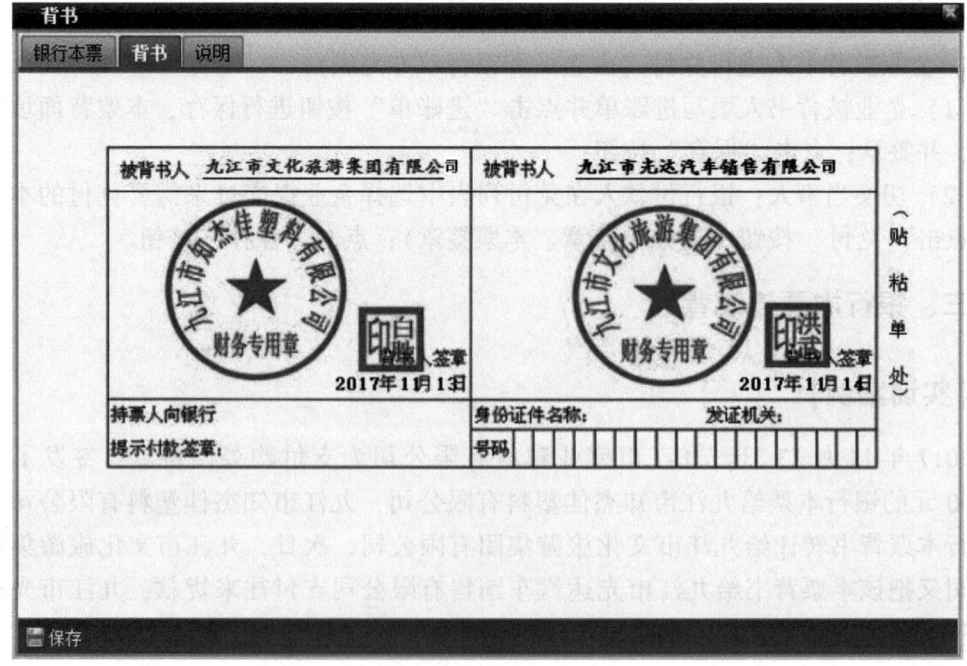

图 2-3-15 本票背书（第二次背书）

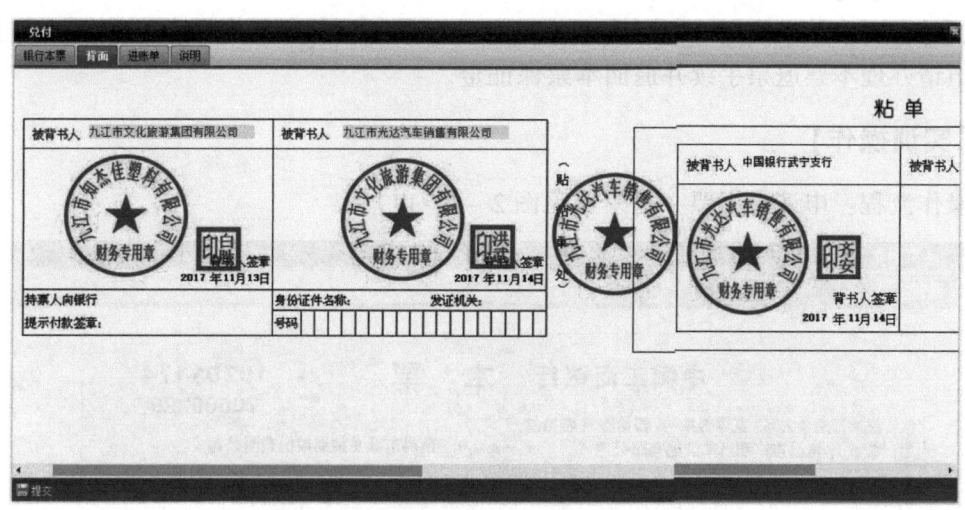

图 2-3-16 本票兑付（提交银行）

【操作说明】

1. 企业申请人填写本票申请书：企业申请人—申请—填写本票申请书（第二联签章）；点击"提交"按钮完成申请。

2. 银行付款人出票：银行付款人填写本票出票信息（第一、二联签章，申请书第一联签章）；点击"提交"按钮完成出票。

3. 企业收款人进行背书：企业收款人填写被背书人的相关资料，并进行签章，点击"提交"按钮，完成背书（收款人、背书人、被背书人三种当事人都可进行背书、兑付、退票操作，且流程不因当事人不同而不同）。

4. 企业被背书人进行兑付（由企业和银行双方完成）：

（1）企业被背书人填写进账单并点击"进账单"按钮进行保存，本票背面填写付款行，并签章；点击"保存"按钮；

（2）切换当事人：银行付款人在兑付列表中选择企业提交过来需要兑付的本票数据，点击"兑付"按钮（进账单签章、本票签章）；点击"保存"按钮。

四、银行本票退票

【实训案例】

南昌市跃龙贸易股份有限公司需要购进原材料，派采购员前往南昌市广和汽车贸易有限公司处采购。经过洽谈，双方初步达成交易，总价为 850000 元，双方决定采用银行本票方式结算。2017 年 11 月 13 日，南昌市跃龙贸易股份有限公司按照要求到开户行申请签发银行本票并交付了本票保证金，银行根据南昌市跃龙贸易股份有限公司填写的申请开立本票信息开立了银行本票。后因为运费由谁承担的问题最终双方未能达成交易，所以并未使用该银行本票。现南昌市跃龙贸易股份有限公司财务人员到出票行申请办理本票退票手续并退回本票保证金。

【实训操作】

操作流程：申请—出票—退票（见图2－3－17）。

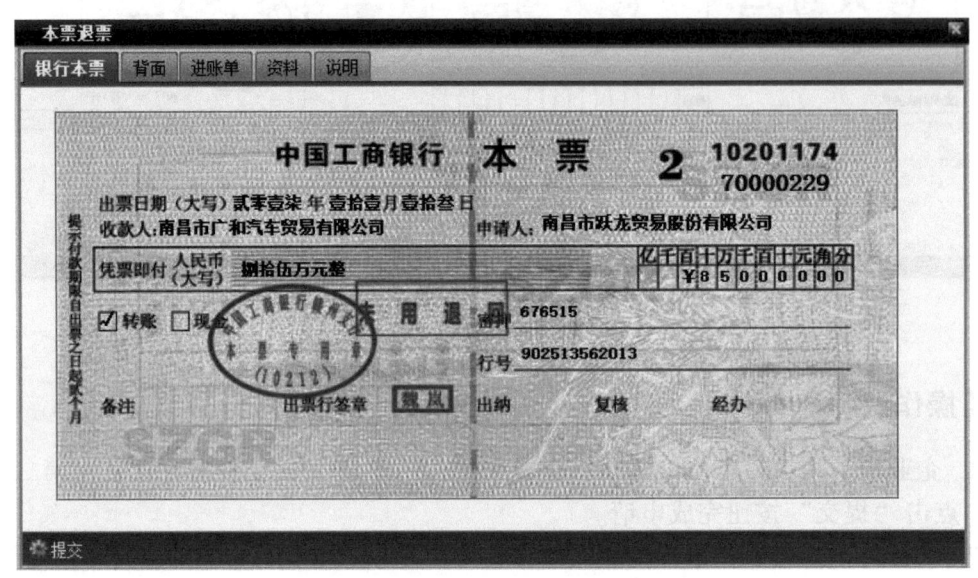

图2－3－17　本票退票（受理退票）

【操作说明】

1. 企业申请人填写本票申请书：企业申请人—申请—填写本票申请书（第二联签章）；点击"提交"按钮完成申请。

2. 银行付款人出票：银行付款人填写本票出票信息（第一、二联签章，申请书第一联签章）；点击"提交"按钮完成出票。

3. 企业收款人进行退票（由企业和银行双方完成）：

（1）企业收款人填写进账单并保存进账单，点击"提交"按钮；

（2）切换当事人：银行付款人退票（进账单签章、本票签章）；点击"提交"按钮完成退票。

五、银行本票挂失

【实训案例】

深圳市典尔信息技术有限公司从深圳市鹏大通讯股份有限公司处购买了一批设备，总价为950000元，约定使用银行本票进行结算。2017年11月13日，深圳市典尔信息技术有限公司向其开户银行申请签发了一张金额为950000元的银行本票，银行本票交付给深圳市鹏大通讯股份有限公司后,深圳市鹏大通讯股份有限公司不慎丢失了该本票,深圳市鹏大通讯股份有限公司相关人员通知深圳市典尔信息技术有限公司到银行办理了本票挂失手续。

【实训操作】

操作流程:申请—出票—挂失(见图2-3-18至图2-3-19)。

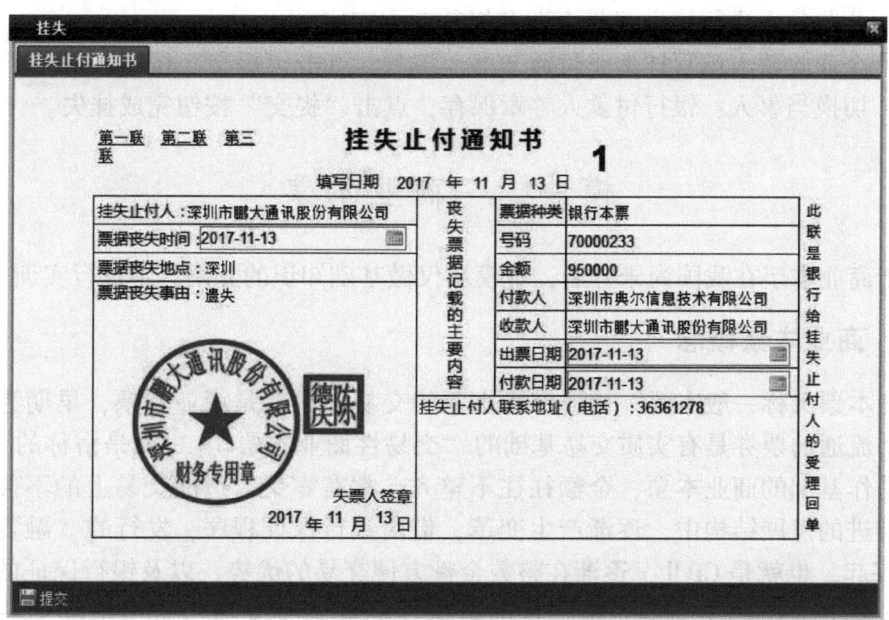

图2-3-18 本票挂失(挂失申请)

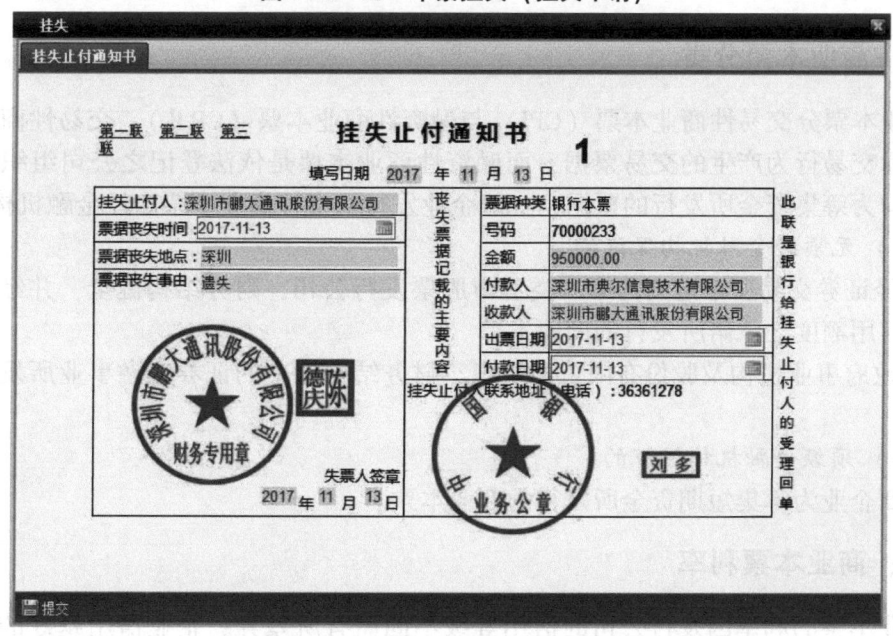

图2-3-19 本票挂失(挂失审批)

【操作说明】

1. 企业申请人填写本票申请书：企业申请人—申请—填写本票申请书（第二联签章）；点击"提交"按钮完成申请。
2. 银行付款人出票：银行付款人填写本票出票信息（第一、二联签章，申请书第一联签章）；点击"提交"按钮完成出票。
3. 企业收款人进行挂失（由企业和银行双方完成）：
(1) 企业收款人填写挂失止付通知书，签章，点击"提交"按钮；
(2) 切换当事人：银行付款人签章保存，点击"提交"按钮完成挂失。

模块二　商业本票

鉴于商业本票在我国尚未开通，本模块仅做基础知识的介绍，不进行实训操作。

一、商业本票概念

商业本票又称一般本票。货币市场主要的交易工具就是商业本票，早期为确保债权，主要流通的票券是有实质交易基础的"交易性商业本票"，也就是俗称的CPI，不过有交易作基础的商业本票，金额往往不整齐，常有零头，造成交易上的不便，因此在时间推进的发展结构中，逐渐产生变革，借由银行保证程序，发行的"融资性商业本票"兴起，也就是CPⅡ，逐渐在整数金额方便交易的优势，以及银行保证的信用作后盾下，跃升为市场交易的主流，目前融资性商业本票交易占货币市场交易的九成以上。

二、商业本票分类

商业本票分交易性商业本票（CPI）与融资性商业本票（CPⅡ），交易性商业本票是因实际交易行为产生的交易票据，而融资性商业本票是依法登记之公司组织与政府事业机构为筹集资金所发行的票据，一般企业发行融资性商业本票多经金融机构保证。

（一）无须经金融机构保证的

1. 经证券交易所审定列为第一类上市股票发行公司，财务结构健全，并经取得银行授予信用额度之承诺所发行的商业本票。
2. 政府事业机构及股份有限公司组织、财务结构健全的证券金融事业所发行的商业本票。

（二）须经金融机构保证的

工商企业为筹集短期资金所发行的商业本票。

三、商业本票利率

商业本票的利率因发行公司的信用等级不同而有所差异，企业信用越好的商业本票，其市场的流通性越佳，在次级市场的市场价格会越好。基本上，商业本票可分为两类：一为企业因实际交易行为，以付款为目的而签发的，称为交易商业本票；二为企业为筹措短期资金而发行的，称为融资商业本票。

项目四

银行汇票

【实训目标】

了解银行汇票的概念,熟悉银行汇票的作用和功能,掌握银行汇票的流转过程及其相关当事人的权利与义务,理解汇票与银行汇票、商业汇票之间的关系。

汇票分为银行汇票和商业汇票;商业汇票又分为银行承兑汇票和商业承兑汇票。本项目介绍银行汇票。

(一)银行汇票定义

银行汇票是指由出票银行签发的,由其在见票时按照实际结算金额无条件付给收款人或者持票人的票据。银行汇票的出票银行为经中国人民银行批准办理银行汇票的银行,多用于办理异地转账结算和支取现金。银行汇票有使用灵活、票随人到、兑现性强等特点,适用于先收款后发货或钱货两清的商品交易。

(二)银行汇票分类

1. 现金银行汇票。

2. 转账银行汇票。

(三)银行汇票使用范围

出票人可以是单位或个人;异地、同城均可交易;可转账结算和支取现金;签发时无金额起点限制,适用于所有款项。

(四)流转程序(见图2-4-1)

(五)签发银行汇票

银行汇票一式四联,第一联为卡片,为承兑行支付票款时做付出传票;第二联为银行汇票,与第三联解讫通知一并由汇款人自带,在兑付行兑付汇票后此联做银行往来账付出传票;第三联为解讫通知,在兑付行兑付后随报单寄签发行,由签发行做余款收入传票;第四联是多余款通知,并在签发行结清后交汇款人(见图2-4-2)。

1. 基本当事人

出票人(付款人):签发汇票的银行。

项目四　银行汇票

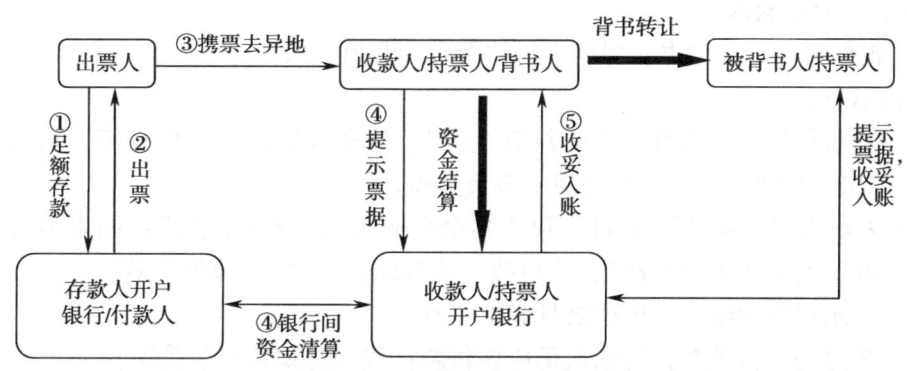

图 2-4-1　银行汇票结算流转

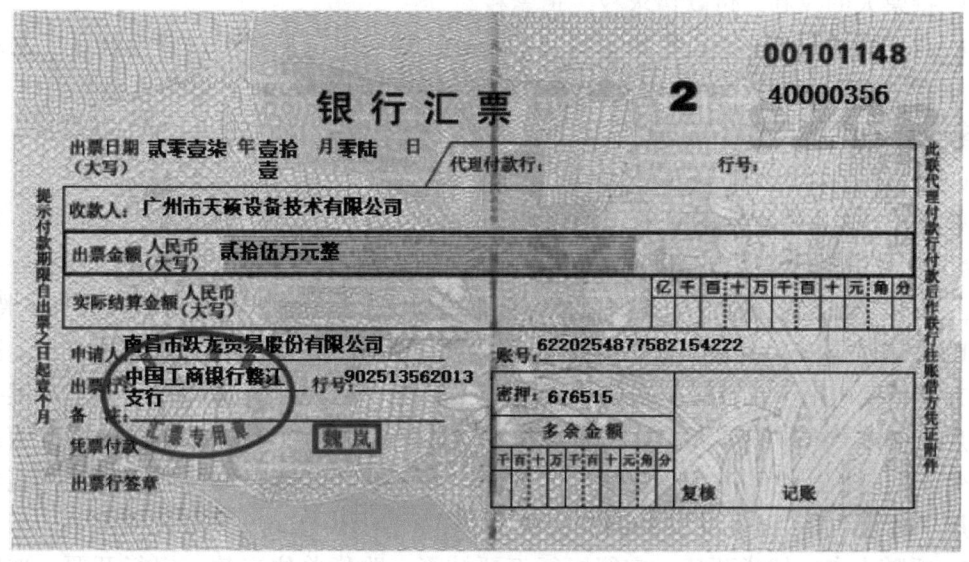

图 2-4-2　签发银行汇票

收款人：收款单位或个人。

付款人：付款人是指负责向收款人支付款项的银行。如果出票人和付款人属于同一个银行，则出票人和付款人实际上为同一当事人。如果出票人和付款人不属于同一个银行，而是两个不同银行的分支机构，则出票人和付款人为两个不同当事人。

2. 绝对记载事项

表明：其为"银行汇票"字样。承诺：无条件支付的承诺，而非委托。出票日期。出票金额。付款人名称。出票人签章。收款人名称。

3. 相对记载事项

（1）付款地：出票人营业场所，可以不填写。

（2）出票地：出票人营业场所提示付款，可以不填写。

（六）交付收款人

银行汇票可以行使背书、保证、付款等行为和追索权。

1. 提示付款

（1）提示付款前，填写"实际结算金额"，该金额应小于出票金额，填写"多余金额"。即出票金额 = 实际结算金额 + 多余金额。

如果未填写"实际结算金额"和"多余金额"，银行不予受理；如果填写的"实际结算金额"大于"出票金额"，或更改"实际结算金额"，票据无效。

（2）提示付款期限为自出票之日起1个月。

（3）超过提示付款期，付款人仍应该付款；代理付款人不予受理。

2. 付款。见票即付。票据时效期为自出票之日起2年，逾期付款银行不予受理。

3. 持票人的权利。付款请求权、追索权。

4. 背书转让。现金银行汇票不得背书转让，转账银行汇票可以背书转让。未填写"实际结算金额"和"多余金额"，或"实际结算金额"大于"出票金额"的，不得背书转让。

（七）银行汇票特点

单位和个人各种款项的结算，均可使用银行汇票。银行汇票可以用于转账，填明"现金"字样的银行汇票也可以用于支取现金。申请人或者收款人为单位的，不得在银行汇票上填明"现金"字样。与其他银行结算方式相比，银行汇票结算方式具有如下特点。

1. 适用范围广。银行汇票是目前异地结算中较为广泛采用的一种结算方式。这种结算方式不仅适用于在银行开户的单位、个体经济户和个人，而且适用于未在银行开立账户的个体经济户和个人。凡是各单位、个体经济户和个人需要在异地进行商品交易、劳务供应和其他经济活动及债权债务的结算，都可以使用银行汇票。银行汇票既可以用于转账结算，也可以支取现金。

2. 票随人走，钱货两清。实行银行汇票结算，购货单位交款，银行开票，票随人走；购货单位购货给票，销售单位验票发货，一手交票，一手交货；银行见票付款，这样可以减少结算环节，缩短结算资金在途时间，方便购销活动。

3. 信用度高，安全可靠。银行汇票是银行在收到汇款人款项后签发的支付凭证，因而具有较高的信誉，银行保证支付，收款人持有票据，可以安全及时地到银行支取款项。而且，银行内部有一套严密的处理程序和防范措施，只要汇款人和银行认真按照汇票结算的规定办理，汇款就能保证安全。一旦汇票丢失，如果确属现金汇票，汇款人可以向银行办理挂失，填明收款单位和个人，银行可以协助防止款项被他人冒领。

4. 使用灵活，适应性强。实行银行汇票结算，持票人可以将汇票背书转让给销货单位，也可以通过银行办理分次支取或转让，另外还可以使用信汇、电汇或重新办理汇票转汇款项，因而有利于购货单位在市场上灵活地采购物资。

5. 结算准确，余款自动退回。一般来讲，购货单位很难准确确定具体购货金额，因而出现汇多用少的情况是不可避免的。在有些情况下，多余款项往往长时间得不到清算从而给购货单位带来不便和损失。而使用银行汇票结算则不会出现这种情况，单位持银行汇票购货，凡在汇票汇款金额之内的，可根据实际采购金额办理支付，多余款项将由银行自动退回。这样可以有效防止交易尾欠的发生。

模块　银行汇票

一、银行汇票结算货款

【实训案例】

九江市生态产业建设开发有限公司需要购进一批钢材作为原材料，派采购员前往深圳市硕天股份有限公司处进行业务洽谈。由于是异地结算，并且实际结算金额无法确定，因此，2017年11月6日，九江市生态产业建设开发有限公司向其开户银行申请签发了一张金额为150000元的银行汇票，由采购员随身携带前往深圳市硕天股份有限公司所在地，经过洽谈，九江市生态产业建设开发有限公司购买了总金额为150000元的钢材，货物发出后，九江市生态产业建设开发有限公司将已填写好实际结算金额为150000元的银行汇票交付给深圳市硕天股份有限公司，深圳市硕天股份有限公司通过其开户银行结清了该笔款项。

【实训操作】

操作流程：申请—出票—兑付（见图2-4-3至图2-4-13）。

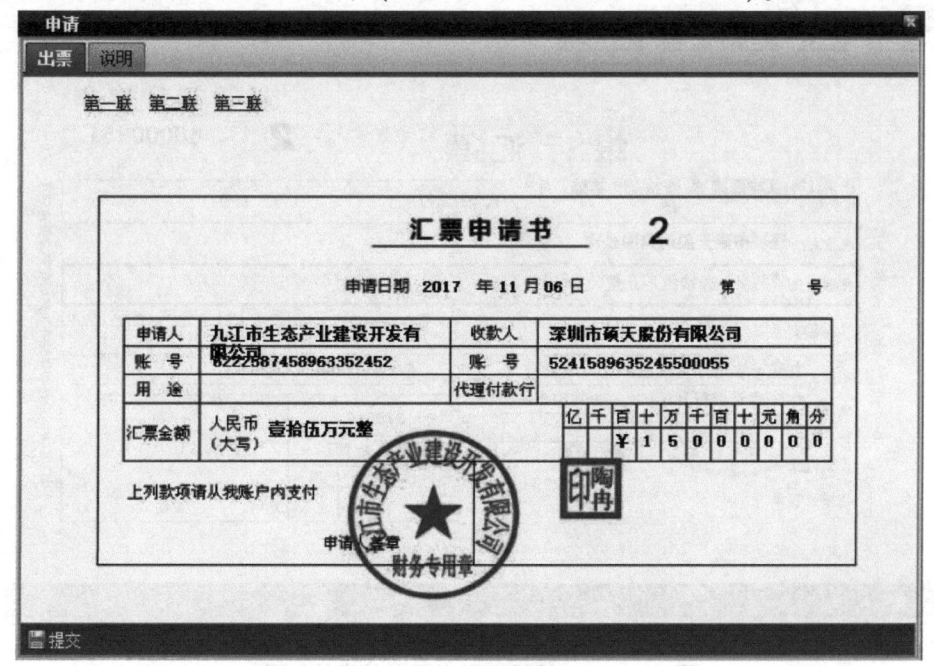

图2-4-3　银行汇票申请（填写申请书）

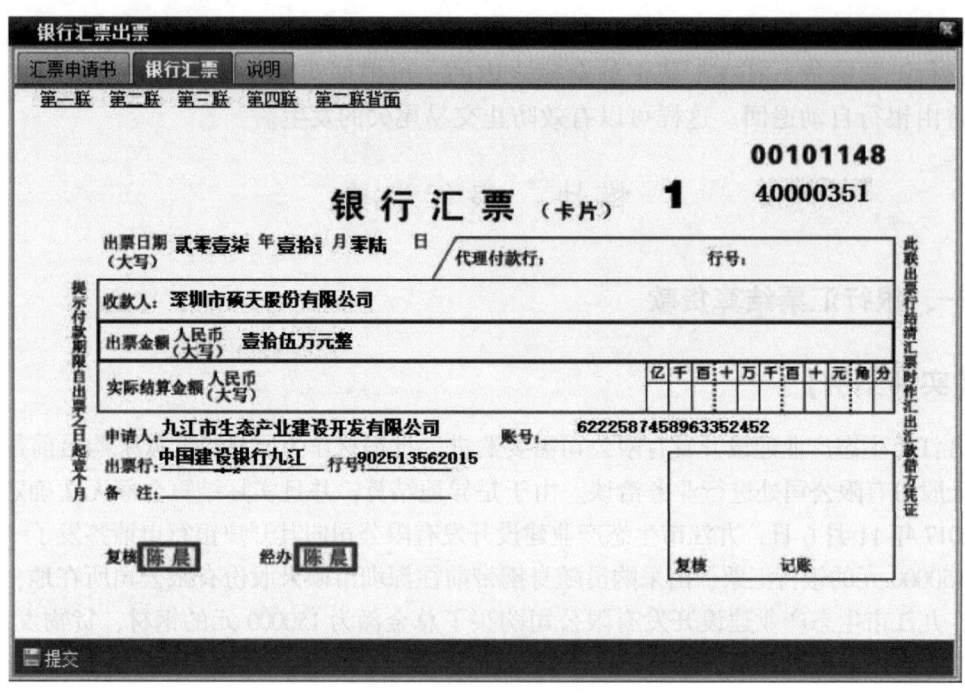

图 2-4-4 银行汇票出票（填写银行汇票）

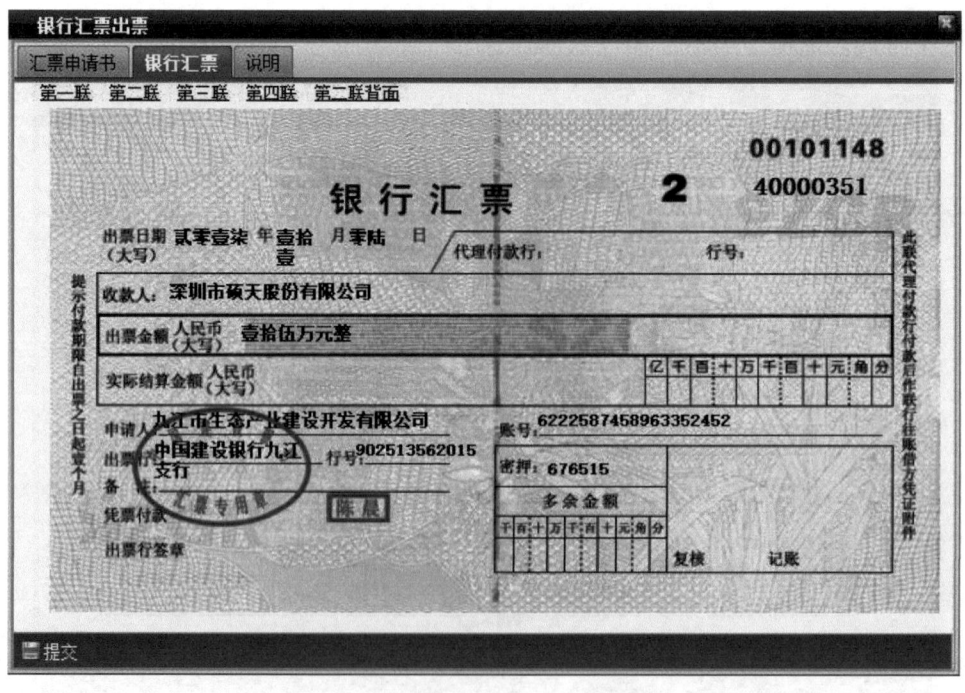

图 2-4-5 银行汇票出票（签章第二联）

项目四 银行汇票

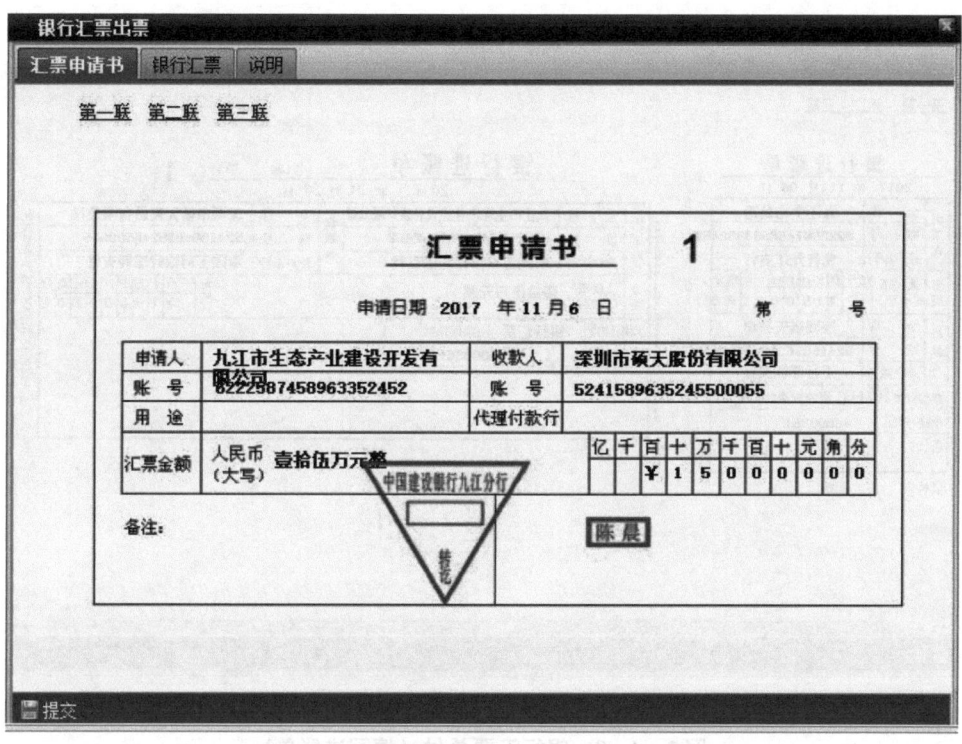

图 2-4-6 银行汇票出票（申请书签章第一联）

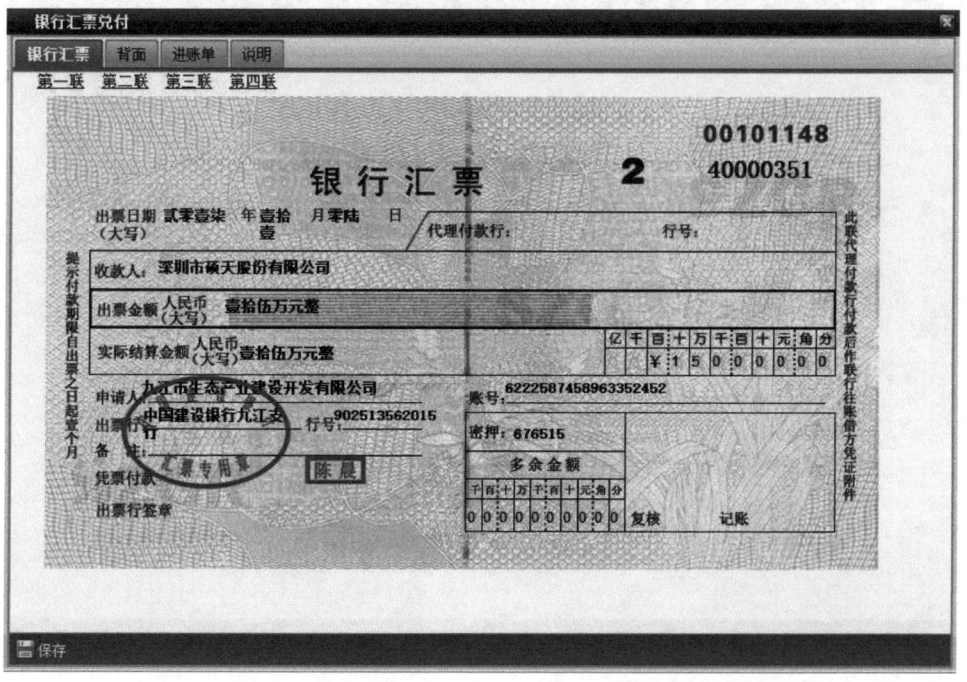

图 2-4-7 银行汇票兑付（填写实际结算金额和多余金额）

319

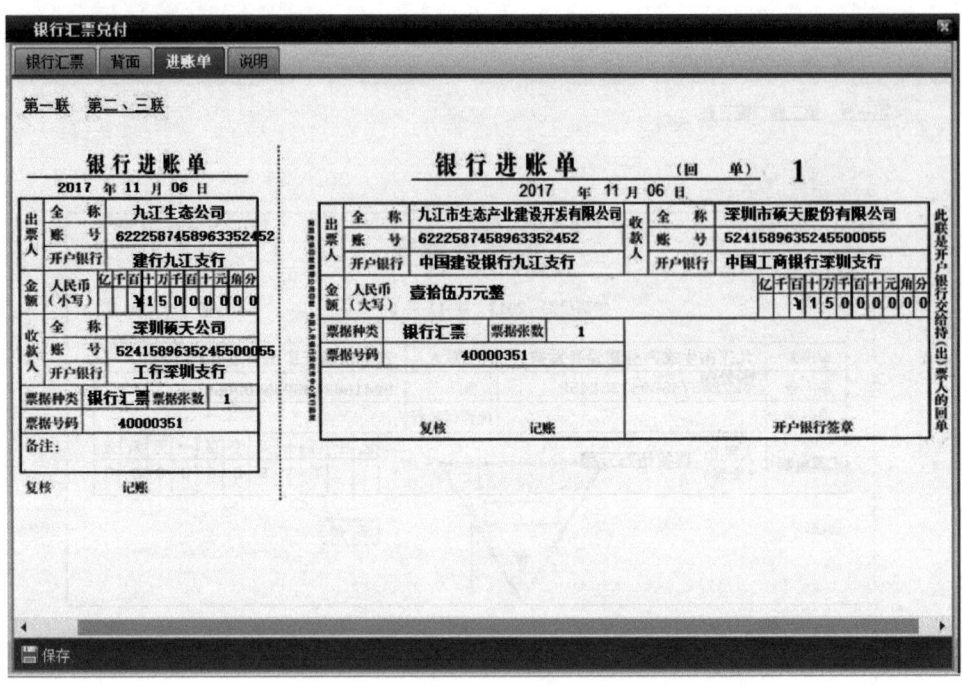

图 2-4-8 银行汇票兑付（填写进账单）

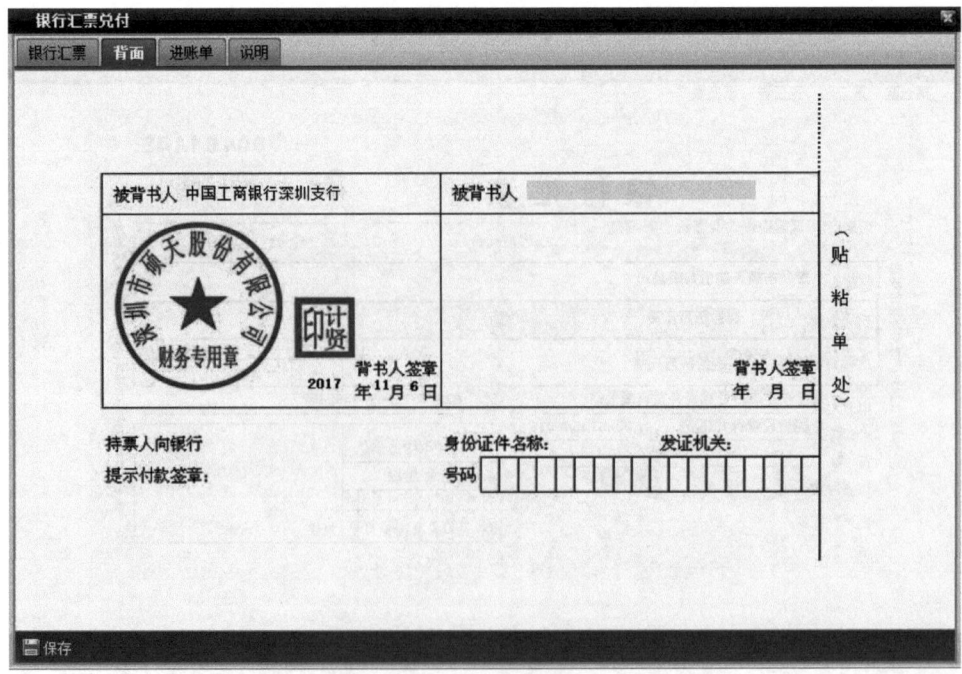

图 2-4-9 银行汇票兑付（提交银行）

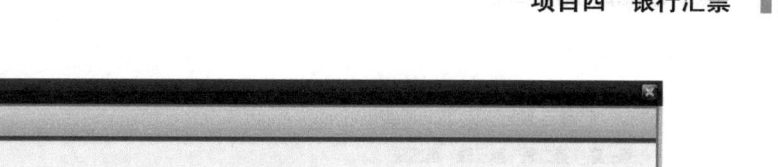

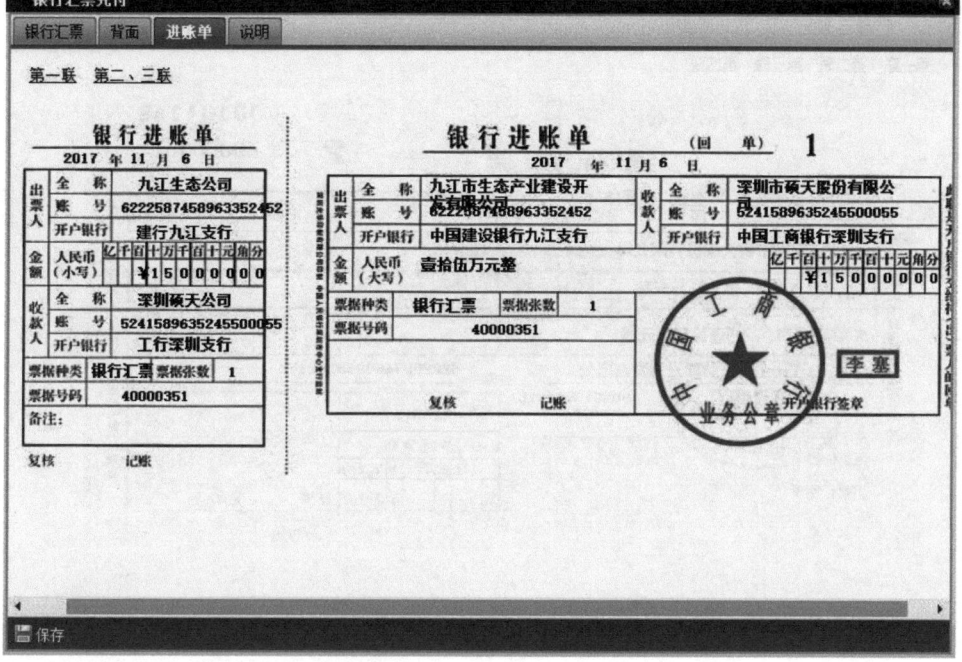

图 2-4-10 银行汇票兑付（进账单签章第一联）

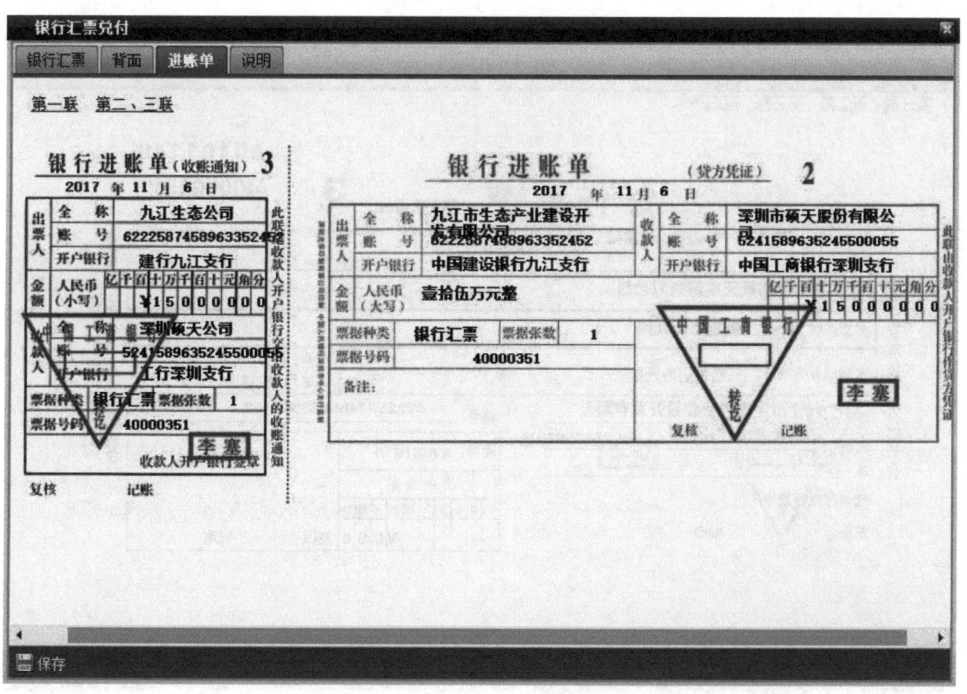

图 2-4-11 银行汇票兑付（进账单签章第二、三联）

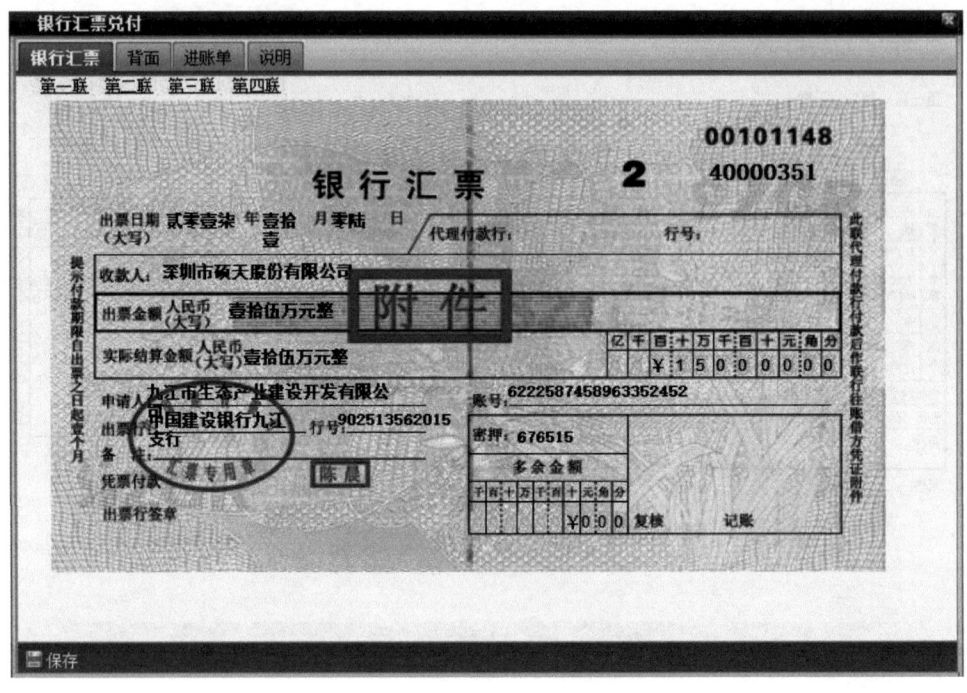

图 2-4-12 银行汇票兑付（银行受理第二联）

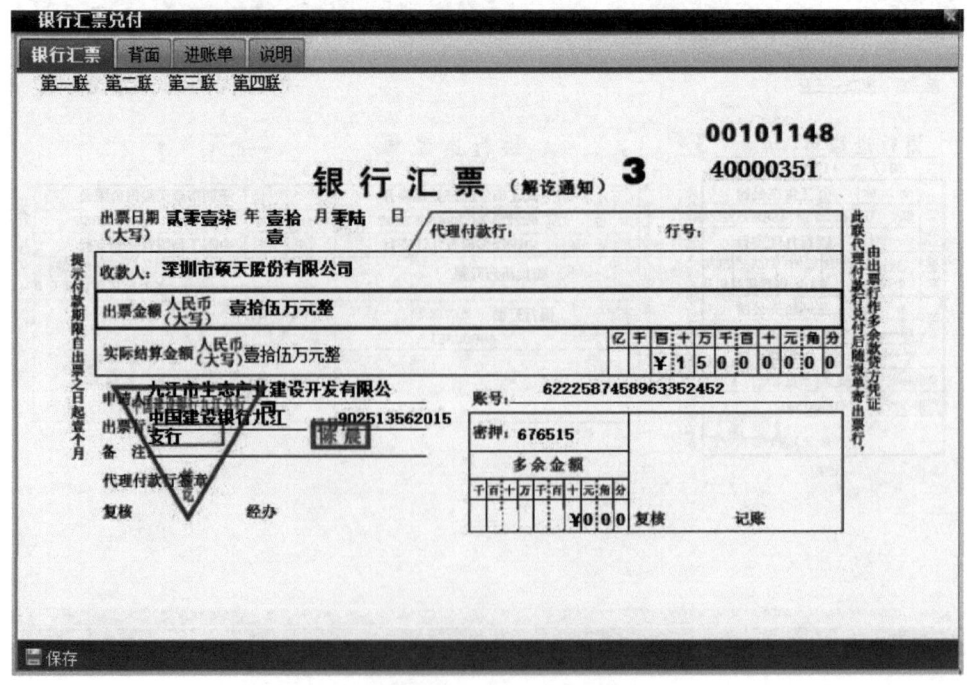

图 2-4-13 银行汇票兑付（银行受理第三联）

项目四 银行汇票

【操作说明】

1. 企业申请人填写汇票申请书：企业申请人—申请—填写汇票申请书（第二联签章）；点击"提交"按钮完成申请。

2. 银行付款人出票：银行付款人填写银行汇票出票信息（第一、二联签章，申请书第一联签章）；点击"提交"按钮完成出票。

3. 企业收款人进行兑付（由企业和银行双方完成）：

（1）银行汇票第二联填写实际结算金额、多余金额；填写进账单并点击"保存进账单"按钮；银行汇票背面填写付款行并签章，点击"保存"按钮；

（2）切换当事人：银行付款人在兑付列表中选择企业提交过来需要兑付的银行汇票数据，点击"兑付"按钮（进账单签章、银行汇票签章），提交保存。

二、银行汇票背书转让

【实训案例】

2017 年 11 月 6 日，九江市立天建设有限公司从南昌市钢铁集团公司处购买了一批设备，设备总价为 950000 元，双方约定使用银行汇票进行结算。南昌市钢铁集团公司收到实际结算金额为 800000 元的银行汇票后将此银行汇票背书转让给南昌市光大进出口有限公司，南昌市光大进出口有限公司在汇票有效期限内通过其开户银行结清了款项。

银行汇票背书转让

【实训操作】

操作流程：申请—出票—背书—兑付（见图 2 - 4 - 14 至图 2 - 4 - 16）。

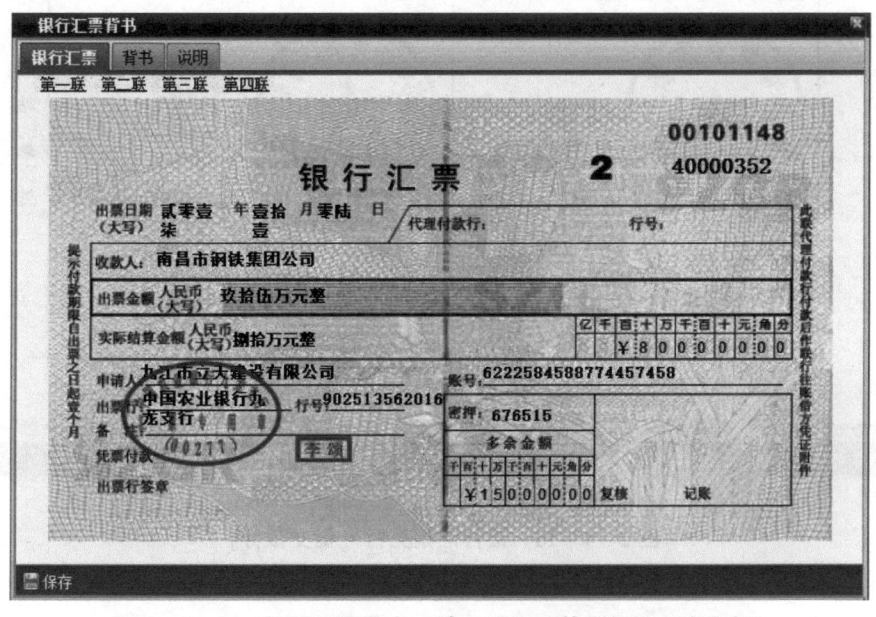

图 2 - 4 - 14　银行汇票背书（填写实际结算金额和多余金额）

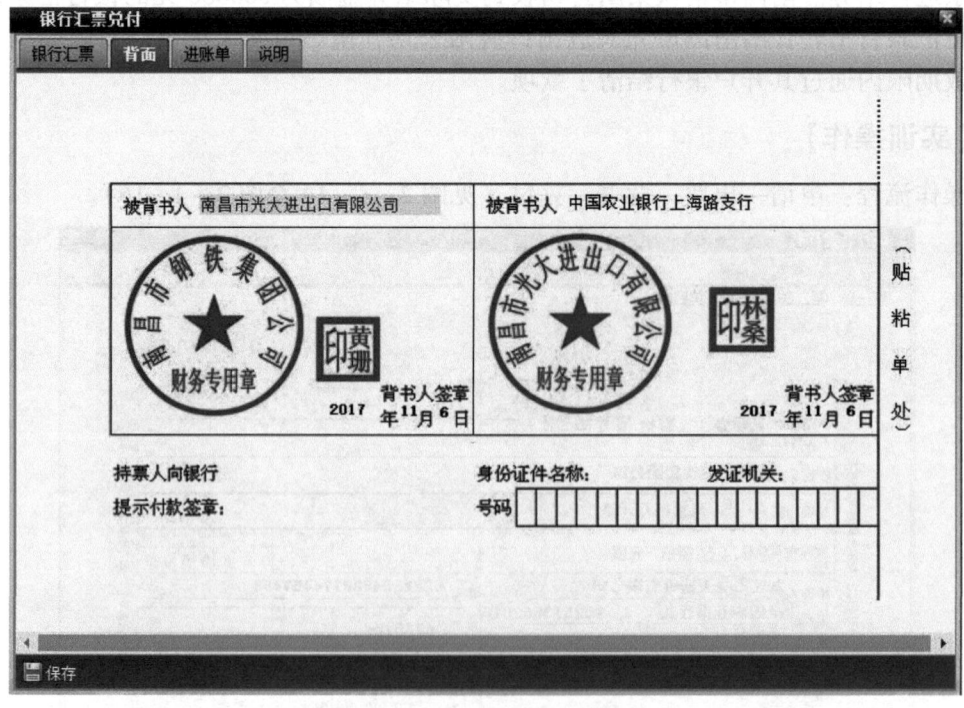

图 2-4-15　银行汇票背书（背书转让）

图 2-4-16　银行汇票兑付（提交银行）

【操作说明】

1. 企业申请人填写汇票申请书：企业申请人—申请—填写汇票申请书（第二联签章）；点击"提交"按钮完成申请。

2. 银行付款人出票：银行付款人填写银行汇票出票信息（第一、二联签章，申请书第一联签章）；点击"提交"按钮完成出票。

3. 企业收款人进行背书：企业收款人在银行汇票第二联填写实际结算金额、多余金额，并填写被背书人的相关资料，进行签章之后点击"提交"按钮，完成背书。

4. 企业被背书人兑付（由企业和银行双方完成）：

（1）填写进账单并点击"保存进账单"按钮；银行汇票背面填写付款行并签章，点击"保存"按钮；

（2）切换当事人：银行付款人在兑付列表中选择企业提交过来需要兑付的银行汇票数据，点击"兑付"按钮（进账单签章、银行汇票签章），提交保存。

三、银行汇票连续背书转让

【实训案例】

2017年11月6日，九江市盛业建材有限公司从广州市天硕设备技术有限公司处购买了一批办公设备，总价为250000元，约定使用银行汇票进行结算。广州市天硕设备技术有限公司收到实际结算金额为250000元的银行汇票后将此银行汇票背书转让给广州市欧冠原材料加工厂，广州市欧冠原材料加工厂又将此银行汇票背书转让给广州市中恒建设有限公司，广州市中恒建设有限公司在汇票有效期内通过其开户银行结清了款项。

【实训操作】

操作流程：申请—出票—背书1—背书2—兑付（见图2-4-17至图2-4-20）。

【操作说明】

1. 企业申请人填写汇票申请书：企业申请人—申请—填写汇票申请书（第二联签章）；点击"提交"按钮完成申请。

2. 银行付款人出票：银行付款人填写银行汇票出票信息（第一、二联签章，申请书第一联签章）；点击"提交"按钮完成出票。

3. 企业收款人进行背书：企业收款人在银行汇票第二联填写实际结算金额、多余金额，并填写被背书人的相关资料，进行签章之后点击"提交"按钮，完成背书。

4. 企业被背书人兑付（由企业和银行双方完成）：

（1）填写进账单并点击"保存进账单"按钮；银行汇票背面填写付款行并签章，点击"保存"按钮；

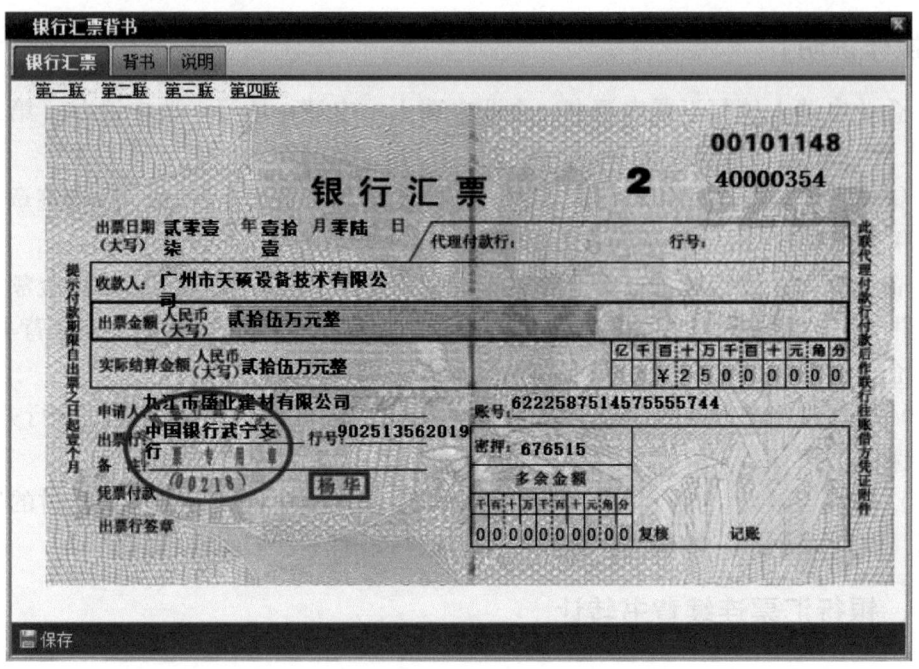

图 2-4-17　银行汇票背书（填写实际结算金额和多余金额）

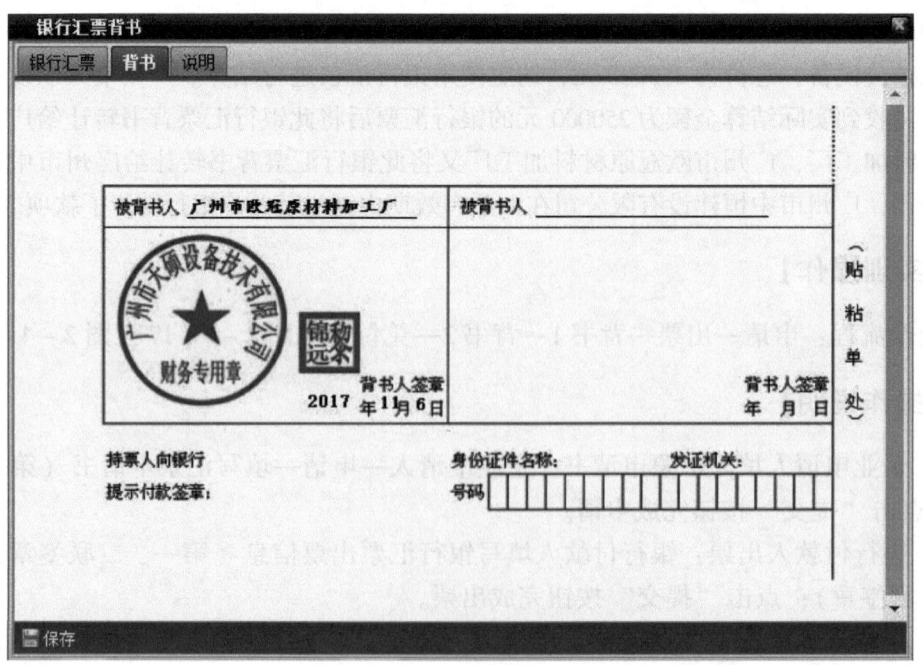

图 2-4-18　银行汇票背书（第一次背书）

（2）切换当事人：银行付款人在兑付列表中选择企业提交过来需要兑付的银行汇票数据，点击"兑付"按钮（进账单签章、银行汇票签章），提交保存。

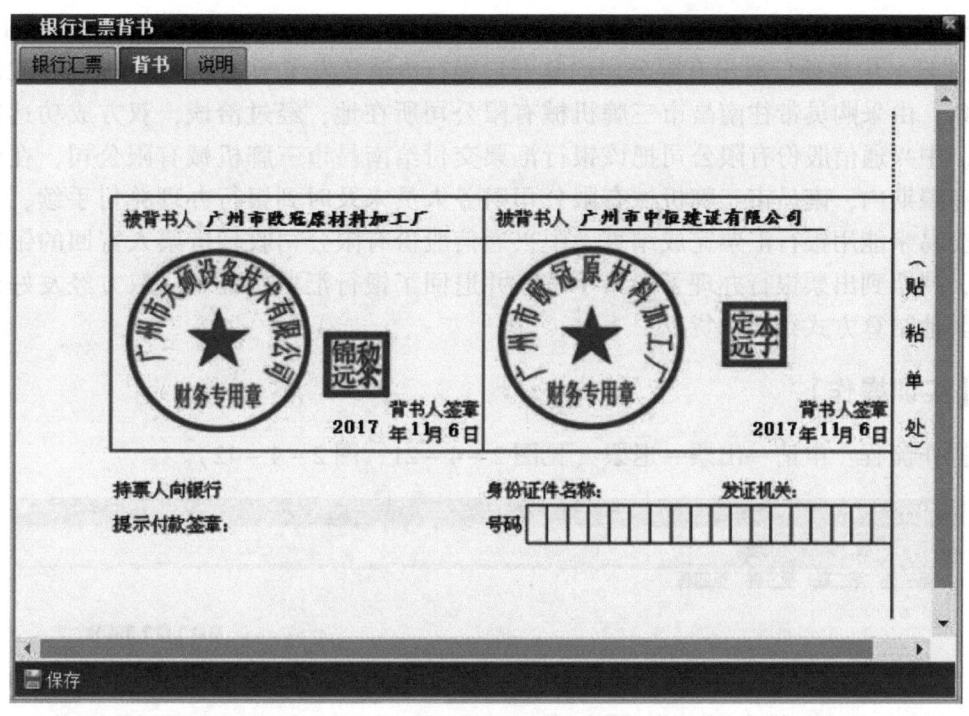

图 2-4-19 银行汇票背书（第二次背书）

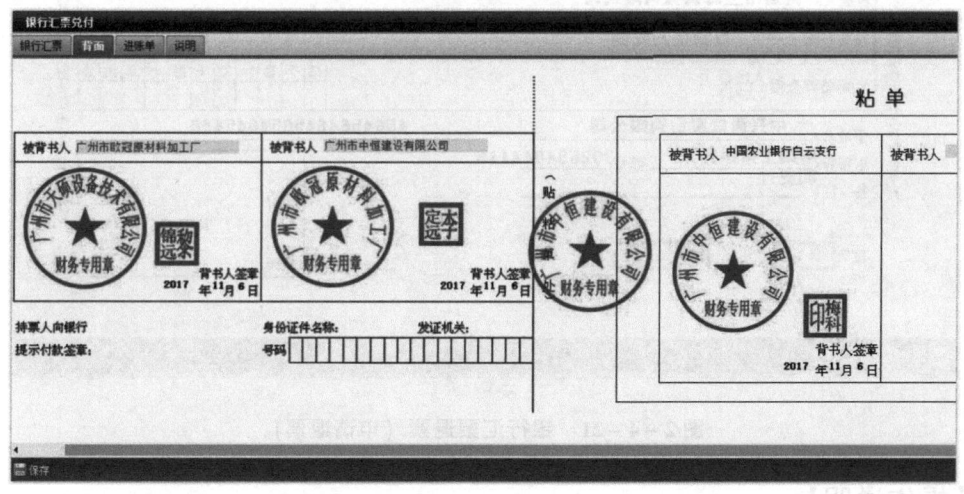

图 2-4-20 银行汇票兑付（提交银行）

四、银行汇票超出付款期限退票

【实训案例】

中兴通信股份有限公司需要购进一批原材料。派采购员前往南昌市三牌机械有限公司处进行业务洽谈。由于是异地结算,并且实际结算金额无法确定,因此,2017年11月6日,中兴通信股份有限公司向其开户银行申请签发了一张金额为950000元的银行汇票,由采购员带往南昌市三牌机械有限公司所在地,经过洽谈,双方成功达成了交易。中兴通信股份有限公司把该银行汇票交付给南昌市三牌机械有限公司,在银行汇票有限期内,南昌市三牌机械有限公司财务人员未及时到银行办理兑付手续,导致该笔交易未能用银行汇票完成结算。中兴通信股份有限公司收到持票人寄回的银行汇票后,持票到出票银行办理了退票手续,并退回了银行汇票保证金。双方经友好协商采用其他结算方式结清了货款。

【实训操作】

操作流程:申请—出票—退票(见图 2-4-21、图 2-4-42)。

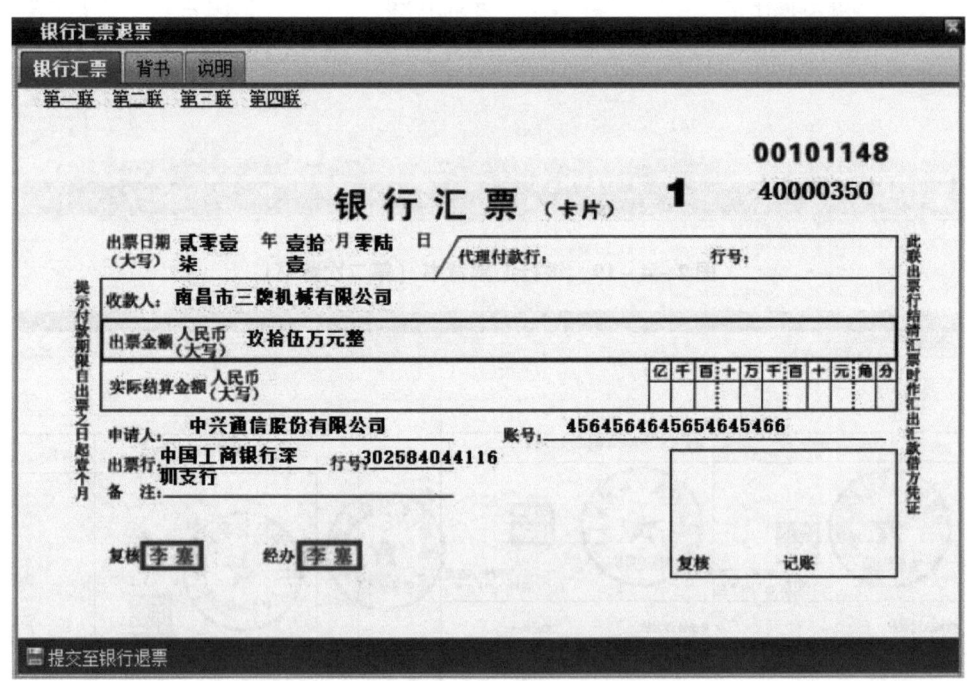

图 2-4-21 银行汇票退票(申请退票)

【操作说明】

1. 企业申请人填写汇票申请书:企业申请人—申请—填写汇票申请书(第二联签章);点击"提交"按钮完成申请。

2. 银行付款人出票:银行付款人填写银行汇票出票信息(第一、二联签章,申请书第一联签章);点击"提交"按钮完成出票。

3. 企业收款人进行退票(由企业和银行双方完成):

(1)企业收款人填写进账单并保存进账单,点击"提交至银行退票"按钮;

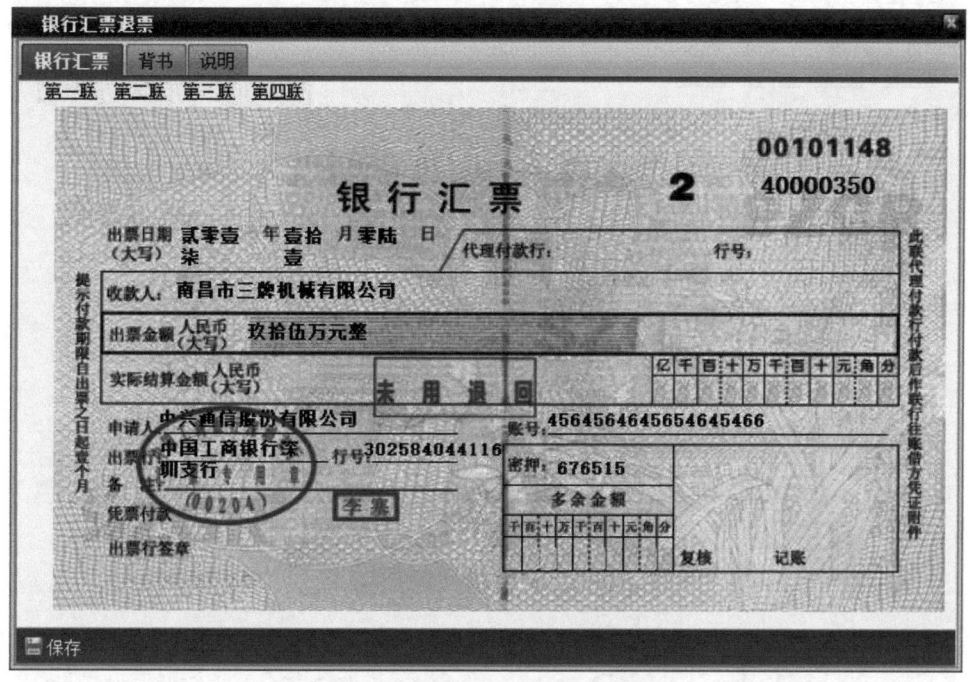

图 2-4-22　银行汇票退票（受理退票）

（2）切换当事人：银行付款人进行银行汇票签章，提交完成退票。

五、银行汇票退票

【实训案例】

九江市立天建设有限公司需要购进一批钢材作为原材料，派采购员前往九江市盛业建材有限公司进行业务洽谈。由于是异地结算，并且实际金额无法确定，因此，2017 年 11 月 6 日，九江市立天建设有限公司向其开户银行申请签发了一张金额为 800000 元的银行汇票，由采购员带往九江市盛业建材有限公司所在地，后因价格原因，双方无法达成交易，采购人员将未用银行汇票交九江市立天建设有限公司财务人员，财务人员向出票行申请退票并退回了银行汇票保证金。

【实训操作】

操作流程：申请—出票—退票（见图 2-4-23、图 2-4-24）。

【操作说明】

1. 企业申请人填写汇票申请书：企业申请人—申请—填写汇票申请书（第二联签章）；点击"提交"按钮完成申请。

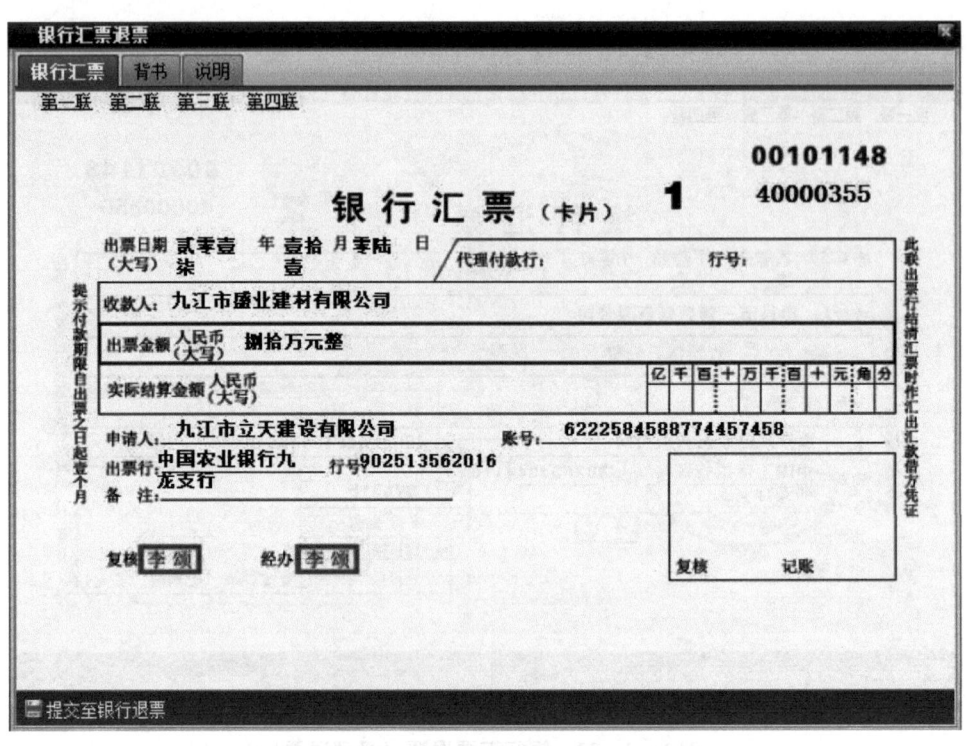

图 2-4-23 银行汇票退票（申请退票）

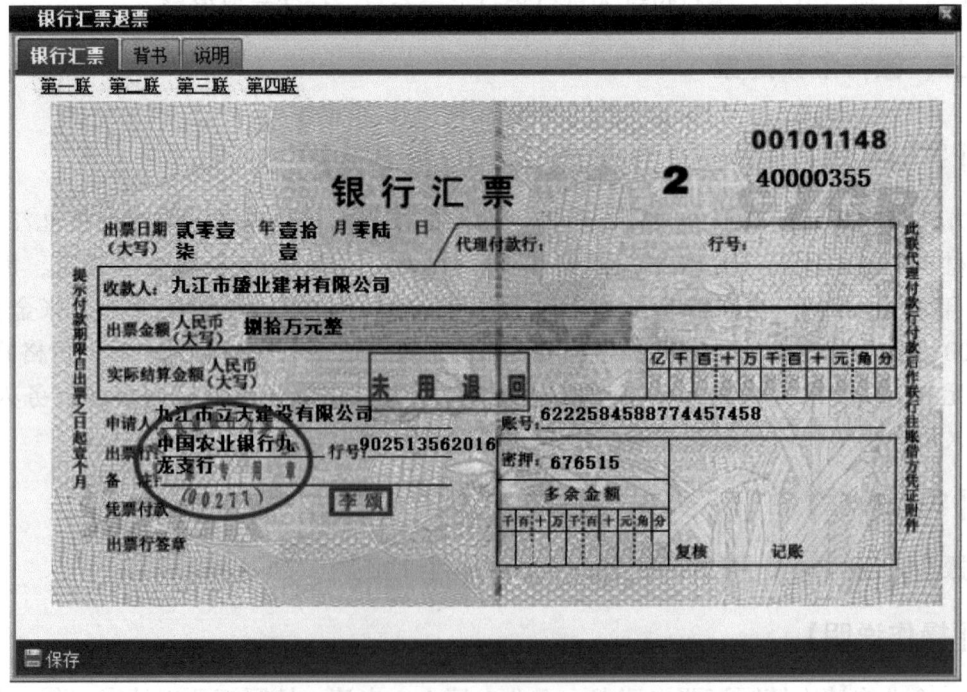

图 2-4-24 银行汇票退票（受理退票）

2. 银行付款人出票：银行付款人填写银行汇票出票信息（第一、二联签章，申请书第一联签章）；点击"提交"按钮完成出票。

3. 企业收款人进行退票（由企业和银行双方完成）：

（1）企业收款人填写进账单并保存进账单点击"提交至银行退票"按钮；

（2）切换当事人：银行付款人进行银行汇票签章，提交完成退票。

六、银行汇票挂失

【实训案例】

南昌市跃龙贸易股份有限公司从广州市天硕设备技术有限公司购买办公设备，总价为 250000 元，约定使用银行汇票进行结算。2017 年 11 月 6 日，南昌市跃龙贸易股份有限公司向其开户银行申请签发了一张金额为 250000 元的银行汇票。该银行汇票交付给广州市天硕设备技术有限公司后，广州市天硕设备技术有限公司不慎丢失了汇票，现广州市天硕设备技术有限公司财务人员到出票银行办理了银行汇票的挂失手续。

【实训操作】

操作流程：申请—出票—挂失（见图 2-4-25、图 2-4-26）。

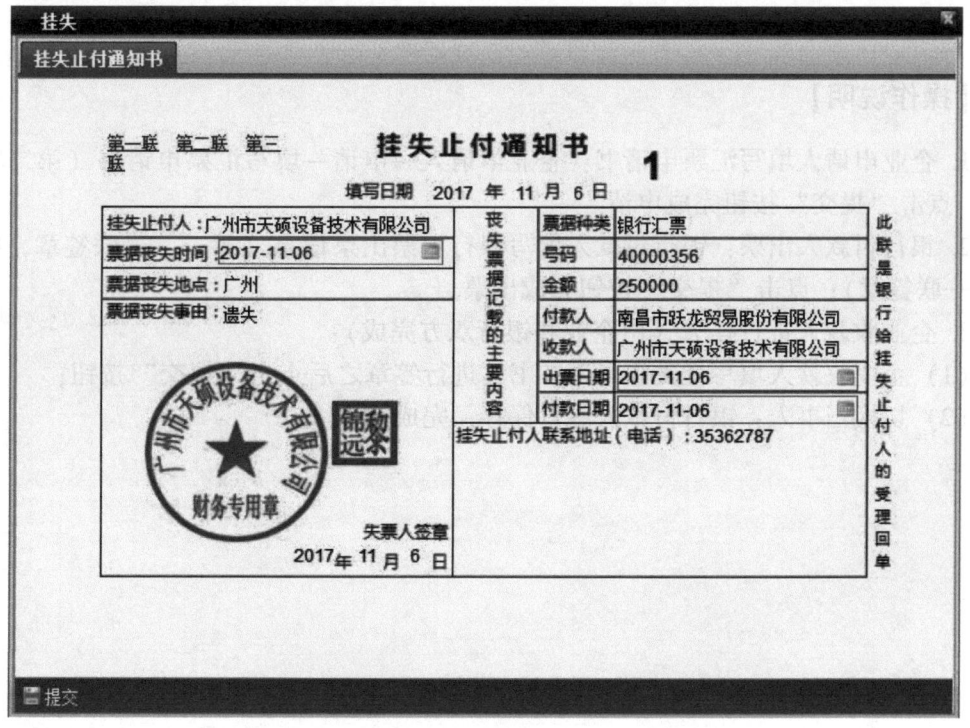

图 2-4-25　银行汇票挂失（挂失申请）

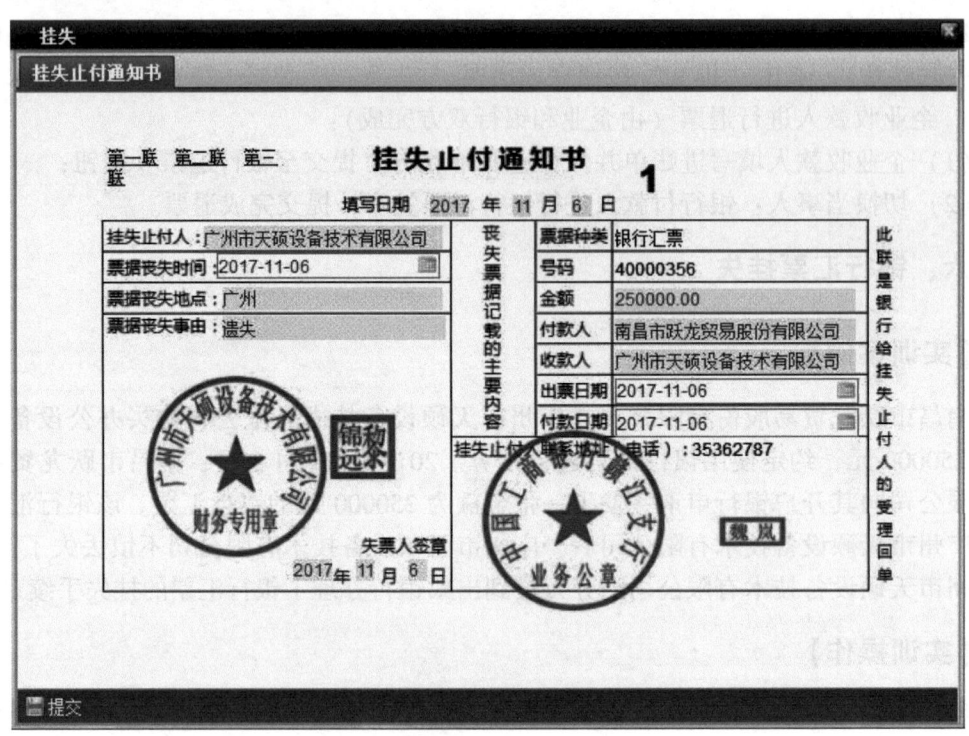

图 2-4-26 银行汇票挂失（挂失审核）

【操作说明】

1. 企业申请人填写汇票申请书：企业申请人—申请—填写汇票申请书（第二联签章）；点击"提交"按钮完成申请。

2. 银行付款人出票：银行付款人填写银行汇票出票信息（第一、二联签章，申请书第一联签章）；点击"提交"按钮完成出票。

3. 企业收款人进行挂失（由企业和银行双方完成）：

（1）企业收款人填写挂失止付通知书，进行签章之后点击"提交"按钮；

（2）切换当事人：银行付款人签章保存，完成挂失。

项目五

商业汇票

【实训目标】

了解商业汇票的概念,熟悉商业汇票的作用和功能,掌握商业汇票的业务流转过程及其相关当事人的权利与义务,理解商业汇票在融资和结算方面的作用和意义,熟悉商业汇票与银行汇票之间的主要区别。

(一)商业汇票概念

商业汇票是出票人签发的,委托付款人在指定日期无条件支付确定的金额给收款人或者持票人的票据。商业汇票分为商业承兑汇票和银行承兑汇票。商业承兑汇票由银行以外的付款人承兑(付款人为承兑人),银行承兑汇票由银行承兑。

我国的银行承兑汇票每张票面金额最高为1000万元(含),电子商业汇票每张票面金额最高可达1亿元(含)。银行承兑汇票按票面金额向承兑申请人收取万分之五的手续费,不足10元的按10元计收。承兑期限最长不超过6个月,电子商业汇票最长不得超过1年。

(二)商业汇票分类

商业汇票可分为:银行承兑汇票(承兑人为银行)、商业承兑汇票(承兑人为单位)。

银行承兑汇票与商业承兑汇票的区别:

1. 签发人不同。银行承兑汇票是由银行签发的,商业承兑汇票是由企业签发的。

签发银行承兑汇票:向银行出示收付款人双方签订的购销合同及"银行承兑汇票申请书";银行按有关规定和程序审核出票人资格、购销合同、资信等,必要时出票人应提供担保;符合规定和承兑条件,银行与出票人签订承兑协议,即可承兑银行承兑汇票;收取保证金,签发手续费。

2. 承兑人不同。银行承兑汇票的承兑人只能是银行或财务公司,商业承兑汇票的承兑人为付款人。

3. 出票人不同。银行承兑汇票的出票人必须是在承兑(或付款)银行开立存款账户的单位(或企业)。商业承兑汇票的出票人可以是收款人,也可以是付款人。

4. 应用程度不同。由于银行的信用程度远好于企业的信用程度,因此在商业汇票的实践中,银行承兑汇票的应用多于商业承兑汇票。

(三) 使用范围

出票人只能是单位,不能是个人。异地、同城均可交易。可转账结算和支取现金。签发时无金额起点限制,适用于所有款项。

(四) 流转程序(见图2-5-1、图2-5-2)

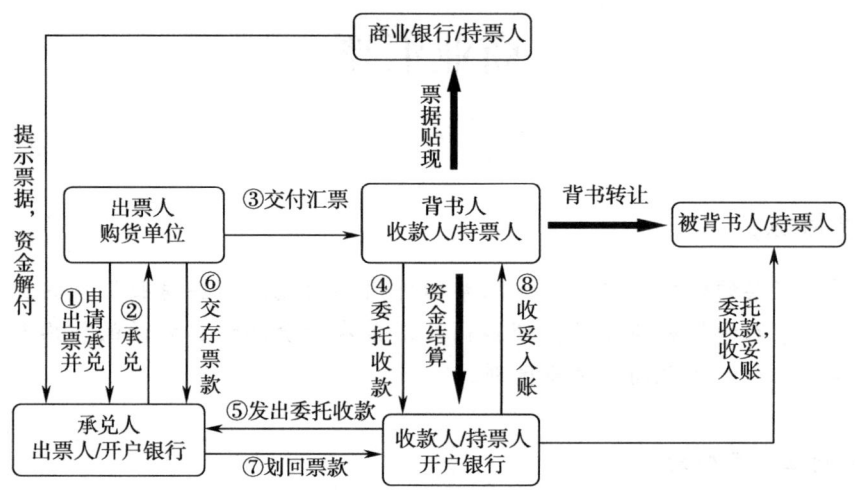

图2-5-1 银行承兑汇票流程

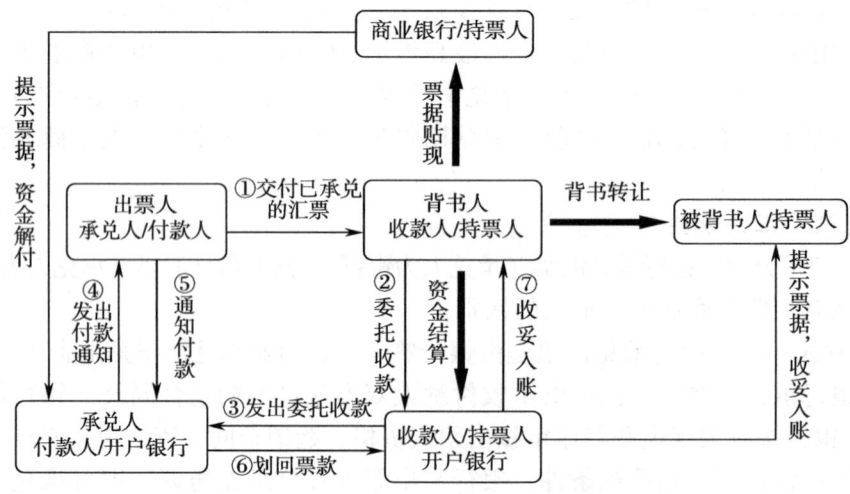

图2-5-2 商业承兑汇票流程

(五) 签发商业汇票(见图2-5-3、图2-5-4)

1. 基本当事人

(1) 出票人。银行承兑汇票和商业承兑汇票的出票人指开立票据给他人并已在银

项目五 商业汇票

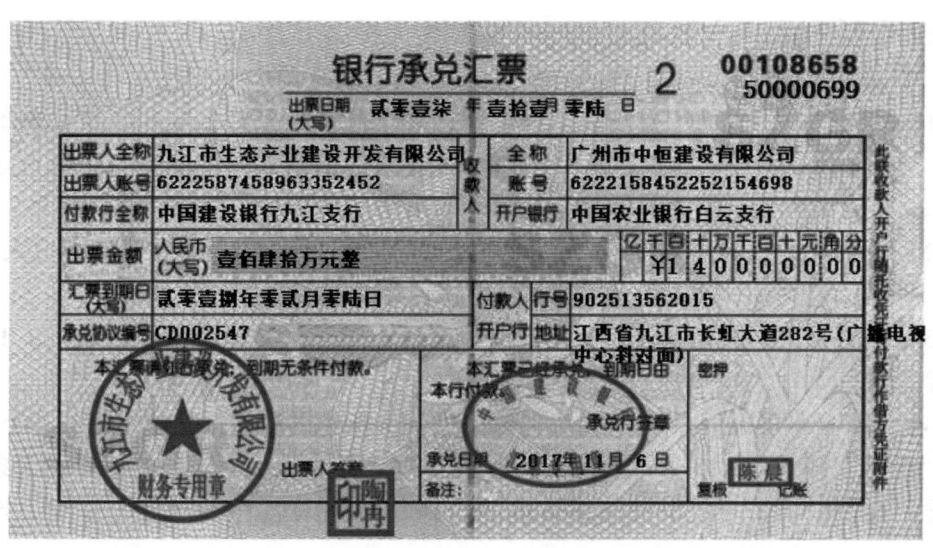

图2-5-3 签发银行承兑汇票

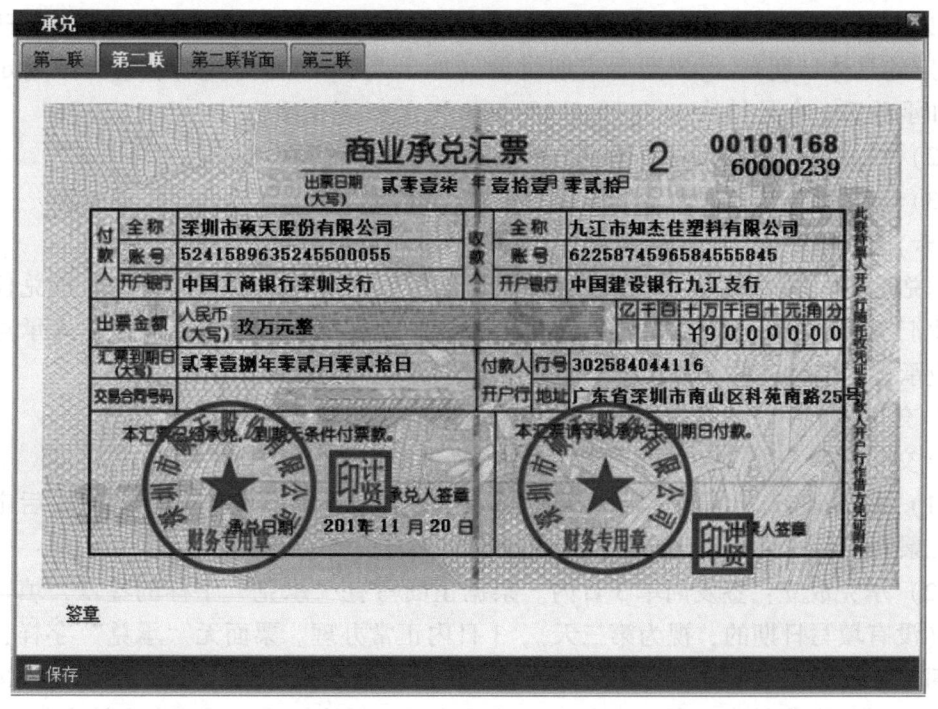

图2-5-4 签发商业承兑汇票

行开立账户的存款人。

（2）收款人。收款人指商业汇票上实际载明的收取汇票金额的人，即享有票据债权、收取票款的人。

（3）付款人。付款人根据出票人的命令或委托，向收款人、持票人支付票款的人；

指对商业汇票金额实际付款的人。

2. 非基本当事人

（1）承兑人。承兑人指在承兑汇票上承诺并记载汇票到期日支付汇票金额的付款人，也是汇票的主债务人。银行承兑汇票的承兑人为出票人开户的银行，商业承兑汇票的承兑人为出票人，也可以是付款人。

（2）背书人。收款人或持票人在接到票据后，经过背书，将票据转给他人的人，即在票据背面签章或书写文字、身份证号码，转让票据所赋权利的当事人。

（3）被背书人。被背书人是指在背书活动过程中，接受背书票据的法人、其他组织或者个人。

（4）保证人。保证人指具有代为清偿票据债务能力的法人、其他组织或者个人。

3. 绝对记载事项。表明"银行承兑汇票"或"商业承兑汇票"的字样。无条件支付的委托，而非承诺。出票日期。确定的金额。付款人名称。出票人签章。收款人名称。

4. 相对记载事项

（1）付款日期。未记载付款日期的，见票即付；记载付款日期的：①定日付款（如确定的具体日期），②出票后定期付款（如出票后 4 个月付款），③见票后定期付款（如承兑后 2 个月付款）。

（2）付款地：付款人营业场所，可以不填写。

（3）出票地：出票人营业场所提示付款，可以不填写。

（六）承兑

承兑是指汇票付款人承诺在汇票到期日支付汇票金额并签章的行为。承兑仅适用于商业汇票。承兑不得附有条件；承兑附有条件的，视为拒绝承兑。付款人承兑汇票后，应承担到期付款的责任。

1. 交付前承兑：承兑人在汇票交付他人之前就办好了承兑。

2. 交付后承兑：

（1）提示承兑。见票即付：无须承兑。定日付款：汇票到期日前。出票后定期付款：汇票到期前。见票后定期付款：出票起 1 个月。

（2）承兑成立：签发回单 3 日内。票据正面写有"承兑"字样的签章，填写承兑日期（没有填写日期的，视为第三天），3 日内正常办理。票面无"承兑"字样，无承兑日期的，视作拒绝承兑。有附加条件的，出示拒绝承兑正面，向前手行使追索权。

（3）承兑发生效力：承兑人办理承兑手续后交还给持票人后才产生效力。

3. 承兑人的拒绝责任。到期日无条件付款。对汇票上一切权利人承担责任（即付款请求权和追索权）。不得以"与出票人的资金关系对抗持票人"而拒绝付款。不因持票人超过提示付款期而解除责任。

（七）付款

1. 提示付款。见票即付：出票之日起 1 个月。定期付款：到期 10 日内。出票后定期付款：到期10日内。见票后定期付款：到期10日内。

2. 支付票款

（1）银行承兑汇票：出票人账户足额，照付；账户不足额，也照付。

承兑银行通常要求出票人在出票时存入保证金，银行视出票人的信用，要求出票人按票面金额的100%、70%、50%、30%等不同比例存入保证金的比例，出票人信用越高，保证金比例可越小。敞口部分须在出票前完成对出票人的授信。如果出票人确实账户金额不足，且无保证金做保障，承兑银行将按每日票面金额的0.5‰罚款。

（2）商业承兑汇票：出票人账户足额，照付；账户不足额，退回，并对付款人处以票面金额5%，且不低于50元的罚款。

（八）背书

商业汇票背书是一种附属票据行为；是一种要式法律行为；是持票人所为的法律行为；背书的主要目的是在于转让票据上的权利。

在持票人背书转让汇票权利时，应当按照法律规定进行有关的记载，并且应该将汇票进行交付。由于可以通过背书的方式进行转让，所以汇票的流通性大大地增加了。但是如果背书人不愿意将此汇票继续背书流通下去，也可以在汇票的背面记载"不得转让"的字样，此汇票就属于不能够背书转让的汇票。

出票人在票据正面记载"不得转让"字样的，该票据就失去了流通性，即使该票据转让，也不发生《票据法》上的效力，受让人不享有票据权利。

背书人在背书栏记载"不得转让"字样的，并不会使票据丧失流通性。它的效力仅在于背书人只对其直接的被背书人承担责任，而对此后的一切当事人，包括以后的被背书人、背书人、最后持票人等不负担保责任。

银行承兑汇票出票人记载"不得转让"字样的，银行不能进行贴现，持票人也不能作质押背书，向银行申请质押贷款。

商业承兑汇票出票人记载"不得转让"字样的，贴现或质押后的持票人不享有票据权利；背书人记载"不得转让"字样的商业汇票，贴现或质押后的持票人不得对此背书人行使票据权利。

1. 记载事项

（1）绝对记载事项。背书人签章：财务专用章，有权人章；被背书人名称：必填。

（2）相对记载事项。背书日期：必填；未填的视同到期日已背书。

（3）不得记载事项。有条件背书：条件无效，背书有效；部分背书：背书无效。

2. 背书粘单。第一位抵用粘单人粘贴，粘贴连接处盖骑缝章。

3. 背书连续。票据上的收款人为第一背书人，每后一位背书人一定是前一位的被背书人。

4. 禁止背书。被拒绝承兑；被拒绝付款；超过提示付款期。

5. 背书效力。背书人保证其后手的"承兑"和"付款"责任。

（九）保证

《票据法》上的保证，又称票据保证，是票据债务人以外的人为担保票据债务的履行,以负担同一内容的票据债务为目的的一种附属的票据行为。从其含义可知,票据保证兼具保证行为和票据行为的特征,作为一种保证行为,其具有从属性的特性;作为一种票据行为,其又具有独立性的特性。两种相互矛盾的特性集中于一种行为之中,使其成为一种颇具特色的制度,这势必给准确把握该行为的性质带来较大难度。而对这两种属性的关系如何定位也必然会对票据当事人的权利产生影响。

1. 绝对记载事项:表明"保证"的字样;保证人签章。
2. 相对记载事项:保证人名称和住所;被保证人的名称;保证日期。
3. 记载方式:票据正面记载"保证"字样的,为出票人、承兑人作保证;票据背面记载"保证"字样的,为背书人作保证;票据上没有记载"保证"字样的,不属于票据保证。
4. 保证责任。保证人承担连带责任。

(十) 质押

票据质押是以票据为标的物而成立的一种质权。我国《票据法》关于票据质押的方式为具有亲笔签章的背书。

背书是我国票据质押的方式。根据我国《票据法》及《最高人民法院关于审理票据纠纷案件若干问题的规定》,票据的质押需要背书,如果背书非法无效,质押便不成立。背书最重要的条件就是亲笔签章。持票人行使权利,应当按照法定程序在票据上签章,并出示票据。其他票据债务人在票据上签章的,按照票据所记载的事项承担票据责任;票据上的签章,为签名、盖章或者签名加盖章。法人和其他使用票据的单位在票据上的签章,为该法人或者该单位的盖章加其法定代表人或者其授权的代理人的签章。在票据上的签名,应为该当事人的本名。

1. 票据质押以质押背书为生效条件。
2. 票据质押应当合法有效。

(1) 由于票据权利不能实现,如无效票据、被拒绝承兑和拒绝付款的票据、超过付款提示期限的票据,不能票据质押。

(2) 不能依法背书的票据,不能质押:出票人在票据上记载"不得转让"字样的票据;票据上记载有"委托付款"字样的票据;填写"现金"字样的票据;票据上记载"质押"字样的票据。

(3) 签订书面的质押合同并办理质押登记。

(4) 出质人要在票据上背书"质押"字样并签章。

(5) 质押时必须交付票据。

(6) 已经质押的票据不能再背书转让或背书质押。

(7) 公示催告的票据不能质押。

(十一) 贴现

1. 贴现概念。贴现是指商业汇票经承兑后,汇票持有人在汇票尚未到期前在贴现市场上转让,受让人扣除贴现利息后将票款付给出让人的行为,或银行购买未到期票据的业务。商业汇票的贴现期限都较短，一般不会超过6个月（电子商业汇票不超过1年），而且可以办理贴现的票据也仅限于已经承兑的并且尚未到期的商业汇票。

通常，票据贴现可以分为三种，分别是贴现、转贴现和再贴现。

（1）贴现。贴现指银行承兑汇票的持票人在汇票到期日前，为了取得资金，贴付一定利息将票据权利转让给银行的票据行为，是银行向持票人融通资金的一种方式。

（2）转贴现。转贴现是指持有票据的金融机构为了融通资金，在票据到期日之前将票据权利转让给其他金融机构，由其收取一定利息后，将约定金额支付给持票人的票据行为。

（3）再贴现。再贴现指商业银行或其他金融机构将贴现所获得的未到期票据，向中央银行作的票据转让。再贴现是中央银行向商业银行提供资金的一种方式。

再贴现是中央银行的货币政策工具之一，它不仅影响商业银行筹资成本，限制商业银行的信用扩张，控制货币供应总量，而且可以按国家产业政策的要求，有选择地对不同种类的票据进行融资，促进结构调整。

2. 贴现性质。贴现是银行的一项资产业务，汇票的支付人对银行负债，银行实际上是与付款人有一种间接贷款关系。

票据贴现与贷款同属商业银行主要的资产业务，但两者存在较大的区别：

（1）期限不同。票据贴现的期限大多数在6个月以内（电子商业汇票不超过1年），而贷款即使是短期贷款多数也为6个月以上1年以内，而中长期贷款均为1年以上。

（2）收息方法不同。票据贴现是贴现日预先扣收利息，而贷款利息往往是按月（或季度）结算并收取利息。不少贷款是还清本金时一并计算利息并收取。

（3）当事人不同。票据贴现的当事人有银行、票据出票人、承兑人以及持票人（即申请贴现人），而贷款的当事人为银行、借款人和保证人等。

（4）清偿方式不同。票据贴现是一种票据买卖关系，申请贴现人是向银行卖出票据，票据由承兑人承兑到期无条件清偿的责任，贴现银行在票据到期日凭票向承兑人收款，只有在票据被拒付时，才向申请人追索。贷款一般由借款人还本付息，如果是担保贷款，担保人承担连带责任。

3. 贴现期限。贴现的期限从其贴现之日起至汇票到期日止，期限最长不超过6个月（电子商业汇票不超过1年）。实付贴现金额按票面金额扣除贴现日至汇票到期前一日的利息计算。

贴现天数为从贴现日起至到期日的天数，算头不算尾，算尾不算头，如是异地需再加3天，如遇上休假需顺延。

4. 贴现利率。在央行现行的再贴现利率的基础上进行上浮，贴现的利率是市场价格，由双方协商确定，但最高不能超过现行的贷款利率。

贴现利息是汇票的收款人在票据到期前为获取票款向贴现银行支付的利息，计算方式是：

$$贴现利息 = 贴现金额 \times 贴现率 \times 贴现期限$$

其中，

$$贴现金额 = 到期值 - 贴现利息$$
$$到期值 = 票面金额$$
$$贴现利息 = 到期值 \times 年利率（\%） \times 贴现天数 \div 360$$
$$贴现天数 = 到期日 - 贴现日$$

5. 贴现方式。

（1）回购式：是指当卖方企业（持票人）临时资金短缺时，持未到期票据来银行办理贴现业务，票据贴现后至到期日前，当客户资金充足时可按与银行约定归还票面金额，赎回票据。企业贴现回购分为定期回购和不定期回购。

（2）买断式：持票人将票据卖给银行，支付相应的利息，不再赎回票据，提前获得资金的过程。

通常所说的转贴现或再贴现，是指金融机构（卖出方）将其合法持有的未到期已贴现的银行承兑汇票转让于另一家金融机构（买入方），买入方金融机构按照票面金额扣除贴现利息后将余额付给卖出方金融机构的票据行为。票据到期后由买入方直接向承兑人收款。

6. 付息方式。按贴现利息支付方式，可以分为：

（1）卖方付息：即贴现利息由卖方支付的票据贴现行为。贴现申请人持未到期的商业汇票向银行申请办理贴现时，贴现利息由银行直接从拟支付给贴现申请人的贴现款项中一次性扣收。

（2）买方付息：即贴现利息由买方支付的票据贴现行为。贴现申请人持未到期的商业汇票向银行申请办理贴现时，贴现利息由银行向买方收取，并将全额贴现票款支付给贴现申请人。

（3）协议付息：即贴现利息由买卖双方协商，分担支付票据贴现利息的票据贴现行为。贴现申请人持未到期的商业汇票向银行申请办理贴现时，银行收取应由买方支付的贴现利息，再从拟支付给贴现申请人的贴现款项中一次性扣收应由卖方支付的贴现利息后，将贴现票款支付给贴现申请人。

模块一　银行承兑汇票

一、银行承兑汇票支付货款

【实训案例】

九江市生态产业建设开发有限公司购买了广州市中恒建设有限公司货物，货款为1400000元，广州市中恒建设有限公司与九江市生态产业建设开发有限公司商定以银行承兑汇票结算方式支付货款。2017年11月6日，九江市生态产业建设开发有限公司按照要求到其开户行签发期限为3个月的银行承兑汇票，九江市生态产业建设开发有限公司将经过银行承兑的银行承兑汇票交予广州市中恒建设有限公司，广州市中恒建设有限公司在汇票到期后委托自己的开户行收取款项。

【实训操作】

操作流程：出票—承兑—到期托收（见图2–5–5至图2–5–12）。

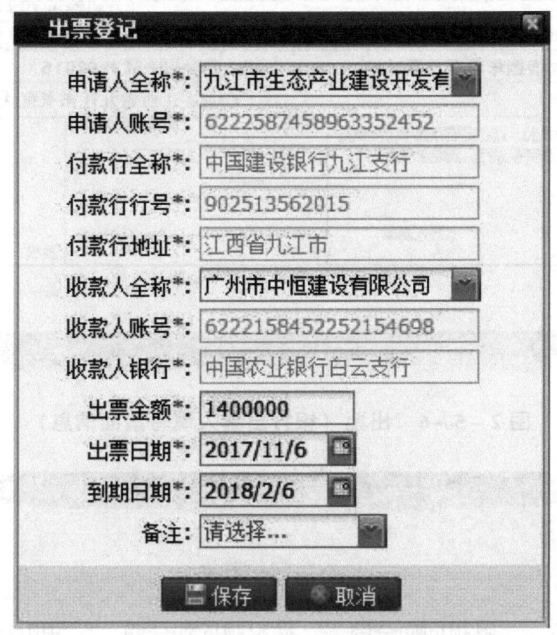

图2–5–5　出票（企业申请人出票登记）

【操作说明】

1. 出票。

（1）企业申请人填写出票申请书（企业申请人—出票登记）。

（2）切换角色：银行出票人出票，填写票面信息（银行出票人—出票—填写票面信息）。

2. 承兑。

（1）企业申请人签订承兑协议（企业申请人—承兑—选择资料—填写承兑协议、盖章，并在票面第二联签章）。

其中选择资料需勾选的有：贷款卡、承兑协议、公司营业执照、法人身份证、资产负债表、损益表、交易合同，共7项。

（2）切换角色：银行承兑人签订承兑协议（银行承兑人—承兑—审核承兑协议、签章，并在票面第二联盖章）。

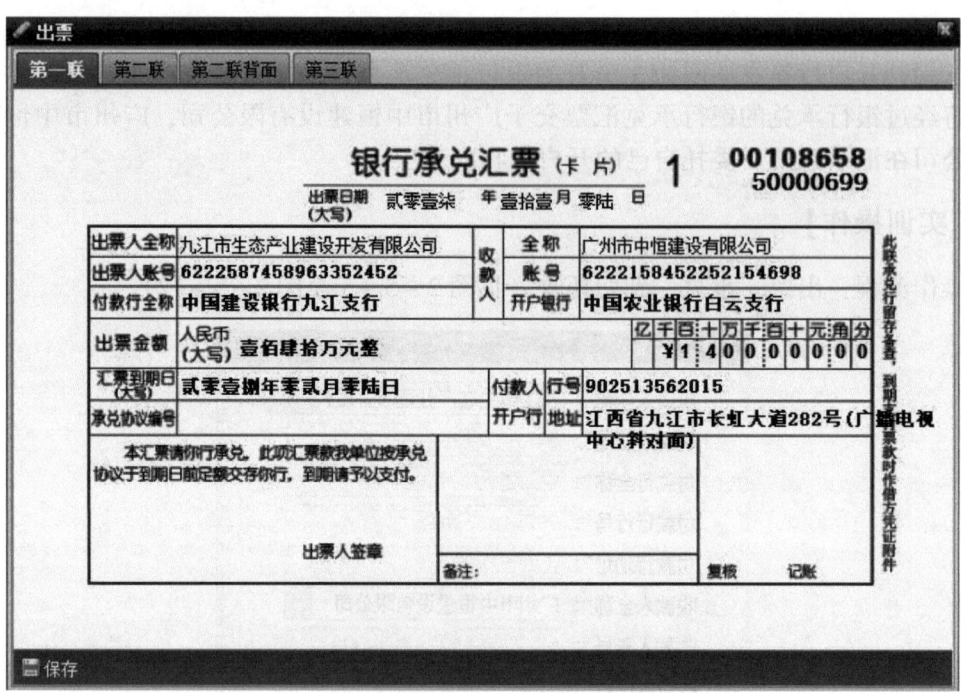

图 2-5-6 出票（银行出票人填写票面信息）

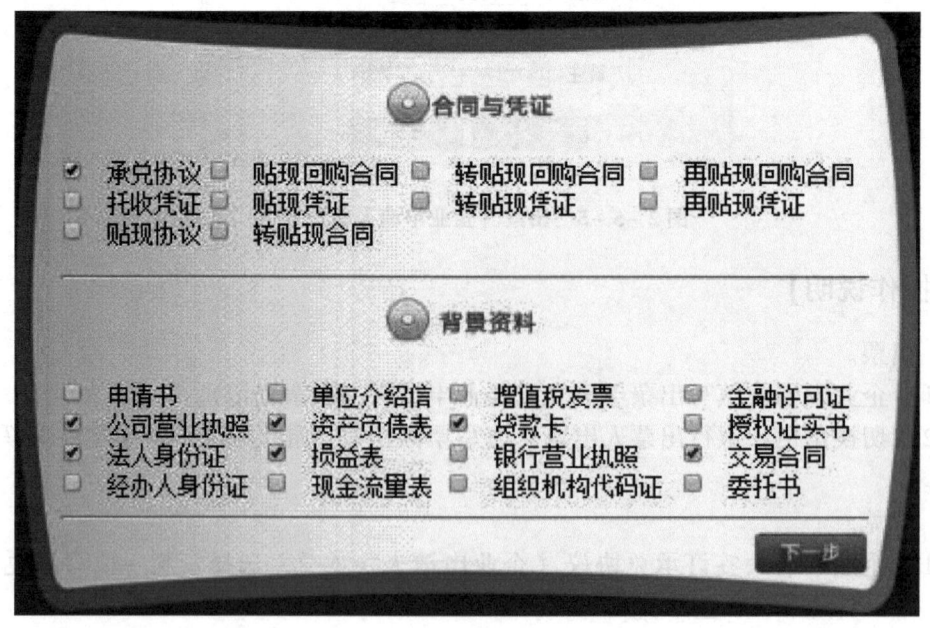

图 2-5-7 承兑（企业申请人选择承兑资料）

3. 到期托收。
（1）企业收款人到期托收（填托收凭证、第二联签章）；

银行承兑汇票协议书

协议编号：CD002603

出票人全称：九江市生态产业建设开发有限公司　　收款人全称：广州市中恒建设有限公司

开户银行：中国建设银行九江支行　　开户银行：中国农业银行白云支行

账号：6222587458963352452　　账号：6222158452252154698

汇票号码：50000715　　汇票金额（大写）：壹佰肆拾万元整

出票日期：2017-11-06　　到期日期：2018-02-06

以上汇票经承兑，出票人愿意遵守《支付结算办法》的规定及下列条款：

　　一、出票人于汇票到期日前将应付票款足额交存承兑行。

　　二、承兑手续费按票面金额千分之 1 计算，在承兑时一次付清。

　　三、出票人与持票人如发生任何交易纠纷，均由其双方自行处理，票款于到期前仍按第一条办理不误。

　　四、出票人有下列行为之一的，应在收到承兑行通知后7日内予以改正并采取令承兑行满意的补救措施，否则承兑行有权要求出票人提前交付足额票款或从出票人在承兑行的其他存款账户中扣划票款；

1. 向承兑行提供虚假财务报表及其他财务资料的；

2. 不配合或拒绝接受承兑行对其生产经营、财务活动进行监督的；

3. 其财产的重要部分或全部被其他债权人占有，或被指定受托人、接受人或类似人员接管，或者其财产被扣押或冻结，可能使承兑行债权遭受严重损失的；

4. 未经承兑行同意进行承包、租赁、股份制改造、联营、合并、兼并、合资、分立、减资、股权变动、转让等行动可能危及承兑行债权安全的；

5. 发生变更住所、通信地址、营业范围、法定代表人等工商登记事项或对外发生重大投资等情况使承兑行债权实现受到严重影响或威胁的；

6. 涉及重大、经济纠纷或财务状况恶化等，使承兑行债权实现受到严重影响或威胁的；

7. 其他任何可能导致承兑行债权实现受到威胁或严重损失的。

　　五、承兑到期日，承兑行凭票无条件支付款项。如到期之前出票人不能足额交付票款，承兑行有权从保证金账户及出票人在承兑行所有存款账户上扣划。对扣划后仍不足支付部分的票款转作为出票人逾期贷款，按照有关规定计收利息，在承兑行垫付余额得到清偿前，不再对出票人办理新的承兑业务。

　　六、出票人付清承兑汇票票款后，本协议自动失效。

承兑行公章：

陈晨

出票人签章：

订立协议日期：2017年11月6日

本协议第1、2联分别由承兑行公司业务部和承兑申请人存执，协议副本由承兑行会计部门存查。

图 2-5-8　承兑（银企双方签订承兑协议）

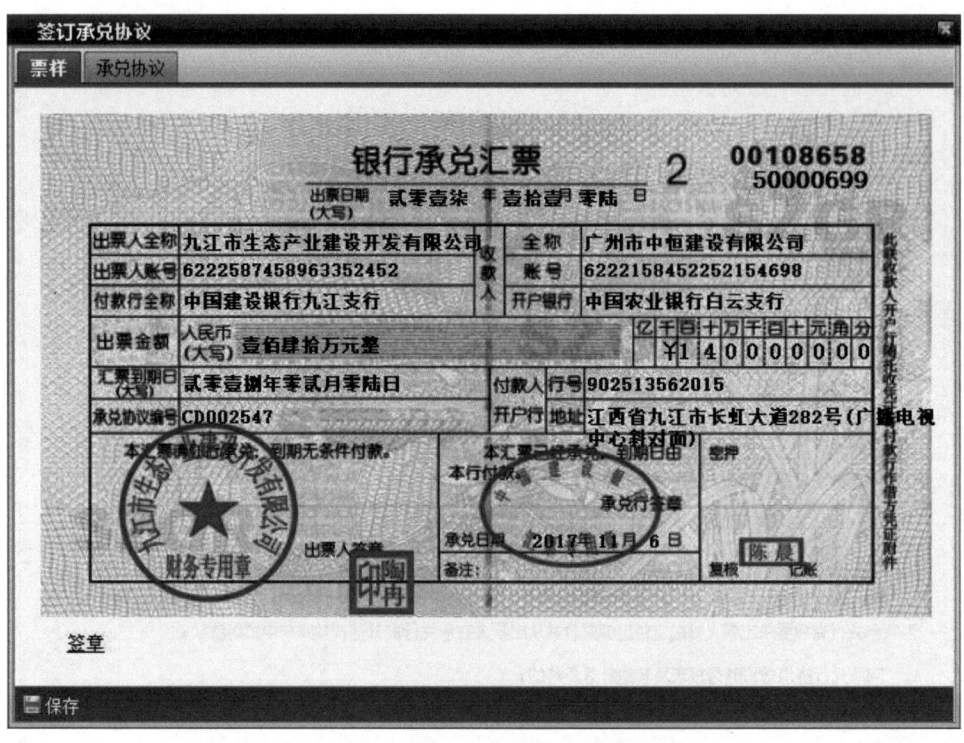

图 2-5-9 承兑（银企双方票面签章）

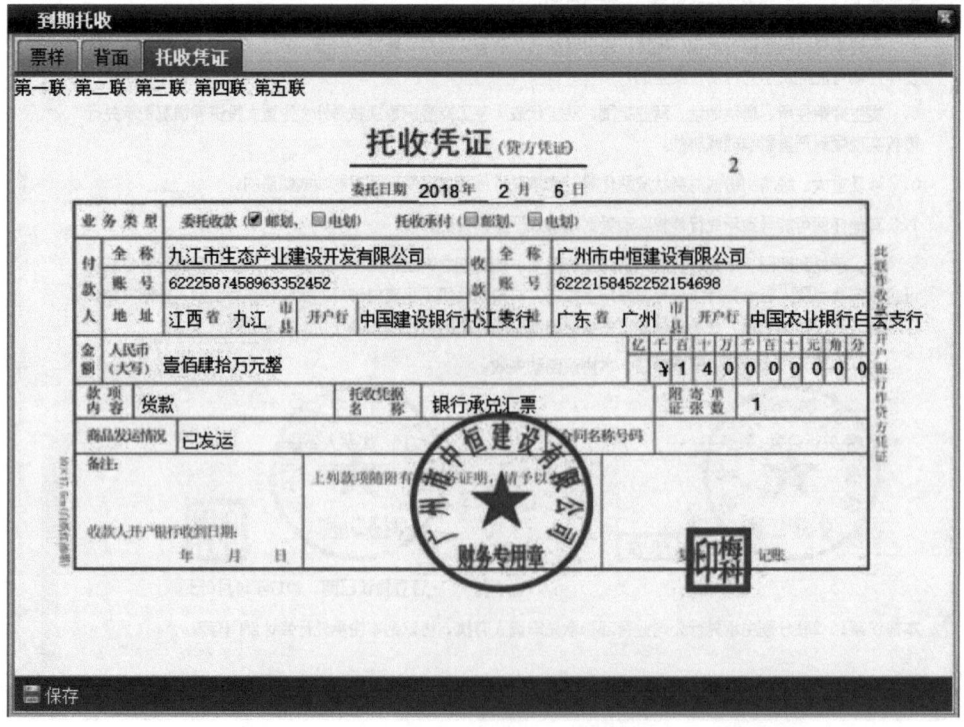

图 2-5-10 到期托收（企业收款人填写托收凭证，第二联签章）

项目五 商业汇票

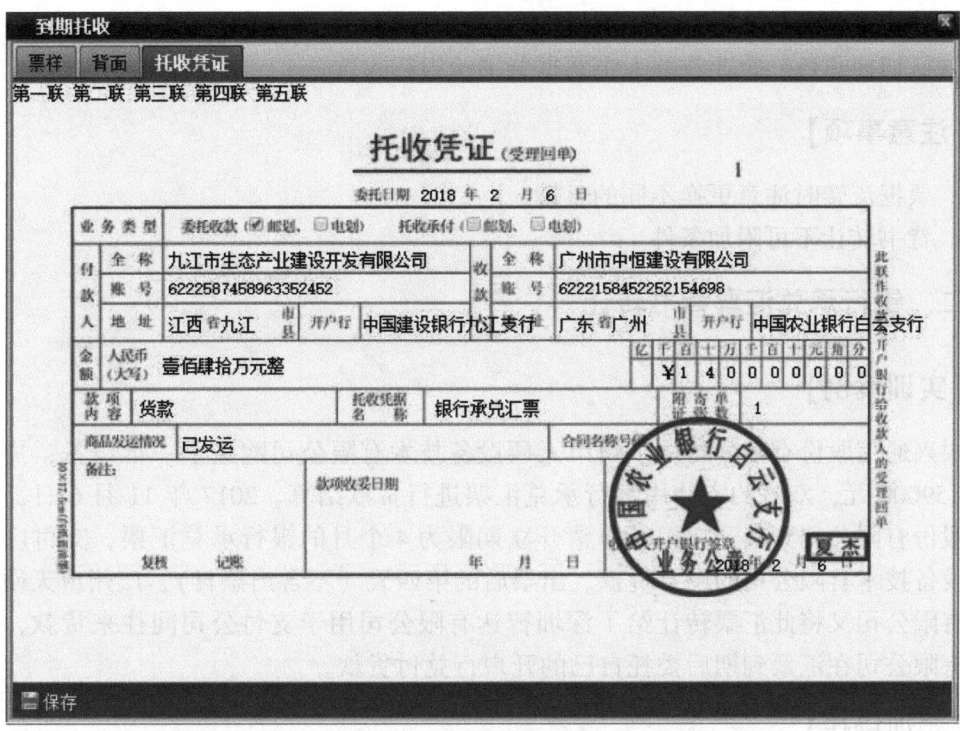

图 2-5-11 到期托收（银行付款人审核，第一联签章）

图 2-5-12 到期托收（企业收款人背书给银行委托收款）

345

(2) 切换角色：银行付款人审核托收凭证（第一联、第三联签章）；

(3) 切换角色：企业收款人将票据背书给银行收款。

【注意事项】

1. 票据流转时注意更换不同的日期。
2. 背书转让不可附加条件。

二、银行承兑汇票背书转让

【实训案例】

中兴通信股份有限公司从广州市天硕设备技术有限公司购买了一批设备，货款总额为159000元，双方约定使用银行承兑汇票进行货款结算。2017年11月6日，中兴通信股份有限公司到其开户银行申请开立期限为4个月的银行承兑汇票，支付广州市天硕设备技术有限公司的设备货款。出票后的第四天（不含出票日），广州市天硕设备技术有限公司又将此汇票转让给了深圳智达有限公司用于支付公司间往来货款，深圳智达有限公司在汇票到期后委托自己的开户行兑付货款。

【实训操作】

操作流程：出票—承兑—背书—到期托收（见图2–5–13、图2–5–14）。

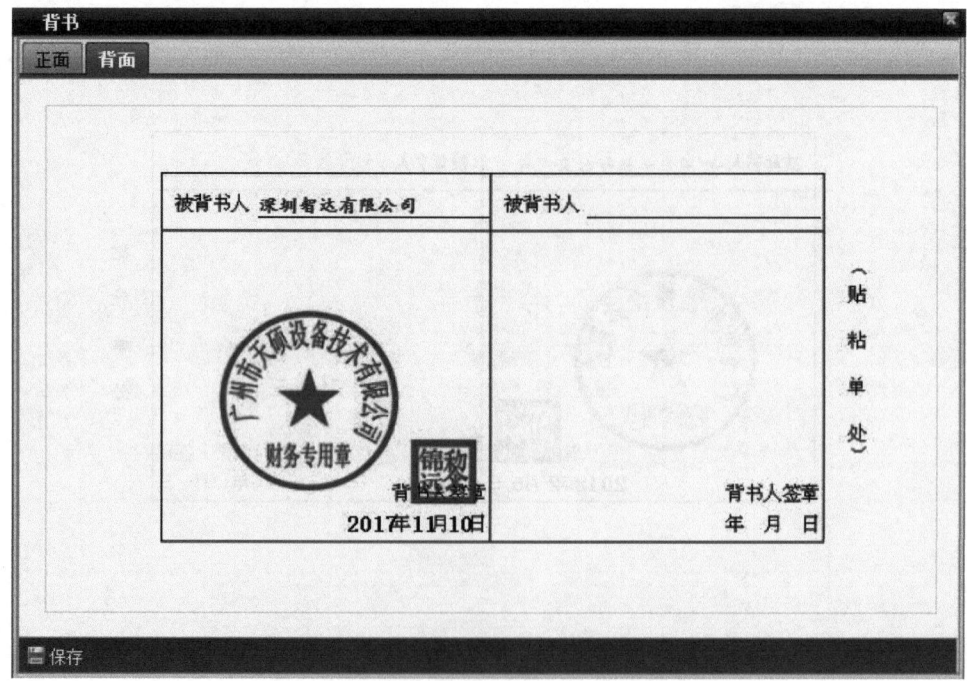

图2–5–13 背书（企业收款人背书转让）

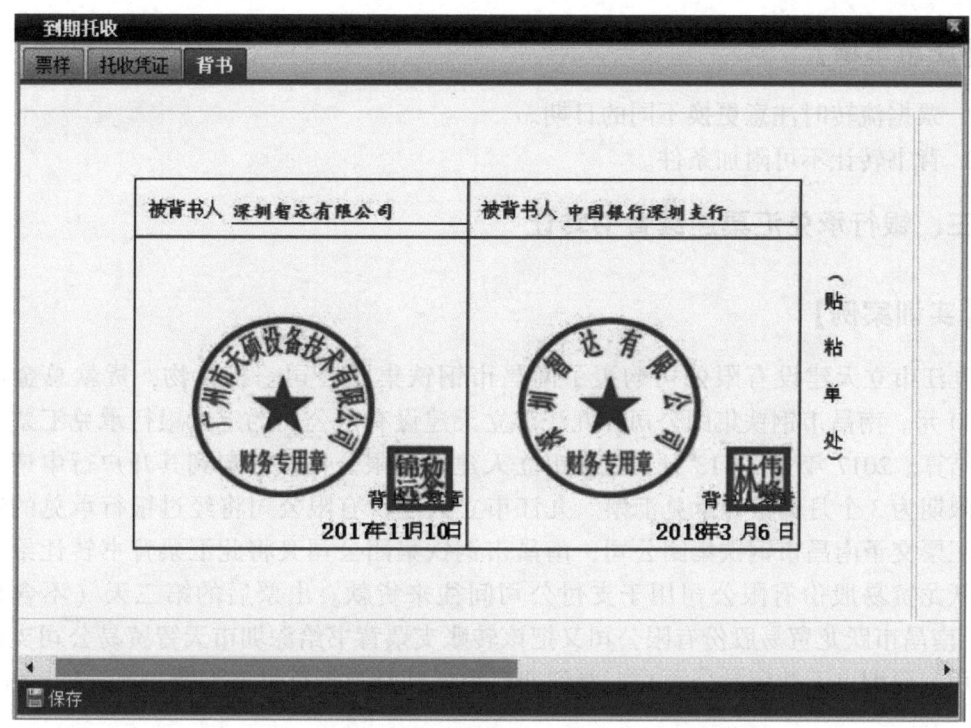

图 2-5-14 到期托收（企业收款人背书给银行委托收款）

【操作说明】

1. 出票。

（1）企业申请人填写出票申请书（企业申请人—出票登记）。

（2）切换角色：银行出票人出票，填写票面信息（银行出票人—出票—填写票面信息）。

2. 承兑。

（1）企业申请人签订承兑协议（企业申请人—承兑—选择资料—填写承兑协议、盖章，并在票面第二联签章）。

其中选择资料需勾选的有：贷款卡、承兑协议、公司营业执照、法人身份证、资产负债表、损益表、交易合同，共7项。

（2）切换角色：银行承兑人签订承兑协议（银行承兑人—承兑—审核承兑协议、签章，并在票面第二联盖章）。

3. 背书。企业收款人背书转让（背书—填写被背书人名称—签章）。

4. 到期托收。

（1）企业被背书人到期托收（填托收凭证、第二联签章）；

（2）切换角色：银行付款人审核托收凭证（第一联、第三联签章）；

（3）切换角色：企业收款人将票据背书给银行委托收款。

【注意事项】

1. 票据流转时注意更换不同的日期。
2. 背书转让不可附加条件。

三、银行承兑汇票连续背书转让

【实训案例】

九江市立天建设有限公司购买了南昌市钢铁集团公司一批货物,货款总金额为950000元。南昌市钢铁集团公司和九江市立天建设有限公司约定以银行承兑汇票进行货款结算。2017年11月13日,九江市立天建设有限公司按约定到其开户行申请开出一张限期为3个月的银行承兑汇票。九江市立天建设有限公司将经过银行承兑的银行承兑汇票交予南昌市钢铁集团公司,南昌市钢铁集团公司又将此汇票背书转让给了南昌市跃龙贸易股份有限公司用于支付公司间往来货款。出票后的第三天(不含出票日),南昌市跃龙贸易股份有限公司又把该转账支票背书给深圳市天智贸易公司支付业务费用,深圳市天智贸易公司在汇票到期后委托其开户行兑付该汇票。

【实训操作】

操作流程:出票—承兑—背书1—背书2—到期托收(见图2-5-15至图2-5-17)。

图2-5-15 第一次背书(企业收款人背书转让)

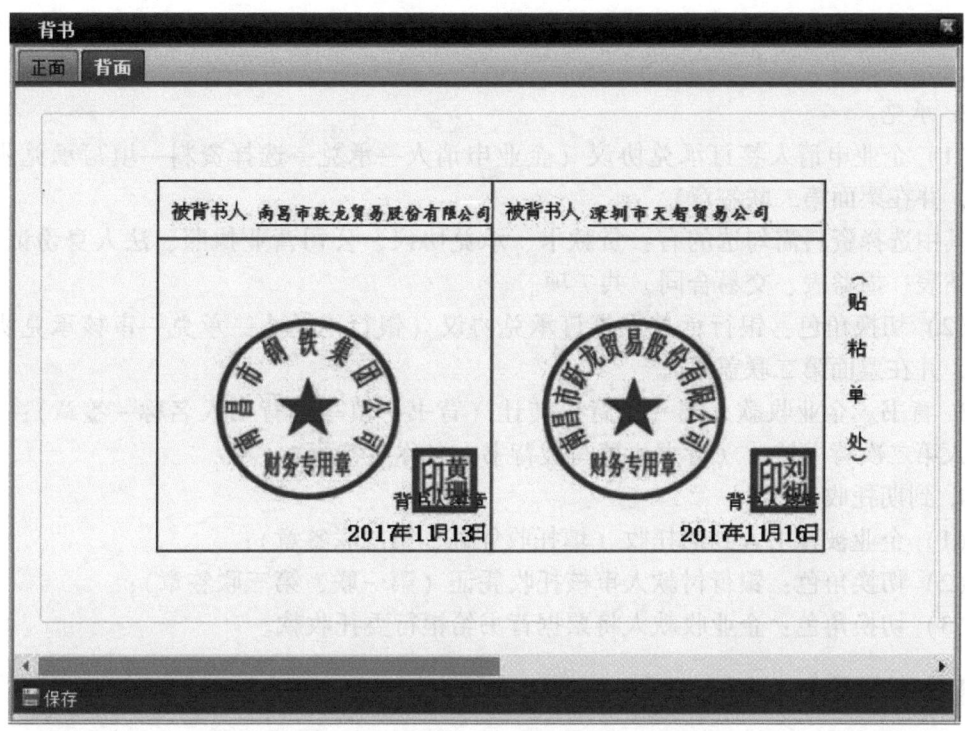

图 2-5-16 第二次背书（企业被背书人背书转让）

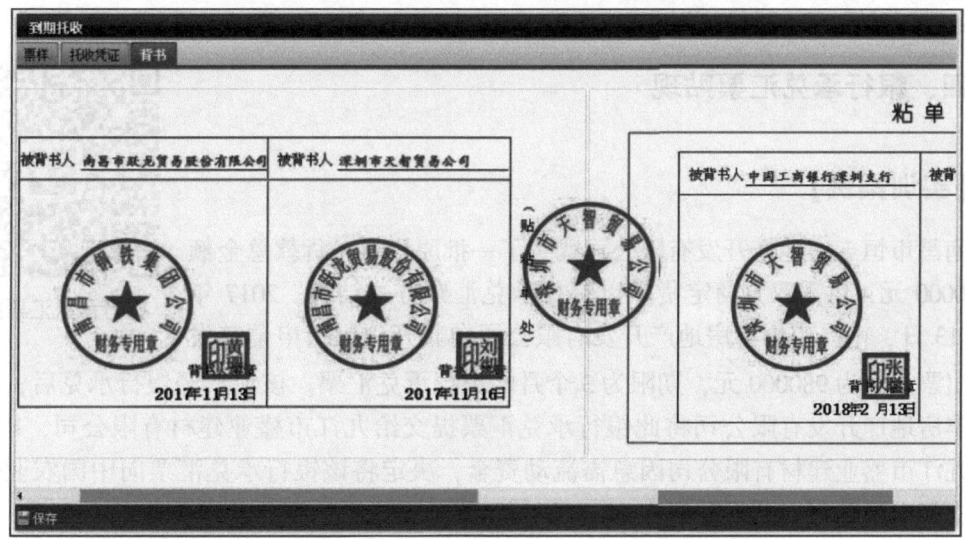

图 2-5-17 到期托收（企业收款人背书给银行委托收款）

【操作说明】

1. 出票。
（1）企业申请人填写出票申请书（企业申请人—出票登记）。

（2）切换角色：银行出票人出票，填写票面信息（银行出票人—出票—填写票面信息）。

2. 承兑。

（1）企业申请人签订承兑协议（企业申请人—承兑—选择资料—填写承兑协议、盖章，并在票面第二联签章）。

其中选择资料需勾选的有：贷款卡、承兑协议、公司营业执照、法人身份证、资产负债表、损益表、交易合同，共7项。

（2）切换角色：银行承兑人签订承兑协议（银行承兑人—承兑—审核承兑协议、签章，并在票面第二联盖章）。

3. 背书。企业收款人第一次背书转让（背书—填写被背书人名称—签章）；企业收款人第二次背书转让（背书—填写被背书人名称—签章）。

4. 到期托收。

（1）企业被背书人到期托收（填托收凭证、第二联签章）；

（2）切换角色：银行付款人审核托收凭证（第一联、第三联签章）；

（3）切换角色：企业收款人将票据背书给银行委托收款。

【注意事项】

1. 票据流转时注意更换不同的日期。
2. 背书转让不可附加条件。

四、银行承兑汇票贴现

银行承兑汇票贴现

【实训案例】

南昌市恒丰房地产开发有限公司购买了一批原材料，货款总金额为980000元，供需双方商定货款以银行承兑汇票方式结算。2017年11月13日，南昌市恒丰房地产开发有限公司向其开户银行申请签发一张出票金额为980000元，期限为3个月的银行承兑汇票。该汇票经银行承兑后，南昌市恒丰房地产开发有限公司将此银行承兑汇票提交给九江市盛业建材有限公司，1个月后，九江市盛业建材有限公司因急需流动资金，决定将该银行承兑汇票向中国农业银行九龙支行申请贴现，贴现利率为6%，银行受理并完成了该汇票贴现业务。

【实训操作】

操作流程：出票—承兑—贴现（见图2-5-18至图2-5-22）。

【操作说明】

1. 出票。

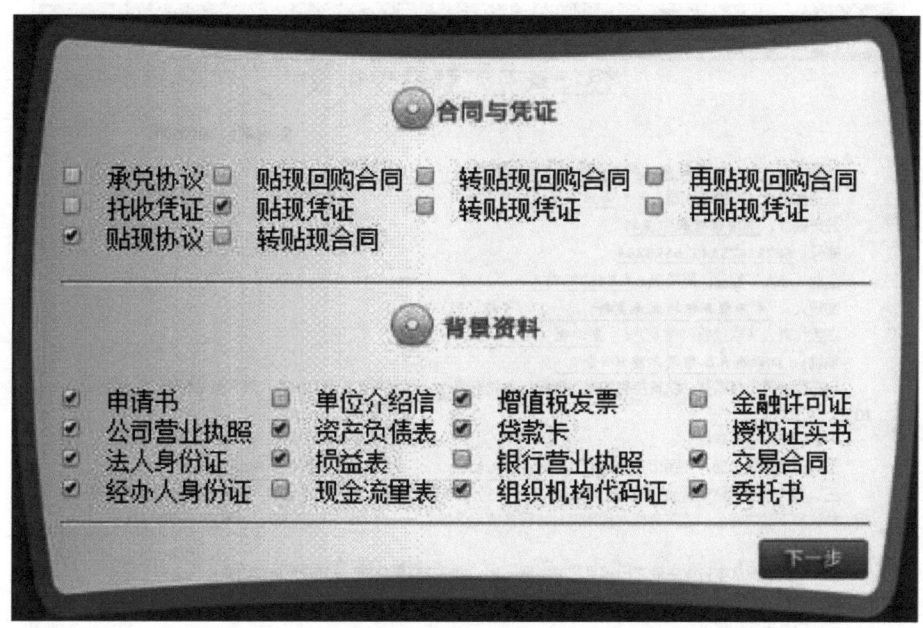

图 2-5-18 贴现（企业收款人选择贴现资料）

（1）企业申请人填写出票申请书（企业申请人—出票登记）。

（2）切换角色：银行出票人出票，填写票面信息（银行出票人—出票—填写票面信息）。

2. 承兑。

（1）企业申请人签订承兑协议（企业申请人—承兑—选择资料—填写承兑协议、盖章，并在票面第二联签章）。

其中选择资料需勾选的有：贷款卡、承兑协议、公司营业执照、法人身份证、资产负债表、损益表、交易合同，共7项。

（2）切换角色：银行承兑人签订承兑协议（银行承兑人—承兑—审核承兑协议、签章，并在票面第二联盖章）。

3. 贴现。

（1）企业收款人填写贴现协议（企业收款人—贴现—选择资料—填写贴现协议、在"贴现申请人"处签章）。

其中选择资料需勾选的共13项，具体为：申请书；贴现协议；财务报表（包括资产负债表和损益表）；营业执照、组织机构代码证、法人身份证、经办人身份证以及经办人授权委托书；贷款卡；商品交易合同和增值税发票；贴现凭证。

（2）切换角色：银行付款人审核贴现协议，并在"贴现人"处签章。

（3）切换角色：企业收款人在买断式贴现项下，填写贴现凭证，并在第一联、第四联签章。

银行承兑汇票贴现协议

协议编号：80000386

贴现申请人：九江市盛业建材有限公司（下称甲方）
法定代表人（或授权代理人）：李为
开户银行：中国银行武宁支行
账号：6222587514575555744
企业（法人）营业执照号码：GF45585754
贴现人：中国农业银行九龙支行 （下称乙方）
法定代表人（或授权代理人）：黄云倪
地址：江西省九江市浔阳路105号

甲方因经营周转需要，以其持有的未到期银行承兑汇票 1 张向乙方申请贴现，双方就贴现事宜达成协议如下：

一、汇票内容（票样）。
二、申请贴现金额为人民币（大写） 玖拾捌万元整 （小写）980000.00元。
三、本协议项下贴现资金只能用于 转账 ，未经乙方书面同意，不得挪作他用，如甲方未按约定用途使用本协议项下贴现资金，乙方有权对挪用部分每日按挪用金额的万分之 1 计收利息，并停止对其办理商业汇票贴现业务。
四、贴现期限从本协议生效之日起至票据到期日止，承兑人在异地的，另加3天划款日期。
五、贴现利率为 6 %。
六、甲方声明和保证：
　1. 甲方是依据中华人民共和国法律登记注册且已在乙方开立往来账户的企业法人或其他组织，具备所有进行经营活动必要的民事权利能力和民事行为能力，并已得到充分和合法授权签署和履行本协议。
　2. 甲方自愿将本协议项下的银行承兑汇票向乙方贴现，并保证该银行承兑汇票的取得具有真实的交易关系存在，并且其取得行为是合法的、善意的；乙方一经贴现，即拥有有关该汇票的一切票据权利。
　3. 甲方保证其在票据上的签章真实、有效。
　4. 汇票不论何种原因而不能按时收到汇票款项，乙方有向甲方追索未付的汇票金额及延误收款期间的利息和有关费用的权利。
　5. 汇票不论何种原因而遭退票，乙方在退票之日即可从甲方账户中扣收未付的汇票金额及延误收款期间的利息和有关费用，并将剩余未付款项按逾期贷款的规定处理。
　6. 甲方保证按乙方的要求提供所需的用款情况、财务报告等资料，并对其准确性、真实性和有效性承担责任。
　7. 无论何种原因导致甲方或承兑人将要或已丧失付款能力的，乙方有权提前向甲方收回汇票金额及利息和费用。
七、本协议如需公证，公证费用由甲方支付。
八、本协议在下列条件实现时生效：
　1. 本协议经双方法定代表或授权代理人签字并加盖单位印章；
　2. 乙方经审查同意并且实际办理了本协议下的汇票贴现业务。
九、本协议一式三份，甲方执一份，乙方执两份，均具有同等效力。

贴现申请人（公章）：　　　　　　　贴现人（公章）：

法定代表人（签字）：李为　　　　　法定代表人（签字）：黄云倪

2017年12月13日　　　　　　　　　2017年12月13日

图 2－5－19　贴现（银企双方签订贴现协议）

项目五 商业汇票

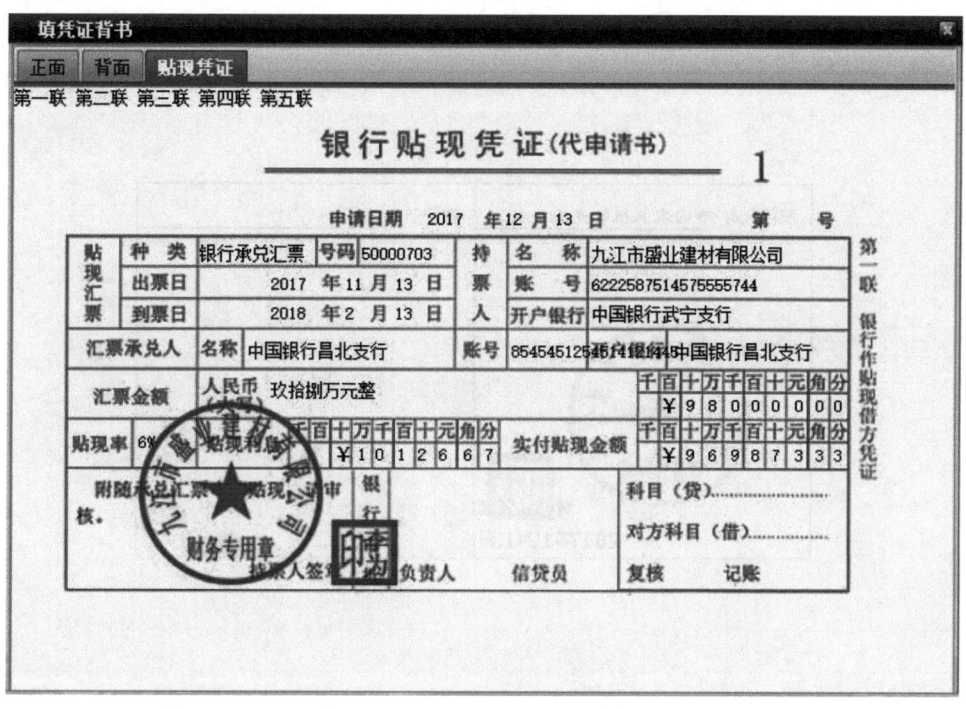

图 2-5-20 贴现（企业收款人填写贴现凭证，第一联签章）

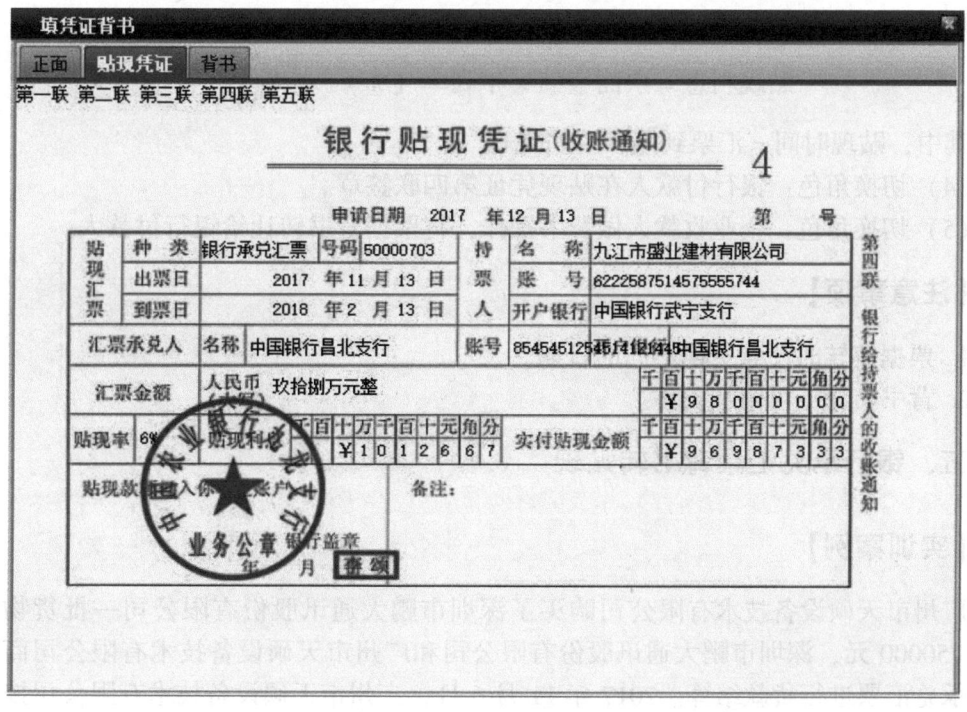

图 2-5-21 贴现（银行付款人审核贴现凭证，第四联签章）

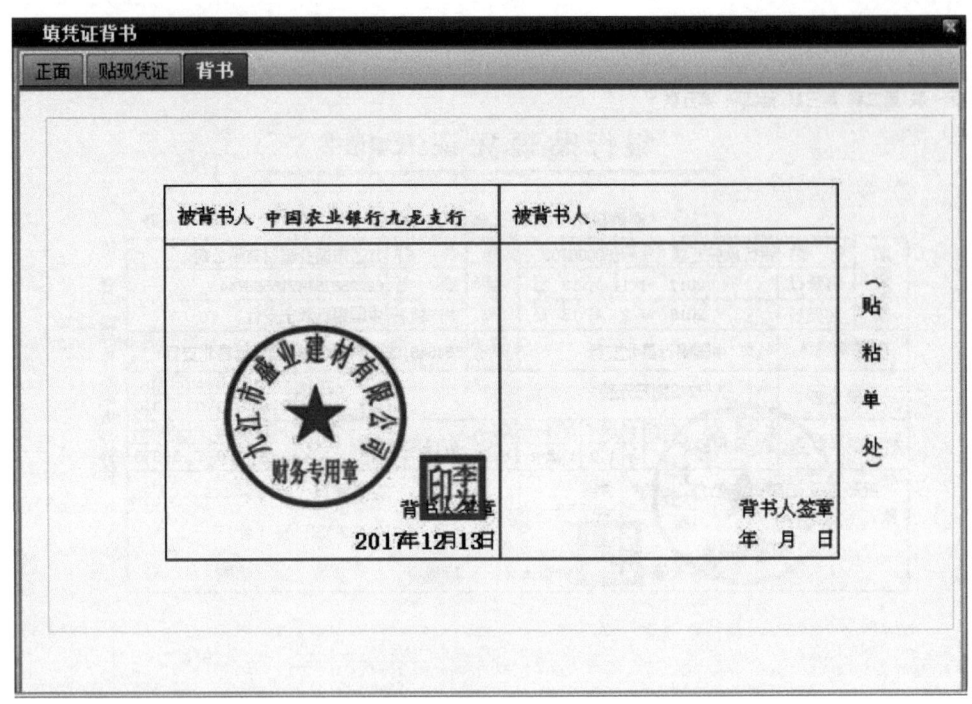

图 2 – 5 – 22　贴现（企业收款人背书给银行付款人）

贴现利息计算公式：

$$贴现利息 = 票面金额 \times 年利率（\%） \times \frac{贴现时间}{360}$$

其中，贴现时间 = 汇票到期日 – 贴现日

（4）切换角色：银行付款人在贴现凭证第四联签章。

（5）切换角色：企业收款人做背书操作，将票据背书转让给银行付款人。

【注意事项】

1. 票据流转时注意更换不同的日期。
2. 背书转让不可附加条件。

五、银行承兑汇票背书转贴现

【实训案例】

广州市天硕设备技术有限公司购买了深圳市鹏大通讯股份有限公司一批货物，货款为 750000 元，深圳市鹏大通讯股份有限公司和广州市天硕设备技术有限公司商定以银行承兑汇票进行货款结算。2017 年 11 月 6 日，广州市天硕设备技术有限公司按照要求到其开户行签发了一张期限为 5 个月的银行承兑汇票，广州市天硕设备技术有限公司将经过银行承兑的银行承兑汇票交予深圳市鹏大通讯股份有限公司，深圳市鹏大通讯股份有限公司又将此汇票背书转让给了深圳市典尔信息技术有限公司用于支付往来货款。深圳市典尔信息技术有限公司由于急用资金，于汇票到期前3个月向中国银行深圳支行办理了贴现利率为6%的汇票贴现。中国银行深圳支行为了融通资金，又将该银行承兑汇票于到期前2个月向中国工商银行深圳支行办理了转贴现利率为7%的转贴现业务以提前获取资金。

【实训操作】

操作流程：出票—承兑—背书—贴现—转贴现（见图2-5-23至图2-5-27）。

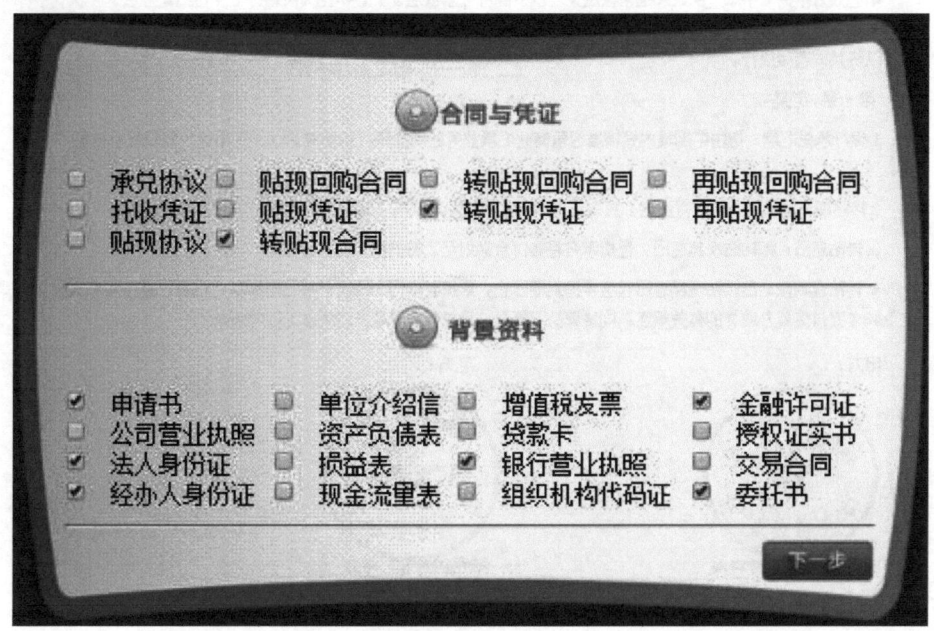

图2-5-23 转贴现（银行收款人选择转贴现资料）

【操作说明】

1. 出票。

（1）企业申请人填写出票申请书（企业申请人—出票登记）。

（2）切换角色：银行出票人出票，填写票面信息（银行出票人—出票—填写票面信息）。

2. 承兑。

（1）企业申请人签订承兑协议（企业申请人—承兑—选择资料—填写承兑协议、盖章，并在票面第二联签章）。

其中选择资料需勾选的有：贷款卡、承兑协议、公司营业执照、法人身份证、资产负债表、损益表、交易合同，共7项。

（2）切换角色：银行承兑人签订承兑协议（银行承兑人—承兑—审核承兑协议、

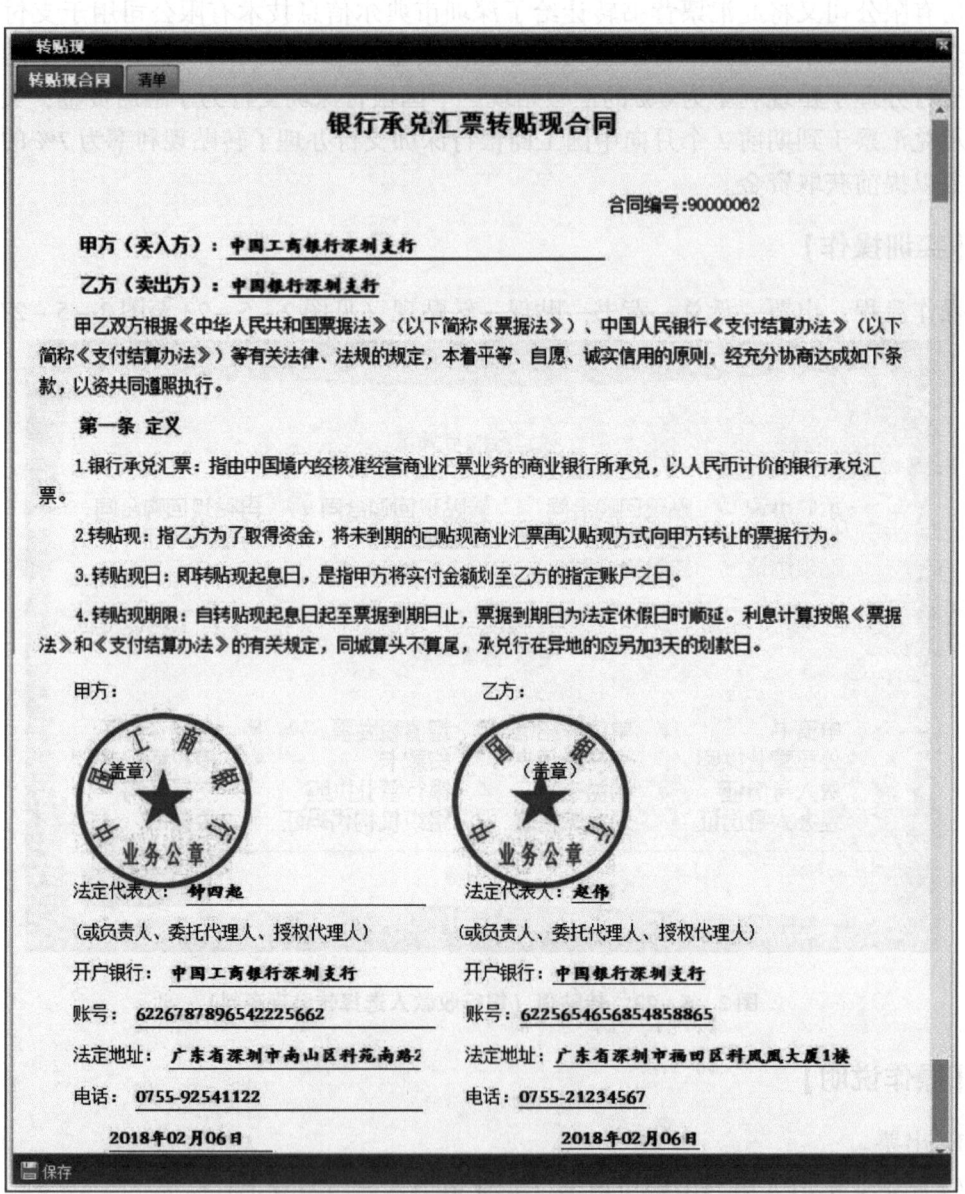

图 2-5-24 转贴现（银行甲乙双方签订转贴现协议）

签章，并在票面第二联盖章）。

3. 背书。企业收款人背书转让（背书—填写被背书人名称—签章）。

4. 贴现。

（1）企业被背书人填写贴现协议（企业被背书人—贴现—选择资料—填写贴现协议、在"贴现申请人"处签章）。

其中选择资料需勾选的共 13 项，具体为：申请书；贴现协议；财务报表（包括资

项目五 商业汇票

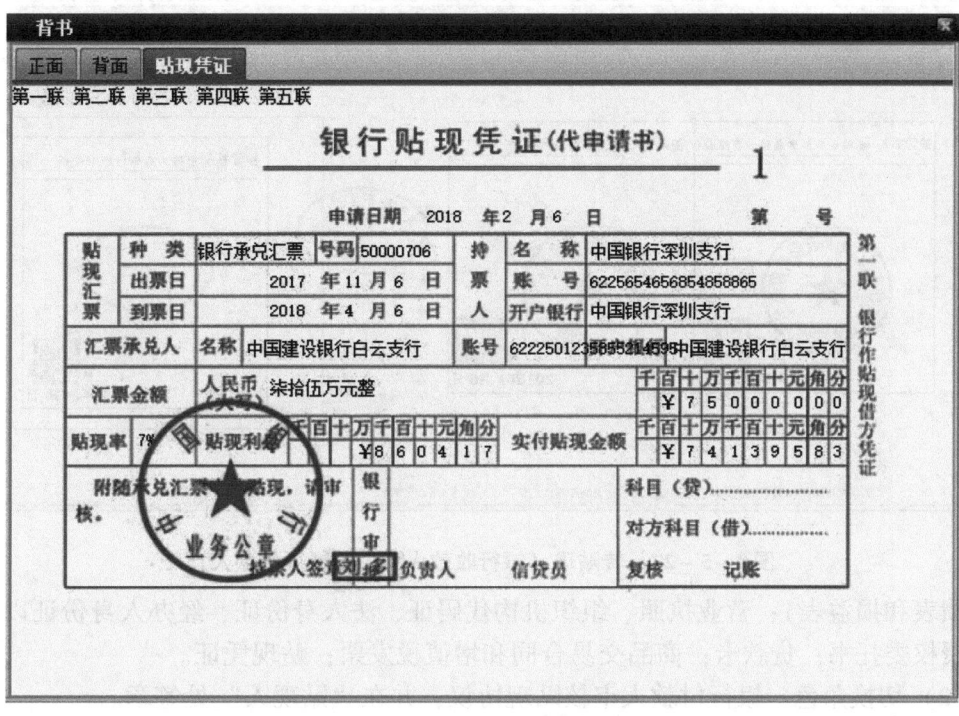

图 2-5-25 转贴现（银行收款人填写贴现凭证，第一联签章）

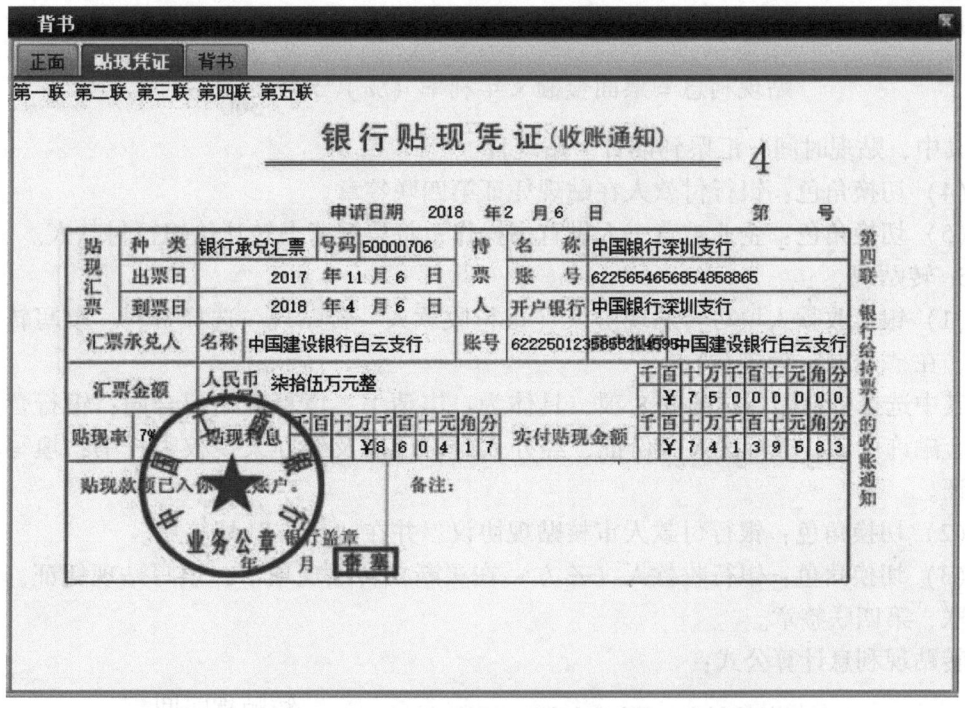

图 2-5-26 转贴现（银行付款人审核贴现凭证，第四联签章）

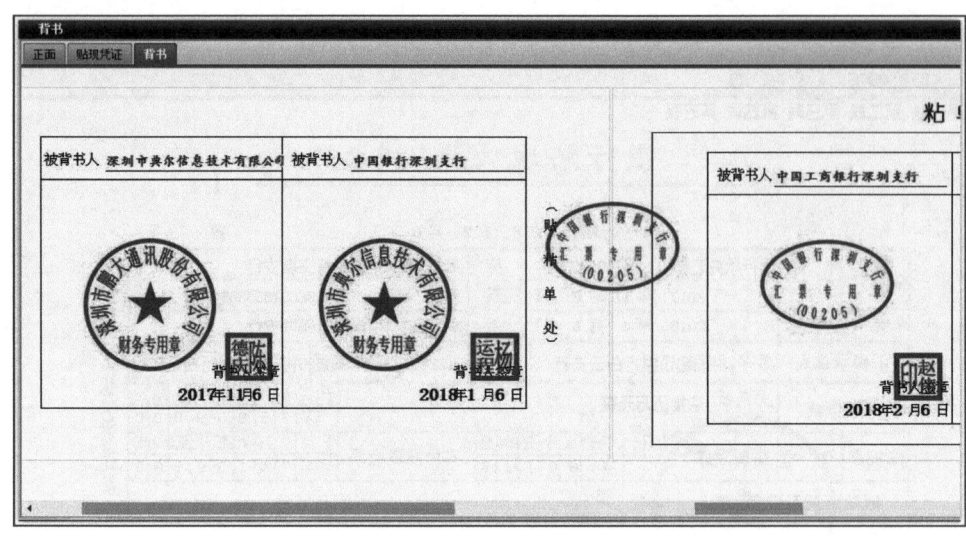

图 2-5-27 转贴现（银行收款人背书给银行付款人）

产负债表和损益表）；营业执照、组织机构代码证、法人身份证、经办人身份证以及经办人授权委托书；贷款卡；商品交易合同和增值税发票；贴现凭证。

（2）切换角色：银行付款人审核贴现协议，并在"贴现人"处签章。

（3）切换角色：企业被背书人在买断式贴现项下，填写贴现凭证，并在第一联、第四联签章。

贴现利息计算公式：

$$贴现利息 = 票面金额 \times 年利率（\%） \times \frac{贴现时间}{360}$$

其中，贴现时间 = 汇票到期日 - 贴现日

（4）切换角色：银行付款人在贴现凭证第四联签章。

（5）切换角色：企业被背书人做背书操作，将票据背书转让给银行付款人。

5. 转贴现。

（1）银行收款人填写转贴现协议（银行收款人—转贴现—选择资料—填写转贴现协议、在"乙方"处签章）。

其中选择资料需勾选的共 8 项，具体为：申请书；填写转贴现合同；银行营业执照；金融许可证；银行法人身份证、经办人身份证以及经办人授权委托书；填写转贴现凭证。

（2）切换角色：银行付款人审核贴现协议，并在"甲方"处签章。

（3）切换角色：银行收款人（乙方）在买断式转贴现项下，填写贴现凭证，并在第一联、第四联签章。

转贴现利息计算公式：

$$转贴现利息 = 票面金额 \times 年利率（\%） \times \frac{转贴现时间}{360}$$

其中，转贴现时间＝汇票到期日－转贴现日

(4) 切换角色：银行付款人（甲方）在贴现凭证第四联签章。

(5) 切换角色：银行收款人（乙方）做背书操作，将票据背书转让给银行付款人。

【注意事项】

1. 票据流转时注意更换不同的日期。
2. 背书转让不可附加条件。

六、银行承兑汇票再贴现

【实训案例】

广州金峰纸业进出口有限公司向南昌市三牌机械有限公司购进一批压缩机，货款总额为1200000元，双方约定采用银行承兑汇票方式结算货款。2017年11月13日，广州金峰纸业进出口有限公司按照要求到其开户行申请签发了一张期限为5个月的银行承兑汇票，广州金峰纸业进出口有限公司将经过银行承兑的银行承兑汇票交予收款人，南昌市三牌机械有限公司于汇票到期前2个月将该汇票向中国建设银行昌北支行办理了贴现，贴现利率为6%。中国建设银行昌北支行于汇票到期前1个月将该汇票向人民银行申请办理再贴现，再贴现利率为5‰。

【实训操作】

操作流程：出票—承兑—贴现—再贴现（见图2-5-28至图2-5-32）。

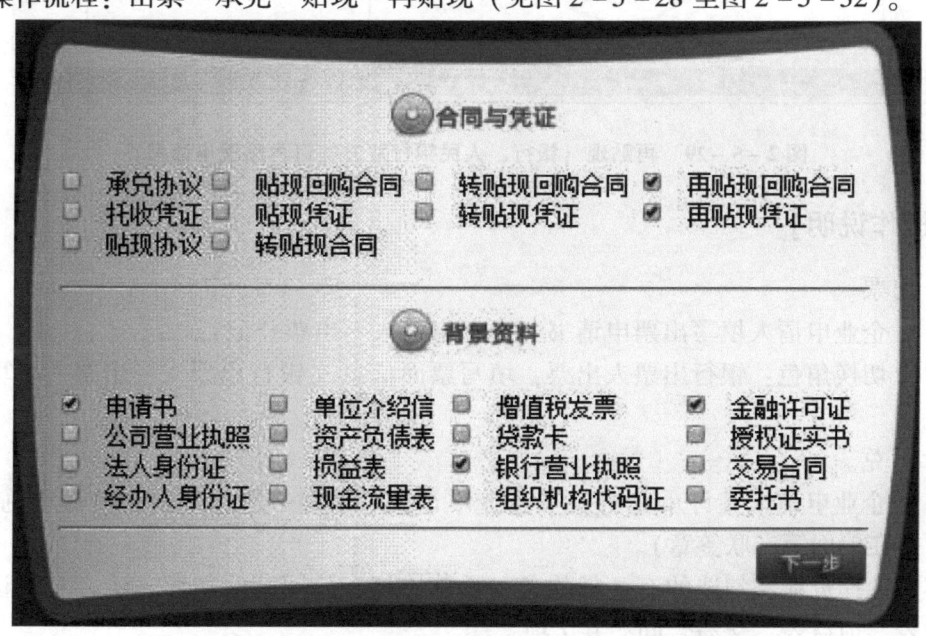

图2-5-28 再贴现（银行收款人选择再贴现资料）

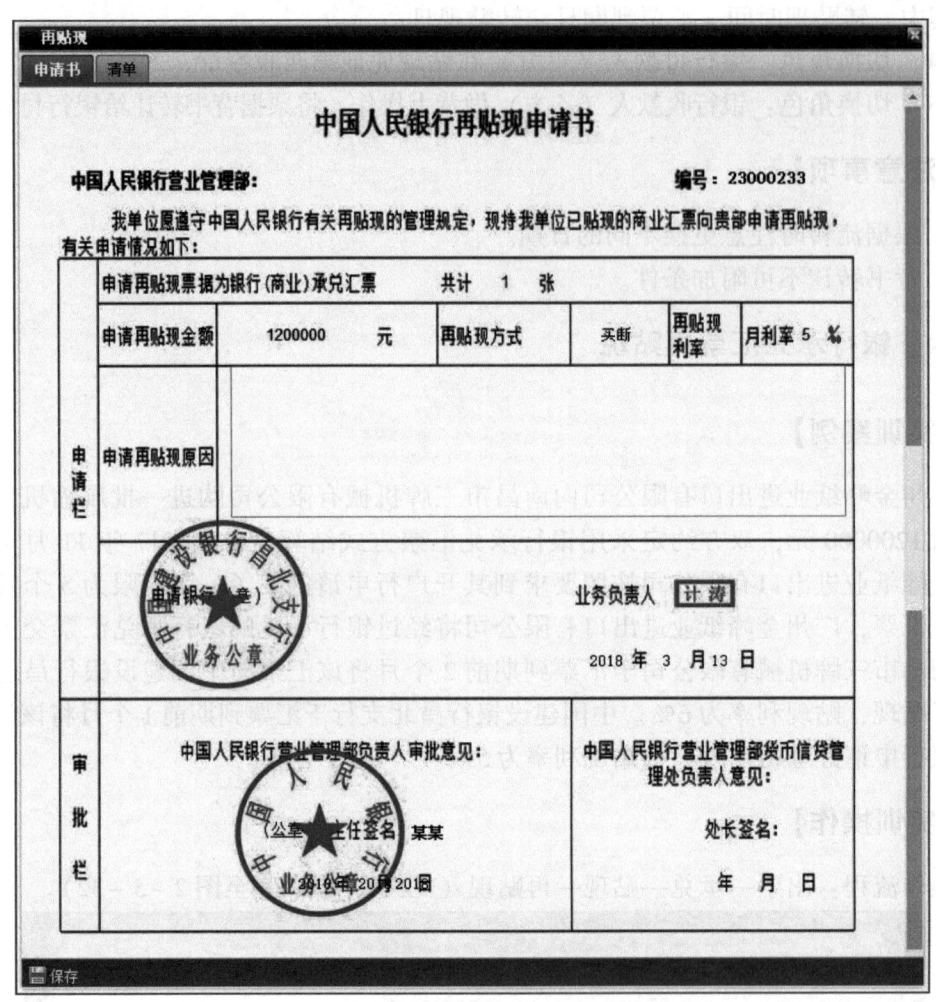

图 2-5-29 再贴现（银行、人民银行双方签订再贴现申请书）

【操作说明】

1. 出票。

（1）企业申请人填写出票申请书（企业申请人—出票登记）。

（2）切换角色：银行出票人出票，填写票面信息（银行出票人—出票—填写票面信息）。

2. 承兑。

（1）企业申请人签订承兑协议（企业申请人—承兑—选择资料—填写承兑协议、盖章，并在票面第二联签章）。

其中选择资料需勾选的有：贷款卡、承兑协议、公司营业执照、法人身份证、资产负债表、损益表、交易合同，共 7 项。

项目五 商业汇票

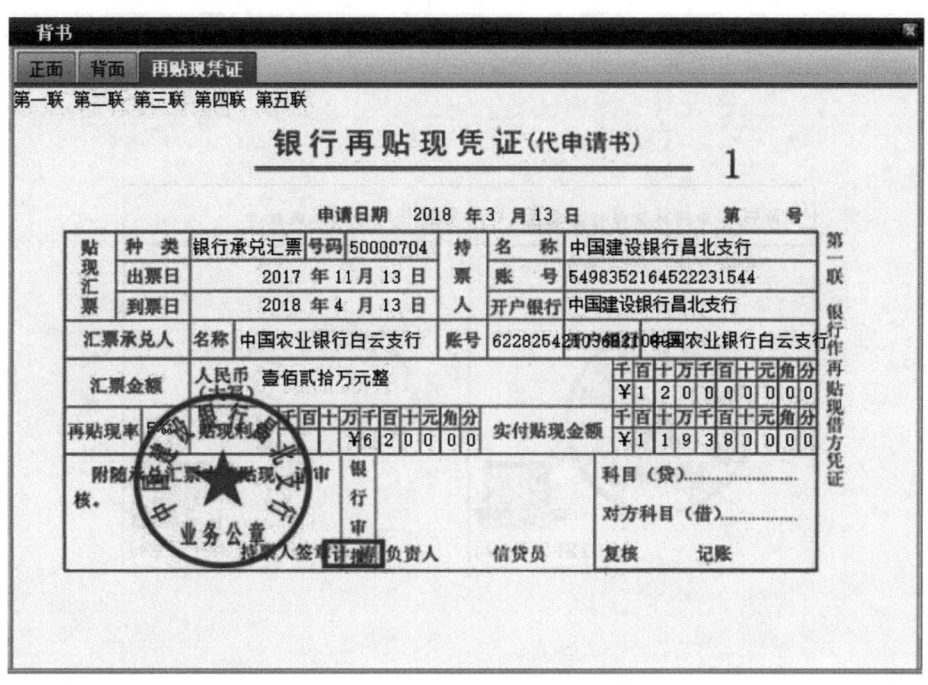

图 2-5-30 再贴现（银行收款人填写再贴现凭证，第一联签章）

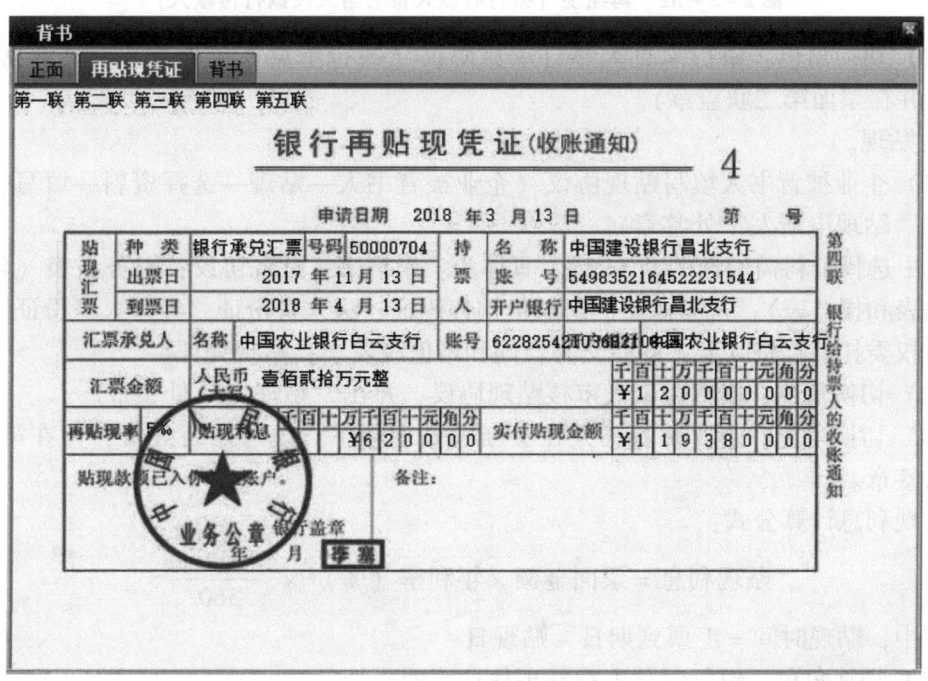

图 2-5-31 再贴现（人民银行付款人审核再贴现凭证，第四联签章）

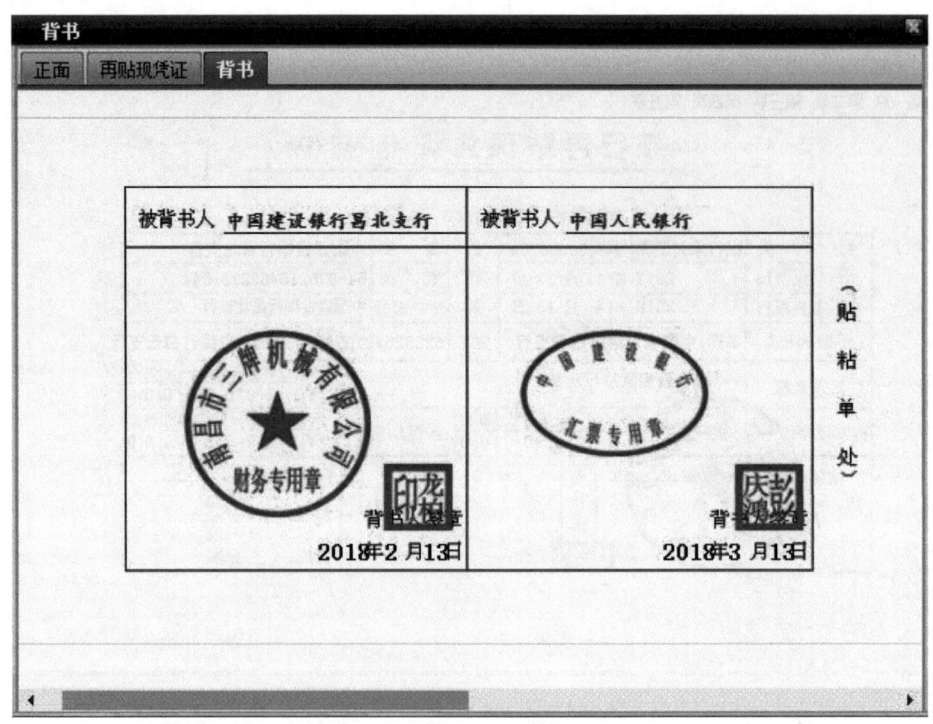

图 2-5-32 再贴现（银行收款人背书给人民银行付款人）

（2）切换角色：银行承兑人签订承兑协议（银行承兑人—承兑—审核承兑协议、签章，并在票面第二联盖章）。

3. 贴现。

（1）企业被背书人填写贴现协议（企业被背书人—贴现—选择资料—填写贴现协议、在"贴现申请人"处签章）。

其中选择资料需勾选的共13项，具体为：申请书；贴现协议；财务报表（包括资产负债表和损益表）；营业执照、组织机构代码证、法人身份证、经办人身份证以及经办人授权委托书；贷款卡；商品交易合同和增值税发票；贴现凭证。

（2）切换角色：银行付款人审核贴现协议，并在"贴现人"处签章。

（3）切换角色：企业被背书人在买断式贴现项下，填写贴现凭证，并在第一联、第四联签章。

贴现利息计算公式：

$$贴现利息 = 票面金额 \times 年利率（\%） \times \frac{贴现时间}{360}$$

其中，贴现时间 = 汇票到期日 - 贴现日

（4）切换角色：银行付款人在贴现凭证第四联签章。

（5）切换角色：企业被背书人做背书操作，将票据背书转让给银行付款人。

4. 再贴现。

(1) 银行收款人填写再贴现申请书（银行收款人—再贴现—选择资料—填写再贴现申请书，在"申请银行"处签章）。

其中选择资料需勾选的共 5 项，具体为：申请书；再贴现回购合同；银行营业执照；金融许可证；再贴现凭证。

(2) 切换角色：人民银行付款人审核再贴现申请书，并在"人民银行审批意见"处签章。

(3) 切换角色：银行收款人在买断式再贴现项下，填写贴现凭证，并在第一联、第四联签章。

再贴现利息计算公式：

$$再贴现利息 = 票面金额 \times 月利率（‰）\times \frac{再贴现时间}{30}$$

其中，再贴现时间 = 汇票到期日 – 再贴现日

(4) 切换角色：人民银行被背书人于贴现凭证第四联签章。

(5) 切换角色：银行收款人做背书操作，将票据背书给人民银行。

【注意事项】

1. 票据流转时注意更换不同的日期。
2. 背书转让不可附加条件。

七、银行承兑汇票背书转贴现后再贴现

【实训案例】

南昌市光大进出口有限公司购买了深圳市天智贸易公司一批货品，货款总额为 1500000 元。深圳市天智贸易公司与南昌市光大进出口有限公司商定以银行承兑汇票方式进行货款结算。2017 年 11 月 20 日，南昌市光大进出口有限公司按照要求到其开户行签发了一张期限为 6 个月的银行承兑汇票，南昌市光大进出口有限公司将经过银行承兑的银行承兑汇票交予深圳市天智贸易公司，深圳市天智贸易公司又将此汇票背书转让给了深圳智达有限公司用于支付往来货款。深圳智达有限公司于汇票到期前 3 个月向中国银行深圳支行办理了贴现利率为 6% 的票据贴现，中国银行深圳支行于汇票到期前 2 个月又将该汇票以 6% 的贴现利率转贴给中国农业银行梅龙支行，中国农业银行梅龙支行于汇票到期前 1 个月将该汇票向人民银行申请办理再贴现，再贴现利率为 5‰。

【实训操作】

操作流程：出票—承兑—背书—贴现—转贴现—再贴现（见图 2 – 5 – 33 至图 2 – 5 – 50）。

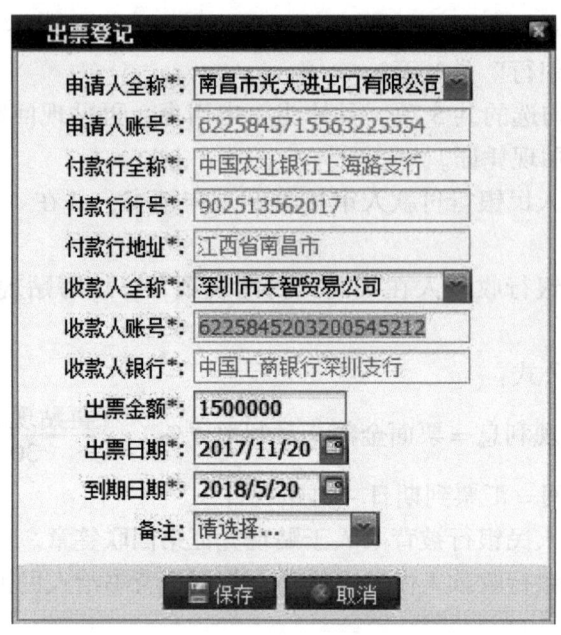

图 2-5-33 出票（企业申请人出票登记）

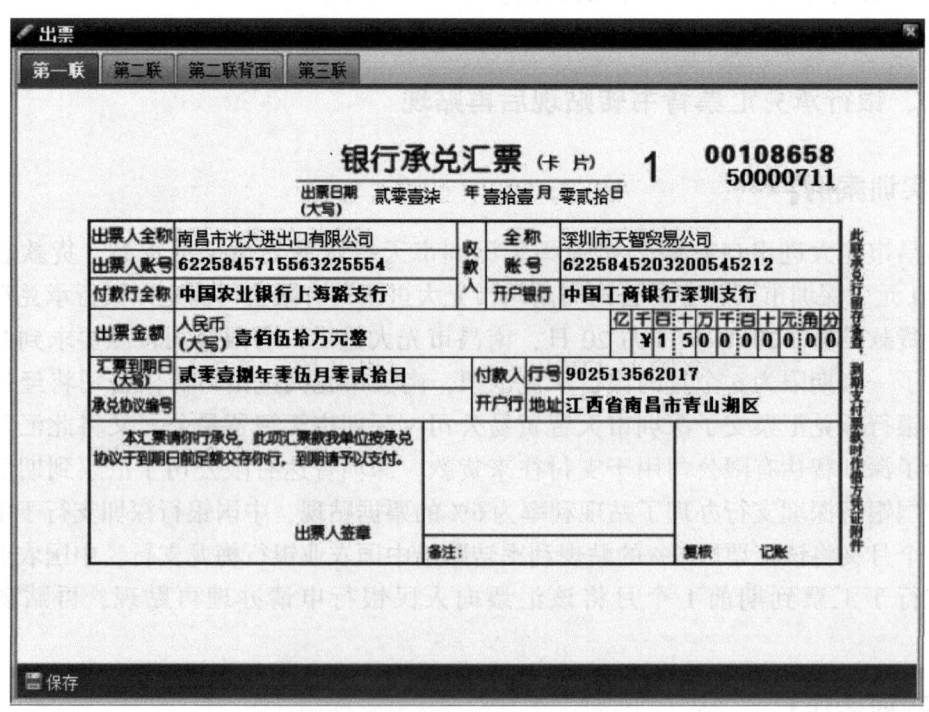

图 2-5-34 出票（银行出票人填写票面信息）

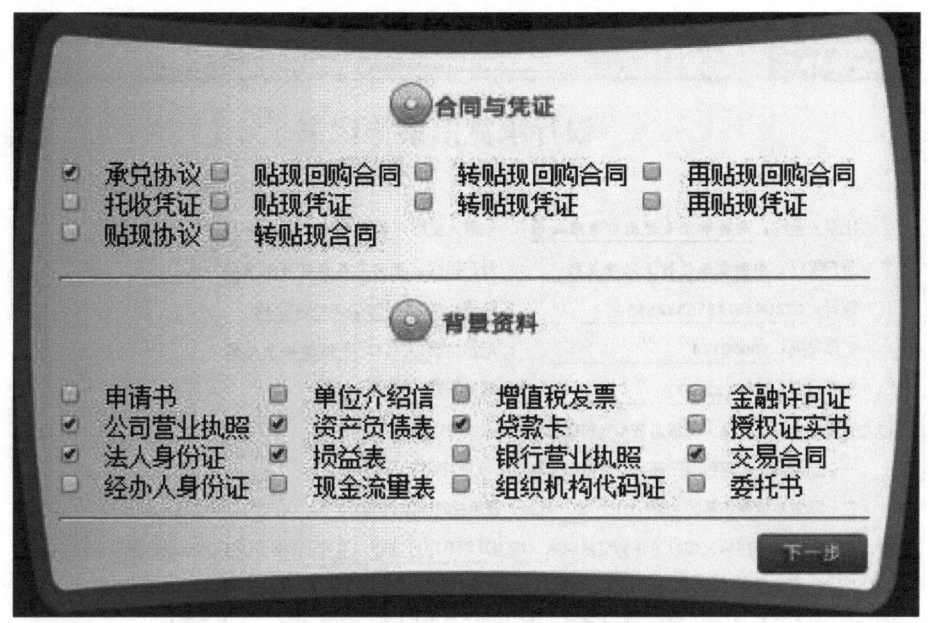

图 2-5-35 承兑（企业申请人选择承兑资料）

【操作说明】

1. 出票。

（1）企业申请人填写出票申请书（企业申请人—出票登记）。

（2）切换角色：银行出票人出票，填写票面信息（银行出票人—出票—填写票面信息）。

2. 承兑。

（1）企业申请人签订承兑协议（企业申请人—承兑—选择资料—填写承兑协议、盖章，并在票面第二联签章）。

其中选择资料需勾选的有：贷款卡、承兑协议、公司营业执照、法人身份证、资产负债表、损益表、交易合同，共7项。

（2）切换角色：银行承兑人签订承兑协议（银行承兑人—承兑—审核承兑协议、签章，并在票面第二联盖章）。

3. 背书。企业收款人背书转让（背书—填写被背书人名称—签章）。

4. 贴现。

（1）企业被背书人填写贴现协议（企业被背书人—贴现—选择资料—填写贴现协议、在"贴现申请人"处签章）。

其中选择资料需勾选的共13项，具体为：申请书；贴现协议；财务报表（包括资产负债表和损益表）；营业执照、组织机构代码证、法人身份证、经办人身份证以及经办人授权委托书；贷款卡；商品交易合同和增值税发票；贴现凭证。

银行承兑汇票协议书

协议编号：CD002630

出票人全称：<u>南昌市光大进出口有限公司</u>　　收款人全称：<u>深圳市天智贸易公司</u>

开户银行：<u>中国农业银行上海路支行</u>　　　开户银行：<u>中国工商银行深圳支行</u>

账号：<u>6225845715563225554</u>　　　　账号：<u>6225845203200545212</u>

汇票号码：<u>50000724</u>　　　　　　　　汇票金额（大写）：<u>壹佰伍拾万元整</u>

出票日期：<u>2017-11-20</u>　　　　　　　到期日期：<u>2018-05-20</u>

以上汇票经承兑，出票人愿意遵守《支付结算办法》的规定及下列条款：

一、出票人于汇票到期日前将应付票款足额交存承兑行。

二、承兑手续费按票面金额千分之 <u>1</u> 计算，在承兑时一次付清。

三、出票人与持票人如发生任何交易纠纷，均由其双方自行处理，票款于到期前仍按第一条办理不误。

四、出票人有下列行为之一的，应在收到承兑行通知后7日内予以改正并采取令承兑行满意的补救措施，否则承兑行有权要求出票人提前交付足额票款或从出票人在承兑行的其他存款账户中扣划票款：

1. 向承兑行提供虚假财务报表及其他财务资料的；
2. 不配合或拒绝接受承兑行对其生产经营、财务活动进行监督的；
3. 其财产的重要部分或全部被其他债权人占有，或被指定受托人、接受人或类似人员接管，或者其财产被扣押或冻结，可能使承兑行债权遭受严重损失的；
4. 未经承兑行同意进行承包、租赁、股份制改造、联营、合并、兼并、合资、分立、减资、股权变动、转让等行动可能危及承兑行债权安全的；
5. 发生变更住所、通信地址、营业范围、法定代表人等工商登记事项或对外发生重大投资等情况使承兑行债权实现受到严重影响或威胁的；
6. 涉及重大、经济纠纷或财务状况恶化等，使承兑行债权实现受到严重影响或威胁的；
7. 其他任何可能导致承兑行债权实现受到威胁或严重损失的。

五、承兑到期日，承兑行凭票无条件支付款项。如到期之前出票人不能足额交付票款，承兑行有权从保证金账户及出票人在承兑行所有存款账户上扣划。对扣划后仍不足支付部分的票款转作为出票人逾期贷款，按照有关规定计收利息，在承兑行垫付余额得到清偿前，不再对出票人办理新的承兑业务。

六、出票人付清承兑汇票票款后，本协议自动失效。

订立协议日期：2017年11月20日

本协议第1、2联分别由承兑行公司业务部和承兑申请人存执，协议副本由承兑行会计部门存查。

图2-5-36　承兑（银企双方签订承兑协议）

项目五　商业汇票

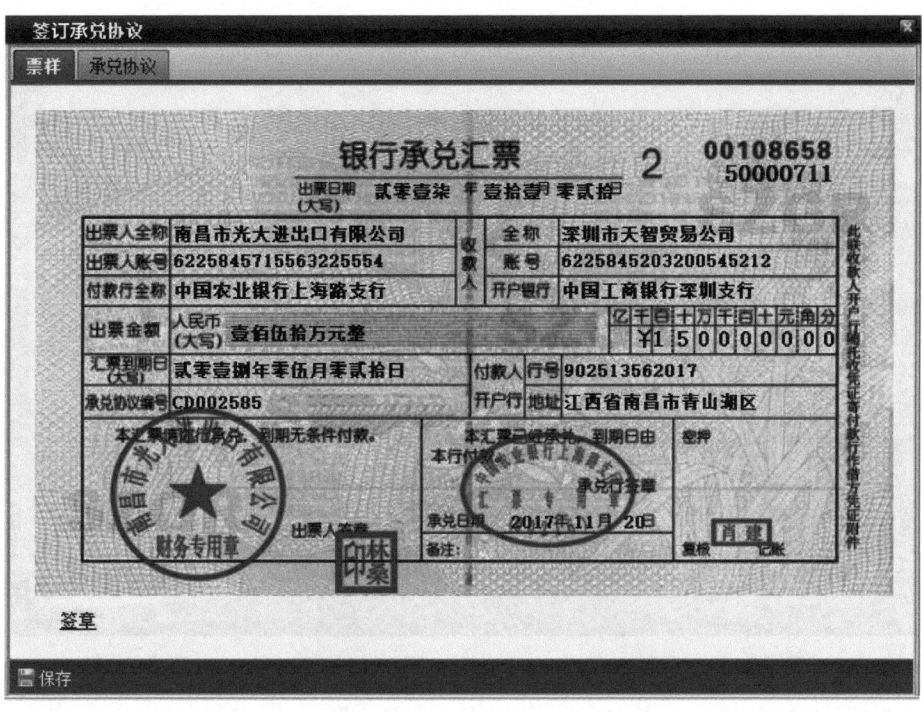

图 2-5-37　承兑（银企双方票面签章）

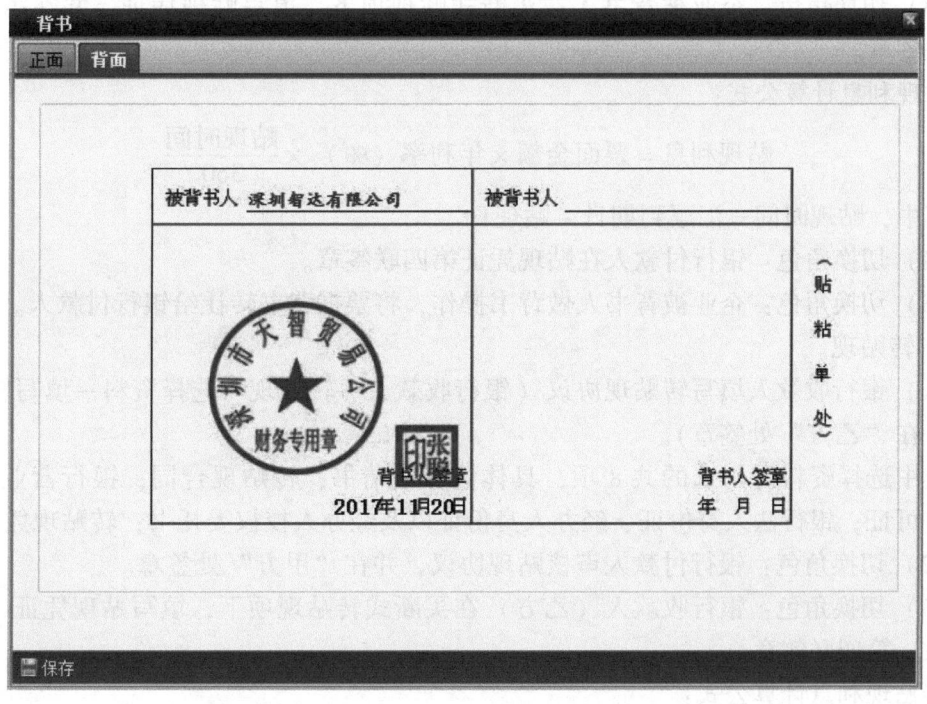

图 2-5-38　背书（企业收款人背书转让）

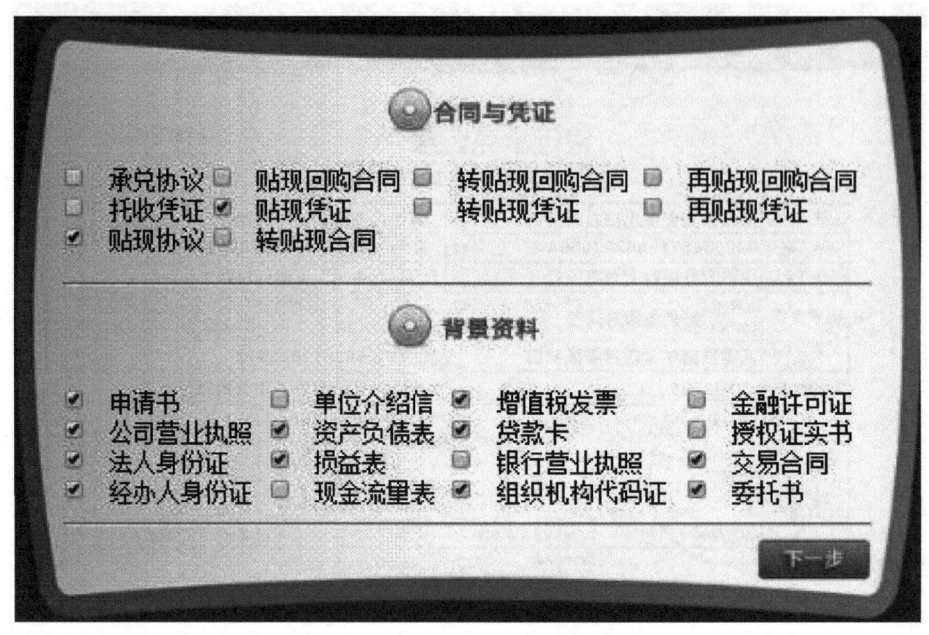

图 2-5-39 贴现（企业收款人选择贴现资料）

（2）切换角色：银行付款人审核贴现协议，并在"贴现人"处签章。

（3）切换角色：企业被背书人在买断式贴现项下，填写贴现凭证，并在第一联、第四联签章。

贴现利息计算公式：

$$贴现利息 = 票面金额 \times 年利率（\%）\times \frac{贴现时间}{360}$$

其中，贴现时间 = 汇票到期日 - 贴现日

（4）切换角色：银行付款人在贴现凭证第四联签章。

（5）切换角色：企业被背书人做背书操作，将票据背书转让给银行付款人。

5. 转贴现。

（1）银行收款人填写转贴现协议（银行收款人—转贴现—选择资料—填写转贴现协议、在"乙方"处签章）。

其中选择资料需勾选的共 8 项，具体为：申请书；转贴现合同；银行营业执照；金融许可证；银行法人身份证、经办人身份证以及经办人授权委托书；转贴现凭证。

（2）切换角色：银行付款人审核贴现协议，并在"甲方"处签章。

（3）切换角色：银行收款人（乙方）在买断式转贴现项下，填写贴现凭证，并在第一联、第四联签章。

转贴现利息计算公式：

$$转贴现利息 = 票面金额 \times 年利率（\%）\times \frac{转贴现时间}{360}$$

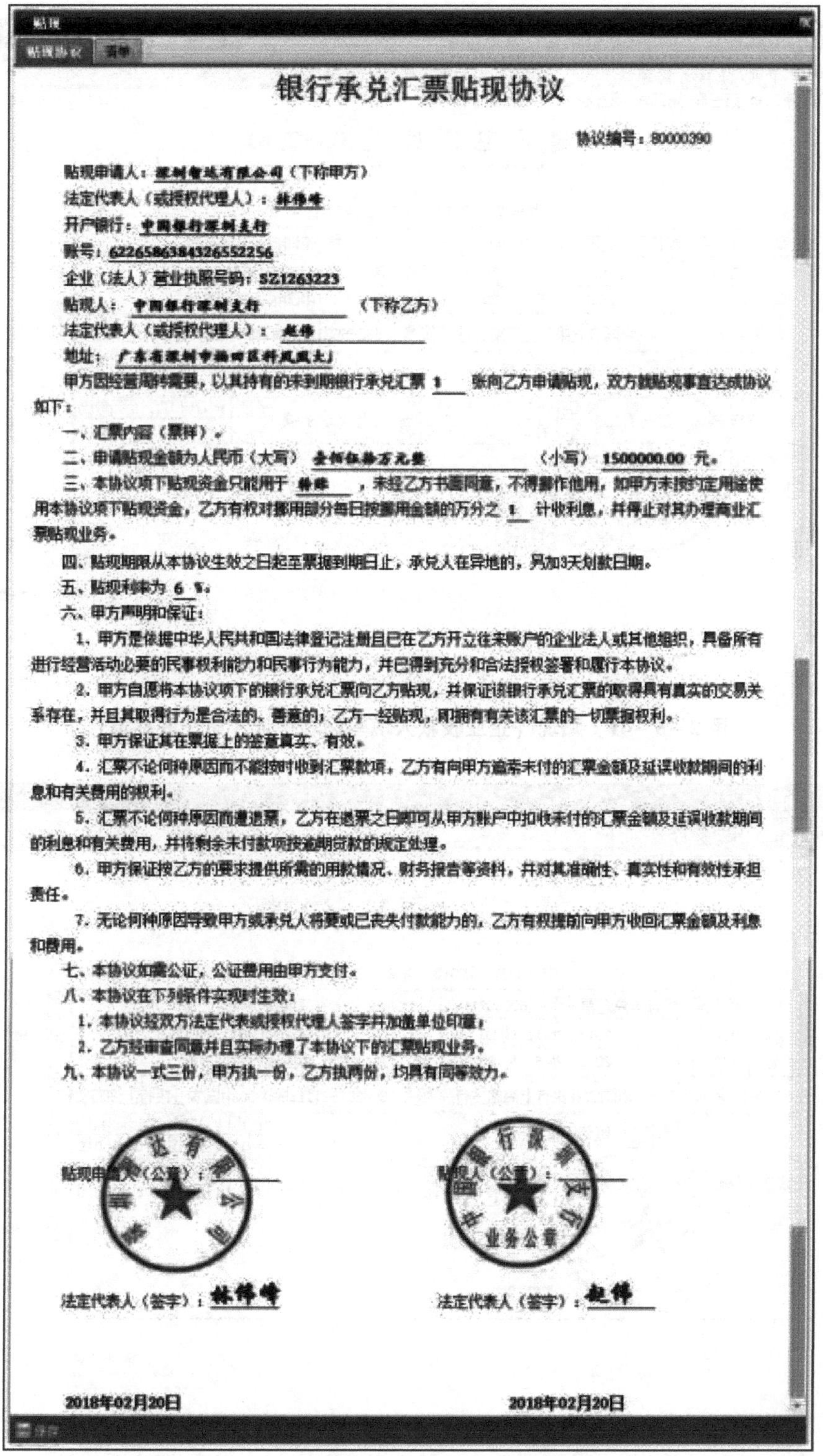

项目五 商业汇票

图2-5-40 贴现（银企双方签订贴现协议）

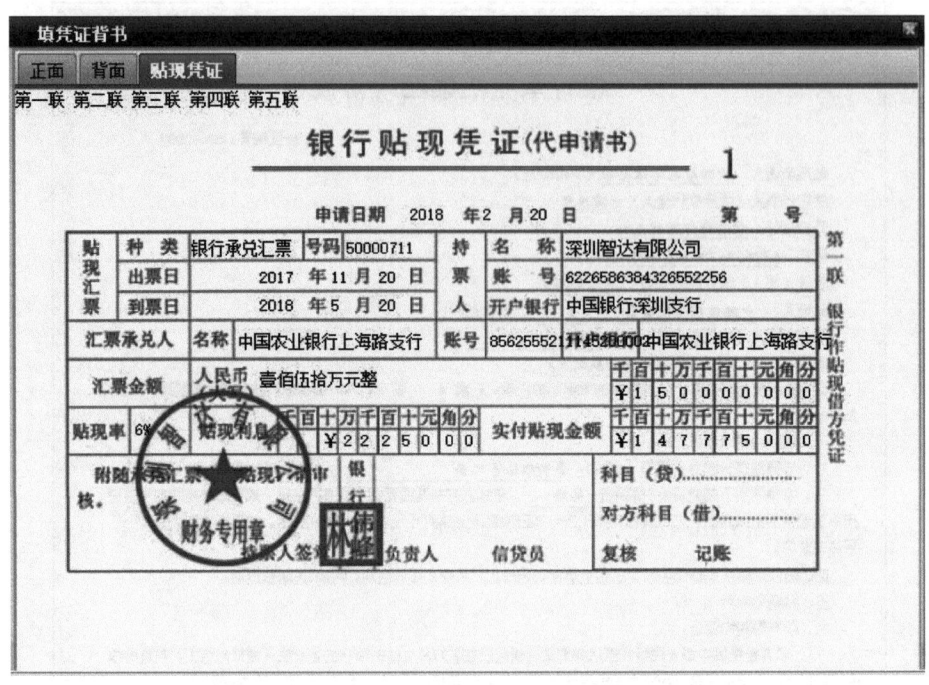

图 2-5-41 贴现（企业收款人填写贴现凭证，第一联签章）

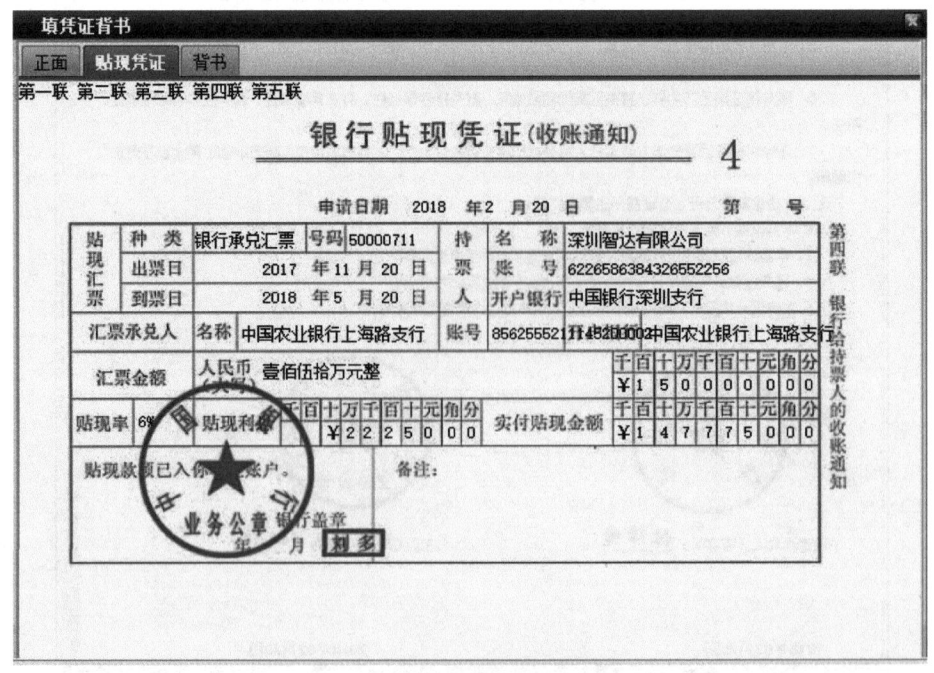

图 2-5-42 贴现（银行付款人审核贴现凭证，第四联签章）

项目五 商业汇票

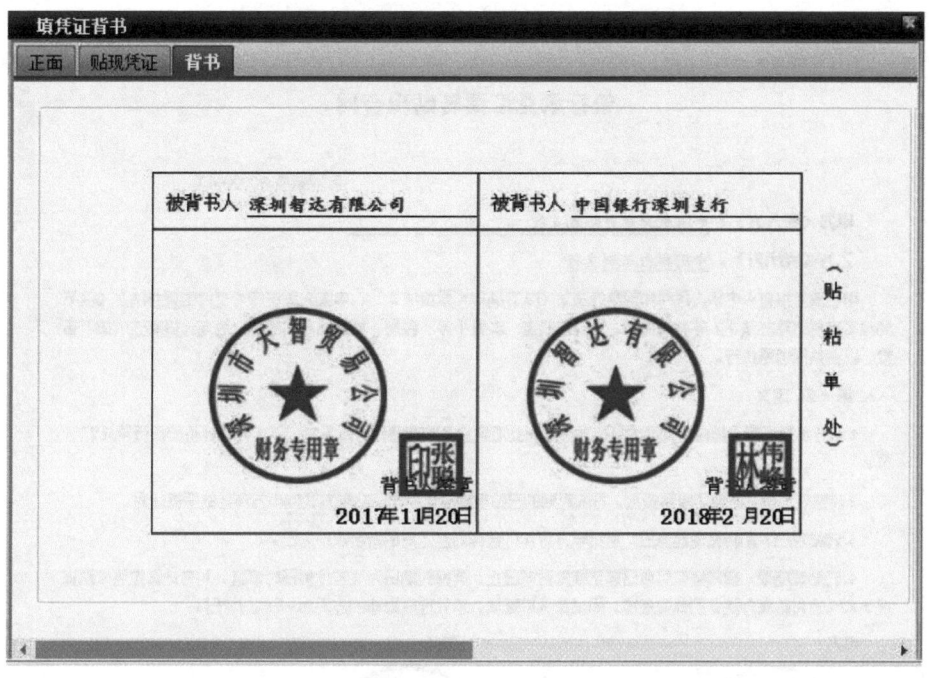

图 2-5-43 贴现（企业收款人背书给银行付款人）

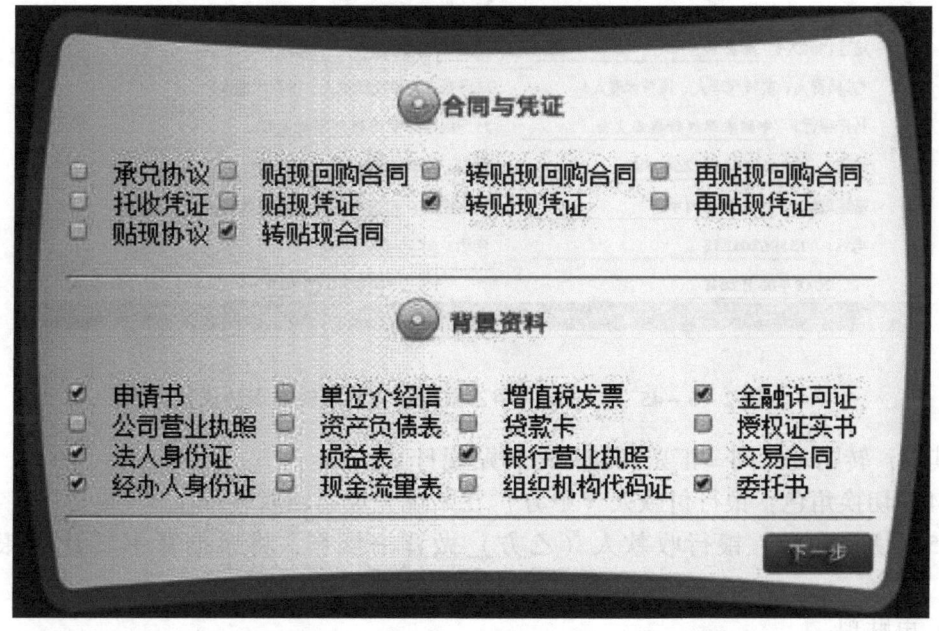

图 2-5-44 转贴现（银行收款人选择转贴现资料）

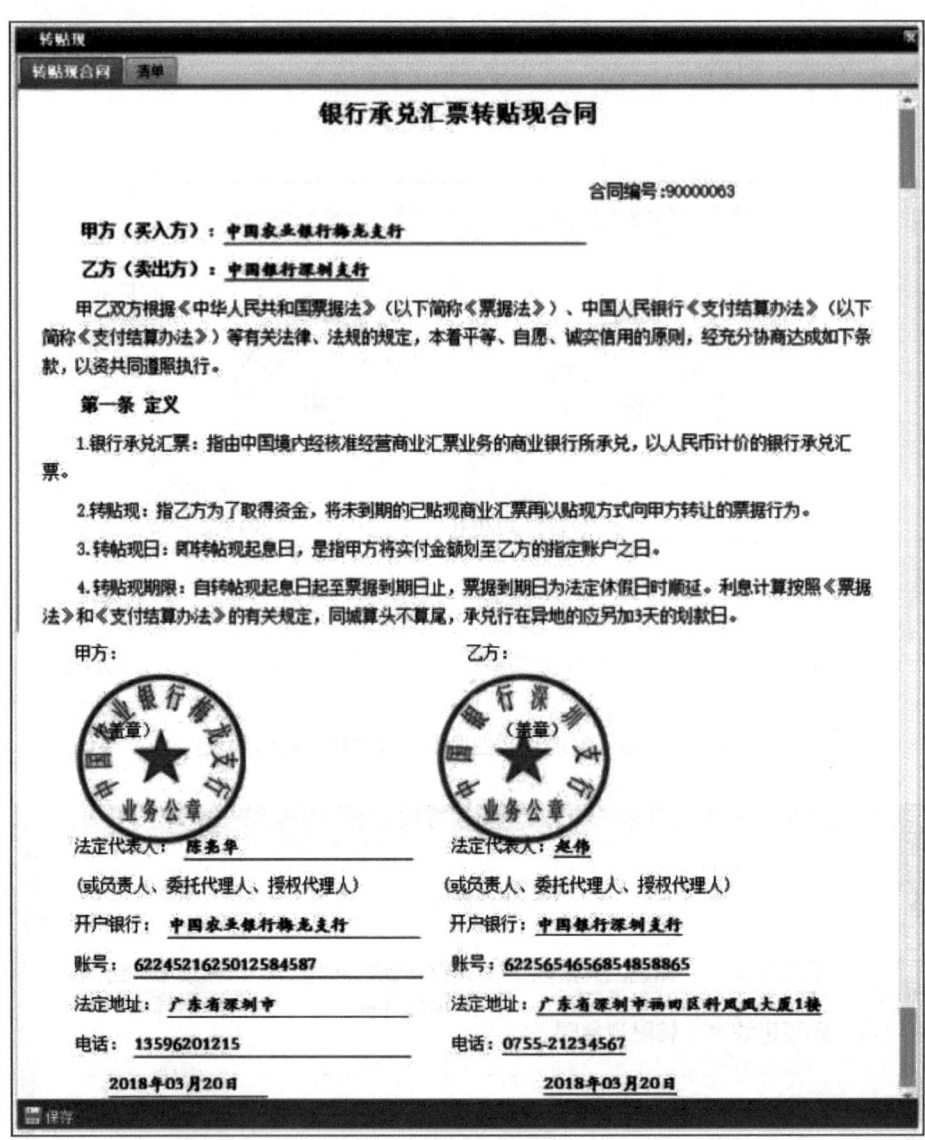

图 2-5-45 转贴现（甲乙银行双方签订转贴现协议）

其中，转贴现时间 = 汇票到期日 - 转贴现日

（4）切换角色：银行付款人（甲方）在贴现凭证第四联签章。

（5）切换角色：银行收款人（乙方）做背书操作，将票据背书转让给银行付款人。

6. 再贴现。

（1）银行收款人填写再贴现申请书（银行收款人—再贴现—选择资料—填写再贴现申请书，在"申请银行"处签章）。

项目五 商业汇票

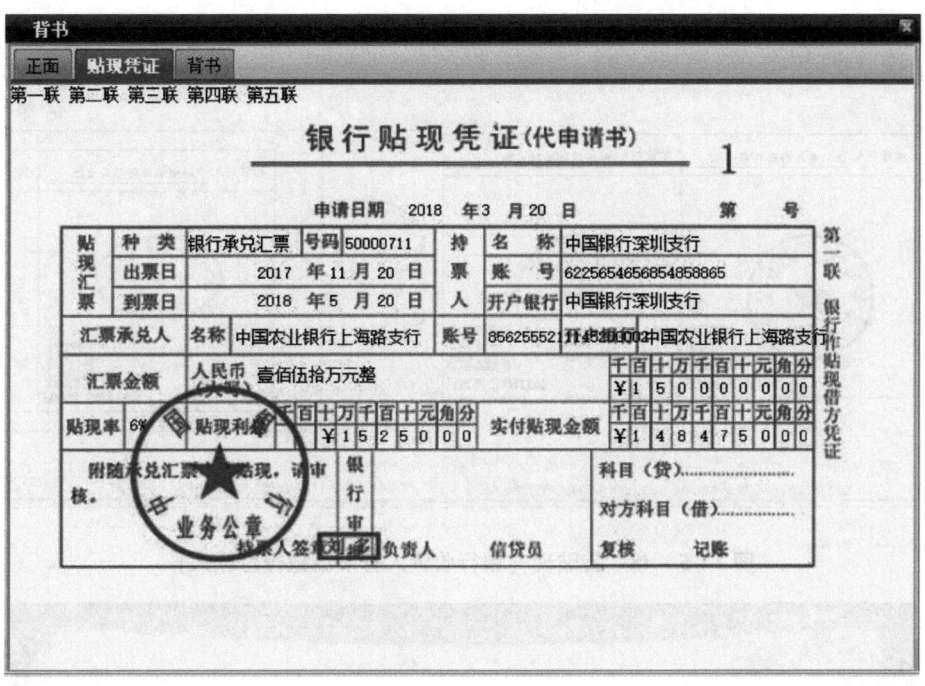

图 2-5-46 转贴现（银行收款人填写贴现凭证，第一联签章）

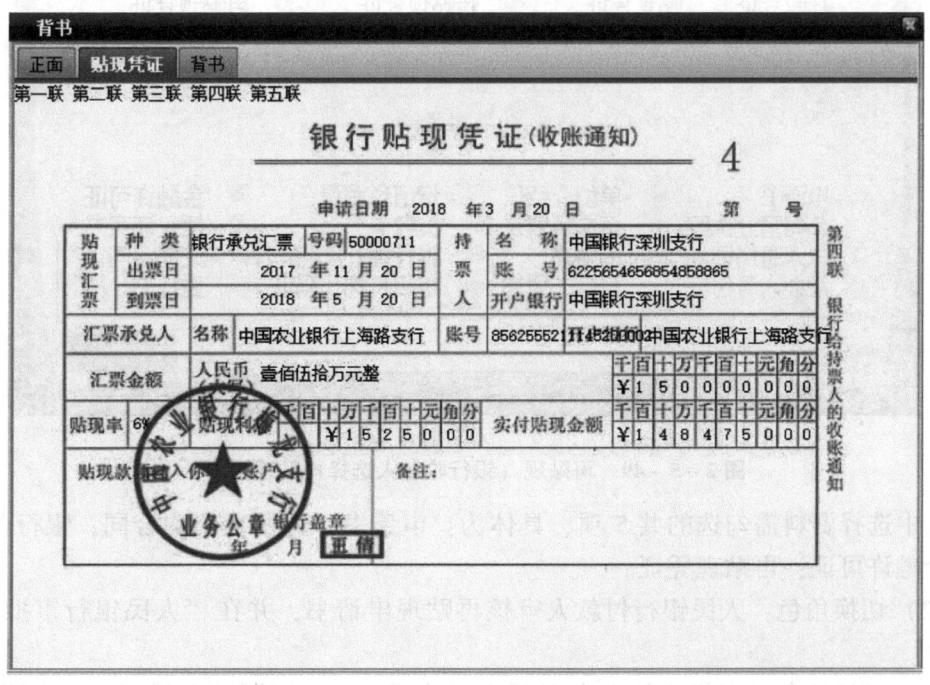

图 2-5-47 转贴现（银行付款人审核贴现凭证，第四联签章）

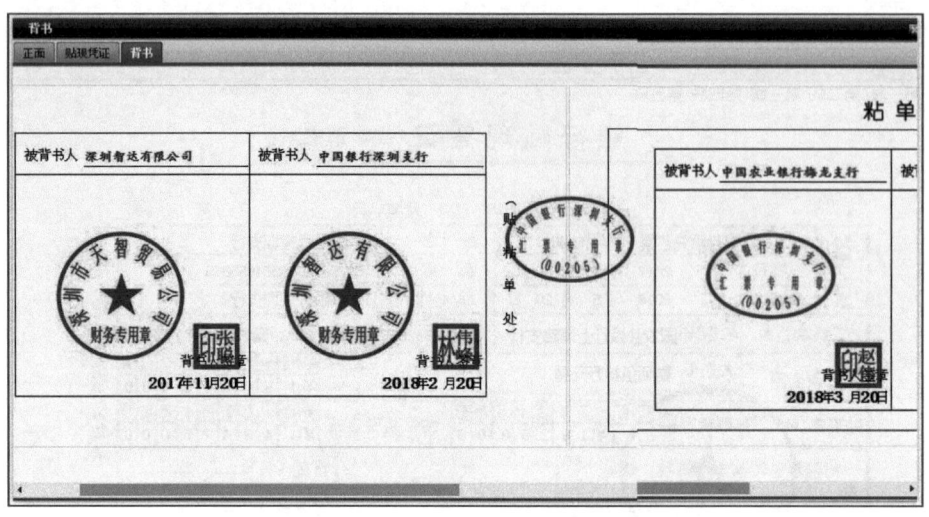

图 2-5-48 转贴现（银行收款人背书给银行付款人）

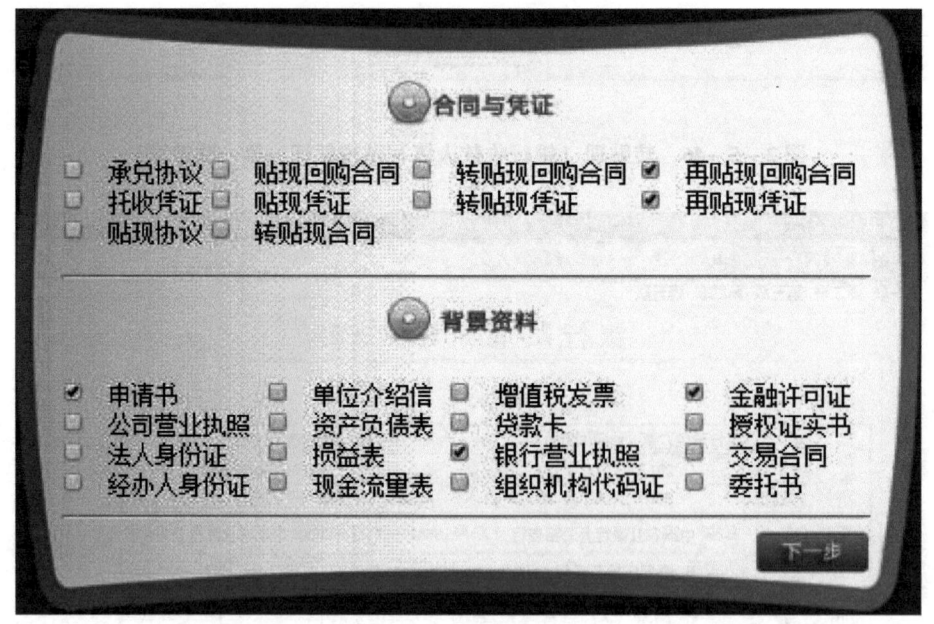

图 2-5-49 再贴现（银行收款人选择再贴现资料）

其中选择资料需勾选的共 5 项，具体为：申请书；再贴现回购合同；银行营业执照；金融许可证；再贴现凭证。

（2）切换角色：人民银行付款人审核再贴现申请书，并在"人民银行审批意见"处签章。

（3）切换角色：银行收款人在买断式再贴现项下，填写贴现凭证，并在第一联、第四联签章。

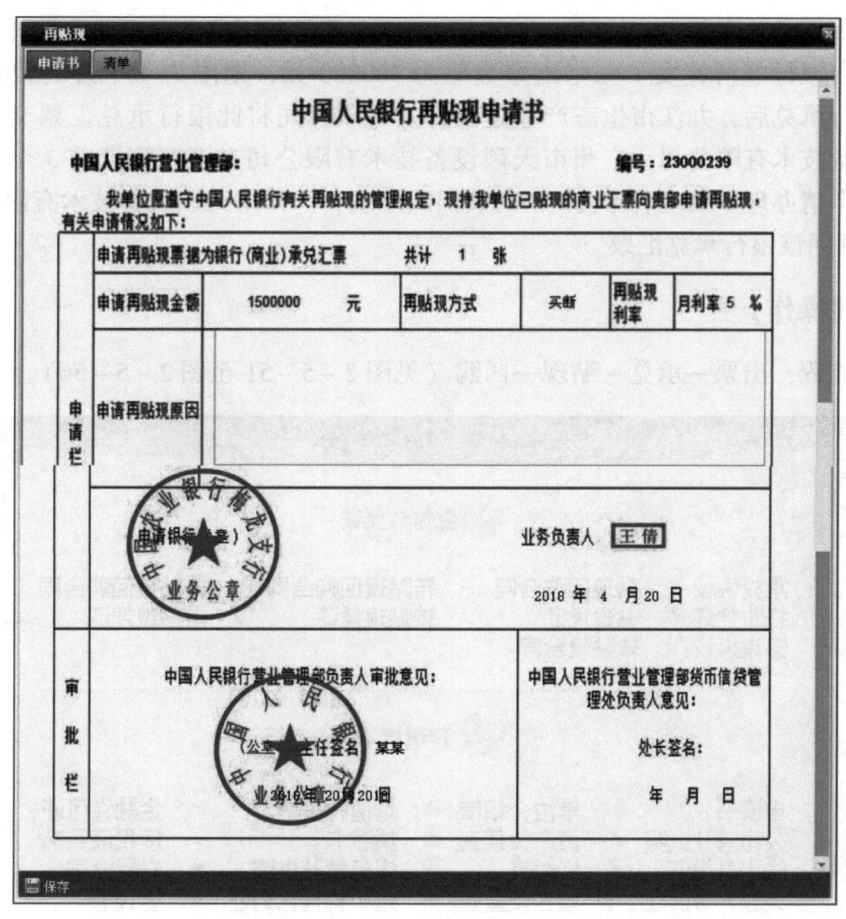

图 2-5-50 再贴现（银行、人民银行双方签订再贴现申请书）

再贴现利息计算公式：

$$再贴现利息 = 票面金额 \times 月利率（‰）\times \frac{再贴现时间}{30}$$

其中，再贴现时间＝汇票到期日－再贴现日

（4）切换角色：人民银行被背书人于贴现凭证第四联签章。

（5）切换角色：银行收款人做背书操作，将票据背书给人民银行。

【注意事项】

1. 票据流转时注意更换不同的日期。
2. 背书转让不可附加条件。

八、银行承兑汇票赎回式贴现

【实训案例】

九江市生态产业建设开发有限公司购买了一批原材料，价值为 90000 元，双方商定货款以银行承兑汇票方式结算。2017年11月8日，九江市生态产业建设开发有限公司向其开户银行申请签发了一张出票金额为900000元，期限为4个月的银行承兑汇票。经银行承兑后，九江市生态产业建设开发有限公司将此银行承兑汇票交付给广州市天硕设备技术有限公司，广州市天硕设备技术有限公司在汇票到期前3个月向建行白云支行申请办理了贴现利率为5%的赎回式贴现，广州市天硕设备技术有限公司约定1个月后赎回该银行承兑汇票。

【实训操作】

操作流程：出票—承兑—贴现—回购（见图2-5-51至图2-5-56）。

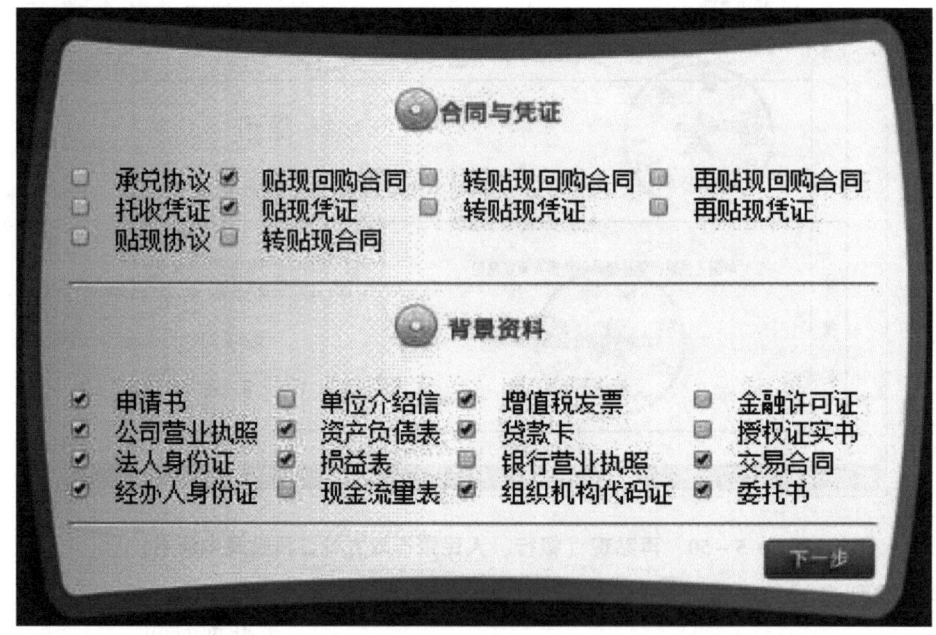

图2-5-51 贴现（企业收款人选择贴现资料）

【操作说明】

1. 出票。
（1）企业申请人填写出票申请书（企业申请人—出票登记）。
（2）切换角色：银行出票人出票，填写票面信息（银行出票人—出票—填写票面信息）。

2. 承兑。
（1）企业申请人签订承兑协议（企业申请人—承兑—选择资料—填写承兑协议、盖章，并在票面第二联签章）。

其中选择资料需勾选的有：贷款卡、承兑协议、公司营业执照、法人身份证、资产负债表、损益表、交易合同，共7项。

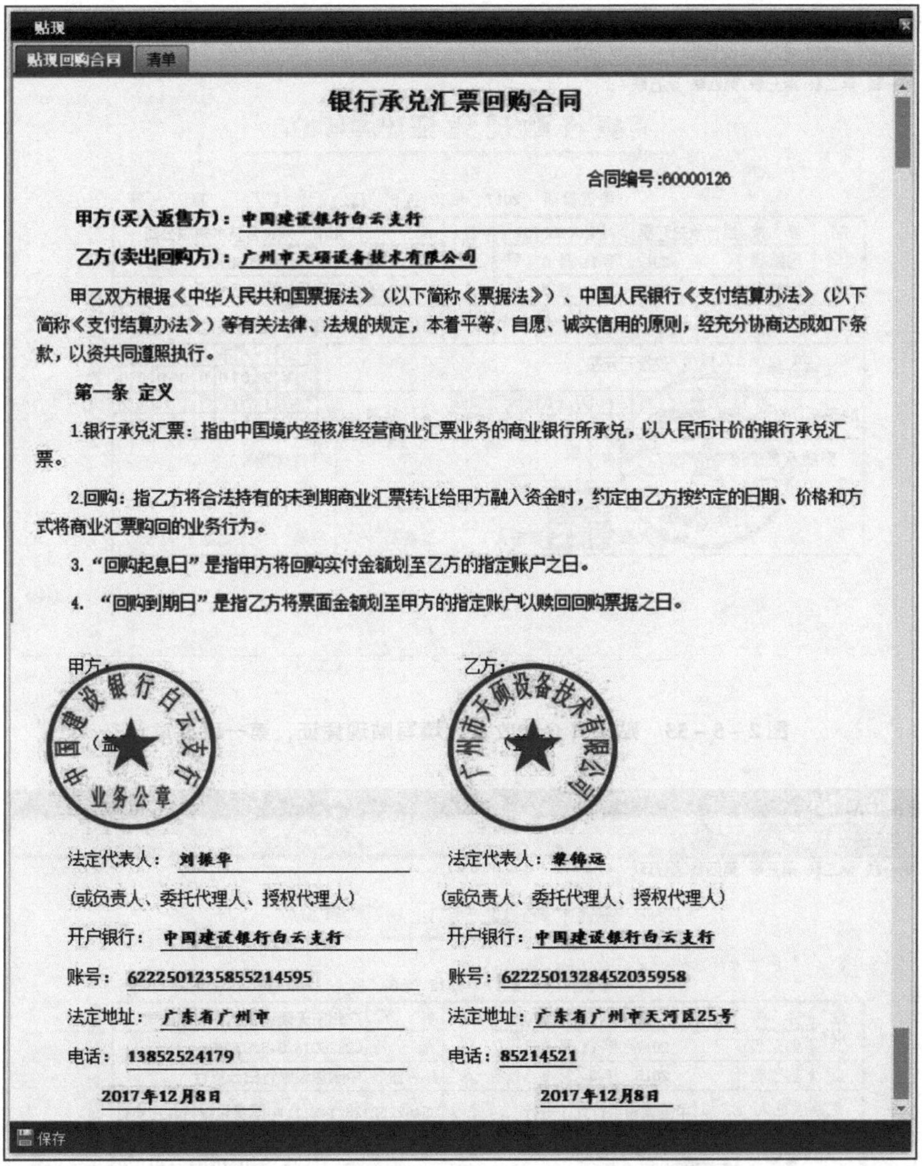

贴现

贴现回购合同 清单

银行承兑汇票回购合同

合同编号:60000126

甲方(买入返售方)：中国建设银行白云支行

乙方(卖出回购方)：广州市天硕设备技术有限公司

甲乙双方根据《中华人民共和国票据法》（以下简称《票据法》）、中国人民银行《支付结算办法》（以下简称《支付结算办法》）等有关法律、法规的规定，本着平等、自愿、诚实信用的原则，经充分协商达成如下条款，以资共同遵照执行。

第一条 定义

1.银行承兑汇票：指由中国境内经核准经营商业汇票业务的商业银行所承兑，以人民币计价的银行承兑汇票。

2.回购：指乙方将合法持有的未到期商业汇票转让给甲方融入资金时，约定由乙方按约定的日期、价格和方式将商业汇票购回的业务行为。

3.“回购起息日”是指甲方将回购实付金额划至乙方的指定账户之日。

4.“回购到期日”是指乙方将票面金额划至甲方的指定账户以赎回回购票据之日。

甲方：

乙方：

法定代表人：刘振华

(或负责人、委托代理人、授权代理人)

开户银行：中国建设银行白云支行

账号：6222501235855214595

法定地址：广东省广州市

电话：13852524179

2017年12月8日

法定代表人：黎锦远

(或负责人、委托代理人、授权代理人)

开户银行：中国建设银行白云支行

账号：6222501328452035958

法定地址：广东省广州市天河区25号

电话：85214521

2017年12月8日

保存

图 2-5-52 贴现（银企双方签订贴现回购协议）

（2）切换角色：银行承兑人签订承兑协议（银行承兑人—承兑—审核承兑协议、签章，并在票面第二联盖章）。

3. 贴现。

（1）企业收款人填写贴现回购合同（企业收款人—贴现—选择资料—填写贴现回购合同、在“乙方”处签章）。

其中选择资料需勾选的共 13 项，具体为：申请书；贴现回购合同（财务报表，包括资产负债表和损益表）；营业执照、组织机构代码证、法人身份证、经办人身份证以

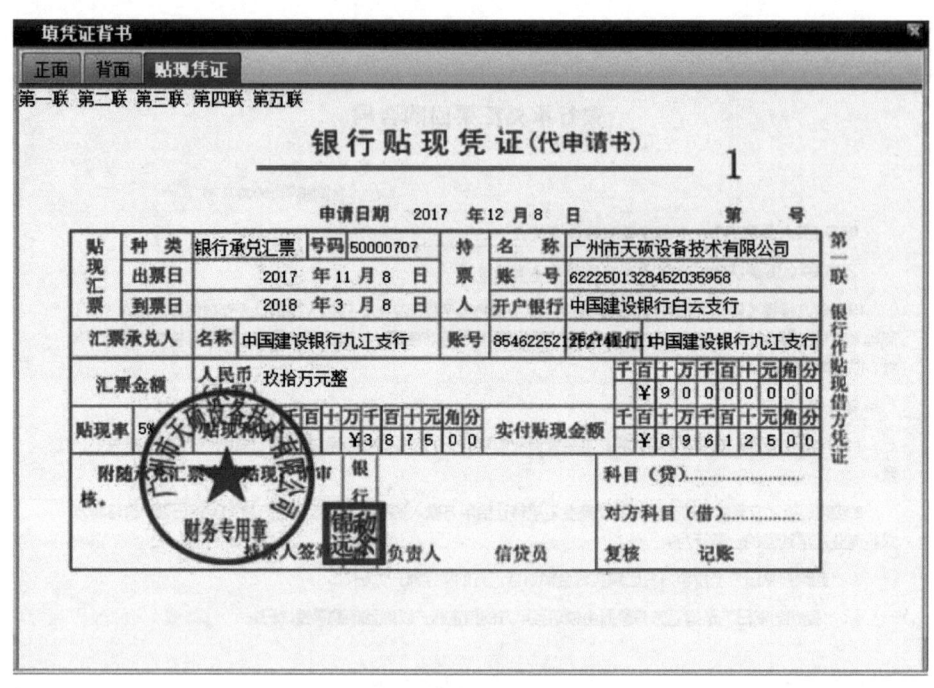

图 2-5-53 贴现（企业收款人填写贴现凭证，第一联签章）

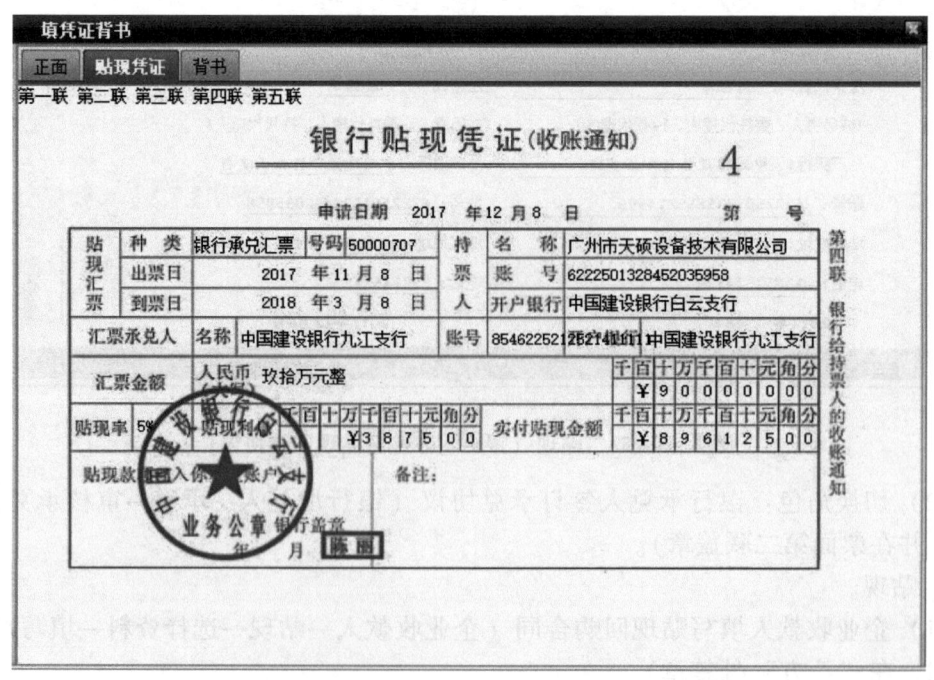

图 2-5-54 贴现（银行付款人审核贴现凭证，第四联签章）

图 2-5-55 回购（申请回购日期）

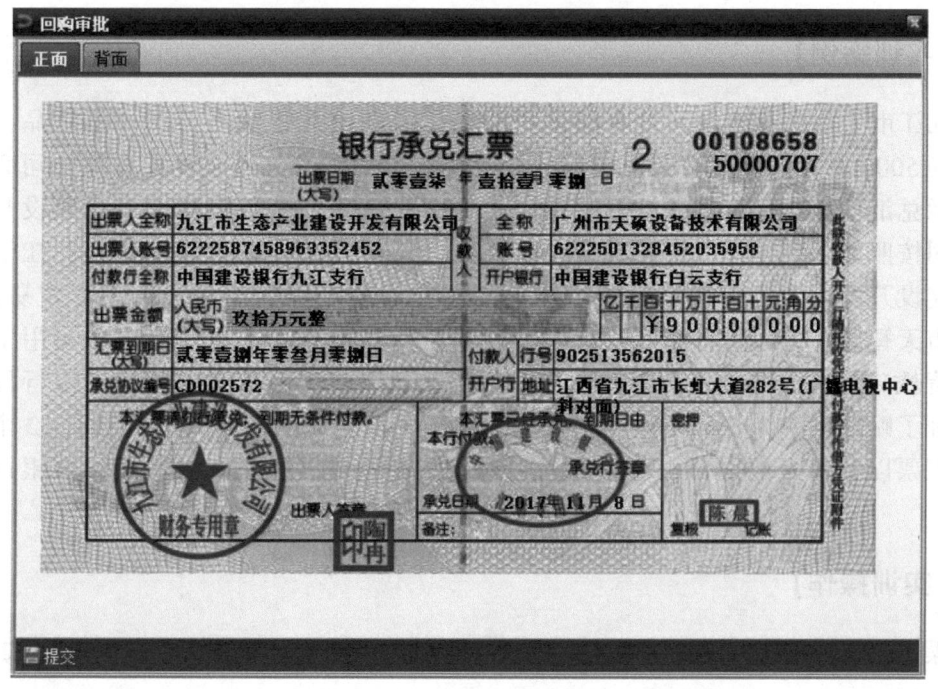

图 2-5-56 回购（回购审批）

及经办人授权委托书；贷款卡；商品交易合同和增值税发票；贴现凭证。

（2）切换角色：银行付款人审核贴现回购合同，并在"甲方"处签章。

（3）切换角色：企业收款人在回购式贴现项下，填写贴现凭证，并在第一联、第四联签章。

贴现利息计算公式：

$$贴现利息 = 票面金额 \times 年利率（\%） \times \frac{贴现时间}{360}$$

其中，贴现时间 = 汇票到期日 - 贴现日

（4）切换角色：银行付款人在贴现凭证第四联签章。

4. 回购。

（1）企业收款人回购申请（切换回购日期）；

（2）切换角色：银行付款人进行回购审批，并在票面第二联签章。

【注意事项】

1. 票据流转时注意更换不同的日期。
2. 背书转让不可附加条件。

九、银行承兑汇票背书赎回式转贴现

【实训案例】

九江市生态产业建设开发有限公司购买了深圳市天智贸易公司一批货品，货款总额为 500000 元。深圳市天智贸易公司与九江市生态产业建设开发有限公司商定以银行承兑汇票方式进行货款结算。2017 年 11 月 13 日，九江市生态产业建设开发有限公司按照要求到其开户行签发了一张期限为 6 个月的银行承兑汇票，九江市生态产业建设开发有限公司将经过银行承兑的银行承兑汇票交予深圳市天智贸易公司，深圳市天智贸易公司又将此汇票背书转让给了南昌市光大进出口有限公司用于支付往来货款。南昌市光大进出口有限公司于汇票到期前 3 个月向中国建设银行昌北支行办理了贴现利率为 6% 的票据贴现，中国建设银行昌北支行于汇票到期前 2 个月又将该汇票以利率为 5% 转贴现给中国银行昌北支行，并约定 30 天后赎回该银行承兑汇票。

【实训操作】

操作流程：出票—承兑—背书—贴现—转贴现—回购（见图 2-5-57 至图 2-5-63）。

【操作说明】

1. 出票。

（1）企业申请人填写出票申请书（企业申请人—出票登记）。

（2）切换角色：银行出票人出票，填写票面信息（银行出票人—出票—填写票面信息）。

2. 承兑。

（1）企业申请人签订承兑协议（企业申请人—承兑—选择资料—填写承兑协议、盖章，并在票面第二联签章）。

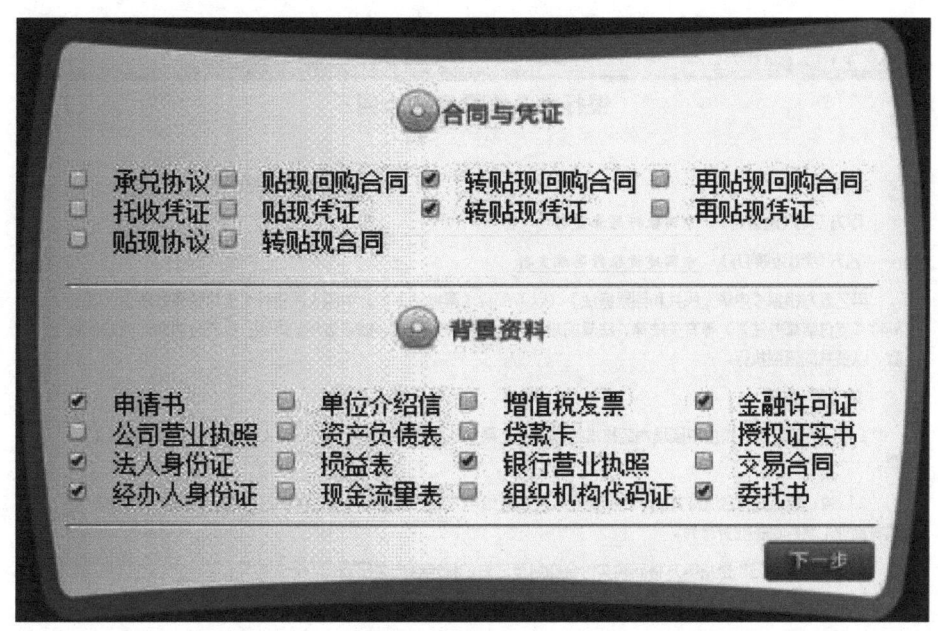

图 2-5-57 转贴现（银行收款人选择转贴现资料）

其中选择资料需勾选的有：贷款卡、承兑协议、公司营业执照、法人身份证、资产负债表、损益表、交易合同，共 7 项。

（2）切换角色：银行承兑人签订承兑协议（银行承兑人—承兑—审核承兑协议、签章，并在票面第二联盖章）。

3. 背书。企业收款人背书转让（背书—填写被背书人名称—签章）。

4. 贴现。

（1）企业被背书人填写贴现协议（企业被背书人—贴现—选择资料—填写贴现协议、在"贴现申请人"处签章）。

其中选择资料需勾选的共 13 项，具体为：申请书；贴现协议；财务报表（包括资产负债表和损益表）；营业执照、组织机构代码证、法人身份证、经办人身份证以及经办人授权委托书；贷款卡；商品交易合同和增值税发票；贴现凭证。

（2）切换角色：银行付款人审核贴现协议，并在"贴现人"处签章。

（3）切换角色：企业被背书人在买断式贴现项下，填写贴现凭证，并在第一联、第四联签章。

贴现利息计算公式：

$$贴现利息 = 票面金额 \times 年利率（\%） \times \frac{贴现时间}{360}$$

其中，贴现时间 = 汇票到期日 - 贴现日

（4）切换角色：银行付款人在贴现凭证第四联签章。

（5）切换角色：企业被背书人做背书操作，将票据背书转让给银行付款人。

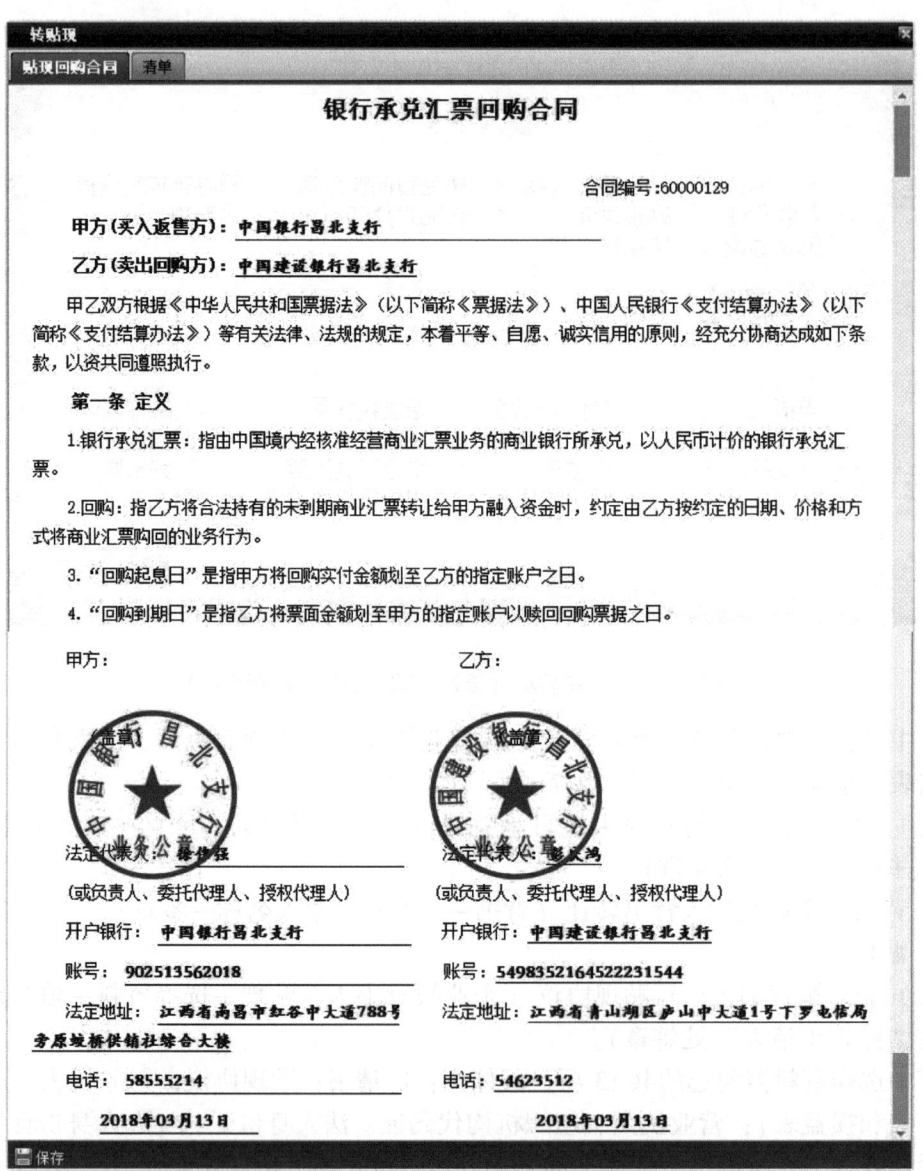

图 2-5-58　转贴现（甲乙银行双方签订转贴现回购合同）

5. 转贴现。

(1) 银行收款人填写转贴现回购合同（银行收款人—转贴现—选择资料—填写转贴现回购合同、在"乙方"处签章）。

其中选择资料需勾选的共8项，具体为：申请书；转贴现合同；银行营业执照；金融许可证；银行法人身份证、经办人身份证以及经办人授权委托书；转贴现凭证。

(2) 切换角色：银行付款人审核转贴现回购合同，并在"甲方"处签章。

项目五 商业汇票

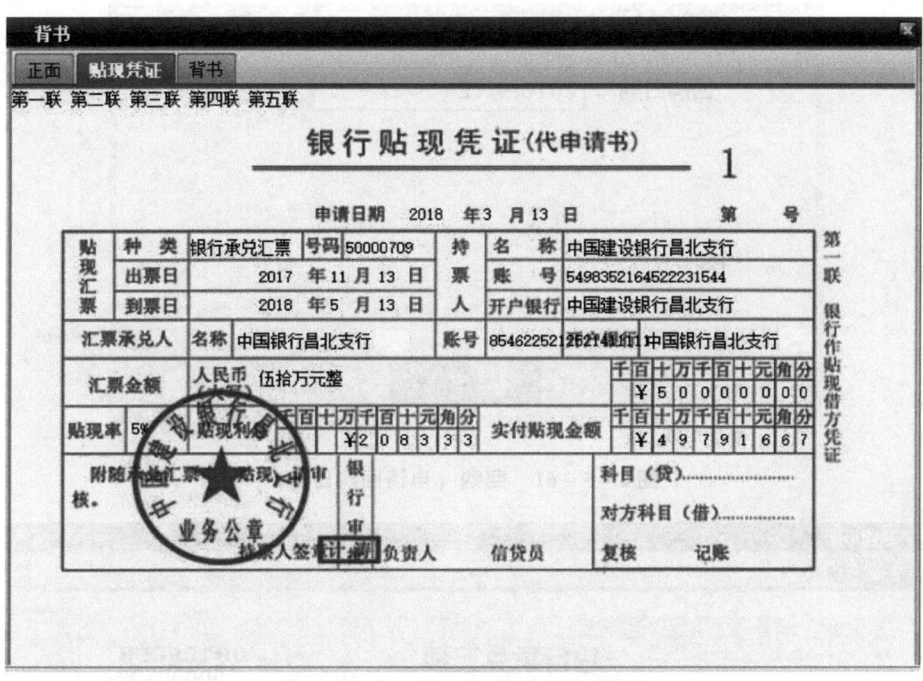

图 2-5-59 转贴现（银行收款人填写贴现凭证，第一联签章）

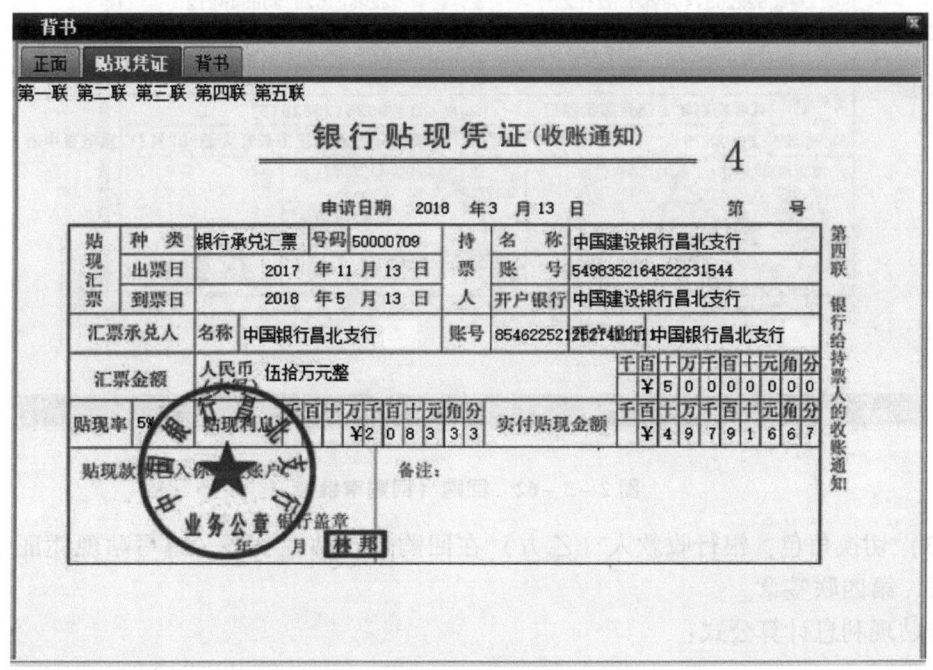

图 2-5-60 转贴现（银行付款人审核贴现凭证，第四联签章）

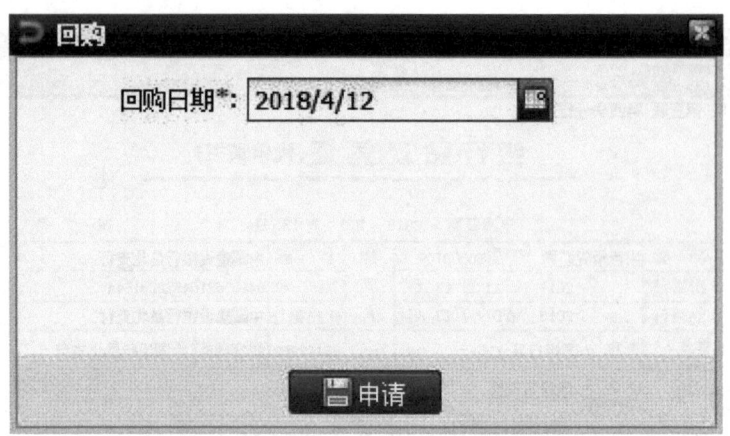

图 2-5-61 回购（申请回购日期）

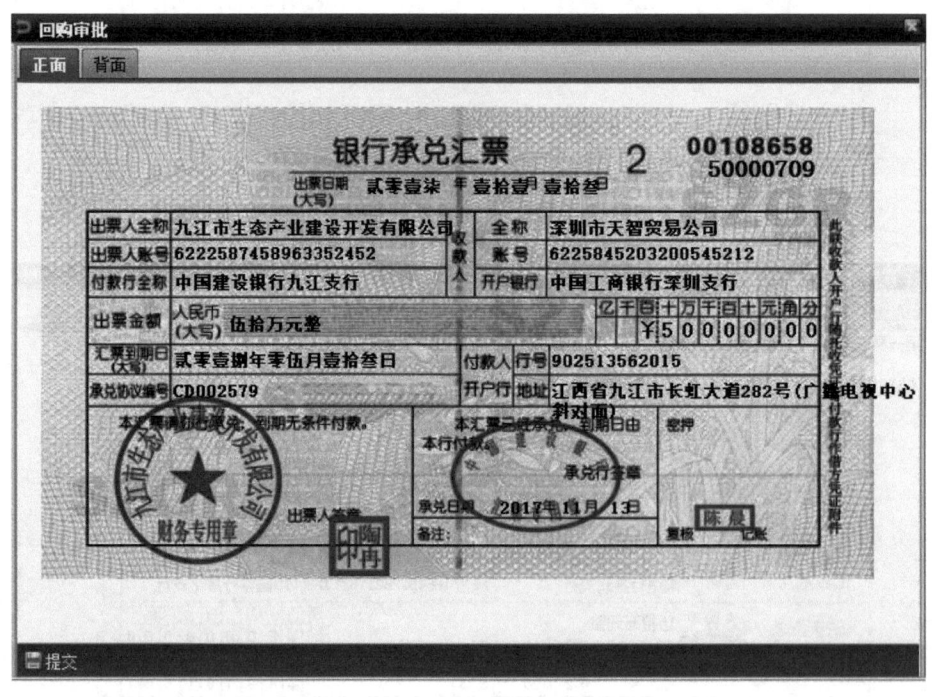

图 2-5-62 回购（回购审批）

(3) 切换角色：银行收款人（乙方）在回购式转贴现项下，填写贴现凭证，并在第一联、第四联签章。

转贴现利息计算公式：

$$转贴现利息 = 票面金额 \times 年利率（\%）\times \frac{转贴现时间}{360}$$

其中，转贴现时间 = 汇票到期日 - 转贴现日

(4) 切换角色：银行付款人（甲方）在贴现凭证第四联签章。

6. 回购。

(1) 企业收款人回购申请（切换回购日期）。

(2) 切换角色：银行付款人进行回购审批，并在票面第二联签章。

【注意事项】

1. 票据流转时注意更换不同的日期。
2. 背书转让不可附加条件。

十、银行承兑汇票赎回式再贴现

【实训案例】

广州市五环彩印有限公司向广州金峰纸业进出口有限公司购进一批原材料，货款金额为600000元，双方约定采用银行承兑汇票方式结算。2017年11月15日，广州市五环彩印有限公司按照要求到其开户行签发了一张期限为5个月的银行承兑汇票，广州市五环彩印有限公司将经过银行承兑的汇票交予广州金峰纸业进出口有限公司，广州金峰纸业进出口有限公司于汇票到期前3个月向中国农业银行白云支行办理了贴现利率为6%的贴现，中国农业银行白云支行为了融通资金又将该银行承兑汇票于汇票到期前1个月向人民银行申请了赎回式、再贴现利率为5‰的再贴现，并约定45天后赎回该银行承兑汇票。

【实训操作】

操作流程：出票—承兑—贴现—再贴现—回购（见图2-5-63至图2-5-70）。

【操作说明】

1. 出票。

(1) 企业申请人填写出票申请书（企业申请人—出票登记）。

(2) 切换角色：银行出票人出票，填写票面信息（银行出票人—出票—填写票面信息）。

2. 承兑。

(1) 企业申请人签订承兑协议（企业申请人—承兑—选择资料—填写承兑协议、盖章，并在票面第二联签章）。

其中选择资料需勾选的有：贷款卡、承兑协议、公司营业执照、法人身份证、资产负债表、损益表、交易合同，共7项。

(2) 切换角色：银行承兑人签订承兑协议（银行承兑人—承兑—审核承兑协议、签章，并在票面第二联盖章）。

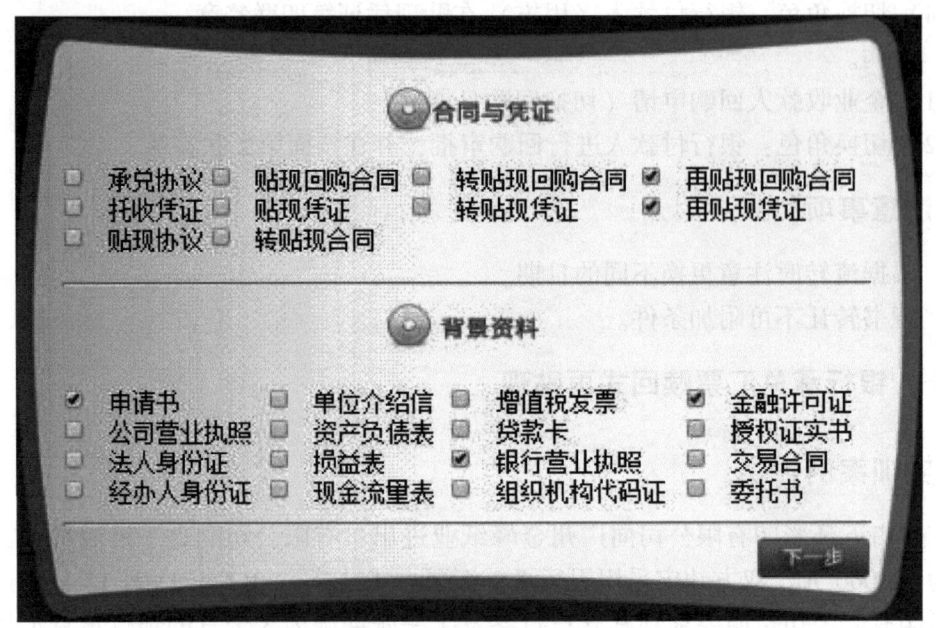

图 2-5-63 再贴现（银行收款人选择回购式再贴现资料）

3. 贴现。

（1）企业被背书人填写贴现协议（企业被背书人—贴现—选择资料—填写贴现协议、在"贴现申请人"处签章）。

其中选择资料需勾选的共 13 项，具体为：申请书；贴现协议；财务报表（包括资产负债表和损益表）；营业执照、组织机构代码证、法人身份证、经办人身份证以及经办人授权委托书；贷款卡；商品交易合同和增值税发票；贴现凭证。

（2）切换角色：银行付款人审核贴现协议，并在"贴现人"处签章。

（3）切换角色：企业被背书人在买断式贴现项下，填写贴现凭证，并在第一联、第四联签章。

贴现利息计算公式：

$$贴现利息 = 票面金额 \times 年利率（\%）\times \frac{贴现时间}{360}$$

其中，贴现时间 = 汇票到期日 – 贴现日

（4）切换角色：银行付款人在贴现凭证第四联签章。

（5）切换角色：企业被背书人做背书操作，将票据背书转让给银行付款人。

4. 再贴现。

（1）银行收款人填写再贴现申请书（银行收款人—再贴现—选择资料—填写再贴现申请书，在"申请银行"处签章）。

其中选择资料需勾选的共 5 项，具体为：申请书；再贴现回购合同；银行营业执照；金融许可证；再贴现凭证。

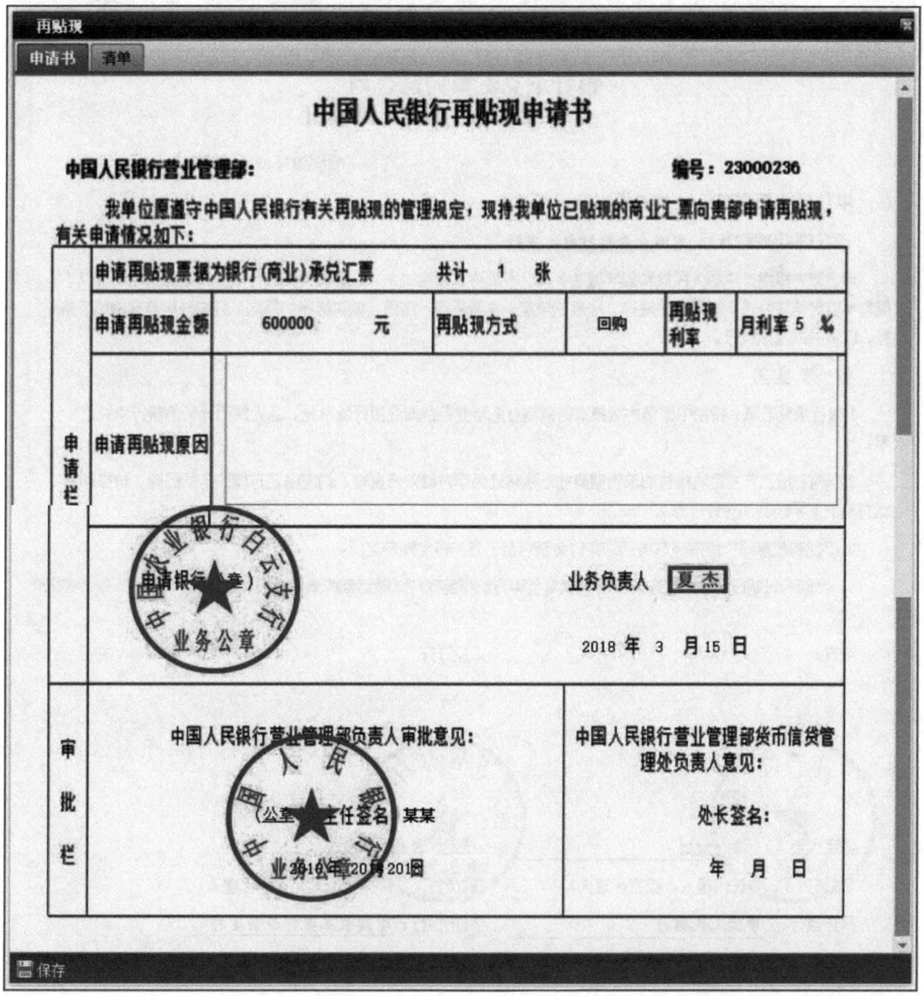
再贴现

申请书 清单

中国人民银行再贴现申请书

中国人民银行营业管理部： 编号：23000236

我单位愿遵守中国人民银行有关再贴现的管理规定，现持我单位已贴现的商业汇票向贵部申请再贴现，有关申请情况如下：

申请栏	申请再贴现票据为银行（商业）承兑汇票 共计 1 张					
	申请再贴现金额	600000 元	再贴现方式	回购	再贴现利率	月利率 5 ‰
	申请再贴现原因					
	申请银行（公章） 中国农业银行白云支行 业务公章		业务负责人 夏杰		2018 年 3 月 15 日	
审批栏	中国人民银行营业管理部负责人审批意见：（公章） 主任签名 某某 中国人民银行 业务公章 2010 年 20 月 20 日			中国人民银行营业管理部货币信贷管理处负责人意见： 处长签名： 年 月 日		

保存

图 2－5－64 再贴现（银行、人民银行双方签订再贴现申请书）

（2）切换角色：人民银行付款人审核再贴现申请书，并在“人民银行审批意见”处签章。

（3）切换角色：银行收款人在买断式再贴现项下，填写贴现凭证，并在第一联、第四联签章。

再贴现利息计算公式：

$$再贴现利息 = 票面金额 \times 月利率（‰） \times \frac{再贴现时间}{30}$$

其中，再贴现时间＝汇票到期日－再贴现日

（4）切换角色：人民银行被背书人于贴现凭证第四联签章。

（5）切换角色：银行收款人做背书操作，将票据背书给人民银行。

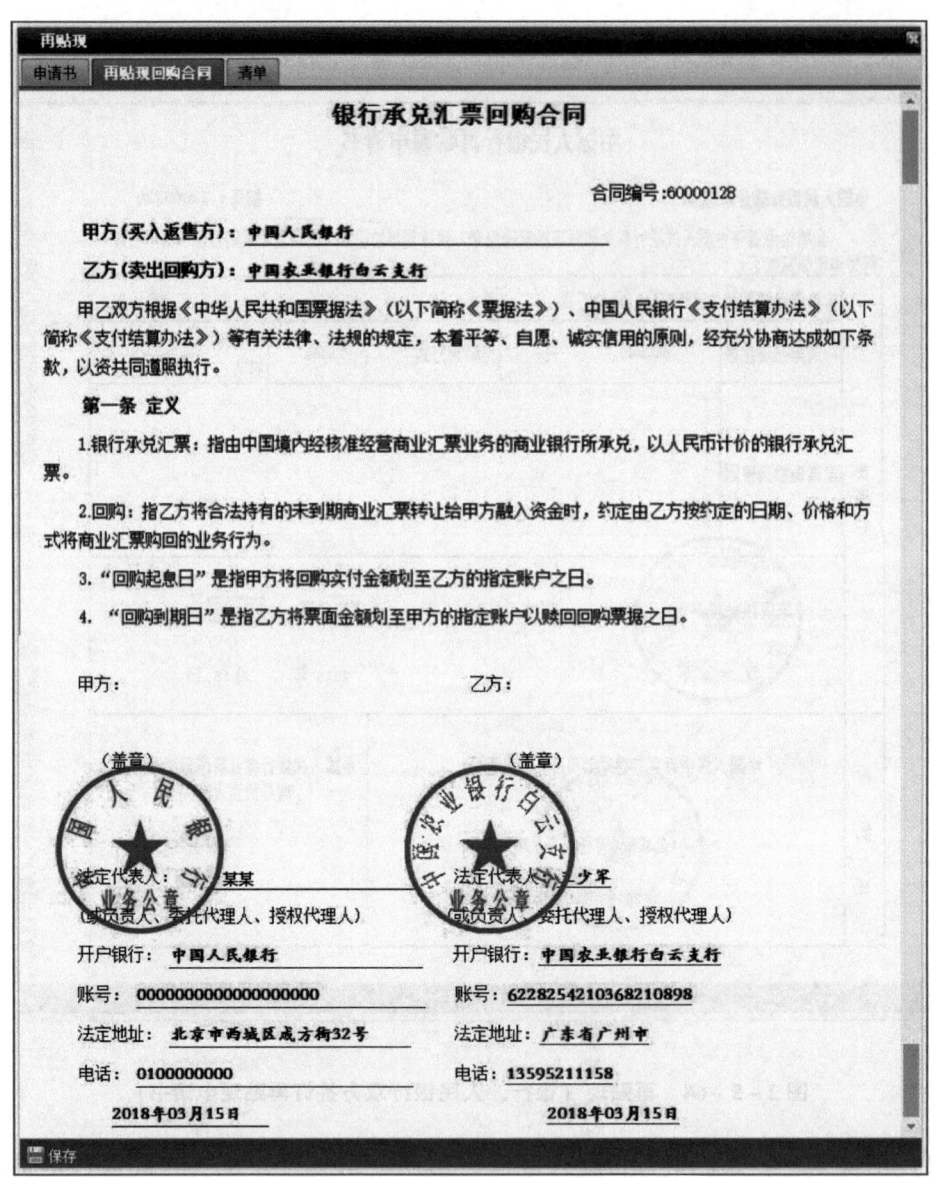

图2-5-65 贴现（银行、人民银行甲乙双方签订回购式再贴现合同）

5. 回购。

（1）银行收款人回购申请（切换回购日期）。

（2）切换角色：人民银行付款人进行回购审批，并背书给银行收款人。

【注意事项】

1. 票据流转时注意更换不同的日期。

项目五 商业汇票

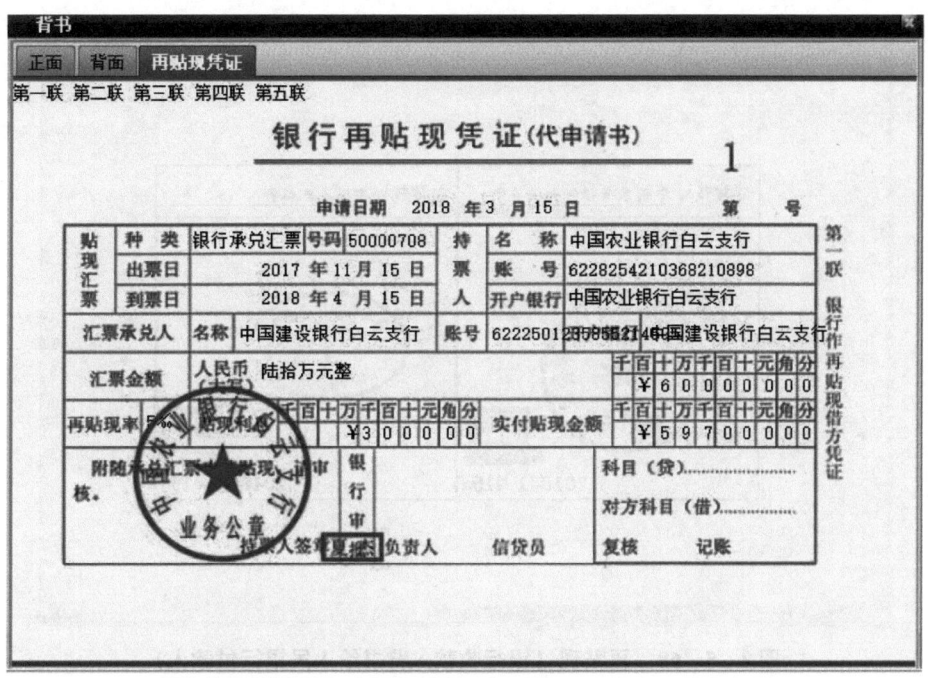

图 2-5-66 再贴现(银行收款人填写再贴现凭证,第一联签章)

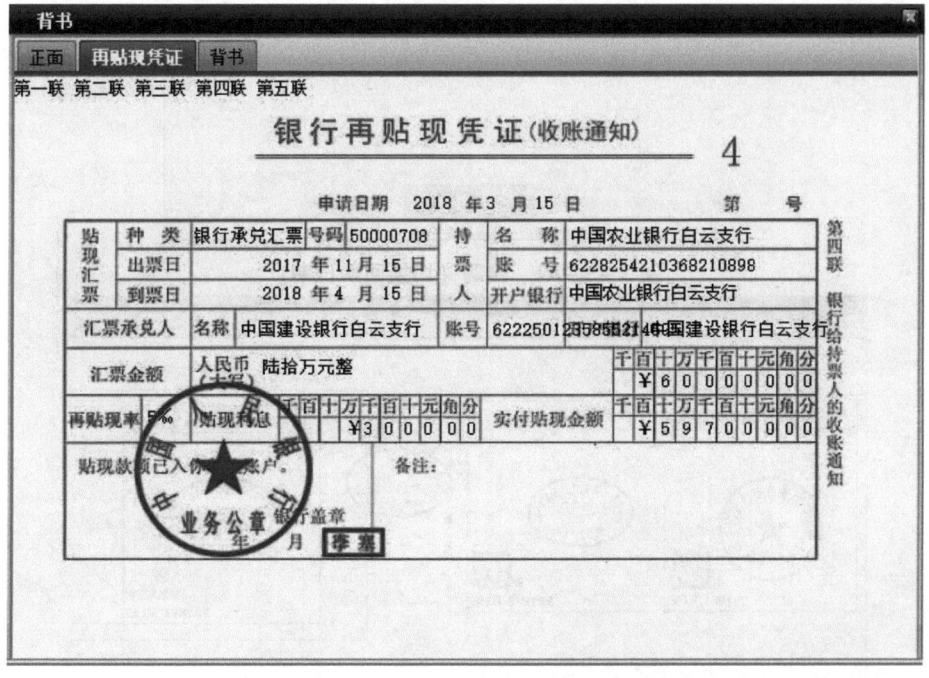

图 2-5-67 再贴现(人民银行付款人审核再贴现凭证,第四联签章)

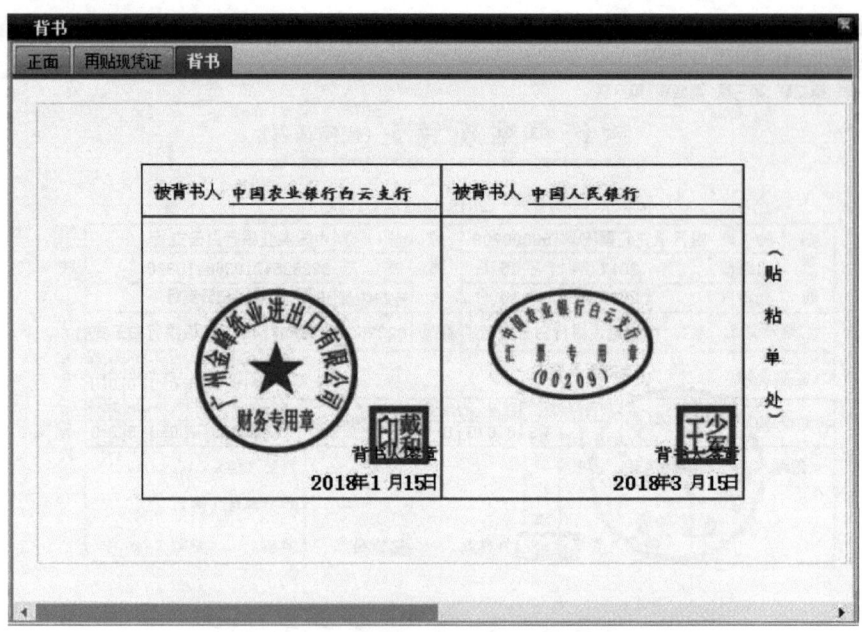

图2-5-68 再贴现（银行收款人背书给人民银行付款人）

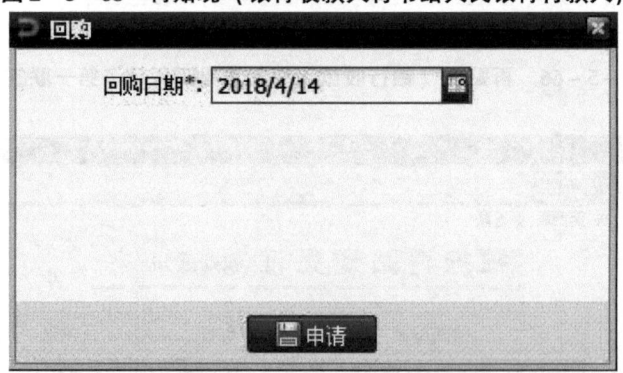

图2-5-69 回购（切换回购日期）

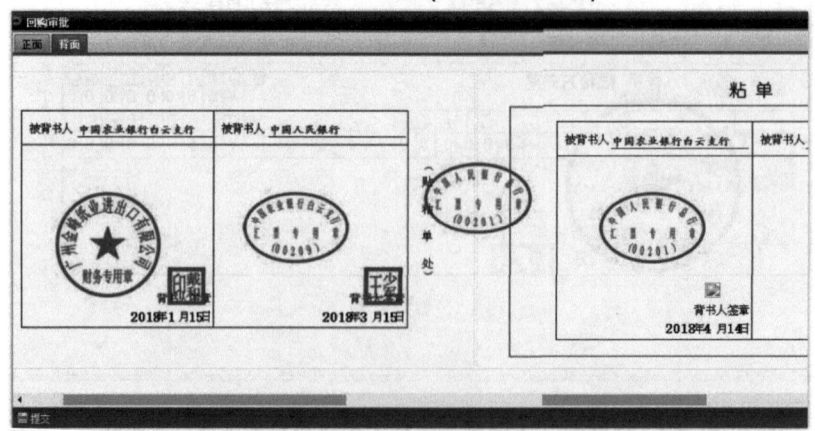

图2-5-70 回购（回购审批，人民银行付款人背书给银行收款人）

2. 背书转让不可附加条件。

十一、银行承兑汇票协商退票

【实训案例】

广州市中恒建设有限公司需要购进一批原材料,派业务员前往九江市盛业建材有限公司采购。经过洽谈,双方达成交易,所购原材料总金额为 100000 元,双方商定采用银行承兑汇票方式结算货款。2017 年 11 月 6 日,广州市中恒建设有限公司按照要求到其开户行申请签发了一张期限为 4 个月的银行承兑汇票,出票银行承兑该汇票后交给广州市中恒建设有限公司,广州市中恒建设有限公司将该银行承兑汇票提交给九江市盛业建材有限公司,九江市盛业建材有限公司在汇票到期前持票前往汇票签发行查询该汇票,发现该银行承兑汇票出票人签章有问题,经持票人与出票人协商,双方同意将该银行承兑汇票作退票处理并重新签发银行承兑汇票给收款人。

【实训操作】

操作流程:出票—承兑—退票(见图 2-5-71)。

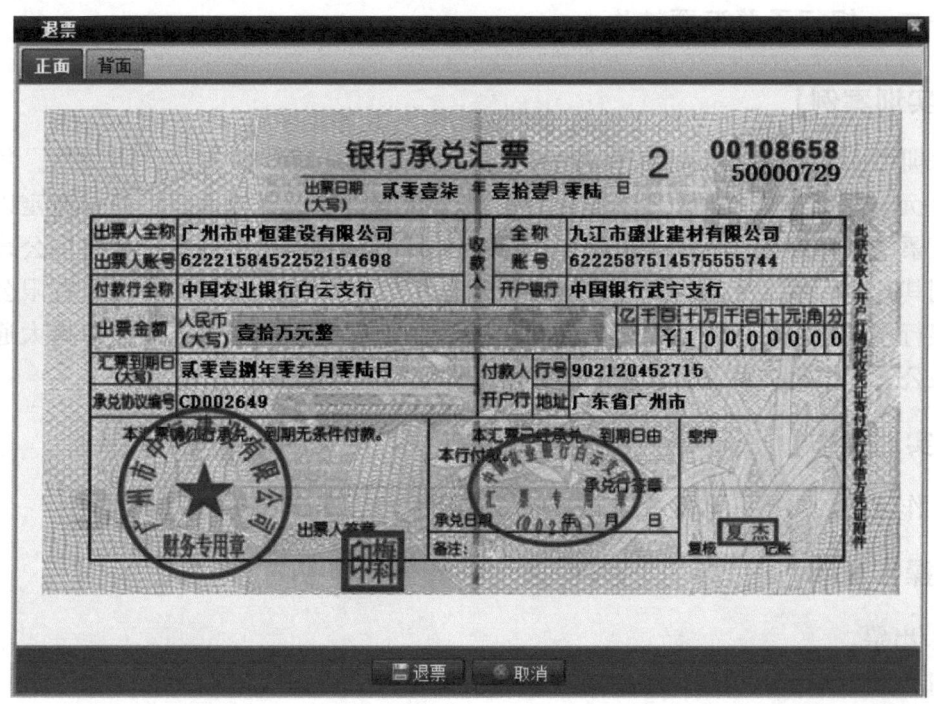

图 2-5-71 退票(企业收款人退票)

【操作说明】

1. 出票。

（1）企业申请人填写出票申请书（企业申请人—出票登记）。

（2）切换角色：银行出票人出票填写票面信息（银行出票人—出票—填写票面信息）。

2. 承兑。

（1）企业申请人签订承兑协议（企业申请人—承兑—选择承兑资料—填写承兑协议、盖章，并在票面第二联签章）。

其中选择承兑资料需勾选的有：贷款卡、承兑协议、公司营业执照、法人身份证、资产负债表、损益表、交易合同，共7项。

（2）切换角色：银行承兑人签订承兑协议（银行承兑人—承兑—审核承兑协议、签章，并在票面第二联盖章）。

3. 退票。企业收款人退票（点击"退票"）。

【注意事项】

1. 票据流转时注意更换不同的日期。

2. 背书转让不可附加条件。

十二、银行承兑汇票挂失

【实训案例】

深圳市典尔信息技术有限公司购买了深圳市鹏大通讯股份有限公司货物，货款为200000元，深圳市鹏大通讯股份有限公司与深圳市典尔信息技术有限公司商定以银行承兑汇票结算方式支付货款。2017年11月15日，深圳市典尔信息技术有限公司按照要求到其开户行签发期限为4个月的银行承兑汇票，深圳市典尔信息技术有限公司将经过银行承兑的银行承兑汇票交予深圳市鹏大通讯股份有限公司，深圳市鹏大通讯股份有限公司不慎丢失该银行承兑汇票，前来承兑行进行挂失。

【实训操作】

操作流程：出票—承兑—挂失（见图2-5-72、图2-5-73）。

【操作说明】

1. 出票。

（1）企业申请人填写出票申请书（企业申请人—出票登记）。

（2）切换角色：银行出票人出票填写票面信息（银行出票人—出票—填写票面信息）。

2. 承兑。

（1）企业申请人签订承兑协议（企业申请人—承兑—选择承兑资料—填写承兑协

项目五 商业汇票

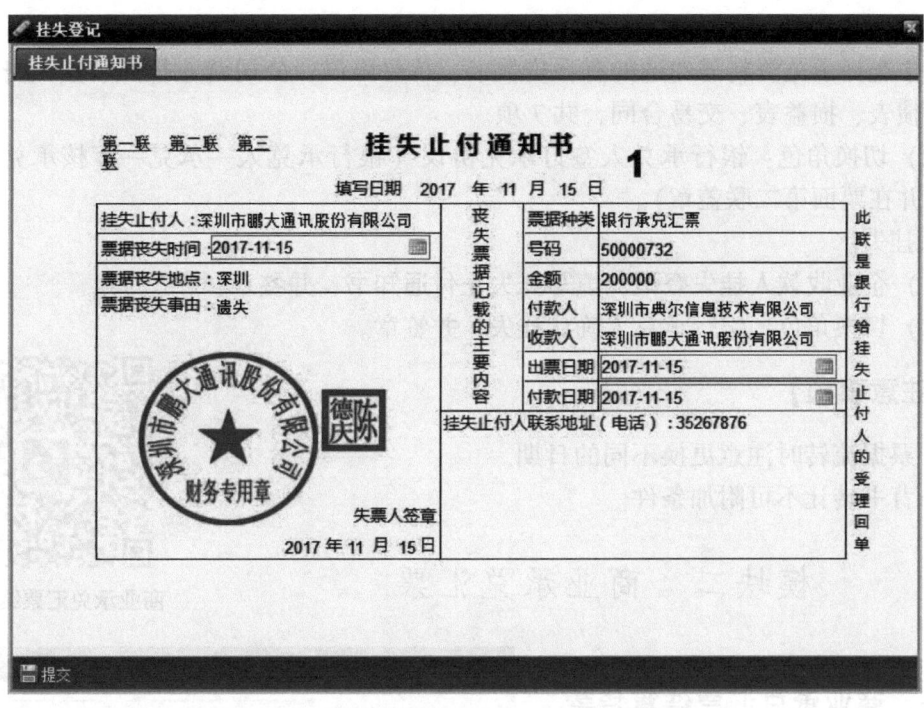

图 2-5-72 挂失（企业收款人申请挂失）

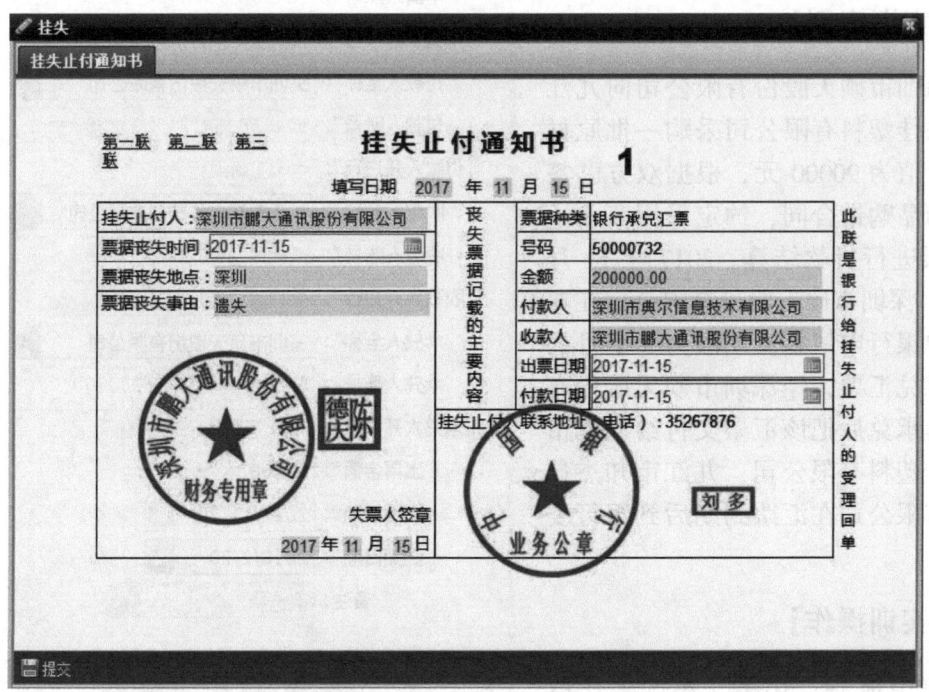

图 2-5-73 挂失（企业收款人挂失登记、银行承兑人审核）

议、盖章，并在票面第二联签章）。

其中选择承兑资料需勾选的有：贷款卡、承兑协议、公司营业执照、法人身份证、资产负债表、损益表、交易合同，共7项。

（2）切换角色：银行承兑人签订承兑协议（银行承兑人—承兑—审核承兑协议、签章，并在票面第二联盖章）。

3. 挂失。

（1）企业收款人挂失登记，填写挂失止付通知书，并签章；

（2）切换角色：银行承兑人确认挂失，并签章。

【注意事项】

1. 票据流转时注意更换不同的日期。
2. 背书转让不可附加条件。

模块二 商业承兑汇票

商业承兑汇票结算货款

一、商业承兑汇票结算货款

【实训案例】

深圳市硕天股份有限公司向九江市知杰佳塑料有限公司采购一批原材料，价值为90000元，根据双方已签订的商品购销合同，约定采用商业承兑汇票进行货款结算。2017年11月20日，深圳市硕天股份有限公司在向其开户银行申请签发期限为3个月的商业承兑汇票，经深圳市硕天股份有限公司承兑后把该汇票交付给九江市知杰佳塑料有限公司，九江市知杰佳塑料有限公司在汇票到期后到银行委托收款。

【实训操作】

操作流程：出票—承兑—托收（见图2-5-74至图2-5-79）。

图2-5-74 出票（企业申请人出票登记）

项目五 商业汇票

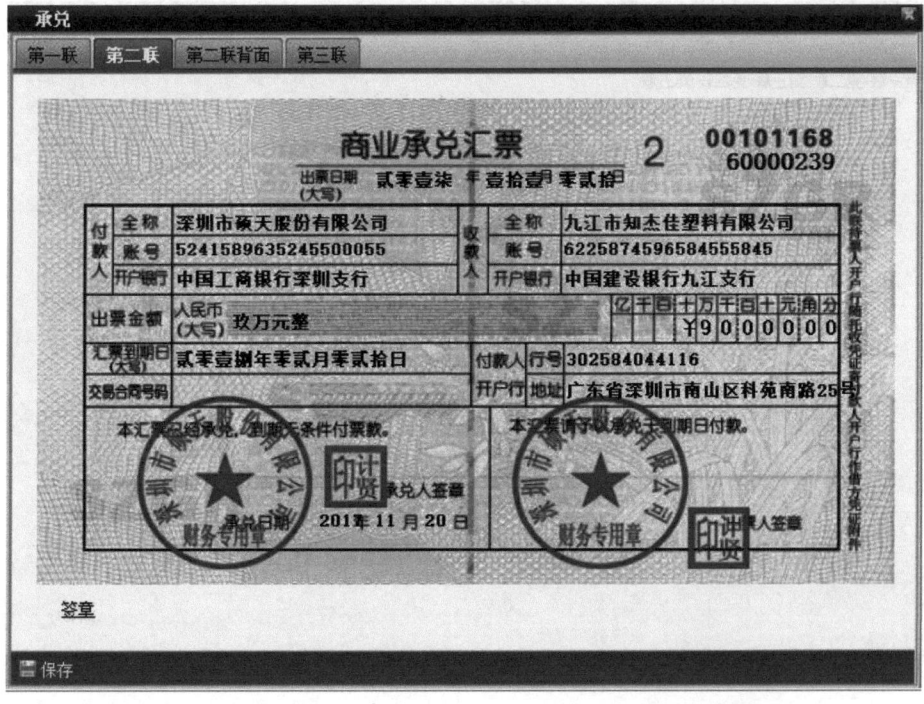

图 2-5-75 出票（企业出票人填写票面信息）

图 2-5-76 承兑（企业申请人、企业承兑人双方票面签章）

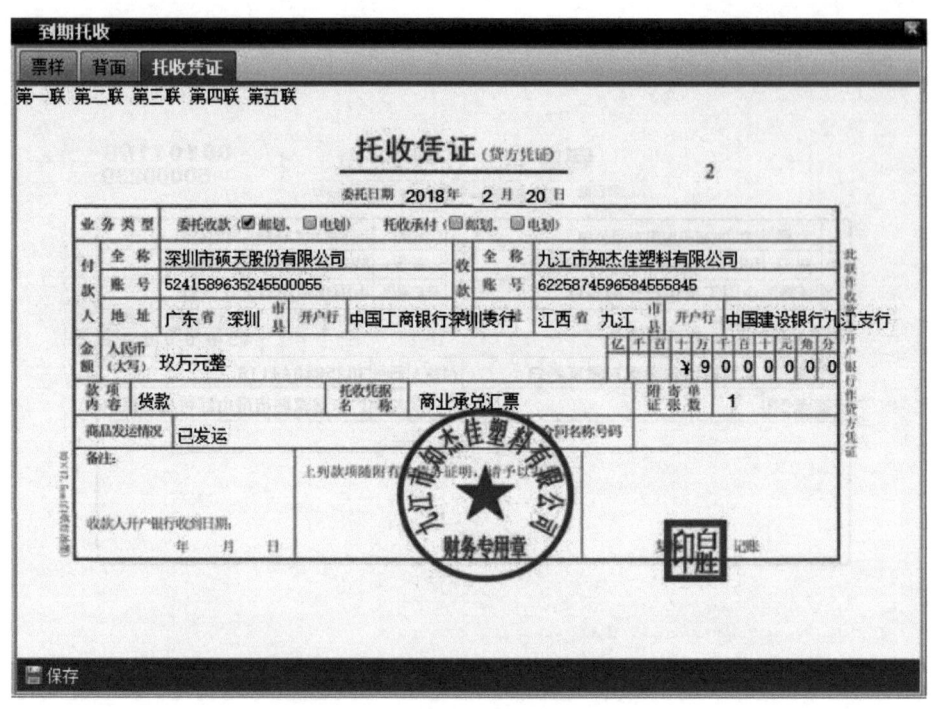

图2-5-77 到期托收（企业收款人填写托收凭证，第二联签章）

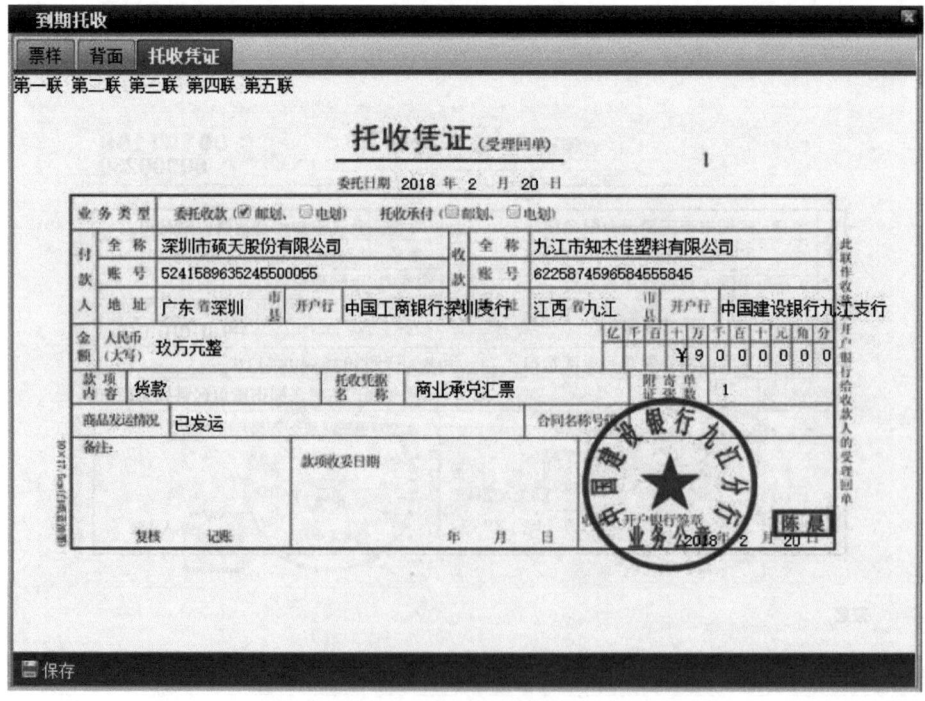

图2-5-78 到期托收（银行付款人审核，第一联签章）

项目五　商业汇票

图 2-5-79　到期托收（企业收款人背书给银行委托收款）

【操作说明】

1. 出票。
(1) 企业申请人填写出票申请书（企业申请人—出票登记）。
(2) 切换角色：企业出票人出票，填写票面信息（企业出票人—出票—填写票面信息）。
2. 承兑。
(1) 企业承兑人承兑（审核商业承兑汇票，并在票面第二联盖章）。
(2) 切换角色：企业申请人在票面第二联盖章。
3. 到期托收。
(1) 企业收款人到期托收（填托收凭证，第二联签章）；
(2) 切换角色：银行付款人审核托收凭证（第一联、第三联签章）；
(3) 切换角色：企业收款人将票据背书给银行委托收款。

【注意事项】

1. 票据流转时注意更换不同的日期。
2. 背书转让不可附加条件。

二、商业承兑汇票到期兑付货款

【实训案例】

深圳市硕天股份有限公司向广州市欧冠原材料加工厂采购一批原材料,总价为1800000元,根据双方已签订的商品购销合同约定采用商业承兑汇票进行货款结算。2017年11月20日,深圳市硕天股份有限公司向其开户银行申请签发了一张期限为6个月的商业承兑汇票,并由华强财务公司承兑,然后把已承兑的商业汇票提交给广州市欧冠原材料加工厂,广州市欧冠原材料加工厂在汇票到期后到银行委托收款。

【实训操作】

操作流程:出票—承兑—托收(见图2-5-80至图2-5-86)。

图2-5-80 出票(企业申请人出票登记)

项目五 商业汇票

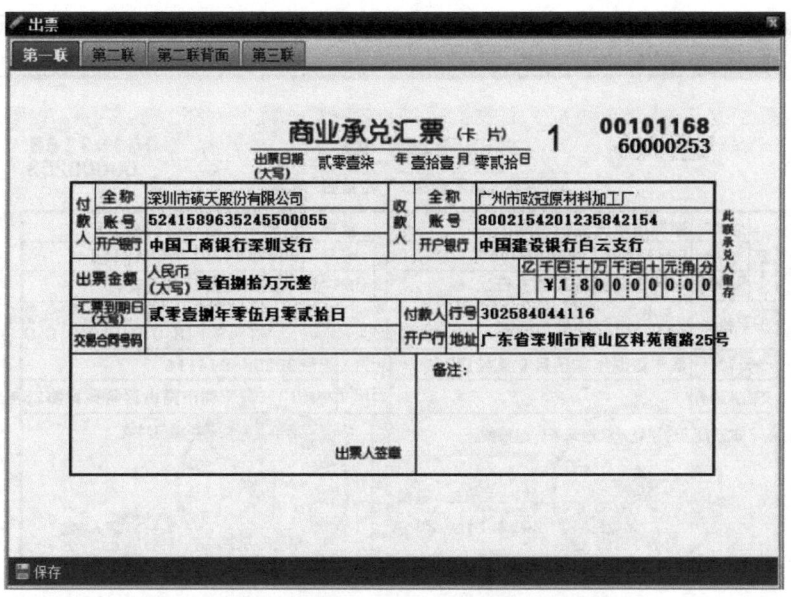

图 2-5-81 出票（企业出票人填写票面信息）

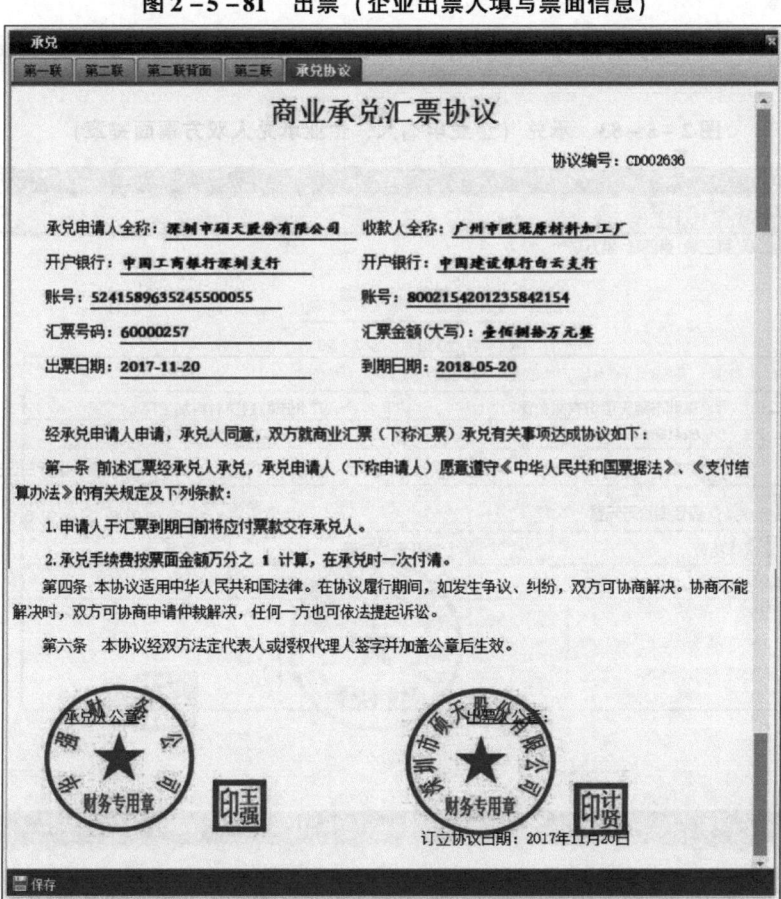

图 2-5-82 承兑（企业申请人、企业承兑人双方签订承兑协议）

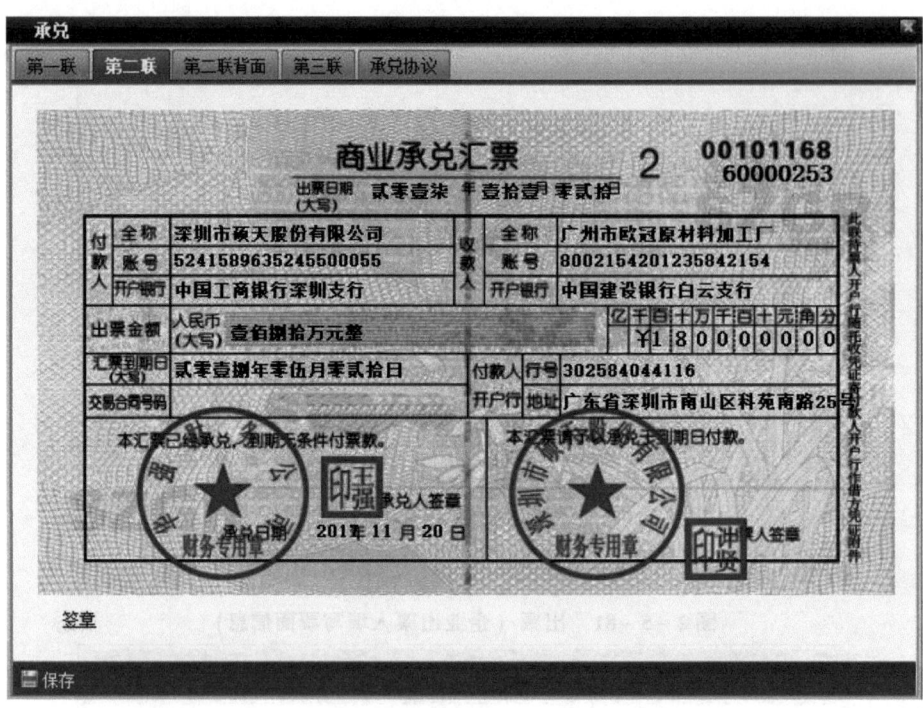

图 2-5-83 承兑（企业申请人、企业承兑人双方票面签章）

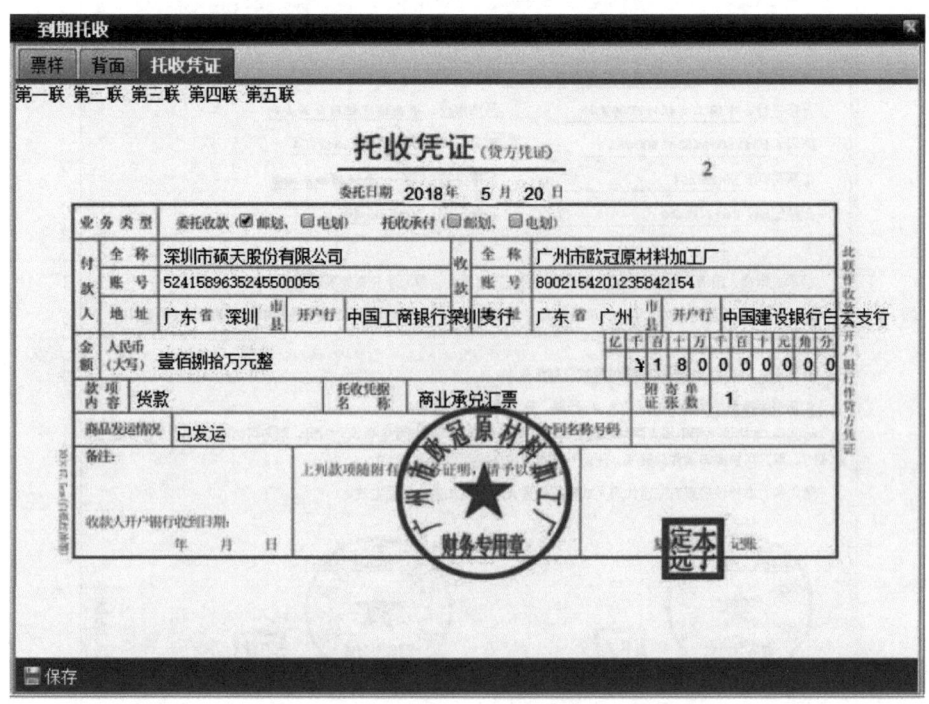

图 2-5-84 到期托收（企业收款人填写托收凭证，第二联签章）

项目五 商业汇票

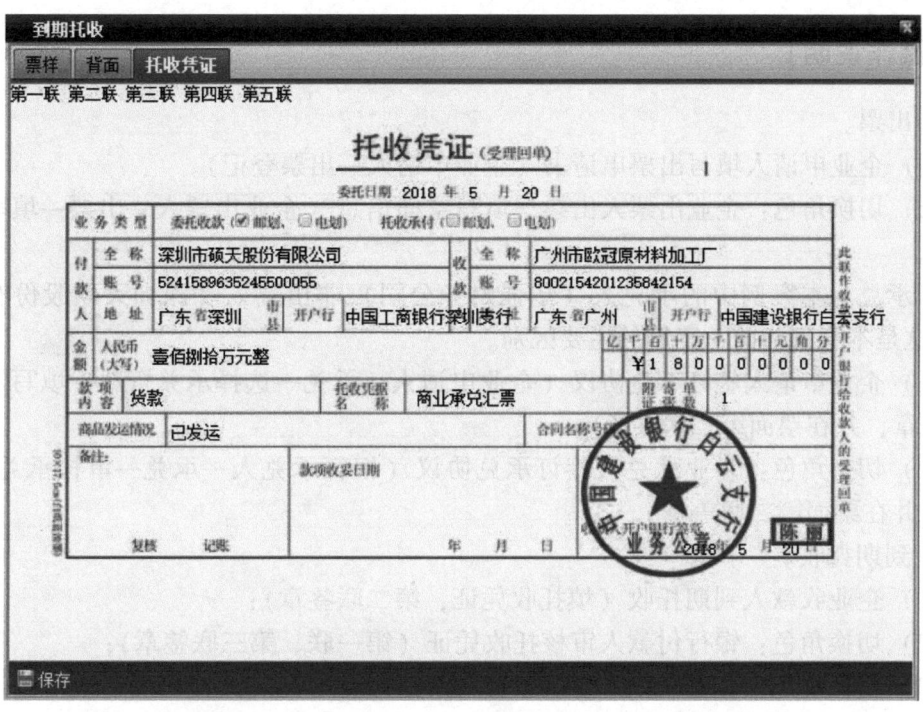

图 2-5-85 到期托收（银行付款人审核，第一联签章）

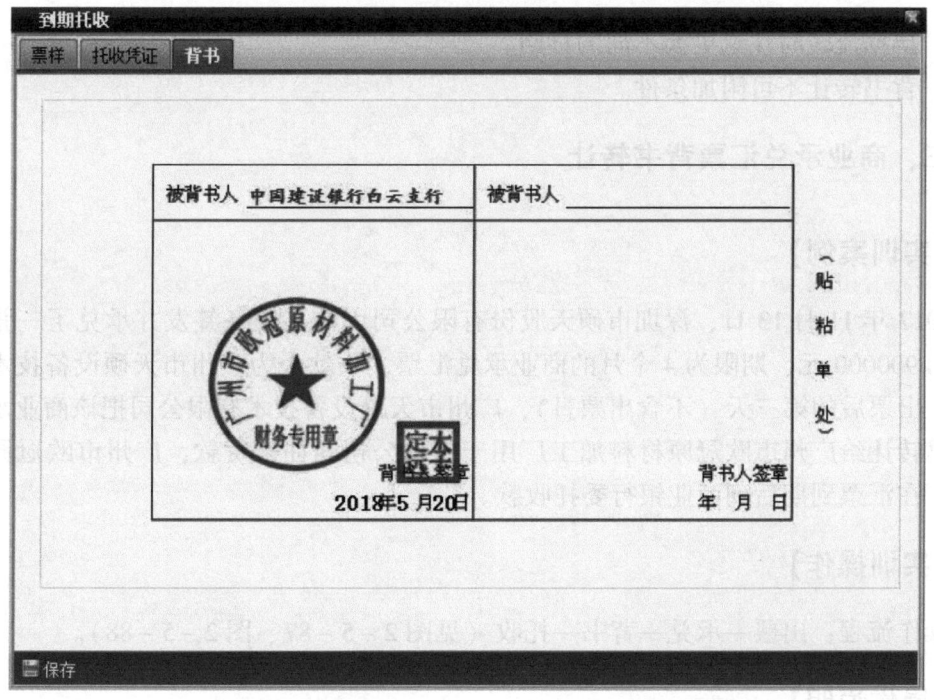

图 2-5-86 到期托收（企业收款人背书给银行委托收款）

【操作说明】

1. 出票。

(1) 企业申请人填写出票申请书（企业申请人—出票登记）。

(2) 切换角色：企业出票人出票，填写票面信息（企业出票人—出票—填写票面信息）。

2. 承兑。本案例中的承兑人（华强财务公司）非出票人（深圳天硕股份有限公司），这是本案例与前一案例的主要区别。

(1) 企业申请人签订承兑协议（企业申请人—承兑—选择承兑资料—填写承兑协议、盖章，并在票面第二联签章）。

(2) 切换角色：企业承兑人签订承兑协议（银行承兑人—承兑—审核承兑协议、签章，并在票面第二联盖章）。

3. 到期托收。

(1) 企业收款人到期托收（填托收凭证，第二联签章）；

(2) 切换角色：银行付款人审核托收凭证（第一联、第三联签章）；

(3) 切换角色：企业收款人将票据背书给银行委托收款。

【注意事项】

1. 票据流转时注意更换不同的日期。
2. 背书转让不可附加条件。

三、商业承兑汇票背书转让

【实训案例】

2017年11月13日，深圳市硕天股份有限公司因购买设备签发并承兑了一张出票金额为900000元、期限为4个月的商业承兑汇票，收款人为广州市天硕设备技术有限公司，出票后的第三天（不含出票日），广州市天硕设备技术有限公司把该商业承兑汇票背书转让给广州市欧冠原材料加工厂用于支付公司间往来货款，广州市欧冠原材料加工厂在汇票到期后到商业银行委托收款。

【实训操作】

操作流程：出票—承兑—背书—托收（见图2-5-87、图2-5-88）。

【操作说明】

1. 出票。

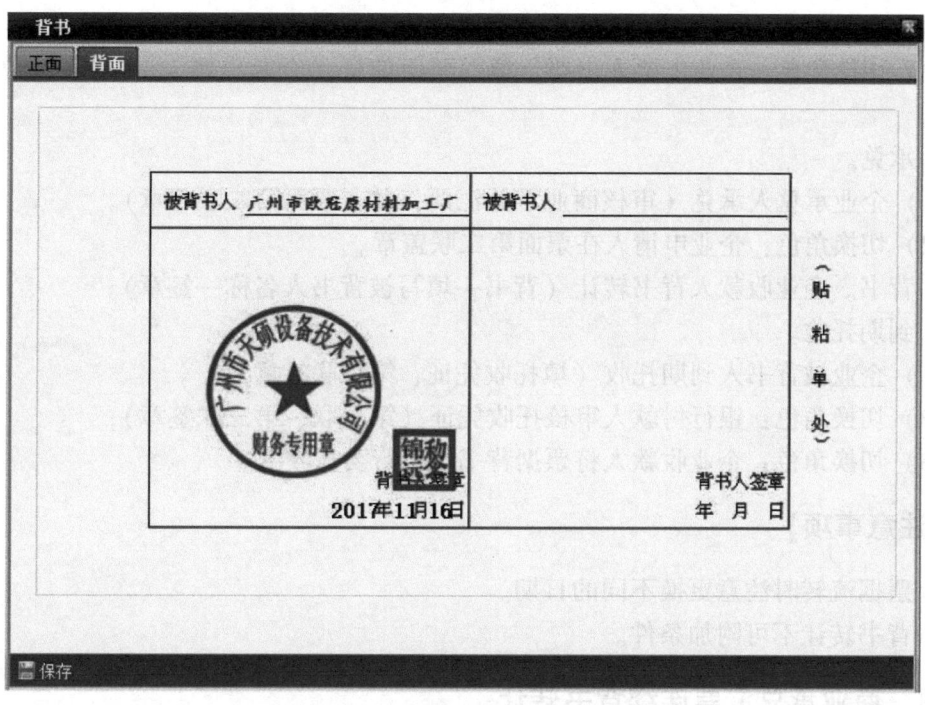

图 2-5-87 背书（企业收款人背书转让）

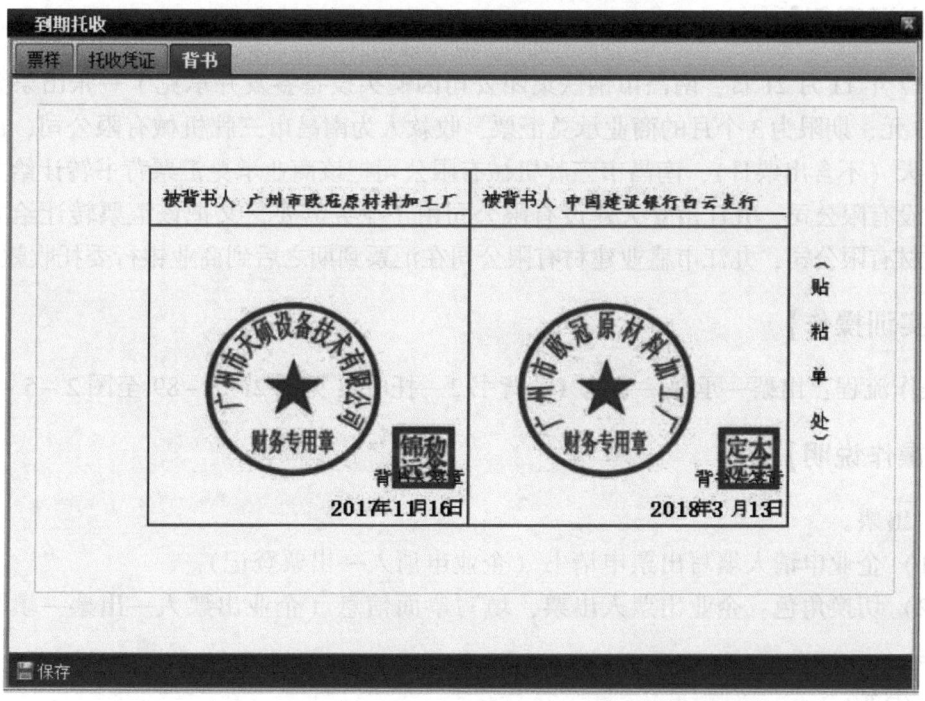

图 2-5-88 到期托收（企业收款人背书给银行委托收款）

(1) 企业申请人填写出票申请书（企业申请人—出票登记）。

(2) 切换角色：企业出票人出票，填写票面信息（企业出票人—出票—填写票面信息）。

2. 承兑。

(1) 企业承兑人承兑（审核商业承兑汇票，并在票面第二联盖章）。

(2) 切换角色：企业申请人在票面第二联盖章。

3. 背书。企业收款人背书转让（背书—填写被背书人名称—签章）。

4. 到期托收。

(1) 企业被背书人到期托收（填托收凭证，第二联签章）；

(2) 切换角色：银行付款人审核托收凭证（第一联、第三联签章）；

(3) 切换角色：企业收款人将票据背书给银行委托收款。

【注意事项】

1. 票据流转时注意更换不同的日期。

2. 背书转让不可附加条件。

四、商业承兑汇票连续背书转让

【实训案例】

2017年11月21日，南昌市钢铁集团公司因购买设备签发并承兑了一张出票金额为1800000元、期限为3个月的商业承兑汇票，收款人为南昌市三牌机械有限公司，出票后的第五天（不含出票日），南昌市三牌机械有限公司把该商业承兑汇票背书转让给九江市立天建设有限公司，九江市立天建设有限公司由于业务需要，又把该汇票转让给九江市盛业建材有限公司，九江市盛业建材有限公司在汇票到期之后到商业银行委托收款。

【实训操作】

操作流程：出票—承兑—背书1—背书2—托收（见图2-5-89至图2-5-91）。

【操作说明】

1. 出票。

(1) 企业申请人填写出票申请书（企业申请人—出票登记）。

(2) 切换角色：企业出票人出票，填写票面信息（企业出票人—出票—填写票面信息）。

2. 承兑。

(1) 企业承兑人承兑（审核商业承兑汇票，并在票面第二联盖章）。

(2) 切换角色：企业申请人在票面第二联盖章。

项目五 商业汇票

图 2-5-89 第一次背书（企业收款人背书转让）

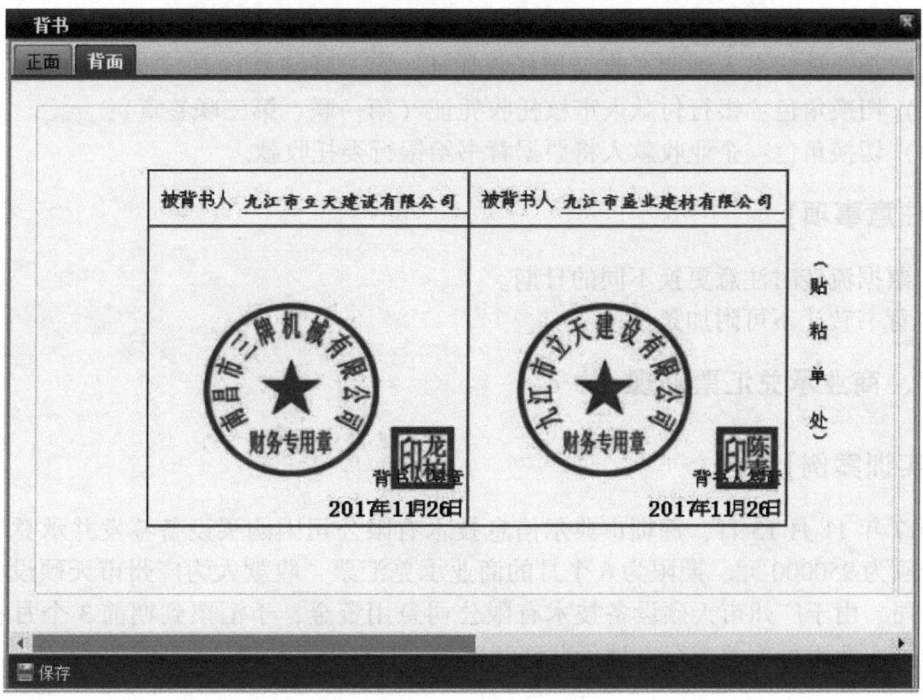

图 2-5-90 第二次背书（企业被背书人背书转让）

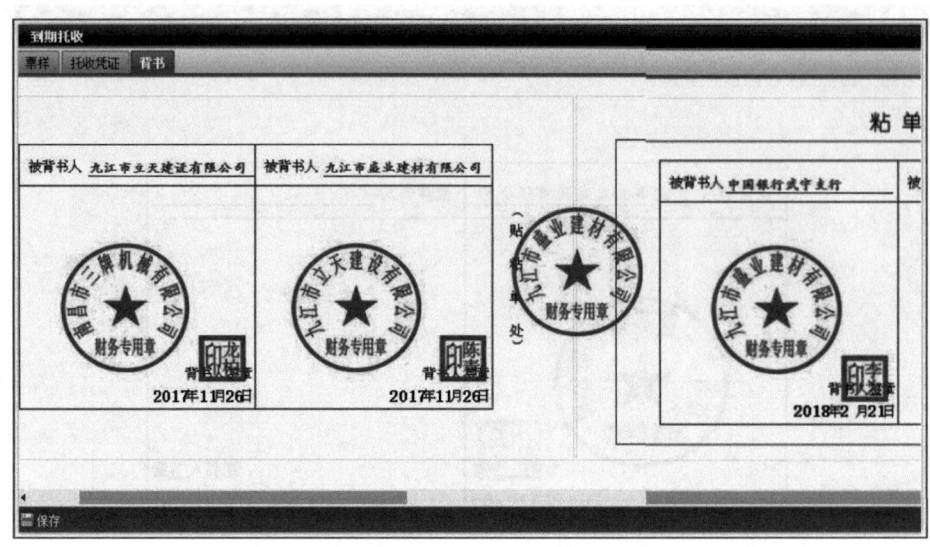

图 2-5-91 到期托收（企业收款人背书给银行委托收款）

3. 背书。
企业收款人第一次背书转让（背书—填写被背书人名称—签章）；
企业收款人第二次背书转让（背书—填写被背书人名称—签章）。
4. 到期托收。
（1）企业被背书人到期托收（填托收凭证，第二联签章）；
（2）切换角色：银行付款人审核托收凭证（第一联、第三联签章）；
（3）切换角色：企业收款人将票据背书给银行委托收款。

【注意事项】

1. 票据流转时注意更换不同的日期。
2. 背书转让不可附加条件。

五、商业承兑汇票贴现

【实训案例】

2017年11月13日，深圳市典尔信息技术有限公司因购买设备签发并承兑了一张出票金额为950000元、期限为6个月的商业承兑汇票，收款人为广州市天硕设备技术有限公司。由于广州市天硕设备技术有限公司急用资金，于汇票到期前3个月将该汇票向中国农业银行梅龙支行办理了贴现利率为6%的票据贴现。

【实训操作】

操作流程：出票—承兑—贴现（见图2-5-92至图2-5-95）。

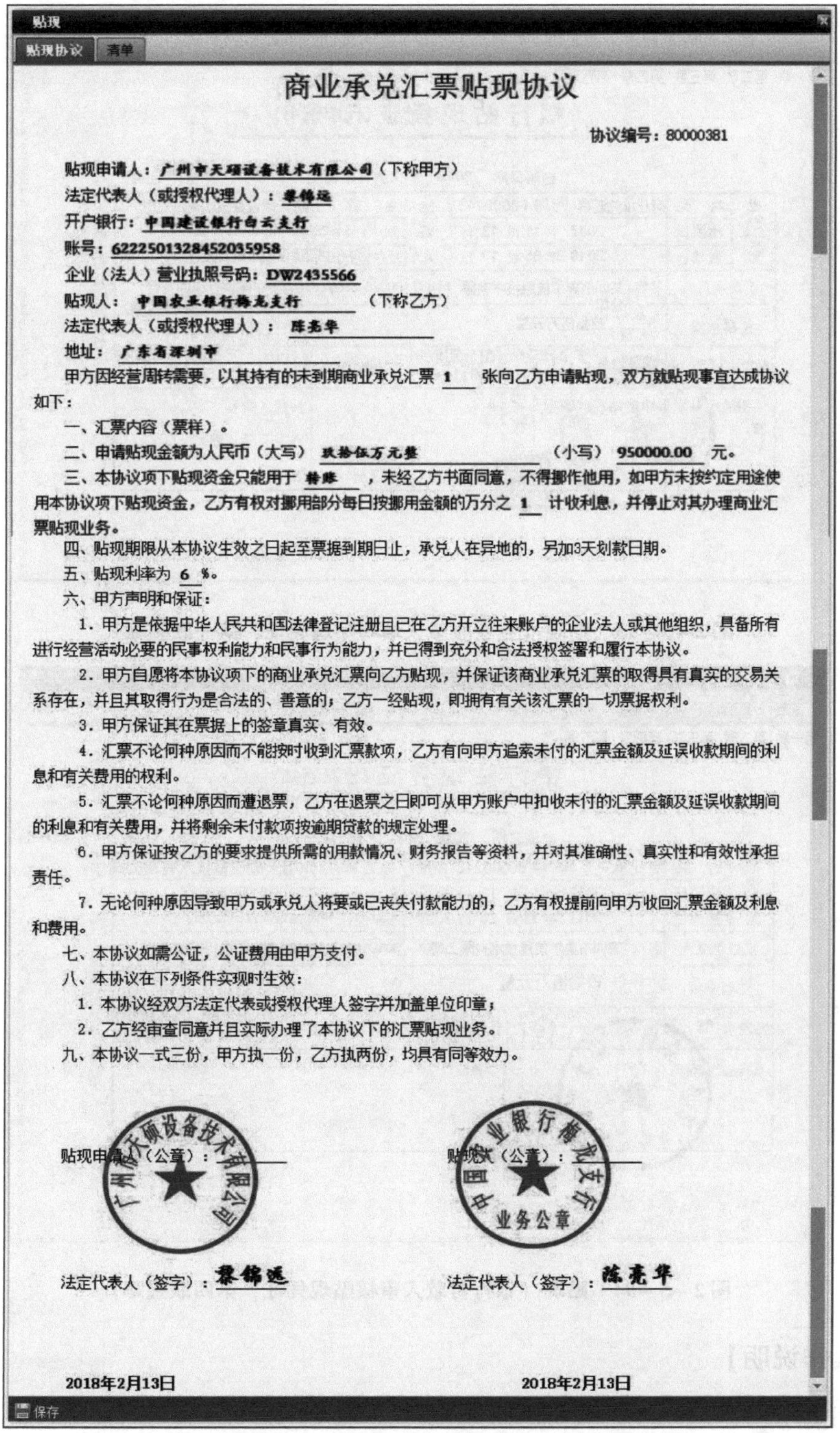

项目五 商业汇票

商业承兑汇票贴现协议

协议编号：80000381

贴现申请人：**广州市天硕设备技术有限公司**（下称甲方）
法定代表人（或授权代理人）：**梁锦远**
开户银行：**中国建设银行白云支行**
账号：**6222501328452035958**
企业（法人）营业执照号码：**DW2435566**
贴现人：**中国农业银行梅龙支行**（下称乙方）
法定代表人（或授权代理人）：**陈亮华**
地址：**广东省深圳市**

甲方因经营周转需要，以其持有的未到期商业承兑汇票 **1** 张向乙方申请贴现，双方就贴现事宜达成协议如下：

一、汇票内容（票样）。
二、申请贴现金额为人民币（大写） **玖拾伍万元整** （小写）**950000.00** 元。
三、本协议项下贴现资金只能用于 **转账** ，未经乙方书面同意，不得挪作他用，如甲方未按约定用途使用本协议项下贴现资金，乙方有权对挪用部分每日按挪用金额的万分之 **1** 计收利息，并停止对其办理商业汇票贴现业务。
四、贴现期限从本协议生效之日起至票据到期日止，承兑人在异地的，另加3天划款日期。
五、贴现利率为 **6** %。
六、甲方声明和保证：
　　1. 甲方是依据中华人民共和国法律登记注册且已在乙方开立往来账户的企业法人或其他组织，具备所有进行经营活动必要的民事权利能力和民事行为能力，并已得到充分和合法授权签署和履行本协议。
　　2. 甲方自愿将本协议项下的商业承兑汇票向乙方贴现，并保证该商业承兑汇票的取得具有真实的交易关系存在，并且其取得行为是合法的、善意的；乙方一经贴现，即拥有有关该汇票的一切票据权利。
　　3. 甲方保证其在票据上的签章真实、有效。
　　4. 汇票不论何种原因而不能按时收到汇票款项，乙方有向甲方追索未付的汇票金额及延误收款期间的利息和有关费用的权利。
　　5. 汇票不论何种原因而遭退票，乙方在退票之日即可从甲方账户中扣收未付的汇票金额及延误收款期间的利息和有关费用，并将剩余未付款项按逾期贷款的规定处理。
　　6. 甲方保证按乙方的要求提供所需的用款情况、财务报告等资料，并对其准确性、真实性和有效性承担责任。
　　7. 无论何种原因导致甲方或承兑人将要或已丧失付款能力的，乙方有权提前向甲方收回汇票金额及利息和费用。
七、本协议如需公证，公证费用由甲方支付。
八、本协议在下列条件实现时生效：
　　1. 本协议经双方法定代表或授权代理人签字并加盖单位印章。
　　2. 乙方经审查同意并且实际办理了本协议下的汇票贴现业务。
九、本协议一式三份，甲方执一份，乙方执两份，均具有同等效力。

贴现申请人（公章）：　　　　　　　　贴现人（公章）：

法定代表人（签字）：**梁锦远**　　　　法定代表人（签字）：**陈亮华**

2018年2月13日　　　　　　　　　　　　2018年2月13日

图 2-5-92 贴现（银企双方签订贴现协议）

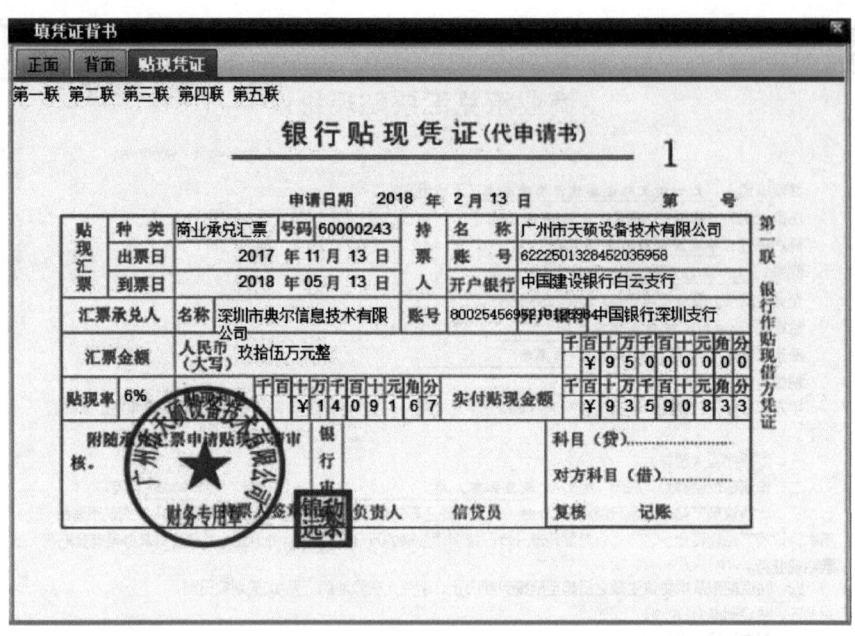

图2-5-93 贴现（企业收款人填写贴现凭证，第一联签章）

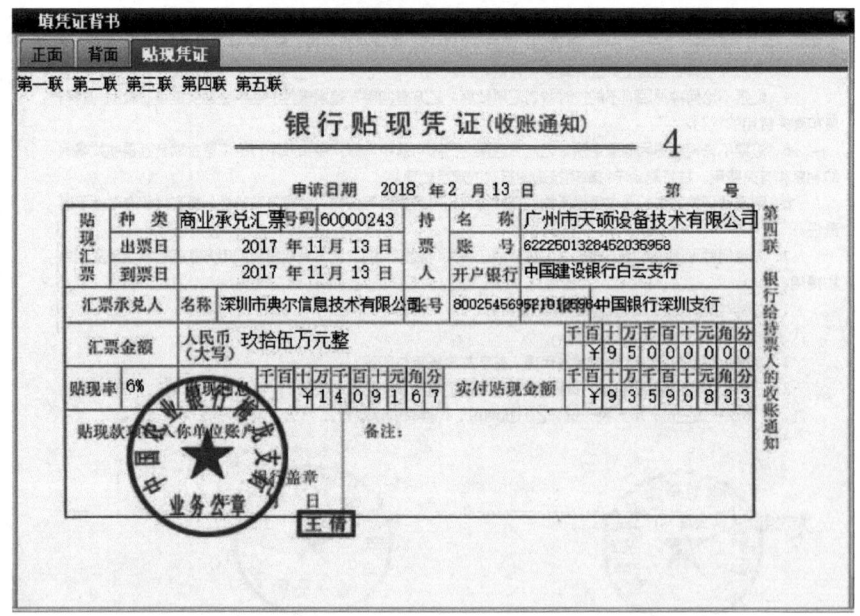

图2-5-94 贴现（银行付款人审核贴现凭证，第四联签章）

【操作说明】

1. 出票。

（1）企业申请人填写出票申请书（企业申请人—出票登记）。

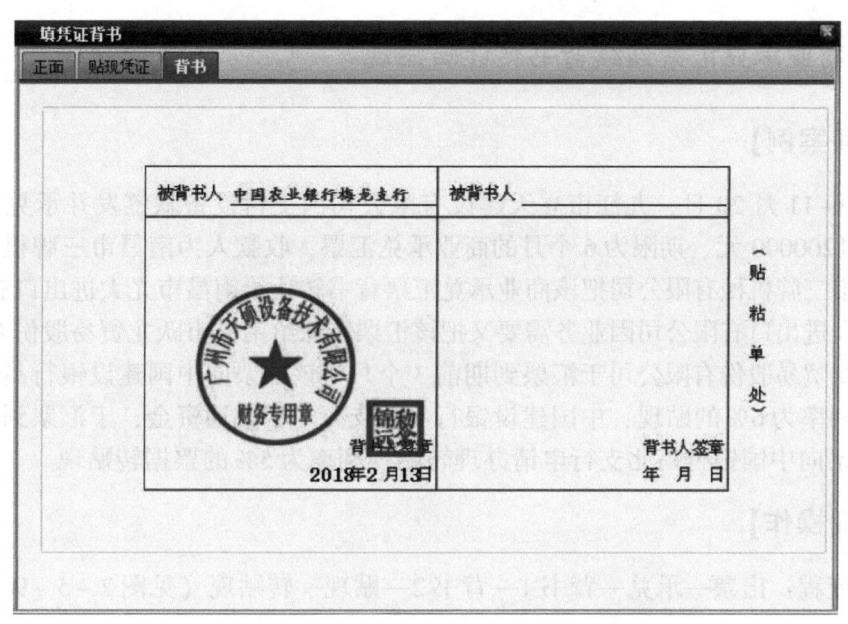

图 2-5-95　贴现（企业收款人背书给银行付款人）

（2）切换角色：企业出票人出票，填写票面信息（企业出票人—出票—填写票面信息）。

2. 承兑。

（1）企业承兑人承兑（审核商业承兑汇票，并在票面第二联盖章）。

（2）切换角色：企业申请人在票面第二联盖章。

3. 贴现。

（1）企业收款人填写贴现协议（企业收款人—贴现—填写贴现协议、在"贴现申请人"处签章）。

（2）切换角色：银行付款人审核贴现协议，并在"贴现人"处签章。

（3）切换角色：企业收款人在买断式贴现项下，填写贴现凭证，并在第一联、第四联签章。

贴现利息计算公式：

$$贴现利息 = 票面金额 \times 年利率（\%） \times \frac{贴现时间}{360}$$

其中，贴现时间 = 汇票到期日 - 贴现日。

（4）切换角色：银行付款人在贴现凭证第四联签章。

（5）切换角色：企业收款人做背书操作，将票据背书转让给银行付款人。

【注意事项】

1. 票据流转时注意更换不同的日期。
2. 背书转让不可附加条件。

六、商业承兑汇票连续背书转让转贴现

【实训案例】

2017年11月20日,九江市立天建设有限公司因支付设备款签发并承兑了一张出票金额为1200000元、期限为6个月的商业承兑汇票,收款人为南昌市三牌机械有限公司。南昌市三牌机械有限公司把该商业承兑汇票背书转让给南昌市光大进出口有限公司,南昌市光大进出口有限公司因业务需要又把该汇票转让给南昌市跃龙贸易股份有限公司,南昌市跃龙贸易股份有限公司于汇票到期前3个月将该汇票向中国建设银行昌北支行办理了贴现利率为6%的贴现,中国建设银行昌北支行为了融通资金,于汇票到期前2个月将该汇票向中国银行昌北支行申请办理转贴现利率为5%的票据转贴现。

【实训操作】

操作流程:出票—承兑—背书1—背书2—贴现—转贴现(见图2-5-96至图2-5-99)。

【操作说明】

1. 出票。
(1)企业申请人填写出票申请书(企业申请人—出票登记)。
(2)切换角色:企业出票人出票,填写票面信息(企业出票人—出票—填写票面信息)。
2. 承兑。
(1)企业承兑人承兑(审核商业承兑汇票,并在票面第二联盖章)。
(2)切换角色:企业申请人在票面第二联盖章。
3. 背书。
企业收款人第一次背书转让(背书—填写被背书人名称—签章);
企业收款人第二次背书转让(背书—填写被背书人名称—签章)。
4. 贴现。
(1)企业收款人填写贴现协议(企业收款人—贴现—填写贴现协议、在"贴现申请人"处签章)。
(2)切换角色:银行付款人审核贴现协议,并在"贴现人"处签章。
(3)切换角色:企业收款人在买断式贴现项下,填写贴现凭证,并在第一联、第四联签章。

贴现利息计算公式:

$$贴现利息 = 票面金额 \times 年利率(\%) \times \frac{贴现时间}{360}$$

其中,贴现时间=汇票到期日-贴现日。

项目五　商业汇票

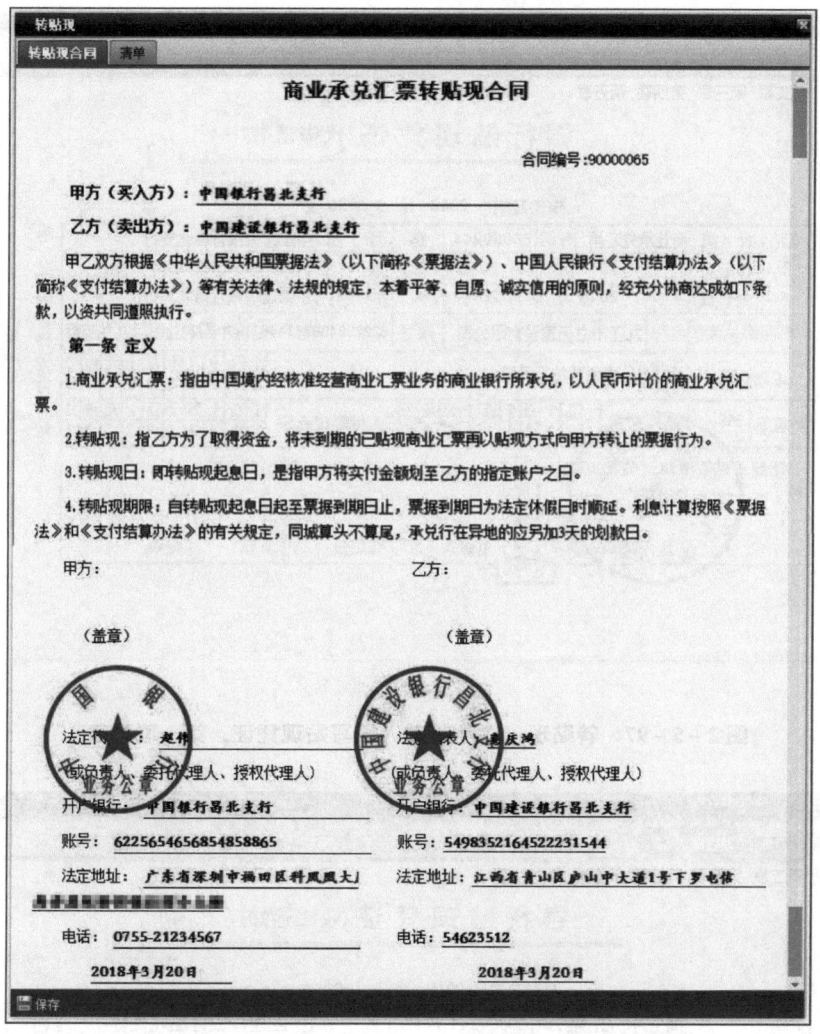

图 2-5-96　转贴现（银行甲乙双方签订转贴现协议）

（4）切换角色：银行付款人在贴现凭证第四联签章。

（5）切换角色：企业收款人做背书操作，将票据背书转让给银行付款人。

5. 转贴现。

（1）银行收款人填写转贴现协议（银行收款人—转贴现—填写转贴现协议、在"乙方"处签章）。

（2）切换角色：银行付款人审核贴现协议，并在"甲方"处签章。

（3）切换角色：银行收款人（乙方）在买断式转贴现项下，填写贴现凭证，并在第一联、第四联签章。

转贴现利息计算公式：

$$转贴现利息 = 票面金额 \times 年利率（\%） \times \frac{转贴现时间}{360}$$

411

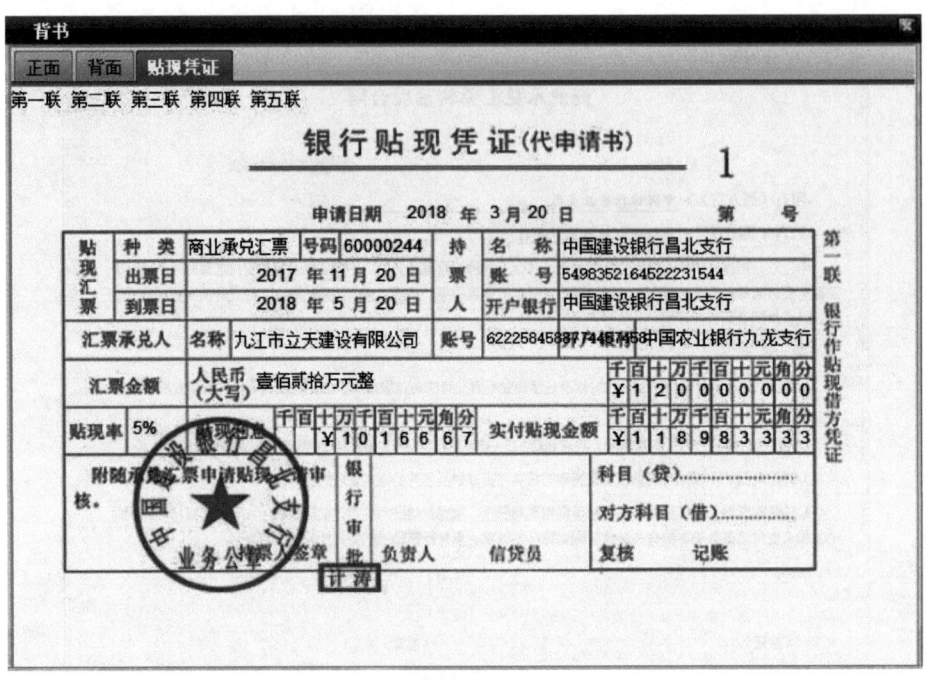

图 2–5–97 转贴现（企业收款人填写贴现凭证，第一联签章）

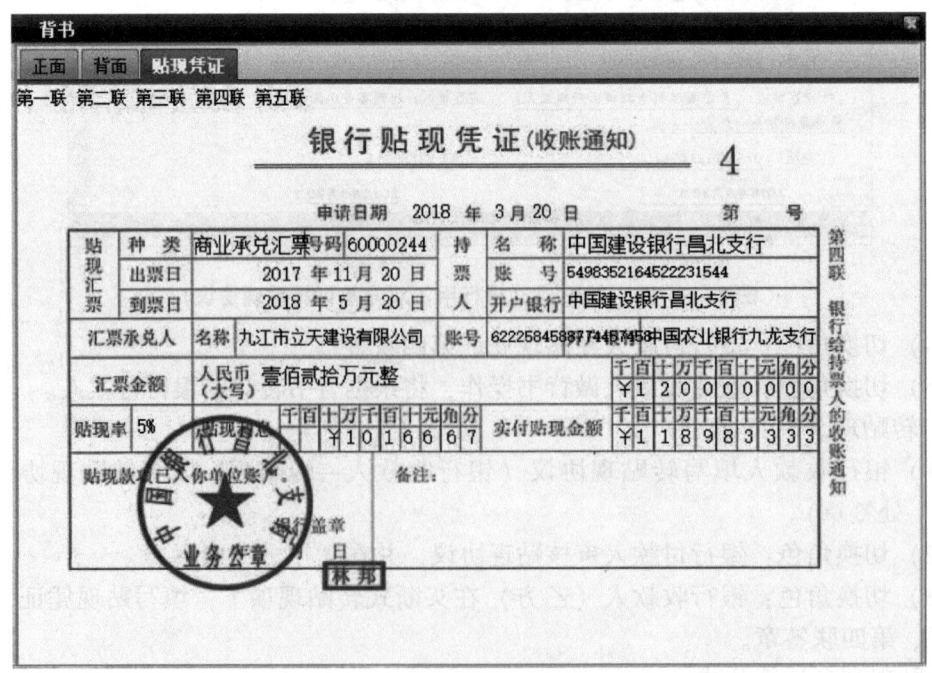

图 2–5–98 转贴现（银行付款人审核贴现凭证，第四联签章）

图 2-5-99 转贴现（企业收款人背书给银行付款人）

其中，转贴现时间 = 汇票到期日 - 转贴现日。

(4) 切换角色：银行付款人（甲方）在贴现凭证第四联签章。

(5) 切换角色：企业收款人（乙方）做背书操作，将票据背书转让给银行付款人。

【注意事项】

1. 票据流转时注意更换不同的日期。
2. 背书转让不可附加条件。

七、商业承兑汇票背书后赎回式转贴现

【实训案例】

九江市盛业建材有限公司向广州市欧冠原材料加工厂采购了一批原材料，货款总计为 900000 元，根据双方已签订商品购销合同约定采用商业承兑汇票进行结算。2017 年 11 月 13 日，九江市盛业建材有限公司签发了一张期限为 6 个月的商业承兑汇票，并于承兑后将汇票提交给广州市欧冠原材料加工厂。4 天后，广州市欧冠原材料加工厂把该商业承兑汇票背书转让给广州市五环彩印有限公司，广州市五环彩印有限公司于汇票到期前 3 个月将该汇票向中国建设银行白云支行办理了贴现利率为 6% 的票据贴现，中国建设银行白云支行为了融通资金，将该商业承兑汇票于到期前 2 个月向中国农业银行白云支行办理了转贴现利率为 5% 的票据转贴现，并约定在 45 天后赎回该商业承兑汇票。

【实训操作】

操作流程：出票—承兑—背书—贴现—转贴现—回购（见图 2-5-100 至图 2-5-112）。

图 2–5–100 出票（企业出票人填写票面信息，第一联盖章）

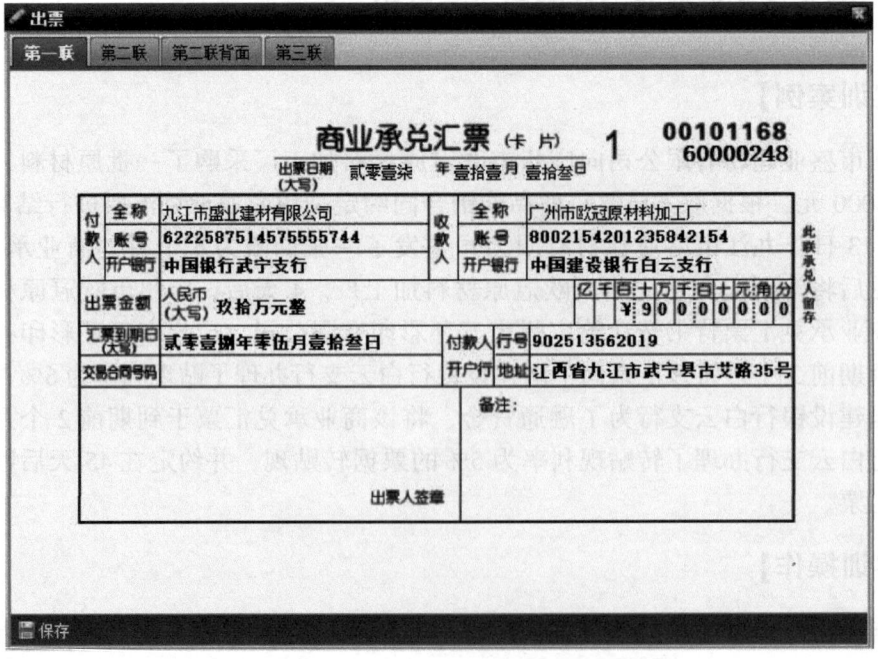

图 2–5–101 出票（企业出票人填写票面信息）

项目五 商业汇票

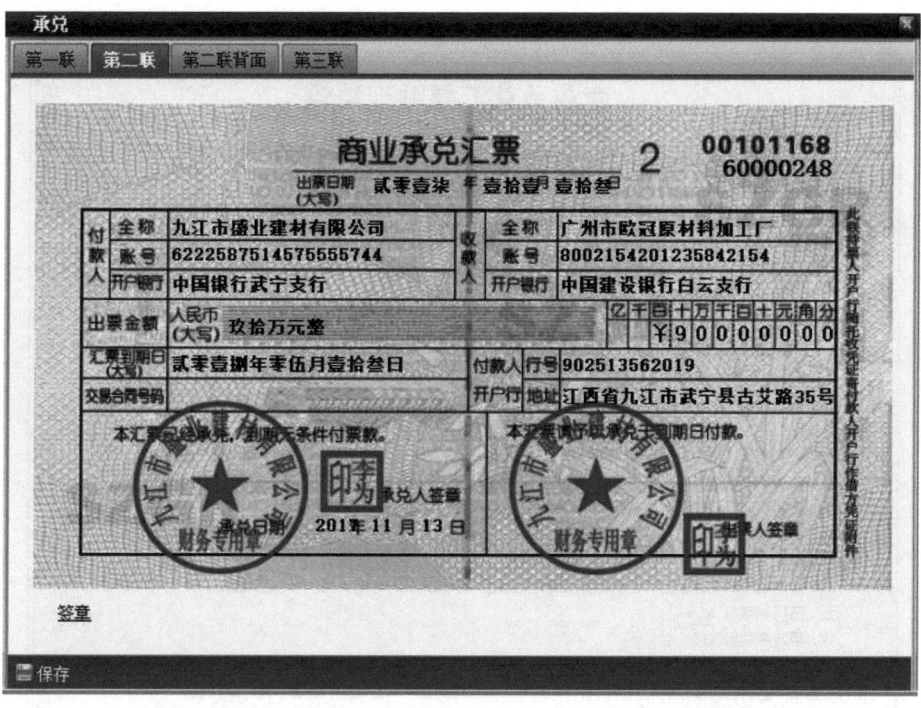

图 2-5-102 承兑（企业申请人、企业承兑人双方票面签章）

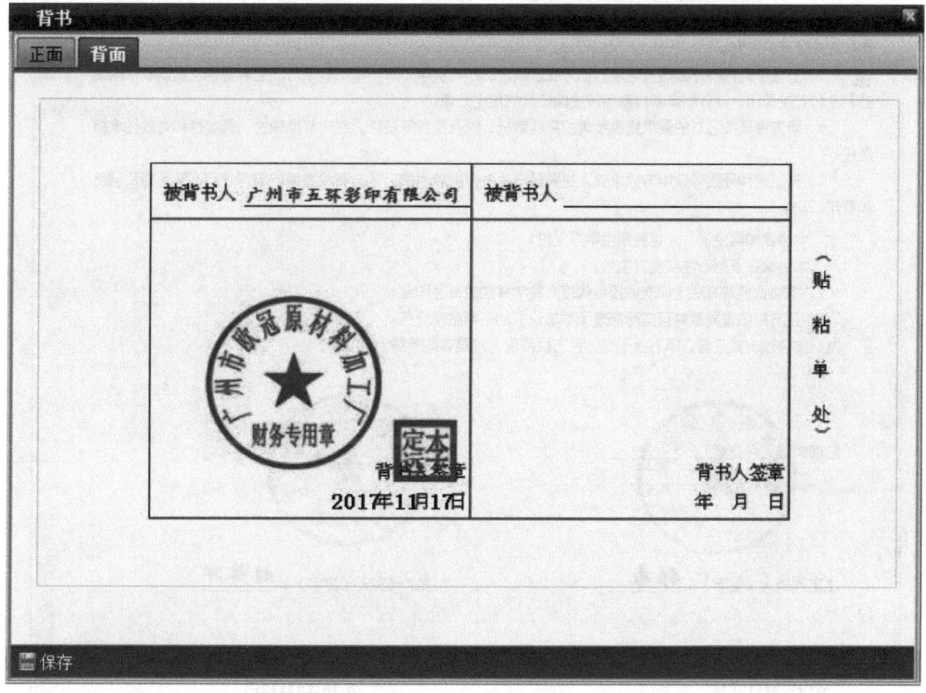

图 2-5-103 背书（企业收款人背书转让）

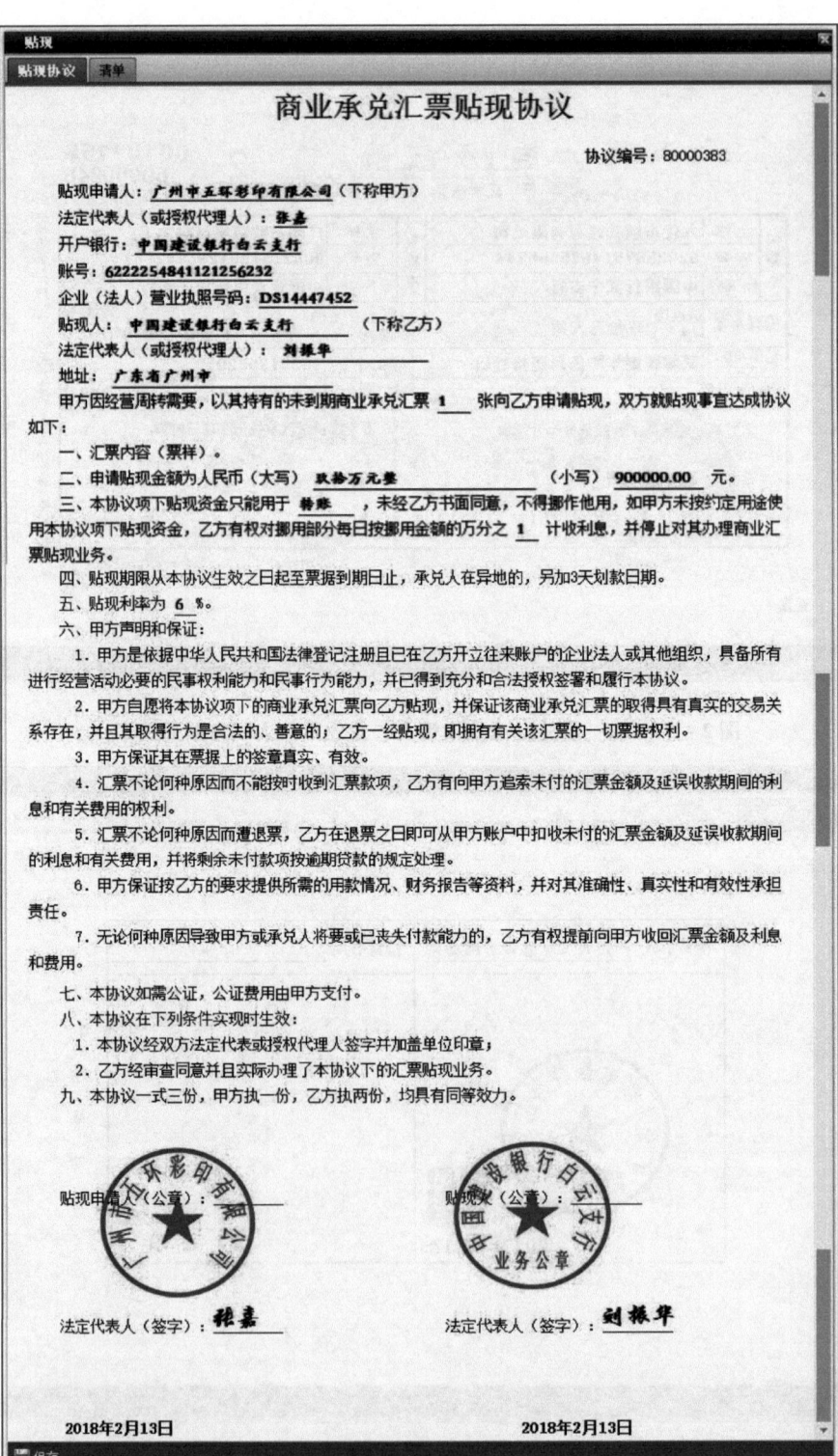

图2-5-104 贴现(银企双方签订贴现协议)

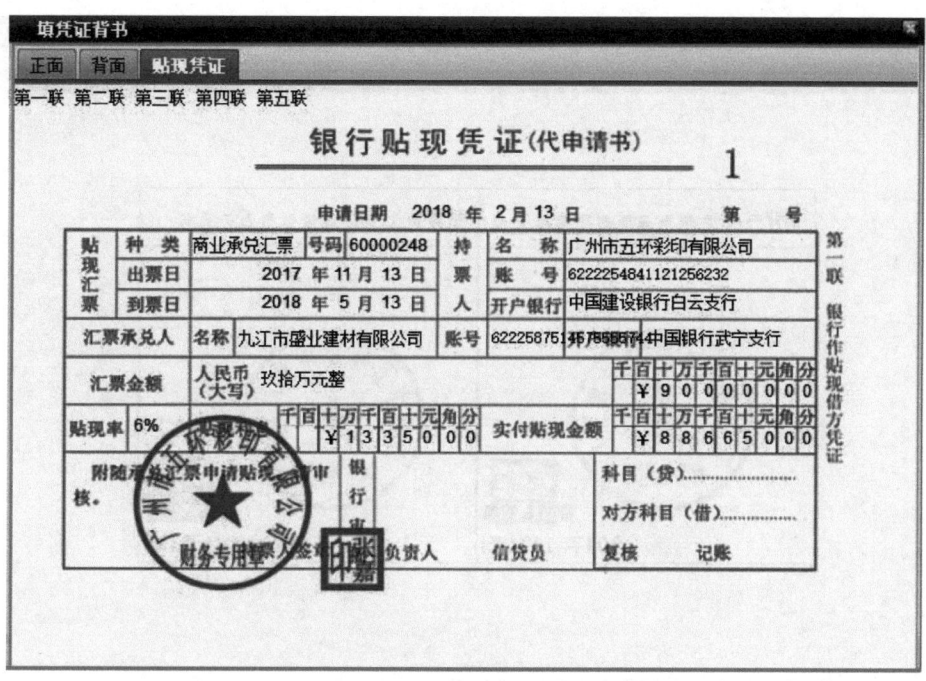

图 2-5-105 贴现（企业收款人填写贴现凭证，第一联签章）

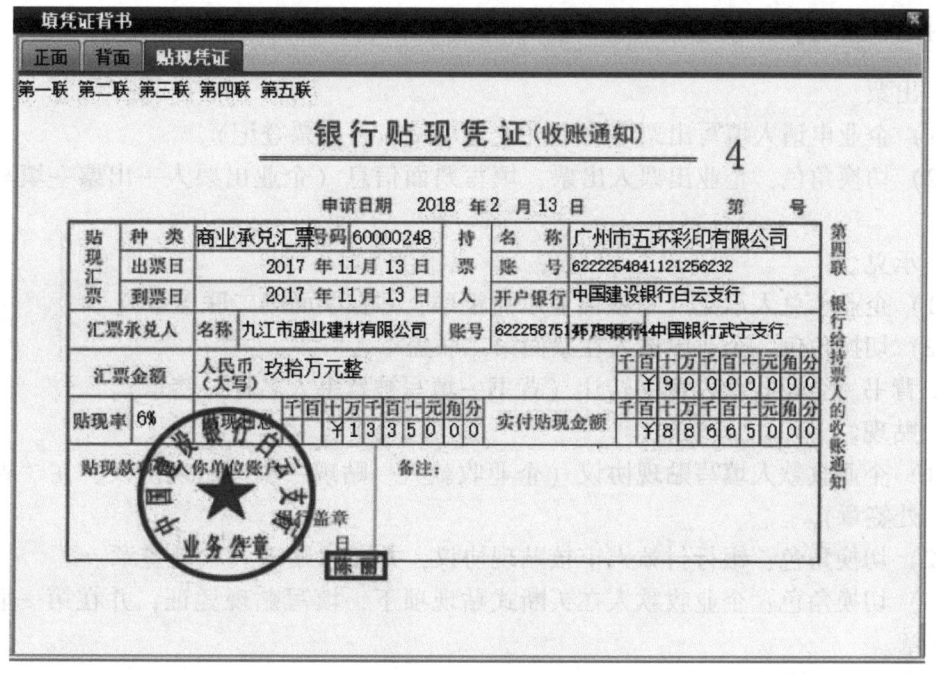

图 2-5-106 贴现（银行付款人审核贴现凭证，第四联签章）

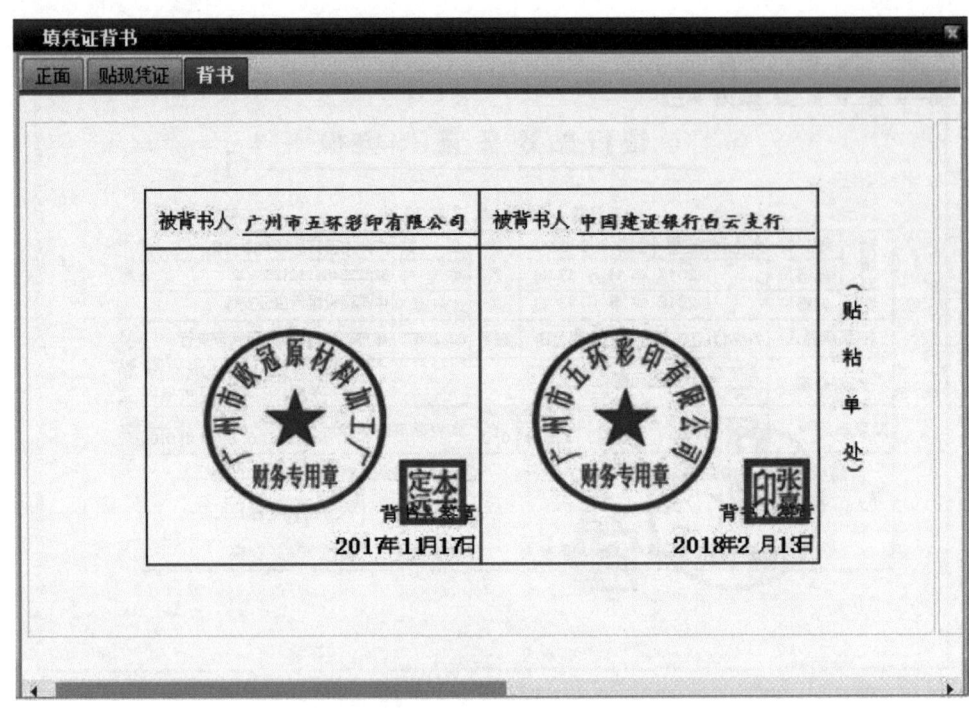

图 2-5-107 贴现（企业收款人背书给银行付款人）

【操作说明】

1. 出票。

（1）企业申请人填写出票申请书（企业申请人—出票登记）。

（2）切换角色：企业出票人出票，填写票面信息（企业出票人—出票—填写票面信息）。

2. 承兑。

（1）企业承兑人承兑（审核商业承兑汇票，并在票面第二联盖章）。

（2）切换角色：企业申请人在票面第二联盖章。

3. 背书。企业收款人背书转让（背书—填写被背书人名称—签章）。

4. 贴现。

（1）企业收款人填写贴现协议（企业收款人—贴现—填写贴现协议、在"贴现申请人"处签章）。

（2）切换角色：银行付款人审核贴现协议，并在"贴现人"处签章。

（3）切换角色：企业收款人在买断式贴现项下，填写贴现凭证，并在第一联、第四联签章。

贴现利息计算公式：

$$贴现利息 = 票面金额 \times 年利率（\%） \times \frac{贴现时间}{360}$$

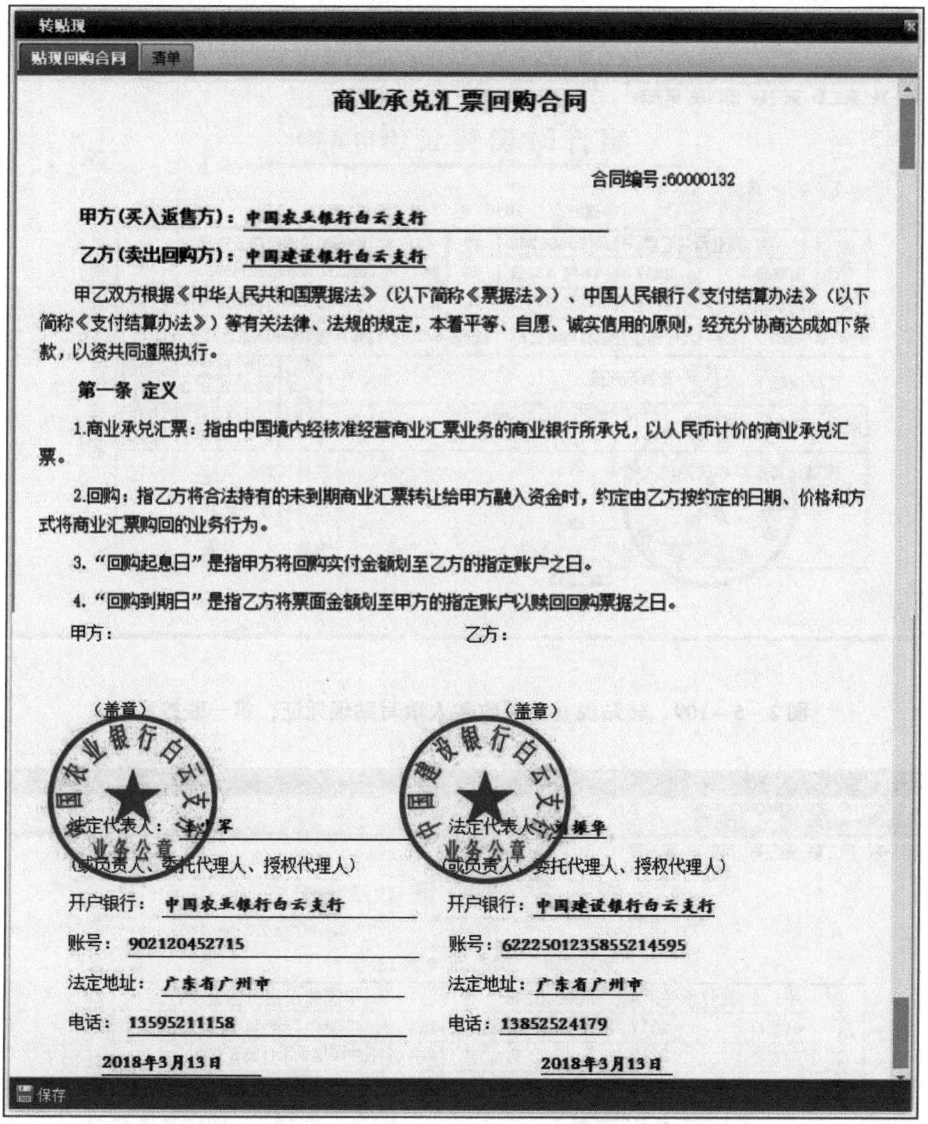
转贴现

贴现回购合同　清单

商业承兑汇票回购合同

合同编号:60000132

甲方(买入返售方)：中国农业银行白云支行

乙方(卖出回购方)：中国建设银行白云支行

甲乙双方根据《中华人民共和国票据法》(以下简称《票据法》)、中国人民银行《支付结算办法》(以下简称《支付结算办法》)等有关法律、法规的规定，本着平等、自愿、诚实信用的原则，经充分协商达成如下条款，以资共同遵照执行。

第一条　定义

1.商业承兑汇票：指由中国境内经核准经营商业汇票业务的商业银行所承兑，以人民币计价的商业承兑汇票。

2.回购：指乙方将合法持有的未到期商业汇票转让给甲方融入资金时，约定由乙方按约定的日期、价格和方式将商业汇票购回的业务行为。

3.“回购起息日”是指甲方将回购实付金额划至乙方的指定账户之日。

4.“回购到期日”是指乙方将票面金额划至甲方的指定账户以赎回回购票据之日。

甲方：	乙方：
(盖章)	(盖章)
法定代表人：李军	法定代表人：刘振华
(或负责人、委托代理人、授权代理人)	(或负责人、委托代理人、授权代理人)
开户银行：中国农业银行白云支行	开户银行：中国建设银行白云支行
账号：902120452715	账号：6222501235855214595
法定地址：广东省广州市	法定地址：广东省广州市
电话：13595211158	电话：13852524179
2018年3月13日	2018年3月13日

保存

图 2-5-108　转贴现（银行甲乙双方签订转贴现协议）

其中，贴现时间 = 汇票到期日 - 贴现日。

（4）切换角色：银行付款人在贴现凭证第四联签章。

（5）切换角色：企业收款人做背书操作，将票据背书转让给银行付款人。

5. 转贴现。

（1）银行收款人填写转贴现协议（银行收款人—转贴现—填写转贴现协议、在“乙方”处签章)。

（2）切换角色：银行付款人审核贴现协议，并在“甲方”处签章。

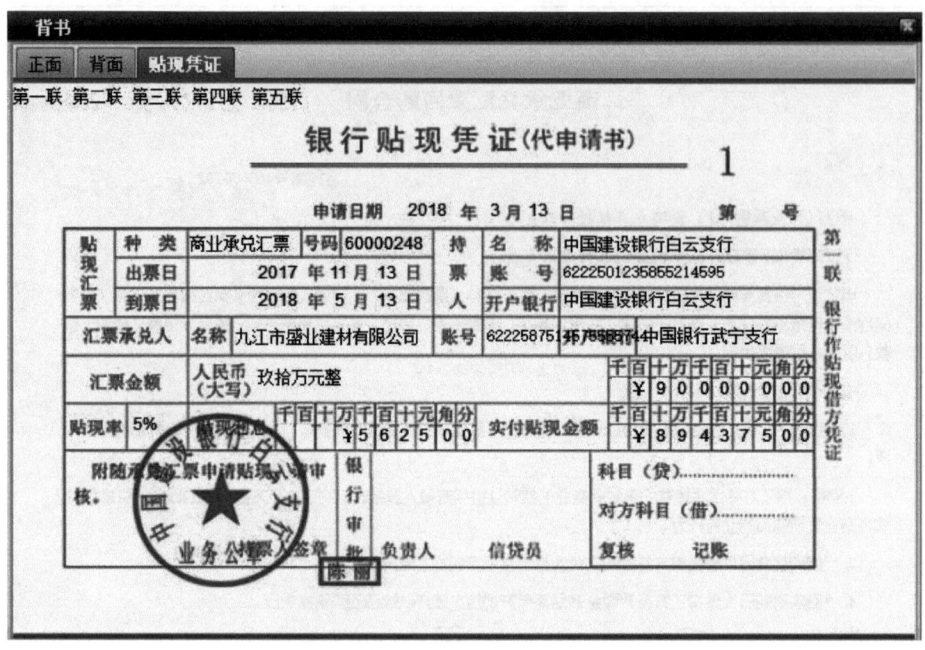

图 2–5–109　转贴现（企业收款人填写贴现凭证，第一联签章）

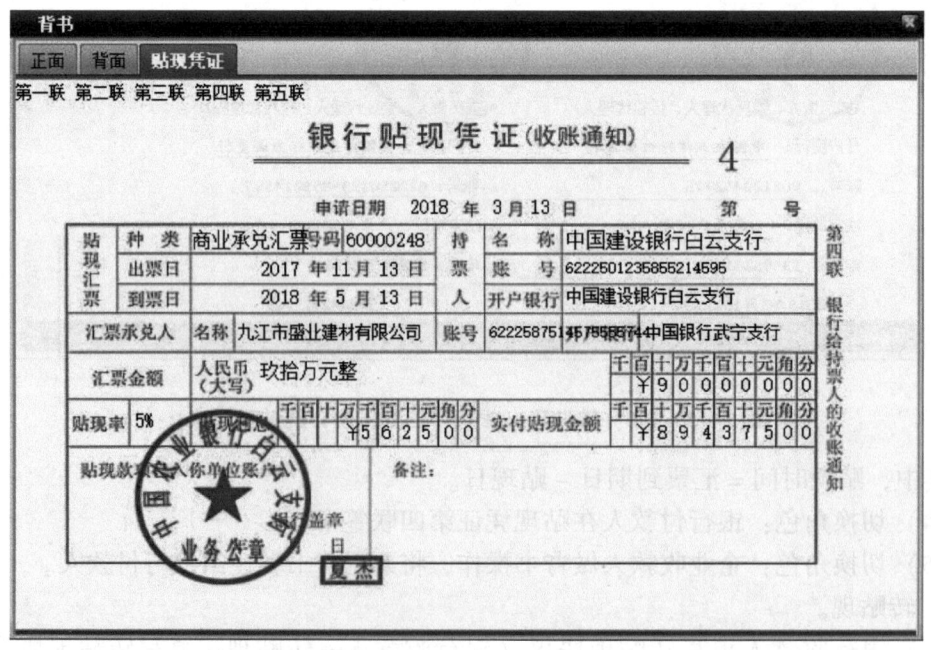

图 2–5–110　转贴现（银行付款人审核贴现凭证，第四联签章）

图 2-5-111 回购（申请回购日期）

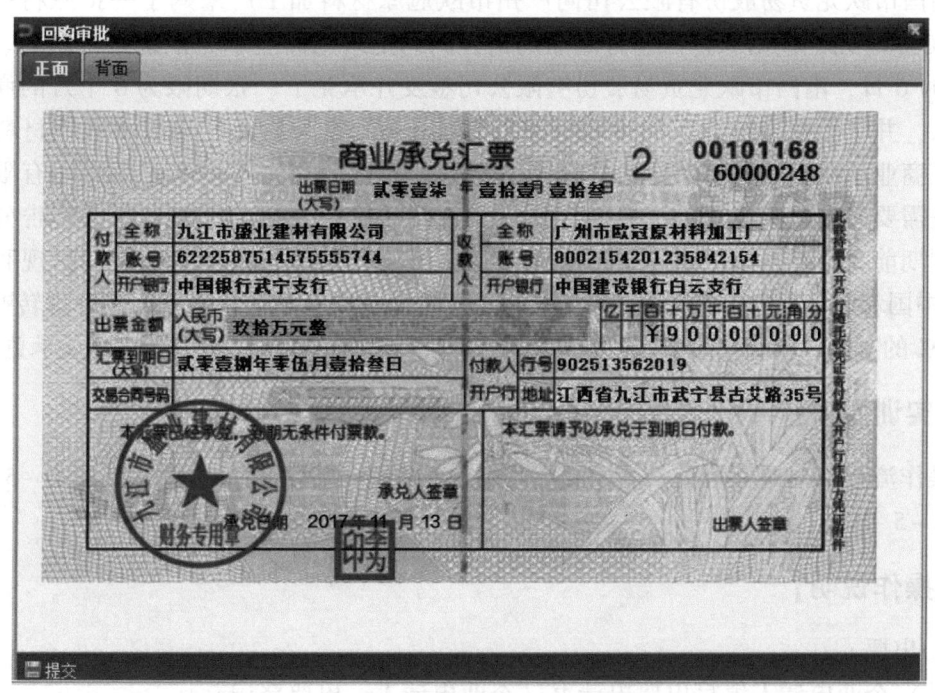

图 2-5-112 回购（回购审批）

（3）切换角色：银行收款人（乙方）在买断式转贴现项下，填写贴现凭证，并在第一联、第四联签章。

转贴现利息计算公式：

$$转贴现利息 = 票面金额 \times 年利率（\%）\times \frac{转贴现时间}{360}$$

其中，转贴现时间 = 汇票到期日 - 转贴现日。

（4）切换角色：银行付款人（甲方）在贴现凭证第四联签章。

6. 回购。
(1) 企业收款人回购申请（切换回购日期）。
(2) 切换角色：银行付款人进行回购审批，并在票面第二联签章。

【注意事项】

1. 票据流转时注意更换不同的日期。
2. 背书转让不可附加条件。

八、商业承兑汇票连续背书后赎回式转贴现

【实训案例】

南昌市跃龙贸易股份有限公司向广州市欧冠原材料加工厂采购了一批原材料，总价为 500000 元，根据双方已签订商品购销合同约定采用商业承兑汇票进行结算。2017 年 11 月 6 日，南昌市跃龙贸易股份有限公司签发并承兑了一张期限为 6 个月的商业承兑汇票，并将汇票交付给广州市欧冠原材料加工厂，6 天后，广州市欧冠原材料加工厂把该商业承兑汇票背书转让给广州市五环彩印有限公司，广州市五环彩印有限公司因业务需要又把该商业承兑汇票转让给广州市图派广告公司，广州市图派广告公司于汇票到期前 3 个月将该汇票向中国农业银行白云支行办理了买断式贴现，贴现利率为 6%，中国农业银行白云支行为了融通资金，于汇票到期前 2 个月将该汇票办理转贴现利率为 5% 的赎回式转贴现给中国建设银行白云支行，并在 60 天后赎回了该商业承兑汇票。

【实训操作】

操作流程：出票—承兑—背书 1—背书 2—贴现—转贴现—回购（见图 2-5-113 至图 2-5-117）。

【操作说明】

1. 出票。
(1) 企业申请人填写出票申请书（企业申请人—出票登记）。
(2) 切换角色：企业出票人出票，填写票面信息（企业出票人—出票—填写票面信息）。
2. 承兑。
(1) 企业承兑人承兑（审核商业承兑汇票，并在票面第二联盖章）。
(2) 切换角色：企业申请人在票面第二联盖章。
3. 背书。
企业收款人第一次背书转让（背书—填写被背书人名称—签章）；
企业被背书人第二次背书转让（背书—填写被背书人名称—签章）。

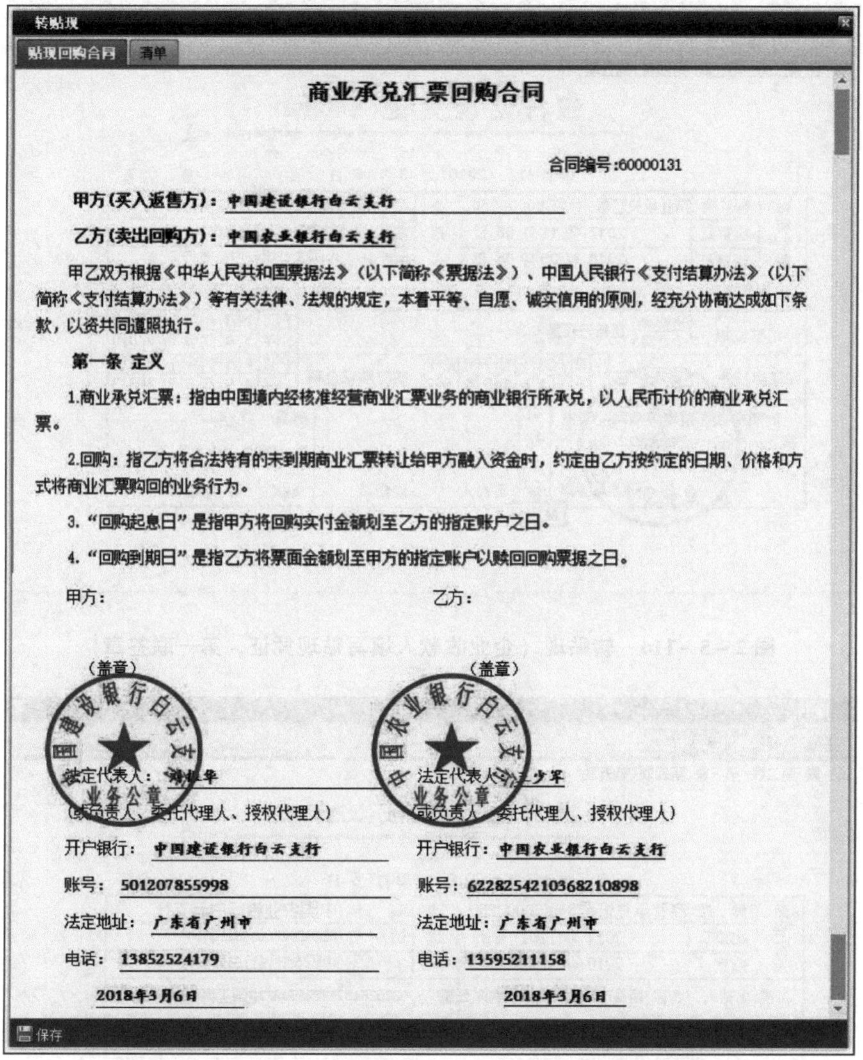

转贴现

贴现回购合同　清单

商业承兑汇票回购合同

合同编号:60000131

甲方(买入返售方)：中国建设银行白云支行

乙方(卖出回购方)：中国农业银行白云支行

甲乙双方根据《中华人民共和国票据法》(以下简称《票据法》)、中国人民银行《支付结算办法》(以下简称《支付结算办法》)等有关法律、法规的规定，本着平等、自愿、诚实信用的原则，经充分协商达成如下条款，以资共同遵照执行。

第一条 定义

1.商业承兑汇票：指由中国境内经核准经营商业汇票业务的商业银行所承兑，以人民币计价的商业承兑汇票。

2.回购：指乙方将合法持有的未到期商业汇票转让给甲方融入资金时，约定由乙方按约定的日期、价格和方式将商业汇票购回的业务行为。

3. "回购起息日"是指甲方将回购实付金额划至乙方的指定账户之日。

4. "回购到期日"是指乙方将票面金额划至甲方的指定账户以赎回回购票据之日。

甲方：

(盖章)

中国建设银行白云支行业务公章

法定代表人：谭振华

(或负责人、委托代理人、授权代理人)

开户银行：中国建设银行白云支行

账号：501207855998

法定地址：广东省广州市

电话：13852524179

2018年3月6日

乙方：

(盖章)

中国农业银行白云支行业务公章

法定代表人：王少军

(或负责人、委托代理人、授权代理人)

开户银行：中国农业银行白云支行

账号：6228254210368210898

法定地址：广东省广州市

电话：13595211158

2018年3月6日

保存

图2－5－113　转贴现（银行甲乙双方签订转贴现协议）

4. 贴现。

（1）企业收款人填写贴现协议（企业收款人—贴现—填写贴现协议、在“贴现申请人”处签章）。

（2）切换角色：银行付款人审核贴现协议，并在“贴现人”处签章。

（3）切换角色：企业收款人在买断式贴现项下，填写贴现凭证，并在第一联、第四联签章。

贴现利息计算公式：

$$贴现利息=票面金额\times年利率（\%）\times\frac{贴现时间}{360}$$

其中，贴现时间＝汇票到期日－贴现日。

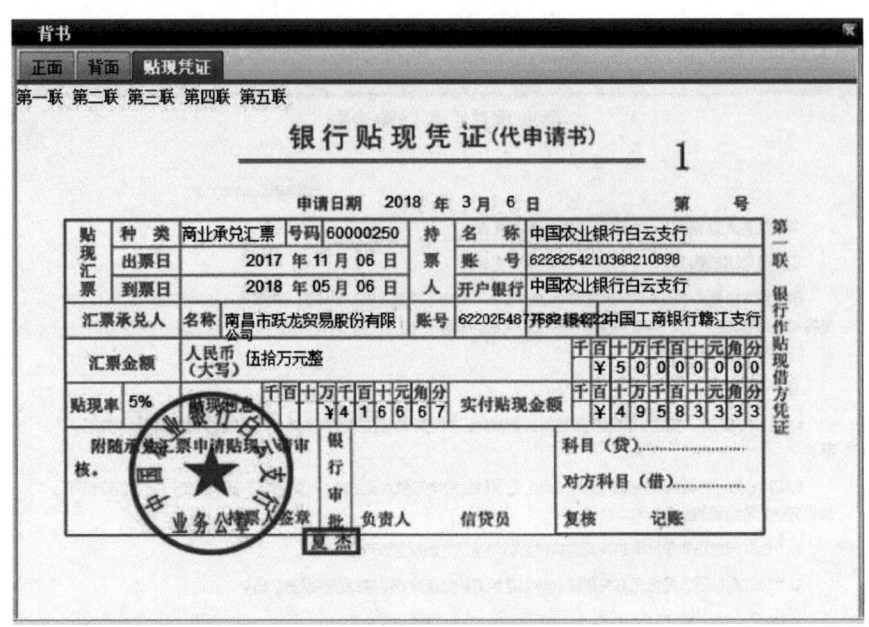

图 2-5-114 转贴现（企业收款人填写贴现凭证，第一联签章）

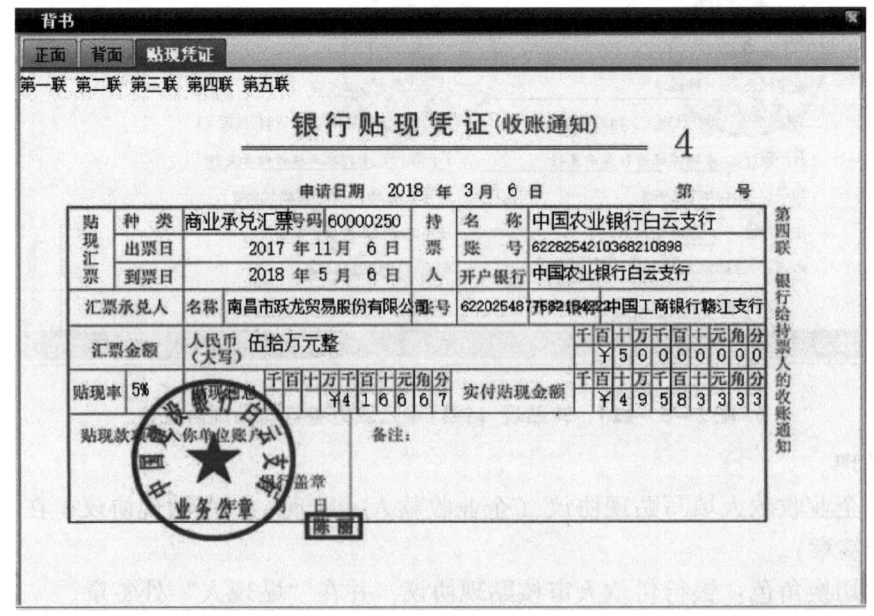

图 2-5-115 转贴现（银行付款人审核贴现凭证，第四联签章）

（4）切换角色：银行付款人在贴现凭证第四联签章。

（5）切换角色：企业收款人做背书操作，将票据背书转让给银行付款人。

5. 转贴现。

（1）银行收款人填写转贴现协议（银行收款人—转贴现—填写转贴现协议、在

图 2-5-116 回购（申请回购日期）

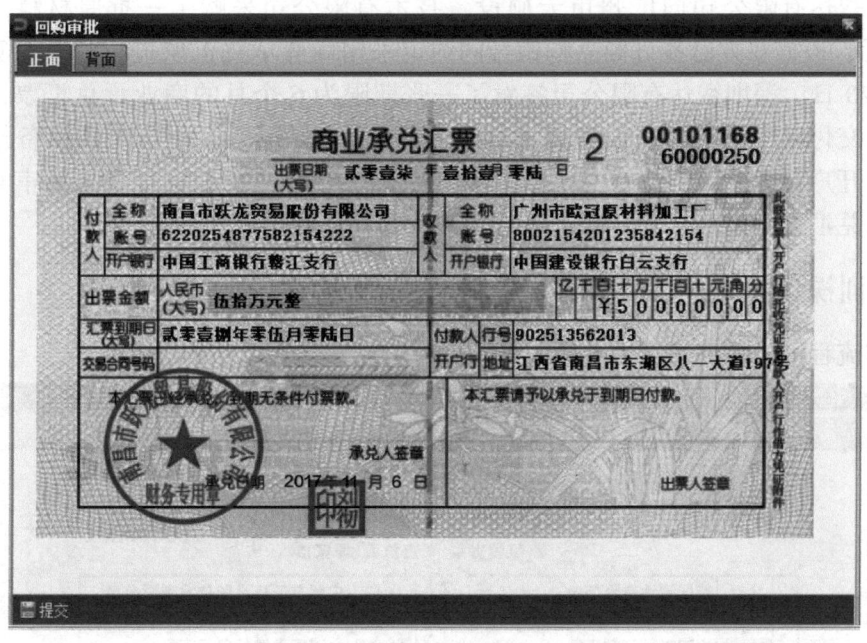

图 2-5-117 回购（回购审批）

"乙方"处签章）。

（2）切换角色：银行付款人审核贴现协议，并在"甲方"处签章。

（3）切换角色：银行收款人（乙方）在买断式转贴现项下，填写贴现凭证，并在第一联、第四联签章。

转贴现利息计算公式：

$$转贴现利息 = 票面金额 \times 年利率（\%） \times \frac{转贴现时间}{360}$$

其中，转贴现时间 = 汇票到期日 - 转贴现日。

（4）切换角色：银行付款人（甲方）在贴现凭证第四联签章。

6. 回购。

(1) 企业收款人回购申请（切换回购日期）。

(2) 切换角色：银行付款人进行回购审批，并在票面第二联签章。

【注意事项】

1. 票据流转时注意更换不同的日期。
2. 背书转让不可附加条件。

九、商业承兑汇票过期退票

【实训案例】

深圳智达有限公司向广州市天硕设备技术有限公司采购了一批原材料，价值为580000元，根据双方已签订商品购销合同约定采用商业承兑汇票进行货款结算。2017年11月20日，深圳智达有限公司签发了一张期限为6个月的商业承兑汇票，经承兑后把汇票交付给广州市天硕设备技术有限公司。2个月后，广州市天硕设备技术有限公司向其开户行提交该商业承兑汇票的委托收款，经开户行票据经办人员审查，发现该商业承兑汇票已超过付款期限，银行拒绝收票并作退票处理。

【实训操作】

操作流程：出票—承兑—退票（见图2-5-118）。

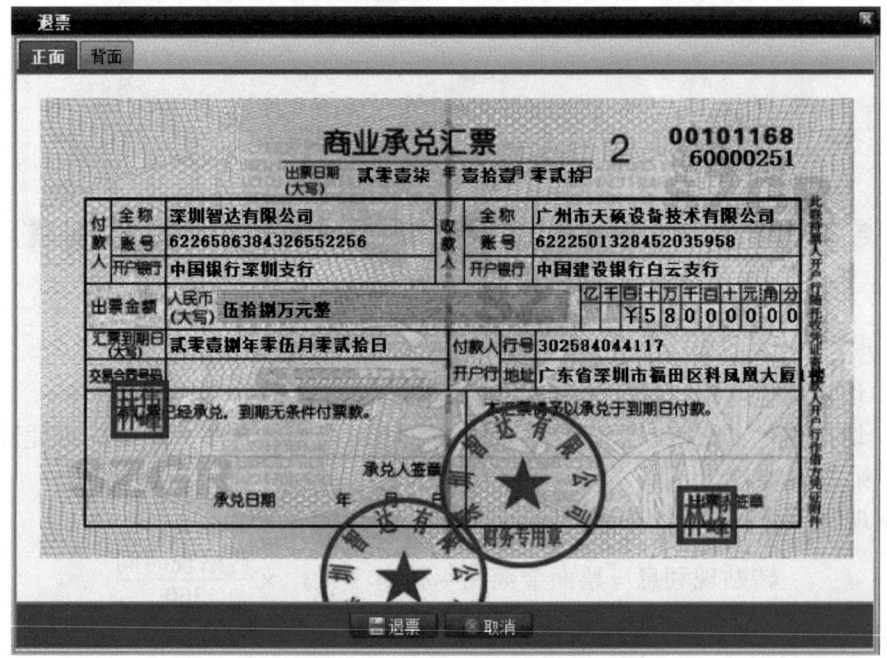

图2-5-118 退票（企业收款人退票）

【操作说明】

1. 出票。

（1）企业申请人填写出票申请书（企业申请人—出票登记）。

（2）切换角色：企业出票人出票，填写票面信息（企业出票人—出票—填写票面信息）。

2. 承兑。

（1）企业承兑人承兑（审核商业承兑汇票，并在票面第二联盖章）。

（2）切换角色：企业申请人在票面第二联盖章。

3. 退票。企业收款人退票（点击"退票"）。

【注意事项】

1. 票据流转时注意更换不同的日期。

2. 背书转让不可附加条件。

十、商业承兑汇票挂失

【实训案例】

九江市立天建设有限公司向九江市盛业建材有限公司采购了一批原材料，总价为923000元，根据双方已签订商品购销合同约定采用商业承兑汇票进行货款结算。2017年11月20日，九江市立天建设有限公司签发了一张期限为6个月的商业承兑汇票，经承兑后把汇票提交给九江市盛业建材有限公司。2天后，九江市盛业建材有限公司不慎将该商业承兑汇票丢失，九江市盛业建材有限公司出纳前往付款人开户银行办理了商业承兑汇票挂失手续。

【实训操作】

操作流程：出票—承兑—挂失（见图2-5-119）。

【操作说明】

1. 出票。

（1）企业申请人填写出票申请书（企业申请人—出票登记）。

（2）切换角色：企业出票人出票，填写票面信息（企业出票人—出票—填写票面信息）。

2. 承兑。

（1）企业承兑人承兑（审核商业承兑汇票，并在票面第二联盖章）。

（2）切换角色：企业申请人在票面第二联盖章。

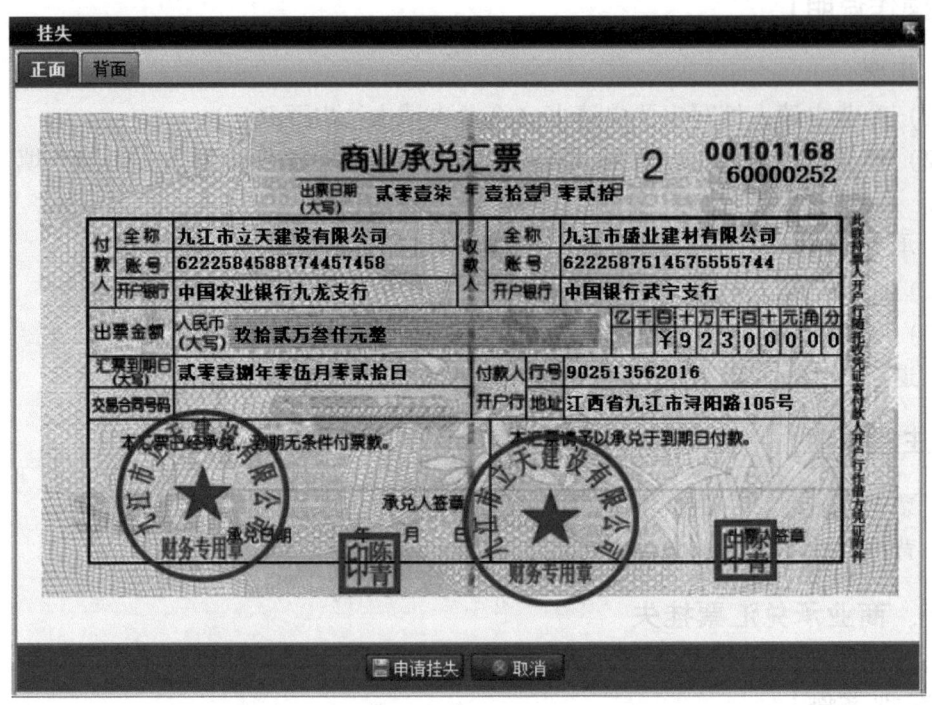

图 2-5-119 挂失（企业付款人申请挂失）

3. 挂失。
（1）企业付款人申请挂失，并签章；
（2）切换角色：企业承兑人确认挂失，并签章。

【注意事项】

1. 票据流转时注意更换不同的日期。
2. 背书转让不可附加条件。

模块三 电子商业汇票

电子商业汇票是近年来我国商业银行票据发展的重要成果，标志着我国商业票据业务进入电子化时代，对降低票据业务风险和成本、促进全国统一的票据市场的形成、丰富支付结算工具、便利中小企业融资、完善利率生成机制、促进经济发展具有重要意义。

目前我国的电子票据仅限于商业汇票，即银行承兑汇票和商业承兑汇票，其他票据的电子票据尚未开通。

"电子商业票据"的实训操作已在本教材上篇"支付结算"的相关模块做了详细

介绍，本模块在"商业汇票"项目中就电子商业汇票的知识点做一个归纳和总结。

一、电子商业汇票概念

电子商业汇票是指出票人依托电子商业汇票系统，以数据电文形式制作的，委托付款人在指定日期无条件支付确定的金额给收款人或者持票人的票据。

电子商业汇票必须具备以下条件：必须依托电子商业汇票系统签发和交付；为定日付款票据。

按承兑人的不同，电子商业汇票分为电子银行承兑汇票和电子商业承兑汇票。电子银行承兑汇票由银行或财务公司承兑；电子商业承兑汇票由银行、财务公司以外的法人或其他组织承兑。电子商业汇票的付款人为承兑人（见图2-5-120、图2-5-121）。

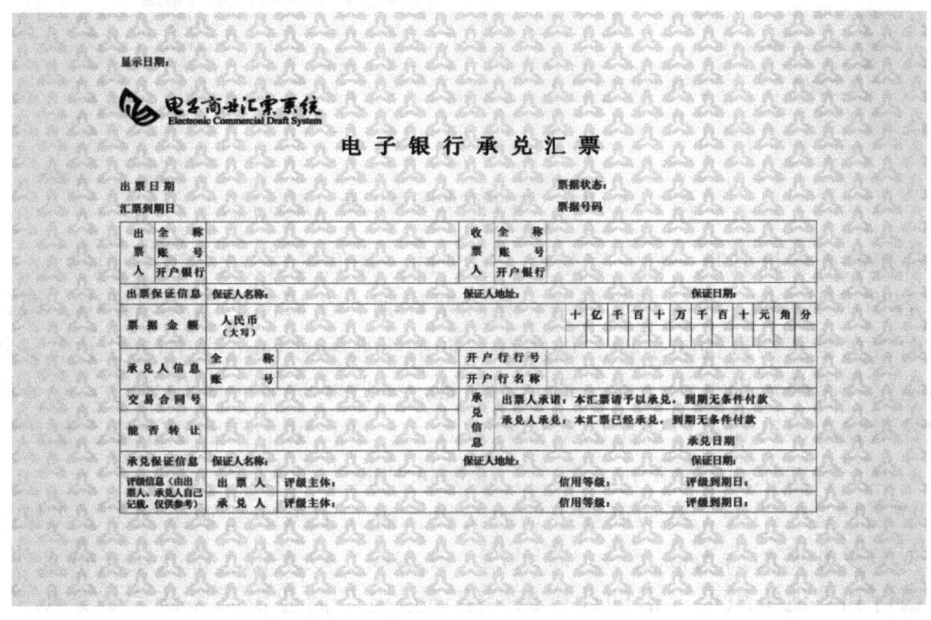

图2-5-120　电子银行承兑汇票（票样）

二、电子商业汇票特点

与纸质商业汇票相比，电子商业汇票具有以下特点：以数据电文形式代替实物票据；以电子签名取代实体签章；以网络传输代替人工传递；以计算机录入代替手工书写。

其最主要的特征是商业汇票的电子化与无纸化，出票、流转、兑付等均以电子化方式进行，没有实物形式的商业汇票。

三、电子商业汇票优势

1. 电子商业汇票不易丢失、损坏和遭抢劫。电子商业汇票存储在系统中，可靠的

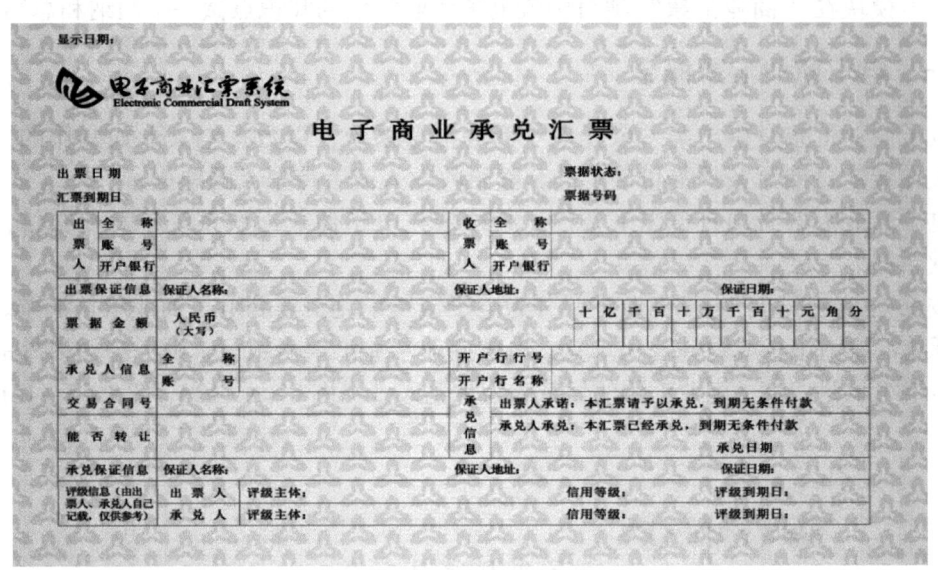

图 2-5-121 电子商业承兑汇票（票样）

安全认证机制能保证其唯一性、完整性、安全性，降低纸质票据携带的风险。

2. 容易辨别真假，不易遭受假票、克隆票诈骗。在目前的纸质票据中，票据本身以及书面盖章是鉴别真伪的手段。虽然在票据的纸张和印制过程中应用了很多防伪措施，但是仅凭肉眼辨别真伪仍存在很大的困难。一些不法分子利用伪造、变造的票据凭证和签章骗取银行和客户资金的案件时有发生。推行电子商业汇票后，使用经过安全认证的电子数据流和可靠的电子签名，能够抑制假票和克隆票犯罪。

3. 交易快速、方便。纸质商业汇票的交易，需人工携带并乘坐火车、飞机等运输工具，买卖双方见面后当面交易，时间长、成本高、效率低。推行电子商业汇票后，企业、银行和其他组织可以借助计算机网络通过电子商业汇票系统完成票据的签发、承兑、背书、贴现、质押、保证、兑付、追索等票据流通的各个环节，足不出户即可完成票据在全国乃至全球范围内的流转，实时、快捷、节省地办理各项票据业务，大大简化了交易过程，提高了交易效率。

4. 提高银行和企业管理自身票据的水平。推行电子票据能提高票据业务的透明度和时效性，优化票据业务的管理手段和水平，全程跟踪票据业务办理的各个环节，有利于对票据业务进行汇总统计和实时监测，防范票据业务风险。采用电子票据后，能大大提高银行和企业自身的内控水平，遏制银行违规承兑、贴现商业汇票等违规行为，减少票据案件的发生。

5. 有助于统一的票据市场的形成，促进金融市场的连通和发展。

四、电子商业汇票系统

电子商业汇票系统是指经中国人民银行批准，依托网络和计算机技术，接收、登记、转发电子商业汇票数据电文,提供与电子商业汇票货币给付、资金清算行为相关服务并提供纸质商业汇票登记、查询和商业汇票(含纸质、电子商业汇票)公开报价服务的综合性业务处理平台。目前,该系统由中国人民银行清算中心负责建设、运行和维护。

电子商业汇票系统按照7×12小时模式运行,每周运行7天,每天8:00~20:00为系统运行时间。

电子商业汇票系统运行后,纸质商业汇票会继续使用。电子商业汇票与纸质商业汇票是并存的两种工具,由客户根据自身需要和条件选择使用。

五、电子商业汇票系统主要功能

电子商业汇票系统包括3个功能模块:电子商业汇票业务处理模块;纸质商业汇票登记查询模块;商业汇票转贴现公开报价模块。

电子商业汇票业务处理功能模块是电子商业汇票系统的核心模块,通过该模块可以集中登记存储客户签发的电子商业汇票,并提供互联互通的流通转让平台,实现电子商业汇票出票、承兑、背书、保证、提示付款、追索等业务流程的电子化。同时,与银行、财务公司的内部系统以及人民银行的现代化支付系统链接,可实现电子商业汇票贴现、转贴现、再贴现等融资交易和提示付款的即时转账结算,同步完成票据融资交易的交割,实现票款兑付(DVP)。

纸质商业汇票登记查询功能模块是系统参与者必须参加的模块,它能够为纸质商业汇票承兑、贴现、转贴现、再贴现、质押、质押解除、挂失止付等票据行为提供登记查询服务,实现纸质商业汇票票面信息的集中登记存储,便利纸质商业汇票的贴现、质押业务查询。

商业汇票转贴现公开报价模块能够实现电子商业汇票和纸质商业汇票转贴现公开报价,为银行、财务公司进行询价交易提供信息。

六、电子商业汇票办理条件

1. 银行、财务公司提供电子商业汇票业务服务需具备以下条件:申请加入经中国人民银行批准建立的电子商业汇票系统;具有中华人民共和国组织机构代码和支付系统行号。

2. 单位办理电子商业汇票业务应具备以下条件:在银行开立人民币银行结算账户或在财务公司开立账户;具有中华人民共和国组织机构代码;具有数字证书,能够出具电子签名;除接入行、接入财务公司以外的票据当事人应与接入行、接入财务公司签订《电子商业汇票业务服务协议》。

七、电子商业汇票承办业务

电子票据企业方的业务:企业申请开办电子票据业务;企业网上申请、签发电子票据；企业电子票据背书转让；企业网上申请电子票据贴现；托收电子票据，出票行兑付；追索、清偿。

电子票据银行方业务：转贴现（买断式与回购式）；再贴现（买断式与回购式）。

参考文献

[1] 《中华人民共和国商业银行法》,中国人大网,2015 年修订.

[2] 《中华人民共和国票据法》,中国人大网,1996-01-01 实施,2004 年 8 月 28 日修改.

[3] 中国人民银行:《支付结算办法》,银发〔1997〕393 号,1997 年 12 月 1 日施行.

[4] 中国人民银行支付司:《银行票据实用手册》,2011.

[5] 中国人民银行支付结算管理办公室. 人民币银行结算账户管理办法 [M]. 北京:新华出版社,2003.

[6] 王梅. 商业银行经营与业务 [M]. 北京:中国金融出版社,2014.

[7] 王梅,徐镱菲,丁俊峰. 商业银行业务实验教程 [M]. 北京:经济科学出版社,2012.

[8] 杨则文. 商业银行综合柜台业务 [M]. 北京:中国财政经济出版社,2009.

[9] 董瑞丽. 商业银行综合柜台业务 [M]. 北京:中国金融出版社,2008.

[10] 侯丽艳. 经济法概论 [M]. 北京:中国政法大学出版社,2012.

[11] 刘心稳. 票据法 [M]. 北京:中国政法大学出版社,2008.

[12] 王小能. 论票据权利义务 [J]. 中外法学,1999 (5):47-55.

[13] 陈立金. 商业银行对公授信培训 [M]. 北京:中国金融出版社,2008.

[14] 陈志刚. 银行结算业务处理 [M]. 上海:上海财经大学出版社,2009.

[15] 牛刚,黎丽,彭华. 商业银行清算业务 [M]. 北京:中国金融出版社,2008.

[16] 张峰,陈颖,周瑾. 网络银行 [M]. 北京:清华大学出版社,2008.

[17] 深圳智盛信息技术有限公司:《商业银行岗位技能模拟系统用户手册》,内部资料,2017.

[18] 深圳智盛信息技术有限公司:《银行票据业务实训平台式用户手册》,内部资料,2015.

[19] 广州银行:《公司业务——金融产品手册》,内部资料,2007.

[20] 兴业银行官方网站:http://www.cib.com.cn/.

[21] 中国建设银行官方网站:http://www.ccb.com/.

[22] 中国银行官方网站:http://www.boc.com/.